高等政法院校规划教材

法学概论

FA XUE GAI LUN

（第六版）

司法部法学教材编辑部　审定

主　　编：陈光中
撰 稿 人：（以撰写章节先后为序）
舒国滢　焦洪昌　阮齐林
郑　旭　刘凯湘　孙　颖
管晓峰　纪格非　王万华
李居迁

中国政法大学出版社

2016·北京

作者简介

陈光中　著名法学家，现任中国政法大学终身教授、博士生导师。曾任中国政法大学校长。曾兼任国务院学位委员会法学评议组成员、中国法学会副会长、诉讼法研究会会长。现兼任中国法学会学术委员会副主任、教育部社会科学委员会委员、法学组召集人。出版著作50部、论文200多篇。

（以下作者以撰写章节先后为序）

舒国滢　中国政法大学教授、法学博士、博士生导师。

焦洪昌　中国政法大学教授、法学博士、博士生导师。

阮齐林　中国政法大学教授、法学博士、博士生导师。

郑　旭　中国政法大学副教授、法学博士。

刘凯湘　北京大学法学院教授、法学博士、博士生导师。

孙　颖　中国政法大学教授、法学博士。

管晓峰　中国政法大学教授、法学博士、博士生导师。

纪格非　中国政法大学教授、法学博士。

王万华　中国政法大学教授、法学博士、博士生导师。

李居迁　中国政法大学教授、法学博士。

出版说明

长期以来，在司法部的领导下，法学教材编辑部认真履行为法学教育服务的职能，为满足我国不同层次法学教育发展的需要，在全国高等院校和科研院所的大力支持下，动员了包括中国社会科学院法学研究所、北京大学、清华大学、中国人民大学、浙江大学、厦门大学、中山大学、南京大学、武汉大学、吉林大学、山东大学、四川大学、苏州大学、烟台大学、上海大学、中国政法大学、西南政法大学、中南财经政法大学、华东政法大学、西北政法大学、国家行政学院、国家法官学院、中国人民公安大学、中央司法警官学院、广东商学院、山东政法管理干部学院、河南政法管理干部学院等单位的教学、科研骨干力量，组织编写了《高等政法院校法学主干课程教材》《高等政法院校法学规划教材》等多层次、多品种的法学教材。

这些教材的出版均经过了严格的策划、研讨、甄选、撰稿、统稿、修订等程序，由一流的教授、专家、学术带头人担纲，严把质量关，由教学科研骨干合力共著，每一本教材都系统准确地阐述了本学科的基本原理和基本理论，做到了知识性、科学性、系统性的统一，可谓“集大家之智慧，成经典之通说”。这些教材的出版对中国法学教育的发展，起了非常重要的推动作用，受到广大读者的欢迎和法学界、法律界的高度评价。

教材是一定时期学术发展和教学、科研成果的系统反映，所以，随着科研的不断进步，教学实践的不断发展，必然导致教科书的不断修订。国际上许多经典的教科书，都是隔几年修订一次，一版、五版、二十版，使其与时俱进，不断成熟，日臻完善，成为经典，广为流传，这已成为教科书编写的一种规律。

《高等政法院校规划教材》出版至今已有十余年的时间，本套系列教材已修订多次，其中多种教材多次荣获国家教育部、国家司法部等有关部门的各类优秀教材奖。由于其历史长久，积淀雄厚，已经形成自己独具特色的科学、系统、稳定的教材体系，在法学教育中，既保持了学术发展的连续性、传承性，又及时吸纳新的科研成果，推动了学科的发展与普及。它已成为目前国内最有影响力的一套法学本科教材。

进入21世纪，依法治国，建设社会主义法治国家是我国的基本方略。为了更好地适应新世纪法学教育的发展，为了迎接新时代的挑战，尤其是我国加入WTO带来的各种新的法律问题，我们结合近年来法制建设的新发展，吸收国内外法学研究和法学教育的新成果、新经验，对这套教材再次进行了全面修订。我们相信重修之规划教材定能对广大师生提供更有效的帮助。

司法部法学教材编辑部

第六版说明

自本书2013年1月第四次修订以来，我国法制建设不断取得进步，法律的制定、修订工作持续进行和深化：2013年10月25日修改通过了《中华人民共和国消费者权益保护法》，并于2014年3月15日正式实施；2014年11月1日修改通过了《中华人民共和国行政诉讼法》，并于2015年5月1日实施；2015年3月15日修改通过了《中华人民共和国立法法》，同时生效实施。2014年1月30日《最高人民法院关于适用〈中华人民共和国民事诉讼法〉的解释》公布，自2015年2月4日起施行。这些新的重要的法律对我国的法治建设具有重大影响，与民众的生活息息相关。本教材为适应3年来我国法制建设发展的新情况，对部分章节做了修改和补充，及时全面地反映了最新的立法和最高人民法院相关司法解释的内容及各学科领域法学理论的新发展、新变化。此次修订继续保持了体系合理、文字简明、篇幅适中、解读法律准确的风格特色，结构上仍保持不变，在第八章增加了一节“消费者权益保护法”；在文字与内容上仍保持原有的简明风格，重点突出，语言准确，表达顺畅；原则上各部分仍严格控制在原有字数范围内，确实需要扩大的，也根据情况适当增加了篇幅。

本次修订由陈光中教授担任主编，写作分工如下：

舒国滢：第一章；

焦洪昌：第二章；

阮齐林：第三章；

郑　旭：第四章；

刘凯湘：第五章；

孙　颖：第六、七章，第八章第八节；

管晓峰：第八章第一至七节；

纪格非：第九章；

王万华：第十章；

李居迁：第十一章。

全书由陈光中审查定稿。还需要说明的是，本书第四版第九章、第十章的作者分别为陈桂明、于安，第五版、第六版第九章、第十章的作者是以第四版的内容为基础修改、补充编写而成的。

对于本书的修订，作者均付出了辛勤劳动，孙颖教授还协助主编做了许多工作。由于时间和水平所限，本教材难免有不足之处，恳请读者指正。

编　者

2016年9月

目 录

第一章 导 论

第一节 法的基本概念

一、法的定义

法是由国家制定或认可，并由国家强制力保证实施的具有规范性、国家意志性、国家强制性、普遍性的社会规范或行为规范。法具有如下特征：

1. 法是调整人们的行为或社会关系的规范，具有规范性。所谓规范，是指人们行为的标准或规则。但法不是一般的规范，而是一种特殊的社会规范，其特点在于它所调整的是人们之间的相互关系（社会关系）或人的交往行为。在这一点上，法这种规范不同于思维规范、语言规范，也不同于技术规范。法作为社会规范，如同道德规范、宗教规范一样，具有规范性。所谓法的规范性，是指法所具有的规定人们的行为模式并以此指引人们行为的性质。它表现在：法律规范规定了人们的一般行为模式和法律后果，从而为人们的交互行为提供一个模型、标准或方向。法所规定的行为模式包括三种：①人们可以怎样行为（可为模式）；②人们不得怎样行为（勿为模式）；③人们应当或必须怎样行为（应为模式）。从效力上看，具有规范性的法，不是为某个特定的人而制定的，它所适用的对象是不特定的人；它不仅仅适用一次，而是在生效期间内反复适用的。

2. 法是由国家制定或认可的，体现了国家对人们行为的评价，具有国家意志性。也就是说，法是掌握国家权力的统治阶级意志的表现。这是法与其他社会规范的一个根本区别。宗教教规、风俗礼仪、道德规范虽然都具有一定的规范性，但由于它们都不是国家或以国家的名义制定或认可的，因而不具有国家意志的属性。

3. 法是以国家强制力为最后保证手段的规范体系，具有国家强制性。所谓法的国家强制性，是指法依靠国家的强制力（军队、警察、法庭等）来保证其实施、强迫人们遵守的性质。也就是说，不管人们的主观愿望如何，人们都必须遵守法律，否则将招致国家强制力的干涉，受到相应的法律制裁。国家强制力是法的实施的最后保障手段。

4. 法具有普遍性。所谓法的普遍性，也称“法的普遍适用性”“法的概括性”，是指法作为一般的行为规范在国家权力管辖范围内具有普遍适用的效力和特性。在一国范围之内，任何人的合法行为都无一例外地受法的保护；任何人的违法行为，也都无一例外地受法的制裁。

二、法的作用

法的作用是指法作为一种特殊的社会规范对人们的行为和社会生活所产生的影响和结果。通常可以把法的作用分为规范作用和社会作用两类。

（一）法的规范作用

指法作为一种特殊的社会规范自身所具有的、对人们的行为发生影响的性能。在此意义上，法的规范作用也可以称为“法的功能”。其主要内容包括：①指引作用。指法通过授权性行为模式（权利）和义务性行为模式（禁止性行为和命令性行为）的规定，指引人们作出一定行为或不作出一定行为。②评价作用。指法作为一种行为标准和尺度，可以判断、衡量人们行为的是或非、善或恶的性质与积极或消极的效果，以影响人们的行为。③预测作用。指法根据人们实际的行为预测国家应对此作何反应并采取什么样的措施。④强制作用。指法通过对违法犯罪行为的制裁，保护和恢复一定的社会关系和秩序。⑤教育作用。指法对违法行为予以制裁和对合法行为予以保护，从正反两方面提高人们的法制观念和责任意识，达到预防违法犯罪的目的。

（二）法的社会作用

指法为达到一定的社会目的或政治目的而对一定的社会关系产生的影响。在法学上，也有人称之为“法的职能”。其内容包括两个部分：①政治作用。指法在调整政治关系，包括不同阶级、利益集团之间的统治与被统治、管理与被管理等之间的关系，维护政治统治秩序方面的作用。这种作用直接反映出各个国家和社会的法的不同政治目的和阶级性质。②社会公共作用。指法在执行社会公共事务中表现出来的作用，其中包括组织和管理经济建设与社会化大生产，推进教育、科学和文化事业的发展，维护社会的正常生产与产品交换秩序，保护人类生存的环境和条件，维护社会秩序与和平，推进社会变迁，保障社会整合，控制和解决社会纠纷和争端，促进社会价值目标的实现，等等。从表面上看，执行社会公共职能的法并不必然具有政治属性和阶级性质，而是对所有的社会和所有的阶级、集团都有利。但从本质上看，尤其是从政治统治的角度看，法只有在有效地执行了社会公共职能之后才能有效地发挥其政治统治作用。从这个意义上说，即使那些承担公共职能的法，最终也还是为一定的社会政治目的服务的。

由此可见，法对国家、社会的作用是巨大的，但法的作用并不是无限的。在现代社会，社会关系的领域极为广泛，法不可能也没有必要调整社会关系的所有方面。而且在很多问题上，法是不宜介入的，只能通过道德、政策、纪律或宗教教规等社会规范来调整。换言之，法是有局限性的，而不是万能的。

三、权利和义务

权利和义务是法的最核心的内容和要素，是贯穿于法的各个领域、环节、法律部门和整个法的运动过程的法律现象。权利和义务是法学的基本范畴，法学就是从权利和义务这一基本范畴出发，推演出各个层次的法学概念和原则，并逐步形成法学范畴的逻辑体系。

（一）权利的概念

法律意义上的权利，即“法律权利”，是指国家通过法律规定对法律关系主体可以自主决定作出某种行为的许可和保障手段。其特点在于：①权利的本质由法律规范所决定，得到国家的认可和保障。当人们的权利受到侵犯时，国家应当通过制裁侵权行为来保证权利的实现。②权利是权利主体按照自己的愿望来决定是否实施某种行为，因而权利具有一定程度的自主性。③权利是为了保护一定的利益所采取的法律手段。因此，权利与利益是紧密相联的。而通过权利所保护的利益并不一定是本人的利益，也可能是他人的、集体的或国家的利益。④权利总是与义务人的义务相关联的。离开了义务，权利就不能得以实现。

如果具体分析一个完整的法律权利的结构，就可以看出，其内容实际上是三种权利要素——自由权、请求权和诉权的统一：①自由权，即权利人可以自主决定作出一定行为的权利，不受他人干预。自由权是法律权利的核心，是其他权利要素存在的基础。②请求权，即权利人要求他人作出一定行为或不作出一定行为的权利。请求权是“对人权”，它始终与特定义务人的义务相联系，其内容范围就是义务人的义务范围。③诉权（主要指胜诉权），即权利人在自己的权利受到侵犯时，请求国家机关予以保护的权利。它是权利实现的根本保证。这三个要素是紧密联系、不可分割的。其中，自由权是基础，请求权是实体内容，诉权是保障手段。

（二）义务的概念

法律意义上的义务，即“法律义务”，一般在下列几种意义上使用：①它是指义务人必要行为的尺度或范围；②它是指人们必须履行一定作为或不作为的法律约束；③它是指人们实施某种行为的必要性。总之，义务是国家通过法律规定，对法律关系主体的行为的一种约束手段，是法律规定人们应当作出和不得作出某种行为的界限。在此，如果说权利体现着人们合法行为自由的话，那么，义务则体现着与行为自由相对立统一的社会责任，体现着社会对个人、国家对公民提出的社会的、政治的、法律的和道德的要求。

义务在结构上包括两个部分：①义务人必须根据权利的内容作出一定的行为。这在法学上被称为“作为义务”或“积极义务”，如赡养父母、抚养子女、纳税、服兵役等。②义务人不得作出一定行为的义务，这被称为“不作为义务”或“消极义务”，例如，不得破坏公共财产、禁止非法拘禁、严禁刑讯逼供等。

（三）权利和义务的相互联系

1. 从结构上看，两者是紧密联系、不可分割的。它们的存在和发展都必须以另一方的存在和发展为条件。一方不存在了，另一方也就不可能存在。

2. 从产生和发展看，两者经历了一个从浑然一体到分裂对立，再到相对一致的过程。在原始社会，由于尚不存在法律制度，权利和义务的界限也不很明确，两者实际上是混为一体的。随着阶级社会、国家的出现和法律的产生，权利和义务发生分离。在剥削阶级法律制度中，两者甚至在分配上也出现了不平衡，即统治者集团只享受权利，而几乎把一切义务都强加于被统治者。社会主义法律制度实行“权利和义务相一致”的原则，从而使两者之间的关系发展到了一个新的阶段。

3. 从价值上看，权利和义务代表了不同的法律精神，它们在历史上受到重视的程度也有所不同，因而两者在不同国家的法律体系中的地位是有主、次之分的。一般而言，在等级特权社会，如奴隶社会和封建社会，法律制度往往强调以义务为本位，权利则处于次要的地位。而在民主法治社会，法律制度较为重视对个人权利的保护。在这种社会，权利是第一性的，义务则是第二性的，设定义务的根本目的是保障权利的实现。

四、法律规范和法律体系

（一）法律规范

法律规范是国家制定或认可的关于人们的行为或活动的命令、允许和禁止的一种规范。法律规范可以分为以下两种：

1. 法律规则。所谓法律规则，是指通过法律条文表述的、具有特殊逻辑结构的行为规则。法律规则不等同于规范性法律文件或法律条文。在立法上，法律规则往往被表述为各规范性法律文件之中的法律条文。因此，法律规则与规范性文件、法律条文之间是内容和形式的关系：前者是内容，后者是表现形式。

任何一个完整的法律规则，其结构至少包含四个部分，即条件、指示、假定、后果。所谓条件，是指法律规则中规定的适用该规范情况的那一部分。所谓指示，是指法律规则中规定人们行为模式的那一部分，它指明人们在什么条件下可以做什么、能做什么、应当（必须）做什么。所谓假定，是指法律规则中规定人们可能作出某种行为的部分，它设定人们可能作出符合指示规定的行为，或者可能作出违背指示内容的行为。所谓后果，是指法律规则中规定对人们的行为选择采取何种措施和裁决的部分。它包括两类：一类是肯定后果，如法律的承认、受理、保护、赞许、奖励；一类是否定后果，如制裁、撤销、废除、不予承认等。

在法律条文中，法律规则诸要素的表述有多种情况。有时一个法律规则可以在不同法律条文中予以规定；有时一个条文可以同时表述几个相类似的规范。最常见的情况是法律条文仅规定法律规则的其中一个要素或两个要素。例如，我国《婚姻法》第24条第1款规定：“夫妻有相互继承遗产的权利。”从内容上看，这一条所规定的仅为法律规则的“指示”部分，其条件（夫妻一方死亡的）则暗含于指示规定之中，作为继承权利行使的前提。

2. 法律原则。法律原则是为法律规则提供某种基础或本源的综合性的、指导性的原理或价值准则的一种法律规范。按照法律原则产生的基础不同，可以将法律原则分为公理性原则和政策性原则。按照法律原则对社会关系的覆盖面的宽窄和适用范围的大小，可以将其分为基本原则和具体原则。按照法律原则所涉及的内容与问题不同，可以将其分为实体性原则和程序性原则。

法律原则在性质、适用范围和方式上与法律规则不同。法律规则设定了明确的、具体的假定条件、行为模式和法律后果，而法律原则没有这样的结构。在适用范围上，法律原则的适用范围比法律规则要宽广。在适用方式上，法律原则采取权衡模式，法律规则采取排他性模式，即若一个规则有效，与此相矛盾的相反规则则无效。

（二）法律体系

法律体系也称部门法体系，即把一国现行法律规范分为不同的法律部门，并由这些法律部门组成的有机联系的整体。其主要特征包括：①法律体系是一国国内法构成的体系，不包括国际法。②它是现行法构成的体系，不包括历史上的法或已失效的法。③构成法律体系的单位是法律部门，但法律部门又是由若干相关的法律规范构成的。因此，法律规范是法律体系构成的最基本单位。④法律体系不同于立法体系。立法体系是一国的各种规范性文件构成的统一整体，故又称"规范性文件体系"，其构成单位是规范性文件。

研究一国法律体系，最重要的在于科学、合理地划分法律部门。所谓法律部门，又称部门法，是调整同一类社会关系的法律规范的总和。在此意义上，凡是根据同一种方法调整同一类社会关系的法律规范就构成一个独立的法律部门，如刑法部门、民法部门等。显然，划分法律部门的标准主要有两个方面：①法律规范调整的对象，即各种各样的社会关系；②法律规范调整的方法，它是作用于一定社会关系的特殊法律手段的总和，包括实施法律制裁的方法和确定法律关系主体的不同地位、权利及义务的方法。例如，凡是依靠刑罚作为制裁手段的法律规范，就属于刑法部门；凡是依靠行政处分和行政处罚作为制裁手段的法律规范，则属于行政法部门。

在我国，以 1982 年宪法为基础，已经初步建立起具有中国特色的社会主义法律体系。这个法律体系主要包括七个法律部门：①宪法及宪法相关法（主要由规定有关国家根本制度，公民基本权利和义务，国家政权组织的地位、隶属关系、权限范围、组织活动原则，国家主权与外交，民族和特别行政区自治制度等方面的法律规范构成）；②民商法（由调整平等主体之间的财产关系、人身关系和商事关系的法律规范构成）；③行政法（由调整在国家行政管理活动中产生的行政关系的法律规范构成）；④经济法（由调整国家对经济活动进行宏观调控过程中所形成的经济管理关系的法律规范构成）；⑤社会法（由调整劳动关系与社会保障关系的法律规范构成）；⑥刑法（由规定犯罪及其法律后果的法律规范构成）；⑦诉讼与非诉讼程序法（由调整保障实体法内容的实现而进行诉讼活动和非诉讼活动所遵循的程序以及由此产生的社会关系的法律规范构成，主要包括诉讼程序法和非诉讼程序法两大部分）。

五、法的渊源与法的效力

（一）法的渊源

所谓法的渊源，就是指被承认具有法的效力、法的权威性或具有法律意义并作为法官审理案件之依据的规范或准则来源，如制定法（成文法）、判例法、习惯法、法理等。

法的渊源又可分为两种：一是正式法源（"正式的法的渊源"的简称），是指那些具有明文规定的法律效力并且可直接作为法官审理案件之依据的规范来源，如宪法、法律、法规等。其主要为制定法，即不同国家机关根据具体职权和程序制定的各种规范性文件。对于正式法源而言，法官必须予以考虑；或者说，法官的判决必然要建立在正式法源之上。二是非正式法源（“非正式的法的渊源”的简称），指那些不具有明文规定的法律效力，但却具有法律意义并可能构成法官审理案件之依据的准则来源，如正义标准、理性原则、公共政策、道德信念、社会思潮、习惯、乡规民约、社团规章、权威性法学著作，还有外国法等。

（二）法的效力

所谓法的效力，是指法律对法律主体的约束力或拘束力。其通常包含广狭二义：广义的法的效力，是指所有法律文件的效力，无论是规范性法律文件（法律、法规）还是非规范性法律文件（比如判决书、合同书），均具有法的效力；狭义的法的效力，是指规范性法律文件的效力。

法的效力范围可以具体分为如下三个部分：①法的时间效力范围，是指法何时开始生效，何时终止效力，以及法对于其生效前的事件或者行为是否具有溯及力的问题。②法的空间效力范围，是指法生效的地域范围，即在什么空间范围内可以发挥其效力。法一般在国家主权范围内都产生效力；在特殊情况下，一个国家的法律在其主权范围之外也能产生效力。③法的对人效力范围，是指一个国家的法律对哪些人有效的问题。法在对人效力上有“属人主义”“属地主义”“保护主义”和“折中主义”等原则。

六、法律关系

法律关系是指在法律规范调整社会关系的过程中所形成的人们之间的权利和义务关系。法律关系具有如下特征：①法律关系是根据法律规范建立的一种社会关系，是法律规范的实现形式。换言之，人们按照法律规范的要求行使权利、履行义务并由此而发生特定的法律上的联系，这既是一种法律关系，也是法律规范的实现状态。在此意义上，法律关系是人与人之间的合法关系，这是它与其他社会关系的根本区别。②法律关系是体现意志性的特殊社会关系，其特殊性在于它首先体现的是国家的意志。这是因为，法律关系是根据法律规范有目的、有意识地建立的。所以，法律关系像法律规范一样必然体现国家的意志。破坏了法律关系，也就违背了国家意志。③法律关系是特定法律关系主体之间的权利和义务关系。没有特定法律关系主体的实际法律权利和法律义务，就不可能有法律关系的存在。

（一）法律关系主体

法律关系主体是法律关系的参加者，即在法律关系中一定权利的享有者和一定义务的承担者。在每一具体的法律关系中，主体的多少各不相同，但大体上都归属于相对应的双方：一方是权利的享有者，称为权利人；另一方是义务的承担者，称为义务人。在我国，根据各种法律的规定，能够参与法律关系的主体包括以下几类：①公民（自然人）；②机构和组织（法人）；③国家。

公民和法人要成为法律关系的主体，享有权利和承担义务，就必须具有权利能力和行为能力，即具有法律关系主体构成的资格。权利能力，或称权利义务能力，是指能够参与一定的法律关系，依法享有一定权利和承担一定义务的法律资格。它是法律关系主体实际取得权利、承担义务的前提条件。行为能力，是指法律关系主体能够通过自己的行为实际取得权利和履行义务的能力。公民的行为能力问题是由法律予以规定的。世界各国的法律，一般都把本国公民划分为完全行为能力人、限制行为能力人和无行为能力人。完全行为能力人，是指达到一定法定年龄、智力健全、能够对自己的行为负完全责任的自然人（公民），例如民法上规定的18周岁以上的公民。限制行为能力人，是指行为能力受到一定限制，只具有部分行为能力的公民，如10周岁以上的未成年人、不能完全辨认自己行为的精神病人。无行为能力人，是指完全不能以自己的行为行使权利、履行义务的公民，如不满10周岁的未成年人、完全的精神病人。

（二）法律关系的内容

法律关系的内容就是法律关系主体之间的法律权利和法律义务。它是法律规范的行为模式（法律权利与法律义务的一般规定）在实际的社会生活中的具体落实，是法律规范在社会关系中实现的一种状态。法律关系主体的权利和义务与法律上规定的权利和义务虽然都具有法律属性，但它们所属的领域、针对的法律主体以及它们的法律效力还是存在一定差别的。具体表现在三个方面：①所属的领域不同。法律上规定的权利和义务是有待实现的法律权利和法律义务，即“应有的”法律权利和义务，属于可能性领域。法律关系主体的权利和义务是法律关系主体在实施法律活动过程中所实际享有的法律权利和正在履行的法律义务，即“实有的”法律权利和义务，属于现实性领域。在社会生活中，法律上所规定的权利和义务，也只有转化为法律关系主体实有的权利和义务，才能使法律对社会的调整达到有效的结果。②针对的主体不同。法律上规定的权利和义务所针对的是一国之内的所有不特定的主体，而法律关系主体的权利和义务所针对的主体是特定的，即在某一法律关系中的有关主体（双方当事人或权利人和义务人）。一旦特定的法律关系主体依照法律规范“指示”内容进行法律活动，那么就享有了实际的法律权利，或者需要履行特定的法律义务。此时法律关系主体之间的权利和义务就可能发生这样或那样的联系。③法律效力不同。法律上的权利和义务由于针对的是不特定的主体，因而属于“一般化的法律权利和法律义务”，从而只具有一般的、普遍的法律效力。一国之内的所有相关的主体均应遵守法律关于权利和义务的一般规定。而法律关系主体的权利和义务由于针对的是特定的法律主体，故属于“个别化的法律权利和法律义务”，此种法律权利和义务仅对特定的法律主体有效，不具有普遍的法律效力。

（三）法律关系客体

法律关系客体是指法律关系主体之间权利和义务所指向的对象。它是构成法律关系的要素之一，包括以下几类：①物。物是指法律关系主体支配的、在生产上和生活上所需要的客观实体。②人身。人身是由各个生理器官组成的生理整体。它是人的物质形态，也是人的精神利益的体现。人身不仅是人作为法律关系主体的承载者，而且在一定范围内也可成为法律关系的客体。③精神产品。精神产品是人通过某种物体（如书本、砖石、纸张、胶片、磁盘）或大脑记载下来并加以流传的思维成果。精神产品属于非物质财富，也被称为“无体物”“智力成果”或“无体财产”。④行为结果。在很多法律关系中，其主体的权利和义务所指向的对象是行为结果。作为法律关系客体的行为结果是特定的，即义务人完成其行为所产生的能够满足权利人利益要求的结果。这种结果一般分为两种：一种是物化结果；另一种是非物化结果，即义务人的行为没有转化为物化实体，而仅表现为一定的行为过程。

（四）法律事实

法律事实是指法律规范所规定的、能够引起法律关系产生、变更和消灭的客观情况或现象。也就是说，法律事实首先是一种客观存在的外在现象，而不是人们的一种心理现象或心理活动。纯粹的心理现象不能看作是法律事实。其次，法律事实是由法律规定的、具有法律意义的事实，能够引起法律关系的产生、变更或消灭。与人类生活无直接关系的纯粹的客观现象，如宇宙天体的运行等，就不是法律事实。以是否以人们的意志为转移作标准，可以将法律事实大体上分为两类，即法律事件和法律行为。法律事件是法律规范规定的，不以当事人的意志为转移的，能够引起法律关系形成、变更或消灭的客观事实。法律行为可以作为法律事实而存在，能够引起法律关系的形成、变更和消灭。如犯罪行为产生刑事法律关系，还可能引起某些民事法律关系（损害赔偿、婚姻、继承等）的产生或变更。

七、法律责任和法律制裁

（一）法律责任

法律责任是指人们对自己的违法行为或因法律规定所应承担的带有强制性的不利法律后果。法律责任的构成有两个部分：①法律责任的前提是人们的违法行为，包括侵权行为、不履行义务的行为等。法律责任总是基于一定的违法行为而产生的。②法律责任的内容是不利的法律后果，包括法律制裁、法律负担、强制性法律义务、法律不予承认或撤销、宣布行为无效，等等。法律责任的实质是国家对违反法定义务、超越法定权利界限或滥用权利的违法行为所作的法律上的否定性评价和谴责，是国家施加于违法者或责任者的一种强制性负担，是补救受到侵害的合法权益的一种法律手段。因此，法律责任同政治责任、纪律责任、道义责任不同，它必须有明确的、具体的法律规定，而且以国家强制力作为保证。法律责任必须由司法机关或法律授权的国家机关予以追究，其他任何组织或个人都无权行使这一职权。

法律责任通常依违法者有无主观过错来确定。由于自己的主观过错造成危害行为而应承担的责任，被称为“过错责任”。在某些情况下，当事人对一定的危害行为或事件虽然没有直接责任，但负有间接的责任或与此相关联的其他责任，或根据社会公平的原则而应当对某些行为、事件承担责任，所有上述责任都被称为“无过错责任”或“严格责任”。与违反法律的性质相对应，同样存在着四种法律责任，即违宪责任、刑事责任、民事责任和行政责任。违宪责任是指国家机关、社会组织或公民个人由于从事与宪法规定相抵触的活动而应承担的法律责任。刑事责任是指行为人因其犯罪行为所必须承担的刑事惩罚性的责任。民事责任是由于违反民法规定、违约或者由于民法规定所应承担的法律责任。行政责任是指因违反行政法而承担的具有行政惩罚性的法律责任。

（二）法律制裁

法律制裁是由特定的国家机关对违法者因其所应负的法律责任而实施的惩罚性措施。有违法行为，就要追究法律责任，实施法律制裁。法律制裁既以确定法律责任为前提，又是追究法律责任的直接后果。然而，法律制裁不能等同于法律责任，两者的区别也是明显的：法律制裁是一种惩罚性措施，仅属于承担法律责任的一类方式。而法律责任既有惩罚性责任，也有非惩罚性责任。如我国《民法通则》第134条列举了10种承担民事责任的方式，即停止侵害，排除妨碍，消除危险，返还财产，恢复原状，修理、重作、更换，赔偿损失，支付违约金，消除影响、恢复名誉，赔礼道歉。其中，“赔偿损失”“支付违约金”是惩罚性责任，其他诸项均为非惩罚性责任。不过，不同的法律或法律规范，其所要求承担责任的方式是不尽相同的，有些法律责任（如刑事责任）均为惩罚性的，有些法律责任（如民事责任）兼有惩罚性和非惩罚性。只有承担惩罚性责任的方式才是法律制裁。

第二节　法的运行

一、立法

立法，又称“法的制定”，是指有权的国家机关依据法定的权限和程序制定、修改或废止法律、法规的活动。具体而言，立法的特点表现在：①它既是国家的一项专有活动，也是国家履行职能的方式之一。②它既包括法的制定活动，也包括法的修改、补充和废止活动。③它具有法定的程序性。立法，在国家的法律制度建设中具有重要的地位，它是执法、司法和守法的前提和基础。

国家的立法，重要的在于划分立法的权限。也就是说，国家必须根据各自的国家性质与国家形式（政权组织形式和结构形式）来确定由哪些国家机关行使制定、修改或废止法律、法规的权力。划分立法权限的制度称为“立法体制”。

新中国的立法体制曾几经变化，大体上可以分为三个阶段：第一阶段，从中华人民共和国成立到1954年《宪法》颁布实施。该阶段的国家立法权由中国人民政治协商会议和中央人民政府委员会共同行使。第二阶段，从1954年到1979年第五届全国人大二次会议召开。该阶段的国家立法权由全国人民代表大会行使，其他任何国家机关都无立法权。第三阶段，从1979年以后，国家的立法体制作了重大修改。根据《宪法》和《立法法》的规定，我国立法权限的划分如下：①全国人大及其常委会行使国家立法权，有权制定法律；②国务院享有行政法规的制定权；③省、自治区、直辖市人民代表大会及其常委会可以制定地方性法规；④民族自治地方的人民代表大会有权制定自治条例和单行条例；⑤经济特区所在地的省、市的人民代表大会及其常务委员会有权制定法规；⑥国务院所属各部、委等机构，省、自治区、直辖市和较大的市的人民政府，可以制定规章。

在中国，立法活动必须依据一定的原则来进行。从根本上讲，当代中国的社会主义立法必须体现和坚持四项基本原则，坚持以马列主义、毛泽东思想、邓小平理论为指导，坚持中国共产党在社会主义初级阶段的基本路线和“依法治国，建设社会主义法治国家”的根本方针。在这些总原则之下，中国社会主义立法还必须遵循一些具体原则，其中包括：依照法定的权限和程序；发扬民主；从实际出发；规律性与意志性相统一；原则性与灵活性相结合；统一性与协调性相结合；现实性与前瞻性相结合；保持法的稳定性、连续性与适时立、改、废相结合；总结本国立法经验与借鉴外国立法经验相结合。

通过立法所产生的法律文件，往往构成成文法国家的主要法律渊源或法律形式。在我国，正式的法律渊源或法律形式有以下几种：①宪法。它是国家根本大法，具有最高法律效力。②法律。由全国人大及其常委会制定、颁布，其效力和地位仅次于宪法，而高于行政法规和其他法规。根据宪法规定，法律分为基本法律（如刑法、民法通则等）和基本法律以外的法律（如著作权法、商标法）。③行政法规。由国务院制定、发布。其效力低于宪法、法律，高于地方性法规和其他法规、规章。④地方性法规。由各省、自治区、直辖市的人民代表大会及其常委会制定或批准，效力低于宪法、法律、行政法规。⑤规章。分为部门规章和地方性规章，是由国务院各部门和省、自治区、直辖市人民政府，以及省、自治区人民政府所在地的市和经国务院批准的较大的市的人民政府制定的行政性法律文件。⑥民族自治法规。是由民族自治地方（自治区、自治州、自治县）的人民代表大会及其常委会制定的，适用于民族自治地方的规范性文件，包括自治条例和单行条例。⑦特别行政区的法律。其基本制度由各特别行政区基本法（《香港特别行政区基本法》和《澳门特别行政区基本法》等）加以规定。⑧我国政府承认或加入的国际条约。国际条约一般属于国际法的范畴，但经我国政府缔结的双边、多边协议、条约和公约等，对我国也具有约束力，因而也是当代中国法的渊源之一。

二、执法和司法

执法是一个广义的概念，指国家行政机关、司法机关及其公职人员，依据法定职权和程序，将法律应用于具体的人、事件或案件的活动。它主要包括行政机关的执法和司法机关的执法两种形式。在习惯用法上，人们将司法机关活动以外的执法（包括行政执法）称作“执法”，而将司法机关的执法称作“司法”。

行政执法是国家执法活动的一个重要方面，是指国家行政机关在其职权范围内，依法对行政事务进行组织和管理的活动。行政执法有两大特点：①行政执法权是一种主动权，具有积极主动性。也就是说，行政机关在执行法律时，总是处于积极主动的地位，主动将法律应用于特定的人或事件。②行政执法具有程序简便性和应急性。行政机关执法需要高效率，其程序不宜繁复和冗杂。在我国，行政执法应遵循下列原则：行政法治（依法行政）原则、公平合理原则、效率原则。

司法，指司法机关和有关专门机关及其工作人员，按照法定职权和程序，运用法律处理案件的活动。其特点在于：①法定性。司法是国家法律规定的、由特定国家机关及工作人员依照其职权代表国家所实施的专门活动。在我国，人民法院和人民检察院是代表国家专门行使司法权的司法机关，任何其他国家机关、社会团体和个人都不得从事该项工作。②专业性。司法是一项专业性很强的活动，具有严格的程序要求，整个司法活动必须在程序规定法的范围内进行。③强制性。司法是司法机关和有关专门机关以国家强制力为后盾适用法律的活动，由司法机关和有关专门机关依法作出的决定或判决，所有的当事人都必须执行，不得违抗。④程式性。司法过程具有严格的程式，当其结束时往往需要制作特定的司法文件（文书），如判决书、裁定书、决定书等。正因为司法具有上述特点，所以在理论上和实践上区别司法和行政执法是非常重要的，不能把这两种不同性质的执法活动混为一谈。

显而易见，司法在国家的法治建设中居于十分重要的地位。而司法公正是实现社会正义和依法治国的最后保障。因此，必须对司法提出严格的要求。在我国的司法实践中，对司法的基本要求主要有三方面，即“正确、合法、及时”。“正确”是指在处理案件过程中，要求司法机关做到认定事实正确、适用法律正确和处理结果（裁判）正确。“合法”是指案件审理要合乎法律，做到程序合法、裁判合法。“及时”是指司法活动的各个环节和步骤都要遵守时效规定，提高办案效率，做到及时办案、及时审案、及时结案。

三、守法和违法

（一）守法

守法，是指人们按照法律规范进行活动。在我国，守法的主体，既包括中国全体公民、一切国家机关和社会组织，也包括在中国领域内活动的外国组织、公民和无国籍人。守法的范围，主要是指那些由特定国家机关制定和颁布的、具有普遍法律效力的规范性文件，如宪法、法律、行政法规、地方性法规、民族自治法规、特别行政区法规、国家承认的国际条约、惯例等。此外，由执法机关制作的具有特定法律效力的文件（非规范性文件），如人民法院的调解协议书、判决书，公民之间依法签订的协议文书（合同）等，也都是应当遵守的文件范围。守法的内容主要包括两个方面：①履行义务，即按照法律的要求实施或不实施一定的行为，履行各种禁止性义务（消极义务）与命令性义务（积极义务）；②行使权利，即通过实施一定的行为，或者要求他人实施或不实施一定行为来保证合法权利得以实现。行使权利也应当是积极的，但不得超过授权的范围，否则就构成“越权”或“滥用权利”。

守法是一个国家法治状态形成的必要前提，也是国家法治发展程度的重要体现。

而普遍的守法状态的形成又取决于多种因素，其中最主要的是守法的条件和守法的环境。从主观方面讲，法律自身品质的好坏，守法者的文化素养、主观心理状况、道德意识和法律意识水平等，都会影响人们对法律的遵守。从客观方面讲，社会的经济状况、政治状况、法制状态、道德环境、民族性格、自然环境、社会环境（工作、学习和生活环境）等因素也直接或间接地影响着守法。因此，完善法律的品质，培养人们的守法观念，提高人们的守法素质，改善人们的守法环境，对于普遍的守法状态的形成是至关重要的。

（二）违法

与守法相对的范畴是违法，简言之，就是指行为违反了法律，并且依照法律应当予以追究。构成违法，须具备以下要素：①必须是违反法律规定的、依照法律应当受到追究的行为。②违法必须是不同程度地侵犯了法律所保护的社会关系和社会秩序的行为，或者说被认为是具有社会危害性的行为。③只能是具有法定责任能力的自然人、依法设置的法人或其他社会组织所实施的行为，换言之，违法主体必须有法定责任能力。就自然人而言，构成违法的主体，必须达到一定的年龄和智力水平。④必须是行为者有主观过错的行为。所谓主观过错，主要是指故意和过失两种情况。故意是指行为人明知自己的行为将会导致危害后果，却希望或放任这种结果发生。过失是指行为人由于疏忽大意而未能预料到自己的行为可能产生的危害后果，或虽有预料却轻信能够避免，结果导致了危害后果的发生。上述四个方面共同揭示了违法的本质和特征，缺少其中任何一个方面，都不能构成违法。

在任何国家，违法都是对法律秩序和法治状态的一种破坏因素，尤其是严重的违法和犯罪行为，会给国家、社会和他人的利益造成严重损害，甚至造成难以弥补的损失。从理论上讲，违法（尤其是青少年违法）产生的原因是多方面的，如社会不良风气的影响、某些制度的不完善、道德水平的下降、社会控制能力的减弱、行为人法制观念淡薄、个人反社会的心理结构和行为恶习的形成等。因此，在加强法律制度建设的同时，对全体公民进行法制教育，培养良好的社会风气，采取多种措施来加强社会治安，消除违法和犯罪的原因和条件，预防和减少违法、犯罪现象，对于保持国家和社会秩序的稳定以及经济、政治和文化的发展是至关重要的。

第三节 法与国家、政策和道德

一、法与国家

法与国家是阶级社会上层建筑中关系最为密切的两种社会现象，它们有着共同的产生和发展的规律。可以这样说，有史以来，世界上没有无国家的法律，也没有无法律的国家。具体来说，两者的联系表现为：

（一）法律离不开国家，依附于国家

没有国家，就没有法律。这主要是因为：①法律是通过国家制定或认可、作为国家意志的体现而存在的，离开了国家和国家政权，就不可能有完整意义上的法律。②法律的实施离不开国家的强制力。如果没有国家强制力做后盾，任何法律的效力都等于零。③法律的性质直接取决于国家的性质。有什么性质的国家，就有什么性质的法律。例如，与社会主义国家相适应的必然是社会主义法律。④法律的特征、表现形式和内容受国家的特征、形式、传统、职能等方面的影响。例如，由于国家管理形式的不同，法律创制的方式和法律的效力等级就不相同。

（二）国家离不开法律，无法律不能称为国家

原因在于：①法律是确认国家权力的一种重要的表现形式。任何政治统治，都必须运用法律来确认掌权阶级的统治地位及社会其他各阶级在法律上的地位，并建立国家的经济制度、政治制度和管理形式。②法律是执行国家职能的有效工具。国家为了行使其对内和对外职能，就必须制定和实施法律。③法律是完善国家制度所必需的手段。这包括两个方面的内容：一方面，法律能够维护和巩固一定的社会关系和社会秩序，以保障国家制度不受破坏；另一方面，法律在进一步完善和健全国家制度方面具有重要作用。当经济、政治的发展与现存的国家制度的某些环节发生矛盾时，掌权者往往通过制定或修改法律来调整和完善国家制度。

事实证明：无论是法与国家的产生、发展，还是它们的运行，两者都是分不开的。脱离法来谈国家或者脱离国家来谈法，都是不现实的。

二、法与政策

在当代政治和法律生活中，法与政策作为两种社会规范和社会调整手段，均具有并发挥着独特的作用。然而，就两者而言，它们之间地位、效力的高低，作用的强弱，受人们重视程度的大小，则是由政治、经济、文化等多方面因素决定的。

法与政策的区别表现在以下几方面：①两者制定的机关和程序不同。法律是由国家专门的立法机关（如人民代表大会）或者拥有造法权能的机关（如英国的法官）依照法律程序而创制的，其立法权限和创制程序均有严格而复杂的规定。相比之下，政策的制定则出于多门。比如在我国，既有政府制定的政策和政党制定的政策，有中央制定的政策和地方制定的政策，有党和国家的总政策，也有某一方面的具体政策（如经济政策、宗教政策、民族政策、外交政策等），这些政策的制定程序并不完全一致。②两者的表现形式不同。在现代国家，法律通常采用制定法的形式，有法典式的（如刑法典、民法典），也有单行法规式的。此外，法律也可能采取不成文的形式（如不成文的习惯法）或非制定法的形式（如英美国家的判例法）。而政策通常采用诸如纲领、决议、指示、宣言、命令、声明、会议纪要、党报社论、领导人的讲话或报告、一般性的口号等形式，其内容比较原则、概括，很少以具体的条文来表述。③两者调整的范围、方式不同。从范围上看，政策所调整的社会关系要比法律广泛得多，而法律所调整的，往往是那些对国家、社会有较大影响的社会关系领域（如政治关系、经济关系、民事关系、行政管理关系等）。④两者的稳定性程度不同。比较而言，法律具有较大的稳定性，它一旦被制定出来，就要相对稳定地存在

一个时期；政策则具有较大的灵活性，其内容随时随地都有可能发生变化。

法与政策的相互作用表现在：①法律以政策为指导。首先，政策是法律制定的依据。在立法过程中，无论立法动议的提出，还是法律草案的起草，都应当参考当时国家和执政党政策的总体精神。其次，政策对法律的执行具有指导作用。执法人员在执行法律时，不仅要通晓法律条文，而且要具有较高的政策水平，这样，他们才有可能既正确合法又公正合理地适用法律，处理案件。②政策依靠法律贯彻实施。政策是法律所要体现的一般原则、精神和内容，法律是国家政策和执政党政策的定型化、条文化。这就意味着：不仅政策对法律具有指导作用，而且法律对政策的贯彻落实也有很大的作用。法律是实现国家政策和执政党政策的最为重要的手段。没有法律的体现和贯彻，仅仅依靠政策本身的力量和资源，往往还不能达到它所要达到的经济、政治目的。

法与政策是辩证的关系，两者总体上说是统一的，但在实践中，它们的实际地位和效力可能会存在某种冲突和矛盾。有时政策的作用大于法律，有时法律的地位高于政策，其间表现出相当大的差异和多样性。不过，从近现代国家治国方式发展变化的总趋势看，法律日益成为最主要的社会调整手段。

在我国，法与政策的关系一直是社会主义法制建设过程中面临的一个突出问题。在新中国成立后的相当长的一段历史时期，由于受战争年代传统的影响，较为重视政策的作用，而忽视了法律对管理国家、建设国家的作用。因此，在那个时期，讲方针、政策比较多，或者直接按方针、政策办事；讲法制、法律则比较少，不注意或很少强调依法办事。结果给我国法制的发展带来了很大的副作用，在人们的头脑里形成了“政策至上”“政策本身就是法”“政策大于法律”等根深蒂固的观念，法律虚无主义倾向相当严重。随着经济、政治的变迁，中国已步入建设富强、民主、文明的社会主义现代化强国的轨道，在治国方略上也已实现了重大转变，即由过去主要依靠政策过渡到“既依靠政策、又依靠法制”，进而再过渡至“依法治国，建设社会主义法治国家”。治国方式的这种转变，标志着我国将逐步走向以法律作为主要社会调整手段的法治之路。

三、法与道德

（一）法与道德的区别

法与道德的问题，历来是法学上研究的主题之一。法和道德均属于社会规范，但两者有明显的区别：①两者起源的时间不同。在原始社会，道德就以独立的或与宗教、习俗相混合的形态而存在。至于法，则是随着一定条件的成熟，主要是生产力的发展、生产关系的变化、阶级和国家的产生、语言文字的发达等，才在一定的社会阶段出现的。②两者的表现形式不同。道德通常是约定俗成的，存在于人们的思想和观念之中，即使通过文字表述，以诸如社团章程、公约、守则、决议等形式存在，其内容也是比较原则、抽象的，其制定、修改和废除程序也不是很严格。而法律是作为国家制定或认可的规范而存在的，其成文形态多为法典、法规等具体的规范性文件，它们的制定、修改和废除都有严格的程序规定。③两者的具体内容不完全相同。一般地说，法律的内容比较具体、明确、肯定，既规定人们的义务，也规定人们的权利，而且通常以权利义务的一致性作为条件。道德的内容则不同，它侧重于人们的义务而不是权利，也不要求体现权利和义务的一致性。所以，在法学上有一种看法，说法律具有“两面性”（既重权利又重义务），而道德仅具有“一面性”（侧重于义务）。④两者实现的方式和手段不同。道德的实施，主要依靠社会舆论和传统的力量以及人们的自觉维护，而不是凭借国家的强制力。法律则不同，它的实施必须依靠国家强制力的保证，以国家机器为后盾，通过外在的强制（法律制裁）来强迫人们遵守。⑤两者调整的范围不尽相同。从深度看，道德调整的对象不仅是人们现实的行为，还包括人们的思想、品格和行为的动机。尽管法律在惩罚违法犯罪时也考虑人们的主观过错，但它不能惩罚这种主观过错本身。从广度上看，道德比法律调整的范围要广泛得多。一般地说，凡是法律调整的关系，大多也由道德调整。当然也并非所有的法律事项和问题都是道德评价、调整的对象。有些问题，如法律技术、程序的规定，与道德评价就没有直接的关系。

（二）社会主义法与社会主义道德的相互联系

表现在：①社会主义法是传播社会主义道德的有效手段。首先，在立法上对一些重要的道德要求、原则（如尊老爱幼、诚实守信）予以确认，用国家强制力保障其实现。其次，在法的实施上，通过对违法犯罪行为的制裁和对合法行为的保护与奖励，既可以培养人们的遵纪守法意识，又可以提高人们的道德观念，使社会保持良好的道德风尚。②社会主义道德是社会主义法的评价标准和推动力量。首先，法律规范必须要以道德作为价值基础。尽管法律和道德二者不能相互混淆，但是法律绝不可排除道德价值。失去道德价值，就等于失去了判断法律善恶好坏的标准。其次，道德的状况制约着立法的发展。道德水准的提高，将会为法的制定创造良好的条件。再次，道德对法的实施起着不可忽视的促进作用。在执法方面，较高的职业道德可以保证执法者做到执法严明，秉公断案；在守法方面，道德意识可以提高人们遵守法律的自觉性，进而维护法律的权威和尊严，积极同违法犯罪行为作斗争。最后，有些社会关系领域，或者法律不能调整，或者虽然应该由法律调整，但由于某些原因法律没有作出规定，在这些领域加强道德调整有助于弥补法律调整的不足。

在法律实践中，要正确认识法与道德的关系，既要看到它们的一致性和相互作用，又要看到它们的区别。不能把道德问题与法律问题简单地相混淆，把本来属于道德调整的问题当作法律问题来处理；或者相反，将法律问题当作道德问题来对待，从而将违法行为与不道德行为、法律责任与道德责任混为一谈。另一方面，也不能把法律与道德二者的区别绝对化，甚至否认它们之间的必然联系。仅仅看到法律的调整作用，甚至过分依赖法律，而忽视道德自身的调整作用及其对法律的制定、实施的意义和价值，势将造成难以想象的负面影响，乃至滞阻法律的发展和进步。

第四节 社会主义法制

一、社会主义法制的含义和要求

(一) 法制的概念

“法制”一词可以有两种解释：一种是从静态的角度，把法制解释为“法律制度”，即统治者通过国家政权建立的法律和制度，它是任何国家都不可缺少的统治工具。另一种是从动态的角度，把法制解释为严格执行和遵守法律和制度，依法进行活动的一种方式，是立法、执法、守法和法律监督的统一体。可见，法制是一个内涵广泛的概念，对它应从静态和动态两个角度做综合考察。其定义如下：法制是一国法律制度的总和，它包括立法、执法、司法、守法、法律监督的原则、制度、程序和过程。

(二) 社会主义法制的基本要求

社会主义法制是以社会主义民主为基础，体现工人阶级领导下的全体人民整体意志的法律制度的总和。在我国，关于社会主义法制的基本要求，早在1956年，董必武就曾在《进一步加强人民民主法制，保障社会主义建设事业》的报告中将其概括为“有法可依”和“有法必依”。1978年，中国共产党十一届三中全会公报中又将这一内容扩展、概括为“有法可依、有法必依、执法必严、违法必究”。这十六字方针，是对新中国几十年来社会主义法制建设正反两方面经验的科学总结，体现了社会主义法制建设的基本规律：①“有法可依”。即加强立法工作，积极制定法律、法规，这是健全社会主义法制的前提。为此，必须建立比较健全的社会主义法律体系。②“有法必依”。这是社会主义法制的中心环节。它是普遍守法原则的内容，不仅要求全体公民一律遵守法律，而且还严格要求执法机关及其工作人员依法办事，绝不允许执法犯法、以权乱法、以言代法。③“执法必严”。这是健全社会主义法制的关键条件。一切国家执法机关的活动，都必须有法律上的根据，在适用法律的过程中，必须做到严明、严格、严肃，以保证法律准确、有效地实施，维护法律的权威和尊严。④“违法必究”。这是健全社会主义法制的有力保障。违法，是法律所不允许的。不论什么人，只要违反了法律，就毫无例外地要受到法律追究。反过来讲，如果违法不究，那么，有法必依、执法必严就失去了保障，社会主义法制也就无从实现。在这个意义上，违法必究，是有法必依、执法必严的逻辑推论和必然结果。总之，社会主义法制的上述四项基本要求，也是健全社会主义法制的四个基本标准。这四个方面，密切联系，相辅相成，互为条件，相互作用，形成一个有机统一的整体。

二、社会主义法制与社会主义民主

在理论上，社会主义民主和社会主义法制的相互关系主要表现为两个方面：

1. 社会主义民主是社会主义法制的政治基础和前提。从产生上看，社会主义民主的存在决定着社会主义法制的存在。社会主义民主本质上是由广大人民掌握国家政权的国家制度，如果没有人民掌握政权的事实，没有社会主义民主存在的事实，人民就不可能把自己的意志表现为法律，进而建立和健全社会主义法制。从本质上看，社会主义民主的性质决定着社会主义法制的性质。社会主义法制的标志在于法律是否由人民制定，是不是切实体现人民的意志和维护人民的利益。人民的意志和利益决定着法律的“合法性”或“正统性”。在法的实施方面，同样也要依靠人民群众自觉地遵守法律，自觉地与违法犯罪作斗争，这样才能充分发挥社会主义法制的效能，实现社会主义法制的基本要求，达到社会主义法治的目标。因此，社会主义法制本质上是民主的或体现民主的。从发展上看，社会主义民主的发展程度制约着社会主义法制的发展程度。社会主义民主和法制建设的经验证明：法律的制定和完备取决于社会主义民主制度的逐步建立和发展。什么时候社会主义民主能够健康地发展，社会主义法制建设就会有明显的成效；反之，什么时候社会主义民主遭到破坏，社会主义法制随之就会遭到摧残。因此，政治民主化的程度与法制的完备程度是同步发展的。

2. 社会主义法制是社会主义民主的体现和保障。首先，以工人阶级为领导的广大人民当家做主的国家制度，必须通过社会主义法制加以确认和巩固。社会主义法制最重要的内容，就是保障社会主义民主的实现，使民主制度化、法律化。所以，从社会主义民主制度建立的时候起，它每前进一步，取得的每一项成果，都需要以宪法和法律的形式把它们确立下来，使之成为有法律根据、受法律保障的规则。其次，社会主义民主原则、权利、程序和方法，必须由社会主义法制加以体现和保障。民主的原则是民主政治存在的标志，需要通过具体的立法规定人们的民主权利以及严格的民主程序和方法来予以实现。没有相应的立法保障，没有严格的制度来保证“依法行政”“依法司法”，保障公民的民主权利和合法利益不受侵犯，那么所谓的“民主”就只能是一句空话。最后，社会主义民主制度的健全和完善也必须依靠社会主义法制的保障。社会主义民主的建立只是实行政治民主的第一步，怎样使民主能够健康地发展，从不完善走向完善，从不健全走向健全，则是社会主义法制所应承担的另一个重要任务。只有在得到社会主义法制保障的条件下，社会主义民主建设才有可能形成良性循环。

通过对社会主义法制和社会主义民主二者关系的分析，可以看出：它们相互依存、相互促进、相互保障，共同推进社会主义现代化建设事业的发展。没有民主的法制，只能是专制的法律制度，而不是社会主义法制。反过来，没有法制保障的民主，要么流于形式，要么很容易导致无政府主义。因此，在它们的关系问题上，切不可片面强调其中一个方面而忽视另一方面，必须把二者结合起来，才能得出科学的结论。

三、我国社会主义法制建设的历史阶段：经验和教训

新中国社会主义法制建设的过程，大体上可以分为五个阶段：

第一阶段：1949年10月1日至1956年党的“八大”召开。1949年10月1日中华人民共和国成立后，随即摧毁了国民党反动派的国家机器和法律制度，创立了以工人阶级为领导，以工农联盟为基础的人民民主专政的国家制度，开始了社会主义法制建设。这个阶段的法制建设是以当时我国的经济、政治等客观情况为条件的，政权和法制的第一作用，“就是压迫国家内部的反动阶级、反动派和反抗社会主义革命的剥削者，压迫那些社会主义建设的破坏者，就是为了解决国内敌我之间的矛盾”。[1] 从立法上讲，在这个阶段，先后颁布了《婚姻法》《土地改革法》《惩治反革命条例》《惩治贪污条例》《逮捕拘留条例》《宪法》《全国人民代表大会组织法》《国务院组织法》《治安管理处罚条例》《兵役法》等。这些重要法律和法规的制定，有力地保障和促进了社会主义建设事业的发展。

第二阶段：1956年党的“八大”召开后至1966年“文化大革命”开始。1956年，我国的社会主义改造已基本完成，资产阶级和其他剥削阶级已基本消灭，阶级斗争的内容和形式发生了根本的变化，社会的主要矛盾已不再是工人阶级和资产阶级之间的矛盾，而是如何保护和发展社会主义生产力，实现国家现代化，满足人们日益增长的物质和文化需要。面对这种情况，1956年党的“八大”对我国的阶级和阶级斗争形势作出了科学的论断，并正确地指出：“由于社会主义革命已经基本完成，国家的主要任务已经由解放生产力变为保护和发展生产力，我们必须进一步加强人民民主法制，巩固社会主义建设的秩序。国家必须根据需要，逐步地系统地制定完备的法律。”然而，从1957年以后，“八大”的政治结论，由于种种复杂的原因，特别是受到“左”的思潮冲击，没能得到贯彻和执行。“八大”提出的法制要求，也被频繁的群众运动所冲击，以致无法实现。不仅如此，频繁的群众运动还助长了法律虚无主义的发展。“有事办政法，无事搞生产”竟然成为当时的政法工作方针。在这十年中，人治思想和“左”的思潮日趋严重，国家的立法工作几乎处于停顿状态，仅仅制定了为数很少的一些法规性文件。与此同时，新中国成立后制定的一些法律和规章却逐渐失去权威性和效力，法制建设开始受到严重冲击。

第三阶段：1966年至1976年“文化大革命”期间。在“以阶级斗争为纲”错误理论的指导下，提出了“党内走资本主义道路的当权派”“党内有一个资产阶级”等口号，导致了实践上的错误，爆发了“文化大革命”，使国家处于动荡之中，给党、国家和人民带来巨大的灾难。这个阶段的特点是：法律虚无主义恶性膨胀，民主、法制遭到严重摧残。在这十年中，全国人民代表大会及其常委会和地方各级人民代表大会不能正常召开会议，立法工作全部停止；林彪、江青反革命集团更提出“砸烂公检法”“打破条条框框”，竭力煽动无政府主义思潮，使公安机关、法院、检

---

〔1〕 引自毛泽东《关于正确处理人民内部矛盾的问题》一文。

察院一度被迫停止工作；1954年《宪法》所确立的国家机构被彻底打乱，全国各地建立了所谓集党、政、财、文、军事、审判、检察权于一身的革命委员会；数以十万计的各级领导干部被当作叛徒、特务、走资产阶级道路的当权派而被打倒、被揪斗；大批知识分子被诬蔑为反党反社会主义反毛泽东思想分子或反革命修正主义分子，被任意批斗甚至被迫害致死；公民的人身自由和各项基本权利失去保障，被任意侵犯，甚至连国家主席刘少奇也被加上莫须有的罪名，横遭摧残，含冤而死——整个国家陷入动荡状态。

第四阶段：1976年粉碎“四人帮”之后至1978年党的十一届三中全会召开前。1976年粉碎“四人帮”后，我国进行了大量的拨乱反正工作，法制建设出现了新的转机，但是在指导思想上仍未摆脱“左”的错误思想的影响，继续坚持“以阶级斗争为纲”，坚持搞“群众运动”。

第五阶段：1978年党的十一届三中全会召开至现在。1978年党的十一届三中全会，是中国共产党历史上具有深远意义的伟大转折，全会结束了“以阶级斗争为纲”的理论，提出并完善了社会主义法制的基本要求。在立法工作上，制定了具有中国特色的社会主义新宪法并先后进行了4次修正，制定了《立法法》；在刑事法律方面，制定了《刑法》《刑事诉讼法》等；在民事法律方面，制定了《民法通则》《婚姻法》《继承法》《物权法》《侵权责任法》和《民事诉讼法》《公证法》《仲裁法》；在国家机关的组织和活动方面，重新修订了《全国人民代表大会组织法》《国务院组织法》《地方各级人民代表大会和各级人民政府组织法》《人民法院组织法》和《人民检察院组织法》《全国人民代表大会和地方各级人民代表大会选举法》《民族区域自治法》等。为了适应改革开放，经济立法日益成为立法的重点，先后制定了《中外合资经营企业法》《外资企业法》《全民所有制工业企业法》《中外合作经营企业法》《税收征收管理法》《预算法》《统计法》《会计法》《计量法》《反不正当竞争法》《证券法》等许多重要的经济法律和法规。总之，经过三十多年的恢复重建，我国以宪法为基础的社会主义法律体系已经形成，国家政治生活、经济生活和政府工作、司法工作基本纳入法制的轨道。

历史的经验教训足以证明，治国必有法，无法必乱国。国无法而不治，民无法而不立。没有健全的法制，必然会使社会动荡不安，生产遭受破坏，国民经济濒于崩溃。当然，在建设社会主义法制的过程中，也必须发扬社会主义民主，使社会主义民主政治制度化、法律化。

第五节 依法治国，建设社会主义法治国家

一、“依法治国，建设社会主义法治国家”方略的提出

党的十一届三中全会以后，邓小平同志基于对社会主义建设历史经验和教训的总结，提出了一系列发展社会主义民主、健全社会主义法制的思想和主张。这些思

想和主张继承和发展了马列主义、毛泽东思想有关民主和法制的基本原理，是邓小平理论的重要组成部分，也贯彻于三中全会以来党和国家的基本路线、方针和政策之中，成为治理国家的指导思想。

邓小平同志在不同时期的讲话、报告和文章中，多次涉及社会主义民主与法制问题。早在1979年，他就指出："为了实现四个现代化，必须发扬社会主义民主和加强社会主义法制。"〔1〕1980年，他又进一步明确指出：搞四个现代化一定要有两手，即"一手抓建设，一手抓法制"。在谈到制度建设时，他特别强调要实行法治而反对人治，指出人治存在的弊端和危害。他说："我历来不主张夸大一个人的作用，这样是危险的，是难以为继的。把一个国家、一个党的稳定建立在一两个人的威望上，是靠不住的，很容易出问题。"〔2〕邓小平同志认为，领导制度的好坏直接决定着社会主义事业的成败。他阐明道："……制度好可以使坏人无法任意横行，制度不好可以使好人无法充分做好事，甚至会走向反面。"〔3〕故此，社会主义国家的长治久安必须"依靠制度"。在论述民主和法制的相互关系时，邓小平同志指出，"中国的民主是社会主义民主，是同社会主义法制相辅相成的"，两者是相互关联的，它们"好像两只手，任何一手削弱都不行"。他强调："为了保障人民民主，必须加强法制。必须使民主制度化、法律化，使这种制度和法律不因领导人的改变而改变，不因领导人的看法和注意力的改变而改变。"〔4〕邓小平同志的这些论述，为我党依法治国方略的提出奠定了理论基础。

正是在邓小平同志民主和法制理论的基础之上，以江泽民同志为核心的党的第三代领导集体，认识到了实行和坚持依法治国"对于推进经济持续快速健康发展和社会全面进步，保障国家长治久安"的重要意义，进而提出"依法治国，建设社会主义法治国家"的口号，并于1996年将此作为社会主义民主和法制建设的一项重大的战略决策，列入《中国国民经济社会发展"九五"计划和2010年远景目标纲要》。江泽民同志在中国共产党第十五次全国代表大会上的报告中进一步指出："我国经济体制改革的深入和社会主义现代化建设跨越世纪的发展，要求我们在坚持四项基本原则的前提下，继续推进政治体制改革，进一步扩大社会主义民主，健全社会主义法制，依法治国，建设社会主义法治国家。"按照江泽民同志的讲话，实行和坚持依法治国，"就是广大人民群众在党的领导下，依靠宪法和法律的规定，通过各种途径和形式参与管理国家、管理经济文化事业、管理社会事务；就是逐步实现社会主义民主的制度化、法律化"。〔5〕1999年3月15日，第九届全国人民代表大会第二次会

〔1〕《邓小平文选》第2卷，人民出版社1983年版，第173页。
〔2〕《邓小平文选》第3卷，人民出版社1993年版，第325页。
〔3〕《邓小平文选》第2卷，人民出版社1983年版，第293页。
〔4〕《邓小平文选（1975～1982年）》，人民出版社1983年版，第136页。
〔5〕载《人民日报》1996年2月9日，第1版。

议通过的《中华人民共和国宪法修正案》第13条在《宪法》第5条增加了一款，明确规定："中华人民共和国实行依法治国，建设社会主义法治国家。"这就以根本大法的形式把依法治国的治国方略上升为一项基本的法律原则。胡锦涛同志在中国共产党第十八次全国代表大会上的报告中进一步强调指出：必须"扩大社会主义民主，加快建设社会主义法治国家""要推进科学立法、严格执法、公正司法、全民守法""提高领导干部运用法治思维和法治方式深化改革、推动发展、化解矛盾、维护稳定能力"。

二、坚持依法治国的重要性和必要性

"依法治国，建设社会主义法治国家"的治国方略，是中国共产党领导全国人民在进行社会主义现代化建设和社会主义法制建设已经取得初步成就的基础上，根据新的形势的发展提出的一个新的更高的目标，是党的领导方式和执政方式的重大转变、完善和发展，在社会主义法制建设的历史进程中具有划时代的意义。

"依法治国，建设社会主义法治国家"反映了全国人民的共同愿望和根本利益，是建设社会主义伟大事业的根本大计。具体地说，这一治国方略提出的重要性和必要性表现在：

1. 依法治国是建设社会主义市场经济，推进经济持续快速健康发展，促进社会生产力进步的客观要求。正如《中共中央关于建立社会主义市场经济体制若干问题的决定》所指出的："社会主义市场经济体制的建立和完善，必须有完备的法制来规范和保障。要高度重视法制建设，做到改革开放与法制建设的统一，学会运用法律手段管理经济。"可见，市场经济在一定意义上是法治经济，它要求以完善的法律制度来规范、引导和调整市场主体之间的经济行为和经济关系。市场主体资格的确认，财产所有权的保护，合同自由的维护，市场公平的形成，国家对市场的宏观控制，等等，都离不开法律。同时，法律通过对合法的经济行为的保护和对经济活动中的种种违法行为（如投机倒把、坑蒙拐骗、制造假冒伪劣商品、巧取豪夺等）的制裁，来维护市场经济的秩序和安全。没有法治的调节和保障，不实行依法治国，就不可能有社会主义市场经济健康有序的发展，也就不可能实现党和国家提出的经济增长和社会生产力发展的远景目标。

2. 依法治国是广大人民群众在党的领导下，依靠宪法和法律的规定，通过各种途径和形式参与管理国家、管理经济文化事业、管理社会事务，并且逐步实现社会主义民主的制度化、法律化的根本保障。社会主义民主建设同样需要经历一个过程，在这个过程中，只有坚持依法治国，建设社会主义法治国家，才能保证广大人民群众真正行使宪法和法律所赋予的民主权利，通过人民代表大会制度和中国共产党领导下的多党合作及政治协商制度来参政、议政；才能通过法定程序保证国家对重大问题的决定符合自己的根本利益；才能使自己的权利和自由得到切实的保障，并且在受到侵犯时可以及时得到法律的救济。没有真正的依法治国的制度，就不可能实现人民在国家生活、社会生活中真正地当家做主。

3. 依法治国是社会文明进步的重要标志，是保证国家稳定和实现长治久安的关键所在。稳定与发展是社会主义现代化建设必须面临的重大问题。一方面，稳定是改革和发展的前提，“没有稳定的环境，什么都搞不成，已经取得的成果也会失掉”。[1] 另一方面，稳定又不是最终的目标，在保持社会稳定和国家长治久安的基础上推进物质文明和精神文明建设以及社会的全面进步，才是社会主义事业的根本目的所在。在保持稳定和社会进步上，实行依法治国是一项重要的举措。因为，相对于“人治”而言，依法治国的“法治”是最具稳定性、连续性的制度，它不会因领导人的变动而变动，不会因领导人注意力的变化而变化；它最具有权威性，集中体现了广大人民的意愿、党的主张和国家的意志。法治实际上就体现了人民的根本利益，就有可能避免个别人的意志凌驾于宪法和法律之上，从而加强内部的团结和凝聚力，调动一切积极因素，为现代化建设事业共同奋斗。同时，只有实行依法治国，“科教兴国”战略才有可能在稳定的制度环境中落实为具体的行动，我们国家和民族的物质文明和精神文明也才有可能不断发展，从而推动社会的全面进步。

4. 依法治国是建设社会主义和谐社会的条件。法治建设与“和谐社会”的构建具有内在的高度统一性。构建社会和谐，首先必须建立理性的法治。无法治，不能做到依法治国，就无法实现国家民主，无法保障社会公平正义，无法构建和谐社会。

三、社会主义法治国家的性质及实现的标志和条件

依法治国是人类历史进程中经过共同努力而取得的文明成果，并且成为一切力图实现现代化的国家所追求的一个目标。近代以来，随着商品经济的形成、政治民主制度的建立和自由、平等、人权等人文主义精神的弘扬，依法治国的制度逐渐趋向普遍化，其重点在于强调：以法对国家权力进行限制和制约。其内容大体包括：①法律至上，权力在法律之下；②法律公开；③依法行政；④司法独立；⑤保障权利和自由；⑥实行“正当程序”，国家机关的活动必须严格遵循法律规定的程序进行。

但是应当看到，我们所要实现的是社会主义法治国家。我们的法治国家与西方资产阶级的法治国家存在着本质上的区别：①它坚持社会主义道路，是维护以公有制为主体、多种所有制经济共同发展的基本经济制度的国家。它以解放生产力，发展生产力，消灭剥削，消除两极分化，最终达到共同富裕为宗旨。②它坚持人民民主专政的制度，把对人民内部的民主和对敌对分子的专政有机结合起来，是工人阶级和全体人民共同管理国家事务、经济文化事务和社会事务的国家。③它坚持党的领导，是以共产党为领导核心而又奉行“普遍守法”原则的国家。在这个国家中，“党领导人民制定宪法和法律，并在宪法和法律范围内活动。依法治国把坚持党的领导、发扬人民民主和严格依法办事统一起来，从制度和法律上保证党的基本路线和

---

[1] 《邓小平文选》第3卷，人民出版社1993年版，第284页。

基本方针的贯彻实施，保证党始终发挥总揽全局、协调各方的领导核心作用”。[1] ④它是坚持以马克思主义理论为指导，积极继承人类历史上一切优秀的文化传统和吸收外国文化有益成果的国家。在实行依法治国的过程中，它既强调社会主义物质文明建设，又强调社会主义精神文明建设；既主张发展和繁荣经济，又强调发展科学、文化和教育事业。它强调以人为本、科学发展观，它的长远目标是要把国家建设成为一个富强、民主、文明的社会主义现代化强国。

社会主义法治国家实现的标志，大体上表现为这样几个方面：①形成完备的社会主义法律体系，在国家生活以及经济、文化和社会生活各个方面均能做到有法可依、有章可循。②宪法和法律具有最高的权威，任何组织或者个人都不得有超越宪法和法律的特权，决不允许以言代法、以权压法、徇私枉法。③实现“民主的法制化”和“法制的民主化”。前者是指民主的制度、权利、结构、形式和程序均在法律制度中确定下来，使之具有法律的完备形态。后者是指国家的立法、执法和司法活动过程均有广大人民群众的积极参与，真正实现广泛的民主。④国家的权力监督和制约机制形成并能够良性循环。⑤“依法行政”和“依法司法”制度得到有效的保障。⑥国家的法律秩序稳定，违法犯罪现象得到有效的控制，人民安居乐业，生活幸福，真正实现社会主义“和谐社会”的目标。

当然，要达到这样一个目标，需要一个相当长的过程，需要一些条件的相互促进、协调发展。其中包括：社会主义市场经济的健康发展；政治体制改革的推进和社会主义民主政治的完善；社会主义精神文明建设的发展和全体公民道德观念、法制观念、民主意识和权利意识的提高；以及立法体制、司法体制的改革和社会主义法律监督体系的完善；等等。

---

〔1〕 江泽民：《高举邓小平理论伟大旗帜，把建设有中国特色社会主义事业全面推向二十一世纪——在中国共产党第十五次全国代表大会上的报告》，人民出版社 1997 年版，第 34 页。

第二章 宪 法

第一节 宪法概述

一、宪法的概念

宪法是规定国家根本制度和根本任务，集中表现各种政治力量的对比关系，保障公民权利的国家根本法。

(一) 宪法是国家的根本法

一个国家有许多法律，如民法、民事诉讼法、刑法、刑事诉讼法、行政法等，宪法是其中的一种，但是，宪法在国家的法律体系中居于根本法的地位。马克思曾用“宪法——法律的法律”来说明宪法的根本法地位。宪法的根本法地位取决于以下因素：

1. 宪法规定国家的根本制度和根本任务。我国《宪法》序言宣布：“本宪法以法律的形式确认了中国各族人民奋斗的成果，规定了国家的根本制度和根本任务。”这里所说的根本制度就是国家制度和社会制度的基本原则，它包括国家性质、政权组织形式、国家结构形式和社会经济制度等涉及国家全局的根本性问题；这里所说的根本任务指的是《宪法》序言所宣布的“集中力量进行社会主义现代化建设”。同时，为了保障国家制度和社会制度的巩固与发展，促进根本任务的完成，我国《宪法》还规定了国家机关的组织与活动的原则、公民的基本权利和义务。这些规定所涉及的问题也都是国家的根本问题。至于其他的一般法律就是在符合国家根本制度的基础上，为促进国家根本任务的完成而规定的某些方面的问题。如刑法只规定犯罪和刑罚问题，民法只规定特定范围的财产关系和人身关系问题。

2. 宪法具有最高的法律效力。所谓法律效力，是指法律所具有的约束力和强制力。宪法的最高法律效力具有三层意思：①普通法依据宪法而制定，是宪法的具体化。②普通法不能和宪法相抵触，否则要被撤销和宣布无效。我国《宪法》规定的“本宪法……具有最高的法律效力”及“一切法律、行政法规和地方性法规都不得同宪法相抵触”就包含着法律、法律性文件，部分和宪法相抵触者部分无效，全部和宪法相抵触者全部无效的意思。③一切组织和个人都必须以宪法为根本的活动准则。我国《宪法》序言规定：“全国各族人民、一切国家机关和武装力量、各政党和各社会团体、各企业事业组织，都必须以宪法为根本的活动准则，并且负有维护宪法尊严、保证宪法实施的职责。”

3. 宪法有严格的制定和修改程序。宪法内容的根本性和效力的最高性，要求宪法的制定和修改有更加严格的程序。我国的第一部《宪法》是经宪法起草委员会负责起草，经全民讨论之后，再提交第一届全国人民代表大会第一次会议审议，经全体成员的2/3以上同意通过的。现行《宪法》是由宪法修改委员会起草，在征求各方面意见，进行全民讨论后，由全国人民代表大会表决通过的。根据现行《宪法》的规定，今后修宪的程序是：由全国人民代表大会常务委员会或者1/5以上的全国人民代表大会代表提议，并由全国人民代表大会以全体代表的2/3以上多数通过。其他法律案由全国人民代表大会过半数通过。

（二）宪法是公民权利的保障书

我国宪法确认，中华人民共和国的一切权力属于人民。这一规定，是人民主权原则的体现，它表明，国家的一切权力皆来自人民，国家的目的是保护人民。用宪法来保障公民的权利，授予和限制国家的权力，是近代宪法的精髓。1789年的法国《人权宣言》第16条确认："凡权利无保障和分权未确定的社会就没有宪法。"综观世界各国宪法，对公民权利采取了两种保护方式：①列举式，如我国《宪法》第二章，用17个条文列举了公民的26项基本权利。②限制式，如美国宪法前10条修正案，限制议会制定法律剥夺公民的言论、出版、宗教等自由。不管是哪种方式，宪法都要为公民权利和国家权力划定界限，成为公民寻求权利救济的终极法律依据。

（三）宪法是各种政治力量对比关系的集中表现

按照马克思主义的观点，法律所表现的是被上升为国家意志的统治阶级意志。宪法作为国家的根本法，它所体现的也是上升为国家意志的统治阶级意志。但是，统治阶级不能随心所欲地表现自己的意志，把自己的意志上升为国家意志。它必须考察本国各种政治力量的对比关系，并以这种关系作为依据来确定宪法的某些内容。

所谓政治力量对比，首先是指阶级力量对比。宪法所表现的阶级力量对比关系是非常明显的，它具体表现为两个方面：①阶级力量强弱的对比关系。宪法由掌握国家权力的统治阶级所制定，它通常表现为统治阶级的力量比被统治阶级强大。②阶级力量强弱悬殊程度的对比关系。统治阶级在宪法中所确定的统治方式即以这种强弱悬殊程度为依据的。前者决定宪法的历史类型和本质，后者决定本质相同的各种宪法之间的形式以及若干内容方面的差异。

政治力量的对比中，阶级力量的对比固然居于首要地位，但它决不局限于阶级力量对比，它比阶级力量对比的含义更为广阔。政治力量既包含着与阶级力量有直接联系的同一阶级内的各个阶层、各个派别的力量，如资产阶级中有工业资产阶级阶层、金融资产阶级阶层，有民主党、共和党，等等，也包含着与阶级力量既有若干联系又有重大区别的各种社会集团的力量，如具有民族凝聚力的民族团体组织，因具有性别、年龄等因素形成共同利益的妇女、青年组织等，还有因政见不同而在一个阶级、组织、集团中出现的各种政治派别。

宪法所表现的各种政治力量对比关系是全面的。其他法律也表现政治力量对比关系，但它只是着重于某个侧面，如我国的《民族区域自治法》就只表现关于民族方面的政治力量对比关系。宪法和一般法律相比，具有全面地、集中地表现各种政治力量对比关系的特点。

二、宪法保障

宪法保障是指国家为了维护宪法尊严、保证宪法实施而建立的宪法解释、宪法监督、违宪审查等一系列制度的总和。

新中国成立以来，我国宪法保障逐步建立和完善。1954 年《宪法》规定全国人民代表大会监督宪法的实施，全国人大常委会有权撤销国务院制定颁布的同宪法、法律、法令相抵触的决议和命令；有权改变或者撤销省、自治区、直辖市国家权力机关不适当的决议。但由于最高国家权力机关监督宪法实施的职责落实得不够具体，作用也不显著。现行《宪法》在吸收 1954 年《宪法》的基础上，进一步完善了宪法保障制度，主要有以下方面：

1. 宪法宣告本身作为国家根本法的最高法律地位。我国《宪法》不仅在序言第 13 段明确了宪法的法律地位和效力问题，还在《宪法》第 5 条以及公民的基本义务等相关条文中规定了宪法的法律效力问题。在 1999 年修改《宪法》时，又将“中华人民共和国实行依法治国，建设社会主义法治国家”写入《宪法》之中。自此，全国人民已取得了这样的共识：依法治国的核心就是依宪法治国。要实现依宪治国，就必须树立宪法的最高权威，建立有中国特色的宪法监督制度。

2. 宪法明确规定，由全国人大和全国人大常委会行使宪法监督权，由全国人大常委会行使宪法解释权。我国实行立法机关解释宪法制，由最高权力机关的常设机关行使宪法监督权和解释权，是具有中国特色的监督宪法实施的组织形式，它兼有最高权力机关以及立法机关监督宪法实施的长处。

3. 现行宪法设立各种专门委员会协助全国人大及其常委会行使宪法监督权。法律规定各专门委员会审议全国人大常委会交付的被认为同宪法、法律相抵触的国务院的行政法规、决定和命令；审议国务院各部、各委员会的命令、指示和规章；审议省、自治区、直辖市的人民代表大会和它的常委会的地方性法规和决议；审议省、自治区、直辖市的人民政府的决定、命令和规章等，提出报告。

4. 宪法规定了严密完整的法律监督的体系。这就是：全国人大有权改变或者撤销全国人大常委会不适当的决定有权全国人大常委会有权撤销国务院制定的同宪法、法律相抵触的行政法规、决定和命令，有权撤销省级国家权力机关制定的同宪法、法律和行政法规相抵触的地方性法规和决议；国务院有权改变或者撤销各部、各委员会发布的不适当的命令、指示和规章，有权改变或者撤销地方各级国家行政机关的不适当的决定和命令；等等。

5. 宪法规定对规范性文件的监督采取事先审查和事后审查相结合的方式。事先审查有：自治区的自治条例和单行条例，报全国人大常委会批准后生效；自治州、自治县的自治条例和单行条例，报省或自治区的人大常委会批准后生效，并报全国人大常委会备案。事后审查有：各省、自治区、直辖市的人大及其常委会制定的地方性法规，报全国人大常委会和国务院备案。

6. 宪法规定公民对国家机关和国家工作人员的违法失职行为有提出申诉、控告、检举的权利，有依法取得赔偿的权利。宪法的实施，还必须有党的自觉守法和人民群众自下而上的监督。

除宪法规范外，我国的《立法法》《各级人民代表大会常务委员会监督法》等进一步完善了违宪审查制度。如：有权的国家机关和公民个人认为行政法规、地方性法规、自治法规和最高人民法院以及最高人民检察院的司法解释与宪法和法律相抵触的，可以向全国人大常委会的有关机关提出要求审查的建议和意见，有关机关负责接收和处理。

三、宪法的历史发展

"宪法"一词，我国古籍中早有记载。如《国语》有："赏善罚奸，国之宪法。"但这里的"宪法"一词，指的是普通法律，而不是国家的根本法。作为国家的根本法，宪法是资产阶级革命的产物。最早的一批资产阶级宪法，是17世纪的英国宪法和18世纪的美国宪法、法国宪法。

17世纪，随着资本主义经济在英国的发展，爆发了反对封建统治的资产阶级革命。当时英国工业革命还不够发达，资产阶级的力量也不够强大，最终和封建贵族妥协，确立了君主立宪制。英国是资产阶级宪法的发源地，但却没有一部完整的、统一的成文宪法。它是由1679年的《人身保护法》、1689年的《权利法案》、1701年的《王位继承法》、1911年和1949年的《议会法》以及法院的判例和国会惯例构成的。

1787年，美国取得独立战争胜利后，在费城召开了制宪会议，制定了美国宪法。这是世界上第一部成文宪法。它以"分权制衡""联邦制"和"违宪审查制"为基本原则，以27条宪法修正案来适应时代的发展变化，成为其他资产阶级国家宪法的楷模。

1789年的法国资产阶级大革命，产生了闻名于世的《人权宣言》，"人类生而自由，在权利上平等""无罪推定""罪刑法定""法律面前人人平等"等原则，构成了这一政治文件的内容，并影响了后世宪法的发展。1791年，法兰西共和国第一部宪法，将《人权宣言》纳入了宪法文本。

中华人民共和国的宪法历史从1949年的《共同纲领》开始，它规定了我国的根本制度和基本任务，在没有宪法的情况下，起了临时宪法的作用。新中国第一部宪法是1954年《宪法》，它是一部社会主义类型的宪法。在宪法中贯穿了社会主义原则和民主原则，确认了国家在过渡时期的总路线，发展了《共同纲领》，是我国历史上一部比较好的宪法。1975年和1978年《宪法》，是我国在指导思想不正确的基础上制定的，"左"的倾向十分严重，是存在较多问题的宪法。

我国现行宪法是1982年《宪法》，它于1982年12月4日通过，是新中国成立以来最好的一部宪法。其特点是：确定四项基本原则为总的指导思想，坚持和完善社会主义经济制度，保障和扩大公民的基本权利，进一步促进了国家机构的民主化和效率化。为了适应社会主义建设事业和改革开放的需要，1988 年 4 月，第七届全国人大第一次会议通过宪法修正案，增加了对私营经济和土地使用权依法转让的规定。1993 年 3 月，第八届全国人大第一次会议通过宪法修正案，对社会主义初级阶段和建设有中国特色的社会主义理论、中国共产党领导的多党合作和政治协商制度以及社会主义市场经济作出了新的规定。1999 年 3 月 15 日，第九届全国人大第二次会议表决通过了宪法修正案，在宪法中规定了“邓小平理论”的指导地位；宣告了“中华人民共和国实行依法治国，建设社会主义法治国家”的治国方案；肯定了“国家在社会主义初级阶段，坚持公有制为主体、多种所有制经济共同发展的基本经济制度；坚持按劳分配为主体、多种分配方式并存的分配制度”；明确了“农村集体经济组织实行家庭承包经营为基础、统分结合的双层经营体制”；确认了“在法律规定范围内的个体经济、私营经济等非公有制经济，是社会主义市场经济的重要组成部分”；以及把《宪法》第 28 条中规定的“反革命活动”修改为“危害国家安全的犯罪活动”等。2004 年第十届全国人大第二次会议对宪法进行了第四次修改。在宪法序言中，增加“三个代表”重要思想这一指导思想；在宪法序言关于爱国统一战线组成的表述中增加“社会主义事业的建设者”；将国家的土地征用制度修改为“国家为了公共利益的需要，可以依照法律规定对土地实行征收或者征用并给予补偿”；将宪法对非公有制经济的规定修改为“国家保护个体经济、私营经济等非公有制经济的合法的权利和利益。国家鼓励、支持和引导非公有制经济的发展，并对非公有制经济依法实行监督和管理”；将国家对公民私有财产的规定修改为“公民的合法的私有财产不受侵犯。国家依照法律规定保护公民的私有财产权和继承权。国家为了公共利益的需要，可以依照法律规定对公民的私有财产实行征收或者征用并给予补偿”；增加规定“国家建立健全同经济发展水平相适应的社会保障制度”；增加规定“国家尊重和保障人权”；将全国人大代表的产生方式修改为“全国人民代表大会由省、自治区、直辖市、特别行政区和军队选出的代表组成。各少数民族都应当有适当名额的代表”；将全国人大常委会、国务院对戒严的决定权改为对紧急状态的决定权；相应地，国家主席对戒严的宣布权也改为对紧急状态的宣布权；关于国家主席的职权，增加了关于国家主席代表国家“进行国事活动”的规定；将乡镇人大的任期由 3 年改为 5 年；在宪法中增加了关于国歌的规定。上述规定使这部宪法更加完善。

第二节 我国的基本制度

一、人民民主专政制度

人民民主专政制度是我国的国家性质，即国体。所谓国家性质，是指社会各阶级和利益集团在国家中的地位。这种地位体现着两种关系，即统治阶级和被统治阶级的关系；统治阶级内部领导者与被领导者的关系。

（一）人民民主专政是具有中国特色的无产阶级专政

关于无产阶级专政即无产阶级民主的学说，是马克思主义的精髓。人民民主专政理论则是马克思主义关于无产阶级专政学说在中国具体条件下的创造性发展。我国的人民民主专政从总体上说，经历了资产阶级民主革命和社会主义革命两个时期。中华人民共和国成立以前，在革命根据地建立的人民民主专政，虽然以工人阶级为领导，并以工农联盟为基础，但它所肩负的乃是解决资产阶级性质的民主革命的任务。由于它只是实行对封建土地所有制的变革，而不触动民族资产阶级的生产资料所有制，也不改变农民和其他劳动者的个体所有制，所以那时的专政形式还不是无产阶级专政。及至新中国成立以后，开始从新民主主义到社会主义的过渡，人民民主专政的任务亦随之改变。这时的专政形式，从实质上看，才是无产阶级专政。其中国特色为：中国是经历了漫长的封建制度的国家；中国是农民人口众多的国家；中国是以公有制为主体，多种经济形式共存的国家；中国是存在广泛统一战线的国家。

（二）人民民主专政是大多数人的民主

人民民主专政是对人民的民主。人民是什么，这个概念在不同的国家和各个国家的不同历史时期，有着不同的内容。我国现行《宪法》规定："中华人民共和国是工人阶级领导的、以工农联盟为基础的人民民主专政的社会主义国家。"这一规定表明，工人阶级是人民民主专政的领导力量；工农联盟是人民民主专政的基础；知识分子同工人、农民一样，是人民民主专政的主要依靠力量。

在国家性质上，我国还存在着一个广泛的爱国统一战线，它表明我国人民民主专政的阶级基础十分广泛。统一战线是在中国社会和中国革命的特殊情况下产生和发展的。中国共产党以马克思主义普遍真理结合中国革命具体实践，创立并制定了统一战线的理论和政策。

现阶段的爱国统一战线，正如宪法序言指出的，是由中国共产党领导的，有各民主党派和各人民团体参加的，包括全体社会主义劳动者、社会主义事业的建设者、拥护社会主义的爱国者和拥护祖国统一的爱国者的广泛的统一战线。这个统一战线包括两个联盟：一个是由大陆范围内的全体劳动者和爱国者组成的以社会主义为政治基础的联盟，这个联盟必须坚持四项基本原则。另一个是广泛团结台湾同胞、港澳同胞、海外侨胞，以拥护祖国统一为政治基础的联盟。在这联盟中，主要要求赞成祖国统一。即使不赞成社会主义的人，只要赞成祖国统一也都是爱国统一战线团结的对象。

（三）人民民主专政是民主和专政的结合

人民民主专政诚然是最大多数人的民主，但并不是全民民主。宪法序言规定：在我国，剥削阶级作为阶级已经消灭，但是阶级斗争还将在一定范围内长期存在。中国人民对敌视和破坏我国社会主义制度的国内外敌对势力和敌对分子，必须进行斗争。所以从国家职能来看，人民民主专政是民主与专政的结合。其实，世界上任何政权都是民主与专政的结合。

二、多党合作和政治协商制度

中国共产党领导的多党合作和政治协商制度，是我国的一项基本政治制度。我国 1993 年修改《宪法》时，将这一制度写入宪法序言。它是马克思主义同中国革命与建设相结合的一个创造，对于巩固扩大爱国统一战线，发展社会主义民主，促进全国各族人民大团结，实现党和国家的总任务具有重要意义。

我国的多党合作必须坚持中国共产党的领导，必须坚持四项基本原则，这是中国共产党同各民主党派合作的政治基础。“长期共存、互相监督、肝胆相照、荣辱与共”是共产党与民主党派合作的方针。

中国共产党领导的多党合作和政治协商制度，根本区别于资本主义国家的两党制或多党制。民主党派是与共产党通力合作的友党，是参政党，不是在野党，更不是反对党。我国斗争的历史和现实的政治基础决定了在中国必须实行这种制度。

中国人民政治协商会议是我国人民爱国统一战线的组织，也是共产党领导的多党合作和政治协商的一种重要组织形式。人民政协要对国家的大政方针、地方重要事务、政策法令的贯彻、群众生活和统一战线内部等重要问题进行政治协商，并通过提出建议和批评，发挥民主监督的作用。

人民政协对国家事务实行监督，这是我国政治生活中的一项优良传统。但是这种监督不同于人民代表大会的监督。人民代表大会运用国家权力实行监督，具有法律效力。人民政协不具有国家权力的性质，没有法律约束力，是一种民主监督。人民政协监督的基本方式是建议和批评，目的在于协助国家机关改进工作，提高工作效率。

人民政协在过去发挥了重要作用，今后在国家政治生活、社会生活和对外友好活动中，在进行社会主义现代化建设，维护国家统一和团结的斗争中，将进一步发挥它的重要作用。

三、人民代表大会制度

人民代表大会制度是我国的政权组织形式，即政体。所谓政体，是指特定社会的统治阶级所采取的行使国家权力、治理社会的组织原则和方式的体系。组织政权机关，特别是组织中央政权机关的原则和方式，显示着特定国家的国家形式。政权组织形式是国家形式的主要方面，它与国家阶级本质相联系，政权组织形式从属于国家本质，并反映国家本质；国家本质决定着政权组织形式，因而每一种类型的国家，都要依据各国的具体情况建立与之相适应的政权组织形式。

（一）人民代表大会制度的概念

人民代表大会制度是指：我国的一切权力属于人民；人民在普选的基础上选派代表，组成全国人民代表大会和地方各级人民代表大会，作为行使国家权力的机关；其他国家机关由人民代表大会产生，受人民代表大会监督，对人民代表大会负责；

人大常委会向本级人民代表大会负责，人民代表大会向人民负责。这个概念包含以下四个环节：

1. 国家的一切权力属于人民。权力属于人民是指国家权力属于人民全体。由于国家权力统一不可分割，所以不能把每一个公民单独地看做是部分权力的所有者，而只能说人民作为整体乃是国家权力的所有者。值得注意的是，国家的一切权力属于人民，而人民是几亿人的总和，虽然几亿人可以划分为阶级，由政党来代表和领导，但这毕竟是从大体上而言的，不可能把几亿人的个性囊括无遗。细微地观察起来，几亿人的文化程度、生活水平、觉悟程度、思想素质和各自从事的职业以及具体的利益要求等，差异极大。因此，使人民能够形成统一意志，行使权力，非要依靠一套有效的民主和集中的政治制度不可。在我国，这样的制度就是人民代表大会制度。

2. 人民在民主普选的基础上选派代表，组成全国人民代表大会和地方各级人民代表大会，作为人民行使国家权力的机关。人民行使国家权力，有直接和间接两种形式。在我国，农村的村民委员会和城市的居民委员会，是人民直接行使国家权力的方式。除此之外，人民通过行使宪法赋予的政治权利、通过职工代表大会行使权利，也可以理解为社会主义民主的直接形式。但相对而言，人民通过全国人民代表大会和地方各级人民代表大会这种间接民主形式行使国家权力，是更为主要的。

3. 其他国家机关由人民代表大会产生，受它监督，向它负责。全国人民代表大会和地方各级人民代表大会是国家的权力机关。其权力的行使又分成两部分：一为自己行使权力，以全国人大为例，它行使最高立法权、决定权、任免权和监督权，这些权力都是国家生活中带有根本性和全局性的权力。二为权力机关通过组织行政机关、审判机关和检察机关等，将不同性质的国家权力授予各部门，并对之监督，达到国家权力的有机配置，实现国家目的。

4. 人大常委会向本级人民代表大会负责，人民代表大会向人民负责。人民代表大会行使国家权力是通过会议的方式进行的。我国各级人民代表大会通常每年只举行一次会议，而且会期不长，所以县以上各级人民代表大会均设常委会作为经常行使国家权力的机关。常委会根据宪法和法律规定的职权行使国家权力。《宪法》第69条规定："全国人民代表大会常务委员会对全国人民代表大会负责并报告工作。"

人民代表是由人民选举产生的，当然应该向人民负责，受人民监督和罢免。反之，如果脱离人民去独立行使权力，就违背了人大制度的本质。

（二）选举制度的基本原则

人民代表大会制度的核心是选举制度。所谓选举制度，是指选举国家代表机关代表和国家公职人员的制度总和，它包括选举的组织、程序和方法等。选举原则是选举制度的精髓，其内容包括：

1. 选举权的普遍性。选举权利包括选举权和被选举权两方面。根据《宪法》和《选举法》的规定，除依法被剥夺政治权利的人以外，凡年满18周岁的我国公民，不分民族、种族、性别、职业、家庭出身、宗教信仰、教育程度、财产状况和居住期限，都享有选举权和被选举权。

2. 选举权的平等性。选举权的平等性包括选民平等的投票权和每一代表产生的人口比例基本相等这两方面。我国《选举法》规定，每一选民在一次选举中只有一个投票权。我国选举法确定的平等选举包括地域平等、城乡平等和民族平等。2010年修改的《选举法》，把城乡居民按相同比例确定候选人作为一项原则来确定，是公民政治权利法律保护的进步。

3. 直接选举和间接选举并用。直接选举是指人民代表大会的代表由选民直接选举产生，间接选举是指上一级人民代表大会的代表由下一级人民代表大会选举产生。目前，在我国这两种方法同时采用。直接选举主要为乡、县两级人大代表选举；间接选举为县级以上人大（不含县级）和全国人大代表选举。

4. 秘密投票。秘密投票亦称无记名投票，指在选票上不记投票人的姓名，选民按照自己的意愿填写选票，并亲自投入票箱。这样，选民可以排除外来干扰，自主地选举出自己信赖的人担任代表。

5. 差额选举。差额选举指代表候选人多于应选代表的制度。在我国，差额选举是一项普遍规则。在直接选举时，代表候选人比应选代表多1/3~1倍。间接选举时，代表候选人比应选代表多1/5~1/2。

除选举的基本原则外，我国《选举法》还规定了选举的组织机构、选区划分、选民登记、代表候选人的提名、选举投票，确认选举结果以及对代表的监督和罢免制度等，总之，选举制度成为人大制度的一个重要的组成部分。

四、单一制下的地方制度

单一制是国家结构形式问题。所谓国家结构形式，是指统治阶级采用何种原则和方法划分国家整体和部分之间、中央和地方之间的关系。国家依据这种关系，进行行政区划，设置行政单位。随着国家形式的不断完善，世界各国主要形成了单一制和联邦制两种国家结构形式。

我国由于历史原因、民族原因、经济因素和国防需要，采用了单一制的国家结构形式。正如我国《宪法》所确认的："中华人民共和国是全国各族人民共同缔造的统一的多民族国家。"

在单一制国家结构形式下，我国有三种中央与地方的关系模式，即中央与普通行政地方的关系、中央与民族自治地方的关系和中央与特别行政区的关系等。

（一）普通行政地方

它是相对于民族自治地方和特别行政区而言的。在法律上，普通行政地方是以普通法律授权而建立的地方制度，不享有国家通过法律特别授予的权力。主要包括：

1. 省制。省是地方的最高行政区域，省的地方制度是地方制度中的最高层次。

2. 市制。我国的城市在规模、人口、经济条件等方面有较大的差异，可分为直辖市、省辖市和县级市三级。

3. 县制。它在地方制度中历史最悠久，在国家机关体系中起着承上启下的作用。

4. 乡镇制。它通常被称为基层政权，在地方制度中属于最低层次。

（二）民族自治地方

民族区域自治制度是指在统一的祖国大家庭内，在中央的统一领导下，以少数民族聚居区为基础，建立民族自治地方，设立自治机关，行使自治权，使实行区域自治的民族的人民实现当家做主管理本民族内部地方性事务的权利。各民族自治地方都是中华人民共和国不可分离的部分。我国的民族自治地方包括自治区、自治州和自治县三级。自治地方的自治机关是人民代表大会和人民政府，法院和检察院不实行自治。自治机关的核心是依据宪法和民族区域自治法行使自治权。

（三）特别行政区

特别行政区是我国“一国两制”构想在宪法上的体现，是考虑到香港、澳门、台湾问题而设立的。特别行政区是我国的一级地方政权，但与一般省不同，它享有高度自治权。这表明，我国在维护国家主权、统一和领土完整的原则方面是坚定不移的，但在具体政策、措施方面又有很大的灵活性。

我国《宪法》第31条规定：“国家在必要时得设立特别行政区。在特别行政区内实行的制度按照具体情况由全国人民代表大会以法律规定。”

五、我国的经济制度

经济制度是指在人类社会一定历史发展阶段上占统治地位的生产关系的总和，是上层建筑赖以建立的基础。《宪法》第6条第1款规定：“中华人民共和国的社会主义经济制度的基础是生产资料的社会主义公有制，即全民所有制和劳动群众集体所有制……”

（一）我国的各种经济形式

1. 全民所有制经济。全民所有制经济是由社会主义国家代表全体人民占有生产资料的一种所有制形式。《宪法》第7条规定：“国有经济，即社会主义全民所有制经济，是国民经济中的主导力量。国家保障国有经济的巩固和发展。”

根据宪法和法律的有关规定，国有企业都属于全民所有制经济；除法律规定属于集体所有的森林、山岭、草原、荒地、滩涂等自然资源以外的其他一切矿藏、水流、森林、山岭、草原、荒地、滩涂等自然资源都属于国家所有；农村和城市郊区的土地可以依法属于国家所有，城市的土地一律属于国家所有。

2. 劳动群众集体所有制经济。劳动群众集体所有制经济是由集体经济组织内的劳动者共同占有生产资料的一种形式。《宪法》第8条第3款规定：“国家保护城乡集体经济组织的合法的权利和利益，鼓励、指导和帮助集体经济的发展。”集体可拥有部分自然资源和土地的所有权，农村的自留地、自留山和宅基地依法属于集体所有。

3. 劳动者个体经济和私营经济。劳动者个体经济是指城乡劳动者个人占有少量生产资料和产品，从事不剥削他人的个体劳动，收益归己的一种所有制形式。个体经济在法律上具体表现为个体工商户。私营经济是指以雇工经营为特征、存在雇佣劳动关系的一种所有制形式。私营企业可以采用独资企业、合伙企业和有限责任公司三种形式。2004 年《宪法修正案》第 21 条规定："国家保护个体经济、私营经济等非公有制经济的合法的权利和利益。国家鼓励、支持和引导非公有制经济的发展，并对非公有制经济依法实行监督和管理。"

4. 中外合资、中外合作和外商独资企业。三资企业是我国改革开放、引进外资的成果，称为国家资本主义。《宪法》第 18 条规定："中华人民共和国允许外国的企业和其他经济组织或者个人依照中华人民共和国法律的规定在中国投资，同中国的企业或者其他经济组织进行各种形式的经济合作。在中国境内的外国企业和其他外国经济组织以及中外合资经营的企业，都必须遵守中华人民共和国的法律。它们的合法的权利和利益受中华人民共和国法律的保护。"

（二）公民个人财产权和私有财产继承权

国家保护公民个人的合法财产所有权和私有财产继承权，是我国社会主义经济制度的一个重要内容。2004 年《宪法修正案》第 22 条规定："公民的合法的私有财产不受侵犯。国家依照法律规定保护公民的私有财产权和继承权。国家为了公共利益的需要，可以依照法律规定对公民的私有财产实行征收或者征用并给予补偿。"

六、文化制度

我国的文化制度，集中体现在《宪法》第 19～24 条有关社会主义精神文明建设的规定中。社会主义精神文明建设大体上可以分为教育、科学、文化建设和思想道德建设两个方面。

（一）教育、科学、文化建设

教育的发展，不仅是整个科学文化发展的基础和人民群众思想觉悟提高的条件，也是物质文明发展不可缺少的前提。因此，《宪法》第 19 条规定："国家发展社会主义的教育事业，提高全国人民的科学文化水平。国家举办各种学校，普及初等义务教育，发展中等教育、职业教育和高等教育，并且发展学前教育。国家发展各种教育设施，扫除文盲，对工人、农民、国家工作人员和其他劳动者进行政治、文化、科学、技术、业务的教育，鼓励自学成才……"《宪法》第 20 条规定，国家发展自然科学和社会科学事业，普及科学知识和技术知识，奖励科学研究成果和技术发明创造。

（二）思想道德建设

思想道德建设是社会主义精神文明的重要内容。宪法总纲规定，国家通过普及理想教育、道德教育、文化教育、纪律和法律教育，通过在城乡不同范围的群众中制定和执行各种守则、公约，加强社会主义精神文明建设。宪法还规定，国家提倡爱祖国、爱人民、爱劳动、爱科学、爱社会主义的公德，在人民中进行爱国主义、集体主义和国际主义、共产主义的教育，进行辩证唯物主义和历史唯物主义的教育，反对资本主义、封建主义和其他的腐朽思想。

宪法关于社会主义精神文明建设的规定集中反映在总纲中。在公民的基本权利和义务的条款中，实际上同时也包含着建设社会主义精神文明的要求。

七、基层群众自治制度

依据宪法，我国城市和农村设立的居民委员会和村民委员会是基层群众性自治组织，实行自我教育、自我管理、自我服务。在农村，重大问题由村民大会或村民代表会议决定。

八、我国的国旗、国歌、国徽和首都

（一）我国的国旗

《宪法》第136条第1款规定："中华人民共和国国旗是五星红旗。"我国国旗是国家的象征和标志，她代表着国家主权和尊严。每个公民和组织，都应当尊重国旗。1990年6月，第七届全国人大常委会通过的《中华人民共和国国旗法》（2009年修正）对国旗的升挂和使用，以及对侮辱国旗的行为的处罚，作了具体规定。

（二）我国的国歌

《宪法》第136条第2款规定："中华人民共和国国歌是《义勇军进行曲》。"这是2004年《宪法修正案》第31条增加规定的。

（三）我国的国徽

《宪法》第137条规定："中华人民共和国国徽，中间是五星照耀下的天安门，周围是谷穗和齿轮。"我国的国徽是我们国家的标志，象征着我国是工人阶级领导的、以工农联盟为基础的社会主义国家，代表着我们伟大的祖国的荣誉和尊严。

1991年3月2日，第七届全国人大常委会第十八次会议通过了《中华人民共和国国徽法》，对我国国徽的制作，应该悬挂国徽的机构、场所，应该刻有国徽图案的机构、印章以及禁止使用国徽或图案的场合等作了明确规定。

（四）我国的首都

《宪法》第138条规定："中华人民共和国首都是北京。"北京是我国中央机关所在地，是我国的政治、文化中心。

第三节 我国公民的基本权利和义务

一、公民的概念

公民是指具有某个国家国籍的人。所谓国籍，就是指一个人属于某个国家的一种法律上的身份，即属于某一国家的公民资格。我国《宪法》第33条第1款规定："凡具有中华人民共和国国籍的人都是中华人民共和国公民。"我国《国籍法》对取得中国国籍的人作了具体规定。就是说，成为我国公民除了要求具有我国国籍之外，没有其他资格的限制。

二、我国公民的基本权利

2004年《宪法修正案》第24条规定："国家尊重和保障人权。"

根据我国宪法的规定，我国公民的基本权利包括以下内容：

1. 平等权。中华人民共和国公民在法律面前一律平等。我国公民不分民族、种族、性别、职业、家庭出身、宗教信仰、教育程度、财产状况、居住期限，一律平等地享有宪法和法律规定的权利。公民在适用法律上一律平等，任何公民的权利都要受法律保护，任何公民违法犯罪都要依法给予相应制裁；公民在遵守法律方面一律平等，任何公民都必须受法律约束，严格遵守法律，不得有超越于法律之上的特权。

2. 政治权利和自由。宪法和法律规定公民有参与国家政治生活的民主权利，以及在政治上享有表达个人见解和意愿的自由。主要包括：①选举权和被选举权。②言论、出版、集会、结社、游行、示威的自由。言论自由是指宪法规定公民通过口头或书面以及著作表达自己意见的自由；出版自由是公民以出版物形式表达其思想和见解的自由；集会自由是公民为某种目的，临时集会在一定场合讨论问题或表达意愿的自由；结社自由是公民为一定宗旨，组织或参加具有持续性的社会团体的自由；游行自由是公民采取列队行进方式来表达意愿的自由；示威自由是公民为表示其强烈意愿而聚集在一起，以显示其决心和力量的自由。1989 年，我国制定了《中华人民共和国集会游行示威法》（2009 年修正），具体规定了行使这一自由的程序、救济等内容，从法律上确定了保障与限制集会、游行、示威自由的界限。

3. 宗教信仰自由权。这项自由包含以下意思：①公民有信仰宗教与不信仰宗教的自由。②有信仰这种宗教的自由，也有信仰那种宗教的自由。③在同一种宗教中，有信仰这个教派的自由，也有信仰那个教派的自由。④有过去信仰宗教而现在不信仰宗教的自由，也有过去不信仰宗教而现在信仰宗教的自由。为此，我国宪法规定，任何国家机关、社会团体和个人不得强制公民信仰宗教或者不信仰宗教，不得歧视信仰宗教的公民和不信仰宗教的公民。宪法同时规定，国家保护正常的宗教活动。任何人不得利用宗教进行破坏社会秩序、损害公民身体健康、妨碍国家教育制度的活动。

4. 人身自由权。主要包括：①公民的人身自由不受侵犯，即公民的人身不受非法逮捕、拘禁，禁止非法剥夺或者限制人身自由以及非法搜查身体。公民没有违反法律时，任何人都不得侵犯他的人身自由。②公民的人格尊严不受侵犯。人格，在法律上是指一个人作为权利与义务主体的独立资格。公民的人格尊严是指公民作为法律关系的主体的独立资格应受到尊重。我国宪法规定了公民的人格尊严不受侵犯。禁止用任何方法对公民进行侮辱、诽谤和诬告陷害。③公民的住宅不受侵犯。公民的住宅不得随意侵入，不得随意搜查，不得随意查封。侦查人员为搜集犯罪证据，查获犯罪人而进入公民住宅的，必须严格依法进行。④公民的通信自由和通信秘密受法律保护。对此，宪法规定，除因国家安全或者追查犯罪的需要，由公安机关或者检察机关依照法律规定的程序对通信进行检查外，任何组织或者个人不得以任何理由侵犯公民的通信自由和通信秘密。

5. 批评建议权，申诉、控告、检举权和取得赔偿权。批评建议权，是指公民对任何国家机关和国家工作人员的工作有权进行监督，对他们的缺点错误有权提出批评和建议。申诉、控告、检举权，是指公民对任何国家机关和国家工作人员的违法失职行为，有向有关国家机关提出申诉、控告或者检举的权利，但不得捏造或歪曲事实进行诬告陷害。当公民的合法权益受到侵害时，有权向有关机关提出申诉。取得赔偿权，是指由于国家机关和国家工作人员侵犯公民权利而受到损失的人，有依照法律规定取得赔偿的权利。现在，我国已制定了《国家赔偿法》，为公民取得赔偿权提供了具体法律依据。

6. 社会经济权利。社会经济权利，是指宪法关于公民应当享有的经济生活和物质利益方面的权利，主要包括：

（1）劳动的权利。我国宪法把劳动既规定为公民的权利，同时又规定为公民的义务。为保障公民劳动权利的实现，宪法规定国家通过各种途径，创造劳动就业条件，加强劳动保护，改善劳动条件，在发展生产的基础上，提高劳动报酬和福利待遇，同时国家对就业前的公民进行必要的劳动就业训练。

（2）休息权。我国劳动者的休息权受宪法和法律的保护，为实现这一权利，宪法规定，国家发展劳动者休息和休养的设施，规定职工的工作时间和休假制度。

（3）退休人员的生活保障权。我国宪法和有关法律、法规都对退休制度作了规定，使退休人员的生活受到国家和社会的保障。

（4）物质帮助权。宪法规定了我国公民在年老、疾病或者丧失劳动能力的情况下，有从国家和社会获得物质帮助的权利。

7. 文化教育权利和自由。这主要包括：①受教育的权利和义务。②进行科研、文化创作、其他文化活动的自由。

8. 国家保护妇女的权益。依照宪法规定，我国妇女在政治、经济、文化、社会和家庭生活等各方面，享有同男子平等的权利。国家保护妇女的权利和利益。实行男女同工同酬，培养和选拔妇女干部等。

9. 婚姻、家庭、母亲和儿童受国家的保护。宪法规定，婚姻、家庭、母亲和儿童受国家保护；禁止破坏婚姻自由；禁止虐待老人、妇女和儿童。

10. 华侨、归侨的合法权益受国家保护。国家保护华侨的正当的权利和利益，保护归侨和侨眷的合法权利和利益。

三、我国公民的基本义务

1. 维护国家统一和民族团结。

2. 遵守宪法和法律，保守国家秘密，爱护公共财产，遵守劳动纪律，遵守公共秩序，尊重社会公德。

3. 维护祖国的安全、荣誉和利益。

4. 依法服兵役和参加民兵组织。

5. 依法纳税。

6. 劳动和受教育的义务。

7. 夫妻双方有实行计划生育的义务。

8. 父母有抚养教育未成年子女的义务，成年子女有赡养扶助父母的义务。

四、我国公民的基本权利和义务的主要特点

（一）权利和自由的广泛性

我国公民的权利和自由的广泛性表现在以下两个方面：①享有权利的主体非常广泛。在现阶段，我国享有权利的主体有全国人口绝大多数的工人、农民、知识分子、拥护社会主义的爱国者和拥护祖国统一的爱国者。②公民的权利和自由的范围十分广泛。除《宪法》第二章列举的公民享有政治、经济、文化、宗教和人身自由的权利外，在总纲和国家机构中还确认了公民在其他方面的权利和自由，如保护公民个人的合法财产权、继承权、民主管理权等。

（二）权利和义务的平等性

公民权利和义务的平等性主要表现为：①公民在享有权利和适用法律上都一律平等；公民享有宪法和法律规定的权利，同时必须履行宪法和法律规定的义务；国家机关在适用法律上一律平等；国家不允许任何组织和个人享有宪法和法律之上的特权。②男女平等和各民族一律平等。

（三）权利和义务的现实性

宪法在确认公民的基本权利和义务时，从我国的实际出发，充分考虑到现阶段我国政治、经济、文化发展的实际水平，来确认权利与自由的范围、内容以及物质保障条件。在规定公民权利和自由时，还规定了公民行使自由和权利的法律保障和物质保障。

（四）权利和义务的一致性

权利和义务是相互统一的：公民享有权利就必须履行义务；公民履行义务才能享有权利。某些权利和义务是相互结合的，如劳动和受教育，既是公民的权利，又是公民的义务。同时，权利和义务又是相互促进的。

第四节　我国的国家机构

国家机构是指统治阶级为了行使国家权力，实现国家职能而建立的一整套国家机关的总称。依据宪法，我国国家机构分中央国家机关和地方国家机关；中央国家机关又分为全国人大及其常委会、中华人民共和国主席、国务院、中央军事委员会、最高人民法院、最高人民检察院。

一、最高国家权力机关

（一）全国人民代表大会

全国人民代表大会是最高国家权力机关和国家立法机关。它由省、自治区、直辖市、特别行政区和军队选举产生的代表组成。每届任期5年。在任期届满的2个月以前，全国人大常委会必须完成下届全国人民代表大会代表的选举。如果遇到不能选举的非常情况，全国人大常委会经全体组成人员的2/3以上多数通过，可以推迟选举，延长本届全国人大代表的任期。在非常情况结束后1年内，必须完成下届全国人民代表大会代表的选举。全国人民代表大会会议每年举行一次，由全国人大常委会召集。

全国人大的职权包括：①行使国家立法权。包括：修改宪法，制定和修改刑事、民事、国家机构和其他的基本法律。②监督宪法的实施。③决定、选举和罢免国家领导人：选举中华人民共和国主席、副主席；选举全国人大常委会组成人员；根据中华人民共和国主席的提名，决定国务院总理的人选；根据国务院总理的提名，决定国务院其他组成人员的人选；选举中央军事委员会主席；根据中央军事委员会主席的提名，决定中央军事委员会其他组成人员的人选；选举最高人民法院院长和最高人民检察院检察长。有权罢免由其选举和决定的国家领导人。④决定国家生活中的重大问题。包括审查和批准国民经济和社会发展计划、国家的预算及其执行情况的报告；改变或者撤销全国人大常委会不适当的决定；批准省、自治区、直辖市的建置；决定特别行政区的设立及其制度；决定战争与和平问题。⑤应当由全国人大行使的其他职权。

（二）全国人大常委会

全国人大常委会是全国人大的常设机关，是在全国人大闭会期间行使国家权力的机关，是国家立法机关，与国家主席结合起来行使元首职权。全国人大常委会由委员长、副委员长若干人、秘书长、委员若干人组成，每届任期同全国人大相同。委员长、副委员长连续任职不得超过两届。全国人大常委会组成人员不得担任国家行政机关、审判机关、检察机关的职务。

其职权主要包括：①解释宪法、监督宪法的实施。②行使国家立法权。③行使监督权。④任免权。⑤对国家重大问题和外事工作的决定权。⑥荣典权。⑦全国人大授予的其他职权。

（三）全国人大代表

全国人大代表，是人民集体行使国家权力的使者。为了保障全国人大代表工作顺利进行，宪法和代表法还赋予了代表特定的权利：①提出议案的权利。②言论免责权。③人身受特别保护权等。

二、中华人民共和国主席

我国1954年《宪法》有设立国家主席的规定，1975年《宪法》取消了国家主席的设置。1978年《宪法》未予恢复，现行《宪法》又恢复了国家主席的设置。

根据宪法规定，中华人民共和国主席、副主席由全国人民代表大会选举产生。只有年满45周岁的有选举权和被选举权的中华人民共和国公民才可以被选举为中华人民共和国主席、副主席。中华人民共和国主席、副主席每届任期与全国人民代表大会每届任期相同，连续任职不得超过两届。

中华人民共和国主席的职权是：向全国人民代表大会提名国务院总理的人选；根据全国人民代表大会和全国人大常委会的决定，公布法律，任免国务院的组成人员，授予国家勋章和荣誉称号，发布特赦令，宣布进入紧急状态，发布动员令，宣布战争状态，代表国家进行国事活动，接见外国使节；根据全国人民代表大会常务委员会的决定，派遣和召回驻外全权代表，批准和废除同外国缔结的条约和重要协定。

中华人民共和国副主席协助主席工作，并受主席委托代行主席的部分职权。中华人民共和国主席缺位时，由副主席继任主席的职位。

三、国务院

国务院即中央人民政府，是最高国家权力机关的执行机关，是最高国家行政机关。国务院对全国人民代表大会负责并报告工作；在全国人民代表大会闭会期间，对全国人大常委会负责并报告工作。

国务院由总理、副总理若干人、国务委员若干人、各部部长、各委员会主任、审计长、秘书长组成。国务院每届任期同全国人大任期相同。总理、副总理、国务委员连续任职不得超过两届。

总理领导国务院工作，副总理、国务委员协助总理工作。总理、副总理、国务委员、秘书长组成国务院常务会议。总理召集和主持国务院常务会议和全体会议。

根据宪法规定，国务院实行总理负责制。总理负责制也就是首长负责制，它的含义是国务院总理在领导国务院工作中处于主导地位，对国务院工作负全部责任，并有完全的决定权。

国务院各部、各委员会实行部长、主任负责制。各部部长、各委员会主任负责本部门的工作，召集和主持部务会议和委务会议。

国务院设立审计机关，对国务院各部门和地方各级政府的财政收支，对国家的财政金融机构和企业事业组织的财务收支，进行审计监督。审计机关在国务院总理领导下，依照法律规定独立行使审计监督权，不受其他行政机关、社会团体和个人的干涉。

四、中央军事委员会

按照马克思主义的基本原理，军队应是国家机构的重要组成部分。现行宪法根据这一指导思想，结合我国的具体状况，增加了中央军事委员会一节，这是完全必要的。

宪法规定中华人民共和国中央军事委员会领导全国武装力量。中央军事委员会由主席、副主席若干人和委员若干人组成。全国人民代表大会选举中央军事委员会主席，并根据中央军事委员会主席的提名，决定中央军事委员会其他组成人员的人选。全国人民代表大会有权罢免中央军事委员会主席和中央军事委员会其他组成人员。在全国人大闭会期间，全国人大常委会有权根据中央军事委员会主席的提名，决定中央军事委员会其他组成人员的人选。中央军事委员会每届任期同全国人民代表大会每届任期相同。

中央军事委员会实行主席负责制。中央军事委员会主席对全国人大和全国人大常委会负责。宪法的这些规定，明确了军队在国家体制中的地位，将有利于进一步加强我国军队的革命化、现代化建设。

五、地方各级人民代表大会和地方各级人民政府

按照《宪法》第95条规定，省、直辖市、县、市、市辖区、乡、民族乡、镇设立人民代表大会和人民政府。自治区、自治州、自治县设立自治机关。

地方各级人民代表大会是地方国家权力机关。省、直辖市、设区的市的人民代表大会代表由下一级的人民代表大会选举，并受原选举单位的监督。县、不设区的市、市辖区、乡、民族乡的人民代表大会代表由选民直接选举，并受选民监督。

县级以上的地方各级人民代表大会设立常务委员会，由主任、副主任若干人和委员若干人组成，对本级人民代表大会负责并报告工作。县级以上的地方各级人民代表大会常务委员会的组成人员不得担任国家行政机关、审判机关和检察机关的职务。

地方各级人民政府，是地方各级国家权力机关的执行机关，是地方各级国家行政机关。地方各级人民政府对本级人民代表大会负责并报告工作。县级以上的地方各级人民政府在本级人民代表大会闭会期间，对本级人民代表大会常务委员会负责并报告工作。地方各级人民政府对上一级国家行政机关负责并报告工作，同时受国务院统一领导。

地方各级人民政府实行省长、市长、县长、区长、乡长、镇长负责制，以提高国家行政工作的效率，更有效地领导和组织地方的各项建设事业。

宪法恢复了农村的乡政权，实行政社分开。这一重大改革，有利于加强基层政权的建设。此外，宪法还就我国长期行之有效的居民委员会、村民委员会等群众性自治组织的地位和作用作了规定。

六、人民法院和人民检察院

（一）人民法院

人民法院是国家的审判机关，依法行使审判权。国家审判权是指人民法院依照法律审理和判决刑事、民事、行政案件的权力。它是整个国家权力不可分割的组成部分。

我国审判机关的组织系统为最高人民法院、地方各级人民法院和军事法院等专门人民法院。地方各级人民法院又分为：高级人民法院、中级人民法院和基层人民法院。最高人民法院是国家最高审判机关，它监督地方各级人民法院和专门人民法院的审判工作。上级人民法院监督下级人民法院的审判工作。最高人民法院对全国人民代表大会和全国人大常委会负责并报告工作；地方各级人民法院对产生它的人民代表大会及其常委会负责并报告工作。各级人民法院的院长由同级人民代表大会选举产生。

我国《宪法》和《人民法院组织法》还规定了人民法院行使国家审判权时应该遵循的原则和制度。主要有：人民法院依照法律规定独立行使审判权；对一切公民在适用法律上一律平等，使用本民族语言、文字进行诉讼；公检法三机关分工负责、互相配合、互相制约；公开审判制度；两审终审制度；辩护制度；回避制度；集体领导制度等。

（二）人民检察院

人民检察院是国家的法律监督机关。它对国家机关及其工作人员和公民是否遵守宪法和法律行使检察权。检察权指的是对宪法、法律的实施进行检察监督的权力，也是国家权力的重要组成部分。

我国人民检察院分为最高人民检察院、地方各级人民检察院和军事检察院等专门人民检察院。地方各级人民检察院分为省、自治区、直辖市人民检察院；省、自治区、直辖市人民检察院分院；自治州和省辖市人民检察院；县、市、自治县和市辖区人民检察院。

最高人民检察院领导地方各级人民检察院和专门人民检察院的工作，上级人民检察院领导下级人民检察院的工作。最高人民检察院对全国人民代表大会及其常委会负责并报告工作。地方各级人民检察院对本级人民代表大会及其常委会负责并报告工作。

《人民检察院组织法》规定，检察长统一领导检察院的工作；各级人民检察院设立检察委员会，在检察长的主持下，讨论决定重大案件和其他重大问题。如果检察长不同意多数人的决定，可以报请同级人大常委会决定。

第三章　刑　法

第一节　刑法概述

一、刑法的概念

刑法是规定犯罪及其法律效果（主要是刑罚）的法律。其内容主要规定什么是犯罪，对犯罪处以怎样的刑罚。犯罪与刑罚密切关联，所以刑法又称“犯罪法”或“刑罚法”。

在中国，刑法有以下三种形式（或存在形式、渊源）：

1. 刑法典。我国现行刑法典指 1997 年 10 月 1 日起施行的《中华人民共和国刑法》，简称《刑法》。它是一部全面系统地规定犯罪与刑罚的法律，又称刑法典。《刑法》分为总则和分则两编，此外还有附则。总则分 5 章，共 101 条，各章的内容依次为：①刑法的指导思想、任务和适用范围；②犯罪；③刑罚；④刑罚的具体运用；⑤其他规定。分则共 10 章，350 条，分别规定了 400 余种犯罪的罪状和法定刑。总则规定的是犯罪与刑罚的通用性规则；分则规定的是各种具体犯罪的罪状和法定刑。总则与分则的关系是一般规定与特殊规定的关系，二者密切联系、相辅相成，共同组成完整的刑法规范体系。附则仅有 1 条，规定刑法的施行时间并以附件形式列出废止的刑法规范目录。

刑法典的修订与修正：我国曾在 1980 年 1 月 1 日起施行过第一部《中华人民共和国刑法》，其后还陆续颁行了 20 余个单行刑事法条例、决定等。现行《刑法》是对 1979 年刑法典及其单行法进行修订后形成的，所以又称修订后的《刑法》。与此相应，1979 年刑法典及其单行法被称为修订前的刑法。修订后《刑法》施行后，除了颁行过一个单行刑法外，对《刑法》的修补均采用“修正案”形式。截止到 2015 年 8 月，已先后制定出 9 个“刑法修正案”。

2. 单行刑法或特别法——《关于惩治骗购外汇、逃汇和非法买卖外汇犯罪的决定》(1998 年 12 月)。该“决定”是现行《刑法》实施之后，全国人大常委会颁行的唯一包含有犯罪及其法律效果内容的单行刑法。

3. 附属刑法。指在经济、行政等非刑罚法规（如“海关法”“环保法”）中附带规定的一些涉及犯罪与刑罚（或追究刑事责任）的条款。现有的附属刑法条款内容仅限于申明有关违法行为触犯刑法的依刑法追究刑事责任，没有确立犯罪与刑罚的新内容，但对刑法有关条款的适用具有重要指导意义。

刑法的概念有广义和狭义之分。狭义刑法特指刑法典，例如，“刑法第13条”是指《中华人民共和国刑法》（刑法典）之第13条。广义刑法则包含上述一切形式的刑法。

二、刑法的任务

《刑法》第2条规定刑法的任务是：“……用刑罚同一切犯罪行为作斗争，以保卫国家安全，保卫人民民主专政的政权和社会主义制度，保护国有财产和劳动群众集体所有的财产，保护公民私人所有的财产，保护公民的人身权利、民主权利和其他权利，维护社会秩序、经济秩序，保障社会主义建设事业的顺利进行。”

三、刑法的基本原则

刑法的基本原则，是指刑法特有的贯穿全部刑法的根本准则。《刑法》规定的基本原则有以下三个：

（一）罪刑法定原则

《刑法》第3条规定：“法律明文规定为犯罪行为的，依照法律定罪处刑；法律没有明文规定为犯罪行为的，不得定罪处刑。”它的基本含义是：什么样的行为是犯罪，是什么犯罪以及应予以什么样的刑罚处罚，都必须由法律明文规定。即所谓“法无明文规定不为罪，法无明文规定不处罚”。由此进一步派生出一些具体原则，如：①定罪判刑只能适用成文法、排斥习惯法；②严格解释刑法、禁止类推适用刑法追究罪责；③依行为时有效法律定罪判刑，禁止适用事后重法；④刑法应当合理明确，不得惩罚不当罚的行为，不得规定残酷的刑罚、不定期刑等。它是法治原则的体现，有利于保护公民自由、防止刑罚滥用。

（二）平等适用刑法原则

《刑法》第4条规定了平等适用刑法原则，即“对任何人犯罪，在适用法律上一律平等。不允许任何人有超越法律的特权”。

（三）罪刑相适应原则

罪刑相适应原则，也称罪刑均衡原则。《刑法》第5条规定：“刑罚的轻重，应当与犯罪分子所犯罪行和承担的刑事责任相适应。”据此该原则有两方面内容：①刑罚的轻重应与犯罪行为及其危害结果的严重程度相适应；②刑罚的轻重应与犯罪人再次犯罪的危险程度、教育改造的难易程度相适应。刑法尽量体现这个原则，如根据各种犯罪行为的性质、情节和危害程度规定了相应的法定刑。同时《刑法》第61条规定的“对于犯罪分子决定刑罚的时候，应当根据犯罪的事实、犯罪的性质、情节和对于社会的危害程度，依照本法的有关规定判处”，体现了重罪重罚、轻罪轻罚。《刑法》还规定对累犯从重处罚、不得缓刑假释，对未成年人、又聋又哑的人、自首立功的人、中止犯从宽处理，体现了刑罚与犯罪人的人身危险性、主观恶性、悔过自新程度相适应。

四、刑法的效力范围

刑法的效力范围包括空间效力和时间效力。

（一）空间效力

1. 对中国领域内犯罪的效力。根据《刑法》第 6 条，首先，凡在中国领域内犯罪的，除法律有特别规定的以外，都适用中国刑法。所谓“法律有特别规定的”，主要是指《刑法》第 11 条所规定的“享有外交特权和豁免权的外国人的刑事责任，通过外交途径解决”；香港、澳门特别行政区发生的犯罪由当地的司法机构适用当地的刑法。其次，在中国船舶或者航空器内犯罪的，适用中国刑法，无论该船舶或航空器位于世界何处。最后，犯罪行为或者结果有一项发生在中国领域内的，即认为是在中国领域内犯罪。上述根据犯罪发生地在中国领域确立刑法的适用效力的规定，称为“属地原则”。

2. 对中国领域外犯罪的效力。

（1）《刑法》第 7 条规定，中国公民在中国领域外犯中国刑法规定之罪的，适用中国刑法。但是按照中国刑法规定的最高刑为 3 年以下有期徒刑的，可以不予追究。中华人民共和国国家工作人员和军人在中国领域外犯中国刑法规定之罪的，适用中国刑法。这种根据犯罪人的国籍确立刑法的适用效力的规定，称为“属人原则”。

（2）《刑法》第 8 条规定，外国人在中国领域外对中国国家或者公民犯罪，按我国刑法规定的法定最低刑为 3 年以上有期徒刑的，可以适用我国刑法；但是按照犯罪地的法律不受处罚的除外。这种根据犯罪侵害本国国家或者公民的利益确立刑法的适用效力的规定，称为“保护原则”。

（3）《刑法》第 9 条规定，对于中国缔结或参加的国际条约所规定的罪行，中国在所承担条约义务的范围内，行使刑事管辖权。即使该犯罪人不具有中国国籍、未在中国领域内犯罪、亦未对中国国家和公民犯罪，当其进入我国领域，我国司法机关有权管辖。要么适用中国刑法起诉、审判；要么按照我国参加、缔结的国际条约实行引渡（或起诉或引渡）。这种不拘泥于属地、属人、保护本国利益，确立本国刑法对国际犯罪的普遍刑事管辖权的规定，称为“普遍管辖原则”。

（二）时间效力

刑法的时间效力，是指刑法的生效时间、失效时间以及刑法对其生效前的行为的效力。

现行《刑法》自 1997 年 10 月 1 日起生效。《刑法》对于其生效以前未经审判或者判决尚未确定的行为（自 1949 年 10 月 1 日起至 1997 年 9 月 30 日止）有无效力即有无溯及力问题，采取“从旧兼从轻”原则：如果当时的法律不认为是犯罪或者当时的法律和刑法都认为是犯罪的，适用当时的法律（行为当时有效的刑法或旧法），不适用《刑法》（《刑法》无溯及力）；但是，如果当时的法律认为是犯罪，而《刑法》不认为是犯罪或者处刑较轻或者已过追诉时效的，适用《刑法》（在比旧法轻的场合有溯及力）；如果行为当时的法律与《刑法》规定完全相同的，适用行为当时的法律；如果犯罪行为由《刑法》生效以前延续至《刑法》生效以后的，或者《刑法》生效前的犯罪行为与《刑法》生效后的犯罪行为属于同种数罪的，适用《刑法》。《刑法》施行以前（1997年9月30日以前），依照当时的法律已经作出的生效判决，继续有效。

对刑法溯及力采取从旧兼从轻原则是罪刑法定原则的重要内容，具有普遍约束力，1997年《刑法》之后的单行刑法、附属刑法、刑法修正案等全部刑罚法规均须遵循。

第二节　犯罪与犯罪构成

一、犯罪的概念和基本特征

根据《刑法》第13条关于犯罪概念的规定，犯罪是危害社会、依法应受刑罚处罚的行为。

行为是犯罪的核心要素，因为人只有通过行为才能对外界发生影响、造成危害。人的思想认识、性格不论如何邪恶，只要没有付诸行动，就不能认为是犯罪。行为具有可观察、可描述的特性，法律只能通过行为清楚界定什么是犯罪，以明确罪与非罪的界限。

一切犯罪“行为”均具有以下三个基本特征：

1. 刑事违法性。刑事违法性指行为违反刑法或被刑法所禁止。在罪刑法定时代，这是犯罪的首要特征，体现为行为具备法定犯罪构成。例如甲与现役军人配偶乙结婚，符合《刑法》第259条之犯罪构成，即“明知是现役军人的配偶而与之同居或者结婚的”，该行为违反《刑法》，具有刑事违法性。如果行为没有违反《刑法》，则不为罪。比如甲裸奔，乙吸毒，丙通奸，丁同性恋，对于甲乙丙丁的行为，查遍刑法典没有处罚条款，因而不违反刑法，不得定罪判刑。

2. 社会危害性。社会危害性指侵害刑法保护的社会法益。《刑法》第13条揭示了犯罪危害性的各方面表现：危害国家安全、公共安全、社会主义经济制度、人身权利、财产权利、社会秩序等。侵害的程度包括造成实际损害或者危险。这是法律之所以把某种行为规定为犯罪的根据，是犯罪的本质特征。行为没有危害性的，不能认为是犯罪。我国对于轻微的危害行为适用《治安管理处罚法》等行政法规予以制裁，因此犯罪应是具有严重危害性的行为。某种行为即使具有一定的社会危害性，“但是情节显著轻微危害不大的”，也不认为是犯罪。

3. 应受刑罚处罚性。应受刑罚处罚性，指行为人因违反刑法、危害社会行为而应承担刑事责任。责任的本质是人应当对其违法造成损害的行为受到谴责。人有条件避免违法行为却偏偏选择违法，这种选择（意志）应当受到否定、谴责，应当给予刑罚处罚。

二、犯罪构成的概念和一般要件

1. 犯罪构成，指刑法规定的成立犯罪必须具备的要件总和。

（1）犯罪构成是成立犯罪的必备要件所组成的集合体。例如，抢劫罪的犯罪构成就是由以下要件组成的：①年满14周岁、有辨认和控制自己行为的能力的自然人。②有抢劫的故意。③使用暴力、胁迫或者其他方法抢劫公私财物。④侵犯了财产的所有权和他人的人身权。这四个条件紧密结合为一体，就形成了抢劫罪的犯罪构成。在这个集合体（即犯罪构成）中，四个条件互相联系、互相作用，共同确立了法律上的一种“犯罪”，即抢劫罪。在现实生活中，如果某人及其所实施的行为完全符合上述四个条件，就具备了抢劫罪的犯罪构成，也就构成了抢劫罪。

（2）组成犯罪构成的诸要件是由刑法规定的。例如，上述抢劫罪的犯罪构成要件之①的“年满14周岁、有辨认和控制能力”就是由《刑法》第17条和第18条规定的；之②的使用“暴力、胁迫或者其他方法抢劫公私财物”就是由《刑法》第263条规定的；等等。正因为组成犯罪构成的诸要件是由刑法规定的，所以说犯罪构成是认定犯罪的法律标准或规格。刑法分则各条的罪状中规定了某一罪的特有要件；总则第二章“犯罪”中规定了犯罪的共有要件和修正的构成要件。因此，行为具备犯罪构成要件，就具备了犯罪的刑事违法性，只要没有特别的排除危害性和违法性事由，即可认定成立犯罪。

2. 犯罪构成的一般要件。依法认定行为违反刑法构成犯罪，一般而言必须满足以下条件：①行为人达到了法定负刑事责任的年龄，具有刑事责任能力（主体）。②在主观上有故意或者过失（主观方面）。③在客观上实施了法律所禁止的危害行为（客观方面）。④侵害了刑法所保护的社会利益（犯罪客体）。

由此可见，犯罪构成一般包括四个方面的一般要件，即：犯罪客体；犯罪主体；犯罪客观方面；犯罪主观方面。下文将分别阐述。

三、犯罪客体

犯罪客体，就是犯罪活动侵害的、为刑法所保护的社会主义社会利益。例如，《刑法》第264条规定了盗窃罪，该条所保护的社会利益是财产的所有权。犯罪人盗窃他人数额较大的财物便侵害了刑法保护的财产权，该财产所有权就成为犯罪客体。

对犯罪客体可按其范围大小划分为三种：直接客体、同类客体和一般客体。

1. 犯罪的直接客体。这是指某一犯罪所直接侵害的某种特定的法益（刑法所保护的社会利益）。例如，重婚罪直接侵害的客体是一夫一妻制；暴力干涉婚姻自由罪直接侵害的客体是他人的婚姻自由。犯罪的直接客体是某种犯罪构成的组成部分，它直接反映了该种犯罪行为所侵害利益的社会性质。

此外，根据犯罪行为侵害的直接客体的数量，可以把直接客体分为简单客体和复杂客体。凡是某一犯罪只侵害一个法益的，属于简单客体；凡是某一犯罪侵害两个以上法益的，属于复杂客体。例如：秘密窃取他人财物的，只侵害财产权，属于简单客体的犯罪；以暴力抢劫他人财物的，不仅侵害财产权还侵害人身权，就属于复杂客体的犯罪。区分简单客体与复杂客体对正确定罪量刑有重要意义。

2. 犯罪的同类客体。这是指某一类犯罪共同侵害的法益。同类客体是一类犯罪的共同属性，例如，公民的人身权利就是故意杀人罪、故意伤害罪、强奸罪、刑讯逼供罪、虐待罪等几种犯罪（或一类犯罪）共同侵犯的法益。显而易见，公民的人身权利包含着上述几种犯罪直接客体的共同属性，它是建立在上述几种犯罪直接客体之上的“类”概念。犯罪的同类客体是对犯罪进行分类的基础，对刑法分则体系的建立具有重要意义。

3. 犯罪的一般客体，是指一切犯罪所共同侵害的法益，即社会主义社会利益的总体。直接客体、同类客体都是社会利益总体一般客体的组成部分，三者之间是个别、局部与整体的关系。不论犯罪行为直接侵害了何种法益、何类法益，归根结底都是对社会主义社会利益的侵害。因此犯罪一般客体既是一切犯罪侵害法益的总体，又是一切犯罪的共同本质，它揭示出犯罪的社会危害性就是对社会利益的危害。

犯罪客体与行为对象既有联系又有区别：

1. 行为对象是犯罪行为所侵犯或直接指向的体现犯罪客体的具体事物（人、物、信息）。犯罪客体是法律所保护的被犯罪所侵害的利益，二者是现象与本质的关系。例如，在盗窃罪中，被盗的物品（电视机、汽车等）是行为对象；财产的合法所有权是犯罪的客体。犯罪客体寓于行为对象之中，揭示犯罪的本质，而行为对象是它的载体。犯罪行为对犯罪客体的侵害，往往是通过侵犯或指向行为对象来实现的。

2. 犯罪客体是犯罪构成的一般要件之一，而行为对象仅是犯罪客观方面中的选择性要素之一。行为对象虽然是绝大多数犯罪构成的必要要素，但也有极少数犯罪，如组织、领导、参加恐怖组织罪，脱逃罪等，行为对象不是其犯罪构成的必要要素。

3. 任何犯罪都必然侵害一定的社会利益，即侵害一定的客体，但是行为对象不一定受到犯罪的侵害。例如，非法制造枪支弹药罪的枪支弹药。

四、犯罪客观方面

犯罪客观方面，是指刑法所规定的，说明犯罪活动外在表现的诸客观事实。它一般包括危害行为、行为对象、行为的危害结果以及犯罪的时间、地点和方法等要素。其中危害行为是一切犯罪构成客观方面的必要要素，其余的则是选择性要素。犯罪的客观方面是犯罪人作用于社会、危害社会的唯一途径，所以，没有它就不可能有犯罪。犯罪的客观事实具有可观察、可描述的特性，因此刑事立法都是以描述客观方面的方式（罪状）来规定犯罪的，刑事司法也主要以客观方面的事实特征来认定犯罪，评价犯罪的危害性和犯罪人的人身危险性。

1. 危害行为，是指在行为人意识支配之下的危害社会并被刑法所禁止的举止。①危害行为是人的举止，包括积极的作为与消极的不作为。②危害行为是人的意识支配的产物和表现，如果没有人的意识支配，则不能认为是危害行为。因此人的无意识动作、身体受外力强制形成的动作、在不可抗力的情况下形成的动作等，都不是危害行为。③危害行为是侵犯刑法所保护的社会利益的举止，这是它的实质内容。危害行为可以划分成作为与不作为两种基本形式。

作为，是指积极的行为，即行为人以积极的身体活动实施某种被刑法所禁止的行为。从表现形式看，作为是积极的身体动作；从违反法律规范的性质上看，作为直接违反了禁止性的罪刑规范。由于刑法中绝大多数是禁止性规范，如不许杀人、强奸、抢劫、盗窃等，所以作为是最常见的犯罪行为形式。

不作为，是指消极的行为，即行为人消极地不履行法律义务而危害社会的行为。从表现形式看，不作为是消极的身体动作；从违反法律规范的性质看，不作为直接违反了某种命令性规范。如遗弃罪的行为，表现为不扶养无独立生活能力的人，没有按法律的要求尽扶养义务。

不作为，是消极的身体动作，即不为某种行为，这种情况一般是不致危害社会的。因此不作为构成犯罪相对于作为构成犯罪，需要具备以下特定条件：

（1）行为人负有某种特定的义务。这是不作为行为成立犯罪的前提。这种义务主要来自以下几个方面：①法律上的明文规定。例如，《婚姻法》规定，夫妻之间、直系亲属之间在特定条件下的扶养、抚养和赡养的义务。②行为人职务上、业务上的要求。例如，国家工作人员有履行相应职责的义务，值勤消防人员有扑灭火灾的义务。③行为人的法律地位或法律行为所产生的义务。例如，对自己监护下的精神病人，在有发生侵害法益的危险时，有防止其发生的义务；将弃婴抱回家中的人对该婴儿负有抚养义务。④行为人自己的先前行为具有发生一定危害结果的危险的，负有防止其发生的义务。例如，使他人跌落水中有溺死的危险的，即负有救护义务。

（2）行为人能够履行义务。行为人负有某种义务是不作为构成犯罪的前提。如果行为人虽有防止结果发生的义务，但是由于缺乏必要的能力或其他原因而不可能防止危害结果发生的，也不成立不作为犯罪。

（3）行为人不履行特定义务，造成或可能造成危害结果。

2. 行为对象，是指犯罪行为所侵犯或直接指向体现客体的具体人、物或信息。行为对象是犯罪构成客观方面的选择性要素。也就是说，凡是刑法条文中明确规定行为对象的，它就是该条文规定的犯罪构成的必要因素。例如，盗窃枪支弹药罪中的枪支弹药，奸淫幼女罪中的幼女，有关毒品犯罪中的毒品，有关淫秽物品犯罪中的淫秽物品，窝赃、销赃罪中的赃物等。由于刑法中规定的大多数犯罪都有特定的行为对象，所以正确确定行为对象具有重要意义。

3. 行为的危害结果，是指犯罪行为对客体已造成的实际损害。例如，杀人已把人杀死，纵火已把房屋烧毁。行为的危害结果是多种多样的，有些是物质性的、有形的结果，如造成人员的伤亡或造成若干万元的损失等。有些是非物质性的、无形的、不易具体观测的结果，如公民的人格、名誉的损害，对社会秩序的破坏等。对各个具体犯罪构成来说，结果的意义是不同的，对定罪量刑也有不同的影响。对于过失犯罪，发生法定的危害结果是构成犯罪的必要因素。对于故意犯罪，有的条文把足以使某种危害结果发生的危险，规定为犯罪构成的必要因素；有些条文规定，如果犯罪行为发生了某种严重的危害结果，则加重其法定刑；有些条文要求，只有发生了某种危害结果，才能构成犯罪既遂。

4. 犯罪的时间、地点，就是犯罪活动的时空范围。在一般情况下，犯罪的时间、地点不是犯罪构成客观方面的必要因素。只有在某些特殊的犯罪中，刑法才把它们规定为犯罪构成的必要因素。例如，《刑法》第341条就把“禁猎区”（地点）、“禁猎期”（时间）规定为非法狩猎罪的必要因素。

5. 危害行为与危害结果之间的因果关系。令行为人对危害结果承担刑事责任需要证实其行为与该结果存在因果关系。行为与结果存在“没有A行为便没有B结果”的条件关系的，便可认定二者具有因果关系。

五、犯罪主体

犯罪主体是指实施犯罪行为，并且依法应当负刑事责任的人。犯罪主体包括自然人犯罪主体和单位犯罪主体。

1. 自然人犯罪主体，是指达到法定刑事责任年龄，具有刑事责任能力，实施了危害社会行为的自然人。由此可见，并非任何人实施危害行为都应当负刑事责任，只有当行为人达到了法定负刑事责任的年龄，具有刑事责任能力时，才应对自己的危害行为负刑事责任。

（1）刑事责任年龄，是指法律所规定的行为人对自己的犯罪行为负刑事责任必须达到的年龄。我国《刑法》第17条对刑事责任年龄作了如下的具体规定：①已满16周岁的人犯罪，应当负刑事责任。这是完全负刑事责任年龄阶段。②已满14周岁不满16周岁的人，犯故意杀人、故意伤害致人重伤或者死亡、强奸、抢劫、贩卖毒品、放火、爆炸、投放危险物质罪的，应当负刑事责任。这是相对负刑事责任年龄阶段。处在此年龄段的人只对法律明文列举的上述几种犯罪负刑事责任，而对其他犯罪不负刑事责任。③不满14周岁的人，不负刑事责任。这是完全不负刑事责任年龄阶段。④已满14周岁不满18周岁的人犯罪，应当从轻或者减轻处罚。这是减轻刑事责任年龄阶段。⑤因不满16周岁不处罚的，责令他的家长或者监护人加以管教；在必要时也可以由政府收容教养。⑥已满75周岁的人故意犯罪的，可以从轻或者减轻处罚；过失犯罪的，应当从轻或者减轻处罚。

（2）刑事责任能力，是指行为人辨认和控制自己行为的能力。刑法对刑事责任年龄的规定，意味着法律认为正常人达到了规定的年龄就具有对相应犯罪负刑事责任的能力。但是有些人由于精神或生理上的缺陷而丧失或减弱了辨认或控制自己行为的能力，为此我国刑法对几种特定人的刑事责任能力问题作了明确规定：①精神病人在不能辨认或者不能控制自己行为的时候造成危害结果，经法定程序鉴定确认的，不负刑事责任；但是应当责令他的家属或者监护人严加看管和医疗，在必要的时候由政府强制医疗。②间歇性精神病人，在精神正常的时候犯罪的，应当负刑事责任。③尚未完全丧失辨认或者控制自己行为能力的精神病人犯罪的，应当负刑事责任，但是可以从轻或者减轻处罚。④醉酒的人犯罪，应当负刑事责任。⑤又聋又哑的人或者盲人犯罪，可以从轻、减轻或者免除处罚。他们属于有刑事责任能力人，但鉴于存在生理缺陷，影响其辨认或控制能力，故减轻其责任。所谓又聋又哑的人，是指既聋且哑的人。

（3）自然人犯罪主体的种类。自然人犯罪主体可分为一般主体和特殊主体。一般主体，指具有一般犯罪主体所要求的法定构成要件的自然人，即达到法定责任年龄、具有责任能力的自然人主体。特殊主体，指除了具有一般犯罪主体所要求的成立条件外，还必须具有某些犯罪所要求的特定身份作为其构成要件的自然人主体。例如，受贿罪的主体，除要求具备一般主体的条件之外，还必须具有"国家工作人员"的身份。

2. 单位犯罪主体。《刑法》第30条规定，公司、企业、事业单位、机关、团体实施的危害社会的行为，法律规定为单位犯罪的，应当负刑事责任。这里所称的单位，既包括国有、集体所有的公司、企业、事业单位，也包括依法设立的合资经营、合作经营企业和具有法人资格的独资、私营等公司、企业、事业单位。

但是个人为进行违法犯罪活动而设立的公司、企业、事业单位实施犯罪的，或者公司、企业、事业单位设立后，以实施犯罪为主要活动的，不以单位犯罪论处。盗用单位名义实施犯罪，违法所得由实施犯罪的个人私分的，依照刑法有关自然人犯罪的规定定罪处罚。

《刑法》第31条规定，单位犯罪的，对单位判处罚金，并对其直接负责的主管人员和其他直接责任人员判处刑罚，即对单位犯罪一般实行"两罚"原则。刑法分则有特别规定只实行"单罚"的，依照规定。从刑法现有的规定看，在单罚的场合，一般只罚单位犯罪的责任人。

单位犯罪以刑法分则有明文规定为限。刑法规定的单位犯罪主要属于破坏经济秩序、环境资源，危害公共卫生的犯罪。凡是法律未指明该罪的主体包括单位的，只对犯有该罪的自然人追究刑事责任，对单位不能追究刑事责任。

六、犯罪的主观方面

犯罪的主观方面，指犯罪主体对其实施的危害社会的行为及其所造成的危害结果所持的心理态度。它包括犯罪故意、犯罪过失、犯罪目的、犯罪动机等心理因素。其中故意或者过失是犯罪构成主观方面的必要要素。行为人有故意或者过失，表明行为人具有罪过的心态，应对其危害行为进行谴责。故意和过失被称为罪过形式。

1. 犯罪的故意，指明知自己的行为会发生危害社会的结果，仍然希望或者放任这种结果的发生的心理态度。成立犯罪故意，必须具备两个因素：①认识因素，就是行为人明知自己的行为会发生危害社会的结果。②意志因素，就是行为人希望或者放任这种危害结果发生。

根据行为人的意志因素是希望危害结果发生还是放任危害结果发生，犯罪故意分为直接故意和间接故意。

（1）直接故意，指明知自己的行为会发生危害社会的结果并且希望这种结果发生的心理态度。"希望"，指行为人对这种危害结果的积极追求，把它作为自己行为的目的，并为达到这个目的而努力。

（2）间接故意，指明知自己的行为会发生危害社会的结果并且放任这种危害结果发生的心理态度。“放任”，指能够容忍危害结果的发生，对危害结果的发生虽然不积极追求也不设法避免。在现实生活中，故意犯罪大多数是直接故意犯罪。间接故意为数不多，通常发生在为实现某个意图或目的而放任另一犯罪结果发生的场合。例如，张三投毒杀害李四，而对也会毒死同室的王五一事听之任之，结果毒死了王五，张三对王五死亡的结果就是间接故意。

2. 犯罪过失，指行为人应当预见自己的行为可能发生危害社会的结果，因为疏忽大意而没有预见或者已经预见而轻信能够避免的心理态度。犯罪过失可以分为疏忽大意的过失和过于自信的过失。

(1) 疏忽大意的过失，指行为人应当预见自己的行为可能发生危害社会的结果，由于疏忽大意而没有预见，以致发生这种结果的心理态度。它有两个特点：①行为人对可能发生的危害结果应当预见，即有预见的义务，这种预见义务来自共同生活的规则或者习惯。例如，禁止酒后开车，不要从楼上投掷重物等，行为人应当预见到酒后开车或投掷重物可能发生的后果。行为人预见的义务和预见的可能性是有机地联系在一起的，法律只对有能力预见的人提出预见的义务。②行为人因疏忽大意而没有预见自己的行为可能发生危害结果。疏忽大意，就是按照行为时行为人的认识能力和客观条件，他本该预见到，但是由于马虎大意、缺乏责任心而未能预见，以致造成危害结果的发生。

(2) 过于自信的过失，指行为人已经预见自己的行为可能发生危害社会的结果，但轻信能够避免，以致发生这种结果的心理态度。它有两个特点：①行为人已经预见到可能发生危害社会的结果。对危害结果的预见，包括预见到危害结果发生的可能性和可能产生什么样的危害结果。②行为人轻信自己能够避免危害结果的发生。所谓“轻信能够避免”，是指一方面行为人希望和相信能够避免危害结果发生；另一方面行为人没有确实可靠的客观根据而轻率相信可以避免。譬如过高地估计了自己的能力或者不当地估计了有利的条件，自以为可以避免危害结果发生，而实际上却未能避免。

两种过失的区别是：疏忽大意的过失，其特点是行为人事先对危害结果的发生没有预见，所以又称无认识的过失；过于自信的过失，其特点是行为人事先对危害结果的发生有所预见，故又称有认识的过失。

过于自信的过失与间接故意既有相似之处又有区别。二者都预见到危害结果可能发生，都不希望危害结果发生，这是相似之处。二者的区别是：①对危害结果发生的认识程度有所不同，间接故意认识的程度较高。②对危害结果所持的态度不同。过于自信过失对危害结果的发生持反对态度，危害结果的发生是违背行为人意愿的。而间接故意的行为人，对危害结果的发生持放任态度，即危害结果发生也罢，不发生也罢，都不在乎。

3. 犯罪目的，指犯罪人希望通过实施某种犯罪行为实现某种犯罪结果的心理态度。由于犯罪目的是对危害结果的追求，因此它只存在于直接故意犯罪中。有时刑法为了揭示一些犯罪故意的内容，特别指明该罪的目的。例如，拐卖妇女、儿童罪的“以出卖为目的”，伪造有价票证罪的“以营利为目的”，等等。在这种场合，具备法律指明的特定目的是构成该罪的必要的主观要素。间接故意和过失犯罪不存在犯罪目的，但可以有其他目的。

4. 犯罪动机，指推动犯罪人实施犯罪行为的内心起因。它说明了犯罪人基于何种心理原因实施犯罪行为。同一犯罪行为可能出于各种不同的犯罪动机，如杀人可能出于奸情、仇恨、图财、激愤等不同的动机；同一犯罪动机可能实施各种不同的犯罪，如仇视社会的心理可能推动人实施杀人、放火、爆炸等不同的犯罪。犯罪动机虽然不是犯罪构成的主观要素，但它反映了犯罪人的主观恶性，对量刑具有重要的意义。

5. 意外事件，指行为在客观上虽然造成了损害结果，但不是出于行为人的故意或者过失，而是由于不能抗拒或者不能预见的原因所引起的。刑法上规定意外事件不是犯罪，意味着我国刑法确定了主观（罪过）责任原则，禁止“客观归罪”。

6. 刑法上的认识错误，指行为人对自己行为的法律性质和事实情况发生了误解。认识错误可分为两种：

（1）法律认识错误，指行为人对自己的行为是否被刑法所禁止（违反刑法）发生了误解。不知法律一般不是可接受的辩解理由，因此法律认识错误原则上不影响犯罪的成立。

（2）事实认识错误，指行为人主观认识与实际发生的事实不一致。包括对象错误、（目标）打击错误、手段（工具）错误、因果关系错误等。其中较常见的是对象错误，即行为人实际作用的对象与本欲作用的对象不一致，如A案：甲本欲杀张三却把李四误认作张三杀死；或B案：甲本欲盗窃财物却误偷了枪支。解决的要点是：①二者虽然不一致但仍在本欲触犯条文（罪名）涵盖范围内的，不影响对错误作用的对象成立故意，如A案中甲本欲犯故意杀人罪，因为张冠李戴而杀死李四并未超出故意杀人罪范围，甲对李四之死成立故意。换言之李四也是故意杀人罪对象之“人”，甲是故意杀人罪既遂。②二者不一致超出本欲触犯条文（罪名）涵盖范围的，对错误作用的对象不成立故意。如B案中“枪支”属于《刑法》第127条之盗窃枪支罪的对象，超出甲本欲犯第264条盗窃罪的范围，甲只成立盗窃罪，而不成立盗窃枪支罪。类似“超出本欲触犯条文（罪名）”的情形如，甲本欲烧毁乙轿车却同时将后备箱中的珍贵文物烧毁的，甲只成立《刑法》第275条之故意毁坏财物罪，而不成立第324条之故意损毁文物罪。换言之，毁坏财物与文物分属于不同条文（罪名）的事实（对象）。③如果行为人本无任何犯罪意图，因“认识错误”而致危害结果发生的，不成立故意犯罪。如甲打猎时误将采药人当作野猪击中，对于造成采药人死亡的结果，应首先判断甲有无过失，如果有过失，可成立过失犯罪。

七、排除犯罪性的行为

（一）正当防卫

正当防卫，指为了使公共利益、本人或者他人的人身和其他权利免受正在进行的不法侵害，而对实施侵害的人所采取的必要的防卫行为。正当防卫是有益、合法的行为，因此而给不法侵害人造成必要损害的（致死伤等），虽然“形”似犯罪而实质没有危害性，故依法不负刑事责任。

1. 正当防卫成立的条件。

（1）对正在进行的不法侵害进行防卫。这包括两层含义：①发生了不法侵害。不法侵害，指侵害法益的行为，包括犯罪和违法行为。因为不法侵害是客观的，所以精神病人和没有达到刑事责任年龄的人的侵害行为也属于不法侵害。如果没有发生不法侵害，行为人误以为遭到不法侵害而实行防卫的，是“假想的防卫”。如甲遭遇便衣警察盘查，以为遭到打劫而攻击警察的，不能成立正当防卫。②不法侵害正在进行，即已经开始尚未结束，具有相当的紧迫性。如果不法侵害尚未开始或者已经结束而实行“防卫”的，是“防卫不适时”，不成立正当防卫。如在不法侵害结束后报复不法侵害人的，则不是防卫。

（2）具有正当防卫意思，即为保护合法权利免受不法侵害。“防卫挑拨”缺乏防卫意思，不成立正当防卫。防卫挑拨，是指为了侵害对方，有意挑逗对方，使对方首先实行侵害行为，然后借口遭到不法侵害而实施加害对方的行为。起因于互相逞强的“互殴”，因双方都缺乏防卫意思，都不是正当防卫。

（3）针对不法侵害者本人实行。正当防卫可以阻却给不法侵害人造成损害的违法性，但不能阻却给第三人（包括侵害者的家属、子女在内）造成损害的违法性。

（4）防卫行为适度，即没有明显超过必要限度且没有造成重大损害。

因正当防卫行为致使不法侵害人遭受损害的，不认为有社会危害性。

2. 防卫过当及其刑事责任。防卫过当，指正当防卫明显超过必要限度造成重大损害的行为。“必要限度”，指足以制止不法侵害所需要的限度。例如，对于显然不会危及人身安全或造成其他重大损害的不法侵害，不必用重伤、杀害的方式防卫；对于显然能用较缓和方式制止的不法侵害，不必采用激烈手段；不允许为保护微小利益而采用激烈的防卫手段，因为这些方式显然不是有效地制止不法侵害所必需的。“重大损害”，指致人重伤、死亡或者造成重大财产损失。防卫过当的，应当负刑事责任，但是应当酌情减轻或者免除处罚。

防卫过当的罪过形式一般是过失，但不排除故意。行为人基于防卫的意思抗击不法侵害，没有犯罪故意，造成了过当的损害的，一般是基于过失，如造成死亡结果的，应定过失致人死亡罪。不过，也有认定为故意伤害罪（致人死亡）的判例，所以不排除认定为故意犯罪的情形。防卫过当构成犯罪的，应当减轻或者免除处罚。防卫过当是法定量刑情节，不是罪名。

3. 特殊防卫。《刑法》第20条第3款规定：“对正在进行行凶、杀人、抢劫、强奸、绑架以及其他严重危及人身安全的暴力犯罪，采取防卫行为，造成不法侵害人伤亡的，不属于防卫过当，不负刑事责任。”特殊防卫的特点是：①以不法侵害具有“严重危及人身安全”的暴力性为适用前提。②认定结论简明，即不认为过当。

（二）紧急避险

紧急避险，指为了避免公共利益、本人或者他人的人身和其他权利免受正在发生的危险，不得已而采取的损害另一较小合法利益的行为。其特点是：在紧急情况下两种合法利益发生了冲突，顾此失彼，而不得不采取了损害其中较小的利益，保全较大利益的行为。紧急避险行为造成损害的，不负刑事责任。

成立紧急避险，必须具备以下条件：

1. 面临紧急危险，即发生了紧急的足以使合法权益遭受严重损害的危险情况，如自然灾害、动物侵袭、人的行为等危及合法利益的情形。首先，危险是客观存在的，而不是主观想象、推测的；其次，这种危险是正在发生的，且十分紧迫。

2. 避险行为必须是在迫不得已的情况下实施的。所谓迫不得已，是指采取紧急避险是唯一的途径，别无选择。因为紧急避险是以牺牲较小利益的方式保全较大利益，只要有其他办法能避免危险，就不必采取牺牲某种利益的方法。

3. 必须为了使合法利益免受正在发生的危险。这是避险目的正当性的条件，法律不认可为保护非法利益而采取避险行为。

4. 避险行为不能超过必要限度，造成不应有的危害。紧急避险的必要限度，应是避险行为所造成的损害必须小于所保护的权益，而不能等于或大于所保护的权益。换言之，“丢卒保车”是必要的，而“丢卒保卒”或“丢车保卒”就超过了必要限度，这是由紧急避险的目的和性质决定的。紧急避险超过必要限度造成不应有的危害的，应当负刑事责任，但是应当酌情减轻或者免除处罚。

关于避免本人危险的规定，不适用于职务上、业务上负有特定责任的人。

第三节　犯罪的形态

一、故意犯罪过程中的犯罪形态

（一）概述

故意犯罪过程中的犯罪形态，可分为完成与未完成两种类型。犯罪既遂是犯罪的完成形态，也是法律所确立的标准形态；犯罪预备、未遂、中止是犯罪的未完成形态，相对于既遂形态而言，它们是特殊形态或者既遂的修正形态。

（二）犯罪既遂

犯罪既遂，指行为完整地实现了法定全部犯罪构成事实，其本质是对客体（法益）造成实际损害（结果）或可能的损害（危险）。例如，张三毒杀李四且致李四死亡，就完整实现了《刑法》第232条“故意杀人”法定犯罪构成事实，张三的故意杀人行为达成既遂，应按照第232条（故意杀人罪）的法定刑处罚。犯罪既遂是刑法分则各条确立的适用法定刑处罚的标准形态。

刑法分则各条规定的各罪的既遂形态各异，不可一概而论，只能分别把握。如抢劫罪需达到非法占有他人财物的程度才是既遂，而绑架罪则以勒索财物扣押了人质为既遂，不以非法取得赎金为必要。再如故意杀人罪以造成死亡结果为既遂，而故意伤害罪以造成轻伤结果为既遂。

犯罪既遂虽然“因罪而异”，仍可大体概括为以下几种类型：

1. 以造成法定犯罪构成后果为既遂，称“实害犯”或“结果犯”，最典型如，故意杀人罪以发生“死亡结果”为既遂；故意伤害罪以发生“轻伤以上结果”为既遂；故意毁坏财物罪以发生财物“损坏结果”为既遂。此外，抢劫罪、抢夺罪、盗窃罪、敲诈勒索罪、诈骗罪一般以发生财产占有变更的结果（由他人占有转为行为人占有）为既遂，也属于“结果犯”。

2. 以造成现实危险为既遂，称“危险犯”。如《刑法》第116条破坏交通工具罪，足以使交通工具有发生倾覆、毁坏（危险的），即使尚未造成“倾覆、毁坏”的严重后果，也成立该条之罪既遂。公共安全的犯罪，如第114条之放火罪、爆炸罪、投放危险物质罪，第117条之破坏交通设施罪，第118条之破坏电力设备罪等，也是危险犯。

3. 以法定构成要件行为被实现为既遂，称“行为犯”或“形式犯”。如《刑法》第141条规定：“生产、销售假药的，处3年以下有期徒刑或者拘役，并处罚金；对人体健康造成严重危害或者有其他严重情节的，处3年以上10年以下有期徒刑……”根据该条，行为人只要实施了“生产、销售假药”行为，就属既遂，而不问有没有人身伤亡、财产损毁之结果或危险。若有危害健康结果的，则是“加重犯”，适用更重法定刑处罚。类似如非法买卖枪支罪、贩卖毒品罪、诬告陷害罪、煽动分裂国家罪等，也是行为犯。

由于既遂是以法定构成要件结果、危险或行为是否实际发生为标准的，所以，以犯罪人是否达到犯罪目的或造成特定后果为判断既遂标准的观念是片面的。在构成“危险犯”“行为犯”既遂时，就不以发生人身伤亡、财产损失结果为必要，也未必需要实现犯罪目的。

（三）犯罪预备

根据《刑法》第22条第1款规定，犯罪预备指“为了犯罪，准备工具、制造条件的”行为。有犯罪预备行为，因意志以外的原因而未能着手实行的，是预备犯。预备犯成立条件包括：

1. “为了犯罪”，即行为人怀有便利实行某种犯罪的意图，如为了便利实行杀人罪、强奸罪、抢劫罪等。

2. 行为人进行了准备工具、制造条件等犯罪预备行为。“准备工具”，指准备实行犯罪使用的各种物品，如为杀人而购买刀、枪、毒药。“制造条件”，指为实行犯罪制造机会或创造条件，如进行犯罪前的调查，排除实行犯罪的障碍，前往犯罪现场或者诱骗被害人赴犯罪地点，跟踪或者守候被害人，勾引共同犯罪人，商议或者拟订实施犯罪的计划等。从某种意义上讲，准备工具也属于制造条件的一种方式。

3. 犯罪的预备行为由于犯罪分子意志以外的原因而被阻止在犯罪准备阶段，未能进展到着手实行犯罪。例如，张三为杀人而准备大量的毒药，尚未投放即被告发；李四埋伏在路旁伺机拦路抢劫，未遇到被劫者即被警察抓获。

应注意，有犯意或犯意表示（流露），但尚未外化为具体的犯罪准备活动的，不能成立预备犯。

关于预备犯的刑事责任，《刑法》第22条第2款规定："对于预备犯，可以比照既遂犯从轻、减轻处罚或者免除处罚。"

（四）犯罪未遂

根据《刑法》第23条第1款规定，犯罪未遂，指"已经着手实行犯罪，由于犯罪分子意志以外的原因而未得逞"的形态。犯罪未遂成立的条件包括：

1. "已着手实行犯罪"，指行为人已经开始实行法定犯罪构成行为。例如，《刑法》第263条（抢劫罪）规定："以暴力、胁迫或者其他方法抢劫公私财物的……"当行为人开始实行第263条之"暴力、胁迫"劫取财物的行为时，即可认为"已着手实行"（抢劫）犯罪。再如，《刑法》第232条规定"故意杀人的"，当行为人开始实施"杀人的"行为之时，即可认为"已着手实行"杀人罪。

是否已"着手"实行犯罪是犯罪未遂与犯罪预备区别的根本标志。犯罪预备是"准备实行犯罪"，由于遭到意志以外原因的阻止，未能开始实行犯罪。例如，张三、李四共谋抢劫出租车，二人携刀搭乘一辆出租车，伺车驶到僻静处动手抢劫。不料被司机识破，径直将张三、李四载至公安局。在此案件中，张三、李四是抢劫罪的预备犯。他们虽有种种活动，但都是实施抢劫的准备活动，而并未开始实行抢劫行为。犯罪未遂在时间上是"已开始实行犯罪"。如果他们的企图未被司机识破，待车驶到僻静处，二人为劫取该车而开始对司机施加暴力或以暴力相威胁时，就属于已着手实行抢劫罪。此时犯罪已超越预备阶段进入了实行阶段，不再有成立犯罪预备的余地。倘若由于意志以外的原因而未得逞的，是犯罪未遂而不是犯罪预备。由此可见，正确区别是"准备实行犯罪"还是"开始实行犯罪"，对正确认定犯罪预备和犯罪未遂十分关键。

2. "犯罪未得逞"，指犯罪没有既遂，即犯罪行为尚未完整地实现法定全部犯罪构成事实。例如，张三在李四茶杯中投下毒药杀李四（已着手实行杀人），李四喝下毒茶水后并未中毒死亡（没有既遂）；再如王五越狱脱逃，未能逃脱该监狱监管人员的控制范围即被抓获。

犯罪未得逞是犯罪未遂与既遂区别的标志。倘若犯罪已得逞，即已完成，那么就不会有成立犯罪未完成形态的可能性。

3. 犯罪未得逞是由于"犯罪分子意志以外的原因"，指违背犯罪分子本意的原因，通常是因遭遇障碍"欲犯而不能"。犯罪未遂也可称为因"障碍未遂"。犯罪分子意志以外的原因主要有：被害人的反抗、第三者的阻止、自然力的阻碍、物质的阻碍、犯罪人能力不足、认识发生错误，等等。例如，张三意图强奸而使用暴力将被害妇女按倒，未能性交即被赶来的警察抓获，就属于因第三者的阻止而犯罪（强奸）未得逞；再如李四进入银行却打不开保险柜以致一无所获，就属于物质障碍及自身能力不足的原因而未得逞。

关于未遂犯的刑事责任，《刑法》第23条第2款规定："对于未遂犯，可以比照既遂犯从轻或者减轻处罚。"

（五）犯罪中止

根据《刑法》第24条第1款规定，犯罪中止，指"在犯罪过程中，自动放弃犯罪或者自动有效地防止犯罪结果发生的"形态。犯罪中止成立的条件包括：

1. 时间性，即"在犯罪过程中"，指犯罪预备、实行、实行终了至犯罪（结果）既遂以前的全过程，这是中止时间条件。犯罪既遂了，直接适用分则条文规定的法定刑处罚，不存在犯罪中止的适用。犯罪人在犯罪既遂后返还原物、赔偿损失的，是犯罪既遂后的悔罪表现，不是犯罪中止。

犯罪中止发生于犯罪预备阶段的，称预备的中止；发生于犯罪实行阶段的，称实行的中止。

2. 自动性，即"自动放弃犯罪或自动有效地防止犯罪结果发生"。分两种情况：①"自动放弃犯罪"，指行为人在自认为能够完成犯罪时，自主放弃犯罪意图和行为。如甲拦住乙女欲行强奸，因乙女哀求而放过乙女，甲是强奸罪中止。②"自动有效防止犯罪结果发生"，指行为已经造成法益侵害的危险，行为人自主积极实施阻止犯罪结果发生的行为，如甲欲投毒杀害女友乙，乙服毒后痛苦万分，甲心生怜悯，主动送乙到医院救治。

没有遭遇障碍就放弃的，大体可以认为是"自动"；犯罪中遭遇到些微的阻力，如被害人的哀求、他人规劝而放弃的，因为障碍力量很小，也可认为是"自动"。中止的自动性是犯罪中止的本质特征，也是它与犯罪预备、犯罪未遂区别的标志。自动中止犯罪的原因有：出于真诚的悔悟；对被害人的怜悯；受到他人的规劝；害怕受到刑罚的惩罚，等等。

3. 有客观的中止表现。犯罪中止不仅是内心的愿望，还应当有客观的放弃犯罪或阻止犯罪结果的行动。首先，在犯罪行为尚未造成危险时，行为人自动停止犯罪即可满足中止表现，这种情形称"消极的中止"。如甲入户盗窃时心生悔意，返身空手离开，甲盗窃罪中止。其次，在犯罪行为已经造成法益侵害危险时，必须积极行动消除危险、防止犯罪结果发生。如张三将情敌李四引诱到荒郊野外，朝李四要害部位连扎数刀后离去。张三致李四有死亡危险却仅仅消极停止，没有积极行动消除死亡危险，即使李四后来没有死，张三也不成立中止。因为张三没有实施消除危险、阻止结果发生的中止行为，不符合"自动防止犯罪结果发生"的条件，这种情形称"积极的中止"。

4. 彻底放弃犯罪或有效性阻止犯罪结果。首先，在消极中止场合，须彻底放弃犯罪意图。如果因为遭遇障碍或认为时机不成熟而暂时停止，待日后障碍消失或时机成熟后再实施的，是"犯罪撤退"，不是犯罪中止，因为犯罪人继续犯罪的危险性依然存在。彻底放弃犯罪，只需行为人放弃"手头"实施的犯罪即可，又萌生其他犯意的，不影响该"手头"的罪成立中止。如甲拦住乙女欲行强奸，因乙女哀求而放过乙女，之后见路过的丙女，又对丙女猥亵、抢劫的，不影响甲强奸乙女的中止。其次，在积极中止场合，行为人须有效阻止了犯罪结果发生。如甲投毒杀害女友乙后心生怜悯，而送乙救治，如果乙没有死亡，甲成立中止；如果乙因抢救无效而死亡，甲不成立犯罪中止，因为甲的行为未能有效阻止危害结果发生，缺乏中止的有效性。换言之，甲杀人致死已经是故意杀人罪既遂。

关于中止犯的刑事责任，《刑法》第24条第2款规定："对于中止犯，没有造成损害的，应当免除处罚；造成损害的，应当减轻处罚。"

二、共同犯罪

（一）共同犯罪的概念和成立的条件

共同犯罪，指二人以上共同故意犯罪。共同犯罪成立的条件包括：

1. 在客观方面，数人共同实施犯罪行为，包括实行、教唆、帮助、组织、共谋行为，协同作用造成危害结果。其中，实行行为者称实行犯或正犯，教唆者称教唆犯，帮助者称帮助犯。

2. 在主观方面，数人有共犯一罪的故意，各共犯人不仅对所犯之罪持故意，且有意思联络，即认识到互相协作共犯一罪。没有共同犯罪故意不成立共同犯罪。二人以上共同过失犯罪的，不以共犯论处；利用他人过失行为的，利用者与被利用者不成立共同犯罪；事先无通谋的窝藏、包庇行为，窝赃、销赃行为不以共同犯罪论处。

（二）共同犯罪的责任：按照全部罪行处罚

1. 对共犯的评价。共犯较单人犯罪更为严重。数人协作增加了犯罪的能量，能犯下单人所不能犯的罪行；共犯人之间相互激励犯罪意志，能犯单人所不敢犯的罪恶。因此，应当令共犯承担较重罪责。

2. 各共同犯罪人对共同犯罪行为及其危害结果的责任。在共同犯罪中，由于各共同犯罪人协同犯罪，形成了一个整体，所以每一个共同犯罪人都应对共同犯罪的整体行为及其危害结果负刑事责任，即所谓"一部行为，全部责任"。为此，刑法对共犯规定了较重的责任。《刑法》第26条规定："……对组织、领导犯罪集团的首要分子，按照集团所犯的全部罪行处罚。对于第3款规定以外的主犯，应当按照其所参与的或者组织、指挥的全部犯罪处罚。"例如，某贩毒集团共贩卖10万克海洛因，对该集团的首要分子应当按照贩卖10万克海洛因处罚。再例如，甲乙共同暴力攻击丙，虽然只有甲刺中要害致丙死亡，乙也要对丙的死亡结果承担罪责；甲乙共同盗窃4万元，各分2万元，对甲乙都应按盗窃金额4万元进行处罚。虽然每一共犯人只是实施了共犯行为之一部分，但要对全部罪行负责。

（三）共同犯罪人的种类及其区别处罚原则

在《刑法》中，以共犯人在共同犯罪中所起的作用为主要标准，同时兼顾其分工，将共犯人分为主犯、从犯、胁从犯和教唆犯四种。

1. 主犯，即《刑法》第 26 条规定的“组织、领导犯罪集团进行犯罪活动的或者在共同犯罪中起主要作用的”犯罪分子。主犯包括：①犯罪集团的首要分子。②其他起主要作用的犯罪分子。根据《刑法》第 26 条，对于主犯，按照全部罪行处罚。

2. 从犯，指在共同犯罪中起次要或者辅助作用的犯罪分子。从犯可分为两种：①在共同犯罪中起次要作用的实行犯。②在共同犯罪中帮助他人实行犯罪的帮助犯。根据《刑法》第 27 条，“对于从犯，应当从轻、减轻处罚或者免除处罚”。即在对共犯全部罪行负责的前提下，予以宽大处罚。从犯实为法定量刑情节。

3. 胁从犯，指被胁迫参加犯罪的犯罪分子。即犯罪人是在他人的暴力强制或者精神威逼之下被迫参加犯罪的。犯罪人虽有一定程度选择的余地，但并非自愿。根据《刑法》第 28 条，“对于被胁迫参加犯罪的，应当按照他的犯罪情节减轻处罚或者免除处罚”。

主犯与从犯的区别在于他们的地位、作用不同。作用大小是相对而言的，即在同一共同犯罪中，相对起主要作用的是主犯，相对起次要作用或辅助作用的是从犯。

从犯与胁从犯的共同点是都只起到了较小的作用。他们的区别是：从犯是自愿、主动参加犯罪的；而胁从犯是不自愿参加犯罪的，具有一定的被动性。

各共犯无论作用大小，首先都应当对共犯的全部罪行负责，其次才根据作用大小认定主犯、从犯、胁从犯，适用区别对待的处罚原则。

4. 教唆犯，指教唆他人实行犯罪的人。教唆犯的特点是，教唆他人实行犯罪而自己并不参加犯罪的实施，是使他人犯罪的人。

（1）教唆犯成立的条件：①客观上教唆他人犯罪。包括怂恿、诱骗、劝说、请求、收买、强迫、威胁等足以使人萌生犯罪意图的方式。②主观上有使他人犯罪的故意，其内容是知道在唆使他人实施刑法上的犯罪。无意引起他人犯罪的，不成立教唆犯。

（2）教唆犯的刑事责任。《刑法》第 29 条规定：①教唆他人犯罪的，应当按照他在共同犯罪中所起的作用处罚。教唆犯起主要作用的按主犯处罚；起次要作用的按从犯处罚。在司法上，一般认定教唆犯起主要作用。②教唆不满 18 周岁的人犯罪的，应当从重处罚。③如果被教唆的人没有犯被教唆的罪，对于教唆犯，可以从轻或者减轻处罚。这属于“教唆未遂”。根据教唆独立性观念，教唆未遂也要处罚。

对于教唆犯，通常以被教唆人所犯之罪的共犯定罪处罚。如甲教唆乙盗窃且乙犯了盗窃罪的，甲是乙的盗窃罪的教唆犯，甲与乙适用相同的罪名和法定刑（第 264 条）。如果教唆实施轻罪而被教唆人犯重罪的，认为被教唆人实行过限，对教唆犯仅按照轻罪名定罪处罚。如甲教唆乙盗窃丙家而乙却抢劫丙家，甲仅成立盗窃罪。被教唆人没有犯被教唆的罪的，按照所教唆的罪名定罪，如教唆他人犯盗窃罪就定盗窃罪（教唆）。

（四）共同犯罪的形式

共同犯罪的形式，指二人以上共同犯罪的结构或者共同犯罪人之间的结合或联系形式。

1. 以共同故意形成的时间为标准，共同犯罪可分为：

（1）事先通谋的共同犯罪，指各共同犯罪人在着手实行犯罪前就已经形成共同故意的共同犯罪。

（2）事先无通谋的共同犯罪，指各共同犯罪人的共同故意在着手实行过程中才形成的共同犯罪。

2. 以共同犯罪人有无分工为标准，共同犯罪可分为：

（1）简单共同犯罪，指共同犯罪人均参与实行犯罪的行为，即各共犯人都是实行犯，也称“共同正犯”。

（2）复杂共同犯罪，指共同犯罪中除实行犯之外还存在教唆犯或帮助犯的共犯形态。教唆犯、帮助犯因没有实行行为，其可罚的根据、界限以及与正犯的关系需特别考虑。

3. 以共同犯罪人之间有无组织形式为标准，共同犯罪可分为：

（1）一般共同犯罪，指共同犯罪人之间无特殊组织形式的共同犯罪。该共同犯罪中，共犯人临时纠合作案，没有组织形式。

（2）犯罪集团，即《刑法》第26条规定的“3人以上为共同实施犯罪而组成的较为固定的犯罪组织”。它具有以下特征：①人数较多（3人以上），重要成员固定或基本固定；②经常纠集在一起进行一种或数种严重的犯罪活动；③有明显的首要分子；④有预谋地实行犯罪活动；⑤不论作案次数多少，对社会造成的危害或其具有的危险性都很严重。

三、一罪与数罪

（一）罪数与刑罚

确定犯罪个数（一罪还是数罪），是确定刑罚权个数的前提。国家刑罚权个数应当与犯罪个数相对应。如果只犯一个罪，那么只受一次（一个）刑罚处罚，不得重复评价、处罚。如果犯有数罪，则应当数罪并罚。

（二）罪数标准

确定犯罪个数的标准：构成要件说，即“一个行为”符合“一个构成要件”的，就是一罪；“数行为”符合“数个构成要件”的，是数罪。例如甲长期以赌博所得为主要生活来源。某日甲在抢劫赌徒乙的赌资得逞后，为防止乙日后报案将其杀死。甲数行为实现了第303条（赌博罪）、第263条（抢劫罪）、第232条（故意杀人罪）的构成要件事实，构成数罪，应以赌博罪、抢劫罪、故意杀人罪并罚。

同一性质的数罪，叫同种数罪。例如甲杀害张三又杀害李四，构成两个罪名相同的犯罪即故意杀人罪，是同种数罪。不同性质的数罪，叫不同种数罪或者异种数罪，例如甲犯有罪名不同的抢劫罪和赌博罪，是不同种数罪。对不同种数罪实行数罪并罚，对于同种数罪一并起诉、审判的，不实行数罪并罚。

（三）法律上的一罪

1. 拟制的一罪。《刑法》中有将两个犯罪构成规定为一罪、适用一个刑罚（法定刑）的条款，如《刑法》第 239 条第 2 款规定，犯绑架罪“杀害被绑架人的，或者故意伤害被绑架人，致人重伤、死亡的，处无期徒刑或者死刑，并处没收财产”。绑架并杀害被绑架人本来是绑架罪和故意杀人罪数罪，在法律中被整体评价、配置一个加重刑罚（死刑），只能视同绑架罪一罪处罚。刑法中有多处这样的规定，如第 240、358 条等，需特别掌握。

2. 结果加重犯，指一行为构成基本罪同时又造成人身伤亡或财产毁损结果，该结果作为法定刑升格的事由。例如《刑法》第 263 条规定抢劫财物的处 3 ~ 10 年，抢劫致人重伤、死亡的处 10 年以上有期徒刑、无期徒刑或者死刑。抢劫是“基本罪”，致被害人“重伤、死亡”是刑罚升格事由即“加重事由”。常见的结果加重犯有：①故意伤害致人死亡的（第 234 条）；②强奸致人重伤、死亡的（第 236 条）；③非法拘禁致人重伤、死亡的（第 238 条）；④绑架致人死亡的（第 239 条）；⑤放火、爆炸、投放危险物质、破坏交通工具等造成伤亡或重大损失的（第 115、119 条）。结果加重犯尽管在基本罪之外造成了额外的死伤结果等，但属于法定一罪，不数罪并罚。

刑法特别把数罪拟制为一罪配置加重刑罚，可以看作是罪行加重犯。

司法中也可能遇到一些特殊情况，如一行为触犯数罪名或数法条，或者数行为犯数罪不宜数罪并罚，由此产生罪数的不典型情况。

3. 选择的一罪，指刑法规定了若干独立的犯罪构成，既可以由一个犯罪构成成立一罪，也可以由两个以上的犯罪构成成立一罪。例如，《刑法》第 312 条规定的掩饰、隐瞒犯罪所得、犯罪所得收益罪，其中窝赃和销赃都是一个独立的犯罪构成，都可以单独成立一罪，但如行为人对同一赃物既窝藏又代为销售的，也仅成立掩饰、隐瞒犯罪所得、犯罪所得收益罪一罪。刑法中规定的选择的一罪还有：走私、贩卖、运输、制造毒品的犯罪；制造、运输、贩卖枪支、弹药的犯罪；制作、复制、出版、贩卖、传播淫秽物品的犯罪等。

（四）司法酌情处断的一罪

即一行为同时犯数罪或手段行为或结果行为又犯其他罪的，酌情择一重罪处罚（不数罪并罚）。

1. 想象竞合犯，指一个犯罪行为同时触犯数罪名，因为只有“一行为”，虽然犯数罪也不数罪并罚。例如，甲酒后驾车被警察乙拦下，甲挥拳打乙致乙重伤，甲一个暴力行为同时构成妨害公务罪和故意伤害罪，属想象竞合犯。其特征是：①只有一个行为。②一个行为同时触犯了数罪名。再如，张三盗割电线造成停电事故，张三以一个盗割行为同时触犯盗窃罪和破坏电力设备罪，是想象竞合犯。

对想象竞合犯"择一重罪"处罚，即在触犯数罪中选择最重的一罪处罚。前述第一例择重以故意伤害罪定罪处罚，第二例择重以破坏电力设备罪处罚。

2. 牵连犯，指实施某个犯罪，其手段或结果的行为又触犯其他罪名。其特征是：①实施数犯罪行为。②触犯数种不同罪名。③所触犯数罪间存在牵连关系，即一罪或数罪是他罪的手段行为或结果行为。例如，伪造公文进行诈骗，作为诈骗手段的伪造公文行为已触犯了《刑法》第280条的伪造国家机关公文罪。这是（诈骗）犯罪的手段行为触犯其他罪名。又如，甲在某矿山盗窃300公斤炸药，驾车运载炸药途中被抓获，分别构成盗窃爆炸物罪和非法运输爆炸物罪，非法运输爆炸物是其远距离盗窃爆炸物的结果行为。牵连犯实际上是数行为犯数罪，但鉴于其数行为间存在牵连关系，所以一般按"择一重罪"处罚的原则处理。

3. 吸收犯，指一犯罪行为是另一犯罪行为的当然结果、组成部分而被吸收，按一罪处断。如甲非法制造枪支然后又持有该枪支，其非法持有枪支罪作为非法制造枪支罪的当然结果而被吸收，只需论以非法制造枪支罪。类似如乙盗版数十万册《邓小平文选》销售，构成侵犯著作权罪和销售侵权复制品罪，只论以侵犯著作权罪。

第四节 刑罚论

一、刑罚概述

（一）刑罚的概念

刑罚是刑法规定的由人民法院依法对犯罪人适用的制裁方法。刑罚与其他制裁方法比较，具有如下特点：①严厉的程度不同。刑罚是最为严厉的制裁方法。②适用的对象不同。刑罚只能对犯罪分子适用。③适用的机关和程序不同。刑罚只能由人民法院代表国家适用，并要依照《刑事诉讼法》规定的管辖权和诉讼程序进行。

（二）刑罚的功能

刑罚的功能，指国家创制和适用刑罚同犯罪作斗争对人们可能产生的正面影响。

1. 刑罚对犯罪人具有惩罚与教育改造的功能。

2. 刑罚对受害人具有安抚受害人及其亲友的情绪，补偿受害人精神损害和经济损失的功能。

3. 刑罚对社会大众具有坚定其守法信念的功能；对于有犯罪企图的人具有威慑其不敢以身试法的功能。

（三）刑罚的目的

刑罚的目的，从广义上说，指国家通过创制、适用和执行刑罚所希望达到的社会效果。从狭义上说，指人民法院通过对犯罪分子适用刑罚所追求的效果，即特殊预防和一般预防。

1. 特殊预防，指通过对犯罪分子适用刑罚防止他们再次犯罪，即防止特定的受刑罚处罚的人重新犯罪。

2. 一般预防，指通过对犯罪分子适用刑罚，警诫社会上的不稳定分子，防止他们走上犯罪道路；对社会大众而言，则是使他们树立守法信念。

惩恶扬善是正义，因此惩罚犯罪是正义的要求，使犯罪受到应得的惩罚就实现了正义。

二、刑罚的体系和种类

（一）刑罚的体系

刑罚的体系，指刑法所规定的，并按照一定次序排列的各种刑罚方法的总和。我国刑罚分主刑和附加刑两类，主刑和附加刑又各有多种，每个刑种又有其特定的内容和作用，轻重衔接，互相配合，构成了一个完整的刑罚体系。

（二）刑罚的种类

1. 主刑（又称基本刑），指人民法院对犯罪分子判处刑罚时适用的主要刑罚方法。它只能独立适用，不能附加适用，即对一项罪行只能适用一个主刑。我国《刑法》规定的主刑有管制、拘役、有期徒刑、无期徒刑和死刑五种。分述如下：

（1）管制，指由人民法院判决，对犯罪分子不予关押，实行社区矫正的刑罚方法。管制的刑期为3个月以上2年以下；数罪并罚时，最高不能超过3年。管制的刑期从判决执行之日起计算。判决执行前先行羁押的，羁押1日折抵刑期2日。管制适用于罪行较轻的犯罪分子。被判处管制的犯罪分子，在执行期间，应当遵守下列规定：①遵守法律、行政法规，服从监督。②未经执行机关批准，不得行使言论、出版、集会、结社、游行、示威的自由权利。③按照执行机关规定报告自己的活动情况。④遵守执行机关关于会客的规定。⑤离开所居住的市、县或者迁居，应当报经执行机关批准。

对于被判处管制的犯罪分子，在劳动中应当同工同酬。

法院对被判处管制的犯罪分子可以宣告“禁止令”，由社区矫正机构执行。违反“禁止令”的，由公安机关依照《中华人民共和国治安管理处罚法》的规定处罚。

（2）拘役，是短期剥夺犯罪分子人身自由，并就地实行劳动改造的刑罚方法。拘役的刑期为30天以上6个月以下，数罪并罚时最高不能超过1年。拘役的刑期，从判决执行之日起计算；判决以前先行羁押的，羁押1日折抵刑期1日。它主要适用于罪行较轻，需要短期关押的犯罪分子。被判处拘役的犯罪分子由公安机关就近执行，在服刑期间每个月可以回家1~2天，参加劳动的可以酌量发给报酬。

（3）有期徒刑，指剥夺犯罪分子一定期限的人身自由，强制实行劳动改造的刑罚方法。有期徒刑的刑期为6个月以上15年以下，数罪并罚时，最高不能超过20年。有期徒刑的刑期从判决执行之日起计算，判决以前先行羁押的，羁押1日折抵刑期1日。有期徒刑适用于罪行较重的犯罪分子，它是我国刑罚中适用范围最为广泛的刑罚方法。有期徒刑在监狱或者其他劳改场所执行，凡有劳动能力的都要实行劳动改造。

(4) 无期徒刑，指剥夺犯罪分子终身自由，并强制劳动改造的刑罚方法。无期徒刑的严厉程度介于有期徒刑与死刑之间，适用于罪行严重的犯罪分子。无期徒刑一般应在监狱执行，也可以在警戒条件好的其他劳改队执行。凡是有劳动能力的，都要实行强制劳动改造。

被判处无期徒刑的犯罪分子不一定都实际服刑终身。如确有悔改或者立功表现，在执行一定期限后，可以获得减刑、假释或者赦免。

(5) 死刑，指剥夺犯罪分子生命的刑罚方法。它是我国刑罚中最严厉的刑罚方法，只适用于罪行极其严重的犯罪分子。

为了严格限制死刑的适用，我国刑法作了以下规定：①死刑只适用于罪行极其严重的犯罪分子，即犯罪的性质、程度特别严重，情节特别恶劣的犯罪分子。②对于应当判处死刑的犯罪分子，如果不是必须立即执行的，可以判处死刑同时宣告缓期二年执行，实行劳动改造，以观后效。这是我国独创的"死缓"制度。"死缓"不是独立的刑种，而是执行死刑的一种制度。判处死刑缓期执行的，在死刑缓期执行期间，如果没有故意犯罪，2 年期满以后，减为无期徒刑；如果确有重大立功表现，2 年期满以后减为 25 年有期徒刑；如果故意犯罪，查证属实的，由最高人民法院核准，执行死刑。为了进一步减少死刑执行，《刑法修正案（八）》增加"特别死缓"，即"对被判处死刑缓期执行的累犯以及因故意杀人、强奸、抢劫、绑架、放火、爆炸、投放危险物质或者有组织的暴力性犯罪被判处死刑缓期执行的犯罪分子，人民法院根据犯罪情节等情况可以同时决定对其限制减刑"。被限制减刑的死缓犯，缓期执行期满后依法减为无期徒刑的，实际执行的刑期不能少于 25 年；缓期执行期满后依法减为 25 年有期徒刑的，实际执行的刑期不能少于 20 年。③犯罪的时候不满 18 周岁的人和审判的时候怀孕的妇女，不适用死刑。在审判时怀孕的妇女，即使发生了人工或者自然流产，仍按孕妇对待。不适用死刑当然包括不得判处死刑缓期二年执行。④审判的时候已满 75 周岁的人，不适用死刑，但以特别残忍手段致人死亡的除外。⑤死刑除依法由最高人民法院判决的以外，都应当报请最高人民法院核准。死刑缓期执行的，可以由高级人民法院判决或核准。

2. 附加刑，又称从刑，是补充主刑适用的刑罚方法。其特点是既能附加适用，也能独立适用。我国刑法规定的附加刑的种类有：罚金、剥夺政治权利、没收财产、驱逐出境。分述如下：

(1) 罚金，是人民法院判处犯罪分子向国家缴纳一定数额金钱的刑罚方法。人民法院对犯罪分子判处罚金，应根据犯罪情节，如违法所得、造成损失的大小等，并综合考虑犯罪分子缴纳罚金的能力，决定罚金的数额。对于法律明文规定罚金最高限额的，只能在法定限额内确定罚金数额。

(2) 剥夺政治权利，指剥夺犯罪分子参加国家管理和政治活动权利的刑罚方法。此处的政治权利的内容是：①选举权与被选举权。②言论、出版、集会、结社、游行、示威自由的权利。③担任国家机关职务的权利。④担任国有公司、企业、事业单位和人民团体领导职务的权利。对危害国家安全的犯罪分子应当附加剥夺政治权利；对于故意杀人、强奸、放火、爆炸、投放危险物质、抢劫等严重破坏社会秩序的犯罪分子，可以附加剥夺政治权利；对判处死刑、无期徒刑的罪犯应当附加剥夺政治权利终身。可见剥夺政治权利在附加适用时，一般适用于犯罪性质严重或罪行严重的罪犯。在独立适用时一般适用于罪行较轻的罪犯。剥夺政治权利的期限：判处管制附加剥夺政治权利的，其刑期与管制的刑期相等，同时起算，同时执行；判处拘役、有期徒刑附加剥夺政治权利的或者单处剥夺政治权利的，其刑期为1年以上5年以下；判处拘役、有期徒刑附加剥夺政治权利的，其刑期自主刑执行完毕之日或者假释之日起计算，剥夺政治权利的效力当然适用于主刑执行期间。判处无期徒刑或者死刑的，附加剥夺政治权利终身；在“死缓”减为有期徒刑或者无期徒刑减为有期徒刑时，应当把附加剥夺政治权利的刑期改为3年以上10年以下。

（3）没收财产，指将犯罪分子个人所有财产的一部或者全部强制无偿地收归国有的刑罚方法。它主要适用于危害国家安全的犯罪分子；严重破坏经济秩序、侵犯财产以及以营利为目的妨害社会管理秩序的犯罪分子。没收财产，只限于没收犯罪分子个人所有的财产，不得没收犯罪分子家属所有或应有的财产。

（4）驱逐出境，指将犯罪的外国人或无国籍人逐出我国国（边）境的刑罚方法。它在独立适用时，自判决确定之后执行；作为附加刑适用时，应在主刑执行完毕之后执行。

（三）非刑罚处理方法

非刑罚的处理方法包括三类：

1. 判处赔偿经济损失和责令赔偿损失。判处赔偿经济损失适用于依法被判处刑罚的犯罪分子；责令赔偿损失适用于犯罪情节轻微、不需要判处刑罚而免予刑事处罚的犯罪分子。

2. 训诫、责令具结悔过、赔礼道歉。这是人民法院对免于刑事处罚的犯罪分子所采用的几种教育方法。

3. 由主管部门予以行政处分。这是人民法院根据案情向犯罪分子所在单位提出行政处分建议，由主管部门给予犯罪人一定的行政处分。

上述非刑罚处理方法的适用，均以行为人构成犯罪为前提。

三、量刑

量刑，是人民法院依法对犯罪分子裁量决定刑罚的一种审判活动。人民法院的刑事审判活动有两个基本环节：①定罪；②量刑。量刑是刑事审判活动的基本环节之一。

（一）量刑原则

《刑法》第61条对量刑的一般原则作了如下规定：“对于犯罪分子决定刑罚的时候，应当根据犯罪的事实、犯罪的性质、情节和对于社会的危害程度，依照本法的有关规定判处。”简言之，就是以事实为根据，以法律为准绳。

（二）量刑的情节

量刑情节，指人民法院对犯罪分子据以判处刑罚的事实情况。量刑情节分法定情节和酌定情节两类。

1. 法定情节，指法律明文规定的在量刑时必须予以考虑的情节。法定情节有从重、从轻、减轻和免除处罚四种效果。分述如下：①从重处罚，指在法定刑的范围内，对犯罪分子适用相对较重的刑种或者相对较长的刑期。例如，累犯应当从重处罚。②从轻处罚，指在法定刑的范围内，对犯罪分子适用相对较轻的刑种或者相对较短的刑期。如犯罪以后自首的，可以从轻处罚。③减轻处罚，指对犯罪分子在法定最低刑以下判处刑罚。犯罪分子虽然不具有法定减轻处罚情节，但是根据案件的特殊情况，经最高人民法院核准，也可以减轻处罚。④免除处罚，指对犯罪分子作有罪宣告，同时免除其刑罚处罚。

在刑法中，某种法定情节往往规定既能从轻处罚又能减轻处罚甚至能免除处罚。例如，《刑法》第17条第3款规定：“已满14周岁不满18周岁的人犯罪，应当从轻或者减轻处罚。”第22条第2款规定：“对于预备犯，可以比照既遂犯从轻、减轻处罚或者免除处罚。”第27条第2款规定：“对于从犯，应当从轻、减轻处罚或者免除处罚。”

2. 酌定情节，指根据刑事立法精神，从审判实践中总结出来的，由人民法院灵活掌握、酌情运用的情节。常见的酌定情节主要有：犯罪的动机、犯罪的手段、犯罪时的环境和条件、犯罪的损害结果、犯罪人的一贯表现和犯罪后的态度等。

（三）《人民法院量刑指导意见（试行）》及量刑方法

最高人民法院于2010年10月出台的《人民法院量刑指导意见》，是推进量刑规范化的重要司法解释。根据该意见，量刑（宣告刑的裁量）有以下关键步骤：

1. 适用的法定刑或量刑幅度。

2. 量刑起点，根据基本犯罪构成事实在相应的法定刑幅度内确定量刑起点。

3. 基准刑确定，根据其他数额、情节等因素在量刑起点的基础上增加刑罚量确定基准刑。

4. 基准刑调节，根据量刑情节调节基准刑，并综合考虑全案情况确定宣告刑。

5. 宣告刑，法院在判决书中对罪犯宣判的刑罚即“宣告刑”，是量刑的结果。

（四）累犯

我国刑法中的累犯，分为一般累犯和特殊累犯两种：

1. 一般累犯，指被判处有期徒刑以上刑罚的犯罪分子，刑罚执行完毕或者赦免以后，在5年以内再犯应当判处有期徒刑以上刑罚的情况。它成立的条件是：①前后罪都是故意犯罪。②前后罪都是判处有期徒刑以上刑罚之罪。③后罪发生的时间在前罪刑罚执行完毕或者赦免以后5年以内。对于被假释的犯罪分子，自假释期满之日起5年以内。④年龄条件，行为人犯前科之罪和再犯之罪时，都已满18周岁。

如果行为人犯前罪时不满 18 周岁，即使犯后罪时已满 18 周岁，仍不成立累犯。也可认为：未成年时的犯罪，不能成为累犯前科。

2. 特殊累犯，指危害国家安全犯罪、恐怖活动犯罪、黑社会性质的组织犯罪的犯罪分子，在刑罚执行完毕或者赦免以后，在任何时候再犯上述任一类罪的情况。它成立的条件是：①前罪与后罪是危害国家安全罪、恐怖活动犯罪、黑社会性质的组织犯罪之一。②后罪发生在前罪刑罚执行完毕或者赦免以后。

《刑法》第 65 条规定，对于累犯，应当从重处罚。

（五）自首

自首，指犯罪分子在犯罪以后，自动投案，如实供述自己的罪行，接受国家审查和裁判的行为。

被采取强制措施的犯罪嫌疑人、被告人和已宣判的罪犯，如实供述司法机关尚未掌握的罪行，与司法机关已掌握的或者判决确定的罪行属不同种罪行的，以自首论。

《刑法》第 67 条规定，对于自首的犯罪分子，可以从轻或者减轻处罚。其中，犯罪较轻的，可以免除处罚。

（六）坦白

犯罪嫌疑人虽不具有自首情节，但是如实供述自己罪行的，可以从轻处罚；因其如实供述自己罪行，避免特别严重后果发生的，可以减轻处罚。

坦白与自首的共同点在于：二者均如实供述自己罪行。不同点在于：自首还需自动投案或者如实供述司法机关尚未掌握的不同种罪行。

（七）立功

具有以下情形之一的，可认为有立功表现：①犯罪分子到案后检举、揭发他人犯罪行为，包括共同犯罪案件中的犯罪分子揭发同案犯共同犯罪以外的其他犯罪，经查证属实的。②提供侦破其他案件的重要线索，经查证属实的。③阻止他人犯罪活动的。④协助司法机关抓捕其他犯罪嫌疑人（包括同案犯）的。⑤具有其他有利于国家和社会的突出表现的。

共同犯罪案件的犯罪分子到案后，揭发同案犯共同犯罪事实的，可以酌情予以从轻处罚。

具有以下情形之一的，可认为有重大立功表现：①犯罪分子检举、揭发他人重大犯罪行为，经查证属实的。②提供侦破其他重大案件的重要线索，经查证属实的。③阻止他人重大犯罪活动的。④协助司法机关抓捕其他重大犯罪嫌疑人（包括同案犯）的。⑤对国家和社会有其他重大贡献等表现的。

犯罪分子有立功表现的，可以从轻或者减轻处罚；有重大立功表现的，可以减轻或者免除处罚。犯罪后自首又有重大立功表现的，应当减轻或者免除处罚。

四、数罪并罚

数罪并罚，指一人犯数罪，人民法院对其所犯各罪分别定罪量刑，然后将数罪所判数刑依照法定的原则合并决定执行的刑罚。

（一）数罪并罚的原则

根据《刑法》第 69 条的规定，判决宣告以前一人犯数罪的，对各罪分别判刑，按以下原则决定合并执行的刑罚：

1. 数刑中有一个是死刑的，只执行死刑；或者数刑中最重的是无期徒刑的，只执行一个无期徒刑，其他主刑视为被付诸执行的死刑或者无期徒刑所吸收，不再执行。这是吸收原则。

2. 数刑中有两个以上有期徒刑、拘役、管制的，应当在总和刑期以下、数刑中最高刑期以上，酌情决定执行的刑期。但是管制最高不能超过 3 年；拘役最高不能超过 1 年；有期徒刑总和刑期不满 35 年的，最高不能超过 20 年；总和刑期在 35 年以上的，最高不能超过 25 年。这叫“限制加重原则”，即决定执行的刑罚比“适用吸收原则”适当加重，但“相对于无限相加而言”又有一定的限度。例如，张三犯有盗窃罪被判处 5 年有期徒刑，犯抢劫罪被判 10 年有期徒刑。按限制加重原则，应这样决定执行的刑罚：总和刑期（5 年加 10 年）15 年以下，数刑中最高刑期 10 年以上，即在 10～15 年之间确定执行的刑期。

3. 数罪中有判处附加刑的，附加刑仍须执行。其中附加刑种类相同的，合并执行；种类不同的，分别执行。因数附加刑都要执行，所以称“相加原则”。如甲犯盗窃罪被判处有期徒刑 10 年，附加剥夺政治权利 2 年，并处罚金 2 万元；犯抢劫罪被判处有期徒刑 15 年，附加剥夺政治权利 3 年，并处罚金 3 万元。甲附加刑合并决定为：附加剥夺政治权利 5 年，罚金 5 万元。

（二）判决宣告以后，刑罚执行完毕以前，限制加重原则的适用

1. 判决宣告以后，刑罚执行完毕以前，发现被判刑的犯罪分子在判决宣告前还有其他罪（漏罪）没有判决的，应当对发现的漏罪作出判决，然后把原判刑罚与漏罪判处的刑罚，按照《刑法》第 69 条的限制加重原则，决定应当执行的刑罚（先依第 69 条合并）。已执行的刑期，应当计算在新判决决定的刑期以内（减去已执行刑期）。这是对发现“漏罪”的并罚，其特点是“先并后减”，即先依第 69 条的原则合并决定执行的刑期，然后从决定执行的刑期中减去已执行的刑期，余下的是犯罪分子今后应服的刑期。

2. 判决宣告以后，刑罚执行完毕以前，被判刑的犯罪分子又犯新罪的，应当对新犯的罪作出判决，把前罪没有执行的刑罚（即减去已执行刑期剩余之刑期）与新罪判处的刑罚，按照《刑法》第 69 条的限制加重原则，决定应当执行的刑罚（依第 69 条合并）。但是已执行的刑期不计算在新决定的刑期以内。这是在刑罚执行中又犯新罪的并罚，其特点是“先减后并”，即先减去已执行的刑期，将剩余刑期与新罪判决的刑期按第 69 条的原则决定执行的刑期。“先减后并”比“先并后减”要严厉，具体表现为：在一定条件下，并罚的起刑点较高，且实际执行的刑期可能超过数罪并罚的法定最高限度。因为犯罪分子在刑罚执行期间还犯新罪，足见其恶性难改，故

对其数罪并罚的方法应当严厉。

在我国的审判实践中，对判决宣告以前一人犯同种数罪一并审判的，不实行数罪并罚。例如，对多次犯盗窃罪未经处理的，累计其数次窃取的金额按一罪定罪处刑。对于所判数刑为一个管制、一个拘役、一个有期徒刑的，采取“逐一执行”的方法，不合并执行。

五、刑罚的适用与执行

（一）缓刑

1. 缓刑的概念和适用条件。缓刑，是有条件不执行原判刑罚、实行社区矫正的制度。适用缓刑需具备以下条件：

（1）对象是被判处3年以下有期徒刑或者拘役的犯罪分子。

（2）实质条件。适用缓刑应同时具备以下四个条件：①犯罪情节较轻；②有悔罪表现；③没有再犯罪的危险；④宣告缓刑对所居住社区没有重大不良影响。

（3）不是累犯和犯罪集团的首要分子。这两种犯罪分子具有较高的人身危险性，不符合适用缓刑不致再危害社会的条件。不过，对于危害国家安全的罪犯、暴力犯不排斥适用缓刑。缓刑多用于未成年人偶犯，其中不少是抢劫、故意伤害的暴力犯。

2. 缓刑犯的考验和撤销。拘役的缓刑考验期限为原判刑期以上1年以下，但是不能少于2个月。有期徒刑的缓刑考验期限为原判刑期以上5年以下，但是不能少于1年。

被宣告缓刑的犯罪分子，应当遵守《刑法》第75条规定的缓刑监督管理事项。被宣告缓刑的犯罪分子，在缓刑考验期限内，由公安机关考察。如果没有发生应予撤销缓刑的事由，缓刑考验期满，原判的刑罚就不再执行。

如果在缓刑考验期限内再犯新罪或者发现判决宣告以前还有其他罪没有判决的，应当撤销缓刑，对新犯的罪或者新发现的罪作出判决，把前罪和后罪所判处的刑罚，依照《刑法》第69条的规定，决定执行的刑罚；如果在缓刑考验期限内，违反法律、行政法规或者国务院、公安部门有关缓刑的监督管理规定，情节严重的，也应当撤销缓刑，执行原判刑罚。

3. 禁止令及其适用。法院对判处管制、宣告缓刑的被告人可以宣告禁止令。

（1）禁止令的内容，根据《最高人民法院、最高人民检察院、公安部、司法部关于对判处管制、宣告缓刑的犯罪分子适用禁止令有关问题的规定（试行）》（2011年4月），主要是根据犯罪情况，禁止犯罪分子在执行（或考验）期间实施下列一项或数项活动：①禁止从事特定活动，如设立公司、证券交易、特定生产经营活动、高消费等。②禁止进入特定场所，如夜总会、酒吧、迪厅、网吧等娱乐场所；未经许可不得进入举办大型群众性活动的场所、中小学校区、幼儿园园区及周边地区等。③禁止接触特定人，如禁止接触同案犯；未经对方同意，不得接触被害人、证人、控告人、批评人、举报人及其法定代理人、近亲属等。

（2）禁止令的期限。禁止令期限既可以与管制执行、缓刑考验的期限相同，也可以短于管制执行、缓刑考验的期限。但判处管制的，禁止令的期限不得少于3个月；宣告缓刑的，禁止令的期限不得少于2个月。

判处管制的犯罪分子在判决执行以前先行羁押以致管制执行的期限少于3个月的，禁止令的期限不受上述规定的最短期限的限制。

禁止令的执行期限，从管制、缓刑执行之日起计算。

（二）减刑

减刑，指对被判处管制、拘役、有期徒刑、无期徒刑的犯罪分子，在执行期间，确有悔改或者立功表现，适当将原判刑罚减轻的刑罚制度。减刑，既可以是刑种的减轻，也可以是刑期的减短。

犯罪分子如果认真遵守监规，接受教育改造，确有悔改表现，或者有立功表现的，可以减刑；如果有《刑法》第78条规定的重大立功表现之一的，应当减刑。

减刑有一定的限度。经过一次或者几次减刑以后实际执行的刑期，判处管制、拘役、有期徒刑的，不能少于原判刑期的1/2；判处无期徒刑的，不能少于13年；依《刑法》第50条第2款判处死缓限制减刑，死缓期满后减为无期徒刑的，不能少于25年，死缓期满后减为25年有期徒刑的，不能少于20年。

（三）假释

1. 假释的概念和适用条件。假释，是附条件地将罪犯提前释放实行社区矫正的刑罚制度。适用假释必须具备以下条件：

（1）服满一定的刑期，即有期徒刑犯执行原判刑期1/2以上；无期徒刑犯实际执行13年以上。如果有特殊情况，经最高人民法院核准，可以不受上述执行刑期的限制。

（2）认真遵守监规，接受教育改造，确有悔改表现，假释后不致再危害社会。

（3）对累犯以及因故意杀人、强奸、抢劫、绑架、放火、爆炸、投放危险物质或者有组织的暴力性犯罪被判处10年以上有期徒刑、无期徒刑的犯罪分子，不得假释。

对犯罪分子决定假释时，应当考虑其假释后对所居住社区的影响。

2. 假释的考验和撤销。假释考验期限是：有期徒刑的假释考验期，为没有执行完毕的刑期；无期徒刑的假释考验期限为10年。假释的考验期限，从假释之日起计算。

被假释的犯罪分子，在假释考验期限内，应当遵守《刑法》第84条规定的假释监督管理事项（参见缓刑考验）。

被假释的犯罪分子在假释考验期内，由公安机关予以监督，如果没有发生《刑法》第84条规定的应予撤销假释的事由，就认为原判刑罚已经执行完毕；如果再犯新罪或被发现还有“漏罪”的，应当撤销假释数罪并罚；如果有违反法律、行政法规或者《刑法》第84条假释监督管理规定的行为，应当撤销假释，收监执行未执行完毕的刑罚。

第五节　罪刑各论

一、罪刑各论概述

刑法分则规定了各种具体犯罪及其法定刑。它是刑法最重要的组成部分，也是定罪量刑最直接最基本的法律依据。

（一）刑法分则的体系

刑法分则根据犯罪的同类客体将犯罪划分为十类，每类一章。各章的内容依次为：①危害国家安全罪。②危害公共安全罪。③破坏社会主义市场经济秩序罪。④侵犯公民人身权利、民主权利罪。⑤侵犯财产罪。⑥妨害社会管理秩序罪。⑦危害国防利益罪。⑧贪污贿赂罪。⑨渎职罪。⑩军人违反职责罪。每一类罪又分多种，并进行了科学的排列，构成了刑法分则的体系。

（二）罪状和法定刑

在刑法分则中，凡具体规定犯罪和刑罚的条文都分为两个部分：前一部分规定犯罪的构成要件或者犯罪名称，这一部分称为罪状；后一部分规定对该种犯罪应判处的刑罚，这部分称为法定刑。每一个罪状包含着该种罪特有的犯罪构成，是定罪的法律根据；每一个罪的法定刑规定了对该罪处罚的相对确定的刑罚幅度，是量刑的法律根据。

（三）法条竞合与法条竞合犯

1. 法条竞合，指《刑法》条文之间在罪状（构成要件内容）上发生重合或交叉。例如，《刑法》第266条规定有诈骗罪，同时第192～198条还规定有金融诈骗罪，包括集资诈骗罪、信用卡诈骗罪、信用证诈骗罪、保险诈骗罪等。显而易见，金融诈骗罪与诈骗罪在内容上有重合部分。再如《刑法》第233条规定有过失致人死亡罪，此外刑法中还规定有交通肇事罪、重大责任事故罪、医疗事故罪等数十个过失犯条款，这些条款都包含“过失致人死亡”的内容，在此有法条竞合。

2. 法条竞合犯，指一个犯罪行为同时触犯两个以上内容有重合或交叉关系的法律条文，即一行为触犯数法条竞合部分。例如甲使用伪造的信用卡诈骗，构成信用卡诈骗罪的同时也不可避免地要触犯《刑法》第266条规定的诈骗罪。这就发生了一犯罪触犯数法条的法条竞合犯。

对法条竞合犯，一般按特别法优于一般法的原则选择适用的法条。例外情况下，可以考虑择重法条适用。

二、危害国家安全罪

危害国家安全罪，指故意危害中华人民共和国的生存和发展的行为。危害国家安全罪是一类犯罪的名称。这类犯罪的共同特征包括：①在客观上危害了国家安全；②在主观上都是故意的。

刑法分则第一章第102～113条规定的危害国家安全罪，包括以下具体的罪名：

①背叛国家罪。②分裂国家罪。③煽动分裂国家罪。④武装叛乱、暴乱罪。⑤颠覆国家政权罪。⑥煽动颠覆国家政权罪。⑦资助危害国家安全犯罪活动罪。⑧投敌叛变罪。⑨叛逃罪。⑩间谍罪。⑪为境外窃取、刺探、收买、非法提供国家秘密、情报罪。⑫资敌罪。

对于上列犯罪，应依相应条文适用一定的法定刑处罚。除第③、⑤、⑥、⑦、⑨这几种罪外，对国家和人民危害特别严重、情节特别恶劣的，可以判处死刑。犯上列罪，可以并处没收财产；应当附加剥夺政治权利。

三、危害公共安全罪

（一）危害公共安全罪的概念和种类

危害公共安全罪，指危害不特定多数人生命健康、重大公私财产安全的行为。它是一类犯罪的名称。危害公共安全，是这类犯罪的根本特征，也是区别于其他刑事犯罪的重要标志。

刑法分则第二章规定的危害公共安全方面的犯罪主要包括以下罪名：放火罪，决水罪，爆炸罪，投放危险物质罪，以危险方法危害公共安全罪，失火罪，过失决水罪，过失爆炸罪，过失投放危险物质罪，过失以危险方法危害公共安全罪，破坏交通工具罪，破坏交通设施罪，破坏电力设备罪，破坏易燃易爆设备罪，过失损坏交通工具罪，过失损坏交通设施罪，过失损坏电力设备罪，过失损坏易燃易爆设备罪，组织、领导、参加恐怖活动组织罪，帮助恐怖活动罪，准备实施恐怖活动罪，宣扬恐怖主义、极端主义、煽动实施恐怖活动罪，利用极端主义破坏法律实施罪，强制穿戴宣扬恐怖主义、极端主义服饰、标志罪，非法持有宣扬恐怖主义、极端主义物品罪，劫持航空器罪，劫持船只、汽车罪，暴力危及飞行安全罪，破坏广播电视设施、公用电信设施罪，过失损坏广播电视设施、公用电信设施罪，非法制造、买卖、运输、邮寄、储存枪支、弹药、爆炸物罪，非法制造、买卖、运输、储存危险物质罪，违规制造、销售枪支罪，盗窃、抢夺枪支、弹药、爆炸物、危险物质罪，抢劫枪支、弹药、爆炸物、危险物质罪，非法持有、私藏枪支、弹药罪，非法出租、出借枪支罪，丢失枪支不报罪，非法携带枪支、弹药、管制刀具、危险物品危及公共安全罪，重大飞行事故罪，铁路运营安全事故罪，交通肇事罪，危险驾驶罪，重大责任事故罪，强令违章冒险作业罪，重大劳动安全事故罪，危险物品肇事罪，工程重大安全事故罪，教育设施重大安全事故罪，消防责任事故罪。

（二）常见罪的认定与处罚

1. 放火罪、失火罪。

(1) 放火罪，指故意放火焚烧建筑物、森林等物体，危害公共安全的行为。《刑法》第114条、第115条规定，犯放火罪尚未造成严重后果的，处3年以上10年以下有期徒刑；致人重伤、死亡或者使公私财产遭受重大损失的，处10年以上有期徒刑、无期徒刑或者死刑。

(2) 失火罪，指在日常生活中由于用火不慎过失引起火灾，危害公共安全，造成严重后果的行为。《刑法》第115条规定，犯失火罪，处3年以上7年以下有期徒刑；情节较轻的，处3年以下有期徒刑或者拘役。

2. 破坏交通工具罪，指破坏火车、电车、船只、飞机，足以使它们发生倾覆、毁坏的危险，尚未造成严重后果或者已经造成严重后果的行为。其主要特征是：

（1）客体是交通运输安全。侵害的对象，只限于火车、汽车、电车、船只、飞机，不包括简单的交通工具，如马车、自行车、人力三轮车等。

（2）客观方面表现为破坏上述法定的交通工具足以使其发生倾覆、毁坏危险或造成严重后果的行为。只有破坏正在使用中的交通工具的重要装置才能使其有发生倾覆、毁坏的危险，因此，破坏尚未交付使用的交通工具，或者破坏交通工具非要害装置，不足以使其有发生倾覆、毁坏危险的，不构成本罪。例如，破坏正在制造或修理中的交通工具，破坏交通工具的座椅、灯具、卫生等设备，不足以危及交通工具安全运行的。对这类情况，情节严重的，也只能以故意毁坏公私财物罪论处。

（3）在主观方面是故意。如果不是出自故意，而是由于过失损毁了交通工具，以致发生严重后果的，则应以过失损坏交通工具罪论处。

认定本罪应注意以下两点：①本罪与放火、爆炸罪的区别。以放火、爆炸为手段，破坏交通工具足以使其发生倾覆、毁坏危险的，应优先考虑对象的特定性，按破坏交通工具罪论处。②本罪与破坏交通设备罪的主要区别是二者的犯罪对象不同。

关于破坏交通工具罪的处罚，《刑法》第116条规定，破坏交通工具，足以使其发生倾覆、毁坏危险，尚未造成严重后果的，处3年以上10年以下有期徒刑。《刑法》第119条规定，破坏交通工具，造成严重后果的，处10年以上有期徒刑、无期徒刑或者死刑。可见，破坏交通工具，出现“足以使其发生倾覆、毁坏危险”状态的，即构成《刑法》第116条之危险犯的既遂；如果造成严重后果的，则是《刑法》第119条之结果加重犯的既遂。

3. 交通肇事罪，指违反交通运输管理法规，因而发生重大事故，致人重伤、死亡或者使公私财产遭受重大损失的行为。它有以下主要特征：

（1）在客观方面，表现为在道路、水路交通运输中违反交通运输管理法规，因而发生重大交通事故，致人重伤、死亡或者使公私财产遭受重大损失的行为。所谓重大交通事故，在道路交通的场合一般指具有下列情形之一：①造成死亡1人或者重伤3人以上的。②造成公私财产直接损失无力赔偿的数额在30万元以上的。交通肇事产生上述情形之一且负事故全部或主要责任的，一般追究刑事责任；未达到上述标准的，一般按交通违章行为处理，不追究刑事责任。

（2）主观方面是过失。这种过失是针对行为人对自己的违章行为可能造成的严重后果的心理态度而言的。行为人在“违章”上可能是明知故犯，如酒后驾车、超速行驶等，但对违章行为造成严重事故后果则是过失的。

关于交通肇事罪的处罚，《刑法》第133条规定，犯交通肇事罪，处3年以下有期徒刑或者拘役；交通运输肇事后逃逸或者有其他特别恶劣情节的，处3年以上7年以下有期徒刑；因逃逸致人死亡的，处7年以上有期徒刑。“交通运输肇事后逃逸”，是指行为人在发生交通事故后，为逃避法律追究而逃跑的行为。“因逃逸致人死亡”，是指行为人在交通肇事后为逃避法律追究而逃跑，致使被害人因得不到救助而死亡的情形。交通肇事后，单位主管人员、机动车辆所有人、承包人或者乘车人指使肇事人逃逸，致使被害人因得不到救助而死亡的，以交通肇事罪的共犯论处。行为人在交通肇事后为逃避法律追究，将被害人带离事故现场后隐藏或者遗弃，致使被害人无法得到救助而死亡或者严重残疾的，以故意杀人罪或者故意伤害罪定罪处罚。单位主管人员、机动车辆所有人或者机动车辆承包人指使、强令他人违章驾驶造成重大交通事故的，以交通肇事罪定罪处罚。

犯交通肇事罪后自首的，可以酌情从轻或减轻处罚。

4. 危险驾驶罪，指在道路上驾驶机动车追逐竞驶，情节恶劣的，或者在道路上醉酒驾驶机动车的行为。

(1) 客观要件：①“追逐竞驶”指以其他车辆为目标进行追逐或速度比赛。②“情节恶劣”主要指驾驶方式或造成危害后果的危险程度较高。③“醉酒”指血液中酒精含量达到80毫克/100毫升以上。

(2) 主观要件：明知。

关于危险驾驶罪的处罚，《刑法》第133条之一规定，构成危险驾驶罪的，处拘役，并处罚金。有危险驾驶行为，同时构成其他犯罪的，依照处罚较重的规定定罪处罚。

5. 重大责任事故罪，指在生产、作业中违反有关安全管理规定，或者强令他人违章冒险作业，而发生重大伤亡事故，造成严重后果的行为。

犯重大责任事故罪，处3年以下有期徒刑或者拘役；情节特别恶劣的处3年以上7年以下有期徒刑。

认定重大责任事故罪应注意以下几点：

(1) 与交通肇事罪的区别。在厂（矿）区机动车作业期间因违反安全生产规章制度，发生重大伤亡事故，造成严重后果的，应当按重大责任事故罪处理；如果在公共交通管理范围内，因违反交通运输规章制度，发生重大事故的，应定交通肇事罪。

(2) 与失火罪、过失爆炸罪的区别。重大责任事故有时会造成严重火灾或爆炸，与失火罪和过失爆炸罪的结果相似。它们的区别在于：重大责任事故罪是一种业务过失犯罪，是企业事业单位的职工（特殊主体）在生产、作业活动（业务）中因违章而过失造成重大事故的犯罪，重大事故也包括可能出现的火灾或爆炸之类的事故。失火罪和过失爆炸罪则是普通过失犯罪，是人们在日常生活中，由于忽视安全，用火、用电等不慎而过失造成火灾或爆炸的犯罪，与生产作业活动无关。

(3) 与其他业务性过失犯罪的区别。重大飞行事故罪、铁路运营安全事故罪、重大劳动安全事故罪、危险物品肇事罪、工程重大安全事故罪、教育设施重大安全事故罪、消防责任事故罪、医疗事故罪等均是具有业务性的过失犯罪。重大责任事故罪与它们的区别是：重大责任事故罪是一般性的业务过失犯罪，其他的业务性过失犯罪是特殊性的业务过失犯罪。二者是法条竞合关系。如果一行为同时触犯重大责任事故罪和某一特殊的业务过失犯罪的，依据法条竞合犯的处理原则定罪处罚。

四、破坏社会主义市场经济秩序罪

（一）破坏社会主义市场经济秩序罪的概念和种类

破坏社会主义市场经济秩序罪，指违反国家市场经济管理法规，破坏国家经济管理活动，严重危害国民经济的行为。

刑法分则第三章分8节规定了8类破坏社会主义市场经济秩序罪。

"第一节生产、销售伪劣商品罪"，包括以下罪名：生产、销售伪劣产品罪，生产、销售假药罪，生产、销售劣药罪，生产、销售不符合安全标准的食品罪，生产、销售有毒、有害食品罪，生产、销售不符合标准的医用器材罪，生产、销售不符合安全标准的产品罪，生产、销售伪劣农药、兽药、化肥、种子罪，生产、销售不符合卫生标准的化妆品罪。

"第二节走私罪"，包括以下罪名：走私武器、弹药罪，走私核材料罪，走私假币罪，走私文物罪，走私贵重金属罪，走私珍贵动物、珍贵动物制品罪，走私国家禁止进出口的货物、物品罪，走私淫秽物品罪，走私普通货物、物品罪，走私废物罪。

"第三节妨害对公司、企业的管理秩序罪"，主要包括以下罪名：虚报注册资本罪，虚假出资、抽逃出资罪，欺诈发行股票、债券罪，隐匿、故意销毁会计凭证、会计账簿、财务会计报告罪，妨害清算罪，非国家工作人员受贿罪，对非国家工作人员行贿罪，对外国公职人员、国际公共组织官员行贿罪，非法经营同类营业罪，为亲友非法牟利罪，签订、履行合同失职被骗罪，国有公司、企业、事业单位人员失职罪，国有公司、企业、事业单位人员滥用职权罪，徇私舞弊低价折股、低价出售国有资产罪，隐匿、销毁会计凭证、会计账簿、财物会计报告罪，虚假破产罪。

"第四节破坏金融管理秩序罪"，主要包括以下罪名：伪造货币罪，出售、购买、运输假币罪，金融工作人员购买假币、以假币换取货币罪，持有、使用假币罪，变造货币罪，擅自设立金融机构罪，伪造、变造、转让金融机构经营许可证、批准文件罪，高利转贷罪，骗取贷款、票据承兑、金融票证罪，非法吸收公众存款罪，伪造、变造金融票证罪，妨害信用卡管理罪，窃取、收买、非法提供信用卡信息罪，伪造、变造国家有价证券罪，伪造、变造股票、公司、企业债券罪，擅自发行股票、公司、企业债券罪，内幕交易、泄露内幕信息罪，利用未公开信息交易罪，编造并传播证券、期货交易虚假信息罪，诱骗投资者买卖证券、期货合约罪，操纵证券、期货市场罪，背信运用受托财产罪，违法运用资金罪，违法发放贷款罪，吸收客户资金不入账罪，违规出具金融票证罪，对违法票据承兑、付款、保证罪，逃汇罪，洗钱罪，骗购外汇罪。

"第五节金融诈骗罪"，包括以下罪名：集资诈骗罪，贷款诈骗罪，票据诈骗罪，金融凭证诈骗罪，信用证诈骗罪，信用卡诈骗罪，有价证券诈骗罪，保险诈骗罪。

"第六节危害税收征管罪"，包括以下罪名：逃税罪，抗税罪，逃避追缴欠税罪，骗取出口退税罪，虚开增值税专用发票、用于骗取出口退税、抵扣税款发票罪，虚开发票罪，持有伪造的发票罪，伪造、出售伪造的增值税专用发票罪，非法出售增值税专用发票罪，非法购买增值税专用发票、购买伪造的增值税专用发票罪，非法制造、出售非法制造的用于骗取出口退税、抵扣税款发票罪，非法制造、出售非法制造的发票罪，非法出售用于骗取出口退税、抵扣税款发票罪，非法出售发票罪。

"第七节侵犯知识产权罪"，包括以下罪名：假冒注册商标罪，销售假冒注册商标的商品罪，非法制造、销售非法制造的注册商标标识罪，假冒专利罪，侵犯著作权罪，销售侵权复制品罪，侵犯商业秘密罪。

"第八节扰乱市场秩序罪"，包括以下罪名：损害商业信誉、商品声誉罪，虚假广告罪，串通投标罪，合同诈骗罪，组织、领导传销活动罪，非法经营罪，伪造、倒卖伪造的有价票证罪，倒卖车票、船票罪，非法转让、倒卖土地使用权罪，提供虚假证明文件罪，出具证明文件重大失实罪，逃避商检罪。

（二）常见罪的认定与处罚

1. 生产、销售伪劣产品罪，指生产者、销售者故意在产品中掺杂、掺假，以假充真、以次充好或者以不合格产品冒充合格产品，销售金额达 5 万元以上的行为。本罪的主体既包括自然人也包括单位。主观方面是故意。客观上有生产、销售伪劣产品并且销售金额达 5 万元以上的行为。"销售金额达 5 万元以上"是构成本罪的必要条件。销售金额指生产者、销售者出售伪劣产品后所得或应得的全部违法收入。伪劣产品尚未销售，货值金额达到 15 万元以上的，以未遂论处。

生产、销售假药、劣药、有毒、有害食品等特定的伪劣产品构成犯罪同时又触犯本罪的，依法择一重罪定罪处罚。

2. 走私普通货物、物品罪，指违反海关法规，逃避海关监管和边防检查，运输、携带、邮寄货物、物品进出国（边）境，偷逃应缴税额较大（5 万元以上）的行为。走私普通货物、物品偷逃应缴税额不够数额较大的，按行政违法行为处理，不追究刑事责任。本罪的对象限于普通货物、物品。所谓普通货物、物品，在这里指除武器弹药、核材料、假币、文物、贵重金属、珍贵动物及其制品、珍稀植物及其制品、淫秽物品、废物、毒品之外的货物、物品。走私武器弹药等特定的禁止、限制进出口的货物、物品的，应按其走私物品的性质依法定罪处罚，不以本罪论处。例如，走私文物的，以走私文物罪论处。

3. 保险诈骗罪，指有法定的保险欺诈情形之一，骗取数额较大保险金的行为。《刑法》第 198 条规定的保险欺诈的情形是：①投保人故意虚构保险标的，骗取保险金的。②投保人、被保险人或者受益人对发生的保险事故编造虚假的原因或者夸大损失的程度，骗取保险金的。③投保人、被保险人或者受益人编造未曾发生的保险事故，骗取保险金的。④投保人、被保险人故意造成财产损失的保险事故，骗取保险金的。⑤投保人、受益人故意造成被保险人死亡、伤残或者疾病，骗取保险金的。因故意造成财产损失或者人身伤亡的保险事故又构成其他罪的，应当实行数罪并罚。此外保险事故的鉴定人、证明人、财产评估人故意提供虚假的证明文件，为他人诈骗提供条件的，以保险诈骗的共犯论处。

4. 非法经营罪，指违反国家规定，进行非法经营活动扰乱市场秩序，情节严重的行为。本罪主观上是故意犯罪，通常有非法经营牟利的目的；客观上有非法经营活动情节严重的行为。非法经营活动主要指：①未经许可经营法律、行政法规规定的专营、专卖物品或者其他限制买卖的物品的。②买卖进出口许可证、进出口原产地证明以及其他法律、行政法规规定的经营许可证或者批准文件的。③未经国家有关主管部门批准非法经营证券、期货、保险业务或者非法从事资金支付结算业务的。④在国家规定的交易场所以外非法买卖外汇，扰乱市场秩序的。⑤违反国家规定，出版、印刷、复制、发行严重危害社会秩序和扰乱市场秩序的非法出版物的。⑥使用销售点终端机具（POS 机）等方法，以虚构交易、虚开价格、现金退货等方式向信用卡持卡人直接支付现金，情节严重的。

五、侵犯公民人身权利、民主权利罪

（一）侵犯公民人身权利、民主权利罪的概念和种类

侵犯公民人身权利、民主权利罪，指侵犯公民人身和与人身直接相关的权利，以及非法剥夺或妨害公民自由行使依法享有的管理国家事务和参加社会政治活动权利的行为。

刑法分则第四章规定的侵犯公民人身权利、民主权利罪包括以下罪名：故意杀人罪，过失致人死亡罪，故意伤害罪，组织出卖人体器官罪，过失致人重伤罪，强奸罪，强制猥亵、侮辱罪，猥亵儿童罪，非法拘禁罪，绑架罪，拐卖妇女、儿童罪，收买被拐卖的妇女、儿童罪，聚众阻碍解救被收买的妇女、儿童罪，诬告陷害罪，强迫劳动罪，非法搜查罪，非法侵入住宅罪，侮辱罪，诽谤罪，刑讯逼供罪，暴力取证罪，虐待被监管人罪，煽动民族仇恨、民族歧视罪，出版歧视、侮辱少数民族作品罪，非法剥夺公民宗教信仰自由罪，侵犯少数民族风俗习惯罪，侵犯通信自由罪，私自开拆、隐匿、毁弃邮件、电报罪，侵犯公民个人信息罪，报复陷害罪，打击报复会计、统计人员罪，破坏选举罪，暴力干涉婚姻自由罪，重婚罪，破坏军婚罪，虐待罪，遗弃罪，虐待被监护、看护人罪，拐骗儿童罪，雇用童工从事危重劳动罪，组织残疾人、儿童乞讨罪，组织未成年人进行违反治安管理活动罪。

（二）常见罪的认定与处罚

1. 故意杀人罪，指故意非法剥夺他人生命的行为。本罪对象是有生命的自然人，包括婴儿，因此溺婴是故意杀人罪。经他人同意、请求而将其杀害或者帮助他人自杀的行为，包括施行“安乐死”，也属故意杀人罪。

故意杀人罪与投放危险物质罪的区别，关键在于是否足以危害不特定多数人的

生命、健康。例如，张三为杀害李四，把毒药投放到食堂的饭锅里，因足以危害不特定多数人的生命健康，构成投放危险物质罪。造成人员中毒伤亡的，是投放危险物质罪的后果，不再论以故意杀人罪。若张三仅将毒药投放在李四的饭碗里，则是故意杀人罪，投毒不过是杀害李四的手段。故意杀人罪与放火罪、爆炸罪、破坏交通工具罪、破坏交通设施罪、劫持航空器罪以及劫持船只、汽车罪等危害公共安全致人死亡的区别亦同此理。

犯故意杀人罪的，处 10 年以上有期徒刑、无期徒刑或者死刑；情节较轻的，处 3 年以上 10 年以下有期徒刑。

2. 故意伤害罪，指故意非法损害他人身体健康的行为。“损害他人身体健康”指造成了轻伤或重伤的结果。“轻伤”“重伤”必须依法定标准确认。仅造成疼痛、红肿等轻微伤的，属违反治安管理的行为，不构成故意伤害罪。故意伤害他人造成死亡的，如果犯罪人只有伤害的故意，对该死亡结果不存在故意的，仍为故意伤害罪。

故意伤害罪与故意杀人罪均有攻击他人身体的行为，都可能造成死亡结果（杀人罪既遂，伤害罪致人死亡），也都可能不发生死亡结果（杀人未遂），外部表现十分近似。区别两罪的关键在于行为人故意内容不同，即故意杀人罪有非法剥夺他人生命的意思；故意伤害罪仅有非法损害他人健康的意思，无剥夺他人生命的意思。犯故意伤害罪可能造成死亡的结果，但限于行为人对该结果无犯罪故意的场合。

《刑法》第 234 条规定，故意伤害他人身体的，处 3 年以下有期徒刑、拘役或者管制。致人重伤的，处 3 年以上 10 年以下有期徒刑；致人死亡或者以特别残忍手段致人重伤造成严重残疾的，处 10 年以上有期徒刑、无期徒刑或者死刑。因犯其他故意罪而又损害他人身体健康的，如犯放火罪、爆炸罪、投放危险物质罪、强奸罪、非法拘禁罪、抢劫罪等致人重伤的，作为其他罪量刑情节处罚，不再按伤害罪另行处罚。

3. 过失致人死亡罪，是指过失造成他人死亡的行为。构成本罪，在主观上必须有过失，在客观上必须发生了死亡结果。未发生死亡结果的，不构成本罪，实际仅发生重伤结果的，可构成过失致人重伤罪。

过失致人死亡罪与故意伤害致人死亡的情况有区别。二者对死亡结果虽然都是过失，但在过失致人死亡罪的场合，行为人无伤害他人健康的故意；在故意伤害致人死亡的场合，行为人有伤害他人健康的故意和行为。

《刑法》第 233 条规定：“过失致人死亡的，处 3 年以上 7 年以下有期徒刑；情节较轻的，处 3 年以下有期徒刑。本法另有规定的，依照规定。”所谓“本法另有规定的”，指《刑法》中规定的其他一些包括造成死亡结果的过失犯罪，如失火罪、交通肇事罪、重大责任事故罪等都可能因过失造成死亡结果。对此应视为法条竞合，选择较为特殊的法条定罪处刑，不宜以过失致人死亡罪论处。

4. 强奸罪，指以暴力、胁迫或者其他手段，违背妇女意志，强行性交的行为。

所谓“违背妇女意志”，指违背妇女自愿性交的真实意思，强行与其性交。这是强奸罪的实质特征。通奸、婚前不当性行为不违背妇女意志，不构成犯罪。强奸罪既包括暴力、胁迫的方法，也包括其他一些违背妇女意志而性交的方法。如麻醉方法，假冒妇女之夫的方法，假借看病进行性器官检查、鉴定的方法，装神弄鬼的方法等。另外《刑法》第259条规定，利用职权、从属关系，以胁迫手段奸淫现役军人的妻子的，以强奸罪论处。

奸淫幼女的，不问行为人用什么方法达到奸淫的目的，也不问幼女是否同意，只要明知是幼女并实施奸淫的，即构成犯罪。《刑法》第236条规定，犯强奸罪的，处3年以上10年以下有期徒刑；奸淫幼女的，从重处罚。强奸妇女、奸淫幼女，有下列情形之一的，处10年以上有期徒刑、无期徒刑或者死刑：①强奸妇女、奸淫幼女情节恶劣的。②强奸妇女、奸淫幼女多人的。③在公共场所当众强奸妇女的。④二人以上轮奸的。⑤致使被害人重伤、死亡或者造成其他严重后果的。

5. 强制猥亵、侮辱他人罪，猥亵儿童罪。

（1）强制猥亵、侮辱他人罪，指以暴力、胁迫或者其他方法强制猥亵妇女或者侮辱妇女的行为。猥亵他人，指对他人实施性侵犯行为。“他人”包括女人和男人，如抠摸、亲吻、搂抱等；侮辱妇女，指使用下流动作或者淫秽语言侵犯、调戏妇女，如偷剪妇女的发辫、衣服，向妇女身体泼洒污秽物，在妇女面前暴露性器官等。行为人猥亵、侮辱妇女必须是以暴力、胁迫或者其他方法强制实施的。没有强制行为、不违背妇女意志的，不构成本罪。

（2）猥亵儿童罪，指故意使用性交以外的方法猥亵未满14周岁儿童的行为。构成本罪，不问是否使用强制的方式。

《刑法》第237条规定，犯强制猥亵、侮辱他人罪的，处5年以下有期徒刑或者拘役。聚众或者在公共场所当众实行或者有其他恶劣情节的，处5年以上有期徒刑。犯猥亵儿童罪的，依照强制猥亵、侮辱他人罪的法定刑从重处罚。

6. 绑架罪，指以勒索财物以及其他非法条件为目的，使用暴力、胁迫、麻醉等方法劫持他人作为人质的行为。绑架罪的主要特点是使用暴力扣留人质，然后以释放人质为条件或者以继续扣留甚至加害人质相威胁，索取财物或者其他非法的交换条件。以勒索财物为目的绑架他人即通常所说的“绑票”，是绑架罪最为常见的一种形式；此外为满足其他非法要求而绑架他人的，如要求赦免、释放在押犯人而绑架政府官员或者外交官的，也是绑架罪。

绑架罪与非法拘禁罪不同。二者虽然都侵犯人身自由，但绑架罪不只是侵犯人身自由，它还以索取财物或者其他非法条件为目的，并且往往以加害人质相威胁来索要赎金或者其他非法条件，因此是一种极为严重的侵犯人身、财产，危害社会治安的犯罪。非法拘禁罪仅仅侵犯人身自由，但没有扣留、加害人质以索要赎金或者其他非法条件的行为。根据《刑法》的规定，为索取债务非法扣押、拘禁他人的，依照非法剥夺人身自由罪处罚，不是绑架罪。这主要是因为“索取债务”的目的是合法的，与索取非法的利益、条件在性质上根本不同。

《刑法》第 239 条规定，犯绑架罪的，处 10 年以上有期徒刑或者无期徒刑，并处罚金或者没收财产；情节较轻的，处 5 年以上 10 年以下有期徒刑，并处罚金。杀害被绑架人的，或者故意伤害被绑架人，致人重伤、死亡的，处无期徒刑或者死刑，并处没收财产。

7. 拐卖妇女、儿童罪，指以出卖为目的，拐骗、绑架、收买、贩卖、接送、中转妇女、儿童的行为。本罪的对象，限于妇女和不满 14 周岁的儿童。拐卖其他人的不能构成本罪。本罪的客观方面表现为实施上述拐卖行为之一的，即可构成犯罪。本罪在主观方面必须具有出卖被拐人的目的。不以出卖为目的，拐骗儿童脱离家庭的，构成拐骗儿童罪。拐卖包括绑架他人出卖的行为，因此以出卖被害人为目的对被害人使用了绑架手段的，仍然是拐卖妇女、儿童罪；以向第三人勒索赎金或者其他非法条件为目的而绑架他人作为人质的，是绑架罪。

《刑法》第 240 条规定，犯拐卖妇女、儿童罪的，处 5 年以上 10 年以下有期徒刑，并处罚金；有法定严重情形之一的，处 10 年以上有期徒刑或者无期徒刑，并处罚金或者没收财产；情节特别严重的，处死刑，并处没收财产。

8. 破坏军婚罪，指明知是现役军人的配偶而与之同居或结婚的行为。“同居”，指与现役军人的配偶在一定时期内姘居且共同生活在一起的行为。“结婚”，指与现役军人配偶登记结婚或公开以夫妻关系共同生活而形成事实婚姻。仅有通奸行为但尚未结婚或者尚未达到同居程度的，不构成犯罪。

《刑法》第 259 条规定，犯破坏军婚罪的，处 3 年以下有期徒刑或者拘役。

9. 拐骗儿童罪，指采用蒙骗、利诱或其他方法，使不满 14 周岁的儿童脱离家庭或监护人的行为。本罪主观方面为故意，不具有出卖目的，这是拐骗儿童罪与拐卖儿童罪最重要的区别。

《刑法》第 262 条规定，犯拐骗儿童罪的，处 5 年以下有期徒刑或拘役。

六、侵犯财产罪

（一）侵犯财产罪的概念和种类

侵犯财产罪，指非法占有、挪用公私财物，或者故意毁坏公私财物的行为。

刑法分则第五章规定的侵犯财产罪包括以下罪名：抢劫罪，盗窃罪，诈骗罪，抢夺罪，聚众哄抢罪，侵占罪，职务侵占罪，挪用资金罪，挪用特定款物罪，敲诈勒索罪，故意毁坏财物罪，破坏生产经营罪，拒不支付劳动报酬罪。

（二）常见罪的认定和处罚

1. 抢劫罪，指以非法占有为目的，当场使用暴力、胁迫或者其他方法强行劫取公私财物的行为。所谓“其他方法”，指采取暴力、胁迫以外的使被害人处于不知反抗或不能反抗状态的方法，如用酒强行灌醉、用药物麻醉等方法。抢劫罪俗称“强盗”，既侵犯财产又侵犯人身，是严重的财产犯罪。

《刑法》第 269 条规定：“犯盗窃、诈骗、抢夺罪，为窝藏赃物、抗拒抓捕或者毁灭罪证而当场使用暴力或者以暴力相威胁的，依照本法第263条的规定定罪处罚。”例如，张三入室盗窃，被户主发现并扯住，张三为及时挣脱，朝户主猛刺几刀，致户主死亡。由于张三盗窃时为抗拒逮捕而实施暴力，构成抢劫罪，而不能以盗窃罪、杀人罪论处。再如，李四趁王五不备夺其提包而跑（抢夺），王五奋力追赶。李四见王五孤身一人，即停下，捡起一木棒转身对王五相威胁。李四犯抢夺罪而当场以暴力相威胁，行为性质转化，构成抢劫罪。在理论上称这种情形为“转化的抢劫罪”或者“事后的抢劫罪”或者“准抢劫罪”。《刑法》第267条规定，携带凶器抢夺的，也依照《刑法》第263条的抢劫罪处罚。

抢劫罪与抢夺罪的区别。抢夺罪的主要特点是夺取他人持有的财物，其与抢劫罪的不同在于，其暴力没有达到足以压制被害人取财的程度。通常情况下，使用凶器威胁或造成被害人轻微伤结果的，可认为足以压制被害人的暴力。另外“飞车夺物”的通常是抢夺，但车撞击被害人排除被害人反抗的，被害人不松手时殴打或强拉硬拽的，或者致使被害人轻伤的，可认为足以压制被害人的暴力。

对抢劫罪的处罚。《刑法》第263条规定，犯抢劫罪的，处3年以上10年以下有期徒刑，并处罚金；有下列情形之一的，处10年以上有期徒刑、无期徒刑或者死刑，并处罚金或者没收财产：①入户抢劫的。所谓“户”，指人的居所。除居民住宅外，还包括单位的值班室、渔民作居所使用的船只、旅客租用的客房等。“入户”通常指入室，进入独门独户的宅院，也视为入户。②在公共交通工具上抢劫的。是指在从事商业性运营供不特定人乘用的交通工具上，如公共汽车、客车、客轮、旅客列车、民航飞机、出租车等，针对不特定的乘客和司售人员进行抢劫。③抢劫银行或者其他金融机构的。④多次抢劫或者抢劫数额巨大的。⑤抢劫致人重伤、死亡的。所谓“致人重伤、死亡”是指在抢劫过程中因使用暴力抢劫而致被害人重伤、死亡或者为了抢劫预谋杀人或者在抢劫过程中故意杀人的。如果抢劫后为了灭口、泄愤而将被害人杀伤的，应数罪并罚。⑥冒充军警人员抢劫的。⑦持枪抢劫的。这里的持枪，持有的应当是真枪。⑧抢劫军用物资或者抢险、救灾、救济物资的。

2. 盗窃罪，指以非法占有为目的，盗窃公私财物，数额较大，或者多次盗窃、入户盗窃、携带凶器盗窃、扒窃的行为。

“盗窃”指违背他人意志非法取得他人占有的财物。盗窃不同于抢夺，盗窃虽然违背他人意志但仍是和平地取得，抢夺则有夺取行为。

个人盗窃公私财物“数额较大”，以1000～3000元为起点。数额是否较大是区别罪与非罪的重要依据。盗窃财物数额通常指已经窃得的财物数额。盗窃未遂，情节严重的，例如，明确以巨额现款、国家珍贵文物或者贵重物品等为盗窃目标的，也应定罪处罚。多次盗窃累计数额不够较大的，也应当定罪处刑。所谓“多次盗窃”，指1年内入户盗窃或者在公共场所扒窃3次以上。所谓“公私财物”，既指有形财物，也包括电力、煤气等无形财物。盗用他人长途电话账号、码号造成损失的，以盗窃罪论处。盗窃他人非法所得违禁品，数额较大的，亦应以盗窃罪论处。

"入户盗窃"指为盗窃而进入他人生活的与外界相对隔离的住所。"携带凶器盗窃"指随身携带枪支、爆炸物、管制刀具等国家禁止个人携带的器械进行盗窃或者为了实施犯罪而携带其他器械进行盗窃的行为。"扒窃"指在公共场所盗窃他人随身携带的财物。携带凶器盗窃、入户盗窃、扒窃等虽然不以数额较大为要件，但仍要求窃取"相当价值"（值得刑法保护）的财物。如果只是窃取一张餐巾纸、一根牙签，不值得刑罚惩罚。

盗窃罪在主观上以非法占有为目的。不以非法占有为目的的，不构成盗窃罪。认定盗窃罪应注意以下几点：

（1）盗窃罪与盗窃特定物品犯罪的区别。此处的"盗窃特定物品犯罪"包括：盗窃枪支、弹药、爆炸物罪；盗窃公文、证件、印章罪；盗掘古文化遗址、古墓葬罪；窃取国家秘密、国有档案的犯罪，等等。盗窃或盗掘上述特定物品的，依有关规定处罚，而不按盗窃罪处罚。不过，盗掘普通墓葬的，仍以盗窃罪论处。

（2）犯盗窃罪又触犯其他罪名的，择一重罪处罚。例如，盗割正在使用中的输电电线，足以危害公共安全的，不仅触犯盗窃罪，也触犯破坏电力设备罪，应择其重罪处罚，即以破坏电力设备罪论处。类似的情况还有：盗窃交通工具、交通设施、易燃易爆设备、电信设施及其重要零件，足以危害公共安全的，均应择一重罪处罚。盗窃机器设备及其零件，妨害单位生产经营的也是择一重罪处罚，即通常以破坏生产经营罪论处。

《刑法》第264条规定，盗窃公私财物，数额较大的，或者多次盗窃、入户盗窃、携带凶器盗窃、扒窃的，处3年以下有期徒刑、拘役或者管制，并处或者单处罚金；数额巨大（以3万~10万元为起点）或者有其他严重情节的，处3年以上10年以下有期徒刑，并处罚金；数额特别巨大（以30万~50万元为起点）或者有其他特别严重情节的，处10年以上有期徒刑或者无期徒刑，并处罚金或者没收财产。

3. 诈骗罪，指以非法占有为目的，使用欺骗方法，骗取数额较大的公私财物的行为。所谓"欺骗"，是指为了使对方错误地（与真实意思不一致）交付财物而虚构事实或隐瞒真相。欺骗不仅包括积极编造谎言、设置骗局，也包括利用对方的误解，以某种方式使对方相信误解为真实。所谓"骗取"，指使对方陷入错误，基于有瑕疵的意思表示而交付财物。所谓"数额较大"，指骗取的财物价值在3000~10 000元以上。这是区别诈骗罪与非罪的重要根据。

认定诈骗罪应注意以下几点：

（1）它与特殊诈骗类型犯罪的关系。刑法规定的特殊的诈骗犯罪有：刑法分则第三章第五节的金融诈骗罪，包括集资诈骗罪、贷款诈骗罪、票据诈骗罪、信用证诈骗罪、信用卡诈骗罪、有价证券诈骗罪、保险诈骗罪；第五节第204条的骗取出口退税罪；第八节第224条的合同诈骗罪。上述犯罪是特殊类型的诈骗犯罪，它们与诈骗罪的关系是特别类型与一般类型的关系，即诈骗罪可包容上述特别类型的诈骗犯罪。犯罪行为既符合特殊类型又符合一般类型的，根据法条竞合的原理按特殊类型定罪处罚。此外，《刑法》第 279 条规定的招摇撞骗罪与诈骗罪也在一定程度上存在特殊类型与一般类型的关系，但在处理原则上，一般认为应择重处罚。

（2）诈骗罪与其他含有欺骗因素的犯罪的区别。假冒注册商标罪，生产、销售伪劣商品罪及其多种特殊类型，含有“假冒”“以次充好”“以假充真”之类的欺骗因素。这类犯罪的特点是通过非法的工商活动牟取非法利益，虽有欺诈因素，但也有一定的交易内容。而诈骗罪则是虚构骗局，以使他人陷入错误而交付财物。假借工商活动的形式，并无交易内容的，是诈骗罪。

（3）诈骗罪与盗窃罪的区别。犯罪分子实行盗窃犯罪，有时也会使用一些欺骗手段，如冒充顾客从售货员那里取得商品，假装挑选或试穿试戴，然后乘机溜走或“调包”。二者区分的关键在于犯罪分子从占有人处获取财物是否违背占有人的意志。如果犯罪分子是通过欺骗使占有人误解而仿佛自愿交付财物让行为人占有财物的，是诈骗；如果是违背占有人意志且和平占有财物的，是盗窃。诈骗罪的法定刑与盗窃罪的基本相同。

4. 侵占罪，指以非法占有为目的，将为他人保管的财物或者他人的遗忘物、埋藏物侵吞，数额较大且拒不交还的行为。本罪的行为对象是行为人持有的属于他人的保管物、遗忘物和埋藏物。

本罪特点是将自己所持有之他人的财物非法侵吞。这是侵占罪与盗窃、诈骗、抢夺等侵犯财产罪的不同之处。因为本罪是在已持有他人财物的基础上侵吞他人财物，其侵犯财产的程度低于盗窃、诈骗、抢夺等从他人控制下取得财物的犯罪，所以要“拒不退还”的才构成犯罪。在侵吞他人财物之后，如果一经请求立即退还所侵吞之财物的，不构成犯罪。对本罪，告诉的才处理。

《刑法》第 270 条规定，犯侵占罪的，处 2 年以下有期徒刑、拘役或者罚金；数额巨大或者有其他严重情节的，处 2 年以上 5 年以下有期徒刑，并处罚金。

5. 敲诈勒索罪，指以非法占有为目的，敲诈勒索公私财物，数额较大或者多次敲诈勒索的行为。“敲诈勒索”指威胁他人使他人惧怕而交付财物。威胁，指告知他人将要对他人施加恶害。常见的威胁内容有两类：一是暴力威胁，如告知对方将要绑架他的孩子、烧毁他的房子；二是以揭发他人的隐私、毁损他人声誉相威胁，比如曝光他人卖淫嫖娼、通奸的隐私，向司法机关举报他人的犯罪事实，要求交付“保密费”“封口费”等。

当事人有合理根据相信自己权益受到损害，通过正当途径维权、索要赔偿，在任何情况下都不能认为是敲诈勒索。例如，甲被乙打伤，怀疑是丙唆使乙所为，向丙提出与受损害程度相称的赔偿要求，声称如不赔偿就将丙告到公安局或法院，甲属于正当的维权行为，即使甲的怀疑最终被证明是错误的，也不能认为是敲诈勒索。

“数额较大”指敲诈勒索 2000 ~ 5000 元以上的。“多次”指一年内敲诈勒索 3 次以上的。适用“多次敲诈勒索”定罪，暗含每一次敲诈勒索均没有取得财物或取得财物不够数额较大。

敲诈勒索与抢劫的共同点是都有暴力性，差别在于暴力程度不同。如果暴力胁迫达到了足以使被害人不能、不敢抗拒而不得不交付财物的程度，是抢劫罪。尚未达到抢劫程度的威胁取财，是敲诈勒索。

敲诈勒索与诈骗的共同点都是基于被害人瑕疵的意思而取得财物。不同点在于：敲诈勒索是通过威胁使对方畏惧，然后交付而取得；诈骗是通过欺骗使对方误解、交付而取得。因此敲诈勒索比诈骗危害性大。

在虚构威胁使他人因畏惧而交付时，兼有诈骗和敲诈勒索性质，如甲听说乙的孩子失踪了，就打电话给乙谎称："你的孩子在我手里，拿10万元赎人，否则就将其杀掉!"乙因害怕而给甲账户汇款。其实甲所说的为虚构情形。这是想象竞合犯，应择一重罪处断。

《刑法》第274条规定，犯敲诈勒索罪的，处3年以下有期徒刑、拘役或者管制，并处或者单处罚金；数额巨大或者有其他严重情节的，处3年以上10年以下有期徒刑，并处罚金；数额特别巨大或者有其他特别严重情节的，处10年以上有期徒刑，并处罚金。

七、妨害社会管理秩序罪

（一）妨害社会管理秩序罪的概念和种类

妨害社会管理秩序罪，指妨害国家机关对社会的管理活动，破坏社会正常秩序，情节严重的行为。

刑法分则第六章共分9节规定了妨害社会管理秩序罪，包括以下罪名：

"第一节扰乱公共秩序罪"，主要包括以下罪名：妨害公务罪，煽动暴力抗拒法律实施罪，招摇撞骗罪，伪造、变造、买卖国家机关公文、证件、印章罪，盗窃、抢夺、毁灭国家机关公文、证件、印章罪，伪造公司、企业、事业单位、人民团体印章罪，伪造、变造、买卖身份证件罪，使用虚假身份证件、盗用身份证件罪，非法生产、买卖警用装备罪，非法获取国家秘密罪，非法持有国家绝密、机密文件、资料、物品罪，非法生产、销售专用间谍器材、窃听、窃照专用器材罪，组织考试作弊罪，非法出售、提供试卷、答案罪，代替考试罪，非法侵入计算机信息系统罪，非法获取计算机信息系统数据、非法控制计算机信息系统罪，提供侵入、非法控制计算机信息系统程序、工具罪，破坏计算机信息系统罪，拒不履行信息网络安全管理义务罪，非法利用信息网络罪，帮助信息网络犯罪活动罪，扰乱无线电通讯管理秩序罪，聚众扰乱社会秩序罪，聚众冲击国家机关罪，扰乱国家机关工作秩序罪，组织、资助非法聚集罪，聚众扰乱公共场所秩序、交通秩序罪，投放虚假危险物质罪，编造、故意传播虚假恐怖信息罪，聚众斗殴罪，寻衅滋事罪，组织、领导、参加黑社会性质组织罪，入境发展黑社会组织罪，包庇、纵容黑社会性质组织罪，传授犯罪方法罪，非法集会、游行、示威罪，非法携带武器、管制刀具、爆炸物参加集会、游行、示威罪，破坏集会、游行、示威罪，侮辱国旗、国徽罪，组织、利用会道门、邪教组织、利用迷信破坏法律实施罪，组织、利用会道门、邪教组织、利用迷信致人重伤、死亡罪，聚众淫乱罪，引诱未成年人聚众淫乱罪，盗窃、侮辱、故意毁坏尸体、尸骨、骨灰罪，赌博罪，开设赌场罪，故意延误投递邮件罪。

“第二节妨害司法罪”，主要包括以下罪名：伪证罪，辩护人、诉讼代理人毁灭证据、伪造证据、妨害作证罪，妨害作证罪，帮助毁灭、伪造证据罪，打击报复证人罪，泄漏不应公开的案件信息罪，披露、报道不应公开的案件信息罪，扰乱法庭秩序罪，窝藏、包庇罪，拒绝提供间谍犯罪、恐怖主义犯罪、极端主义犯罪证据罪，掩饰、隐瞒犯罪所得、犯罪所得收益罪，拒不执行判决、裁定罪，非法处置查封、扣押、冻结的财产罪，破坏监管秩序罪，脱逃罪，劫夺被押解人员罪，组织越狱罪，暴动越狱罪，聚众持械劫狱罪。

“第三节妨害国（边）境管理罪”，主要包括以下罪名：组织他人偷越国（边）境罪，骗取出境证件罪，提供伪造、变造的出入境证件罪，出售出入境证件罪，运送他人偷越国（边）境罪，偷越国（边）境罪，破坏界碑、界桩罪，破坏永久性测量标志罪。

“第四节妨害文物管理罪”，主要包括以下罪名：故意损毁文物罪，故意损毁名胜古迹罪，过失损毁文物罪，非法向外国人出售、赠送珍贵文物罪，倒卖文物罪，非法出售、私赠文物藏品罪，盗掘古文化遗址、古墓葬罪，盗掘古人类化石、古脊椎动物化石罪，抢夺、窃取国有档案罪，擅自出卖、转让国有档案罪。

“第五节危害公共卫生罪”，包括以下罪名：妨害传染病防治罪，传染病菌种、毒种扩散罪，妨害国境卫生检疫罪，非法组织卖血罪，强迫卖血罪，非法采集、供应血液、制作、供应血液制品罪，采集、供应血液、制作、供应血液制品事故罪，医疗事故罪，非法行医罪，非法进行节育手术罪，妨害动植物防疫、检疫罪。

“第六节破坏环境资源保护罪”，主要包括以下罪名：污染环境罪，非法处置进口的固体废物罪，擅自进口固体废物罪，非法捕捞水产品罪，非法猎捕、杀害珍贵、濒危野生动物罪，非法收购、运输、出售珍贵、濒危野生动物、珍贵、濒危野生动物制品罪，非法狩猎罪，非法占用农用地罪，非法采矿罪，破坏性采矿罪，非法采伐、毁坏国家重点保护植物罪，非法收购、运输、加工、出售国家重点保护植物、国家重点保护植物制品罪，盗伐林木罪，滥伐林木罪，非法收购、运输盗伐、滥伐的林木罪。

“第七节走私、贩卖、运输、制造毒品罪”，主要包括以下罪名：走私、贩卖、运输、制造毒品罪，非法持有毒品罪，包庇毒品犯罪分子罪，窝藏、转移、隐瞒毒品、毒赃罪，非法生产、买卖、运输制毒物品、走私制毒物品罪，非法买卖制毒物品罪，非法种植毒品原植物罪，非法买卖、运输、携带、持有毒品原植物种子、幼苗罪，引诱、教唆、欺骗他人吸毒罪，强迫他人吸毒罪，容留他人吸毒罪，非法提供麻醉药品、精神药品罪。

“第八节组织、强迫、引诱、容留、介绍卖淫罪”，主要包括以下罪名：组织卖淫罪，强迫卖淫罪，协助组织卖淫罪，引诱、容留、介绍卖淫罪，引诱幼女卖淫罪，传播性病罪。

“第九节制作、贩卖、传播淫秽物品罪”，主要包括以下罪名：制作、复制、出版、贩卖、传播淫秽物品牟利罪，为他人提供书号出版淫秽书刊罪，传播淫秽物品罪，组织播放淫秽音像制品罪，组织淫秽表演罪。

（二）常见罪的认定与处罚

1. 妨害公务罪，指以暴力、威胁方法阻碍国家机关工作人员依法执行职务的行为。

（1）妨害公务的行为包括：①以暴力、威胁方法阻碍国家机关工作人员依法执行职务。②以暴力、威胁的方法阻碍人民代表大会代表依法执行代表职务。③在自然灾害和突发性事件中，以暴力、威胁方法阻碍红十字会工作人员依法履行职责。④使用暴力、威胁以外的方法，阻碍国家安全机关、公安机关的人员依法执行国家安全工作任务，造成严重后果。

（2）法条竞合。刑法中还有其他包含妨害公务内容的犯罪，如抗税罪、拒不执行判决裁定罪、劫夺被押解人员罪、聚众越狱罪、暴动越狱罪、扰乱法庭秩序罪、破坏监管秩序罪等，在实施上述犯罪过程中往往同时触犯妨害公务罪，应当适用特殊规定定罪处罚。另外，聚众阻碍解救被拐卖的妇女儿童罪、煽动暴力抗拒法律实施罪往往具有教唆妨害公务的性质，也应当适用专门规定处罚，不以妨害公务罪教唆犯论处。但根据《刑法》第242条规定，聚众阻碍解救被收买的妇女、儿童且不属于首要分子的，应以妨害公务罪论处。

（3）想象竞合犯。妨害公务罪的暴力不能包括故意伤害致人重伤或者死亡的行为，如果以严重程度相当于杀伤的暴力方式阻碍执行公务，造成执行公务人员伤亡的，则同时触犯故意伤害罪或故意杀人罪，属想象竞合犯，应从一重罪处断。在造成轻伤结果的场合，仍以妨害公务罪为重，只需以妨害公务罪论处；在造成重伤或死亡结果的场合，以故意伤害罪（致人重伤、死亡）论处；如果该暴力行为具有故意杀人的性质，则以故意杀人罪论处。

（4）数罪并罚。在犯罪过程中，暴力抗拒公务人员检查的，通常以所犯之罪与妨害公务罪数罪并罚。如在走私过程中暴力抗拒缉查的，以走私罪与妨害公务罪数罪并罚（《刑法》第157条）；犯生产销售伪劣商品罪（共8个罪）暴力抗拒缉查的，数罪并罚。但是法律有特别规定的除外，如在组织偷越国（边）境、运送他人偷越国（边）境犯罪中，暴力抗拒缉查的，其暴力抗拒缉查行为（妨害公务）作为加重情节而不并罚；还有犯走私、贩卖、运输、制造毒品罪，暴力抗拒缉查的，也是作为加重情节而不并罚。但是，如果故意杀伤缉查人员的，则需与故意杀人罪、故意伤害罪数罪并罚。

《刑法》第277条规定，犯妨害公务罪的，处3年以下有期徒刑、拘役、管制或者罚金。暴力袭击正在依法执行职务的警察的，从重处罚。

2. 聚众斗殴罪，指组织、策划、指挥他人聚众斗殴或者积极参加聚众斗殴的行为。本罪的主体限于聚众斗殴的首要分子和积极参加的人。因聚众斗殴致人重伤、死亡的，以故意伤害罪或者故意杀人罪论处。

3. 寻衅滋事罪，指在公共场所恣意挑衅，无事生非，破坏社会秩序的行为。

(1) 寻衅滋事的行为（《刑法》第293条）包括：①随意殴打他人，情节恶劣的；②追逐、拦截、辱骂、恐吓他人，情节恶劣的；③强拿硬要或者任意损毁、占用公私财物，情节严重的；④在公共场所起哄闹事，造成公共场所秩序严重混乱的。

(2) 寻衅滋事的主观要件是故意。

4. 组织、领导、参加黑社会性质组织罪，指组织、领导、参加黑社会性质的组织的行为。根据立法解释，"黑社会性质的组织"应当同时具备以下特征：①形成较稳定的犯罪组织，人数较多，有明确的组织者、领导者，骨干成员基本固定；②有组织地通过违法犯罪活动或者其他手段获取经济利益，具有一定的经济实力，以支持该组织的活动；③以暴力、威胁或者其他手段，有组织地多次进行违法犯罪活动，为非作恶，欺压、残害群众；④通过实施违法犯罪活动，或者利用国家工作人员的包庇或者纵容，称霸一方，在一定区域或者行业内，形成非法控制或者重大影响，严重破坏经济、社会生活秩序。

《刑法》第294条规定，组织、领导黑社会性质组织的，处7年以上有期徒刑，并处没收财产；积极参加的，处3年以上7年以下有期徒刑，可以并处罚金或者没收财产；其他参加的，处3年以下有期徒刑、拘役、管制或者剥夺政治权利，可以并处罚金。

组织、领导、参加都是独立的犯罪行为，组织、领导、参加黑社会性质的组织后，又有其他犯罪行为的，应实行数罪并罚。

5. 妨害作证罪，是指以暴力、威胁、贿买等方法阻止证人作证或者指使他人作伪证的行为。

(1) 本罪与辩护、诉讼代理人毁灭证据、伪造证据，妨害作证罪的区别要点是主体和诉讼的范围不同：①本罪为一般主体，而后者限于"辩护人、诉讼代理人"；②本罪不限于诉讼范围，而后者限于"在刑事诉讼中"。

(2) 因采取暴力手段阻止证人作证或迫使他人作伪证而触犯其他罪的，应按处理牵连犯的原则，从一重罪处断，例如伤害、杀害证人或者绑架人质、非法拘禁证人等。

(3) 指使他人作伪证虽然具有教唆的性质，但是不能按教唆犯处理。因为刑法分则将这种情形的教唆已经专门规定为一种犯罪行为，不必适用总则中关于共犯的规定。

《刑法》第307条规定，犯本罪的，处3年以下有期徒刑或者拘役；情节严重的，处3年以上7年以下有期徒刑。司法工作人员犯本罪的，从重处罚。

6. 窝藏、包庇罪，指明知是犯罪分子而予以窝藏、包庇的行为。"窝藏"，指为犯罪分子提供隐藏处所或者资助财物、提供交通工具、作向导帮助其逃匿的行为。

“包庇”，指向司法机关或有关组织提供虚假证明以帮助犯罪分子掩盖罪行，或者帮助犯罪分子湮灭罪迹，如擦洗血迹、破坏作案现场。窝藏、包庇的对象必须是犯罪分子，而且行为人须明知对方是犯罪分子。

《刑法》第 310 条规定，犯本罪的，处 3 年以下有期徒刑、拘役或者管制；情节严重的，处 3 年以上 10 年以下有期徒刑。犯上述罪事先通谋的，以共犯论处。

7. 掩饰、隐瞒犯罪所得、犯罪所得收益罪，指明知是犯罪所得及其产生的收益而予以窝藏、转移、收购、代为销售或者以其他方法掩饰、隐瞒的行为。

本罪的行为对象是犯罪所得及其产生的收益。“犯罪所得”，指通过犯罪行为直接获取的财物及财产性利益。包括：①通过实施盗窃、诈骗、抢夺、抢劫、敲诈勒索、侵占等侵犯财产的犯罪获得的财物，即狭义的赃物；②通过实施其他犯罪获得的不法财产，如通过贩卖毒品、生产销售伪劣商品、侵犯著作权获取的不法收入，通过受雇杀人、伤害获得的佣金，收受贿赂得到财物，等等。犯罪所得不仅包括财物，还包括财产性利益，如通过组织领导黑社会强占的承包经营权，公司、企业的股权，租赁权，矿山开采权，土地开发权。所谓犯罪所得“产生的非法收益”，指犯罪所得产生的孳息以及通过利用犯罪所得投资、经营获得的财产和财产性利益。

本罪的行为方式包括两类：①窝藏、转移、收购、代为销售。②以其他方法掩饰、隐瞒犯罪所得及其产生的收益。行为人有上述行为之一，即认为具有本罪行为。

本罪的主观方面是故意，即明知是犯罪所得及其产生的收益。可以在行为前明知，也可以在行为过程中明知。

《刑法》第 312 条规定，犯本罪的，处 3 年以下有期徒刑、拘役或者管制，并处或者单处罚金；情节严重的，处 3 年以上 7 年以下有期徒刑，并处罚金。

8. 走私、贩卖、运输、制造毒品罪，指走私、贩卖、运输、制造鸦片、海洛因、甲基苯丙胺（冰毒）、吗啡、大麻、可卡因以及国家规定管制的其他能够使人形成瘾癖的麻醉药品、精神药品的行为。

《刑法》第 347 条规定，走私、贩卖、运输、制造毒品，无论数量多少，都应当追究刑事责任，予以刑罚处罚。

9. 制作、复制、出版、贩卖、传播淫秽物品牟利罪，指以牟利为目的，制作、复制、出版、贩卖、传播淫秽物品的行为。所谓淫秽物品，指具体描绘性行为或者露骨宣扬色情的淫秽性的书刊、影片、录像带、录音带、图片及其他淫秽物品。有关人体生理、医学知识的科学著作不是淫秽物品。包含有色情内容的有艺术价值的文学、艺术作品不视为淫秽物品。

八、危害国防利益罪

1. 危害国防利益罪的概念和种类。危害国防利益罪，指侵犯国防利益，依照法律应受刑罚处罚的一类犯罪行为。

《刑法》第七章规定的危害国防利益罪主要包括以下罪名：阻碍军人执行职务罪，阻碍军事行动罪，破坏武器装备、军事设施、军事通信罪，过失损坏武器装备、军事设施、军事通信罪，提供不合格武器装备、军事设施罪，过失提供不合格武器装备、军事设施罪，聚众冲击军事禁区罪，聚众扰乱军事管理区秩序罪，冒充军人招摇撞骗罪，煽动军人逃离部队罪，雇用逃离部队军人罪，接送不合格兵员罪，伪造、变造、买卖武装部队公文、证件、印章罪，盗窃、抢夺武装部队公文、证件、印章罪，非法生产、买卖武装部队制式服装罪，伪造、盗窃、买卖、非法提供、非法使用武装部队专用标志罪，战时拒绝、逃避征召、军事训练罪，战时拒绝、逃避服役罪，战时故意提供虚假敌情罪，战时造谣扰乱军心罪，战时窝藏逃离部队军人罪，战时拒绝、故意延误军事订货罪，战时拒绝军事征收、征用罪。

2. 认定危害国防利益罪应当注意与其他种类相似犯罪的区别。如破坏武器装备、军事设施、军事通信罪与破坏交通工具、破坏交通设施、破坏公用电信设施等罪的区别；冒充军人招摇撞骗罪与招摇撞骗罪的区别，等等。

九、贪污贿赂罪

（一）贪污贿赂罪的种类

《刑法》第八章规定的贪污贿赂罪主要包括以下罪名：贪污罪，挪用公款罪，受贿罪，单位受贿罪，利用影响力受贿罪，行贿罪，对有影响力的人行贿罪，对单位行贿罪，介绍贿赂罪，单位行贿罪，巨额财产来源不明罪，隐瞒境外存款罪，私分国有资产罪，私分罚没财物罪。

（二）常见罪的认定与处罚

1. 贪污罪，指国家工作人员利用职务上的便利，侵吞、盗窃、骗取或者以其他手段非法占有公共财物的行为。

所谓“国家工作人员”，在这里是指国家机关中从事公务的人员。国有公司、企业、事业单位、人民团体中从事公务的人员和国家机关、国有公司、企业、事业单位委派到非国有公司、企业、事业单位、社会团体中从事公务的人员，以及其他依照法律从事公务的人员，以国家工作人员论。根据全国人民代表大会常务委员会的解释，村民委员会等村基层组织人员协助人民政府从事下列行政管理工作，属于《刑法》第93条第2款规定的“其他依照法律从事公务的人员”：①救灾、抢险、防汛、优抚、扶贫、移民、救济款物的管理。②社会捐助公益事业款物的管理。③国有土地的经营和管理。④土地征用补偿费用的管理。⑤代征、代缴税款。⑥有关计划生育、户籍、征兵工作。⑦协助人民政府从事的其他行政管理工作。

村民委员会等村基层组织人员从事上述规定的公务，利用职务上的便利，非法占有公共财物、挪用公款、索取他人财物或者非法收受他人财物，构成犯罪的，适用《刑法》第382、383条贪污罪，第384条挪用公款罪，第385、386条受贿罪的规定。

所谓“利用职务上的便利”，是指国家工作人员利用自己职务范围内的权力和地位所形成的有利条件，即利用主管、管理、经手公共财物形成的便利条件，侵占公共财物。这是贪污罪的重要特征。如果行为人只是利用因工作关系熟悉环境，了解情况，凭工作人员身份便于出入单位等方便条件，而不是利用职务上的便利，非法侵占公共财物的，不构成贪污罪。

所谓“公共财物”，指国有财产、劳动群众集体所有的财产、用于扶贫和其他公益事业的社会捐助或者专项基金的财产。在国家机关、国有公司、企业、集体企业和人民团体管理、使用或者运输中的私人财产，以公共财物论。

贪污罪与职务侵占罪的主要区别在于：①主体不同。贪污罪的主体为国家工作人员；职务侵占罪的主体是公司、企业或其他单位的工作人员，即非国家工作人员。②对象有所不同。贪污罪的对象限于公共财物；职务侵占罪的对象是单位的财物。③性质不同。贪污罪与职务侵占罪虽然都具有渎职和侵犯财产的性质，但是贪污罪是公务渎职的犯罪，职务侵占罪是业务渎职的犯罪。

贪污罪与盗窃罪、诈骗罪的区别主要在于是否利用职务上的便利。

《刑法》第383条规定，对犯贪污罪的，根据情节轻重，分别依照下列规定处罚：①贪污数额较大或者有其他较重情节的，处3年以下有期徒刑或者拘役，并处罚金。②贪污数额巨大或者有其他严重情节的，处3年以上10年以下有期徒刑，并处罚金或者没收财产。③贪污数额特别巨大或者有其他特别严重情节的，处10年以上有期徒刑或者无期徒刑，并处罚金或者没收财产；数额特别巨大，并使国家和人民利益遭受特别重大损失的，处无期徒刑或者死刑，并处没收财产。对多次贪污未经处理的，按照累计贪污数额处罚。犯第1款罪，在提起公诉前如实供述自己罪行、真诚悔罪、积极退赃，避免、减少损害结果的发生，有第1项规定情形的，可以从轻、减轻或者免除处罚；有第2项、第3项规定情形的，可以从轻处罚。犯第1款罪，有第3项规定情形被判处死刑缓期执行的，人民法院根据犯罪情节等情况可以同时决定在其死刑执行2年期满缓期依法减为无期徒刑后，终身监禁，不得减刑、假释。上述“数额较大”一般是3万元以上，“数额巨大”一般是20万元以上，“数额特别巨大”一般是300万元以上。

2. 挪用公款罪，指国家工作人员利用职务上的便利，挪用公款归个人使用，进行非法活动的；或者挪用公款数额较大，进行营利活动的；或者挪用公款数额较大，超过了3个月未还的行为。

挪用公款“归个人使用”，根据立法解释包括：①将公款供本人、亲友或者其他自然人使用的；②以个人名义将公款供其他单位使用的；③个人决定以单位名义将公款供其他单位使用，谋取个人利益的。

挪用公款进行“非法活动”，指进行非法经营、走私、赌博等非法活动，一般以3万元为定罪的起点。挪用公款进行“营利活动”的，必须数额较大才构成犯罪。“数额较大”，一般以挪用5万元为起点。

挪用公款归个人作其他（除非法活动、营利活动之外的）使用，必须数额较大、超过3个月未还才构成犯罪。“超过3个月未还”指案发前（被有关机关、单位发现之前）未归还。在挪用公款归个人使用从事非法活动、营利活动的场合，不受“超过3个月未还”的要件限制。

挪用公款罪与贪污罪的主要区别是目的不同。挪用只是暂时使用，并不具有非法占有的目的，而贪污则以非法占有公共财产为目的。通常，行为人做假账使该笔财产在单位财务账上没有记载反映的，可认为行为人客观上不必归还、主观不想还，认定具有非法占有的目的。此外，即使没有做假账，但行为人挪用公款后，携带公款潜逃的，挪用公款有能力归还而拒不归还的，或者截留单位收入不入账的，应当认定具有非法占有公共财产的目的，以贪污罪论处。

挪用公款罪与挪用单位资金罪的主要区别是：①主体不同，前者主体为国家工作人员，后者主体为公司的董事、监事或其他职工。②对象有所不同，前者是公款，后者是公司、企业的资金。

挪用公款罪与挪用特定款物罪的主要区别在于挪用款项是否归个人使用。挪用公款归个人使用的，是挪用公款罪的客观特征；挪用特定款物作其他公用事项的，是挪用特定款物罪的客观特征。

《刑法》第384条规定，犯挪用公款罪的，处5年以下有期徒刑或者拘役；情节严重的，处5年以上有期徒刑。挪用公款数额巨大不退还的，处10年以上有期徒刑或者无期徒刑。这里所谓不退还，指因为客观原因导致在审判之前不能退还的情况。有能力退还而故意不退还，说明行为人有非法占有公款的目的，是贪污而非挪用。

挪用救灾、抢险、防汛、优抚、扶贫、移民、救济款物（即特定款）归个人使用的，从重处罚。

3. 受贿罪，指国家工作人员利用职务上的便利，索取他人财物，或者非法收受他人财物为他人谋取利益的行为。受贿罪的主体是国家工作人员。在主观方面是故意。在客观方面表现为“利用职务上的便利”即利用职权或者职务上的便利条件受贿。具体表现为两种形式：①索取他人财物，即索贿。②非法收受他人主动送予的财物，为他人谋取利益。为他人谋取的利益是否正当，是否实现，不影响犯罪成立。为“他人谋取利益”的限制性条件只适用于收受他人主动送予财物的场合，不适用于索贿的场合。

国家工作人员利用本人职权或者地位形成的便利条件，通过其他国家工作人员职务上的行为，为请托人谋取不正当利益，索取请托人财物或者收受请托人财物的，以受贿论处。这是间接利用职权或者斡旋受贿的情况。它与一般的受贿不同，主要包括：①行为人不是直接利用本人职权为请托人谋利，而是通过其他国家工作人员的职务行为为请托人谋利。所谓利用本人职权或者地位形成的便利条件，指行为人与被其利用的国家工作人员之间在职务上虽然没有隶属、制约关系，但是行为人利用了本人职权或者地位产生的影响和一定的工作联系，如单位内不同部门的国家工作人员之间，上下级单位没有职务上隶属、制约关系的国家工作人员之间，有工作联系的不同单位的国家工作人员之间等。②必须是不正当利益。斡旋受贿以受贿论，都必须具备为请托人谋取不正当利益的条件。而对典型的受贿行为则不问为请托人谋取的利益是否正当。

国家工作人员在经济往来中，违反国家规定，收受各种名义的回扣、手续费，归个人所有的，以受贿论。

受贿罪与非国家工作人员受贿罪主要区别在于主体不同。受贿罪是一种公务渎职罪，侵犯的是国家机关的正常活动和公务的公正、廉洁性；公司、企业人员受贿罪侵犯的是国家对公司、企业或其他单位的管理秩序。

关于受贿罪的处罚，《刑法》第386条规定，对犯受贿罪的，根据受贿所得数额及情节，依照贪污罪的法定刑处罚；索贿的从重处罚。

4. 利用影响力受贿罪，指国家工作人员的近亲属或者其他与该国家工作人员关系密切的人，离职的国家工作人员或者其近亲属以及其他与其关系密切的人，通过该国家工作人员职务上的行为，或者利用该国家工作人员职权或者地位形成的便利条件，通过其他国家工作人员职务上的行为，为请托人谋取不正当利益，索取请托人财物或者收受请托人财物，数额较大或者有其他较重情节的行为。

利用影响力受贿罪与受贿罪共犯的区别：任何人（包括关系密切人等）与国家工作人员共谋并共同收受贿赂的，构成受贿罪的共犯。只有当特定关系人等利用影响力受贿，且没有证据表明与国家工作人员共谋时，才单独对关系密切人以利用影响力受贿罪定罪处罚。

十、渎职罪

（一）渎职罪的概念和种类

渎职罪，指国家工作人员利用职权或者滥用职权，玩忽职守，妨害国家机关的正常活动，致使国家和人民利益遭受重大损失的行为。

刑法分则第八章规定的渎职犯罪主要包括以下罪名：滥用职权罪，玩忽职守罪，故意泄露国家秘密罪，过失泄露国家秘密罪，徇私枉法罪，民事、行政枉法裁判罪，执行判决、裁定失职罪，执行判决、裁定滥用职权罪，枉法仲裁罪，私放在押人员罪，失职致使在押人员脱逃罪，徇私舞弊减刑、假释、暂予监外执行罪，徇私舞弊不移交刑事案件罪，滥用管理公司、证券职权罪，徇私舞弊不征、少征税款罪，徇私舞弊发售发票、抵扣税款、出口退税罪，违法提供出口退税凭证罪，国家机关工作人员签订、履行合同失职罪，违法发放林木采伐许可证罪，环境监管失职罪，食品监管渎职罪，传染病防治失职罪，非法批准征收、征用、占用土地罪，非法低价出让国有土地使用权罪，放纵走私罪，商检徇私舞弊罪，商检失职罪，动植物检疫徇私舞弊罪，动植物检疫失职罪，食品监管渎职罪，放纵制售伪劣商品犯罪行为罪，办理偷越国（边）境人员出入境证件罪，放行偷越国（边）境人员罪，不解救被拐卖、绑架妇女、儿童罪，阻碍解救被拐卖、绑架妇女、儿童罪，帮助犯罪分子逃避处罚罪，招收公务员、学生徇私舞弊罪，失职造成珍贵文物损毁、流失罪。

(二) 常见罪的认定与处罚

1. 滥用职权罪和玩忽职守罪。

(1) 滥用职权罪，指国家机关工作人员在职务活动中超越职权，擅自决定、处理其无权决定、处理的事项或者故意违法处理公务，致使公共财产、国家和人民的利益遭受重大损失的行为。

(2) 玩忽职守罪，指国家机关工作人员严重不负责任，不履行或不正确履行其职责，致使公共财产、国家和人民利益遭受重大损失的行为。

滥用职权罪和玩忽职守罪都是国家机关工作人员渎职的犯罪，但表现形式有所不同。滥用职权通常表现为国家机关工作人员自以为是甚至恣意妄为，越权处理事务或者违法处理公务；玩忽职守通常表现为国家机关工作人员严重不负责任，工作马虎草率，或者敷衍塞责。滥用职权、玩忽职守行为只有致使国家和人民利益遭受重大损失的才能构成犯罪。重大损失，一般指：①死亡1人以上或重伤2人以上的；②造成个人直接经济损失10万元以上或造成公共财产直接损失20万元以上的；③造成恶劣政治影响的；等等。

认定滥用职权罪、玩忽职守罪应注意它们与其他特殊类型渎职罪的法条竞合关系。认定玩忽职守罪应注意它与重大责任事故罪的区别：玩忽职守罪往往是国家机关工作人员在行政管理过程中过失渎职的行为；而重大责任事故罪，则是厂矿企业的职工或生产指挥人员，在生产作业或指挥过程中违章造成责任事故的行为。

《刑法》第397条规定，犯滥用职权罪、玩忽职守罪的，处3年以下有期徒刑或者拘役。情节特别严重的，处3年以上7年以下有期徒刑。徇私舞弊犯滥用职权罪、玩忽职守罪的，处5年以下有期徒刑或者拘役；情节特别严重的，处5年以上10年以下有期徒刑。

2. 徇私枉法罪和民事、行政枉法裁判罪。

(1) 徇私枉法罪，指司法工作人员徇私枉法、徇情枉法，在刑事诉讼中对明知是无罪的人故意使其受追诉，对明知是有罪的人故意包庇不使其受追诉，或者在刑事审判中故意违背事实和法律作枉法裁判的行为。徇私枉法主要表现为利用司法职权：①故意枉法追诉，发生在刑事案件的侦查、预审和检察起诉阶段。②枉法裁判，发生在刑事案件审判阶段。

(2) 民事、行政枉法裁判罪，指审判人员在民事、行政案件的审判活动中，故意违背事实和法律作枉法裁判，情节严重的行为。

根据《刑法》第399条规定，司法工作人员犯徇私枉法罪的，处5年以下有期徒刑或者拘役；情节严重的，处5年以上10年以下有期徒刑；情节特别严重的，处10年以上有期徒刑。犯民事、行政枉法裁判罪的，处5年以下有期徒刑或者拘役；情节严重的，处5年以上10年以下有期徒刑。

十一、军人违反职责罪

（一）军人违反职责罪的概念和种类

军人违反职责罪，指中国人民解放军军人违反职责，危害国家军事利益，依照法律应当受刑罚处罚的行为。

军人违反职责罪的主体是特殊主体，限于《刑法》第450条规定的范围：“……中国人民解放军的现役军官、文职干部、士兵及具有军籍的学员和中国人民武装警察部队的现役警官、文职干部、士兵及具有军籍的学员以及执行军事任务的预备役人员和其他人员。”其他人员单独不能构成军人违反职责罪，但可以构成军人违反职责罪的共犯。

《刑法》第十章规定的军人违反职责罪主要包括以下罪名：战时违抗命令罪，隐瞒、谎报军情罪，拒传、假传军令罪，投降罪，战时临阵脱逃罪，擅离、玩忽军事职守罪，阻碍执行军事职务罪，指使部属违反职责罪，违令作战消极罪，拒不救援友邻部队罪，军人叛逃罪，非法获取军事秘密罪，为境外窃取、刺探、收买、非法提供军事秘密罪，故意泄露军事秘密罪，过失泄露军事秘密罪，战时造谣惑众罪，战时自伤罪，逃离部队罪，武器装备肇事罪，擅自改变武器装备编配用途罪，盗窃、抢夺武器装备、军用物资罪，非法出卖、转让武器装备罪，遗弃武器装备罪，遗失武器装备罪，擅自出卖、转让军队房地产罪，虐待部属罪，遗弃伤病军人罪，战时拒不救治伤病军人罪，战时残害居民、掠夺居民财物罪，私放俘虏罪，虐待俘虏罪。

（二）常见罪的认定与处罚

1. 擅离、玩忽军事职守罪，是指挥人员或者值班、值勤人员，擅离职守或者玩忽军事职守，造成严重后果的行为。所谓“擅离职守”，是指擅自离开指挥、值班、值勤岗位。所谓“玩忽职守”，是指在履行职责的岗位上，严重不负责任，不履行职责，或者马虎草率，疏忽大意，不正确履行职责。军人擅离、玩忽职守造成严重后果的，才构成犯罪。所谓“严重后果”，指：致使战斗、战役遭受重大损失的；贻误战机的；致人伤亡的；发生重大事故造成武器装备毁损的；给国家军事利益或其他财产造成重大损失；等等。

本罪主观方面出于过失。行为人擅自离开岗位、严重不负责任、不履行职责、马虎草率往往是有意的，但是，对造成的严重后果则是过失的。

本罪与玩忽职守罪的区别在于主体不同：本罪主体是军人，玩忽职守罪的主体是国家机关工作人员。

本罪与临阵脱逃罪的主要区别：①本罪是特定的值班、执勤人员的渎职行为；临阵脱逃罪限于在战斗之中或者面临战斗之际逃离战斗或战斗岗位。②本罪要求造成了严重的后果才构成犯罪；后者则不要求造成严重后果即可构成犯罪。

根据《刑法》第425条的规定，犯本罪处3年以下有期徒刑或者拘役；造成特别严重后果的，处3年以上7年以下有期徒刑；战时犯本罪的，处5年以上有期徒刑。

2. 逃离部队罪，是指违反兵役法规，逃离部队，情节严重的行为。所谓“逃离部队”，是指为逃避服役而离开部队，其行为方式通常表现为：未经批准擅自离队；请假离队后逾期不归；工作调动或者学员分配离开原单位后拒不向新单位报到等。

本罪主观方面是出于故意。在司法实践中，对擅自离队或者逾假不归的军人，如果经教育仍拒不返回部队，或者有意与部队脱离联系的，应认定其具有逃避服兵役的主观故意。如果行为人确属家庭有实际困难或者其他特殊原因，能主动向部队说明情况，或者经教育后及时归队的，不应认定其有逃避服兵役的主观故意。

根据《刑法》第435条的规定，犯本罪处3年以下有期徒刑或者拘役；战时犯本罪的，处3年以上7年以下有期徒刑。

3. 故意泄露军事秘密罪，是指违反国家秘密法规，故意泄露军事秘密，情节严重的行为。所谓“情节严重”，主要是指：泄露大量军事秘密的；泄露重要军事秘密的；泄露秘密的手段极为恶劣的；泄露造成严重后果的等。认定时应注意本罪与第398条故意泄露国家秘密罪的区别：①主体不同。本罪的主体是军人；后罪的主体是国家机关工作人员和其他人。②对象不同。本罪对象是军事秘密；后罪的对象是国家秘密。在发生法条竞合时优先适用本法条。

根据《刑法》第432条的规定，犯本罪的，处5年以下有期徒刑或者拘役；情节特别严重的，处5年以上10年以下有期徒刑；战时犯本罪的，处5年以上10年以下有期徒刑；情节特别严重的，处10年以上有期徒刑或者无期徒刑。

4. 武器装备肇事罪，是指违反武器装备使用规定，情节严重，因而发生责任事故，致人重伤、死亡或者造成其他严重后果的行为。其特征是：本罪客观方面表现为违反武器装备使用规定，情节严重，因而发生重大责任事故，致人重伤、死亡或者造成其他严重后果的行为。这里包括三层含义：①行为人实施了违反武器装备使用规定的行为，这是构成本罪的前提条件。②违反武器装备使用规定的行为必须是情节严重的，主要指在管理、使用、操作武器装备的过程中，故意违反规定或者操作规程，或者马虎从事、严重不负责任，或者擅自使用、操作武器装备等。③发生重大责任事故，致人重伤、死亡或者造成其他严重后果，如造成爆炸、火灾、大面积污染、重要武器装备不能使用以及公共财物的重大损失等。

本罪主观方面是出于过失，即行为人对其行为造成的重大事故，是由于疏忽大意或过于自信所致。至于违反武器装备使用规定的行为本身，则可能是明知故犯的。

本罪与交通肇事罪、过失致人死亡罪、失火罪、过失爆炸罪、重大责任事故罪、危险物品肇事罪等犯罪的区别：①主体不同。本罪的主体是军人，后几种犯罪的主体是普通公民或者单位的职工。②行为发生的场合不同。本罪的肇事行为发生在军人使用、操作武器装备的过程中，因违反规定或操作规程而发生重大责任事故，致人重伤、死亡或者造成其他严重后果；后几种犯罪发生在日常生活或者厂矿企业的生产作业过程中，因过失而造成严重后果。例如，在处理军人驾驶军用装备车辆肇事案件时，如果是因为违反武器装备使用规定和操作规程情节严重，致人重伤、死亡或者造成其他严重后果的，即使同时违反交通运输规章制度，也应以武器装备肇事罪论处；如果仅因违反交通运输规章制度而发生重大事故，致人重伤、死亡或者使公私财产遭受重大损失的，则应以交通肇事罪论处。

根据《刑法》第436条的规定，犯本罪处3年以下有期徒刑或者拘役；后果特别严重的，处3年以上7年以下有期徒刑。

5. 盗窃、抢夺武器装备、军用物资罪，是指以非法占有为目的，秘密窃取或者公然夺取部队武器装备或者军用物资的行为。

本罪在客观方面表现为秘密窃取或者乘人不备、公然夺取部队武器装备或者军用物资的行为。这里所说的“军用物资”，是指武器装备以外的供军事上使用的被服、粮秣、油料、药材、建材等。

本罪在主观方面是故意，并且具有非法占有武器装备、军用物资的目的。认定本罪时应注意：

（1）对军人盗窃、抢夺部队的枪支、弹药、爆炸物案件适用法律的特别规定。《刑法》第438条第2款明确规定，军人盗窃或者抢夺部队的枪支、弹药、爆炸物的，依《刑法》第127条规定的盗窃枪支、弹药、爆炸物罪或者抢夺枪支、弹药、爆炸物罪论处，不以本罪论处。据此也可以认为本罪的对象“武器装备、军用物资”实际上不包括枪支、弹药、爆炸物。

（2）本罪与贪污罪的区别在于是否利用经管公共财产（包括军用物资）的职务上的便利。军人利用职务上的便利，盗窃自己经手、管理的军用物资的，具备贪污罪的基本特征的，应当以贪污罪论处。军人没有利用职务上的便利盗窃武器装备、军用物资的，以本罪论处。

根据《刑法》第438条第1款的规定，犯本罪处5年以下有期徒刑或者拘役；情节严重的，处5年以上10年以下有期徒刑；情节特别严重的，处10年以上有期徒刑、无期徒刑或者死刑。

第四章 刑事诉讼法

第一节 总 则

一、刑事诉讼法的概念和作用

诉讼就是争讼的一方（原告）向法庭提出告诉和主张，由法庭通过审理来解决双方争讼的活动。根据诉讼所要解决的实体问题的不同和诉讼形式的差异，诉讼可分为刑事诉讼、民事诉讼和行政诉讼三种。

刑事诉讼是国家专门机关行使刑罚权的活动。在我国，刑事诉讼是指公安机关、人民检察院、人民法院（以下简称“公安司法机关”）在当事人及其他诉讼参与人的参加下依照法律规定的程序，解决犯罪嫌疑人、被告人的刑事责任问题的活动。

我国的刑事诉讼法是国家制定的公安司法机关在当事人和其他诉讼参与人参加下进行刑事诉讼活动必须遵守的法律规范。

刑事诉讼法有狭义和广义之分。狭义的刑事诉讼法单指国家立法机关制定的成文的刑事诉讼法典。我国于1979年7月1日通过了《中华人民共和国刑事诉讼法》(自1980年1月1日起施行)，经过了1996年3月17日修正（自1997年1月1日起施行）和2012年3月14日修正（自2013年1月1日起施行）。

广义的刑事诉讼法指一切与刑事诉讼有关的法律规范。除刑事诉讼法典外，还包括：刑法、人民法院组织法、人民检察院组织法以及其他法律、法规中有关刑事诉讼的法律规范；全国人大常委会关于刑事诉讼的决定和解释；最高人民法院、最高人民检察院对具体应用刑事诉讼法所作的司法解释等。但是，必须明确，刑事诉讼法典是我国刑事诉讼法的主要表现形式，是刑事诉讼活动的主要依据。

刑事诉讼法的作用主要有两个方面：①保障刑事实体法的正确实施。刑事诉讼法明确了实施实体法的专门机关及其分工，使刑事案件的侦查、起诉和审判能够由专门的机关来负责实施，从组织上保证诉讼的顺利进行；规定了一系列基本原则和基本规则，保证专门机关的权力行使与权力制约的统一，以保证司法公正的实现；规定了运用证据的一系列科学规则，保证正确认定案件事实，防止错案的发生；规定刑事诉讼由经过精心设计的一系列前后衔接的阶段组成，使案件的错误、缺陷能及时得到纠正、弥补。②刑事诉讼法具有自身的独立价值。它规定的刑事诉讼程序体现了公正、民主和法治的精神，反映了保障人权的基本观念。经过这种程序产生的判决能够得到社会公众的认可和尊重。总之，在现代法治国家，实体法和诉讼法是相互依存，相辅相成，缺一不可的。

二、刑事诉讼法的宗旨和任务

《刑事诉讼法》第1条规定："为了保证刑法的正确实施，惩罚犯罪，保护人民，保障国家安全和社会公共安全，维护社会主义社会秩序，根据宪法，制定本法。"这条规定表明，刑事诉讼法作为程序法，其主要目的是从诉讼程序方面保障刑事实体法的正确实施。《刑事诉讼法》的这条规定，可以理解为刑事诉讼法的宗旨。

《刑事诉讼法》第2条规定："中华人民共和国刑事诉讼法的任务，是保证准确、及时地查明犯罪事实，正确应用法律，惩罚犯罪分子，保障无罪的人不受刑事追究，教育公民自觉遵守法律，积极同犯罪行为作斗争，维护社会主义法制，尊重和保障人权，保护公民的人身权利、财产权利、民主权利和其他权利，保障社会主义建设事业的顺利进行。"根据这一规定，我国刑事诉讼法的任务包含以下几个方面：

1. 保证准确、及时地查明犯罪事实，正确应用法律，惩罚犯罪分子，保障无罪的人不受刑事追究。这是刑事诉讼法的直接任务。离开与犯罪作斗争这一主题，刑事诉讼就没有必要进行，刑事诉讼法也不必制定。但在惩罚犯罪的同时，还必须注意保障无罪的人不受刑事追究，即保护无辜。

2. 教育公民自觉遵守法律，积极同犯罪行为作斗争。实现这一方面的任务，对于预防犯罪，减少犯罪，配合对社会治安进行综合治理，具有重要的意义。

3. 维护社会主义法制，尊重和保障人权，保护公民的人身权利、财产权利、民主权利和其他权利，保障社会主义建设事业的顺利进行。这是刑事诉讼法的根本任务。

三、我国刑事诉讼的基本原则和基本制度

刑事诉讼基本原则是指刑事诉讼法规定的、对刑事诉讼活动具有普遍指导意义的原则。刑事诉讼基本制度是指刑事诉讼法规定的具有重要意义的诉讼制度。根据《刑事诉讼法》第一编第一章的规定，主要有以下几项：

1. 侦查权、检察权和审判权由专门机关依法行使的原则。《刑事诉讼法》第3条规定："对刑事案件的侦查、拘留、执行逮捕、预审，由公安机关负责。检察、批准逮捕、检察机关直接受理的案件的侦查、提起公诉，由人民检察院负责。审判由人民法院负责。除法律特别规定的以外，其他任何机关、团体和个人都无权行使这些权力。人民法院、人民检察院和公安机关进行刑事诉讼，必须严格遵守本法和其他法律的有关规定。"这项原则主要包括以下三个方面的含义：①刑事案件的侦查权、检察权、审判权的专属性。这三项权力只能由专门机关行使，除法律特别规定以外，其他任何机关、团体和个人都无权行使这些权力。②对刑事案件的侦查权、检察权、审判权，只能由各专门机关按照法定的职权分工分别行使，不能混淆和相互取代。③各专门机关行使自己的法定职权时，必须严格遵守《刑事诉讼法》和其他法律的有关规定，不得违反法律滥用权力。

2. 人民法院、人民检察院依法独立行使职权的原则。《刑事诉讼法》第5条规

定："人民法院依照法律规定独立行使审判权，人民检察院依照法律规定独立行使检察权，不受行政机关、社会团体和个人的干涉。"这一原则主要包括以下两层含义：①人民法院独立行使审判权，人民检察院独立行使检察权，不受行政机关、社会团体和个人的干涉。②人民法院、人民检察院独立行使职权，都必须严格遵守宪法和法律的各项规定。实行这一原则的目的是使司法机关能够排除外来的干涉，公正地行使审判权和检察权。

在理解这一原则时应当注意，根据我国宪法和法律的规定，在法院体系中，最高人民法院监督地方各级人民法院和专门人民法院的审判工作，上级人民法院监督下级人民法院的审判工作。就是说，法院在审判工作中，上下级是监督和被监督的关系；在检察院体系中，最高人民检察院领导地方各级人民检察院和专门人民检察院的工作，上级人民检察院领导下级人民检察院的工作。就是说，在行使检察权时，检察系统内部的上下级之间是领导和被领导的关系。由此可以看出，法院是以审级独立的方式依法独立行使职权，检察院是以系统独立的方式依法独立行使职权。

3. 依靠群众的原则。《刑事诉讼法》第6条规定，人民法院、人民检察院和公安机关进行刑事诉讼，必须依靠群众。这是我们同犯罪作斗争的优良传统在《刑事诉讼法》中的重要体现，也是我国刑事诉讼活动的一个重要特点。

4. 以事实为根据，以法律为准绳的原则。《刑事诉讼法》第6条规定："人民法院、人民检察院和公安机关进行刑事诉讼，必须依靠群众，必须以事实为根据，以法律为准绳……"这一原则是我国人民司法机关办案经验的总结，反映了刑事诉讼的根本要求和客观规律，在诉讼原则体系中处于核心地位。

它的基本含义是：以事实为根据，就是以客观存在的案情事实作为处理问题的根本依据。它要求在刑事诉讼中必须忠于案件的客观真相，以证据作为定案的依据。以法律为准绳，就是对案件的程序问题和实体问题的处理，必须以《刑法》《刑事诉讼法》和其他法律的有关规定为尺度。以事实为根据、以法律为准绳两者紧密相连，必须全面贯彻执行，不能忽视任何一个方面。

5. 对一切公民在适用法律上一律平等的原则。《刑事诉讼法》第6条规定："……对于一切公民，在适用法律上一律平等，在法律面前，不允许有任何特权。"这一原则的基本含义：①诉讼中在适用法律上不允许有任何特权。②在适用法律上不能有任何歧视。它要求无论在诉讼程序中，还是在实体处理上，对一切公民都应当一律平等地适用法律。

6. 分工负责，互相配合，互相制约的原则。《刑事诉讼法》第7条规定："人民法院、人民检察院和公安机关进行刑事诉讼，应当分工负责，互相配合，互相制约，以保证准确有效地执行法律。"这一原则是解决刑事诉讼中专门机关之间相互关系的基本准则。

它的基本内容是：分工负责，是指在刑事诉讼中人民法院、人民检察院和公安机关有明确的职权分工，各自只能在法定范围内行使职权。互相配合，是指在刑事诉讼中专门机关之间要互通情况、互相支持。互相制约，是指公、检、法三机关在诉讼中按照职权分工在诉讼程序中相互监督和约束，防止可能发生的错误和偏差，使已经发生的错误得到及时纠正。这一原则的出发点和目的是保证准确有效地执行法律。

7. 人民检察院依法对刑事诉讼实行法律监督的原则。《宪法》第 129 条规定："中华人民共和国人民检察院是国家的法律监督机关。"《人民检察院组织法》第 1 条也作了相同的规定。据此，《刑事诉讼法》第 8 条规定了这条原则。其目的是使刑事诉讼严格依法进行。这一原则的具体含义体现在以下两个方面：①人民检察院通过自身的活动对刑事诉讼实行法律监督。具体是指人民检察院通过对直接受理的案件进行侦查，审查并决定是否逮捕犯罪嫌疑人，是否对案件提起公诉、支持公诉。②人民检察院对其他专门机关的诉讼活动进行法律监督。具体包括对人民法院的审判活动实行法律监督，对公安机关的立案侦查活动进行监督，对监狱等执行机关的执行活动进行法律监督，以及对阻碍辩护人等行使诉讼权利的行为进行监督等。

8. 各民族公民都有权使用本民族语言文字进行诉讼的原则。《刑事诉讼法》第 9 条规定："各民族公民都有用本民族语言文字进行诉讼的权利。人民法院、人民检察院和公安机关对于不通晓当地通用的语言文字的诉讼参与人，应当为他们翻译。在少数民族聚居或者多民族杂居的地区，应当用当地通用的语言进行审讯，用当地通用的文字发布判决书、布告和其他文件。"这一原则是"中华人民共和国各民族一律平等"（《宪法》第 4 条第 1 款）和"各民族都有使用和发展自己的语言文字的自由"（《宪法》第 4 条第 4 款）在诉讼中的具体体现。同时，也便于在特定环境中查明案件事实，正确适用法律，保证诉讼的顺利进行；便于充分发挥诉讼中的法制宣传教育作用；便于接受群众的监督。

9. 两审终审制度。《刑事诉讼法》第 10 条规定："人民法院审判案件，实行两审终审制。"所谓"两审终审制"，是指一个刑事案件最多经过两级法院的审判即告终结的制度。针对地方各级人民法院作出的第一审判决和裁定，在法定的期限内，可以提出上诉或抗诉，由上一级人民法院进行第二审，第二审的判决、裁定是终审的判决、裁定，立即发生法律效力。但并非所有的案件都必然经过第二审，如果对第一审判决、裁定在法定期限内没有提出上诉或抗诉，判决也会发生法律效力。两审终审制只适用于地方各级人民法院，最高人民法院实行一审终审。另外，判处死刑的案件、在法定刑以下判刑的案件、特殊情况下的假释案件，必须经过复核、核准程序，其判决、裁定才能生效。

10. 审判公开原则。我国《宪法》第 125 条规定："人民法院审理案件，除法律规定的特别情况外，一律公开进行……"《人民法院组织法》和《刑事诉讼法》都相应规定了审判公开原则。审判公开，是指人民法院审理案件和宣告判决，都公开进行，允许公民到庭旁听，允许新闻记者采访和报道，也就是应当把法庭审判的全过程，除了休庭评议以外，都公之于众。根据我国《刑事诉讼法》第 183 条的规定，对有关国家秘密或者个人隐私的案件，不公开审理；涉及商业秘密的案件，当事人申请不公开审理的，可以不公开审理。《刑事诉讼法》第274条规定，审判的时候被告人不满18周岁的案件，不公开审理。但是，经未成年被告人及其法定代理人同意，未成年被告人所在学校和未成年人保护组织可以派代表到场。对于不公开审理的案件，应当当庭宣布不公开审理的理由。不论是否公开审理，宣告判决一律公开进行。审判公开是保障审判的民主性和公正性的重要原则。

11. 犯罪嫌疑人、被告人有权获得辩护的原则。辩护，是指在刑事诉讼中犯罪嫌疑人、被告人及其辩护人为反驳控诉而在事实上和法律上提出和论证对犯罪嫌疑人、被告人有利的材料和理由所进行的诉讼活动。

我国《宪法》第125条规定了这一原则，《刑事诉讼法》第11条规定："……被告人有权获得辩护，人民法院有义务保证被告人获得辩护。"同时，《刑事诉讼法》还在总则中专章规定了辩护制度。由于被追究刑事责任的人在侦查阶段和提起公诉阶段被称为犯罪嫌疑人，有权获得辩护的主体应当包括犯罪嫌疑人。

辩护权是犯罪嫌疑人、被告人最基本的诉讼权利。我国法律赋予犯罪嫌疑人、被告人辩护权，并在制度和程序上充分保障犯罪嫌疑人、被告人行使辩护权，是诉讼民主的体现，也是查明案件客观真实和正确适用法律的必要条件。

犯罪嫌疑人、被告人除自己行使辩护权以外，还可以依法委托1～2人作为辩护人。可以被委托为辩护人的有：律师，人民团体或者犯罪嫌疑人、被告人所在单位推荐的人，犯罪嫌疑人、被告人的监护人、亲友。但是，正在被执行刑罚或者依法被剥夺、限制人身自由的人，不得担任辩护人。对于特定的被告人或者特定的案件，《刑事诉讼法》规定了法律援助机构指派律师的范围，包括以下五种：①犯罪嫌疑人、被告人因经济困难或者其他原因没有委托辩护人的；②被告人是盲、聋、哑或者是尚未完全丧失辨认或者控制自己行为能力的精神病人，没有委托辩护人的；③被告人可能被判处无期徒刑、死刑而没有委托辩护人的；④未成年犯罪嫌疑人、被告人没有委托辩护人的；⑤强制医疗案件中被申请人或者被告人没有委托诉讼代理人的。对于第一种人，符合法律援助条件的，法律援助机构应当指派律师；对于后四种人，人民法院、人民检察院和公安机关应当通知法律援助机构指派律师为其提供辩护或者代理。

犯罪嫌疑人、被告人在整个刑事诉讼的过程中都有权自行辩护。犯罪嫌疑人、被告人委托辩护人的时间在公诉案件中和自诉案件中有所不同。在公诉案件中，自被侦查机关第一次讯问或者采取强制措施之日起，犯罪嫌疑人、被告人有权委托辩护人；在侦查期间，只能委托律师作为辩护人。在自诉案件中，被告人有权随时委托辩护人。在侦查阶段，辩护律师可以为犯罪嫌疑人提供法律帮助，代理申诉、控告，申请变更强制措施，向侦查机关了解犯罪嫌疑人涉嫌的罪名和案件有关情况，并提出意见。在整个刑事诉讼过程中，辩护律师可以同在押的犯罪嫌疑人、被告人会见和通信。自人民检察院对案件审查起诉之日起，辩护律师可以查阅、摘抄、复制本案的案卷材料。犯罪嫌疑人、被告人委托的其他辩护人，享有的诉讼权利与以上规定大体相同。

12. 未经人民法院依法判决，对任何人都不得确定有罪的原则。《刑事诉讼法》第12条规定："未经人民法院依法判决，对任何人都不得确定有罪。"这一原则主要有两个方面的内容：①确定了人民法院统一的定罪权，只有法院才能确定公民有罪。因为对一个公民确定有罪是一件十分严肃的事情，必须由审判机关专门统一进行。同时，这也是世界的通例，是审判权应有之义。②强调人民法院作出判决必须依法。只有人民法院严格依照法定程序和实体法的规定作出有罪判决，才能确定一个公民有罪。

这条原则在一定程度上吸收了无罪推定的内容，即任何人在法院依法判定有罪之前都不能作为有罪的人，从而加强了法治精神。

13. 人民陪审员陪审的制度。《刑事诉讼法》第13条规定："人民法院审判案件，依照本法实行人民陪审员陪审的制度。"第178条第1～3款规定，基层人民法院、中级人民法院审判第一审案件，应当由审判员3人或者由审判员和人民陪审员共3人组成合议庭进行，但是基层人民法院适用简易程序的案件可以由审判员1人独任审判。高级人民法院、最高人民法院审判第一审案件，应当由审判员3～7人或者由审判员和人民陪审员共3～7人组成合议庭进行。人民陪审员在人民法院执行职务，同审判员有同等的权利。由这条规定可知，人民陪审员可以参加各级人民法院的第一审案件的审判，并享有与审判员同等的权利。陪审制度，是人民群众参与诉讼活动的一种形式，是诉讼民主的体现。

14. 保障诉讼参与人依法享有的诉讼权利的原则。《刑事诉讼法》第14条规定："人民法院、人民检察院和公安机关应当保障犯罪嫌疑人、被告人和其他诉讼参与人依法享有的辩护权和其他诉讼权利。诉讼参与人对于审判人员、检察人员和侦查人员侵犯公民诉讼权利和人身侮辱的行为，有权提出控告。"根据《刑事诉讼法》第106条的规定，诉讼参与人是指当事人、法定代理人、诉讼代理人、辩护人、证人、鉴定人和翻译人员；其中当事人是指被害人、自诉人、犯罪嫌疑人、被告人、附带民事诉讼的原告人和被告人。

这项原则的含义是：诉讼权利是一种法定权利，应当受到法律保护；公安司法机关有义务尊重和保护公民的诉讼权利，并且有责任采取措施排除他们在行使诉讼权利过程中的各种障碍；诉讼参与人有权用法律手段维护自己的诉讼权利，有关机关对于侵犯诉讼权利的行为应当认真负责查处。

15. 依照法定情形不予追究的原则。《刑事诉讼法》第15条规定，有下列情形之一的，不追究刑事责任，已经追究的，应当撤销案件，或者不起诉，或者终止审理，或者宣告无罪：①情节显著轻微、危害不大，不认为是犯罪的。②犯罪已过追诉时效期限的。③经特赦令免除刑罚的。④依照刑法告诉才处理的犯罪，没有告诉或者撤回告诉的。⑤犯罪嫌疑人、被告人死亡的。⑥其他法律规定免予追究刑事责任的。

实行依法不追究刑事责任的原则，是为了全面和正确地执行法律，既有利于公安司法机关避免无效劳动，集中力量惩办应予追究刑事责任的犯罪分子，又可以防止和及时纠正对不应追究刑事责任的人错误地进行追究，维护其合法权益。

16. 追究外国人刑事责任适用我国刑事诉讼法的原则。《刑事诉讼法》第16条规定："对于外国人犯罪应当追究刑事责任的，适用本法的规定。对于享有外交特权和豁免权的外国人犯罪应当追究刑事责任的，通过外交途径解决。"这一原则明确了我国《刑事诉讼法》对外国人的效力，体现了刑事诉讼中的国家主权原则。

17. 刑事司法协助制度。《刑事诉讼法》第17条规定："根据中华人民共和国缔结或者参加的国际条约，或者按照互惠原则，我国司法机关和外国司法机关可以相互请求刑事司法协助。"随着我国改革开放的不断深入，国际交往日益增多，在《刑事诉讼法》中规定国际司法协助显得十分必要，以适应新形势的需要，保证有效地追究和惩罚犯罪，保障社会的繁荣与稳定。

四、管辖

（一）概念和意义

我国刑事诉讼中的管辖，是指公安司法机关在刑事案件受理范围上的分工。它要解决的问题是公安机关、人民检察院和人民法院在直接受理刑事案件上的分工，以及人民法院在审判第一审刑事案件上的分工。正确地确定管辖问题，对于公安司法机关在刑事诉讼中科学地进行分工负责，充分发挥各自的职能作用，顺利地完成刑事诉讼任务具有重要意义。根据《刑事诉讼法》的规定，我国刑事诉讼中的管辖分为立案管辖和审判管辖两类。

（二）立案管辖

立案管辖，又称部门管辖或职能管辖，是指公安机关、人民检察院、人民法院之间，在受理刑事案件范围上的分工。

1. 人民法院直接受理的刑事案件。《刑事诉讼法》第18条第3款规定，自诉案件由人民法院直接受理。自诉案件包括下列案件：告诉才处理的案件；被害人有证据证明的轻微刑事案件；被害人有证据证明对被告人侵犯自己人身、财产权利的行为应当依法追究刑事责任，而公安机关或者人民检察院不予追究被告人刑事责任的案件。

2. 人民检察院直接受理的刑事案件。《刑事诉讼法》第18条第2款明确规定了检察机关直接受理的刑事案件的范围：贪污贿赂犯罪；国家工作人员的渎职犯罪；国家机关工作人员利用职权实施的非法拘禁、刑讯逼供、报复陷害、非法搜查的侵犯公民人身权利的犯罪以及侵犯公民民主权利的犯罪。对于国家机关工作人员利用职权实施的其他重大犯罪案件，需要人民检察院直接受理的时候，经省级以上人民检察院决定，可以由人民检察院立案侦查。

3. 公安机关受理的刑事案件。根据《刑事诉讼法》第18条第1款的规定，除了法律规定的刑事案件以外，一切刑事案件的侦查由公安机关进行。同时，《刑事诉讼法》第4条规定，国家安全机关依照法律的规定，办理危害国家安全的刑事案件，行使与公安机关相同的职权。另外，军队保卫部门对军队内部发生的刑事案件行使侦查权。对罪犯在监狱内犯罪的案件由监狱进行侦查。军队保卫部门、监狱办理刑事案件，适用《刑事诉讼法》的有关规定。

（三）审判管辖

审判管辖，是指人民法院对第一审刑事案件审判权限上的分工。审判管辖包括级别管辖、地区管辖和专门管辖。

1. 级别管辖。级别管辖是指各级人民法院在第一审刑事案件审判权限上的分工。《刑事诉讼法》第19~22条对级别管辖作了明确规定：

（1）基层人民法院管辖第一审普通刑事案件，但是依照《刑事诉讼法》由上级人民法院管辖的除外。

（2）中级人民法院管辖下列第一审刑事案件：危害国家安全、恐怖活动案件；可能判处无期徒刑、死刑的案件。

（3）高级人民法院管辖的第一审刑事案件，是全省（自治区、直辖市）性的重大刑事案件。

（4）最高人民法院管辖的第一审刑事案件，是全国性的重大刑事案件。

2. 地区管辖。地区管辖是指同级人民法院之间在第一审刑事案件审判权限上的分工。《刑事诉讼法》第24条规定："刑事案件由犯罪地的人民法院管辖。如果由被告人居住地的人民法院审判更为适宜的，可以由被告人居住地的人民法院管辖。"也就是遵循以犯罪地为主、以被告人居住地为辅的地区管辖原则。

3. 专门管辖。专门管辖是指各种专门法院在第一审刑事案件审判权限上的分工。我国目前建立的专门法院主要有军事法院、铁路运输法院等。专门管辖按照有关规定确定。

五、回避

（一）概念和意义

刑事诉讼中的回避，是指同案件有某种利害关系或其他特殊关系的侦查、检察和审判等人员，不得参与办理本案的一项诉讼制度。回避制度的意义在于保障实现司法公正。

（二）种类和理由

回避可分为自行回避、当事人申请回避、公安司法机关指令回避三种。

对回避的理由，《刑事诉讼法》第28条规定了四项：①是本案的当事人或者是当事人的近亲属的。②本人或者他的近亲属和本案有利害关系的。③担任过本案的证人、鉴定人、辩护人、诉讼代理人的。④与本案当事人有其他关系，可能影响公正处理案件的。此外，《刑事诉讼法》第29条规定："审判人员、检察人员、侦查人员不得接受当事人及其委托的人的请客送礼，不得违反规定会见当事人及其委托的人。审判人员、检察人员、侦查人员违反前款规定的，应当依法追究法律责任。当事人及其法定代理人有权要求他们回避。”

（三）适用回避的人员和有权申请的主体

根据《刑事诉讼法》第28条和第31条的规定，适用回避的人员包括侦查人员、检察人员、审判人员以及在侦查、起诉、审判活动中的书记员、翻译人员和鉴定人。

有权申请回避的主体为当事人及其法定代理人。辩护人、诉讼代理人也可以要求回避、申请复议。

六、证据

（一）概念和意义

我国《刑事诉讼法》第48条第1款规定：“可以用于证明案件事实的材料，都是证据。”证据包括：①物证；②书证；③证人证言；④被害人陈述；⑤犯罪嫌疑人、被告人供述与辩解；⑥鉴定意见；⑦勘验、检查、辨认、侦查实验等笔录；⑧视听资料、电子数据。从以上规定可以看出，刑事诉讼证据的概念包括两方面的含义：从内容方面看，证据是可以用于证明案件事实的事实内容；从形式方面看，证据包括上面列举的八种表现形式。证据就是事实内容和表现形式的统一。

证据是查明案情的唯一手段，是正确处理案件的基础。刑事案件是已经发生且无法再现的客观事件。办案人员查明案情的唯一途径，是收集与案件有关的证据，经过判断和推理，在认识上准确再现案件的真实情况。证据是迫使犯罪分子认罪服法的有力武器和使无罪的人不受刑事追究的保障，也是进行社会主义法制教育的工具。

（二）证据的法定种类

证据种类，是指表现证据事实内容的各种外部形式。根据《刑事诉讼法》第48条的规定，证据包括下列几种：

1. 物证。物证是指以其外部特征、物质属性或存在状况证明案件真实情况的物品和痕迹。物证包括物品和痕迹两类。作为物证的物品是指与案件事实有联系的客观实在物，如作案工具、赃款赃物等；作为物证的痕迹，包括两个物体相互作用所产生的印痕和物体运动时所产生的轨迹，前者如脚印、指纹、咬痕、笔迹、枪弹痕迹等，后者如一连串的脚印、汽车刹车时产生的痕迹等。

2. 书证。书证是指以文字、符号所记载的内容和表达的思想来证明案件真实情况的书面材料或其他物质材料，如信件、图片、传单、证书等。书证与物证的区别在于证明力的来源不同。书证以其记载的内容或表达的思想来证明案件事实，物证则以其外部特征、物质属性或存在状况证明案件事实。如果一个物体同时以上述方式发挥证明作用，则它既是物证又是书证。例如，犯罪现场遗留的身份证，身份证上的内容是书证，而由于它存在于犯罪现场，又以它的存在状况证明案件情况，因而又是物证。

3. 证人证言。证人证言是指证人就其所了解的案件情况向公安司法机关所作的陈述。根据《刑事诉讼法》第60条的规定，凡是知道案件情况的人，都有作证的义务。生理上、精神上有缺陷或者年幼不能辨别是非、不能正确表达的人，不能作为证人。

4. 被害人陈述。被害人陈述是指刑事被害人就其受害情况和其他与案件有关的情况向公安司法机关所作的陈述。

5. 犯罪嫌疑人、被告人供述和辩解。这是指犯罪嫌疑人、被告人就有关案件的情况向侦查、检察、审判人员所作的陈述，通常称为口供。我国《刑事诉讼法》对待口供的原则在《刑事诉讼法》第 53 条规定为：“对一切案件的判处都要重证据，重调查研究，不轻信口供。只有被告人供述，没有其他证据的，不能认定被告人有罪和处以刑罚；没有被告人供述，证据确实、充分的，可以认定被告人有罪和处以刑罚。”在获得犯罪嫌疑人、被告人口供的过程中，应当坚决禁止刑讯逼供现象。刑讯逼供就是在审讯活动中，对犯罪嫌疑人、被告人施以肉刑或变相肉刑，以逼取被告人口供的野蛮行为。它不仅严重侵犯公民的人身权利，而且使被讯问的人在不堪肉体折磨的情况下胡乱招供和提供假证，容易导致错案的发生，因此刑讯逼供为我国法律所严格禁止。但是在司法实践中，刑讯逼供的现象依然存在，严重干扰了刑事诉讼任务的顺利完成，并给公、检、法机关的威信和形象造成极大损害。公安司法人员应当充分认识到刑讯逼供的性质和危害，坚决与刑讯逼供的现象作斗争。

6. 鉴定意见。这是指受公安司法机关指派或聘请的鉴定人，对案件中的专门性问题进行鉴定后所作出的书面意见。常见的有法医学鉴定、司法精神病鉴定、书法笔迹鉴定、痕迹鉴定、化学鉴定等。

7. 勘验、检查、辨认、侦查实验等笔录。勘验、检查笔录是指办案人员对与犯罪有关的场所、物品、痕迹、尸体、人身等勘验、检查中所作的客观记载，包括文字记录、绘图、照相、录像、模型等材料。辨认笔录是指当事人、证人等对犯罪人或者犯罪证据进行辨认时对辨认过程和结果的文字记载。侦查实验笔录是对侦查机关进行侦查实验的过程所作的记录。

8. 视听资料、电子数据。这是指以录音、录像、电子计算机以及其他高科技设备所储存的信息来证明案件真实情况的证据。

（三）证据的分类

证据的分类，又叫证据在学理上的分类，是指对证据进行理论研究时，根据证据本身的各种特征，从不同角度作出不同的归类。主要有以下几种分类方法：

1. 按照证据材料的来源不同，可以将其分为原始证据和传来证据。凡是来自原始出处，即直接来源于案件事实的证据材料，称为原始证据，如目击证人的证言和被害人陈述、书证的原本、物证的原件等。凡不是直接来源于案件事实，而是从间接的非第一来源获得的证据材料，称为传来证据，如经过转述、转抄、复制的证据材料。

2. 按照证据的证明作用是肯定还是否定犯罪嫌疑人、被告人实施了犯罪行为，可以将证据分为有罪证据和无罪证据。

3. 按照证据事实的表现形式可以将证据分为言词证据和实物证据。凡是通过人的陈述，即以言词作为表现形式的证据材料，是言词证据。凡是以物品的性质或外部形态、存在状况作为表现形式的证据材料，以及其内容有证据价值的书面文件，都是实物证据。

4. 按照证据与案件主要事实的证明关系不同，可以将证据划分为直接证据和间接证据。凡是可以单独直接证明案件主要事实的证据，就属于直接证据，如目击证人证言，犯罪嫌疑人、被告人供述与辩解等。凡是必须与其他证据相结合才能证明案件主要事实的证据，属于间接证据，如现场遗留的脚印、指纹、作案工具等。

对证据进行分类研究具有重要的意义。通过分析各类证据的共同特征，可以揭示某类证据的运用规则，从而指导诉讼实践中正确认识和收集、审查判断证据，实事求是地查明案件事实。

（四）证明

刑事诉讼中的证明是指国家专门机关在刑事诉讼中运用证据认定案件事实的活动。刑事诉讼中的证明涉及的理论问题主要有：

1. 证明对象。证明对象，指在刑事诉讼中需要用证据加以证明的问题。刑事诉讼中的证明对象，主要是实体法方面的事实，即与对犯罪嫌疑人、被告人正确定罪量刑有关的案件事实，具体可分为两类：①有关犯罪构成要件的事实；②犯罪嫌疑人、被告人的个人情况。除了这些以外，刑事诉讼中需要证明的还有程序法方面的事实，即对解决诉讼程序问题具有法律意义的事实。如有关需要回避的情况、有关诉讼期限的事实、违反法定程序的事实等。

2. 举证责任。举证责任是指对被告人有罪的指控应当由谁提出证据加以证明的责任。无论是在公诉案件还是在自诉案件中，举证责任都由控方承担。在公诉案件中是公诉人（人民检察院），在自诉案件中是自诉人。自诉人在提起诉讼时应当提供足够的证据，否则人民法院有权驳回自诉。人民检察院指控被告人犯有某种罪行必须提出确实充分的证据，否则被告人应当被宣告无罪。犯罪嫌疑人、被告人原则上不负举证责任，不承担提供证据证明自己有罪或无罪的义务，不得被强迫证明自己有罪。

3. 证明标准。证明标准是指办案人员在刑事诉讼中运用证据认定犯罪事实所要达到的标准或程度。我国《刑事诉讼法》规定，人民检察院对犯罪嫌疑人提起公诉和人民法院认定被告人有罪必须做到犯罪事实清楚、证据确实充分。犯罪事实清楚，是指《刑法》规定的与定罪量刑有关的一切事实均已查清。证据确实充分，应当符合以下条件：定罪量刑的事实都有证据证明；据以定案的证据均经法定程序查证属实；综合全案证据，对所认定事实已排除合理怀疑。

4. 证明过程。证明过程是指公安司法人员通过收集证据、审查判断证据和运用证据的活动认定案件事实的过程。包括下列几个方面的内容：

（1）收集证据。收集证据是指公安司法人员为查明案件事实真相，依照法定程序调查、发现、取得和保全一切与案件有关的情况和材料的活动。广义上的收集证据还包括当事人和作为辩护人、代理人的律师的收集证据的活动。

(2) 审查证据。审查证据是指对诉讼中收集到的各种证据材料进行审查、鉴别和分析，以判断其是否真实和在证明案情方面的作用。审查证据的方法大体上可分为对单个证据进行审查和对全案证据的综合审查两种。

(3) 运用证据认定案情。就是公安司法人员对收集到的证据材料进行审查核实后，依据查证属实的证据来确定案件事实。运用证据认定案情必须遵循法律规定的各项运用证据的基本准则，必须达到法定的证明标准。

对于证据不足的“疑案”，应按无罪处理。我国《刑事诉讼法》已经吸收了无罪推定原则的精神，而根据无罪推定原则，如果一个案件尽管存在证明被告人有罪的证据，但达不到法律规定的确实充分的要求，应当宣告被告人无罪。与此相适应，《刑事诉讼法》中规定了证据不足的不起诉和证据不足的无罪判决，这是在刑事诉讼中加强人权保障的体现。

(五) 非法证据排除

非法证据排除是指基于当事人等的申请，或者基于公检法机关依职权决定，对侦查人员采用违宪或者违反国际公约的手段获得的证据，不得作为定案根据的一项制度。这是我国2012年修正《刑事诉讼法》时新增加的一项制度。

《刑事诉讼法》第54条规定，采用刑讯逼供等非法方法收集的犯罪嫌疑人、被告人供述和采用暴力、威胁等非法方法收集的证人证言、被害人陈述，应当予以排除。收集物证、书证不符合法定程序，可能严重影响司法公正的，应当予以补正或者作出合理解释；不能补正或者作出合理解释的，对该证据应当予以排除。在侦查、审查起诉、审判时发现有应当排除的证据的，应当依法予以排除，不得作为起诉意见、起诉决定和判决的依据。

七、强制措施

我国《刑事诉讼法》中的强制措施，是指公安机关、人民检察院和人民法院为了有效地同犯罪作斗争，保证刑事诉讼的顺利进行，依法对犯罪嫌疑人、被告人所采取的暂时限制其人身自由的各种方法或手段。对于这些方法或手段，我国《刑事诉讼法》规定了五种：拘传、取保候审、监视居住、拘留和逮捕。《刑事诉讼法》第82条规定的公民扭送不具有诉讼性质，不是一种强制措施。

(一) 拘传

《刑事诉讼法》第64条规定，人民法院、人民检察院和公安机关根据案件情况，对犯罪嫌疑人、被告人可以拘传。拘传的目的在于使犯罪嫌疑人、被告人及时到案接受讯问，保证刑事诉讼的顺利进行。

(二) 取保候审和监视居住

1. 适用条件。《刑事诉讼法》第65条第1款规定：“人民法院、人民检察院和公安机关对有下列情形之一的，犯罪嫌疑人、被告人可以取保候审：①可能判处管制、拘役或者独立适用附加刑的；②可能判处有期徒刑以上刑罚，采取取保候审不致发生社会危险性的；③患有严重疾病、生活不能自理，怀孕或者正在哺乳自己婴儿的妇女，采取取保候审不致发生社会危险性的；④羁押期限届满，案件尚未办结，需要采取取保候审的。”《刑事诉讼法》第72条第1、2款规定：“人民法院、人民检察院和公安机关对符合逮捕条件，有下列情形之一的犯罪嫌疑人、被告人，可以监视居住：①患有严重疾病、生活不能自理的；②怀孕或者正在哺乳自己婴儿的妇女；③系生活不能自理的人的唯一扶养人；④因为案件的特殊情况或者办理案件的需要，采取监视居住措施更为适宜的；⑤羁押期限届满，案件尚未办结，需要采取监视居住措施的。对符合取保候审条件，但犯罪嫌疑人、被告人不能提出保证人，也不交纳保证金的，可以监视居住。”

2. 适用方法。取保候审和监视居住由人民法院、人民检察院和公安机关决定，由公安机关执行。被取保候审的犯罪嫌疑人、被告人应当遵守以下规定：未经执行机关批准不得离开所居住的市、县；住址、工作单位和联系方式发生变动的，在24小时以内向执行机关报告；在传讯的时候及时到案；不得以任何形式干扰证人作证；不得毁灭、伪造证据或者串供；必要时可以根据案件情况责令其遵守其他规定。取保候审包括提出保证人和交纳保证金两种方法。保证人必须符合法律规定的条件，履行法定义务，否则将被追究相应的责任。对于交纳保证金的犯罪嫌疑人、被告人，如果履行了法律规定的义务，在取保候审结束的时候，应当退还保证金；违反被取保候审人必须遵守的规定的，没收保证金，并且区别情形，责令犯罪嫌疑人、被告人具结悔过，重新交纳保证金、提出保证人或者监视居住、予以逮捕。

被监视居住的犯罪嫌疑人、被告人未经执行机关批准不得离开执行监视居住的处所；未经执行机关批准不得会见他人或者通信；在传讯的时候及时到案；不得以任何形式干扰证人作证；不得毁灭、伪造证据或者串供；将护照等出入境证件、身份证件、驾驶证件交执行机关保存。对违反法律规定义务的犯罪嫌疑人、被告人，情节严重的，可以予以逮捕。对于涉嫌危害国家安全犯罪、恐怖活动犯罪、特别重大贿赂犯罪，在住处执行可能有碍侦查的，经上一级人民检察院或者公安机关批准，也可以在指定的居所执行。但是，不得在羁押场所、专门的办案场所执行。指定居所监视居住的，除无法通知的以外，应当在执行监视居住后24小时以内，通知被监视居住人的家属。

3. 适用期限。取保候审最长不得超过12个月，监视居住最长不得超过6个月。

（三）拘留

拘留是指由公安机关、人民检察院决定，由公安机关执行的对于现行犯或者重大嫌疑分子采用的一种临时限制其人身自由的强制措施。

1. 适用条件。《刑事诉讼法》第80条规定了公安机关拘留的条件，共有七项：①正在预备犯罪、实行犯罪或者在犯罪后即时被发觉的。②被害人或者在场亲眼看见的人指认他犯罪的。③在身边或者住处发现有犯罪证据的。④犯罪后企图自杀、逃跑或者在逃的。⑤有毁灭、伪造证据或者串供可能的。⑥不讲真实姓名、住址，身份不明的。⑦有流窜作案、多次作案、结伙作案重大嫌疑的。人民检察院直接受理的案件中符合上述第④项、第⑤项规定情形的，人民检察院可以决定拘留。

2. 适用期限。公安机关对被拘留的人，认为需要逮捕的，应当在拘留后的3日以内，提请人民检察院审查批准。在特殊情况下，提请审查批准的时间可以延长1~4日。对于流窜作案、多次作案、结伙作案的重大嫌疑分子，提请审查批准的时间可以延长至30日。人民检察院应当自接到公安机关提请批准逮捕书后的7日以内，作出批准逮捕或者不批准逮捕的决定。人民检察院对直接受理的案件中被拘留的人，认为需要逮捕的，应当在14日以内作出决定。在特殊情况下，决定逮捕的时间可以延长1~4日。

（四）逮捕

逮捕是指经过人民检察院批准或决定，或者由人民法院决定，由公安机关执行的一种较长时间地限制犯罪嫌疑人、被告人人身自由的强制措施。

1. 适用条件。对有证据证明有犯罪事实，可能判处徒刑以上刑罚的犯罪嫌疑人、被告人，采取取保候审尚不足以防止发生社会危险性的，应当予以逮捕。对有证据证明有犯罪事实，可能判处10年有期徒刑以上刑罚的，或者有证据证明有犯罪事实，可能判处徒刑以上刑罚，曾经故意犯罪或者身份不明的，应当予以逮捕。

2. 适用期限。逮捕这一强制措施一直贯穿刑事诉讼活动的始终，在不同的诉讼阶段有不同的羁押期限。

（1）侦查阶段的羁押期限。根据《刑事诉讼法》第154~158条的规定，对犯罪嫌疑人逮捕后的侦查羁押期限不得超过2个月。案情复杂、期限届满不能终结的案件，可以经上一级人民检察院批准延长1个月。对于交通十分不便的边远地区的重大复杂案件，重大的犯罪集团案件，流窜作案的重大复杂案件，犯罪涉及面广、取证困难的重大复杂案件，如果以上期限届满不能侦查终结的，经省、自治区、直辖市人民检察院批准或决定，可以延长2个月。对犯罪嫌疑人可能判处10年有期徒刑以上刑罚，依照上述期限仍不能侦查终结的，经省、自治区、直辖市人民检察院批准或决定，可以再延长2个月。因为特殊原因，在较长时间内不宜交付审判的特别重大复杂的案件，由最高人民检察院报请全国人民代表大会常务委员会批准延期审理。在侦查期间，发现犯罪嫌疑人另有重要罪行的，自发现之日起重新计算侦查羁押期限。犯罪嫌疑人不讲真实姓名、住址，身份不明的，侦查羁押期限自查清其身份之日起计算。

（2）审查起诉阶段的羁押期限。《刑事诉讼法》第169条规定，人民检察院对于公安机关移送起诉的案件，应当在1个月以内作出决定。重大、复杂的案件，可以延长半个月。如果案件改变管辖的，从改变后的人民检察院收到案件之日起计算审查起诉期限。

（3）审判阶段的羁押期限。根据《刑事诉讼法》第202条的规定，人民法院审理公诉案件，应当在受理后2个月以内宣判，至迟不得超过3个月。对于可能判处死刑的案件或者附带民事诉讼的案件，以及交通十分不便的边远地区的重大复杂案件，重大的犯罪集团案件，流窜作案的重大复杂案件，犯罪涉及面广、取证困难的重大复杂案件，经上一级人民法院批准，可以延长3个月；因特殊情况还需要延长的，报请最高人民法院批准。人民法院改变管辖的案件，从改变后的人民法院收到案件之日起计算审理期限。

《刑事诉讼法》第232条规定，第二审人民法院受理上诉、抗诉案件，应当在2个月以内审结。对于上述情况的重大复杂案件，经省、自治区、直辖市高级人民法院批准或决定，可以延长2个月；因特殊情况还需要延长的，报请最高人民法院批准。最高人民法院受理的上诉、抗诉案件，由最高人民法院决定。

八、附带民事诉讼

（一）概念和意义

《刑事诉讼法》第99条规定："被害人由于被告人的犯罪行为而遭受物质损失的，在刑事诉讼过程中，有权提起附带民事诉讼。被害人死亡或者丧失行为能力的，被害人的法定代理人、近亲属有权提起附带民事诉讼。如果是国家财产、集体财产遭受损失的，人民检察院在提起公诉的时候，可以提起附带民事诉讼。"根据这一法律规定，附带民事诉讼是指司法机关在刑事诉讼过程中，在解决被告人刑事责任的同时，附带解决由被害人或人民检察院提起的、由于被告人的犯罪行为所引起的物质损失的赔偿而进行的诉讼。

法律规定附带民事诉讼制度，有利于正确处理刑事案件，有利于保证公民和国家、集体财产不受侵犯，还可以节省人力、物力和时间，便于诉讼参与人参加诉讼。在附带民事诉讼中被告人认真履行赔偿义务的，可以从宽处理。

（二）附带民事诉讼的审理

根据《刑事诉讼法》第100条、第102条的规定，人民法院在审理附带民事诉讼的过程中，必要时可以查封或者扣押被告人的财产。附带民事诉讼应当同刑事案件一并审判，只有为了防止刑事案件审判的过分迟延，才可以在刑事案件审判后，由同一审判组织继续审理附带民事诉讼。

第二节 立案、侦查和提起公诉

刑事诉讼程序可以分为立案、侦查、提起公诉、审判（含一审程序、二审程序、死刑复核程序、审判监督程序）和执行五个具体的诉讼阶段。

一、立案

立案是刑事诉讼的第一个独立阶段，指公安机关、人民检察院和人民法院对报案、举报、控告及自首的材料进行审查，根据事实和法律决定是否作为刑事案件开始进行侦查或审理的诉讼活动。

1. 对立案材料的接受。立案材料主要来源于以下几方面：①公安机关或者人民检察院发现的犯罪事实或者犯罪嫌疑人。②机关、团体、企事业单位及公民个人的报案与举报。③被害人的报案与控告。④犯罪嫌疑人的自首。

公安机关、人民检察院和人民法院对于报案、控告、举报及自首都应当接受，不得推诿，同时向控告人、举报人说明诬告应负的法律责任。对于不属于自己管辖的，接受后移送主管机关处理并通知报案人、控告人、举报人或自首人；对于不属于自己管辖而必须采取紧急措施的，应当先采取紧急措施，然后移送主管机关。公安机关、人民检察院和人民法院应当保障报案人、控告人、举报人及其近亲属的安全，必要时为他们保密。

2. 对立案材料的审查与处理。人民法院、人民检察院和公安机关应当按照管辖范围对报案、控告、举报及自首的材料迅速进行审查。审查后认为有犯罪事实并需要追究刑事责任的，应当立案并办理相应的法律手续；认为没有犯罪事实，或者犯罪事实显著轻微，不需要追究刑事责任的，或者具备《刑事诉讼法》第 15 条规定的情况的，则不予立案，并将不立案原因通知控告人。控告人如果对不立案决定不服，可以申请复议。

3. 在立案阶段，人民检察院有权对公安机关不予立案的行为进行监督。对于公安机关不予立案侦查的案件，人民检察院认为应当立案侦查，或者被害人认为应当立案侦查，而向人民检察院提出的，人民检察院应当要求公安机关说明不立案的理由。人民检察院认为公安机关不立案理由不能成立的，应当通知公安机关立案，公安机关接到通知后应当立案。

4. 对于自诉案件，被害人有权向人民法院直接起诉。被害人死亡或者丧失行为能力的，被害人的法定代理人、近亲属有权向人民法院起诉。人民法院应当依法受理。

二、侦查

侦查指公安机关、人民检察院在办理公诉案件的过程中，依照法律进行的专门调查工作和有关的强制性措施。侦查处于立案和提起公诉之间，其主要任务是收集证据，查明犯罪事实，抓获犯罪嫌疑人，为提起公诉做准备。

（一）侦查行为

1. 讯问犯罪嫌疑人。指侦查人员依照法定程序对犯罪嫌疑人进行讯问、追查其是否犯罪及有关情况的侦查活动。讯问犯罪嫌疑人至少由两名人民检察院或公安机关的侦查人员负责进行。对于已经拘留、逮捕的犯罪嫌疑人，应于拘留、逮捕后 24 小时内在羁押场所进行第一次讯问；对于未被拘留、逮捕的，可到某指定地点或犯罪嫌疑人的住处进行讯问。传唤、拘传持续的时间最长不得超过 12 小时；案情特别重大、复杂，需要采取拘留、逮捕措施的，传唤、拘传持续的时间不得超过 24 小时。禁止用连续拘传、传唤的形式实施变相拘禁。讯问时，应首先讯问犯罪嫌疑人有无犯罪行为，让其自行陈述有罪的情节或无罪的辩解，然后向他提出问题。犯罪嫌疑人对侦查人员的提问，应当如实回答。但对于与本案无关的问题，有权拒绝回答。讯问犯罪嫌疑人应当制作讯问笔录，并且应当交犯罪嫌疑人核对，犯罪嫌疑人承认没有错误后，应当签名或者盖章，侦查人员也应当在笔录上签名。

2. 询问证人和被害人。询问证人是指侦查人员就案件的有关情况依法向证人调查询问。询问证人可在现场进行，也可以到证人所在单位、住处或者证人提出的地点进行。询问证人应当个别进行。对一案有多个证人的，应逐人分别进行，不能采用开座谈会的形式来获取证人证言，防止证人之间相互影响。询问证人之前，侦查人员应当告知证人如实地提供证据、证言和有意作伪证或者隐匿罪证要负的法律责任。询问不满 18 周岁的证人，应当通知其法定代理人到场，以保护未成年证人的合法权益。询问被害人的程序和方法与询问证人的程序和方法相同。

3. 勘验、检查。勘验、检查指侦查人员对与犯罪有关的场所、物品、人身、尸体进行的勘查、检验和检查，以发现和固定犯罪活动所遗留下来的各种痕迹、物品的一种侦查活动。勘验的对象是场所、物品和尸体；检查的对象是活人的身体，主要是犯罪嫌疑人、被害人的身体。检查妇女的身体，应当由女工作人员或者医师进行。勘验、检查应由侦查人员进行，必要时可指派或聘请具有专门知识的人，在侦查人员的主持下进行。侦查人员进行勘验、检查必须持有人民检察院或公安机关的证明文件。勘验、检查包括现场勘验、物证检验、尸体检验、人身检查与侦查实验。

4. 搜查。搜查指侦查人员为了收集犯罪证据、查获犯罪人，对犯罪嫌疑人以及可能隐藏罪犯或者犯罪证据的人的身体、物品、住处和其他有关的地方进行搜索、检查。侦查人员进行搜查，必须向被搜查人出示搜查证。但在执行逮捕、拘留时，遇有紧急情况的，可不必另用搜查证。即在执行逮捕、拘留时，如果被逮捕、拘留的人可能携带危险物品或可能转移、毁灭罪证，侦查人员可以依法予以搜查。在搜查时，应当有被搜查人或者他的家属、邻居或其他见证人在场。搜查人员不得少于两人。搜查妇女的身体，必须由女工作人员进行。

5. 查封、扣押物证、书证。查封、扣押物证、书证指侦查人员对侦查中发现的可用以证明犯罪嫌疑人有罪或者无罪的物品、文件依法予以封存、扣留。查封、扣押物证、书证应当由侦查人员进行，范围限于能够证明犯罪嫌疑人有罪或者无罪的物品、文件。与案件无关的，不得查封、扣押。侦查人员认为需要扣押犯罪嫌疑人的邮件、电报的时候，经公安机关、人民检察院批准，即可通知邮电机关将有关的邮件、电报扣押。在不需要扣押时，应当立即通知邮电机关。人民检察院、公安机关根据侦查犯罪的需要，可以依照规定查询、冻结犯罪嫌疑人的存款、汇款、债券、股票、基金份额等财产，但不得重复冻结。

6. 鉴定。鉴定指为了查明案情，解决案件中某些专门性问题，侦查机关指派或聘请具有专门知识的人进行科学鉴别和判断。侦查机关需指派或聘请具有专门知识并且同案件无关的人作为鉴定人。鉴定人进行鉴定后，应当写出鉴定意见，并且签名。鉴定人故意作虚假鉴定的，应当承担法律责任。

7. 通缉。通缉指公安机关通令缉拿应当逮捕而在逃的犯罪嫌疑人的一种侦查活动。各级公安机关在自己管辖的地区以内，可以直接发布通缉令；超出自己管辖的地区，应当报请有权决定的上级机关发布。

（二）侦查终结

侦查终结指侦查机关经过一系列的侦查活动，认为案件事实已经查清，证据确实充分，无须继续侦查，从而决定结束侦查的活动。公安机关对此类案件应写出《起诉意见书》，连同案卷材料、证据一并移送同级人民检察院审查决定。公安机关在侦查过程中，发现不应对犯罪嫌疑人追究刑事责任的，应当撤销案件；犯罪嫌疑人已被逮捕的，应当立即释放，并发给释放证明，并且通知原批准的人民检察院。案件应在法定期间内侦查终结。

（三）人民检察院对直接受理案件的侦查

《刑事诉讼法》第162条规定："人民检察院对直接受理的案件的侦查适用本章规定。"也就是说，人民检察院对自侦案件进行侦查时，可依法采用上述侦查手段与措施。人民检察院在对直接受理的案件侦查的过程中，认为犯罪嫌疑人符合逮捕、拘留条件，需要逮捕、拘留的，由人民检察院作出决定，公安机关执行。人民检察院对自侦案件侦查终结后，由其侦查部门写出《起诉意见书》《不起诉意见书》或者撤销案件。

三、提起公诉

提起公诉指人民检察院代表国家向人民法院提出追究被告人刑事责任的请求的诉讼活动。我国实行的是以公诉为主、以自诉为辅的起诉制度。自诉指的是被害人及其法定代理人、近亲属为了维护被害人的合法权益而向人民法院控诉被告人犯罪，要求对被告人进行审判的活动。公诉案件的起诉权专属于国家，只能由人民检察院决定是否提起公诉。

（一）审查起诉

审查起诉指人民检察院对公安机关侦查终结、移送起诉的案件进行审查，以决定是否将案件交付人民法院审判的诉讼活动。审查起诉需查明：犯罪事实、情节是否清楚，证据是否确实、充分，犯罪性质和罪名认定是否准确；有无遗漏罪行和其他应当追究刑事责任的人；是否属于不应追究刑事责任的；有无附带民事诉讼；侦查活动是否合法。

审查起诉应当阅卷，讯问犯罪嫌疑人，听取被害人和犯罪嫌疑人、被害人委托的人的意见。人民检察院经过审查，认为公安机关移送的案件犯罪事实不清、证据不足或遗漏重要罪行或其他应当追究刑事责任的人等，需要补充侦查的，可以退回公安机关补充侦查，也可自行侦查。补充侦查的案件，应在1个月以内补充侦查完毕。补充侦查不得超过两次。退回公安机关补充侦查的案件，公安机关补充侦查完毕移送人民检察院后，人民检察院重新计算审查起诉期限。

（二）提起公诉或不起诉

1. 提起公诉。经过审查，人民检察院认为案件符合提起公诉的条件，即犯罪事实已经查清，证据确实、充分，应当追究犯罪嫌疑人刑事责任的，应作出起诉决定，并向相应的人民法院提起公诉。人民检察院决定提起公诉后，应制作起诉书向有管辖权的人民法院移送并做好出庭支持公诉的准备。

2. 不起诉。不起诉指人民检察院经审查认为不应或不必对犯罪嫌疑人定罪，从而不向人民法院起诉的诉讼活动。不起诉的法律后果是无罪。不起诉可以分为三种：①法定不起诉。犯罪嫌疑人没有犯罪事实，或者有《刑事诉讼法》第15条规定的不追究其刑事责任情形之一的，人民检察院应当作出不起诉决定。②酌定不起诉。对于犯罪情节轻微，依照《刑法》规定不需要判处刑罚（即符合《刑法》第37条“对于犯罪情节轻微不需要判处刑罚的，可以免予刑事处罚”的规定的情况）或者免除刑罚的，人民检察院可以作出不起诉的决定。③疑案不起诉。对于补充侦查的案件，人民检察院仍然认为证据不足，不符合起诉条件的，应当作出不起诉的决定。

不起诉的决定，应公开宣布，并将不起诉决定书送达被不起诉人及其单位。对于公安机关移送起诉的案件，还应将不起诉决定书送达公安机关。公安机关认为不起诉的决定有错误的，可以要求复议，如果意见不被接受，可以向上一级人民检察院提请复核。有被害人的，不起诉决定书还应送达被害人。被害人如果不服，可于7日内向上一级人民检察院申诉，请求提起公诉，人民检察院应将复查决定告知被害人。被害人对人民检察院维持不起诉决定不服的，可以向人民法院起诉。被害人也可以不经申诉，直接向人民法院起诉。对于酌量不起诉的案件，被不起诉人如果不服，可在收到决定书后7日内向人民检察院申诉，人民检察院应作出复查决定，通知被不起诉人，同时抄送公安机关。

（三）人民检察院对于直接受理案件的提起公诉与不起诉

人民检察院的审查起诉部门应对其侦查部门移送的案件进行审查，依法决定提起公诉或不起诉。

第三节　审判程序

一、第一审程序

人民检察院向人民法院提起公诉或者自诉人向人民法院提起自诉，案件就进入了第一审程序。第一审程序是指人民法院对刑事案件进行首次审判所遵循的程序，是审判的法定必经程序。第一审程序有普通程序与简易程序之分。

（一）审判组织

审判组织指人民法院审判案件的组织形式，分合议庭、独任庭和审判委员会三种。合议庭是我国刑事审判的基本审判组织，人民法院审判案件，一般应组织合议庭进行。基层人民法院、中级人民法院的一审程序合议庭由审判员3人或审判员与人民陪审员共3人组成，高级人民法院、最高人民法院的一审程序合议庭，则由审判员3~7人或审判员与人民陪审员共3~7人组成。审理上诉或抗诉案件的第二审程序合议庭，则由3~5名审判员组成。死刑复核程序合议庭由3名审判员组成。合议庭由人民法院院长或庭长指定审判员一人担任审判长，院长或庭长参加审判时，由他们自己担任审判长。独任庭仅由审判员一人组成，适用于基层人民法院依简易程序审理的案件。审判委员会是人民法院内部对审判工作实行集体领导的一种审判组织，一般由人民法院院长、副院长、庭长及有经验的审判员组成，其任务是总结审判经验，讨论重大或疑难案件以及其他审判工作问题。

合议庭有权对开庭审理并评议的普通案件作出判决。合议庭认为难以作出决定的疑难、复杂、重大的案件，可提请院长决定提交审判委员会讨论决定。审判委员会的决定，合议庭应当执行。

（二）公诉案件第一审普通程序

公诉案件第一审普通程序指人民法院对公诉案件进行初次审判所应遵循的程序。具体包括下列步骤：

1. 庭前审查。庭前审查指人民法院于开庭审判前对人民检察院移送起诉的案件就是否符合开庭审判的条件进行审查。庭前审查内容仅限于起诉书中是否有明确的指控犯罪事实，即起诉书是否具体指出了实施犯罪的时间、地点、手段、后果等。人民法院经过审查，认为符合该项条件的，应当决定开庭审判。

2. 开庭前的准备。人民法院决定开庭审判后，应进行必要的准备工作。具体来讲，包括：

（1）确定合议庭的组成人员。由《刑事诉讼法》第178条可知，合议庭是我国刑事审判的基本审判组织。人民法院审判公诉案件，一般应当组成合议庭进行。

（2）将人民检察院的起诉书副本至迟在开庭10日前送达被告人。对于未委托辩护人的被告人，要告知其可以委托辩护人或在必要时通知法律援助机构指派律师为其提供辩护。

（3）庭前会议。在开庭以前，审判人员可以召集公诉人、当事人和辩护人、诉讼代理人，对回避、出庭证人名单、非法证据排除等与审判相关的问题，进行了解、听取意见。

（4）将开庭的时间、地点在开庭3日前通知人民检察院，传唤当事人，通知辩护人、诉讼代理人、证人、鉴定人和翻译人员，传票和通知书至迟在开庭3日前送达。

（5）对于公开审判的案件，要在开庭3日前先期公布案由、被告人姓名、开庭时间和地点。

上述活动情形，应当记入笔录，并由审判人员和书记员签名。

3. 法庭审判。法庭审判指人民法院组织法庭依法对刑事案件进行审理和判决。法庭审判包括下列程序：

(1) 开庭。开庭时，审判长要查明当事人是否到庭，宣布案由；宣布合议庭组成人员、书记员、公诉人、辩护人、诉讼代理人、鉴定人和翻译人员的名单；告知当事人有回避权；告知被告人有辩护权利。

(2) 法庭调查。法庭调查指合议庭在公诉人、当事人和其他诉讼参与人的参加下，在法庭上对案件事实和证据进行审查核实。法庭调查包括下列内容：①由公诉人宣读起诉书，其后被告人、被害人可以就起诉书指控的犯罪进行陈述。被告人可述说犯罪经过，也可以作无罪陈述，被害人则应就有关犯罪的情况进行陈述。②公诉人就案件情况讯问被告人。获得审判长许可的被害人、附带民事诉讼的原告人和辩护人、诉讼代理人可向被告人发问。经过上述讯问与发问，审判人员认为仍有重要问题需要澄清的，可讯问被告人。③询问证人与核实、出示各种物证、书证。

证人作证前，审判人员应当告知其要如实地提供证言和有意作伪证或者隐匿罪证要负的法律责任。然后，公诉人、当事人和辩护人、诉讼代理人经审判长许可，可向证人、鉴定人发问。审判长认为发问的内容与案件无关的，应当制止。审判人员在必要时可询问证人、鉴定人。

公诉人、辩护人应当向法庭出示各自收集的物证、书证，让当事人辨认，对未到庭的证人的证言笔录、鉴定人的鉴定结论、勘验笔录和其他作为证据的文书，应当当庭宣读。审判人员应当询问公诉人、当事人和辩护人、诉讼代理人的意见，并认真听取。

法庭审理过程中，合议庭对证据有疑问的，即合议庭对证据是否属实、是否与案件有关联等问题发生疑问的，可宣布休庭，然后对证据进行调查、核实。必要时可进行勘验、检查、扣押、鉴定、查询、冻结。法庭审理过程中，当事人和辩护人、诉讼代理人有权申请通知新的证人到庭，调取新的物证，申请重新鉴定和勘验。法庭对于上述申请，应作出是否同意的决定。

(3) 法庭辩论。法庭辩论指在审判长主持下，控、辩双方根据法庭调查的情况就案件事实与证据发表各自看法并相互辩驳，也可以在法庭调查中适当开展辩驳。

(4) 被告人最后陈述。审判长宣布法庭辩论终结后，被告人有最后陈述的权利。被告人可发表一切与案件有关的见解与想法。

(5) 评议、宣判。被告人最后陈述之后，审判长应宣布休庭，合议庭进行评议，评议是合议庭组成人员在法庭审理的基础上，对案件的事实和证据进行分析、判断并依法对案件作出处理决定的活动。根据已查明的事实、证据和有关的法律规定，合议庭可以作出有罪判决或者无罪判决。案件事实清楚，证据确实、充分，依照法律认定被告人有罪的，应当作出有罪判决。无罪判决又分两种情况：①依照法律认定被告人无罪的，应作出无罪判决；②因证据不足，不能认定被告人有罪的，则应作出证据不足、指控犯罪不能成立的无罪判决。宣判是将判决的内容向当事人和公众宣告。宣告判决一律公开进行。

4. 延期审理。延期审理指在法庭审理过程中，因遇到影响法庭审理的情况而将案件推迟审理的制度。遇到下列情况可延期审理：①需要通知新的证人到庭，调取新的物证，重新鉴定或勘验的；②检察人员发现提起公诉的案件需要补充侦查，提出建议的；③由于当事人申请回避而不能进行审判的。

（三）自诉案件的第一审普通程序

自诉案件的第一审普通程序指人民法院审判自诉案件普遍适用的程序。

1. 自诉案件的范围。

（1）告诉才处理的案件。是指根据刑法由被害人或其法定代理人提出告诉，人民法院才予以受理的案件，包括侮辱、诽谤案（严重危害社会秩序和国家利益的除外），暴力干涉婚姻自由案，虐待案，侵占案。

（2）被害人有证据证明的轻微刑事案件。根据最高人民法院的司法解释，这类案件是指人民检察院没有提起公诉，被害人有证据证明的轻微刑事案件，包括：故意伤害案（轻伤）；非法侵入住宅案；侵犯通信自由案；重婚案；遗弃案；生产、销售伪劣商品案（严重危害社会秩序和国家利益的除外）；侵犯知识产权案（严重危害社会秩序和国家利益的除外）；属于刑法分则第四章、第五章规定的，对被告人可能判处3年以下有期徒刑刑罚的案件。

（3）被害人有证据证明对被告人侵犯自己人身、财产权利的行为应当追究刑事责任，而公安机关或者人民检察院不予追究被告人刑事责任的案件。这一规定赋予被害人对自己有一定证据证明侵犯自己人身、财产权利而人民检察院与公安机关又不予追究的行为以起诉权，有利于改变被害人告状无门的状况，保障被害人的合法权益。

2. 对自诉案件的审查。人民法院对自诉案件也要进行审查。与公诉案件的庭前审查不同，对自诉案件要审查其犯罪事实是否清楚、证据是否充分。审查将产生两种结果：①犯罪事实清楚，有足够证据的案件，应当开庭审判。②缺乏罪证的自诉案件，如果自诉人提不出补充证据，应当说服自诉人撤回自诉，或者裁定驳回。

自诉人经两次依法传唤，无正当理由拒不到庭的，或未经法庭许可中途退庭的，按撤诉处理。

3. 自诉案件的第一审普通程序。自诉案件的审理原则上应参照公诉案件一审普通程序进行，但《刑事诉讼法》对自诉案件又作了一些特殊规定，包括：

（1）可以调解结案。审判人员可在自诉案件的当事人之间进行调解，促使双方达成调解协议，但调解以自愿、合法为原则。调解书一经送达即具法律效力。对于被害人有证据证明被告人侵犯自己人身、财产权利的行为并应当追究刑事责任，而公安机关、人民检察院不予追究的自诉案件，则不得调解，因为这类案件本应属公诉案件，比其他自诉案件性质严重。

（2）当事人可自行和解。如双方自行和解，应该以书面或口头形式向法院撤回自诉。

（3）自诉人可以撤回自诉，但撤诉应在一审判决宣告前进行。对由于受威胁或其他非出自自诉人本意的撤诉，人民法院可不予准许。已撤诉的，无正当理由不得再行起诉。

(4) 被告人可提出反诉。所谓“反诉”，就是自诉案件的被告人作为被害人控告自诉人犯有与本案有联系的犯罪行为，要求人民法院追究其刑事责任。反诉也应属于自诉案件的范围。反诉案与原自诉案应合并审理。

(四) 简易程序

简易程序是基层人民法院对某些简单轻微的刑事案件依法适用较普通审判程序简易的一种刑事审判程序。简易程序有利于提高人民法院的审判效率，而且大大缩短了当事人和其他诉讼参与人参与诉讼的时间。

1. 简易程序的条件。基层人民法院管辖的案件，符合下列条件的，可以适用简易程序审判：①案件事实清楚、证据充分的；②被告人承认自己所犯罪行，对指控的犯罪事实没有异议的；③被告人对适用简易程序没有异议的。人民检察院在提起公诉的时候，可以建议人民法院适用简易程序。

有下列情形之一的，不适用简易程序：①被告人是盲、聋、哑人，或者是尚未完全丧失辨认或者控制自己行为能力的精神病人的；②有重大社会影响的；③共同犯罪案件中部分被告人不认罪或者对适用简易程序有异议的；④其他不宜适用简易程序审理的。

2. 简易程序的特点。

(1) 可以由审判员一人进行审判，但对可能判处的有期徒刑超过 3 年的，应当组成合议庭进行审判。

(2) 适用简易程序审理公诉案件，人民检察院应当派员出席法庭。

(3) 适用简易程序审理案件，不受一审普通程序中关于送达期限，讯问被告人，询问证人、鉴定人，出示证据，法庭辩论程序规定的限制，从而使法庭调查程序得以简化。但在判决宣告前应当听取被告人的最后陈述，即被告人的最后陈述不得简化。

(4) 适用简易程序审理案件，人民法院应在受理后 20 日内审结；对可能判处的有期徒刑超过 3 年的，可以延长至一个半月。

人民法院在审理过程中，发现不宜适用简易程序的，应当按照公诉案件普通程序或自诉案件普通程序重新审理。

二、第二审程序

第二审程序指根据上诉或抗诉，上级人民法院对下级人民法院的第一审未生效判决或裁定重新进行审判的程序。第二审程序旨在及时纠正第一审错误判决，保护当事人合法权益，也有利于发挥上级人民法院对下级人民法院的监督作用。

(一) 上诉与抗诉

我国实行两审终审制，针对一审未生效的判决、裁定，可以提出上诉或抗诉。针对二审法院的裁判，不得再上诉或抗诉。

上诉，是指法定的诉讼参与人不服地方各级人民法院第一审未生效的判决或裁定时，依照法定程序要求上级重新审判的诉讼行为。《刑事诉讼法》规定有权上诉的诉讼参与人有：被告人、自诉人和他们的法定代理人；经被告人同意的被告人的辩护人和近亲属；附带民事诉讼的当事人和他们的法定代理人。

抗诉，是指地方各级人民检察院认为本级人民法院的第一审判决、裁定确有错误的，在法定期限内提请上级法院重新审判的诉讼行为。有权针对第一审未生效判决、裁定提出抗诉的人民检察院是作出一审判决的法院的同级人民检察院。被害人及其法定代理人不服第一审判决的，自收到判决书5日以内，有权请求人民检察院提出抗诉。人民检察院自收到被害人及其法定代理人的请求后5日以内，应当作出是否抗诉的决定并且答复请求人。

不服判决的上诉和抗诉的期限为10日，不服裁定的上诉、抗诉的期限为5日，从接到判决书、裁定书的次日起算。有权提起上诉或者抗诉的机关和人员，一旦在法定期间内依法提出了上诉或者抗诉，就必然引起第二审程序。

（二）第二审人民法院对上诉、抗诉案件的审理

1. 全面审理原则。第二审人民法院对上诉、抗诉案件审理时，应就第一审判决认定的事实和法律进行全面审查，不受上诉、抗诉范围的限制。共同犯罪案件只有部分被告人上诉的，应当对全案进行审查，一并处理。

2. 审判程序。

（1）开庭审理的范围。第二审人民法院对于下列案件，应当组成合议庭，开庭审理：被告人、自诉人及其法定代理人对第一审认定的事实、证据提出异议，可能影响定罪量刑的上诉案件；被告人被判处死刑的上诉案件；人民检察院抗诉的案件；其他应当开庭审理的案件。

第二审人民法院决定不开庭审理的，应当讯问被告人，听取其他当事人、辩护人、诉讼代理人的意见。

（2）人民检察院提出抗诉的案件或者第二审人民法院开庭审理的公诉案件，同级人民检察院都应当派员出庭，第二审人民法院应当在决定开庭审理后及时通知人民检察院阅卷。

3. 第二审审理后的处理。

（1）维持原判。原判决认定事实和适用法律正确、量刑适当的，应当裁定驳回上诉或抗诉，维持原判。

（2）改判。原判决认定事实没有错误，但适用法律有错误或量刑不当的，应当改判。原判决事实不清或者证据不足的，也可以在查清事实后改判。

（3）撤销原判，发回重审。这种处理决定适用于两种情况：①原判决事实不清或证据不足的，可以裁定撤销原判，发回原审人民法院重新审判。②第二审人民法院发现第一审人民法院审理有下列违反法律规定的诉讼程序的情形之一的，应当裁定撤销原判，发回原审人民法院重新审判：违反公开审判的规定的；违反回避制度

的；剥夺或者限制了当事人的法定诉讼权利，可能影响公正审判的；审判组织的组成不合法的；其他违反法律规定的诉讼程序，可能影响公正审判的。原审人民法院对于发回重新审判的案件，应当另行组成合议庭，依照第一审程序进行审判，对于重新审判后的判决，可以上诉、抗诉。

(4) 第二审人民法院对不服第一审裁定的上诉或者抗诉，经过审查后，应当分别情形用裁定驳回上诉、抗诉，或撤销、变更原裁定。

4. 上诉不加刑原则。第二审人民法院审判被告人或者他的法定代理人、近亲属、辩护人上诉的案件，不得加重被告人的刑罚。第二审人民法院发回原审人民法院重新审判的案件，除有新的犯罪事实，人民检察院补充起诉的以外，原审人民法院也不得加重被告人的刑罚。但是，人民检察院提出抗诉或自诉人提出上诉的，不受上诉不加刑原则的限制。

三、死刑复核程序

死刑复核程序指对死刑判决和裁定进行审查核准的程序，包括对死刑立即执行案件的核准程序与对死刑缓期二年执行案件的核准程序。死刑复核程序有利于严格控制死刑的适用，防止错杀无辜，以及统一死刑适用的标准。

(一) 判处死刑立即执行案件的复核程序

《刑事诉讼法》规定，死刑由最高人民法院核准。

中级人民法院判处死刑立即执行的案件，法定期间被告人未上诉、人民检察院未抗诉的，首先报请高级人民法院复核，经高级人民法院复核后，报送最高人民法院核准。高级人民法院不同意判处死刑的，可提审改判或发回原审人民法院重新审判。

中级人民法院判处死刑立即执行的案件，被告人或者人民检察院在法定期间内上诉或抗诉的，高级人民法院首先应进行第二审程序的审理。高级人民法院同意判处死刑立即执行的，应报送最高人民法院核准。

最高人民法院复核死刑案件应当由审判员3人组成合议庭进行。原判认定事实和适用法律正确，量刑适当的，应当裁定核准。原判认定事实不清、证据不足或者适用法律不正确，量刑不当的，应当裁定撤销原判，发回重新审判。

(二) 判处死刑缓期二年执行案件的复核程序

判处死刑缓期二年执行案件的核准权在高级人民法院。中级人民法院判处死刑缓期二年执行的案件，法定期间内未出现上诉、抗诉的，应报请高级人民法院核准；法定期间内被告人上诉或人民检察院抗诉的，由高级人民法院进行第二审程序的审理。高级人民法院同意判处“死缓”的，则作出终审裁定。

高级人民法院对第一审判处“死缓”的案件，法定期间内未出现上诉、抗诉的，判决为终审判决；法定期间被告人上诉或人民检察院抗诉的，由最高人民法院进行第二审程序的审理。

高级人民法院复核死刑缓期执行的案件应当由审判员3人组成合议庭进行。复核后，分别用判决或裁定核准，或者裁定撤销原判发回重审，或提审后改判。

四、审判监督程序

审判监督程序指人民法院、人民检察院对确有错误的已经发生法律效力的判决、裁定依法提出并重新审理的程序。设立审判监督程序的目的是纠正确有错误的生效裁判。

（一）审判监督程序的提起

1. 当事人及其法定代理人、近亲属的申诉。当事人及其法定代理人、近亲属对已经发生法律效力的判决、裁定，可向人民法院或者人民检察院提出申诉。申诉不能停止判决、裁定的执行。有了申诉并不一定会引起再审，是否再审只能由人民法院或者人民检察院决定。根据《刑事诉讼法》第242条的规定，申诉符合下列情形时，人民法院应当重新审判：①有新的证据证明原判决、裁定认定的事实确有错误，可能影响定罪量刑的；②据以定罪量刑的证据不确实、不充分、依法应当予以排除，或者证明案件事实的主要证据之间存在矛盾的；③原判决、裁定适用法律确有错误的；④违反法律规定的诉讼程序，可能影响公正审判的；⑤审判人员审理该案时有贪污受贿、徇私舞弊，枉法裁判行为的。

2. 审判监督程序的提起。

（1）各级人民法院院长对本院已经发生法律效力的判决、裁定，如果发现在认定事实上或者适用法律上确有错误，必须提交审判委员会处理，由审判委员会讨论决定是否提起审判监督程序。

（2）最高人民法院对各级人民法院已经发生法律效力的判决、裁定，上级人民法院对下级人民法院已经发生法律效力的判决、裁定，如果发现确有错误，有权提审或指令下级人民法院再审。

（3）最高人民检察院对各级人民法院已经发生法律效力的判决、裁定，上级人民检察院对下级人民法院已经发生法律效力的判决、裁定，如果发现确有错误，有权按照审判监督程序向同级人民法院提出抗诉。

（二）重新审判

1. 人民检察院抗诉的案件，接受抗诉的人民法院应当组成合议庭重新审理，对于原判决事实不清或证据不足的，可指令下级人民法院再审。

2. 人民法院按审判监督程序重新审判的案件，应当另行组成合议庭审理。如果原来是第一审案件，应当依照第一审程序进行，对其所作的判决、裁定，可以上诉、抗诉；如果原来是第二审案件，或者是上级人民法院提审的案件，应当依照第二审程序的规定进行，其所作的判决、裁定是终审判决、裁定。

依审判监督程序对案件重新审理后，应分别情形裁定维持原判，或者裁定撤销原判予以改判，或发回第一审人民法院重新审判。

第四节　执行程序

执行指人民法院、监狱和公安机关对已经发生法律效力的判决、裁定所确定的内容予以实现的诉讼活动。执行主体为人民法院、监狱和公安机关。

执行的法律依据是发生法律效力的判决和裁定，包括：已过法定期限没有上诉、抗诉的判决和裁定；终审的判决和裁定，包括第二审裁判和最高人民法院的裁判；高级人民法院核准的死刑缓期二年执行的判决；最高人民法院核准的死刑判决。

一、死刑判决的执行

对死刑立即执行的判决，由最高人民法院院长签发执行死刑命令，下级人民法院接到命令后，应当在7日内交付执行。人民法院在交付执行死刑前，应当通知同级人民检察院派员临场监督。死刑采用枪决或者注射等方法进行。死刑可以在刑场或者指定的羁押场所内执行。执行死刑应当公布，不应示众。

二、死刑缓期二年执行、徒刑、拘役的执行

对于被判处死刑缓期二年执行、无期徒刑、有期徒刑的罪犯，由公安机关依法将罪犯交付监狱执行。对于被判处有期徒刑的罪犯，在被交付执行刑罚前，剩余刑期在3个月以下的，由看守所代为执行。对于被判处拘役的罪犯，由公安机关执行。对未成年犯应当在未成年犯管教所执行刑罚。执行机关应将罪犯及时收押，并通知罪犯家属。被判处有期徒刑、拘役的罪犯，执行期满，应由执行机关发给释放证明。

三、管制、拘役缓刑、有期徒刑缓刑的执行

拘役缓刑、有期徒刑缓刑意味着在法定期间暂缓执行原判刑罚，若缓刑犯在暂缓执行期间不犯罪，则不再执行原判刑罚。罪犯在缓刑考验期内，必须遵守法律、法规。罪犯在缓刑考验期内未再犯新罪的，缓刑考验期满，则不再执行原判刑罚，由执行机关宣布；罪犯在缓刑考验期内又犯新罪的，则在审判新罪时撤销原缓刑。

被判处管制、有期徒刑缓刑、拘役缓刑的罪犯，依法实行社区矫正，由社区矫正机构负责执行。

四、剥夺政治权利判决的执行

剥夺政治权利是指剥夺犯罪分子参加管理国家和政治活动权利的刑罚方法。剥夺政治权利的判决由公安机关执行。执行期满，由公安机关通知本人，并向群众宣布解除管制或恢复政治权利。

五、罚金、没收财产判决的执行

罚金判决由人民法院执行。如果由于遭遇不能抗拒的灾祸交纳罚金确实有困难的，可裁定减少或者免除。没收财产的判决，由人民法院执行。必要时，可会同公安机关执行。

六、变更执行程序

（一）死刑缓期二年执行的变更

被判处死刑缓期二年执行的罪犯，在死刑缓期执行期间没有故意犯罪，死刑缓期执行期满，应予以减刑，由执行机关提出书面意见，报请高级人民法院裁定；如果故意犯罪，查证属实的，应当执行死刑，由高级人民法院报请最高人民法院核准。

（二）暂予监外执行

暂予监外执行指对被判处有期徒刑、拘役的罪犯不适宜在监狱等场所关押执行时而于关押场所外执行刑罚的制度。

1. 暂予监外执行限于被判处有期徒刑或拘役的罪犯，暂予监外执行的情形有三个：①有严重疾病需要保外就医的；②为怀孕或者正在哺乳自己婴儿的妇女的；③生活不能自理，适用暂予监外执行不致危害社会的。对被判处无期徒刑的罪犯，如果有第二种情形，也可以暂予监外执行。

对适用保外就医可能有社会危险性的罪犯，或者自伤自残的罪犯，不得保外就医。对罪犯确有严重疾病，必须保外就医的，由省级人民政府指定的医院诊断并开具证明文件，依照法律规定的程序审批。

2. 对于暂予监外执行的罪犯，依法实行社区矫正。

3. 决定或者批准暂予监外执行的机关应当将批准决定抄送人民检察院。人民检察院认为不当的，应当自接到通知之日起 1 个月以内将书面意见送交决定或者批准机关，决定或者批准机关应立即对暂予监外执行决定进行重新核查。

4. 发现不符合暂予监外执行条件的，严重违反有关暂予监外执行监督管理规定的，以及暂予监外执行的情形消失后罪犯刑期未满的，应当及时收监。罪犯在监外执行期间死亡的，应及时通知监狱或者看守所。

（三）减刑与假释

减刑指被判处管制、拘役、有期徒刑、无期徒刑的罪犯，在执行期间确有悔改或者立功表现，从而减轻其原判刑罚的制度。

假释指被判处有期徒刑或无期徒刑的罪犯，在执行一定刑期后，确有悔改表现，不致再危害社会，从而将其附条件地提前释放的制度。

减刑、假释均由执行机关提出建议书，报请人民法院审核裁定。人民检察院认为减刑、假释的决定不当，应自收到裁定书副本后 20 日内，向人民法院提出书面纠正意见，人民法院应在收到纠正意见后 1 个月内重新组织合议庭进行审理，作出最终裁定。

第五节 特别程序

一、未成年人刑事案件诉讼程序

犯罪嫌疑人、被告人是未成年人的，适用《刑事诉讼法》第266～276条规定的特殊程序。比如，对犯罪的未成年人实行教育感化、挽救的方针，坚持教育为主、惩罚为辅的原则；要为未成年犯罪嫌疑人、被告人指派免费律师，不公开审理，讯问和审判时通知其法定代理人到场等。

对于未成年人涉嫌侵犯人身权利、民主权利罪，侵犯财产罪，妨害社会管理秩序罪，可能判处1年有期徒刑以下刑罚，符合起诉条件，但有悔罪表现的，人民检察院可以作出附条件不起诉决定。在考验期内没有实施新的犯罪，且没有违反监督管理规定的，考验期满后作出不起诉决定。其被判处5年有期徒刑以下刑罚的，应当对相关犯罪记录予以封存。

二、当事人和解的公诉案件诉讼程序

对于某些特定的案件，犯罪嫌疑人、被告人真诚悔罪，通过向被害人赔偿损失、赔礼道歉等方式获得被害人谅解，被害人自愿和解的，双方当事人可以和解。和解的案件范围是：①因民间纠纷引起，涉嫌侵犯人身权利、民主权利罪或者侵犯财产罪案件，可能判处3年有期徒刑以下刑罚的；②除渎职犯罪以外的可能判处7年有期徒刑以下刑罚的过失犯罪案件。犯罪嫌疑人、被告人在5年以内曾经故意犯罪的，不适用和解程序。

对于达成和解协议的案件，公安机关可以向人民检察院提出从宽处理的建议。人民检察院可以向人民法院提出从宽处罚的建议；对于犯罪情节轻微，不需要判处刑罚的，人民检察院可以作出不起诉决定。人民法院可以依法对被告人从宽处罚。

三、犯罪嫌疑人、被告人逃匿、死亡案件违法所得的没收程序

对于贪污贿赂犯罪、恐怖活动犯罪等重大犯罪案件，犯罪嫌疑人、被告人逃匿，在通缉1年后不能到案，或者犯罪嫌疑人死亡，依照《刑法》规定应当追缴其违法所得及其他涉案财产的，人民检察院可以向人民法院提出没收违法所得的申请。

没收违法所得的申请，由犯罪地或者犯罪嫌疑人、被告人居住地的中级人民法院组成合议庭进行审理。

四、依法不负刑事责任的精神病人的强制医疗程序

实施暴力行为，危害公共安全或者严重危害公民人身安全，经法定程序鉴定依法不负刑事责任的精神病人，有继续危害社会可能的，可以予以强制医疗。

人民法院受理强制医疗的申请后，应当组成合议庭进行审理，在1个月以内作出决定。

第六节　国家赔偿

1994 年 5 月 12 日第八届全国人民代表大会常务委员会第七次会议通过了《国家赔偿法》，2010 年 4 月 29 日第十一届全国人民代表大会常委会委员会第十四次会议、2012 年 10 月 26 日第十一届全国人民代表大会常务委员会第二十九次会议通过了《全国人民代表大会常委会关于修改〈中华人民共和国国家赔偿法〉的决定》，这标志着我国国家赔偿制度的正式建立和完善。国家赔偿主要分为刑事赔偿和行政赔偿，还包括民事诉讼和行政诉讼赔偿。

一、刑事赔偿

（一）赔偿范围

1. 应当赔偿的范围。

（1）侵犯人身权的赔偿范围。行使侦查、检察、审判职权的机关以及看守所、监狱管理机关及其工作人员在行使职权时有下列侵犯人身权情形之一的，受害人有取得赔偿的权利：①违反《刑事诉讼法》的规定对公民采取拘留措施的，或者依照《刑事诉讼法》规定的条件和程序对公民采取拘留措施，但是拘留时间超过《刑事诉讼法》规定的时限，其后决定撤销案件、不起诉或者判决宣告无罪终止追究刑事责任的；②对公民采取逮捕措施后，决定撤销案件、不起诉或者判决宣告无罪终止追究刑事责任的；③依照审判监督程序再审改判无罪，原判刑罚已经执行的；④刑讯逼供或者以殴打、虐待等行为或者唆使、放纵他人以殴打、虐待等行为造成公民身体伤害或者死亡的；⑤违法使用武器、警械造成公民身体伤害或者死亡的。

由以上情况造成受害人精神损害的，应当在侵权行为影响的范围内，为受害人消除影响、恢复名誉、赔礼道歉；造成严重后果的，应当支付相应的精神损害抚慰金。

（2）侵犯财产权的赔偿范围。行使侦查、检察、审判职权的机关以及看守所、监狱管理机关及其工作人员在行使职权时有下列侵犯财产权情形之一的，受害人有取得赔偿的权利：①违法对财产采取查封、扣押、冻结、追缴等措施的；②依照审判监督程序再审改判无罪，原判罚金、没收财产已经执行的。

2. 不予赔偿的情形。属于下列情形之一的，国家不承担赔偿责任：

（1）因公民自己故意作虚伪供述，或者伪造其他有罪证据被羁押或者被判处刑罚的；

（2）依照《刑法》第 17 条（未达到刑事责任年龄）、第 18 条（精神病人）的规定不负刑事责任的人被羁押的；

（3）依照《刑事诉讼法》第 15 条（法定不追究刑事责任的情形）、第 173 条第 2 款（不需要判处刑罚或者免除刑罚的不起诉）、第 273 条第 2 款（附条件不起诉后的不起诉）、第 279 条（当事人和解的不起诉）规定不追究刑事责任的人被羁押的；

(4) 行使侦查、检察、审判职权的机关以及看守所、监狱管理机关的工作人员与行使职权无关的个人行为;

(5) 因公民自伤、自残等故意行为致使损害发生的;

(6) 法律规定的其他情形。

(二) 赔偿请求人和赔偿义务机关

1. 赔偿请求人。受害的公民、法人和其他组织有权要求赔偿。受害的公民死亡的，其继承人和其他有扶养关系的亲属有权要求赔偿。受害的法人或者其他组织终止的，其权利承受人有权要求赔偿。

2. 赔偿义务机关。行使侦查、检察、审判职权的机关以及看守所、监狱管理机关及其工作人员在行使职权时侵犯公民、法人和其他组织的合法权益造成损害的，该机关为赔偿义务机关。

对公民采取拘留措施，依照《国家赔偿法》的规定应当给予国家赔偿的，作出拘留决定的机关为赔偿义务机关。对公民采取逮捕措施后决定撤销案件、不起诉或者判决宣告无罪的，作出逮捕决定的机关为赔偿义务机关。再审改判无罪的，作出原生效判决的人民法院为赔偿义务机关。二审改判无罪，以及二审发回重审后作无罪处理的，作出一审有罪判决的人民法院为赔偿义务机关。

(三) 赔偿程序

赔偿请求人要求赔偿的，应当先向赔偿义务机关提出。赔偿义务机关决定赔偿的，应当制作赔偿决定书，并自作出决定之日起 10 日内送达赔偿请求人。

赔偿请求人不服赔偿决定的，可以向赔偿义务机关的上一级机关申请复议，但赔偿义务机关是人民法院的，可以向上一级人民法院赔偿委员会申请作出赔偿决定。

赔偿请求人不服复议决定的或复议机关逾期不作决定的，可以向复议机关所在地同级人民法院赔偿委员会申请作出赔偿决定。人民法院赔偿委员会作出的赔偿决定，是发生法律效力的决定，必须执行。赔偿请求人或者赔偿义务机关对赔偿委员会作出的决定，认为确有错误的，可以向上一级人民法院赔偿委员会提出申诉。

此外，人民法院在民事诉讼、行政诉讼过程中，违法采取对妨害诉讼的强制措施、保全措施或者对判决、裁定及其他生效法律文书执行错误，造成损害的，赔偿请求人要求赔偿的程序，适用以上刑事赔偿程序的规定。

二、行政赔偿

(一) 赔偿范围

1. 应当赔偿的范围。

(1) 侵犯人身权的情形。行政机关及其工作人员在行使行政职权时有下列侵犯人身权情形之一的，受害人有取得赔偿的权利：①违法拘留或者违法采取限制公民人身自由的行政强制措施的；②非法拘禁或者以其他方法非法剥夺公民人身自由的；③以殴打、虐待等行为或者唆使、放纵他人以殴打、虐待等行为造成公民身体伤害或者死亡的；④违法使用武器、警械造成公民身体伤害或者死亡的；⑤造成公民身体伤害或者死亡的其他违法行为。

(2) 侵犯财产权的情形。行政机关及其工作人员在行使行政职权时有下列侵犯财产权情形之一的，受害人有取得赔偿的权利：①违法实施罚款、吊销许可证和执照、责令停产停业、没收财物等行政处罚的；②违法对财产采取查封、扣押、冻结等行政强制措施的；③违法征收、征用财产的；④造成财产损害的其他违法行为。

2. 不予赔偿的范围。属于下列情形之一的，国家不承担赔偿责任：

(1) 行政机关工作人员与行使职权无关的个人行为；

(2) 因公民、法人和其他组织自己的行为致使损害发生的；

(3) 法律规定的其他情形。

(二) 赔偿程序

赔偿请求人要求赔偿，应当先向赔偿义务机关提出，也可以在申请行政复议或者提起行政诉讼时一并提出。

赔偿义务机关应当自收到申请之日起两个月内，作出是否赔偿的决定。

赔偿义务机关在规定期限内未作出是否赔偿的决定，赔偿请求人对赔偿的方式、项目、数额有异议的，或者赔偿义务机关作出不予赔偿决定的，赔偿请求人可以向人民法院提起诉讼。

第五章 民 法

第一节 概 述

民法是法律体系中的一个独立的法律部门，居于基本法的地位。“民法”一词有广义和狭义之分。广义的民法是指调整民事活动的所有法律规范的总称，它不仅包括形式上的民法或民法典，也包括单行民事法规和其他法规中的民事法律规范。狭义的民法，是指形式上的民法。我国目前尚未颁布民法典，通常所称的民法系指广义的民法。目前，立法机关正在起草《中华人民共和国民法典》。

一、民法的调整对象

民法的调整对象是指民法所调整的社会关系的范围与性质。我国《民法通则》第2条规定：“中华人民共和国民法调整平等主体的公民之间、法人之间、公民和法人之间的财产关系和人身关系。”因此，民法的概念可表述为：民法是调整平等主体之间的财产关系和人身关系的法律规范的总称。

（一）平等主体之间的财产关系

1. 财产关系是人们在生产、分配、交换、消费过程中形成的具有经济利益内容的社会关系。

2. 民法只调整平等主体之间的财产关系，这一财产关系有以下特点：①它在法律上表现为静态的财产所有关系和动态的财产流转关系。②当事人的法律地位平等。③当事人在经济利益上以平等交换、等价有偿为原则。

（二）平等主体之间的人身关系

1. 人身关系是指与人身密切联系而无直接财产内容的社会关系。它是人们在社会生活中因人格和身份而发生的社会关系。这种关系是与人身不可分离的，它一般不具有直接的经济内容。

2. 民法调整的人身关系是平等主体之间发生的并且能够用民事方法加以保护的那部分人身关系，包括人格关系和身份关系。前者指与公民、法人作为民事主体有密切联系的社会关系，如生命、健康、姓名、名誉等社会关系；后者指因血缘、婚姻等身份关系而发生的家庭、收养、抚养、赡养、监护等社会关系。

二、民法的基本原则

民法的基本原则，是民事立法、司法以及民事活动所应遵循的准则。我国民法有如下数项基本原则：

1. 平等原则。当事人的民事地位平等是民法的首要原则。民法调整的社会关系的特征就是平等主体之间的财产关系和人身关系，民法必然把当事人在民事活动中地位平等作为它的一项基本原则。这一原则包含以下三层意思：①任何民事主体在民事关系中的法律地位都是平等的；②民事主体在民事活动中平等地享有民事权利和承担民事义务；③民事主体所享有的民事权利平等地受到法律保护。

2. 诚实信用原则。诚实信用主要是指在经济交往中要诚实待人，谨慎从事，信守诺言，恪守约定，不能出尔反尔，轻诺寡信，尔虞我诈。除此之外，诚实信用还运用到非交换领域，成为民事主体进行任何民事活动都应自觉遵守的行为准则。

3. 权利神圣原则。《民法通则》规定，公民、法人的合法的民事权益受法律保护，任何组织和个人不得侵犯。如果公民、法人的合法民事权益受到非法侵犯，有权请求司法机关予以保护。我国《民法通则》具体规定了公民和法人享有的各种民事权利，如所有权、债权、人身权、知识产权等，这些权利不容任何非法的限制与侵害。

4. 公共利益原则。民事活动应当尊重社会公德，遵守国家法律与政策，维护社会公共利益，而不得滥用民事权利，损害公共利益，破坏社会主义公德。

5. 意思自治原则。《民法通则》规定，民事活动应当遵循自愿原则。它确立了我国民法的意思自治原则。具体指民事主体能够根据自己的意愿，自主地参与民事活动，不受国家权力或任何第三者的非法干预。

三、民法的主要内容

民法的内容十分丰富而复杂，涉及人们生产、工作、生活的各个方面。其主要制度包括：

1. 民事主体制度。民事主体包括自然人、法人和非法人组织，涉及民事主体的权利能力与行为能力、监护制度、宣告失踪和宣告死亡制度、法人的分类与特征、合伙等具体制度。

2. 物权制度。物权是由法律确认的民事主体对物享有的支配权利，包括所有权和他物权，他物权包括用益物权和担保物权，其中所有权是所有制在法律上的表现，是确认和保护所有制的最有力的法律工具。本部分包括物权的概念与特征、物权的分类、物权制度的意义、物权法的原则、所有权的本质与权能、各类用益物权和各类担保物权等主要内容。

3. 债与合同制度。债是按照合同的约定或者依照法律的规定，在当事人之间产生的特定的权利和义务关系。合同是产生债的最普遍的依据。债与合同制度是调整商品流通领域经济关系的主要民事法律制度，在民法学中占有十分重要的地位。本部分主要涉及债的种类、债的发生依据、债的履行、债的担保、债的消灭等具体内容。

4. 知识产权制度。知识产权是人们从事脑力劳动取得成果后依法享有的权利。随着我国经济体制改革的发展，智力成果也已进入商品市场而受到民法的调整。本部分包括著作权、专利权、商标权等主要内容。

5. 婚姻与继承制度。婚姻家庭法律制度亦称亲属法，属于民法的范畴，主要规范自然人在婚姻、家庭领域中的人身关系和财产关系。财产继承权实际上是财产所有权的自然延伸。它既解决公民个人财产所有权在其死亡后的归属问题，又是公民个人取得财产所有权的一种方式。它涉及的主要内容包括继承人的范围、继承顺序、遗产的范围、遗嘱有效的条件等。

6. 人身权制度。人身关系是民法调整的两大社会关系之一，人身权制度是区别于财产权制度的一项独立的民法制度，我国《民法通则》对此作了专节规定。主要涉及人身权制度的意义、人身权的分类、人身权的保护等具体内容。

7. 民事法律行为与代理制度。民事法律行为制度是民法中一项基本的理论制度，它主要涉及法律行为的分类、特征、成立、要件、表现形式、效力类型、无效民事行为及其后果等具体内容。代理则是最具典型意义的法律行为之一。

8. 民事责任制度。民事责任是自然人和法人违反民事义务所应承担的法律责任，即民法对违反民事法律规范的行为给予的制裁。主要涉及民事责任的法律特征、构成要件、归责原则、责任分类、责任形式、免责条件、侵权民事责任等具体内容。

在本书中，为照顾到全书的协调安排，合同制度、知识产权制度、婚姻继承制度将分别在其他专门章节中论述，本章从略。

四、我国的民事立法

民法是一门古老的法律，历史悠久，源远流长。我国历史上最早的专门民事立法可追溯到1911年清政府的《大清民律草案》，这是我国刑、民分立的第一个民法草案，但未及公布，清朝就覆亡了。民国成立后，北洋政府于1925年完成《中华民国民法草案》，但也未正式颁行。南京国民党政府以上述两草案为基础，借鉴法、德、瑞士、日本等国民法的某些原则和条款，于1928年5月到1930年底制定民法典，分五编（总则编、债编、物权编、亲属编、继承编）陆续公布。它是我国历史上正式公布的第一部民法典，至今仍施行于我国台湾地区。

新中国的民商事立法历经坎坷。改革开放以来，我国民商事立法进入新的时期，其中颁布了一系列重要的民商事基本法和民事单行法，包括《民法通则》（1986年颁布，2009年修订）、《合同法》（1999年颁布）、《物权法》（2007年颁布）、《侵权责任法》（2009年颁布）、《继承法》（1985年颁布）、《婚姻法》（1980年颁布，2001年修订）、《著作权法》（1990年颁布，2001年、2010年两次修订）、《专利法》（1984年颁布，2000年修订）、《商标法》（1982年颁布，2001年、2013年两次修订）、《担保法》（1995年颁布）、《公司法》（1993年颁布，1999年、2004年、2005年、2013年四次修订）、《票据法》（1995年颁布，2004年修订）、《保险法》（1995年颁布，2002年、2009年、2014年、2015年四次修订）、《合伙企业法》（1997年颁布，2006年修订）、《土地管理法》（1986年颁布，2004年修订）等。

第二节 民事法律关系

一、民事法律关系的概念

民事法律关系，是指由民法调整的具有民事权利义务内容的社会关系。换言之，当社会关系被民法调整时，便形成民事权利和义务关系，而这种权利和义务又是受国家强制力保障实现的，从而形成了约束双方当事人的法律关系。

二、民事法律关系的特征

1. 民事法律关系是一种思想的社会关系。社会关系可分为物质的社会关系和思想的社会关系。作为物质的横向经济关系和人身关系被民法调整时，便形成民事法律关系——思想的社会关系，即由体现为国家意志的民事法律规范所确认和保护的一种社会关系。

2. 民事法律关系是一种具体的权利义务关系。民事法律关系一旦建立，当事人一方便享有某种权利，而对方即负有相应的义务；或者双方当事人均享有权利，又都负有相应的义务。因而民事法律关系是一种具有民事权利和义务内容的社会关系。

3. 民事法律关系是由国家强制力保障其实现的社会关系。民法是国家意志的表现形式之一。民事法律关系既然是由民法规定或承认的一种社会关系，必然由国家强制力来保障实现。法律关系的任何一方必须履行所承担的义务。国家通过建立民事权利、义务的法律关系，维护正常的经济秩序，实现对社会关系调整的职能。

三、民事法律关系的要素

民事法律关系的要素，是指构成民事法律关系的主体、内容和客体，这三者是缺一不可的，故称民事法律关系的三要素。

（一）民事法律关系的主体

民事法律关系的主体，是指参加民事法律关系，享受权利和承担义务的人，即民事法律关系的当事人。民事法律关系主体包括自然人、法人和非法人组织。在某些情况下，国家也可成为特殊的民事主体，例如，当国家发行国库券时，便在国家与持券人之间形成了借贷法律关系，国家成为借贷法律关系的主体。

（二）民事法律关系的内容

民事法律关系的内容，是指民事法律关系主体间的权利和义务。例如，甲与乙订立一房屋买卖合同，甲向乙交付房屋价款，取得房屋所有权；乙取得房屋价款，同时交付房屋。甲、乙相互之间的权利、义务便成为这一买卖法律关系的内容。

（三）民事法律关系的客体

民事法律关系的客体，是指民事权利与义务共同指向的对象。不同类型的民事法律关系，其客体各不相同。例如，物权关系的客体是物——各种动产与不动产；债权关系的客体是给付行为；人身权关系的客体是人身利益；知识产权关系的客体是智力成果。如前例，甲购买乙的房子，双方订立买卖房屋合同，在这一买卖法律关系中，交付房屋和支付房款的行为便是双方权利、义务所指向的对象，即构成民事法律关系的客体。

可以作为民事法律关系客体的有物、行为（包括作为与不作为）、智力成果、人身利益、权利等。

四、民事权利的分类

民事权利是民事法律关系的核心内容。民法理论将民事权利分为如下若干类型：

（一）财产权与人身权

依民事权利内容的性质不同，可分为财产权与人身权。这是民事权利最基本的分类。财产权是指具有物质财产内容、直接与经济利益相联系的民事权利。物权和债权是财产权的两大种类。人身权是指与人身不可分离的以特定精神利益为内容的民事权利，如公民的姓名权、名誉权，法人的名称权、名誉权等。由于人身权具有与权利人的人身的不可分离性，故一般不能转让和继承。

（二）绝对权与相对权

依民事权利的效力范围不同，可以分为绝对权与相对权。绝对权是指其效力及于一切人的权利，它的义务人是不特定的任何人，即任何人均负有不妨害权利人实现其权利的义务，故绝对权又称对世权。绝对权的主体一般不必通过义务人的作为就可实现自己的权利。各种人身权、所有权和其他物权等都属于绝对权。相对权是指其效力及于特定当事人的权利，它的义务人是特定的，所以又称对人权。相对权的主体必须通过特定义务人履行义务的行为才能实现其权利。相对权一般就是指债权。

（三）支配权、请求权、形成权与抗辩权

依民事权利作用的不同，可分为支配权、请求权与形成权。支配权是指权利人可以直接支配权利客体并具有排他性的权利。支配权的权利人可以直接实现其利益，不需要他人的协助，其对应的义务则为不作为的义务。物权、人身权、知识产权均为支配权。请求权是指权利人可以要求他人为一定行为或不为一定行为的权利。债权是典型的请求权，如合同当事人有权要求对方履行义务，受害人有权要求加害人赔偿损失等。形成权是指权利人仅凭自己单方的意思表示便可使某种法律关系产生、变更或消灭的权利，如承认权、追认权、选择权、解除权、撤销权等都属于形成权。抗辩权是指对抗他人请求权以阻止其效力的权利。针对债权请求权、物权请求权、人身权请求权、知识产权请求权，均可产生抗辩权。

（四）主权利与从权利

从民事权利的相互关系上，可分为主权利与从权利。主权利是指互有关联的两个以上的民事权利中，可以独立存在的民事权利。从权利是指互有关联的两个以上的民事权利中，必须以其他权利的存在为前提的民事权利。从权利随主权利的存在或消灭而存在或消灭。例如，在借贷合同中，借款人以其财产对贷款人（债权人）设定抵押，贷款人即对抵押财产享有抵押权，而该抵押权的存在，是以债权的存在为前提的，贷款人就借款合同享有的债权为主权利，就抵押合同享有的抵押权为从权利。

（五）既得权与期待权

以权利是否已实际取得为标准，可将民事权利分为既得权与期待权。既得权是指权利人已经实际取得而可现实享有其利益的权利。绝大部分的民事权利都是既得权。期待权是指权利人尚未现实取得而于将来可能取得的权利。将来能否实际取得，则取决于一定的条件是否成就。如继承开始前继承人的继承权、保险合同受益人的权利、附条件与附期限行为中权利人的权利等均为期待权。

第三节　自然人

一、自然人的概念

自然人是指基于出生而获得生命、具有生理属性的人类个体。自然人是最重要的民事主体，与自然人概念相近的是法律上的公民。公民是指具有一国国籍的自然人。例如，我国《宪法》规定，凡是有我国国籍的人“都是中华人民共和国公民”（《宪法》第33条第1款）。所以，我国公民的概念就是具有我国国籍的自然人。但是在我国领域里，还有具有外国国籍的人和无国籍人，按照《民法通则》第8条第2款的规定，除法律另有规定外，民法通则关于公民的规定也适用于在我国领域内具有外国国籍的自然人和无国籍的自然人。所以，“自然人”一词的含义比公民要广一些，它包括本国公民和具有外国国籍的自然人以及无国籍的自然人。我国《民法通则》在立法时同时采用了公民和自然人两个概念，但民法理论上以及正在起草中的民法典草案使用的是自然人的概念。

二、自然人的民事权利能力和民事行为能力

（一）自然人民事权利能力的概念

自然人的民事权利能力是法律赋予自然人享有民事权利和承担民事义务的资格。这种资格是自然人成为民事主体的前提条件，一经法律赋予就依附于自然人身上，自然人就可以以独立的民事主体资格参与民事活动。

（二）自然人民事权利能力的开始与终止

《民法通则》第9条规定，公民从出生时起到死亡时止，具有民事权利能力，依法享有民事权利，承担民事义务。因此自然人的民事权利能力始于出生、终于死亡。这里所指的死亡，是指自然人的自然死亡，即其生命的结束。

（三）自然人民事行为能力的概念与分类

自然人的民事行为能力是指自然人以自己的行为亲自参加民事活动，享有权利和承担义务的资格。依自然人的年龄和智力状况，可将自然人的行为能力分为三类，即：

1. 完全行为能力人。年满18周岁的人为完全行为能力人，即成年人，能够从事

任何合法的民事行为。

2. 限制行为能力人。已满 10 周岁不满 18 周岁的人和不能完全辨认自己行为的成年人为限制行为能力人。限制行为能力人只能进行与其年龄、智力状况相适应的民事行为。已满 16 周岁不满 18 周岁，以自己的劳动收入作为主要生活来源的，视为完全行为能力人。

3. 无行为能力人。10 周岁以下的未成年人和完全不能辨认自己行为的成年人为无行为能力人，他们不能亲自进行民事行为，而只能由其法定代理人代理进行。

三、监护

监护是为了保护无民事行为能力人和限制民事行为能力人的合法权益，维护社会的正常秩序，由监护人对未成年人和精神病人的人身、财产和其他合法权益进行监督和保护的制度。监护人是被监护人的法定代理人。

（一）监护人的职责

监护人的职责包括：①保护被监护人的人身权益。②管理被监护人的财产。③代理被监护人进行民事活动。④对被监护人给他人造成的损害承担民事责任。

（二）监护人的设立

1. 未成年人的监护人。未成年人的父母是他们的当然监护人，父母已经死亡或者没有监护能力时，下列有监护能力的人按顺序担任监护人：①祖父母、外祖父母。②兄、姐。③关系密切的其他亲属、朋友愿意承担监护责任，经未成年人的父、母所在单位或未成年人住所地的居民委员会、村民委员会同意的。

2. 精神病人的监护人。精神病人的监护人由下列有监护能力的人员按顺序担任：①配偶。②父母。③成年子女。④其他近亲属（包括兄弟姐妹、祖父母、外祖父母、孙子女和外孙子女）。⑤关系密切的其他亲属、朋友愿意承担监护责任，经精神病人所在单位或者住所地的居民委员会、村民委员会同意的。

四、宣告失踪与宣告死亡

（一）宣告失踪

失踪是指自然人离开其住所地而下落不明，杳无音讯。宣告失踪是指通过一定的法律要件和程序，人民法院对自然人失踪的事实加以确认和宣告的制度。

1. 宣告失踪的条件：①自然人下落不明满 2 年。②经利害关系人申请。③由人民法院宣告失踪。

2. 宣告失踪的法律后果。自然人被宣告失踪后，他的财产由其配偶、父母、成年子女或者关系密切的其他亲属、朋友代管。失踪人所欠的税款、债务和应付的其他费用，由代管人从失踪人的财产中支付。人民法院在宣告失踪的同时，应为失踪人指定财产代管人。如果被宣告失踪的人重新出现，或者有人确知他的下落的，应由失踪人本人或利害关系人向人民法院申请，撤销失踪宣告。

（二）宣告死亡

宣告死亡，是指自然人离开自己的住所没有任何消息达到一定期限的，经利害关系人申请，由人民法院依法定程序宣告失踪人死亡的一种法律制度。

宣告死亡的条件是自然人生死不明满4年；因意外事故生死不明的，从事故发生之日起满2年；战争期间下落不明的，自战争结束之日起满4年。

人民法院受理此类案件后，应当发出寻找失踪人的公告。公告期间1年届满，人民法院才能根据事实，作出宣告死亡或驳回申请的判决。

宣告死亡的后果与自然人自然死亡相同。即以被宣告死亡人原住所地为中心的一切民事法律关系均归于消灭，具体包括：①继承开始。②婚姻关系消灭。③债权债务关系清算了结。④身份关系消灭。⑤人身保险的保险金或保险赔款开始支付等。

但宣告死亡毕竟是一种法律推定，事实上被宣告死亡的自然人仍有可能生存或生还。因此，《民法通则》第24条第2款规定："有民事行为能力人在被宣告死亡期间实施的民事法律行为有效。"所以，被宣告死亡的人如果并没有真正死亡，则其民事主体资格依然存在，不因宣告死亡而丧失。死亡宣告与失踪宣告一样，可依法被撤销，被撤销死亡宣告的自然人有权请求返还财产。

五、个人合伙

（一）个人合伙的概念与特征

个人合伙是指两个或两个以上的自然人按照协议，各自提供资金、实物、技术等，合伙经营、共同劳动。其特征为：

1. 个人合伙须有两个以上的自然人联合经营。
2. 个人合伙是按照合同即合伙协议联合起来的经济组织。
3. 合伙人须共同出资、共同经营、共同劳动。
4. 合伙财产归全体合伙人共有，合伙人对合伙债务承担连带清偿责任。
5. 合伙不具有法人资格。

（二）合伙人的权利与义务

1. 合伙人的权利：①合伙事务的经营权、决定权、监督权。合伙的经营活动由合伙人共同决定，无论出资多少，每个人都有表决权。②合伙利益的分配权。合伙人分配盈利应当按照出资比例或者合伙协议的约定进行，对于合伙经营的积累，合伙人享有共同的权利。③合伙人有退伙的权利，但合伙人退伙时须按协议的约定办理。

2. 合伙人的义务：①按照约定出资并维护合伙财产的统一。②分担合伙的经营损失和清偿合伙的债务。

（三）合伙的财产关系

合伙的财产关系，包括合伙人之间内部的财产关系与合伙人对外承担的财产责任关系。

1. 合伙人之间内部的财产关系。

（1）合伙人共同出资的财产关系。合伙人作为出资投入合伙的财产如约定是以使用权而非所有权出资，则仍属个人所有，但须由合伙人统一管理和使用，以保证合伙组织对投资的管理权和使用权，合伙人不得擅自抽取提供使用的财产和资金。

（2）合伙积累财产的关系。合伙经营所积累的财产，归合伙人按份所有。对这些财产的处分应依据合伙协议或由全体合伙人共同决定，任何合伙人不得擅自处分。

（3）合伙盈余分配和债务清偿关系。合伙经营所得的盈余，属全体合伙人共有，由全体合伙人按合伙协议规定的办法分享。合伙协议如无规定或规定不明确的，一般可按出资额的比例分配盈余。

2. 合伙人对外承担的财产责任关系。合伙人对合伙债务对外承担连带清偿责任。所谓连带清偿责任，是指每个合伙人对于合伙债务都负有全部清偿的义务；而合伙的债权人也有权向合伙人中的一人或数人要求其清偿债务的一部或全部。偿还合伙债务超过自己应当承担数额的合伙人，有权向其他合伙人追偿。因此，从合伙内部来看，合伙债务是由各个合伙人按份承担的，但对外则为连带责任。

我国《民法通则》仅规定了个人合伙，《合伙企业法》则同时规定了法人之间的合伙，即法人和非法人组织也可以成为合伙人，并且规定了有限合伙、特殊的普通合伙等合伙类型。

第四节　法　人

一、法人的概念与特征

（一）法人的概念

法人是与自然人相对的另一类民事主体。它是指具有民事权利能力和民事行为能力，依法独立享有民事权利和承担民事义务的社会组织。

（二）法人的特征

1. 依法设立。法人必须是依法定程序设立的，以区别于非依法人设立程序成立的非法人组织。社会组织必须依法人设立的程序，才能取得法人资格，这是社会组织取得法人资格的形式要件。

2. 有必要的财产或经费。法人必须具有必要的财产或经费，这是法人参与民事活动的物质前提。

3. 有自己的名称、组织机构和场所。法人必须有健全的组织机构，才能执行法人的意志，实施具体的民事行为。如企业法人的股东会、董事会及董事长、经理等。法人的名称是使法人特定化的标志，法人只有以自己的名义进行民事活动，才能为自己取得民事权利，设定民事义务。法人的场所，是指法人从事生产、经营活动的固定地点。

4. 能独立承担民事责任。法人必须能以自己的名义和财产独立承担民事责任。

二、法人的民事权利能力与民事行为能力

（一）法人的民事权利能力

法人的民事权利能力是指法人作为民事权利主体，参与民事活动，享有民事权

利、承担民事义务的资格。法人的民事权利能力是法人作为民事主体参加民事活动的前提，没有这种民事权利能力，它就不能参加民事活动。

法人的民事权利能力与自然人的民事权利能力相比具有不同的特点：①权利能力开始与终止的情形不同。自然人的民事权利能力从自然人的出生开始，到死亡终止；法人的民事权利能力则从法人组织的设立时开始，到法人组织解散或撤销时终止。②权利能力的范围不同。由于法人是一种社会组织，因而它不会享有自然人的基于人身前提的某些民事权利能力，如法人不可以收养，也不可以继承等。③权利能力之间的差异程度不同。自然人的权利能力是普遍、一致和平等的，一般没有差别；法人的权利能力则决定于它成立时的宗旨和性质，因而各个法人的权利能力都有一定的局限性，并且相互差异较大。

（二）法人的民事行为能力

法人的民事行为能力是指法人以自己的意思进行民事活动，取得权利、承担义务的资格。

法人的民事行为能力同自然人的民事行为能力相比较，也有区别：①法人的民事行为能力是与权利能力同时开始的；而自然人虽然从出生时起便具有民事权利能力，但其民事行为能力则受到年龄和智力状况的限制，只能随着年龄的增长而不断完善。②法人的民事行为能力一般是通过法人机关来实现的；而自然人的民事行为能力一般是通过自然人个人的自身活动来实现的。

三、法人的分类

根据不同的标准，可对法人作如下分类：

（一）企业法人与非企业法人

企业法人与非企业法人，是根据法人设立的宗旨和活动性质的不同而划分的。企业法人是以营利为目的，从事生产、经营的法人，如工厂、商店、公司等，这是法人中最重要、最普遍的类型。

非企业法人是非生产性、非营利性的法人，又可分为机关法人、事业单位法人和社会团体法人。

（二）公司法人与非公司法人

企业法人又可分为公司法人和非公司法人。公司法人是依据《公司法》规定的条件和程序而设立的法人。我国的公司包括有限责任公司和股份有限公司。有限责任公司法人是指由两个以上股东共同出资，每个股东以其所认缴的出资额对公司承担有限责任，公司以其全部资产对其债务承担责任的企业法人。股份有限公司法人是指注册资本由等额股份构成，并通过发行股票筹集资本，股东以其所认购的股份对公司承担有限责任，公司以其全部资产对公司债务承担责任的企业法人。非公司法人是指不是依据《公司法》设立的企业法人。

（三）社团法人与财团法人

根据法人设立是否以社员的存在为基础，可将法人分为社团法人与财团法人。

这是大陆法系民法通行的一种分类。社团法人是指以人的集合而具有主体资格的法人，即由自然人的集合体而组成的法人，因此，它以组成法人的社员、会员的存在为成立的基础，它可以是公益性的，也可以是营利性的，但以营利性为多见。

财团法人也称捐献法人，是指仅以财产之集合而组成的法人。财团法人一般是根据财产捐献者的意志，以捐献的财产为基础，依法设立的一种公益法人。如中国福利基金会、宋庆龄基金会等。由此可见，财团法人是以实现公益为目的的财产的集合体。这是财团法人与社团法人的主要区别。

（四）公益法人与私益法人

公益法人是指以公益事业为目的的法人，其不以营利为目的，如各种以学术、慈善、宗教等事业为目的的法人。私益法人也称营利法人，即以营利事业为目的，实施获取经济利益的行为的法人，如各类公司企业。

四、法人的变更、终止与清算

（一）法人的变更

法人的变更是指法人在性质、组织机构、经营范围、财产状况以及名称、住所等方面的重大变更。

1. 法人性质和组织机构的变更。法人性质上的变更包括法人所有制的变更和组织形式的变更。前者如不同所有制企业之间实行联营而成立的新企业；后者如变有限责任公司为股份有限公司等。法人组织机构上的变更主要表现为法人的合并、分立等。这些变更都属于法人组织机构的重大变更，依法应向登记机关申请办理变更登记。企业法人实行分立、合并后，它所享有的权利或承担的义务由变更后的法人享有和承担。法人组织机构的变更，还包括法定代表人的变更、分支机构的设立和增减等事项。

2. 法人的经营范围和财产状况的变更。法人的经营范围可根据需要而进行变更。这种变更关系到法人民事权利能力和民事行为能力的范围，属于重要事项的变更，应当进行变更登记。法人财产状况的变更包括法人原有财产的增加或减少，发行或增发股票、债券等重大的变更。法人的财产的重大变更关系到法人的经营能力，参与民事活动、承担民事责任能力的问题，故也应依法进行财产变更登记。

3. 法人名称、住所的变更。法人只有以自己的名称进行民事行为，才能为自己取得民事权利或设定民事义务。因此，法人名称的变更必须进行变更登记，才能受到法律的承认和保护。法人住所是指法人主要营业机构所在地。法人住所和经营场所的变更，亦属重要事项的变更之列，应当向工商行政管理机关办理登记并公告，否则不能发生变更的效力。

（二）法人的终止

法人的终止是指法人法律人格的丧失。引起法人终止的原因有：

1. 依法被撤销。法人有因设立任务的完成、期限届满、已无实际需要或者根据经济发展需要进行必要的调整等而撤销的；也有因进行违法活动而被主管机关撤销的。法人一经撤销，即丧失法人资格。

2. 解散。法人解散是指法人的自行解散。法人解散需向主管机关申请并进行注销登记。

3. 依法宣告破产。

4. 其他原因。如法人因合并或分立而解散等。

（三）法人的清算

法人终止时应依法进行清算，由清算组织负责清算工作。清算工作包括：

1. 业务了结。业务了结是指法人终止时必须把已经开始尚未结束的事务予以结束，如终止尚未到期的合同等。

2. 财产清理。法人是以其全部财产承担民事责任的，因此在法人终止时必须对法人资产进行全面的检查登记，制作清单，收取债权，清偿债务。

3. 注销登记和公告。法人清算工作结束后，负责清算工作的清算委员会应当向登记机关办理注销登记，并应在指定的报刊上进行公告。

第五节 民事法律行为

一、民事法律行为的概念与特征

民事法律行为是指自然人、法人设立、变更、终止民事权利和民事义务的一种法律事实。例如订立合同、立遗嘱、授权代理等。民事法律行为具有以下特征：

1. 民事法律行为以行为人的意思表示为必备要素。意思表示是构成法律行为的核心要素。意思表示是指行为人把要进行法律行为的意思以一定方式表现于外部。民事法律行为是以意思表示为基础的。

2. 民事法律行为以发生一定的法律后果为目的。民事法律行为的目的性是明确的，是为设立、变更或终止一定的民事权利或义务的民事行为。

二、民事法律行为的有效条件

民事法律行为必须具备下列要件方为有效：

1. 行为人具有相应的民事行为能力。对于自然人来说，只能进行与其年龄、智力相适应的民事法律行为；对于法人来说，只能进行与其民事权利能力的范围相适应的民事行为。

2. 意思表示真实。意思表示真实是指行为人的外部意思与其真实意思相一致。如果行为人的意思表示是在外界力量的影响或强制下进行的，如在欺诈、胁迫的情况下所进行的意思表示，就不能反映行为人的真实意思，因而是不具有法律效力的。

3. 内容合法。民事法律行为内容的合法性是指民事行为不得违反法律或社会公共利益，而应遵守包括法律、条例、决定、司法解释在内的民事法律规范，符合社会公共利益。

4. 形式合法。当法律规定某项法律行为必须采用某种形式时，这种形式就成为该项法律行为的形式要件。民事法律行为可以采用书面形式、口头形式或者其他形式。法律规定采用特定形式的，应当依照法律规定。

三、民事法律行为的分类

依据不同的标准，可将民事法律行为分为下列几类：

（一）诺成性法律行为与实践性法律行为

诺成性法律行为是指双方当事人意思表示一致即可成立的法律行为。换言之，一方提出建立某种法律关系的建议，他方对此表示同意，其法律行为即告成立。如买卖、租赁、承揽等合同行为均属诺成性法律行为。除法律规定或双方当事人有特别约定外，双方意思表示达成协议即发生法律行为的效力。

实践性法律行为是指除当事人双方意思表示一致外，还需交付标的物始成立的法律行为，故又称要物法律行为，例如，赠与、借贷等法律行为。

（二）有偿法律行为与无偿法律行为

有偿法律行为是指享有某项权利而必须偿付一定代价的法律行为。例如，在买卖合同中，取得货物必须支付货款，取得货款必须交付货物，故为有偿法律行为。

无偿法律行为是指享有权利而无需给付任何代价的法律行为。如赠与合同、使用借贷合同等法律行为。民事活动中大部分法律行为都是有偿的。

（三）单方法律行为与双方法律行为

单方法律行为是基于当事人一方的意思表示而成立的法律行为，即这种法律行为是仅凭一方的意思表示而无需得到对方同意便可成立的法律行为。如设立遗嘱、设立悬赏广告、委托授权等行为。

双方法律行为是基于双方当事人意思表示一致而成立的法律行为。换言之，该项法律行为的成立不仅需要双方当事人进行意思表示，而且双方的意思表示还必须一致。可见，双方法律行为就是合同行为，如买卖合同等。

（四）单务法律行为与双务法律行为

单务法律行为是指法律行为的当事人一方负有义务，而另一方仅享有权利的法律行为，如赠与、使用借贷以及消费借贷等合同行为。

双务法律行为是指法律行为的双方都负有义务的法律行为，当事人一方的义务就是他方的权利，因此双务法律行为也可以说是双方当事人均享有权利的法律行为，如买卖合同等。

（五）要式法律行为与不要式法律行为

要式法律行为是指法律规定必须采用某种形式才能进行的法律行为。例如房屋买卖必须到房屋管理部门办理产权过户手续，录音遗嘱必须有两个以上见证人等。当事人双方约定其法律行为必须采取某种形式时，也具有要式法律行为的性质，双方必须遵守。

不要式法律行为，是指法律没有要求特定形式的法律行为。这类法律行为的形式可由双方当事人自由议定。

四、无效民事行为与可撤销的民事行为及其后果

(一) 无效民事行为

无效民事行为是指不具备法律行为的有效条件从而不能产生当事人预期的法律后果的民事行为，如行为主体不合格、行为内容不合法、意思表示不真实等而致行为无效。无效民事行为包括下列各类：

1. 行为人不具有相应的民事行为能力。包括：无民事行为能力人实施的民事行为和限制民事行为能力人依法不能独立实施的民事行为；法人超越其业务活动范围而实施的民事行为；代理人超越代理权或无权代理所实施的被代理人不予追认的民事行为；行为人对其处分的财产没有处分权且未经权利人追认的民事行为。

2. 意思表示不真实。包括因受欺诈、胁迫、乘人之危而实施的民事行为。需要注意的是：依《民法通则》的规定，受欺诈、胁迫而实施的行为为无效民事行为。而依《合同法》的规定，因受欺诈、胁迫而订立的合同，只有在损害国家利益时才为无效合同，否则为可变更、可撤销的合同。这一规定既尊重了当事人的意愿，又有利于鼓励交易和维护正常的经济秩序。

3. 行为内容违法。包括：违反法律和社会公共利益的行为；恶意串通，损害国家、集体和第三人利益的行为；以合法形式掩盖非法目的的民事行为。

(二) 可撤销的民事行为

可撤销的民事行为是指行为人有要求变更或撤销的权利的民事行为。可撤销的民事行为包括两种：

1. 行为人对行为内容有重大误解的民事行为。重大误解是指行为人对其所进行的民事行为的内容在理解上有重大错误，如对买卖标的物有重大误解，把复制品误认为是真品，看错标的物的价格或合同的重要条款，等等。如果不出于误解就不会发生这种民事行为，因此这种行为可被认为是与行为人的真实意思不符。重大误解往往给行为人造成经济损失，为维护当事人的合法权益及正常的贸易关系，行为人可以请求变更或撤销。

2. 显失公平的民事行为。显失公平的民事行为是指在双方、有偿的民事行为中，一方利用他方急需或无经验而商定的，显然对他方有重大不利的民事行为。这种民事行为的特点是：当事人一方显然处于不利地位，该不利地位并非出于自愿，而是基于无经验、轻率或惧于权势而实施该行为；另一方所得利益是法律所不能允许的。

3. 欺诈、胁迫、乘人之危的民事行为。以欺诈、胁迫手段实施的不损害国家利益的行为或者乘人之危而实施的法律行为，依《合同法》的规定，是可撤销的民事行为。

(三) 民事行为无效或被撤销的法律后果

民事行为被确认为无效或被撤销后，处理方法有以下几种：

1. 返还财产。双方都无重大过错的适用双方返还的原则；一方有过错的适用单方返还原则。有过错的一方应返还从对方取得的财物，无过错的一方从对方取得的

财物，应依法处理。

2. 赔偿损失。有过错的一方应赔偿对方因此所受的损失，双方都有过错的，应该各自承担相应的责任。

3. 追缴财产。对内容违法的行为，应追缴当事人双方取得的财产，收归国家、集体所有或返还第三人。

第六节　代　理

一、代理的概念与特征

代理是指代理人在代理权限内，以被代理人的名义实施民事法律行为，由此产生的法律后果由被代理人承担。其特征是：

1. 代理活动是具有法律意义的活动。即代理人的代理活动能够产生一定的法律后果，也就是能够在被代理人与第三人之间发生、变更和终止某种民事权利和民事义务。如代理签订合同、代理处分财产、代理参加诉讼等活动。凡不与第三人产生权利义务关系的行为，如代人抄写、帮助校阅稿件等行为，不是民法上的代理。

2. 代理人以被代理人的名义为民事行为。在代理关系中，代理人只有以被代理人的名义进行民事活动，才能为被代理人取得民事权利和履行民事义务。代理的这一法律特征，使它区别于行纪活动。比如，信托商店受托出售货物，是用自己的名义，其法律后果由信托商店自己承担，因而不是代理行为。

3. 代理人在代理权限范围内独立为意思表示。代理人必须在授权范围或法律规定的权限内实施代理行为，不得超越代理权限。同时，代理人虽然是以被代理人的名义从事活动，但是，代理人有权决定如何向第三人作出意思表示。换言之，代理人进行民事法律行为，表现的是代理人独立的意志。代理的这一特征，可以把代理人与证人、居间人和传话人区别开来。

4. 代理活动直接对被代理人产生权利和义务。代理人在代理权限内所实施的行为，其法律后果直接归被代理人，即权利由被代理人享有，义务由被代理人履行，责任由被代理人承担。

二、代理的种类

（一）委托代理、法定代理与指定代理

1. 委托代理，是基于被代理人的委托授权而发生的代理。被代理人以委托的意思表示将代理权授予代理人，故委托代理又称为授权代理或意定代理。被代理人授予代理权的意思表示属于单方法律行为，仅凭其一方的意思表示即发生法律效力。

委托代理一般产生于代理人与被代理人之间的基础法律关系之上，如根据委托合同，委托人（被代理人）依约授予受托人（代理人）以代理权。在这种基础法律关系之上所发生的代理关系均属于委托代理的范围。

2. 法定代理，是根据法律的直接规定而发生的代理关系，即代理人的代理权是

基于法律的直接规定而发生的。法定代理主要是为无行为能力人或限制行为能力人设立代理人的方式。《民法通则》第 14 条规定："无民事行为能力人、限制民事行为能力人的监护人是他的法定代理人。"根据这一规定，监护人代理被监护人为法律行为，是被监护人的法定代理人。

3. 指定代理，是根据人民法院和有关单位依法指定而发生的代理关系。即代理权的产生是基于上述单位的指定，故称指定代理。例如在民事诉讼中指定诉讼代理人，在继承开始时指定遗产代管人等。

（二）一般代理和特别代理

以代理权限范围的大小为标准，代理可分为一般代理与特别代理。特别代理是指代理权限被限定在一定范围或一定事项的某些方面的代理，故又称部分代理。一般代理是特别代理的对称，是指代理权范围及于代理事项的全部，故又称总括代理。在实践中，未指明为特别代理的，则为总括代理。

（三）单独代理与共同代理

以代理权授予一人或数人为标准，代理可分为单独代理和共同代理。单独代理是指代理权仅授予一人的代理，又称独立代理。共同代理是指代理权授予二人以上的代理。在多数代理人的情况下，各代理人的代理权限范围应在授权时明确规定，指明各代理人的代理事项及权限。如果法律或授权人没有特别规定，则应认为多数代理人为共同代理人，对代理事项共同负代理责任。如任一代理人未与其他共同代理人协商而实施的行为侵害被代理人权益的，由实施行为的代理人承担民事责任。

（四）本代理与再代理

依选任代理人的不同，代理又可分为本代理与再代理。本代理，是指被代理人选任代理人而发生的代理关系。再代理是指代理人为本人（被代理人）选用代理人而发生的代理关系，即代理人为行使代理权，以自己的名义为本人选任代理人而发生的代理关系，故又称转委托或复代理。复代理人仍是被代理人的代理人，而不是原代理人的代理人，其权限亦不得超过原代理人。

《民法通则》第 68 条规定："委托代理人为被代理人的利益需要转托他人代理的，应当事先取得被代理人的同意。事先没有取得被代理人同意的，应当在事后及时告诉被代理人，如果被代理人不同意，由代理人对自己所转托的人的行为负民事责任，但在紧急情况下，为了保护被代理人的利益而转托他人代理的除外。"由此可见，再代理关系的设立，必须有被代理人的事先授权或者事后对转委托表示追认，且必须是为被代理人利益考虑，在情况紧急的形势下进行转委托。例如，在代理人有急病或者因通信中断等特殊原因，自己不能办理代理事项，又不能与被代理人及时取得联系，如不及时委托他人再代理，会给被代理人造成损失或扩大损失，在此紧急情况下，才能转托他人再代理。

三、代理人、委托人的权利与义务

（一）代理人的权利与义务

1. 代理人的权利。

（1）获取佣金或报酬。这是代理人最主要的权利。委托人应按照合同约定的佣金标准、支付条件、支付时间、支付方式向代理人支付佣金或报酬。如委托人故意拖延支付或拒付，代理人有权暂停代理行为。

（2）获取有关代理业务的资料与信息。委托人应按约定向代理人提供进行代理业务所需的货样、模型、价目单、广告资料、交易条件等，以便有效地开展代理业务。

（3）查阅账目。尤其在商业代理中，代理人有权查阅委托人与其往来业务的财务账目，维护其合法权益。

2. 代理人的义务。

（1）代理人应勤勉地履行代理职责。

（2）代理人对被代理人应诚信、忠实，不得滥用代理权。它包含三层含义：①代理人不得以被代理人的名义同代理人自己订立合同，除非事先征得被代理人同意；②代理人自己不能利用代理关系的便利，同被代理人订立买卖合同，买进被代理人的货物；③代理人非经被代理人的特别许可，不能同时兼为第三人的代理人，从两边收取佣金或报酬。

（3）代理人不得受贿或密谋私利，或与第三人串通损害被代理人的利益。代理人不得谋取超出其被代理人付给他的佣金或酬金以外的任何私利。如果代理人接受了贿赂，被代理人有权向代理人索还，并有权不经事先通知而解除代理关系，或撤销该代理人同第三人订立的合同，或拒绝支付代理人在受贿交易上的佣金或报酬。

（4）代理人不得泄露他在代理业务中所获得的保密情报和资料。代理人在代理协议有效期间或在代理协议终止之后，都不得把代理过程中所得到的保密情报或资料向第三者泄露，也不得利用这些情报或资料与被代理人进行业务上的竞争。

（5）代理人应保持正确的账目。

（6）代理人不得擅自无故把代理权转托给他人。

（二）委托人的权利与义务

1. 委托人的权利。委托人的权利参见代理人的义务。

2. 委托人的义务主要有：

（1）向代理人提供有关业务资料和信息，以便代理人尽快有效地开展代理业务，如提供货样、模型、价目单、广告资料、交易条件等。

（2）支付佣金或报酬。这是委托人最主要的义务。委托人应按照合同约定的佣金标准、支付条件、支付时间、支付方式向代理人支付佣金或报酬。

（3）偿还代理人因履行代理义务而特别支出的费用或遭受的损失。

上述义务只存在于委托代理中，法定代理和指定代理中的被代理人不承担这些义务。

四、无权代理及其后果

无权代理是指没有代理权而以他人的名义进行代理活动的民事行为。它包括没有代理权、超越代理权或者代理权终止后的代理行为。

1. 没有代理权而为代理行为，指无代理权而擅自以他人名义为代理行为。

2. 超越代理权限而为代理行为，指代理人与被代理人之间虽有代理关系，但代理人擅自超越代理权限的代理行为。该行为属于无权代理行为，这是实践中发生无权代理的主要原因。

3. 代理权终止后而为代理行为，即代理关系终止后，代理人仍然以被代理人名义为代理行为。

《民法通则》第66条规定，无权代理行为只有经过被代理人的追认，被代理人才承担民事责任。未经追认的行为，由无权代理人自己承担民事责任。但是，本人知道他人以自己的名义实施民事行为而不作否认表示的，视为同意。根据这一规定，无权代理可能会引起三种法律后果：

1. 被代理人追认。被代理人对无权代理人的代理行为于事后加以追认的，这就等于事后授予了行为人代理权，原来的无权代理变成了有权代理。在这种情况下，被代理人就要对已经追认的代理行为承担民事责任。

2. 被代理人拒绝追认。被代理人对无权代理人的代理行为事后拒绝追认的，无权代理行为就始终没有法律依据，对被代理人没有任何法律约束力，该行为的法律后果由无权代理人承担。如果给不知情的第三人造成财产损失的，行为人应承担法律责任。

3. 被代理人默认。被代理人知道他人以自己的名义实施民事法律行为，却不作出否认表示的，即视为被代理人同意行为人的代理行为，原来的无权代理也变成了有权代理，由被代理人承担该行为的民事责任。

五、代理关系的终止

（一）委托代理的终止原因

1. 代理期限届满或者代理事务完成。代理关系的建立，无论是书面形式还是口头形式，都将代理期限和代理事项作为代理的内容。如果代理的有效期限届满或者规定的代理事项已经完成，委托代理关系即告终止。

2. 被代理人取消委托或者代理人辞去委托。委托代理关系是基于被代理人与代理人之间相互信任的关系而产生的，它又是自愿协商的一种合同关系。如果被代理人或者代理人失去对他方的信任，便可通知对方取消委托或者辞去委托，委托代理关系即告终止。

3. 代理人死亡和代理人丧失民事行为能力。代理关系与人身分不开，不能继承和转让。如果代理人死亡或丧失了民事行为能力，他也就失去了独立进行民事活动的资格。因此，代理关系也就随之终止。

4. 作为被代理人或者代理人的法人终止。法人解散，法人的权利能力和行为能力也就随之消失，作为被代理人或代理人的资格也就不存在了，代理关系即告终止。

（二）法定代理或指定代理的终止原因

1. 被代理人取得或者恢复民事行为能力。法定代理或者指定代理，一般来讲是专为未成年人或精神病患者设置的，如果未成年人已成年，精神病人神志恢复了正常，完全具备了民事行为能力，他自己可以独立地进行民事活动，法定代理人也就失去了代理的意义，代理关系也就终止。

2. 被代理人或者代理人死亡，代理人丧失民事行为能力。在代理关系中，如果被代理人死亡，他就失去了作为民事主体的资格；如果代理人死亡，他的权利能力和行为能力也随即终止。因此，被代理人和代理人一方死亡，代理关系即行终止。

3. 指定代理的人民法院或指定单位撤销指定。

4. 监护关系的消灭。

第七节　物　权

一、物权的概念与特征

物权是指权利人直接支配其标的物，并享受其利益的排他性权利。物权具有以下特征：

1. 物权是权利人对于物的权利。物权的客体是物。这里的物，原则上是有体物，但也包括无形物，例如担保物权也有在其他权利之上设立的，如土地使用权抵押、知识产权质押。

2. 物权是由权利人直接行使的。物权的特征在于直接支配其标的物，物权人可以依自己的意思对其标的物直接行使其权利，无须他人的意思或义务人行为的介入。在这一点上物权与债权不同，债权人的债权必须依赖债务人履行债务的行为才能实现。

3. 物权以权利人直接支配标的物并享受其利益为内容。物权作为财产权，是一种具有物质内容的、直接体现为财产利益的权利。因此，物权的内容在于享有利益。物权的利益分为三种：①物的归属；②物的利用；③就物的价值而设立的债务的担保。

4. 物权是排他性的权利。物权的排他性是指物权人有权排除他人对其行使物上权利的干涉，而且同一物上不能有内容不相容的物权并存。例如一间房屋上不能同时有两个所有权。

二、物权法的基本原则

（一）平等保护原则

物权法是调整平等主体之间因物的归属和利用而产生的财产关系的法律。物权法平等保护各个民事主体的物权，是由民法调整平等主体之间的社会关系的性质决定的。我国《物权法》规定：国家、集体、私人的物权和其他权利人的物权受法律保护，任何单位和个人不得侵犯。作为物权主体，不论是国家、集体还是私人，都应当给予平等保护。

（二）一物一权原则

一物一权原则是指一物之上只能成立一个所有权，而不能同时成立多个所有权。这有利于确立社会财富的归属关系，定分止争。一物一权的“权”不包含他物权，允许所有权人在自己所有的物上设定以使用为目的的用益物权或以担保为目的的担保物权，这是所有权人行使所有权的方式和实现所有权价值的途径，并不违反一物一权原则。

（三）物权法定原则

关于物权的创设，立法上有两种体例：①放任主义，即物权的创设依当事人的意思，法律上不予限制；②法定主义，即法律规定物权的种类及内容，不允许当事人依其意思设定与法律规定不同的物权。现代各国民法，大都采取法定主义而排斥放任主义。我国《物权法》亦采法定主义原则。

物权的种类和内容之所以要采取法定主义原则，是因为物权具有排他性，通常要涉及第三人的利益。如果允许当事人自由创设物权，就会有害于交易安全。法律从保护第三人的利益和维护社会经济秩序出发，为便于物权的公示，将物权的种类和内容明文规定，仅允许当事人在法定的物权范围内进行选择，不允许当事人自由创设物权。

按照物权法定原则的要求：①物权的种类不得创设，即不得创设法律未规定的新种类的物权；②物权的内容不得创设。

（四）物权公示原则

物权公示是指物权在设立、变动时，必须将物权设立、变动的事实通过一定方法向社会公开，从而使第三人知道。非经法定方式公开，不发生物权变动的效力。我国《物权法》规定：不动产物权的设立、变更、转让和消灭，应当依照法律规定登记。动产物权的设立和转让，应当依照法律规定交付。物权公示的目的在于使利益相关人知晓物之权属状态，以作交易之决计。

三、物权的种类

1. 自物权与他物权。自物权是权利人对于自己的财产所享有的权利，也就是所有权。他物权是指在他人所有的物上设定的物权。由于他物权的内容是在占有、使用、收益或处分某一方面对物的支配，故也是物权的形式。他物权包括用益物权和担保物权两大类。

2. 动产物权与不动产物权。这是根据物权的客体是动产还是不动产所作的区分。不动产所有权、地上权、永佃权、典权等都是不动产物权，而动产所有权、质权、留置权则是动产物权。这种分类的意义在于动产物权与不动产物权的取得方法、成立要件等各有不同，一般来说动产物权的公示方法为占有，而不动产物权的公示方法为登记。

3. 主物权与从物权。这是以物权是否有独立性进行的分类。主物权是指本身就独立存在的物权，如所有权、地上权、永佃权。从物权则是指必须依附于其他权利而存在的物权，如抵押权、质权、留置权，它们是为担保的债权而设定的。

4. 所有权与限制物权。这是以对于标的物的支配范围的不同对物权所作的区分。所有权是全面支配标的物的物权，而限制物权则是于特定方面支配标的物的物权。如土地所有人在自己土地上为他人设定的地上权。限制物权实际上是根据所有权人的意志设定的所有权上的负担，起着限制所有权的作用。

5. 民法上物权与特别法上物权。这是以物权所依据的法律的不同所进行的区分。民法上物权是指在民法典中所规定的物权，特别法上物权则指土地法、海商法等特别法所规定的物权。对两者区分的意义在于，特别法上物权，如果该法有特别规定，应当首先适用该法，在其没有规定时，才适用民法。

6. 所有权、用益物权与担保物权。所有权是所有权人在法律规定的范围内独占性地支配其所有财产，对其占有、使用、收益、处分，并排除他人干涉的权利。所有权是物权中最完整、最充分的物权。用益物权是以物的使用、收益为内容的物权，如地上权、地役权、耕作权等。担保物权是为了担保债的履行而设定的物权，如抵押权、质权、留置权等。用益物权是以物的使用价值为目的而设定的权利；担保物权是以取得物的交换价值为目的而设定的权利。区分用益物权和担保物权的意义在于它们的设定和功能不同。用益物权就物的实体而利用，被称为实体支配权；担保物权就其标的物卖得的价金清偿债务，注重的是标的物的一定价值，而非对物本身的支配，因而被称为价值权。

四、物权的变动

（一）不动产物权的变动

不动产物权的变动是指不动产物权的产生、变更与消灭。不动产物权的变动以登记为公示方法，分为登记要件主义与登记对抗主义两种模式。

1. 登记要件主义。指登记是不动产物权变动的生效要件，未经登记，不动产物权不发生变动。例如，当事人买卖房屋必须办理产权过户登记手续，未办理登记，房屋所有权不发生转移。我国不动产物权的变动以登记要件主义为基本原则。

我国《物权法》还规定：当事人之间订立有关设立、变更、转让和消灭不动产物权的合同，除法律另有规定或者合同另有约定外，自合同成立时生效；未办理物权登记的，不影响合同效力。这在民法上被称为“区分原则”，即区分合同效力与物权变动的效力。当事人即使没有办理登记，也只导致物权不能发生有效变动，合同仍然生效。

2. 登记对抗主义。指未经登记，物权变动只在当事人之间发生效力，但是不得对抗善意第三人，即若第三人不知道物权发生变动，则物权变动对第三人不发生效力。我国采登记对抗主义模式的情形包括船舶、航空器和机动车等物权的变动，宅基地使用权的变动，地役权的变动，动产抵押权的变动等。

（二）动产物权的变动

我国动产物权的设立和转让，以交付为生效要件。其中，交付分为现实的交付和观念的交付。现实的交付是指动产物权的出让人将动产的占有实际地转移给受让人，由受让人直接占有该动产。观念的交付是指在特殊的情况下，法律允许当事人通过特别的约定，并不实际地交付动产，而采用一种变通的交付方法。观念交付主要包括：

1. 简易交付。指动产物权转让前，如果权利人已经依法占有了该动产，就无须再实际交付，从法律行为发生效力时起直接发生物权变动的效力。例如受让人通过租赁、借贷、委托等方式实际占有了该动产，则从转移标的物所有权的合同生效时起，视为交付。

2. 指示交付。指动产物权转让时，如果该动产已经由第三人占有，转让人可以将其对第三人的返还请求权转让给受让人，以代替物的实际交付。

3. 占有改定。也称继续占有，指动产物权转让时，如果转让人希望继续占有该动产，当事人双方可以订立合同，特别约定由转让人继续占有该动产，而受让人取得标的物的间接占有，以代替标的物的实际交付。

五、物权的效力

物权的效力是指物权的优先效力和物权请求权效力。

（一）物权的优先效力

物权的优先效力，是指权利效力的强弱，即同一标的物上有数个利益相互矛盾、冲突的权利并存的，具有较强效力的权利排斥或先于具有较弱效力的权利的实现。物权的这种优先效力体现在两个方面：

1. 物权对于债权的优先效力。在同一标的物上物权与债权并存时，物权有优先于债权的效力。这主要表现在两个方面：

（1）某物已为债权的标的，如就该物再成立物权时，则物权有优先的效力。例如，甲允诺将一辆汽车出卖给乙，乙就取得了请求甲交付该辆汽车的债权，但后来甲又将这一辆汽车出卖给丙，并交付给丙，丙取得了该已交付汽车的所有权，较乙的债权优先，这时乙只能要求甲承担债务不履行的责任，而不能要求获得该辆汽车的所有权。物权优先于债权的原则有极少数的例外。例如，不动产租赁使用权，在民法上也属于债权，如甲将其所有的房屋出租给乙，以后又将该房屋出卖给丙，在丙取得房屋的所有权后，乙仍然可以对丙主张其租赁使用权。

（2）在债权人依破产程序或强制执行程序行使其债权时，在债务人的财产上成立的物权具有优先效力，即在债务人的财产上设有担保物权的，担保物权人享有优先受偿的权利。

2. 物权相互间的优先效力。这种优先效力，是以物权成立时间的先后，确定物权效力的差异。一般说来，两个性质上不能共存的物权不能同时存在于一个物上，故而后发生的物权当然不能成立，如在某人享有所有权的物上，他人不得再设立所有权。如果物权在性质上并非不能共存，则后发生的物权仅于不妨碍先发生的物权的范围内得以成立，就是说后发生的物权不得不让先发生的物权居于优先地位。如就同一物上设立数个抵押权，则先发生的抵押权优于后发生的抵押权。再如抵押权设立后再设立地上权时，地上权因抵押权的实行而消灭。但于地上权设立后再设立抵押权时，地上权不因抵押权的实行而消灭。

(二) 物权请求权效力

物权的权利人在其权利的实现上遇有某种妨害时，有权对妨害其权利实现的人请求除去其妨害，称为物权请求权。物权请求权包括返还请求权、妨害排除请求权和妨害预防请求权三类。物权请求权是保障物权人对于物的支配权所必需的，它是物权所特有的效力。

六、所有权

(一) 所有权的概念与特征

所有权是指所有人依法对自己的财产享有占有、使用、收益和处分的权利。它具有下列特征：

1. 所有权是民事主体最重要的权利之一。在各种民事法律关系中，所有权关系处于很重要的地位，它是社会再生产中财产转让和商品交换关系产生的前提条件和最终目的。其他民事法律关系，如债与合同、继承关系等，都是以所有权关系为其出发点和归宿的。

所有权法律关系主体的主要一方是财产的所有人，而另一方则是所有人以外的其他人。也就是说，所有权是财产所有人的权利，任何人都负有不得侵犯所有人的财产所有权的义务。财产所有权关系的权利主体的特定性与义务主体的不特定性和其不作为的义务，是所有权法律关系的一个显著特征。

2. 所有权是完全的物权。所有权具有物权的一切法律特征，它是最主要的基本的物权。在物权中，所有权是自物权，又是唯一的完全的物权，这一切又使所有权同其他物权区别开来。在财产所有权法律关系中，财产所有人的权利和义务都是针对物质财富的。所有权就是以对标的物的占有、使用、收益和处分为其内容的权利。所有人对属于他所有的物，享有占有和充分完整的支配权利。

所有权是他物权的基础。财产的使用权、收益权、承包权以及诸如采矿权、共有权、相邻权等以使用、收益为目的的权利，都来源于所有权，是所有权派生的权利。抵押权、质权、留置权等担保性质的他物权同样是以所有权为基础的。

3. 所有权具有独占性和排他性。所有权是对财产所有人的物质利益的法律保障，并排除他人干涉。所有权的排他性是指所有人依法享有自主自愿支配其财产的权利，任何人都不得对所有人正当行使权利加以妨碍或干涉。如果所有人对物的利益受到非法侵犯或者权利的行使受到他人妨碍时，所有人有向侵犯、妨碍其行使权利的人提出追索、排除妨碍等的请求权。

（二）所有权的内容

所有权的内容是指其具体权能，包括：

1. 占有权。即对财产的实际控制的权利。占有权可以由所有人享有，也可以由非所有人享有。非所有人占有根据有无法律依据，可以分为合法占有和非法占有。合法占有是指依照法律规定或所有人的意志由非所有人享有占有权；非法占有是指没有法律依据，也没有取得所有人的同意而占有他人的财产。非法占有是对所有权的侵犯，但非法占有又可根据占有人有无过错分为善意占有和恶意占有。善意占有是指非法占有人在占有某项财产时，不知道或不应该知道其占有为非法。恶意占有是指非法占有人在占有某项财产时，已经知道或者应当知道其占有为非法占有。根据这两种非法占有的不同，确定民事责任的依据也有所不同。

2. 使用权。它是指为了满足生产和生活的需要，按照财产的性能和用途对财产进行利用的权利。使用权是直接于占有物之上行使的权利，因而使用权的存在以占有物为前提。

3. 收益权。这是指在财产上取得某种经济利益的权利。通常收益权是通过对物的使用直接获取收益，但是在某种情况下，所有人并不行使其使用权而直接获取收益。

4. 处分权。即指对财产进行处置、决定财产命运的权利。处分分为事实上的处分和法律上的处分。前者是指把财产直接消耗在生产和生活中；后者依法将财产转让。处分权是所有人最基本的权利，在一般情况下，由所有人直接行使。

占有、使用、收益和处分的权利是所有权的内容，但是在实际生活中，这些权能都可以根据所有人的意志和利益，依法与所有人发生分离。通过这种分离，能够充分发挥财产的用途，增加物质财富，满足所有人和非所有人的生产和生活需要。所有权的各项权能与所有人分离并不意味着所有人因此而丧失所有权，相反，这正是所有人行使其所有权的方式。

（三）所有权的取得与消灭

所有权的取得方法分为原始取得与继受取得两种。

1. 原始取得，即最初取得的意思。指所有权的取得不是以原所有人转让其所有权为基础，而是由于某种事实的发生，依法独立取得财产所有权。如自己通过生产劳动创造了新的物品，这一收获即原始取得。所有人不明的埋藏物、隐藏物，应归国家所有。

2. 继受取得，是指所有权的取得，以他人既有的财产所有权为依据，通过民事法律行为实现。如通过买卖、赠与、继承等民事法律行为，可将财产所有权由原所有人转归新所有人。遗失物、漂流物或失散的饲养动物，拾得人不能取得所有权，应当归还原主。失主不明的，应交给国家有关机关招领。在规定的招领期限内无人认领的，归国家所有。拾得人为此支出的费用由失主偿还或由接收单位给予补偿。

所有权消灭，是指因某种法律事实致使财产所有人丧失其所有权。实践中所有权消灭的原因主要有以下几种：

1. 所有权的转让。这是财产所有人对其财产行使处分权的一种结果。财产所有人依法自愿将自有的财产通过合同方式出卖、赠与他人，是财产所有权的转让。转让的结果使出让人的所有权消灭了，而受让人取得了财产所有权。

2. 所有权客体的灭失。这是指作为所有权客体的财产改变或消灭，致使所有人丧失了所有权。例如，将消费品用掉；因火灾而使财产不复存在。

3. 所有权主体的消灭。这是指作为所有权人的自然人死亡以及法人解散、被撤销等。由于其权利主体资格消灭了，其财产依法定程序转移给他人所有，因而其财产所有权也归于消灭。

4. 所有权的抛弃。这是指权利主体主动放弃其财产权或者抛弃其某项财产，致使所有权消灭。如放弃债权或将自己的财物扔掉等。

5. 所有权被强制消灭。这是指国家依法采用强制手段，迫使所有权人转移所有权。如依法对某项财产进行征用、征购、拍卖等。

（四）建筑物区分所有权

建筑物区分所有权，是指业主（房屋所有人）对建筑物内的住宅、经营性用房等专有部分享有所有权，对专有部分以外的共有部分享有共有和共同管理的权利。专有部分是指构造上能够明确区分，具有排他性，可以独立使用并能够登记成为特定业主所有的客体，主要指建筑物内的住房；共有部分是指除了专有部分之外的所有部分，包括小区的公共场所、公共设施、道路、绿地等。业主对专有部分享有所有权；对共有部分享有使用权、收益权等共有和共同管理的权利，如频繁使用电梯、将共有部分出租而获得收益等。

此外，业主对共有部分还负有多项义务，如按共有部分的原本用途使用、分担维护共有部分正常使用的费用等。业主不得以放弃权利为由不履行义务，例如，业主不得以不在小区居住为由拒绝支付物业费用。

（五）相邻关系

相邻关系，是指相互毗邻的不动产权利人之间在行使所有权或者使用权时，因相互间给予便利或者接受限制所发生的权利义务关系。相邻权不是一种单独的物权，而是所有权的延伸和扩展，是所有权权能的体现。其依据法律规定而产生，扩展一方所有权，限制他方排除请求权，课以作为或不作为义务并设补偿制度，以实现当事人双方利益关系的平衡。相邻关系包括：

1. 因用水、排水产生的相邻关系。不动产权利人应当为相邻权人用水、排水提供必要的便利。对自然流水的利用，应当在不动产的相邻权利人之间合理分配。

2. 因通行产生的相邻关系。不动产权利人对相邻权人因通行等必须利用其土地的，应当提供必要的便利。

3. 因修建施工、铺设管线所产生的相邻关系。因建造、修缮建筑物以及铺设电线、电缆等必须利用相邻土地、建筑物的，该土地、建筑物权利人应当提供必要便利。

4. 因通风、采光而产生的相邻关系。建造建筑物，不得违反国家有关工程建设标准，妨碍相邻建筑物的通风、采光和日照。

5. 因排污而产生的相邻关系。不动产权利人不得违反国家规定弃置固体废物，排放大气污染物、水污染物、噪声、光、电磁波辐射等有害物质。

不履行相邻关系义务时，应当承担法律责任，包括消除危险、恢复原状、赔偿损失等。

（六）共有

共有是指两个或两个以上的权利主体就特定的动产和不动产共同享有所有权的一种法律制度。我国《物权法》专设“共有”一章，内容包括按份共有、共同共有与准共有。

1. 按份共有。指数人按照各自的份额，分别对共有财产享有权利，承担义务。按份共有人依其份额对共有财产享有所有权，可以自主处分其应有份额，在同等条件下，其他共有人有优先购买权。共有人按照约定管理共有物，没有约定或约定不明的，各共有人都有管理的权利和义务。按份共有通常是基于当事人的意思发生，也可能基于法律规定发生。共有人对共有物没有约定或约定不明的，除具有家庭关系外，视为按份共有。

2. 共同共有。指数人基于共同关系而共同享有一物所有权，共同享有权利、承担义务。各个共同共有人之间不存在份额的划分，共有物的处分、管理、利用以及收益的分配应该征得全体共有人的同意。共同共有或由法律规定，或因法律行为而形成，其基本类型包括夫妻共有、家庭共有和遗产分割前的共有。

3. 准共有。指数人按份共有或者共同共有所有权以外的财产权，包括用益物权和担保物权。准共有的有关规则，参照法律关于共有的规定。

（七）所有权的民法保护方式

1. 我国民法保护财产所有权的一般方式有：

（1）请求确认所有权。当所有权的归属发生争议时，当事人可以请求人民法院确认其所有权。

（2）请求返还原物。所有人在其财产被他人非法占有时，可以向人民法院提起诉讼，请求法院依法强令不法占有人返还原物。如果原物已经灭失，则可请求赔偿损失。

（3）请求恢复原状。所有人在其财产被他人非法侵害遭到损坏时，如果能够恢复，则所有人有权要求加害人恢复财产原来的状态。

（4）请求停止侵害。所有人的财产直接受到他人不法行为的侵害时，所有人有权请求加害人停止正在进行的侵害。

（5）请求排除妨害。所有人对其财产虽未丧失占有，但由于他人的不法行为，使所有人无法行使其所有权，所有人有权请求排除妨害。

(6) 请求赔偿损失。所有人的财产因他人的不法行为而遭受毁损或灭失时，所有人可以向人民法院提起诉讼，要求加害人赔偿损失。

2. 我国民法保护财产所有权的特别方式有：

(1) 善意取得制度。是指无所有权或无权以自己的名义处分他人之物的人，在将其占有的财产不法转让给第三人以后，如果受让人在取得该财产时出于善意，不知道转让人为无权处分人，则受让人依法取得该财产的所有权，原所有权人不得要求受让人返还财产，而只能请求无权处分人赔偿相应的损失。该制度存在的基础是物权公示的公信力。

(2) 拾得遗失物制度。是指所有人或合法占有人因不慎丢失而非故意抛弃动产后，拾得该动产的人，应将该动产归还失主，若拾得人拒绝返还，原权利人可以基于侵权提起诉讼。

七、用益物权与担保物权

(一) 用益物权的概念与特征

用益物权是从所有权分离出来的他物权，是指对他人财产进行使用和收益的权利。用益物权的法律特征是：

1. 用益物权是以所有权的权能为内容，而对所有权的行使有所限制的权利。这种权利对物的非所有人来说是一种有限的支配权；对物的所有人来说对其所有权的行使也是一种限制。从这个意义上说，用益物权也称为限制物权。

2. 用益物权是非所有人基于法律、合同或其他合法途径而取得的权利，是对他人的财物享有的直接支配权。

3. 用益物权是从所有权分离出来的相对独立的他物权，是可以对抗所有权的对世权。

(二) 用益物权的种类

1. 地上权。地上权，是指在他人的土地上建筑、植树的权利。建筑是指在他人的土地上建造厂房、住宅、堤坝、水渠等设施。植树是指营造竹、木等。

地上权具有一般物权的性质和特征。地上权的权利主体是特定的，而义务主体是不特定的。地上权不需要他人的协助就能实现其权利，只需要排除他人的干涉。地上权人有物权请求权，并且有追及效力，不论土地转让至何人之手，都可以追及主张其权利。我国相关立法中所规定的土地使用权、宅基地使用权、农地使用权等都是典型的地上权。

2. 地役权。地役权，是指为了自己使用、经营土地的方便而使用他人土地的权利。如为了耕种自己的土地，需要经过他人土地而取得的通行权；为了排灌自己土地的水，必须流经他人土地的排灌权等，都属于地役权。

地役权的构成，是为了占有、使用、经营自己的土地而使用他人的土地，因此必须有两块土地的存在。提供给他人使用的土地称为供役地；因使用他人土地而获得便利的土地称为需役地。

3. 典权。典权，是指典权人支付典价、占有出典人的不动产，而取得使用和收益的权利。典权制度在我国具有悠久的历史。

典权具有以下特征：①出典人将其不动产交给典权人，而典权人支付典价，占有出典人的不动产；②典权人占有典物，享有使用、收益权，并享有物权请求权和追及效力；③在典权存续期间，典权人不付租金，回赎时出典人也不付利息；④典权人对典权可以设定担保和转让；⑤出典人有回赎权，就是用原典价将典物赎回，从而典权终止。如果双方同意，也可将典物卖给典权人所有，但应当找补典价与卖价的差额。

4. 承包经营权。承包经营权，是指依照法律规定或合同的约定，由财产所有人授予承包经营人对承包客体享有的占有、使用、收益权。

现阶段我国承包经营主要有三种类型：①集体所有制单位承包国家财产；②自然人承包集体财产；③自然人承包国家财产。承包经营权的客体主要是企业、土地和其他自然资源，其中以农村的农地使用权最为重要。我国《民法通则》第 80 条第 2 款规定："公民、集体依法对集体所有的或者国家所有由集体使用的土地的承包经营权，受法律保护。承包双方的权利和义务，依照法律由承包合同规定。"第 81 条第 3 款规定："公民、集体依法对集体所有的或者国家所有由集体使用的森林、山岭、草原、荒地、滩涂、水面的承包经营权，受法律保护。承包双方的权利和义务，依照法律由承包合同规定。"

（三）担保物权的概念和特征

担保物权是为了担保债务的履行，在债务人或第三人的特定物或权利上所设定的物权。担保物权的法律特征是：

1. 担保物权是一种从物权。担保物权的存在，是以债权的存在为前提的，并且随着债权的消灭而消灭，是从属于债权的从物权。

2. 担保物权必须以特定物或权利为标的。一般物权是对标的物直接使用、收益、处分的支配权，即以支配物的本身为标的；而担保物权则是以一定价值的取得为目的，其宗旨是确保债的清偿。因此，担保物权的标的必须是特定的。

3. 担保物权人有排除他人干涉的权利和追及权。担保物落入他人之手的，债权人可以追及主张其权利。同时，在债务人不履行债务时，债权人可以行使对担保物的处分权，并取得优先受偿的权利。

担保物权制度主要集中规定于《中华人民共和国担保法》中。

（四）担保物权的种类

1. 抵押权。抵押权是指债务人或者第三人向债权人提供一定的财产作为抵押物用以担保债务的履行，债务人不履行债务的，债权人有权依照法律规定以抵押物折价或者以拍卖、变卖抵押物所得的价款优先受偿的权利。抵押权的特征是：

（1）设定抵押权的目的在于确保债务的清偿。抵押权为担保债权而发生，它不能脱离债权而独立存在。

（2）抵押权人享有从抵押财产的价值中优先受偿的权利。在债务人到期不履行义务，用抵押物折价或者以拍卖、变卖抵押物所得的价款偿还债务时，抵押权人的受偿权优先于其他债权人。优先受偿权是抵押权的本质特征。

（3）抵押人不转移其对抵押物的占有。换言之，抵押权人并不实际占有抵押物。

（4）抵押物包括不动产和动产。在我国，抵押物主要有房屋及其他地上定着物、机器、交通运输工具及其他财产、国有土地使用权、荒地土地使用权等。

（5）抵押权具有追及力。当抵押人将抵押财产擅自转让给他人时，抵押权人仍可以追及抵押物而行使权利。抵押人在抵押财产上设立其他权利时，抵押权不受影响。

（6）抵押须到抵押物登记部门办理抵押物登记。但当事人以《担保法》规定以外的其他财产抵押的，抵押物登记采取自愿原则。

2. 质押权。质押权简称质权，是指债务人或第三人将其动产或权利凭证移交债权人占有，作为债权的担保，当债务人不履行债务时，债权人有权以该动产或权利折价或以拍卖、变卖该动产所得的价款优先受偿。质押权也称质权，其法律特征是：

（1）质押关系中的债权人为质权人，债务人或第三人为出质人，移交的动产或权利为质物。质物分为动产和权利两类，以动产出质的称为动产质押，以权利出质的称为权利质押。

（2）质押权须以质权人实际占有质物为条件。换言之，出质人须将质物（动产或权利凭证）移交给质权人占有。这是质押与抵押最显著的区别。

（3）质权人负有妥善保管质物的义务。如因保管不善而致质物灭失或毁损的，质权人应承担民事责任。质押期间，质物产生的孳息归质权人，除非质押合同另有约定。

（4）如质物有损坏或价值明显减少的可能，足以危害质权人权利的，质权人可以要求出质人提供相应的担保，否则质权人可以拍卖或者变卖质物以提前清偿债权，或将所得价款向出质人同意的第三人提存。

（5）权利质押的标的包括：汇票、支票、本票、债券、存款单、仓单、提单；依法可转让的股份、股票；依法可转让的商标专用权、专利权和著作权中的财产权。以股票、商标专用权、专利权、著作财产权出质的，应向管理部门（股票为证券登记机构）办理出质登记，质押合同自登记之日起生效。

3. 留置权。留置权是指债权人按照合同约定占有债务人的动产，债务人不按照合同约定的期限履行债务的，债权人有权依照规定留置该财产，以该财产折价或者拍卖、变卖该财产所得的价款优先受偿。留置权具有以下法律特征：

（1）留置权产生的前提是留置权人依据合同已经实际占有债务人的财产。换言之，合同关系的存在是留置权的基础，留置只发生在债权人与债务人之间，对第三人的财产不得留置。这是留置权与抵押权、质押权的主要区别。实践中，留置权多发生在保管合同、运输合同、加工承揽合同关系中。

(2) 留置担保的范围不仅包括主债权，还包括主债权的利息、违约金、损害赔偿金、留置物保管费用和实现留置权的费用。

(3) 留置物只能是动产，并由留置权人实际占有。留置权人负有妥善保管留置物的义务，如因保管不善而致留置物灭失或者毁损的，留置权人应当承担民事责任。

(4) 留置权在债务期限届满时产生，但债权人须给予债务人至少 2 个月的宽限期，当债务人在宽限期满仍不履行债务时，留置权人才可以将留置物折价或拍卖、变卖留置物，实现债权。

八、占有

占有是占有人对物的事实上的控制和支配。占有是一种事实状态，而不是一种权利，只是由于法律的规定，占有才获得权利的性质。占有作为一种事实状态，体现了既存的社会财产现状。为维护财产秩序和生活秩序，法律对占有进行一般保护，主要包括：

1. 占有物返还请求权。指占有人在其占有物被他人侵夺以后，可依法请求侵占人返还占有物的权利。

2. 排除妨害请求权。指占有人在其占有受到他人妨害时，有权请求他人去除妨害。

3. 消除危险请求权。指占有人的占有可能遭受他人妨害时，占有人有权请求他人采取一定的措施以防止妨害占有的后果。

第八节 债 权

一、债的概念

债是指特定当事人之间的一种民事法律关系。我国《民法通则》第 84 条第 1 款规定："债是按照合同的约定或者依照法律的规定，在当事人之间产生的特定的权利和义务关系……"可见，我国民事立法是把债作为特定当事人之间的一种民事法律关系予以规范的。进一步说，民法上的债，泛指某种特定的权利和义务关系。在这种民事法律关系中，一方享有请求他方为一定行为或不为一定行为的权利，而他方则负有满足该项请求的义务。例如，在买卖关系中，买方有请求卖方依约交付出卖物归其所有的权利，而卖方则相应地负有将出卖物交付买方的义务。在债的法律关系中，享有权利的一方称债权人，负有义务的一方称债务人。生活中的各种合同关系以及致人损害而引起的赔偿关系，都是特定当事人之间的一种民事法律关系，因而都是债的关系。

二、债权与物权的区别

债权与物权关系都属于财产权关系，都是民法调整财产关系的结果。但是二者又有不同的特征，主要表现在以下几个方面：

1. 从反映的社会关系上看，二者的性质不同。债权反映动态的财产关系，即财产流转关系，也就是财产由一个主体转移给另一个主体的关系；物权则主要反映静态的财产关系，也就是财产的归属关系。所有权是财产流转的前提和结果，债权则是财产流转的法律表现。

2. 从法律关系的主体上看，二者的主体范围不同。债权是特定的当事人之间的法律关系，其双方主体都是特定的，债权人的权利原则上只对债务人发生效力。所以民法理论上将债权称为对人权。而物权关系，是特定的权利主体和不特定的义务主体之间的一种法律关系，即物权关系中的义务主体是不特定的，物权人的权利对所有人以外的一切人都发生效力。因此，民法理论上将物权称为对世权。

3. 从法律关系的客体上看，二者的客体范围不同。债权的客体可以是物，也可以是行为等；而物权的客体只能是物，不包括行为。

4. 从法律关系的内容上看，二者的内容不同。债权人的权利主要并不体现在自己实施某种行为的可能性上，而是要求债务人为一定行为或不为一定行为。在一般情况下，债权人权利的实现须依靠债务人的行为，而物权人无需借助于他人的行为，就可以实现自己的权利。

三、债发生的根据

债发生的根据是指产生债的法律事实。能够产生债的法律事实的有如下几类：

（一）合同

合同是当事人之间设立、变更、终止民事法律关系的协议。依法成立的合同受法律保护，当事人通过订立合同设立的以债权、债务为内容的民事法律关系，称为合同之债。在现实经济生活中，各民事主体主要通过订立合同来明确相互间的权利义务关系，即发生债。因合同设立债，是民事主体积极主动地参与民事活动的表现。因此，合同是产生债的最常见、最主要的法律事实。我国债法的内容主要是合同。

（二）不当得利

不当得利是指没有法律或合同上的根据取得利益，而致他人受损害。发生不当得利的事实时，因为一方取得利益没有合法的根据，是不正当的，另一方因而受到损害，所以依照法律规定，受损的一方有权请求不当得利人返还所得的利益，不当得利人有义务返还其所得利益。当事人之间即发生债权债务关系。因不当得利所发生的债，称为不当得利之债。

（三）无因管理

无因管理是指没有法定的或者约定的义务，为避免他人利益受损失进行管理或者服务的行为。对他人事务进行管理或者服务的人是管理人，因管理人管理事务或服务而受利益的人为本人，又称受益人。无因管理发生后，管理人与受益人之间就产生一种债的法律关系即无因管理之债。

（四）侵权行为

侵权行为是指侵害他人财产或人身权利的不法行为。一方实施侵权行为时，依照法律的规定，侵害人和受害人之间就会产生民事权利义务关系，受害人有权要求侵害人赔偿，侵害人有义务负责赔偿。因为侵权行为会引起侵害人与受害人之间的债权债务关系，所以侵权行为也是债的发生根据。因侵权行为发生的债叫侵权行为之债。

四、债的分类

债可以依特定的标准分为许多种类，常见的分类有如下几种：

（一）合同之债和非合同之债

根据债的发生原因不同，债可以分为合同之债和非合同之债。合同之债，即当事人双方或数方之间因签订合同而发生的债，这是最为常见也最多的一类债。非合同之债，是指不是因参加者的协议而发生的债，它包括侵权之债、不当得利之债、无因管理之债等。债的这种分类实际意义在于：上述各种债的法律特征不同，法律调整也各不相同。各种合同之债适用的是合同法；侵权之债适用的是侵权法；不当得利之债、无因管理之债适用的是相关的法律。

（二）特定物之债和种类物之债

特定物之债和种类物之债，是根据债的标的物属性的不同而划分的。以特定物为标的物的债称特定物之债，以种类物为标的物的债称种类物之债。前者在债发生时，其标的物即已存在并已特定化。后者在债发生时，其标的物尚未特定化，但当事人双方必须就债的标的物的种类、数量、质量、规格或型号等达成协议。债的这种分类的法律意义在于：①特定物之债的履行，除非债务履行前标的物已灭失，债务人不得以其他标的物代为履行；种类物之债不存在这个问题。②在法律规定或当事人约定的情况下，特定物之债的标的物所有权可自债成立之时发生转移，标的物意外风险亦随之转移；种类物之债的标的物所有权只能自交付之时起转移，其意外风险也将自交付之日起转移。

（三）按份之债和连带之债

按份之债是指债的一方主体为多数人，各自按照一定的份额享有权利或承担义务的债。债权主体一方为多数人，各债权人按一定份额分享权利的，为按份债权；债务主体一方为多数人，各债务人按一定份额分担义务的，为按份债务。

连带之债是指债的主体一方为多数人，多数人一方当事人之间有连带关系的债。所谓连带关系，是指对于当事人中一人发生效力的事项对于其他当事人同样会发生效力。连带之债包括连带债权和连带债务。债权主体一方为多数人且有连带关系的，为连带债权；债务主体一方为多数人且有连带关系的，为连带债务。《民法通则》第87条规定："债权人或者债务人一方人数为二人以上的，依照法律的规定或者当事人的约定，享有连带权利的每个债权人，都有权要求债务人履行义务；负有连带义务的每个债务人，都负有清偿全部债务的义务，履行了义务的人，有权要求其他负有连带义务的人偿付他应当承担的份额。"按照这一规定，连带之债既可因法律的直接规定发生，也可因当事人的约定而发生。

（四）主债与从债

根据两个债之间的关系，债可分为主债和从债。主债是指能够独立存在，不以他债为前提的债。凡是不能独立存在，须以主债的存在为成立前提的债，为从债。区分主债与从债的意义在于：从债对主债起担保作用，从债的效力决定于主债的效力，它随主债的存在而存在，随主债的消灭而消灭。

五、债的履行

（一）债的履行的概念

债的履行是指债务人依照合同的约定或依照法律规定全面履行自己的义务。《民法通则》第84条第2款规定："债权人有权要求债务人按照合同的约定或者依照法律的规定履行义务。"

（二）债的履行的原则

1. 实际履行原则。实际履行原则是指当事人应严格按照债规定的标的履行，不能以其他标的代替。例如一份电器买卖合同，卖方不能以服装交货。如一方违背义务，他方可以请求法院强制其继续履行。

2. 协作履行原则。协作履行原则是指债的当事人在债的履行中应相互协作，诚信以待，以保证相互义务的圆满执行，相互权利的充分实现。债权人应为债务人履行义务创造必要的条件，在履行事项发生变更时应及时通知债务人，以便对方作出必要的准备或补救措施。

3. 适当履行原则。适当履行原则是指当事人应按照法律规定或合同约定全面正确地履行债务，包括按照债的履行期限、地点、方式履行其义务。

六、债的担保

（一）债的担保的概念与特征

债的担保是债法中的重要制度，它是保障债权人实现其权利的最为有效的措施。债的担保具有以下特征：

1. 从属性。它是指担保之债与被担保之债之间的主从关系。被担保之债为主债，担保之债为从债，后者受前者效力的制约。

2. 自愿性。担保在通常情况下都是由当事人通过合同而自愿创设的。是否设立担保，采用何种担保形式，担保范围的大小等，均由当事人协商确定，法律不加干涉。

3. 目的性。它是指债的担保具有明确的目的，即确保债权人利益充分有效地实现。

依照《民法通则》和《担保法》的规定，债的担保方式有保证、定金、抵押、质押、留置五种。后三种担保属于担保物权的性质，在上一节已述，本节从略，只介绍前两种担保。

（二）保证

1. 保证的概念及特征。保证是指由第三人向债权人担保，在债务人不履行债务时，由他负责履行债的全部或一部分的一种担保方式。这里，承担担保责任的第三人称为保证人，其债务被担保的人称为被保证人。我国《民法通则》第89条第1项规定：“保证人向债权人保证债务人履行债务，债务人不履行债务的，按照约定由保证人履行或者承担连带责任……”《担保法》第6条规定：“本法所称保证，是指保证人和债权人约定，当债务人不履行债务时，保证人按照约定履行债务或者承担责任的行为。”由上可知，保证具有以下特征：

（1）保证本身是一种合同关系，是第三人与债权人签订的关于保证债务人履行债务的一种从属性的合同。债权人与债务人之间所设立和存在的合同关系，是保证合同产生和存在的前提。

（2）一般的保证合同虽然与其所保证的债权的关系密不可分，但保证人并非主债的当事人。只有债务人即被保证人不履行其义务时，债权人才可以要求保证人承担保证责任。

2. 保证的方式。保证的方式依担保法的规定分为两种：①一般保证；②连带责任保证。一般保证是指当债务人不能履行债务时，由保证人承担保证责任。连带责任保证是指债务人在主合同规定的履行期届满而没有履行债务的，债权人可以要求债务人履行债务，也可以要求保证人承担责任。二者最主要的区别是：如为一般保证，则只有在主债务人确实不能履行债务时，保证人才承担责任。换言之，债权人首先应向债务人追偿债务，而不能直接向保证人主张权利，保证人在主合同纠纷未经审判或仲裁并就债务人财产依法强制执行仍不能履行债务前，有权拒绝对债权人承担责任。而若为连带责任保证，则一旦主债务履行期限届满债务人未履行债务，债务人就可以直接向保证人主张权利，要求保证人承担保证责任。因此，连带责任保证是一种比一般保证更为严格的保证方式。当事人可以在保证合同中约定采用哪一种保证方式，如当事人对保证方式没有约定或约定不明确，按连带责任保证承担保证责任。

3. 保证的效力。

（1）保证责任的范围。保证担保的范围包括主债权及利息、违约金、损害赔偿金和实现债权的费用，当事人可以约定保证责任范围的大小，选择其中一项或数项或全部进行担保。如当事人对保证责任范围没有约定或约定不明确，则保证人应对全部债务承担责任。

（2）主合同当事人变更对保证责任的影响。在保证期间内，如债权人依法将主债权转让给第三人，不影响保证的效力，保证人仍应在原保证担保的范围内继续承担保证责任。如债权人许可债务人转让债务给第三人，应取得保证人的书面同意，否则保证人不再承担保证责任。

（3）主合同内容变更对保证责任的影响。如债权人与债务人协议变更主合同，应取得保证人的书面同意，否则保证人不再承担保证责任。

（4）保证责任的期间。当事人可以在保证合同中约定保证人承担保证责任的期间。未约定期间的，一般保证为主债务履行期届满之日起6个月，在此期间内若债权人未对债务人提起诉讼或者申请仲裁的，保证人的保证责任得以免除；连带责任保证也为主债务履行期届满之日起6个月，在此期间内若债权人只对债务人而未对保证人要求承担责任的，保证人的保证责任得以免除。

（5）保证责任的免除与保证人的抗辩权。除上述因主合同当事人的变更、内容的变更、保证期间届满等原因而致保证责任免除外，保证责任在下列两种情况下也得免除：①主合同当事人双方串通，骗取保证人提供保证的；②主合同债权人采取欺诈、胁迫等手段，使保证人在违背真实意思情况下提供保证的。保证人在上述两种情形下可以行使抗辩权。

（6）共同保证。同一合同债务也可以由几个人作保证。两个或两个以上的保证人对同一义务人保证同一义务的，叫共同保证。共同保证的各保证人依法律规定或相互约定承担保证责任。共同保证人可以约定按份承担保证责任，也可以约定承担连带保证责任。若法律和合同没有明确规定各共同保证人的保证范围，则推定为各保证人负连带保证责任。

七、定金

1. 定金的概念和性质。定金是指合同当事人一方，以保证合同履行为目的，于合同成立时或未履行前，在合同规定的范围内给对方的一定数额的款项。《民法通则》第89条第3项规定："当事人一方在法律规定的范围内可以向对方给付定金。债务人履行债务后，定金应当抵作价款或者收回。给付定金的一方不履行债务的，无权要求返还定金；接受定金的一方不履行债务的，应当双倍返还定金。"定金具有以下性质和作用：

（1）证约作用。定金具有证明合同成立的作用。定金一般是在合同订立时交付，这一事实足以证明当事人之间合同的成立。因此，定金是合同成立的证据。

（2）预先给付的性质。定金只能在合同履行前交付，因而具有预先给付的性质，正因为定金具有预先给付的性质，所以定金的数额应在合同规定的应给付的数额之内，在主债务履行后定金可以抵作价款或返还。

（3）担保作用。定金具有担保效力。因为定金交付后，在当事人不履行债务时会发生丧失定金或者加倍返还定金的后果，因而它起到督促当事人履行合同，确保债权人利益的担保作用。

2. 定金的成立和效力。定金由当事人订立定金合同成立。定金合同除需具备合同成立的一般条件外，还须具备以下条件：①定金合同以主合同（主债）的有效成立为前提。这是由定金合同的从属性决定的。②定金合同以定金的交付为成立要件。定金合同为实践性合同，只有双方当事人的意思表示一致，而没有一方向另一方交付定金的交付行为的，定金合同不能成立。③定金的数额由当事人约定，但不得超过主合同标的额的20%。

定金给付后，发生以下三方面的效力：①证明合同的成立；②在合同履行后，定金可抵作价款；③在合同不履行时，适用定金罚则，即交付定金一方不履行合同的，则丧失定金；接受定金一方不履行合同的，应当双倍返还定金。这是定金的主要效力，体现了定金的担保性质。

八、债的终止

（一）债的终止的概念

因一定法律事实的出现而使既存的债权债务关系客观上不复存在，就叫债的终止，也叫债的消灭。

（二）债的终止的原因

引起债的终止的原因主要有：清偿、抵销、提存、混同、免除以及当事人死亡等。现分别简述如下：

1. 债因清偿而终止。所谓清偿，指的就是履行债务。债一经清偿，债权人的权利便得以实现，当事人设立债的目的得以达到，债的关系也就自然归于终止。在实践中，清偿是债的终止最主要的原因。

2. 债因抵销而消灭。所谓抵销，是指同类已届履行期限的对待债务，因当事人相互抵充其债务而同时终止。例如，甲租用乙的房屋，一年期租金1万元；甲受乙之托办理非讼法律事务一件，双方约定代理费1万元，若此两项给付义务均已到期，则正好可以相互抵销，从而使两项债均归消灭。

3. 债因提存后终止。所谓提存，是指债务人在其债务已到履行期限，因债权人无正当理由拒绝接受债务人履行义务，或者因债权人的地址不明等致使债务人无法向债权人履行义务的，债务人通过一定程序将其履行的标的物送交有关部门存放。提存后，认定债务人的债务已经履行，债务人与债权人之间的债权、债务即消灭。

4. 债因混同而消灭。所谓混同，是指某一具体之债的债权人和债务人合为一人，由于原债权、债务均由一人承受，故不构成债的关系，原来的债的关系也就自行终止。例如，甲男欠乙女1万元，后甲男与乙女结婚，则原债权债务关系归于消灭。又如，甲企业欠乙企业货款10万元，后两企业合并为一个新的法人，则原欠货款的债权债务关系自行归于终止。

5. 债因免除而消灭。所谓免除，是指债权人自愿放弃债权，从而解除债务人所承担的义务，由此导致债的关系的终止。债的免除属单方法律行为，只需债权人为意思表示即可成立，无须征得对方的同意。但免除的意思表示一旦作出便不得再收回。

6. 债因主体消灭而终止。所谓主体消灭，是指作为债的主体的公民死亡或被宣告死亡，或作为债的主体的法人消灭。债的主体消灭，债即归于终止。

第九节 人身权

一、人身权的概念和特征

人身权是与权利主体的人身不可分离的、没有直接财产内容的民事权利。

保护自然人和法人的人身权利不受侵犯，是我国民法的一项基本任务。人身权是财产权的对称，是民事主体从事其他一切社会活动享受其他民事权利的前提条件。人身权可分为人格权和身份权两类。人身权有下列几个特征：

1. 人身权与权利主体不可分离。自然人的生命和健康，是自然人人身的内容；自然人的姓名和法人的名称，是他们彼此区别的标志。这些都是他们存在所不可缺少的条件，是自然人和法人专有的权利，不能像财产权利一样可以脱离主体。人身权不可剥夺，也不能在自然人或法人之间相互转让，但法律有特别规定的除外。

2. 人身权没有直接的财产内容。人身权是关于人身的权利，不直接体现为一定的财产利益。

3. 人身权在一定条件下，与财产权有密切联系。在一般情况下，人身权可以给自然人和法人带来财产利益。如健康的身体，可以使自然人参加劳动，取得报酬；企业法人的良好信誉，可为之带来兴旺发达。反之，当人身权受到不法侵害时，就会使自然人或法人蒙受经济损失。

二、人身权的种类

人身权包括人格权和身份权两大类。

（一）自然人的人身权

自然人的人身权包括自然人的生命健康权、身体权、姓名权、肖像权、名誉权、隐私权、荣誉权、婚姻自主权以及因婚姻家庭关系而依法享有的人身权利。现就其中的几项进行介绍：

1. 生命健康权。如果自然人的生命健康得不到保障，就会直接影响到自然人的民事权利能力和民事行为能力，生命健康权是自然人享有的一种人格权，对这种人格权的侵犯，也会产生一定的财产关系。如致人伤害的，加害人就负有赔偿医疗费用的责任。

2. 身体权。是指自然人维持其身体的完整性和完全性，并支配其肢体、器官和其他人体组织的人格权。

3. 姓名权。自然人依法享有决定、使用、改变自己姓名的权利，任何人都不得强迫自然人使用或不使用某一姓名，也不得盗用、假冒他人姓名。自然人变更姓名须到户籍机关进行登记。

4. 肖像权。自然人有同意或禁止他人拍摄、复制、传播、展出本人肖像的权利。肖像包括照片、画像等，是自然人个人形象和人身特征的再现，具有证明性、社会影响性和艺术价值性。肖像权是专属于自然人的人格权，法人不具有肖像权。

5. 名誉权。名誉权是指自然人保持并维护自己的名誉的权利。自然人的名誉是指一个自然人的品德、才干、信誉、思想作风等在社会生活中所获得的社会评价，它直接关系到自然人的人格尊严和社会地位。

6. 隐私权。是指自然人就个人信息、个人私事和个人领域不受侵犯的权利。它包括个人信息保密权、个人生活安宁权、个人通信秘密权、个人隐私支配权等内容。

（二）法人的人身权

1. 法人名称权。指法人（也包括合伙组织、个体工商户等非法人组织，下同）有权给自己确定字号，使用这一字号，并禁止他人非法使用这一字号。法人名称权具有知识产权的意义，而且往往与其商标权联系在一起。

2. 法人名誉权。法人名誉权是指法人享有自己良好声誉的权利。法人的名誉是社会对法人的资信、生产能力、管理水平、商品质量、社会贡献等的综合评价，对法人意义十分重大。

第十节　民事责任

一、民事责任的概念与特征

民事责任是民事主体不履行民事义务或侵犯他人民事权利时所应承受的法律后果。当自然人或法人的民事行为违反了民事法律规范时，这样的行为就是民事违法行为，必然要引起相应的法律后果，这种法律后果就是民事责任。民事责任具有三个基本特征：

1. 强制性。民事法律关系中当事人的权利和义务是由国家强制力保证实现的。也就是说，如果一方不履行自己的义务，对方就有权向人民法院起诉，要求人民法院强制其履行义务，承担民事责任。

2. 财产性。保护社会主义公共财产，保护自然人个人财产权利和人身权利，是我国民法的一个重要任务。民法的大部分条款都是与保护公共财产和自然人个人财产相关的。但财产性不是绝对的，对没有财产内容的人身权利，如名誉、荣誉等的侵害，侵权行为人可以承担非财产的民事责任，如为受害人消除影响、恢复名誉、赔礼道歉等。

3. 补偿性。民事责任通常以填补受侵害人的利益或损失为目的，尽管它也具有一定的惩罚性，但补偿性是其本质特征。

二、民事责任的构成要件

构成民事责任的条件共有四项：

（一）民事违法行为的存在

行为的违法性是构成民事责任的必要条件之一。民事违法行为有两种表现形式：一种是作为的违法行为；另一种是不作为的违法行为。凡法律所禁止的行为，如果违反法律而作为时，称为作为的违法行为。民事法律要求行为人在某种情况下，有作出某种行为的义务，行为人必须履行这种义务，如果负有这种义务的人不履行其义务，便是不作为的违法行为。

（二）损害事实的存在

只有在民事违法行为引起了损害后果的情况下，行为人才负民事责任。可见，损害事实是构成民事责任的条件之一。如果仅有违法行为，而无损害的结果，就构不成民事责任。

损害包括两种类型：凡是能以货币来表现的损害属于财产权利方面的损害；凡是不能用货币来表现的损害，则属于非财产权利的损害。非财产权利包括自然人享有的生命健康权、姓名权、肖像权、名誉权、荣誉权以及法人所享有的名称权、名誉权、荣誉权等人身权利。

（三）违法行为与损害事实之间存在因果联系

民事责任是民事违法行为人对自己的不法行为后果应承担的责任，行为人只对自己的行为后果负责，而对于自己行为以外的后果一般是不负责任的。因此，只有违法行为和损害事实之间有因果关系，行为人才能对该损害承担责任。所谓因果关系，是指客观现象之间的一种本质的必然联系。如果某一违法行为是某一损害事实的原因，而该损害事实恰是该违法行为实施的结果，则该违法行为和损害事实之间就存在因果关系。

（四）行为人主观上须有过错

过错是指违法行为人对自己的行为及其后果的一种心理状态，它分故意和过失两种状态。故意是指行为人明知自己行为的不良后果，而希望或者放任其发生的心理。过失是指行为人应当预见自己的行为可能发生不良后果而没有预见，或者已经预见而轻信不会发生或自信可以避免的心理。故意和过失的区分，在刑法上对于定罪量刑有重要意义，但在民法中，确定行为人的民事责任，一般不因行为人的故意或过失而不同。但是在某种特定的情况下，行为人的过错大小又是确定民事责任的重要依据。这些特定情况包括：

1. 混合过错。所谓混合过错，是指不履行合同或侵权损害是由当事人双方过错所引起，即双方都有过错。双方都有过错的，依法律规定，应当分别承担各自应负的民事责任或可以减轻侵害人的民事责任。

2. 共同过错。这是指两人以上共同实施违法行为，并都有过错的情形。行为人主观上有共同致害的意思联系，是共同过错的最主要特征。因共同过错造成他人损害的，行为人应当承担连带责任。

3. 受害人有故意或重大过失。这是指损害后果的发生若主要是由受害人的故意或重大过失所引起的，加害人的民事责任便可减轻或免除。

三、免除民事责任的条件

行为人有违约或侵权之事实，但由于不可归责之事由，法律规定可以不承担民事责任，这种情形即免除民事责任的条件，简称免责条件。免除民事责任的情况主要有下列几种：

1. 正当防卫。即行为人为使公共利益、本人或者他人的人身安全和其他合法权利免受正在进行的非法侵害而加以反击的合法行为，如果造成了损害，不承担民事责任。

2. 紧急避险。即行为人为使公共利益、本人或他人的人身和其他合法权利免受正在发生的危险袭击，不得已而采取的损害他人较小利益的行为的，不承担民事责任。

3. 不可抗力。即行为人因不可抗力不能履行合同或者造成他人损害的，不承担民事责任，法律另有规定的除外。所谓不可抗力，是指不能预见、不能避免并不能克服的客观情况，如水灾、火灾、地震、风暴、旱灾、飓风、战争、罢工等。

4. 受害人过错。如果受害人对侵权行为的发生或侵权后果的扩大存在过错，则可以部分或者全部免除行为人的责任。

5. 第三人过错。如果第三人因过错致人损害，第三人应当承担赔偿责任。

四、民事责任的归责原则

民事责任的归责原则是指法律确定行为人承担民事责任的根据或标准。过错责任原则、无过错责任原则和公平责任原则是民法的三大归责原则。

（一）过错责任原则

过错责任原则，也叫过失责任原则。它以行为人主观上的过错为承担民事责任的基本条件。按过错责任原则，行为人仅在有过错的情况下，才承担民事责任。没有过错，就不承担民事责任。行为人的过错，由受害人证明。

过错推定原则，作为过错责任原则的一种特殊表现形式，是指基于法律的特别规定，推定行为人存在过错而应承担侵权责任，但行为人能够证明自己没有过错的除外。该原则仍要求行为人主观上具有过错，只是在证明责任分配上实行举证责任倒置，由行为人证明自己没有过错，尽到了法定的和一般的注意义务。

（二）无过错责任原则

无过错责任原则，是指没有过错造成他人损害的，依法律规定应由与造成损害原因有关的人承担民事责任的原则。它主要不是根据责任人的过错，而是基于损害的客观存在，根据行为人的活动及所管理的人或物的危险性质与所造成损害后果的因果关系，由法律规定的特别加重责任。学说上称之为客观责任原则或严格责任原则。

（三）公平责任原则

公平责任原则是指在当事人对损害都无过错，又不能适用无过错责任原则要求致害人承担赔偿责任，致使受害人遭受的重大损害得不到补偿、显失公平的情况下，由人民法院根据实际情况，确定双方合理分担损失的原则。公平责任原则是民事损害赔偿理论的发展和完善，其主旨在于保护受害人的合法权益。

五、违约责任与侵权责任

民事责任分为违约责任与侵权责任两大类。

（一）违约责任

违约责任指合同当事人一方不履行或不适当履行合同义务所应承担的民事法律后果。违约责任一般实行严格责任原则，过错并非违约责任的构成要件，但是也有例外，如无偿合同中，债务人仅对其故意或者重大过失承担责任。

1. 违约的形态。

（1）预期违约。指当事人一方在合同履行期限届满以前，明确表示或者以自己的行为表明不履行合同义务，包括明示毁约和默示毁约。明示毁约是指一方当事人明确表示不履行合同义务；默示毁约是指一方当事人未明确表示，但以其行为表明不履行合同义务。

（2）实际违约。指当事人一方在履行期限届满时未履行合同义务或者履行合同义务不符合约定，包括不履行和不完全履行。不履行是指一方当事人对全部合同义务均不履行，使对方合同债权完全不能实现；不完全履行指一方当事人履行合同不符合约定，包括部分履行、延迟履行、瑕疵履行等。

2. 承担违约责任的方式。

（1）继续履行。非违约方可以要求违约方继续按照合同约定的内容履行义务。

（2）采取补救措施。非违约方可以要求违约方采取有效措施，以矫正差错、弥补缺陷，如修理、更换、重作、退货、减少价款或报酬等。

（3）赔偿损失。非违约方可以要求违约方赔偿其违约行为所造成的损失。

（4）支付违约金。非违约方可以要求违约方按照合同约定向其支付一定数额的违约金。

（5）其他违约责任形式。根据法律、行政法规或当事人约定，还可以使用其他违约责任形式，如定金罚则、单方解除合同等。

（二）侵权责任

侵权责任指行为人侵害他人的财产或者人身权益时，依法应当承担的民事责任。

1. 一般的侵权责任。一般的侵权责任以过错为归责的构成要件。在法律没有特别规定的情况下，侵权责任适用过错责任原则，行为人的过错由受害人证明。

2. 特殊主体的侵权责任。一般情况下，行为人为自己行为负责。但有些侵权责任，基于法律特别规定，行为主体和责任主体分离，责任主体是具有特定身份、负有特定义务或职责的人或组织。

（1）监护人的责任。监护人责任，指无民事行为能力人、限制民事行为能力人造成他人损害的，由监护人承担侵权责任。监护人尽到监护责任的，可以减轻其民事责任。有财产的无民事行为能力人、限制民事行为能力人造成他人损害的，从本人财产中支付赔偿费用。不足部分，由监护人适当赔偿，但单位担任监护人的除外。

（2）用人单位的责任。用人单位的工作人员因执行工作任务造成他人损害的，由用人单位承担侵权责任。用人单位包括企业、事业单位、国家机关、社会团体等，工作人员包括正式员工和临时员工。

(3) 教育机构的责任。幼儿园、学校或者教育机构因其未尽到教育、管理职责导致在其中学习、生活的无民事行为能力人或限制民事行为能力人受到人身损害的，教育机构应当承担责任。如果他人所受损害是第三人行为造成的，则只有在无法找到第三人或者第三人无力承担全部责任，且教育机构未尽到管理职责时，才承担侵权责任。

(4) 管理人或组织者的责任。公共场所的管理人或者群众性活动的组织者因未尽到安全保障义务致他人损害的，应当承担责任。如果他人所受损害是第三人行为造成的，则只有在无法找到第三人或者第三人无力承担全部责任，且管理人或组织者未尽到安全保障义务时，才承担侵权责任。

3. 特殊侵权的民事责任。特殊侵权的民事责任，一般来说，不管行为人有无过错都要承担责任，而不像一般侵权责任那样，必须要求行为人有过错。只有在受害人自己故意造成损害时，才能免除侵害人的责任。特殊侵权的民事责任主要有：

(1) 国家机关或国家机关工作人员在执行职务中，侵犯自然人、法人的合法权益造成损害的，应承担民事责任。此即职务侵权行为，适用无过错责任原则。

(2) 因产品质量不合格造成他人财产、人身损害的，产品制造者、销售者应当依法承担民事责任。产品责任实行无过错责任原则。

(3) 因高度危险作业造成损害的民事责任由从事这种业务的单位承担。高度危险作业包括高空、高压、易燃、易爆、剧毒、放射性、高速运输工具等对周围环境有高度危险的作业。如果能够证明损害是受害人故意造成的，则不承担民事责任。此种责任适用无过错责任原则。

(4) 违反国家保护环境防止污染的规定，污染环境造成他人损害的，应当承担民事责任。环境损害民事责任实行无过错责任原则。

(5) 在公共场所、道旁或者通道上挖坑、修缮、安装地下设施等，没有设置明显标志和采取安全措施造成他人损害的，施工人应当承担民事责任。此种责任实行过错推定责任原则，即如果行为人不能证明自己没有过错，则推定其有过错。

(6) 建筑物或者其他设施以及建筑物上的搁置物、悬挂物发生倒塌、脱落、坠落造成他人损害的，它的所有人或管理人应当承担民事责任，但能够证明自己没有过错的除外。此种情形同样适用过错推定责任原则。

(7) 饲养动物造成他人损害的，动物饲养人或管理人应当承担民事责任。但由于受害人的过错造成损害的，动物饲养人或管理人不承担民事责任，而应当由受害人自己承担。由于第三人的过错造成损害的，第三人应当承担民事责任。

(8) 机动车发生交通事故造成损害的，首先由保险公司在机动车第三者责任强制保险责任限额范围内予以补偿。对于不足部分，如果是机动车之间发生交通事故，责任由过错的一方承担赔偿责任；双方都有过错的，按照各自过错比例分担责任。

如果是机动车与非机动车驾驶人、行人之间发生交通事故，非机动车驾驶人、行人没有过错的，由机动车一方承担责任；非机动车驾驶人、行人有过错的，根据过错程度适当减轻机动车一方的责任；机动车一方没有过错的，承担不超过10%的赔偿责任。

（9）医疗机构及其医务人员对患者在诊疗活动中受到的损害具有过错的，由医疗机构承担赔偿责任。患者或其近亲属不配合规范诊疗，或医疗人员在抢救生命垂危的患者等紧急情况下已经尽到合理诊疗义务，或限于当时的医疗水平难以诊疗的，则免除医疗机构的赔偿责任。

4. 数人侵权。

（1）共同侵权行为。指两个或两个以上的行为人，由于共同过错致人损害，由所有行为人承担连带责任的侵权行为。共同过错要求行为人在行为时具有共同的故意或过失。

（2）共同危险行为。又称准共同侵权行为，指两个或两个以上的行为人实施可能造成他人损害的危险行为并实际致人损害，但无法确定加害人的侵权行为，法律便推定各行为人的行为与损害后果都存在因果关系。能够确定具体侵权人的，由侵权人承担责任；不能确定具体侵权人的，由行为人承担连带责任。

（3）无意思联络的数人侵权。指两个或两个以上的行为人事先并无共同的意思联络，但其行为偶然结合致人损害。此时，各个侵权行为是相互独立的。能够确定责任大小的，行为人各自承担相应责任；难以确定责任大小的，行为人平均承担赔偿责任。

5. 承担侵权责任的方式。承担侵权责任的方式包括停止侵害、排除妨碍、消除危险、返还财产、恢复原状、赔偿损失、赔礼道歉、消除影响、恢复名誉等。以上承担侵权责任的方式，可以单独适用，也可以合并适用。

第六章　知识产权法

第一节　知识产权法概述

一、知识产权的概念

知识产权是民事主体对其创造性的智力劳动成果依法所享有的专有权利。广义的知识产权的保护范围包括人类一切智力创造成果。狭义的知识产权，是指传统意义上的知识产权，一般包括专利权、商标权和著作权。根据我国参加的国际公约和国内现有法律的规定，我国的知识产权包括著作权、专利权、商标权、地理标志权等，以及发明权、发现权和其他科技成果权。

二、知识产权的法律特征

1. 无形性。知识产权的客体既不是物，也不是行为，而是智力成果和工商业信誉。它们是知识形态的产品，是非物质财富，属于无形财产。因此，知识产权是无形财产权。智力成果必须以发明创造、作品、商标等表现形式固定在一定载体上，才能受到知识产权保护。但是载体本身的价值不能代表智力成果的价值。

2. 法定性。知识产权必须经专门法律直接确认才能产生。智力成果本身不直接产生知识产权，必须经过著作权法、专利法、商标法等专门立法确认之后才能受到法律保护。此外，知识产权一般应当根据法定条件和程序，经审查批准，才能取得。著作权的取得虽然不需要登记，而且实行自动保护原则，但是仍须依法享有，而有形财产权的取得无须法律逐一确认。

3. 专有性。法律规定知识产权为权利人所专有，即除权利人同意或法律强制规定外，权利人以外的第三人不得享有或使用该项权利，否则即视为对他人权利之侵犯。如著作权人对自己的作品享有专有使用权，专利权人对自己的专利享有专有实施权，商标权人对自己的商标享有独占使用权等，并可以排除他人侵害。当然这种专有权不是绝对的，是在法律许可的范围内的专有权。

4. 地域性。依照一国或者地区的法律所产生的知识产权原则上仅在该国或者该地区内发生法律效力，而没有域外效力，除该国或地区参加国际公约或与他国签订双边条约外，只受本国或本地区知识产权法的保护，本国或本地区也无义务保护外国的知识产权。

5. 时间性。各国法律对知识产权的保护都有严格的时间限制。有效期限届满，其智力成果便进入公有领域，成为全人类共有的财富，权利人以外的任何人皆可自由地加以无偿使用，且不再发生侵权问题。

三、知识产权制度的作用

1. 有利于调动人们从事创作和科学技术研究的积极性。知识产权制度确认作者、发明人、设计人对其创造性劳动成果依法享有专有权、专用权和专利权，并保护其不受侵犯，不仅使他们受到精神鼓励，而且能在法律保护下取得经济利益，这样，就会充分调动人们从事智力创作和科研活动的积极性，给社会创造出更多、更好的精神财富和物质财富。因此，建立和完善知识产权制度，有助于在全社会进一步形成尊重知识、尊重人才的良好风尚，保护知识产权人的合法权益，激发人们进行智力创作和科研活动的热情。

2. 有利于智力成果广泛传播，以产生巨大的经济效益和社会效益。建立和完善科技与经济有效结合的机制，加速科技成果的商品化和向现实生产力转化，是创设和完善我国社会主义市场经济体制重要的一环。著作权人通过许可使用制度，将其作品的内容向社会传播，有助于加速文化交流和科学技术知识的普及，有利于提高劳动者素质，繁荣我国文化市场。工业产权人通过转让或者许可他人使用其智力成果，可使技术成果转化为生产力，为权利人和社会带来巨大的经济效益。因此，知识产权制度是智力成果商品化的法律前提和保障。

3. 有利于促进国际科学技术和文化的交流与协作。科学技术和文化艺术是人类的共同精神财富，只有互相合作，彼此交流，才能借鉴吸收，共同发展。随着我国不断加强和扩大同世界各国在平等互利基础上的科学技术和文化艺术等方面的交流与合作，知识产权保护制度的作用越来越突出。我国已加入有关国际知识产权组织和公约，并依国际惯例为外国人的知识产权提供法律保护。

第二节　著作权法

一、著作权的概念

著作权，亦称版权，是指作者及其他著作权人对文学、艺术和科学作品依法享有的各种专有权利。它是知识产权的一种，分为著作人身权和著作财产权两个方面。根据我国《著作权法》的规定，著作人身权是指作者基于创作作品而产生的与作者人身利益紧密相关的权利，包括发表权、署名权、修改权和保护作品完整权；著作财产权是指著作权人自己使用或许可他人使用自己作品而获得报酬的权利，即对作品的使用权和因作品而获取报酬的权利。著作权法则是指有关著作权以及相关权益的取得、行使和保护的法律规范。为了促进人类社会的精神文明建设，保护作者因创作作品而产生的各种正当权益，鼓励人们从事科学技术、文化教育和文学艺术以及其他文化事业，创造出更优秀的成果，世界各国普遍建立了著作权法律制度。我国于1990年9月7日正式通过了《中华人民共和国著作权法》，共6章56条，从各方面规定了作者、其他著作权人及作品传播者的合法权益。为了进一步完善我国的著作权保护制度，促进经济、科技和文化的发展繁荣，并适应我国加入世界贸易组织的进程，2001 年 10 月 27 日，九届全国人大常委会第二十四次会议审议通过了《关于修改〈中华人民共和国著作权法〉的决定》。修改后的著作权法分为 6 章 60 条，修改面涉及 53 个条文，对内容进行了全新修订，是我国《宪法》和《民法通则》及国际条约中有关原则的具体化。2010 年 2 月 26 日，十一届全国人大常委会第十三次会议审议通过了《关于修改〈中华人民共和国著作权法〉的决定》，修改后的著作权法分为 6 章 61 条。此外，我国已分别于 1992 年 10 月 15 日和 1992 年 10 月 30 日正式参加和缔结了《伯尔尼公约》和《世界版权公约》，这些公约经批准已具有国内法效力，也属于我国著作权法律制度的范围。2001 年 12 月 11 日我国正式成为世界贸易组织成员，《与贸易有关的知识产权协议》（简称 TRIPS 协议）已对我国生效，这是目前知识产权国际保护中影响力最大的公约之一。

二、著作权的客体

著作权的客体，又称著作权法的保护对象，是指受著作权法保护的文学、艺术和科学作品。但是，并非一切作品都能成为著作权法保护的对象。根据《著作权法实施条例》第 2 条的规定，我国著作权法所称的作品，是指文学、艺术和科学领域内，具有独创性并能以某种有形形式复制的智力创作成果。

通常情况下，作品都是附着于一定载体之上的，如文学作品附着于书稿，美术作品附着于纸张，但应注意将作品与作品载体区别开来。作品是反映作者特定思想观点或情感、内容的智力劳动成果，只要通过一定的客观表达形式表现出来并为他人所感知，即可以受到著作权法保护，如文字形式、音乐形式、绘画形式等。而作品载体是指用以固定和传播作品的物体，如图书、绘画、雕刻、录音带、录像带、光盘等，这些物质形式本身不受著作权法的保护，只能作为物权法保护的对象。

（一）作品应具备的条件

1. 作品必须具有独创性。作品的独创性是作品最重要的特征或首要条件。独创性指作品必须是作者独立构思、独立创作完成的智力劳动成果，而不是抄袭的。独创性不同于新颖性，同一思想内容的题材，由两个作者同时完成，只要是各自独立地进行了创作，两部作品都可以受到法律保护，即使作品有雷同之处，也不影响其著作权的成立。相反，改头换面的抄袭剽窃，貌似创作，却不能得到法律的保护。

2. 作品必须具有一定的客观表达形式。不管作品的思想内容如何，都必须能够以某种具体形式表现出来或固定下来，以便为他人阅读、欣赏或利用，如文字形式、口头形式、音乐形式、舞蹈形式、绘画形式、摄影形式、视听形式等。也就是说，受著作权法保护的是能够以一定的物质形式表现或固定下来，可供人们利用的作品。尚未以一定的客观表达形式表现出来的作者头脑中的构想，即使具有重大的科学价值或艺术功用，也不能受到著作权法的保护。

3. 作品必须具有可复制性。即可以通过印刷、绘制、制作胶片、录音、录像、雕塑、摄影等物质形式制作多份。作品的可复制性实质上强调可以为他人利用，而不注重作品具有某种固定的物质形态。

（二）作品的种类

依照我国《著作权法》第3条、第6条以及《著作权法实施条例》第4条的规定，作品的种类具体包括：

1. 文字作品。是指以文字、数字或文字符号等形式创作的作品。其范围十分宽泛，例如小说，诗词，科学论文或会计、统计报表，广告以及用符号表示的盲文读物等。文字作品创作面普遍，运用领域广阔，故各国均将此作为第一类作品加以保护。

2. 口述作品。是指以口头语言创作，未以任何载体固定的作品。例如即兴演讲、授课、法庭辩论等。这类作品的特点，在于创作者的思想和情感不是通过文字的形式来表达，而只是通过口头语言来叙述和表现。口述作品虽然没有附着于一定载体，但却是一种客观表现形式，仍存在着被侵权的可能性，如通过录音、笔录加以记录并擅自利用。因此，著作权法也将其作为保护对象。

3. 音乐、戏剧、曲艺、舞蹈、杂技艺术作品。音乐作品即以乐谱形式通过旋律表现的，能够演唱或演奏的带词或不带词的作品，如交响乐、歌曲、以简谱或五线谱创作的乐曲等。戏剧作品和曲艺作品是指将一个或多个的连续动作同其说唱表白（独白或对白）编排在一起的，包含音乐或没有音乐的，供舞台表演的作品，这类作品通常反映了事物发展变化的过程，如话剧、歌剧、地方戏曲、相声、评书等。著作权法中所说的戏剧作品，不是指以舞台表演形式出现的戏剧，而是指戏剧的剧本。同样，曲艺作品指的是以文学形式出现的说唱艺术的底本。舞蹈作品即通过富于美感的一组连续动作、姿势和表情去表现的作品，即对舞蹈的编排，其中应包括将舞蹈动作以文字或符号记录下来的舞谱和将舞姿、表情摄制在磁带、胶片上而形成的作品。杂技艺术作品是指技艺表演如车技、走钢丝、顶碗等的总称。同样，杂技艺术作品不包括表演者的表演，而是指对杂技艺术作品的设计与创作。

4. 美术、建筑作品。美术作品是指占有一定平面或空间，富有审美形象，以线条、色彩或其他方式构成的造型艺术作品，例如绘画、书法、雕塑、工艺美术作品等。美术作品可分为观赏性美术作品与实用性美术作品，前者给人以艺术享受；后者则注重生活的实用与经济利用价值。这里的建筑作品是指建筑物本身，包括建筑物上附加的具有独创性的艺术装饰。世界知识产权组织及有关国际公约认为，建筑作品除建筑物本身外，还应包括建筑设计图与模型。我国著作权法是把两项内容分别给予保护，建筑设计图与模型作品被作为单独一类客体予以保护。

5. 摄影作品。指借助器械在感光材料上记录客观物体形象的作品，如人物照片、风光照片、科学摄影作品等。摄影作品的特征是在创作过程中强调求助于摄影器材和拍摄对象，通过画面构图、光线、色调三种主要造形手段，拍摄具有一定思想内涵的艺术形象。

6. 电影作品和以类似摄制电影的方法创作的作品。指摄制在一定物体上由一系列伴音或者无伴音的画面组成，并且借助适当装置放映、播放的作品，如故事片、戏剧片、纪录片、电视剧以及以电影、电视为内容的录像等。

7. 工程设计图、产品设计图、地图、示意图等图形作品和模型作品。工程设计图、产品设计图是指工程、工业部门为其施工和生产所绘制的图样及对图样的文字说明，如建筑设计图、施工图、机器构造图及其计算书、说明书等，此类作品旨在指导施工或产品制造。地图、示意图是指反映地理现象、说明事物原理或者表面结构的平面图形，例如地图、线路图、动植物解剖图等。模型作品是指按照实物的立体形状和结构按比例制成的物品，如建筑模型、地形模型等。

8. 计算机软件。相对于计算机的电子器件、电路板、连接线及机械装置等硬件而言，计算机软件是指为使硬件发挥功能并可运算出结果，而由指令构成的语言符号和数据的集合，包括计算机程序及其文档。有些国家将计算机软件列入文字作品的范围。我国对计算机软件的保护有专门法律规定。

9. 民间文学艺术作品。是指在某个民族或地区内，作者不明，但广泛流传并保存和发展的，反映该民族区域独特传统的文学、艺术作品，例如民间故事、传说、舞蹈、音乐、山歌、诗歌、绘画、雕刻、服饰、仪式、习俗、工艺品等。我国著作权法保护民间文学艺术作品，其具体办法由国务院另行规定。

10. 法律、行政法规规定的其他作品。是指不属于上述九种范围，需要由法律或行政法规另行规定的作品。它预示着随着科技的迅速发展，创作与传播手段的增加，一定会出现新类型的作品。

（三）不受著作权法保护的对象

著作权客体范围甚广、种类繁多，但各国从国家和社会公共利益方面考虑，将一些不具有作品条件或虽具备作品条件但不适宜的对象排除在著作权法的保护范围之外。根据《著作权法》的规定，不受《著作权法》保护的作品或对象有：

1. 依法禁止出版、传播的作品。《著作权法》第4条规定："著作权人行使著作权，不得违反宪法和法律，不得损害公共利益。……"这类作品一般应包括：①违背宪法及法律原则的作品，如侵犯他人名誉权、隐私权的作品。②违背社会公序良俗和社会伦理的作品，如淫秽、色情书刊、报纸、电视、电影以及宣扬愚昧迷信的出版物或蔑视宗教信仰的作品等。在实践中，涉及对一部作品有益性的判断的，应交由人民法院或著作权主管机关依法作出裁判。

2. 法律、法规及官方文件等。法律、法规，国家机关的决议、决定、命令和其他具有立法、行政、司法性质的文件，及其官方正式译文等，都属于作品的范畴，但不能享有著作权。目的在于使这些作品尽可能广泛地、不受阻碍地迅速传播，以利于公众使用，规范公民的社会行为，维护国家的稳定和正常社会秩序。

3. 时事新闻。是指通过报纸、期刊、电台、电视台等传播媒介报道的单纯事实消息。其目的是将准确的事实让更多的人尽快了解，而不是表达某种思想或情感，基本上不反映记录人的创造性劳动，很难构成作品，因而，不适合法律保护。但如果在新闻内容中融进了作者的思想观点，就成为新闻综述、新闻评论等语言作品形式，可以得到法律的保护。

4. 历法、通用数表、通用表格及公式。这类作品通常没有创造性特征或者只具有社会一般常识性的特点，属于人类改造自然、改造社会的共同精神财富，不能为任何人专有利用，故不给予保护。

三、著作权的主体和归属

著作权的主体就是享有著作权的人。《著作权法》第9条规定："著作权人包括：①作者；②其他依照本法享有著作权的公民、法人或者其他组织。"在特殊情况下，国家也可成为著作权的主体。著作权归属，涉及作品创作出来后谁有资格对它行使著作权的问题。

（一）著作权主体

在学理上，取得著作权的方式可分为原始取得和继受取得两种。原始取得是指凭借作品创作者的身份而直接享有著作权。继受取得是指虽未参加作品的创作活动，但依法通过继承、受让、受遗赠等方式取得著作权。

1. 作者。作者即创作作品的人，是原始著作权主体。作品的著作权首先应当归属于作者。大陆法系的国家认为创作行为是自然人所特有的，因而，能够成为作者的只是自然人，法人不能成为作者，只能依法成为继受著作权人。我国《著作权法》则认为，作者不仅指自然人，还包括法人和其他组织。《著作权法》第11条第2、3款明确规定："创作作品的公民是作者。由法人或者其他组织主持，代表法人或者其他组织意志创作，并由法人或者其他组织承担责任的作品，法人或者其他组织视为作者。"

（1）公民作者。又称自然人作者。公民是指具有一国国籍，依据该国法律规定，享有权利和承担义务的自然人。我国《著作权法》第11条第2款规定："创作作品的公民是作者。"《著作权法》所称的"创作"，是指直接产生文学、艺术和科学作品的智力活动。"创作"的特定内涵，说明了虽与创作作品有关，但未直接参加创作作品的人，不能视为作者。所以，为他人创作进行组织工作、提供咨询意见、物质条件或进行其他辅助活动，都不能构成创作。外国人、无国籍人的作品首先在中国境内出版的，其作者可以自然地享有著作权，成为我国著作权法律关系的主体，但这是有条件的，即必须以该自然人所属国与我国签有协议或者共同参加了国际条约为前提。未与中国签订协议或者共同参加国际条约的国家的作者以及无国籍人的作品首次在中国参加的国际条约的成员国出版的，或者在成员国和非成员国同时出版的，也受我国《著作权法》保护，享有著作权。

（2）法人作者。《著作权法》第11条规定，由法人主持，代表法人意志进行创作，并由法人承担责任的作品，法人视为作者。这是因为，法人虽不具备创作的能力，但某一作品由公民创作时是为履行某种职务，并由法人主持，依法人整体意志创作，又由法人承担责任，这一作品的作者就是法人，该法人可以在作品上署名并享有著作权。直接创作作品的公民不能因此享有著作权。

（3）其他组织作者。除公民、法人可以成为作者外，对于由其他组织主持，代表其他组织意志创作，并由其他组织承担责任的作品，其他组织也被视为作者。《著作权法》所称“其他组织”，是指某些虽不符合法人条件但经国家核准登记的社会组织、团体或法人内部的分支机构，包括某些相对独立的或未进行法人登记的临时机构。

2. 其他著作权人。所谓其他著作权人，是指除作为作者的公民、法人或其他组织之外，其他具有继受著作权主体资格的公民、法人、其他组织或国家。

（1）因继承取得著作权。著作权属于公民的，公民所享有的著作权中的财产权利，如作品使用权和获得报酬权，在公民死亡后可依照继承程序转移，即由其继承人继承。公民还可通过遗赠将著作财产权赠给国家、集体或法定继承人以外的其他公民，上述得到著作财产权的人即成为著作权主体。但应注意因继承取得的只是著作财产权的部分，著作人身权依法不能继承。

（2）因法人或其他组织变更、终止后取得著作权。著作权属于法人或其他组织的，在该法人或其他组织变更或终止后，其作品的著作财产权，由变更后或终止后承受其权利义务的法人或其他组织享有，成为著作权的主体。

（3）国家因法律规定取得著作权。国家在特定的情况下也可以成为著作权主体。如国家接受赠与，无人继承又无人受遗赠的著作权归国家所有，或者法律直接规定某些特殊作品的著作权归国家所有，如民间文学艺术作品的著作权属于国家。

（二）著作权的归属

通常情况下，对作品付出了创造性劳动的人就可享有著作权，著作权归属于作者。《著作权法》第 11 条第 4 款规定：“如无相反证明，在作品上署名的公民、法人或者其他组织为作者。”这是判断著作权归属的一般原则，但在特定环境下产生出来的作品的著作权的归属需要依法律来界定。

1. 演绎作品的著作权归属。依据《著作权法》第 12 条的规定，演绎作品是指因改编、翻译、注释、整理已有作品而产生的作品。演绎行为是在原作品基础上的再创作，体现了再创作者付出的创造性的智力劳动，因而其对演绎作品依法可享有独立的著作权。但演绎者在使用原作品时，须经原作者许可，不得侵权。演绎作品的作者仅对再创作的作品享有著作权，原作品的著作权仍旧归原作者享有。

2. 合作作品的著作权归属。两人以上合作创作的作品是合作作品。由于合作作品是作者基于共同创作目的而共同劳动的结晶，《著作权法》第 13 条明确规定，合作作品的著作权由合作作者共同享有。没有付出实质性创作劳动的人，不能成为合作作者。此外，当合作作品可分割使用时，作者对各自创作的部分可以单独享有著作权，如二人合作创作了一首歌曲，词作者和曲作者有权把自己创作的歌词和乐曲分割出来单独行使权利，但在行使权利时不得侵犯合作作品整体的著作权。当合作作者的创作成果有机地结合在一起无法分割时，著作权由合作作者共同共有。作者可以就整部作品通过协商依法行使著作权，任何一方无正当理由不得加以阻止或妨碍。如甲乙合作创作一部小说，先由甲执笔，最后由乙加工润色，二人的创作你中有我，我中有你，无法分割开来加以使用。

3. 汇编作品的著作权归属。汇编作品是指根据特定要求将两个以上的作品、作品的片断或者不构成作品的数据或者其他材料进行选择、汇集和编排而产生的新作品，例如报纸、文摘、选集、数据库、词典、百科全书等。汇编作品的特点在于，通常由多人共同完成，而且每个作者的智力劳动成果一般具有可分性，容易辨认识别。按照《著作权法》第14条的规定，汇编作品的著作权归汇编人享有，汇编作品中可单独使用的作品的作者有权单独行使著作权。汇编作品的著作权人行使著作权时，不得侵犯原作品的著作权。

4. 电影作品和以类似摄制电影的方法创作的作品的著作权归属。这类作品指摄制在一定物体上，由一系列有伴音或无伴音的画面组成，并且借助适当装置可以放映、播放的作品。它是一种综合性的现代艺术，需要由众多有专长的人通力合作来完成。完成后的作品，对其著作权归属问题，《著作权法》第15条第1款作了明确规定："电影作品和以类似摄制电影的方法创作的作品的著作权由制片者享有，但编剧、导演、摄影、作词、作曲等作者享有署名权，并有权按照与制片者签订的合同获得报酬。"这是对作品整体而言，如该作品中剧本、音乐、美术、摄影等作品可以单独使用，则这些作品的作者有权单独行使其著作权，制片者不得损害或影响其权利。

5. 职务作品的著作权归属。职务作品是指公民为完成法人或者其他组织的工作任务所创作的作品。工作任务，一般指本职工作。对职务作品的著作权归属，我国《著作权法》根据不同情况分别作了划分：

(1) 一般职务作品。此种作品的著作权归作者享有，但法人或者其他组织有权在业务范围内优先使用。《著作权法》第16条规定，该作品完成2年内，未经单位同意，作者不得许可第三人以与单位使用的相同方式使用该作品。如果在作品完成2年内，单位在其业务范围内不使用，作者可以要求单位同意由第三人以与单位使用的相同方式使用，单位无正当理由不得拒绝。关于单位使用作者职务作品的报酬问题，可由双方协议约定；第三人使用其职务作品后作者所获报酬，由作者与单位按约定的比例分配。

(2) 特殊职务作品。对于此种作品，作者只享有署名权，著作权的其他权利由法人或者其他组织享有，法人或者其他组织可以给予作者奖励。《著作权法》规定的特殊职务作品主要有两种：①主要利用法人或其他组织的物质技术条件创作，并由法人或者其他组织承担责任的工程设计、产品设计图纸及其说明、计算机软件、地图等职务作品；②法律、行政法规规定或者合同约定著作权由法人或者其他组织享有的职务作品。

6. 委托作品的著作权归属。委托作品是指作者根据其与自然人或法人签订的委托合同而创作的作品。作者的创作并非职务行为，而是在履行自己的委托合同义务。我国《著作权法》第17条规定："受委托创作的作品，著作权的归属由委托人和受托人通过合同约定。合同未作明确约定或者没有订立合同的，著作权属于受托人。"可见法律对受托人采用了倾斜性规定，着重保护作品创作者的权益。

四、著作权的内容

依照我国《著作权法》第10条的规定，著作权的内容包括著作人身权和著作财产权两部分。

（一）著作人身权

著作人身权是指作者因创作活动而产生的与其人身利益紧密联系的权利。具体有发表权、署名权、修改权、保护作品完整权四种。

1. 发表权。即决定作品是否公之于众的权利。作品是作者思想或意志的反映，因此作者有权通过各种合法形式自由发表作品，何时发表，怎样发表，均由作者自己决定。在著作人身权中，发表权与著作财产权的联系最为密切。发表权往往是行使使用权的基础，行使发表权又通常是为了行使使用权，作品发表的方式也取决于作品的使用方式。在司法实践中，一般来说，作者虽未将作品公之于众，但将其作品的使用权让与他人的，应推定作者已同意发表其作品。对于作者生前未发表的作品如何行使权利，《著作权法实施条例》第17条作了规定："作者生前未发表的作品，如果作者未明确表示不发表，作者死亡后50年内，其发表权可由继承人或者受遗赠人行使；没有继承人又无人受遗赠的，由作品原件的所有人行使。"

2. 署名权。指表明作者身份，在作品上署名的权利。署名权的内容包括：作者有决定署名的权利；有决定在作品上如何署名的权利，即是署真名还是署笔名、别名或艺名等；有要求公开利用自己作品的人在其作品上指示其姓名的权利；也有权禁止未参加作品创作的人在作品上署名。但是，在以下特殊情况下，作者须放弃署名权：①当作品的利用不损害作者利益和公平习惯时，可省略作者的姓名，如在广告上使用美术作品或摄影作品，多半以不署名方式出现。②依据有关合同的约定而省略作者的姓名，如根据委托创作合同的约定，作者不能在作品上署名。

3. 修改权。指修改或者授权他人修改作品的权利。所谓修改，是指在已完成的作品上，增添新的内容或删除不必要的内容等所进行的改动。修改权必须由作者本人来行使，具有对作品支配的意义，他人未经授权，不得擅自修改作品。在出版行业中，编辑有权对作品中存在的标点、符号及错、漏字句加以更正或补充，这是一种文字性修改，不是对内容的改动，属于正常的业务活动。《著作权法》第34条第2款规定："报社、期刊社可以对作品作文字性修改、删节。对内容的修改，应当经作者许可。"此外，作品如果已经许可给他人使用，作者的修改权也会受到一定限制，如美术作品原件被出售后，其作品所有权发生了变化，作者欲修改原作，只能取得所有人的许可后方可进行。

4. 保护作品完整权。指禁止他人违背作者意志对作品进行歪曲、篡改的权利。

所谓歪曲，是指一切曲解作品本意，有意或无意损伤了作品表现形式的行为；所谓篡改，是指一切擅自增补、删节或实质性变更作品的行为。例如，未经作者同意，擅自改变作品名称以吸引读者。

（二）著作财产权

著作财产权是指作者自己使用或许可他人使用其作品而获取报酬的权利。这种权利是因使用作品而取得。我国《著作权法》共规定了13种财产权利。与著作人身权相比，财产权可以脱离作者而由他人行使，表明其与人身的联系较为松散。

1. 复制权。复制权是指以印刷、复印、拓印、录音、录像、翻录、翻拍等方式将作品制作一份或多份的权利。复制有多种方式，可以分为手工复制和机械复制等。复制的实质不在于表现方式如何，而在于能否客观上将作品制作成多份。复制权往往又与发行权联系在一起，复制与发行共同构成出版行为，作者只有将其作品交给出版单位以印刷等方式复制并发行时，才能获取经济利益。

2. 发行权。发行权是指以出售或者赠与的方式向公众提供作品原件或者复制件的权利。出版社发行图书，制片人发行拷贝，邮票公司发行邮票，除了有经审批而制作发行的权利以及对制作物的所有权外，如果制作发行的是作者的作品，还必须有作者的授权。没有作者的授权，出版社不能出版发行作者的作品，制作人也不能制作、发行、拷贝，邮票公司也不能发行印有作者作品的邮票。就图书而言，作者有权决定其作品以何种版本在某一地区发行，或禁止在另一地区发行。

3. 表演权。表演权是指公开表演作品，以及用各种手段公开播送作品的表演的权利。著作权中的表演权包括两方面内容：①现场表演；②机械表演。现场表演指的是演员直接或者借助技术设备以声音、表情、动作公开再现作品，例如演奏乐曲、上演剧本、朗诵诗词等。机械表演是指借助录音机、录像机等技术设备将前述表演进行录制，并将录制的表演公开传播的情况。表演者使用他人作品演出，应当取得著作权人许可，并支付报酬。因此，表演权就是指自己或授权他人向不特定的多数人公开表演作品的权利。

4. 放映权。放映权是指通过放映机、幻灯机等技术设备公开再现美术、摄影、电影和以类似摄制电影的方法创作的作品等的权利。放映权是电影作品主要的著作权。放映权所适用的范围包括电影、美术、摄影作品以及能够放映的其他作品。

5. 广播权。广播权是指作者或其他著作权人所享有的通过电台、电视台、音响系统、闭路电视、卫星通信等无线或者有限装置或其他方法将作品内容以影像或声音公开向公众播送的一种专有权利。作者的广播权仅限于以无线的方式广播或者传播作品，以有线传播或者转播的方式向公众传播或广播的作品，以及通过扩音器或者其他传送符号、声音、图像的类似工具向公众传播或广播的作品。

6. 展览权。展览权是指著作权人享有的将自己的美术作品、摄影作品原件或复印件公开陈列的权利。展览权主要倾向于美术作品和摄影作品，个别文字作品的手稿及复制品也涉及展览权。展览权既具有发表权的性质，又是一种财产权，即通过展览享有经济权利。展览权与展览作品原件的产权关系非常密切。我国《著作权法》第 18 条明确规定："美术等作品原件所有权的转移，不视为作品著作权的转移，但美术作品原件的展览权由原件所有人享有。"除此之外，他人未经著作权人的许可擅自展出作者的作品均构成侵权。

7. 出租权。出租权是指有偿许可他人临时使用电影作品和以类似摄制电影的方法创作的作品、计算机软件的权利。《著作权法》上的出租权的对象是特定的，指的是载有电影类作品或者计算机软件的物，对别的作品如图书等并没有赋予著作权人出租权。

8. 信息网络传播权。信息网络传播权是指著作权人通过互联网或其他有线或者无线的信息传输网络向公众提供作品的权利。其与一般作品的播放，如广播的不同点是，公众可以在个人选定的时间与地点获得作品。如公众在互联网中阅读作品，观看电影、电视片，或者通过电话通信系统收听歌曲、故事等。信息网络传播权的保护是十分复杂的问题，关于它的保护办法国务院已另行规定。

9. 摄制权。摄制权亦称"制片权"，即以摄制电影或者以类似摄制电影的方法将作品固定在载体上的权利。摄制权主要包括将作品拍成电影、电视剧以及将作品制作成录像作品的权利。

10. 改编权。改编权是指改变原作品，创作出具有独创性的新作品的权利。所谓改变原作品，一般是指在不改变原作品内容的前提下，将原作品由一种类型改变成另一种类型，如将小说改编成适于表演的剧本等。改编权也包括将作品扩写、缩写或者改写。虽未改变作品类型，但创作出具有独创性的作品的，也可以认为是改编。

11. 翻译权。翻译权是指将作品由一种语言文字转换成另一种语言文字的权利。未经许可将他人作品翻译成另外一种文字的行为，是侵权行为。

12. 汇编权。汇编权是指将作品或者作品的片断通过选择或者编排汇集成新作品的权利。汇编并不改变作品本身，只是为一定目的将作品汇集。汇集成"新作品"的含义是在选择或编排上体现独创性，在整体上成为新作品，而不是指所汇编的原作品是新作品。论文集、报纸、期刊等都属于汇编而成的作品。

13. 应当由著作权人享有的其他权利。这主要是指注释权、整理权、以有线方式直接播放作品的权利、制作录音制品的权利以及按照设计图建造作品的权利等。作者的权利远远不止明文规定的这十几项，从理论上讲，作品有多少种使用方式，作者就有多少种权利。

五、著作权的取得、限制和期限

（一）著作权的取得

取得著作权，通常要有一定的方式或制度。由于各国社会制度、文化传统以及著作权法律制度的差异，在著作权取得上形成了两种截然不同的做法。概括起来，主要分为自动取得和注册取得两大类。

1. 自动取得制度。又称创作取得制度，是指作品一经创作完成，无须履行任何手续，即可依法自动享有著作权。这种取得著作权的方式又被称为“无手续主义”“创作主义”或“自动保护主义”。目前世界上多数国家著作权法对著作权产生的保护均采取此种制度。我国著作权立法采纳了这一原则，《著作权法》第2条第1款规定：“中国公民、法人或者其他组织的作品，不论是否发表，依照本法享有著作权。”《著作权法实施条例》第6条就同一内容规定：“著作权自作品创作完成之日起产生。”

2. 注册取得制度。注册取得制度是指作品创作出来后需履行某种手续才能得到著作权法的保护。其手续有注册登记、缴送样本、刊登启事、办理公证、偿付费用等。实际上，目前只有少数国家实行注册主义，如西班牙以及多数拉丁美洲和少数非洲国家的法律规定已发表的作品必须在一定的时间内到政府有关管理部门注册，否则将视为作品进入公有领域，不能得到法律保护。还有一些国家虽不强制要求注册，但又规定注册是侵权诉讼中起诉的先决条件，于是，作者为了更有效地保护自己的著作权，一般都趋向于主动注册。如美国版权法规定，只要作品出版后带有版权标记、出版日期和作者姓名的，就可受到保护。但只有在美国国会著作权局注册并呈交了样书的作者，才有权在美国法院起诉。我国《著作权法》中没有类似规定，但对计算机软件保护提出了特殊要求。根据有关条例，办理著作权软件登记不是著作权产生的必要条件，但是否办理登记却是能否提起软件纠纷诉讼的前提。也就是说，只有依法登记的软件，才能有效地对抗第三人的侵权行为，得到法律的保障。

3. 其他取得方式。根据世界版权公约的规定，一切已发表的作品均应加注版权标记，否则视为该作品进入“公有领域”。版权标记由©、版权所有者姓名、首次出版年份等三部分组成。

（二）著作权的限制

按照我国《著作权法》的规定，对著作权的限制主要有合理使用和法定许可两种情况。

1. 合理使用。即在特定条件下，法律允许他人使用已发表的作品可以不经著作权人的同意，不向其支付报酬。

我国《著作权法》第22条对于合理使用制度进行了列举性规定。规定在下列情况下使用作品，可以不经著作权人许可，不向其支付报酬，但应当指明作者姓名、作品名称，并不得侵犯著作权人依照本法享有的其他权利：①为个人学习、研究或者欣赏；②为介绍、评论某一作品或者说明某一问题，在作品中适当引用他人已经发表的作品；③为报道时事新闻，在报纸、期刊、广播电台、电视台等媒体中不可避免地再现或者引用已经发表的作品；④报纸、期刊、广播电台、电视台等媒体刊登或者播放其他报纸、期刊、广播电台、电视台等媒体已经发表的关于政治、经济、宗教问题的时事性文章，但作者声明不许刊登、播放的除外；⑤报纸、期刊、广播电台、电视台等媒体刊登或者播放在公众集会上发表的讲话，但作者声明不许刊登、播放的除外；⑥为学校课堂教学或者科学研究，翻译或者少量复制已经发表的作品，供教学或者科研人员使用，但不得出版发行；⑦国家机关为执行公务在合理范围内使用已经发表的作品；⑧图书馆、档案馆、纪念馆、博物馆、美术馆等为陈列或者保存版本的需要，复制本馆收藏的作品；⑨免费表演已经发表的作品，该表演未向公众收取费用，也未向表演者支付报酬；⑩对设置或者陈列在室外公共场所的艺术作品进行临摹、绘画、摄影、录像；⑪将中国公民、法人或者其他组织已经发表的以汉语言文字创作的作品翻译成少数民族语言文字作品在国内出版发行；⑫将已发表的作品改成盲文出版。合理使用，一般仅及于已经发表的作品，未发表的作品不属于合理使用的范围。

2. 法定许可。法定许可是指作品的使用人依照法律规定而使用他人已发表的作品，不必经过著作权人的同意，但须按规定向其支付报酬的制度。法定许可与合理使用的目的与情况大体相同，都是使用他人已发表的作品，也都是以教学、科研和社会公共利益为宗旨。不同的是，前者需要向著作权人支付报酬，而后者则不需以支付报酬为条件。法定许可的适用条件是：①为实施九年制义务教育和国家教育规划而编写出版教科书，除作者事先声明不许使用外，可以不经著作权人许可，在教科书中汇编已经发表的作品片段或者短小的文字作品、音乐作品或者单幅的美术作品、摄影作品；②作品被报社、期刊社刊登后，除著作权人声明不得转载、摘编的外，其他报刊可以转载或者作为文摘、资料刊登；③已在报刊上刊登或者网络上传播的作品，除著作权人声明或者上载该作品的网络服务提供者受著作权人的委托声明不得转载、摘编的以外，网站可以转载、摘编；④录音制作者使用他人已经合法录制为录音制品的音乐作品制作录音制品，但著作权人声明不许使用的除外；⑤广播电台、电视台播放他人已经发表的作品；⑥广播电台、电视台播放已经出版的录音制品。此外，由于我国已加入两个国际著作权公约，在公约允许的范围内，某些外国作品发表一定时间后，如果其作者无正当理由拒绝作品在我国出版、传播的，作品使用人可以申请强制许可。

（三）著作权的期限

著作权的期限是指著作权人对其作品享有专有使用权的有效期间，即作品从取得著作权到著作权终止的时间，亦称著作权的保护期限。目前世界各国著作权法均对著作权的保护规定了期限，其中最短的是作者终生加死后 25 年，最长的可达作者死后 70 年。对著作权期限的规定，主要是基于有利于传播和使用作品及有利于人类文化财富的积累和发展考虑的。

著作权的保护期限分为著作人身权的保护期限和著作财产权的保护期限。

1. 作者的署名权、修改权、保护作品完整权的保护期限没有限制。署名权、修改权、保护作品完整权都属于作者的著作人身权，由于它们与人身紧密相连，所以，即使作者死亡后，他人也不能随意侵犯。也就是说，著作人身权的保护没有期限，具有永久性。

2. 作品的发表权和著作财产权的保护期限。根据《著作权法》第 21 条的规定，著作权的主体是公民的，其作品发表权和财产权的保护期限为作者终生加死亡后50年，截止于作者死亡后第50年的12月31日；如果是合作作品，截止于最后死亡的作者死亡后第50年的12月31日。

著作权主体是法人或其他组织的，其作品或职务作品的发表权和财产权的保护期限为50年，截止于作品首次发表后第50年的12月31日。但作品自创作完成后50年内未发表的，《著作权法》不再保护。电影类作品和摄影作品的著作权保护期与法人、其他组织的著作权保护期相同。

除上述情况外，对于匿名发表的作品，其保护期也从首次发表之日起到第50年的12月31日。但如果这50年间确定了作者的真实身份，即由匿名作品变为有名作品，其保护期仍按作者终生加50年计算。超过法定期限的，作品进入公有领域，不再给予保护。

六、邻接权

邻接权并非著作权，它是由于传播作品的传播者付出了创造性劳动而被依法赋予的。"邻接权"是从英文和法文翻译过来的一个版权术语。它的本义是指与著作权相关的权利，即作品传播者的权利。狭义的、传统的邻接权包括表演者权、录制者权和广播组织权。广义的邻接权还包括出版者权。

（一）出版者权

出版是指将作品编辑加工后，经过复制向公众发行的行为。出版者权是指出版者因复制发行作品而享有的专有权利。具体而言，就是出版者与著作权人通过协议或经著作权人许可，在一定期间和一定区域内，对其出版的作品和版式设计享有的专有使用权。因此，出版者权并非出版者固有的权利，而是源于著作权人的授权许可。这种权利属于绝对权，出版者之外的非特定的任何人，均负有不得复制、发行该作品的义务；著作权人在合同转让期间无出版权，也不得再次许可第三人出版。

（二）表演者权

表演者权是表演作品的人因其创造性劳动而享有的权利。表演者进行表演，是著作权人许可的结果，因此，法律规定，当表演者使用他人的作品演出时，应取得著作权人的许可，并支付报酬。使用改编、翻译、注释、整理已有作品而产生的作品进行演出，还应当取得改编、翻译、注释、整理作品的著作权人和原作品的著作权人的许可，并支付报酬。

按照《著作权法》第38条的规定，表演者对其表演享有两项人身权和四项财产权：表明表演者身份；保护表演形象不受歪曲；许可他人从现场直播和公开传送其现场表演；许可他人录音录像；许可他人复制、发行录有其表演的录音录像制品；许可他人通过信息网络向公众传播其表演。

（三）录音录像制作者权

录音录像制作者权是指音像制作者因使用他人作品或表演形象制作音像制品时所进行的创造性劳动而产生的权利。这项权利的构成包括：录音录像制作者对其制作的录音录像制品享有许可他人复制、发行、出租、通过信息网络向公众传播并获得报酬的权利，该权利的保护期为50年，截止于该制品首次制作完成后第50年的12月31日。

（四）广播组织权

广播组织权是指广播电台和电视台对其制作的节目享有的播放、许可他人播放以及许可他人复制发行其制作的广播、电视节目，并获得报酬的权利。

七、侵犯著作权的行为及其法律责任

侵犯著作权的行为，是指违反法律规定，侵犯著作权人和邻接权人的财产权利和人身权利的行为。我国《著作权法》根据侵权行为的性质，分两种情况分别予以了规定。

1. 须承担民事责任的侵权行为。根据《著作权法》第47条的规定，有下列侵权行为的，应当根据情况，承担停止侵害、消除影响、赔礼道歉、赔偿损失等民事责任：

（1）未经著作权人许可，发表其作品的；

（2）未经合作作者许可，将与他人合作创作的作品当作自己单独创作的作品发表的；

（3）没有参加创作，为谋取个人名利，在他人作品上署名的；

（4）歪曲、篡改他人作品的；

（5）剽窃他人作品的；

（6）未经著作权人许可，以展览、摄制电影和以类似摄制电影的方法使用作品，或者以改编、翻译、注释等方法使用作品的，但法律另有规定的除外；

（7）使用他人作品，应当支付报酬而未支付的；

（8）未经电影作品和以类似摄制电影的方法创作的作品、计算机软件、录音录像制品的著作权人或者邻接权人许可，出租其作品或者录音录像制品的，但属于合理使用和法定许可使用的除外；

（9）未经出版者许可，使用其出版的图书、期刊的版式设计的；

（10）未经表演者许可，从现场直播或者公开传送其现场表演，或者录制其表演的；

（11）其他侵犯著作权以及与著作权有关的权益的行为，如侵犯表演者形象权及身份权的行为。

2. 除承担民事责任，还须承担行政责任和刑事责任的侵权行为。根据《著作权法》第48条的规定，有下列侵权行为的，应当根据情况，承担停止侵害、消除影响、赔礼道歉、赔偿损失等民事责任；损害公共利益的，可以由著作权行政管理部门责令停止侵权行为，没收违法所得，没收、销毁侵权复制品，并可处以罚款；情节严重的，著作权行政管理部门还可以没收主要用于制作侵权复制品的材料、工具、设备等；构成犯罪的，依法追究刑事责任：

(1) 未经著作权人许可，复制、发行、表演、放映、广播、汇编、通过信息网络向公众传播其作品的，但合理使用和法定许可使用的除外；

(2) 出版他人享有专有出版权的图书的；

(3) 未经表演者许可，复制、发行录有其表演的录音录像制品，或者通过信息网络向公众传播其表演的，但合理使用和法定许可使用的除外；

(4) 未经录音录像制作者许可，复制、发行、通过信息网络向公众传播其制作的录音录像制品的，但合理使用和法定许可使用的除外；

(5) 未经许可，播放或者复制广播、电视的，但合理使用和法定许可使用的除外；

(6) 未经著作权人或者邻接权人许可，故意避开或者破坏权利人为其作品、录音录像制品等采取的技术保护措施的；

(7) 未经著作权人或者邻接权人许可，故意删除或者改变作品、录音录像制品等的权利管理电子信息的；

(8) 制作、出售假冒他人署名的作品的。

3. 侵权赔偿额的确定。侵犯著作权或者邻接权的，侵权人应当按照权利人的实际损失给予赔偿；实际损失难以计算的，可以按照侵权人的违法所得给予赔偿，包括权利人为制止侵权行为所支付的合理开支。权利人的实际损失或者侵权人的违法所得不能确定的，由人民法院根据侵权行为的情节，判决给予50万元以下的赔偿。

第三节 专利法

一、专利法概述

(一) 专利权的概念及特征

在我国，专利通常是指经国家专利局依照法定程序审查批准，受我国专利法保护的发明创造。专利权是指专利主管机关依照专利法授予专利的所有人或持有人或者他们的继受人在一定期限内依法享有的对该专利制造、使用或者销售的专有权和专用权。专利权人对已经取得专利的创造或者设计，在专利法规定的有效期限内，依法享有独占实施权或者许可他人实施的权利；同时还享有排斥他人未经许可支配该项专利的权利。依据专利法建立的保护发明创造或设计的制度称为专利制度。各国因其社会经济和历史发展的特点、政治制度、文化制度和民族传统、道德等差异，其专利法和专利制度的内容也有所不同，但其本质均为一种以法律和经济手段来推动科学技术进步的管理制度。专利权是民事法律制度中的一项重要的民事权利，除具备知识产权的共同特征之外，还具有以下法律特征：

1. 专利权具有鲜明的独占性（也称专有性、排他性）。同一内容的发明创造或者设计只能授予一项专利，即使有两个发明人或者设计人分别独立完成内容相同的发明创造或设计，专利权也仅能授予申请在先者。申请人的发明创造或设计一旦被专利管理机关依法授予专利权，该专利权人或者其合法受让人在法定期限内，便享有独占的权利，除法律另有规定外，其他任何人未经专利权人或者其合法受让人许可，都不得以营利为目的实施该专利，否则构成侵权。

2. 专利权具有公开性。申请专利的前提是公开专利成果，以便使公众得以知晓和提出异议，杜绝重复发明。法律这样规定也是为了避免技术垄断，推动整个社会的技术进步。

3. 专利权由专利局依法授予。专利权并非因发明创造或者设计而取得，有所发明创造或者设计的个人或团体，需按照法定程序向专利局或类似机构提出申请，经审查确认合格后，才能依法授予其专利权。

（二）专利制度的作用和意义

专利制度的产生和发展对人类社会的进步起到了巨大的推动作用。在我国当前条件下，专利制度的作用和意义表现为以下几方面：

1. 鼓励和保护发明创造。专利制度首先对发明人的智力成果予以承认和保护。在物质利益方面，专利制度依法确认和保护专利权人享有制造、使用和销售其专利产品的独占权利，在许可他人使用时，有权获得使用费。在精神利益方面，不论专利权为发明人所有还是为发明人所在单位所有，发明人的人身权都受到法律保护，在专利文件和专利证书上均应写明发明人姓名，以确认其发明人的身份。这就意味着发明人的智力成果得到了社会的认可和法律的保护，从而调动了单位和个人从事发明创造的积极性。

2. 有利于发明创造的推广应用。确立专利制度旨在保障科学技术成果的应用，加速发明成果的流转，建立技术市场。我国专利法一方面将专利的制造、使用和销售的权利作为专利权人的独占权加以保障，以调动专利权人推广应用其发明成果的积极性；另一方面，又将实施专利作为专利权人的义务加以规定，以利于打破技术封锁，避免科研工作的重复劳动。在专利权人不履行这种义务时，为了保证发明创造的推广应用，我国专利法还特别规定了专利实施的强制许可制度，即对无正当理由不实施专利或者滥用专利权排除或限制竞争的，国务院专利行政部门根据具备实施条件的单位或者个人的申请，可以给予实施专利的强制许可。对于对国家利益或者公共利益具有重大意义的发明创造，国务院行政主管部门也可以允许指定的单位实施，由实施单位按照国家规定向持有专利权的单位支付使用费。

3. 促进科学技术的发展。专利制度能够促进技术信息的交流。专利申请被批准后，专利机关所公布的专利说明书是最迅速、最详细、最可靠的技术情报。它可使所有单位和个人及时了解到国内外科学技术发展的信息，有利于进一步进行科学技术研究，避免因重复研究而造成不应有的浪费。同时，专利制度保障专利权人就其发明创造专利所享有的物质利益，有利于回收科学技术研究的投资，使科学技术研究得到良性循环。

4. 促进国际经济技术交流与合作。我国目前实行对外开放的市场经济政策，无论是对外贸易、利用外资还是经济合作、技术合作、引进技术和出口技术等，均越来越多地遇到了专利问题。只有具备健全的专利制度，外国人在我国申请专利或转让新技术才有可靠的法律保障，从而也便于技术贸易的扩展。同时，根据专利保护的原则和国际惯例，健全的专利制度也有利于我国的发明创造在国外申请专利，出口技术。

二、专利权法律关系的主体和客体

（一）专利权法律关系的主体

专利权法律关系的主体指专利权人。专利权人是指依法有权提出专利申请和取得专利权并承担相应义务的人。根据我国法律的有关规定，专利权的权利主体可分为以下几类：

1. 发明人或设计人。公民个人如果是发明人或设计人，则对他的非职务发明专利享有所有权，是专利权的所有人。发明人是指发明或实用新型的创造人；设计人是指外观设计的制作人。非职务发明或设计是指发明人或设计人不是在执行单位的任务，也没有利用单位的仪器、设备、资金和资料进行的发明或设计。这种发明或设计，经申请批准后，发明人或设计人为当然的专利权主体。

2. 发明人或设计人的所在单位。法人或非法人单位对发明人或设计人的职务发明享有专利权。职务发明是指为执行本单位的任务或者主要利用本单位的物质技术条件所完成的发明创造。为执行本单位的任务所完成的发明创造是指：在本职工作中作出的发明创造；履行本单位交付的本职工作之外的任务所作的发明创造；退职、退休或者调动工作后 1 年内作出的，与其在原单位承担的本职工作或者分配的任务有关的发明创造。主要利用本单位的物质技术条件所完成的发明创造是指该发明创造主要是利用单位的资金、设备、实验场所、原材料、零部件或者资料文献等完成的。依我国《专利法》之规定，职务发明创造的专利申请权属于单位享有，专利申请被批准后，专利权归申请的单位或企业所有。主要利用本单位的物质技术条件所完成的发明创造，单位与发明人或者设计人订有合同，对申请专利的权利和专利权的归属作出约定的，从其约定。

3. 共同发明人。共同发明是指由两个或者两个以上的单位或者个人共同完成的发明创造。对于共同非职务发明，除另有约定的以外，申请专利的权利由共同发明人共同提出，专利申请被批准后，专利权属于共同发明人。对于两个以上单位协作研究，或者一个单位接受其他单位委托而进行的研究、设计完成的职务发明创造，专利申请权由双方在合同中约定。没有约定或者约定不明确的，申请专利的权利属于完成或共同完成发明、设计任务的单位；申请被批准后，专利权归申请单位所有或持有。

4. 合法受让人。合法受让人是指依有偿转让或无偿继承、赠与等方式承受专利权的自然人和社会组织。依法定继承或遗嘱继承程序，发明创造人死亡后，其发明创造转归其继承人所有；依赠与合同，发明创造人可将其发明创造无偿赠给受赠人所有；依买卖合同，发明创造人可将其发明创造有偿转让给他方。在我国，转让专利权应当由国家专利局登记并公告，专利权自国家专利局公告之日起转移。

5. 外国人。外国人是指不具有中国国籍的自然人和依外国法在外国注册的法人组织。依我国专利法和国际公约之规定，对在中国境内有经常居所或营业所的外国人或外国组织，实行国民待遇原则；对在中国境内没有经常居所或营业所的外国人或外国组织，应依照其所属国同中国签订的协议或者共同参加的国际公约，或者依照互惠原则确定其专利权主体资格。

（二）专利权法律关系的客体

专利权法律关系的客体是指专利法所保护的对象。依《巴黎公约》和我国《专利法》之规定，我国专利权法律关系的客体包括发明、实用新型和外观设计三类。

1. 发明。发明是指对产品、方法或者其改进所提出的新的技术方案，是专利权的重要客体。它包括产品发明、方法发明和改进发明三类。产品发明是指人们脑力劳动创造出来的一切新产品和新物质，包括机器、设备、装置、结构、工具、材料以及通过化学或物理方法获得的化合物和混合物等。未经人类加工或制造，完全处于自然状态的天然物不能申请专利。方法发明是指一个对象或物质改变成另一种状态，或改造成另一种对象或物质所利用的技术手段，包括制造方法、机械方法、加工方法的发明以及化学、生物方法的发明等。改进发明是指对现有产品发明或者方法发明提出的具有实质性变革的新的技术方案，其本质是对已有产品发明或方法发明的完善和提高。

2. 实用新型。实用新型，俗称“小发明”，是指对产品的形状、构造或者其结合所提出的适于实用的新的技术方案。实用新型首先必须是一种产品而不是工艺方法，且该产品必须在产业上具有直接的实用价值。同时，它必须具备一定的形状和结构或者形状与结构相结合，不具有一定的形状的，不能成为实用新型专利的客体。一般而言，实用新型在保护范围、技术思想水平、审查程序、保护期限等方面不如发明，但在实用性要求方面则高于发明。

3. 外观设计。外观设计是指对产品的形状、图案或者其结合以及色彩与形状、图案的结合所作出的富有美感并适于工业应用的新设计。受专利法保护的外观设计必须是独立的产品，且是为该产品的外表所作的设计。同时，该产品适于在工业上应用并能产生美感。如一幅画本身不是外观设计，如果将它印在壁挂上就是外观设计了。

4. 不授予专利权的对象。根据我国《专利法》规定，下列对象不授予专利权：①违反国家法律、社会公德或妨害公共利益的发明创造；②科学发现；③智力活动的规则和方法；④疾病的诊断和治疗方法；⑤动物和植物品种；⑥用原子核变换方法获得的物质；⑦对平面印刷品的图案、色彩或者二者的结合作出的主要起标识作用的设计。

三、专利权法律关系的内容

专利权法律关系的内容是指专利权法律关系中专利权人依法享有的权利和应当承担的义务。

(一) 专利权人的权利

专利权人的权利包括人身权利和财产权利两个方面。我国《专利法》规定，发明人或者设计人有在专利文件中写明自己是发明人或者设计人的权利。专利权的所有单位或者持有单位应当对职务发明创造的发明人或者设计人奖励；发明创造专利实施后，根据其推广应用的范围和取得的经济效益，对发明人或者设计人给予奖励。发明人的这种人身权不得转让和继承，不因专利技术的转让或者其财产的转让而消灭。专利权人的财产权利是指专利权人因取得专利而依法享有的具有经济内容的权利，该权利可依法转让或者继承。根据我国《专利法》的有关规定，专利权人主要享有以下财产权利：

1. 专有实施权。专有实施权是指专利权人依法对其获得专利的发明创造享有的独占实施权。一般情况下，专利权人对其专利产品依法享有制造、使用、许诺销售、销售和进口的权利。专利产品是指专利说明书和权利要求书中写明的产品。专有制造是指专利权人独自生产和加工专利产品，未经专利权人的许可，其他人不得制造该种产品。专有使用是指专利权人按照产品的技术功能将该产品在生产实践中加以利用。许诺销售是指明确表示愿意出售一种产品的行为。例如，将专利产品陈列在商店中进行展示，或者在交易会上进行演示，或者为其做推销广告等行为，都明确表明了愿意销售该专利产品的愿望，属于“许诺销售”的范围。专有销售是指专利权人将权利要求书中所说的产品的所有权进行有偿移转。依我国《专利法》规定，发明和实用新型专利权被授予后，除法律另有规定的以外，任何单位或者个人未经专利权人许可，不得为生产经营目的制造、使用、许诺销售、销售其专利产品，或者使用其专利方法以及使用、许诺销售、销售依照该专利方法直接获得的产品。外观设计专利被授予后，任何单位或者个人未经专利权人许可，不得为生产经营目的制造、使用、许诺销售、销售其外观设计专利产品。同时，依法赋予专利权人对未经其许可而进口其专利产品的行为予以阻止的权利。即专利权被授予后，除法律另有规定的以外，专利权人有权阻止他人未经专利权人许可，为上述用途进口其专利产品或者进口依照其专利方法直接获得的产品。

2. 转让权。专利权作为一种财产权可依法转让。依其转让内容可分为两大类：一类是专利权人有权转让获得专利的发明创造所有权，其形式主要包括出售和赠与。出售实际上是一种专利买卖合同，转让方据此有权获得一定金额的转让费。因转让涉及专利所有权归属，故专利法对此作了严格的形式要求，即中国单位或者个人向外国人转让专利申请权或者专利权的，必须经国务院有关主管部门批准；转让专利申请权或者专利权的，当事人必须订立书面合同，经专利局登记和公告后生效。此外，依我国《继承法》之规定，专利权人是公民时，有权依法立遗嘱处分或遗赠其专利权中的财产权利。另一类是专利权人根据许可合同将专利的使用权转让给他人，允许他人实施其专利。依《专利法》之规定，任何单位或者个人实施他人专利的，除依法强制许可的以外，都必须与专利权人订立书面实施许可合同，向专利权人支付专利使用费。被许可人无权允许合同规定以外的任何单位或者个人实施专利。许可合同中若载明被许可人对该专利的实施享有"独占权"的，专利权人则丧失了自己实施或许可第三人实施的权利。如未明确，则专利权人仍保留有自己实施或允许第三人实施的权利。

3. 放弃权。放弃权是专利权人在其专利权有效期届满前，以书面形式声明放弃其权利的一种法律行为。放弃专利权须向专利局递交书面声明，一旦经专利局登记和公告，其专利权便终止，该发明创造随即进入公有领域，任何人均可自由无偿地使用，而无须得到原专利权人的许可。

4. 标记权。这是指专利权人有权在其专利产品或者该产品的包装上标明专利标记和专利号。其目的在于表明专利权人已获得专利权，防止其他单位或者个人的侵权行为。

（二）专利权人的义务

专利权人在依法享受权利的同时，应当履行以下义务：

1. 缴纳专利年费。专利年费是专利权人自专利被授予的当年起，在专利期内依规定逐年向专利局缴纳的费用。

专利权人未按时缴纳年费以及缴纳年费数额不足的，专利局将通知专利权人在应当缴纳年费期满之日起 6 个月内补缴，同时缴纳 25% 的滞纳金；期满未缴纳的，自应当缴纳年费期满日起，其专利权终止。

缴纳年费确有困难的，专利权人可以按规定向专利局提出申请，请求减缴或者缓缴专利年费。

2. 实施专利。专利权人在专利期内必须依法行使其专利权。首先，专利权人应实施或者许可他人实施其专利。其次，专利权人在行使其专利权时应当依法行使。例如在许可他人实施或者转让其专利时，不得向专利受让人提出限制技术竞争和技术发展的交易条件；在专利使用费或者专利转让费上，不得明显违反公平原则；中国单位或者个人将其在国内完成的发明创造向国外申请专利的，应当首先向专利局申请专利，并经国务院有关主管部门同意后，委托国务院指定的专利代理机构办理，而不得擅自向外国申请专利，泄露国家重要机密等。

（三）专利权的限制

专利权人对其发明创造依法享有独占权利，其他任何人未经专利权人许可不得利用其发明创造，否则，即视为侵权。但为了维护国家和社会的整体利益，防止专利权的滥用，我国《专利法》对专利权的行使作了以下限制：

1. 不视为侵犯专利权的实施专利行为。依我国《专利法》规定，有下列情形之一的，不视为侵犯专利权：

（1）专利权人制造、进口或者经专利权人许可制造、进口的专利产品或者依照专利方法直接获得的产品售出后，使用、许诺销售或者销售该产品无须得到专利权人的许可。这种限制的目的在于保证商品的自由流通，以免阻碍商品经济的发展。

（2）在专利申请日前已经制造相同产品、使用相同方法或者已经作好制造、使用的必要准备，并且仅在原有范围内继续制造、使用的，不视为侵犯专利权。

（3）临时通过中国领土、领水、领空的外国运输工具，依照其所属国同中国签订的协议或者共同参加的国际条约，或者依照互惠原则，为运输工具自身需要而在其装置和设备中使用有关专利的，不视为侵犯专利权。

（4）专为科学研究和实验的目的使用有关专利的，不视为侵犯专利权。

（5）为提供行政审批所需要的信息，制造、使用、进口专利药品或者专利医疗器械的，以及专门为其制造、进口专利药品或者专利医疗器械的，不视为侵犯专利权。

2. 国家指定实施。依我国《专利法》之规定，国有企业事业单位的发明专利，对国家利益或者公共利益具有重大意义的，国务院有关主管部门和省、自治区、直辖市人民政府报经国务院批准，可以决定在批准的范围内推广应用，允许指定的单位实施，由实施单位按照国家规定向持有专利的单位支付使用费。

3. 强制许可。即国家主管机关不经专利权人同意，通过行政程序，允许第三人实施该专利并向其颁发强制许可证的行为。依我国《专利法》之规定，发生强制许可的情形有三种：

（1）依申请给予的强制许可。具备实施条件的单位以合理的条件请求发明或者实用新型专利权人许可实施其专利，而未能在合理长的时间内获得这种许可时，专利局根据该单位的申请，可以给予实施发明专利或者实用新型专利的强制许可。

（2）根据公共利益需要给予的强制许可。在国家出现紧急状态或者非常情况时，或者为了公共利益的目的，专利局可以给予实施发明专利或者实用新型专利的强制许可。为了公共健康目的，对取得专利权的药品，国务院专利行政部门可以给予制造并将其出口到符合我国参加的有关国际公约规定的国家或者地区的强制许可。

（3）根据专利之间相互关系给予的强制许可。一项取得专利权的发明或者实用新型比之前已经取得专利权的发明或者实用新型在技术上先进，其实施又有赖于前一发明或者实用新型的实施的，专利局根据后一专利人的申请，可以给予实施前一发明或者实用新型的强制许可。在依照这一规定给予实施强制许可的情形下，专利局根据前一专利权人的申请，也可以给予实施后一发明或者实用新型的强制许可。

四、专利权的取得

（一）取得专利权的条件

1. 发明、实用新型取得专利权的条件。依我国《专利法》规定，授予专利权的发明和实用新型，应当具备新颖性、创造性和实用性。

（1）新颖性。是指该发明或者实用新型不属于现有技术，也没有任何单位或者个人就同样的发明或者实用新型在申请日以前向国务院专利行政部门提出过申请，并记载在申请日以后公布的专利申请文件或者公告的专利文件中。现有技术是指申请日以前在国内外为公众所知的技术。但申请专利的发明创造在申请日以前6个月内，有下列情形之一的，不丧失新颖性：在中国政府主办或者承认的国际展览会上首次展出的；在规定的学术会议或者技术会议上首次发表的；他人未经申请人同意而泄露其内容的。

(2) 创造性。是指与现有技术相比，该发明有突出的实质性特点和显著的进步，该实用新型具有实质性特点和进步。可见，发明和实用新型的创造性要求不同，发明要有突出的实质性特点和显著的进步。实质性的特点是指技术成果成为发明或者实用新型的突出方面；显著的进步则是指该产品在功能、质量、方法方面或者在提高劳动生产率、降低成本等方面比现有技术前进了一大步。创造性实质上是对发明创造的质量要求。

(3) 实用性。是指该发明或者实用新型能够制造或者使用，并且能够产生积极效果。所谓制造或者使用，是指申请专利的发明或者实用新型必须已经完成，所属技术领域的普通技术人员按照说明书可以实施于工农业生产，并且能够重复多次实施。所谓产生积极效果，是指申请专利的发明或者实用新型必须能够产生经济的或者社会的效果，如能够改善劳动条件、提高产品质量、降低产品成本、节约原材料、提高劳动生产率等。

2. 外观设计取得专利权的条件。我国《专利法》规定，授予专利权的外观设计，应当不属于现有设计，也没有任何单位或者个人就同样的外观设计在申请日以前向国务院专利行政部门提出过申请，并记载在申请日以后公告的专利文件中。授予专利权的外观设计与现有设计或者现有设计特征的组合相比，应当具有明显的区别，并不得与他人在申请日以前取得的合法权利相冲突。现有设计是指申请日以前在国内外为公众所知的设计。从这个规定来看，我国关于取得外观设计专利的实质条件只要求具备新颖性，且该新颖性的要求比发明或者实用新型要高一些，即要求与现有设计或者现有设计特征的组合"不相同"，而且"不相近似"。"他人在申请日以前已经取得的合法权利"主要是指在先取得的著作权、商标权等。根据我国《专利法》规定，关于发明和实用新型不丧失其新颖性的例外规定同样适用于外观设计。

(二) 取得专利权的程序

取得专利权的程序包括专利权的申请和专利权的审查与批准两部分。

1. 专利权的申请。申请是指享有专利申请权的个人或单位向国家专利局提出的要求授予其专利权的意思表示。申请可以由申请人自己提出，也可以由代理人提出。共同发明的专利申请，应由全体有权申请并有权取得专利权的人提出。依我国《专利法》规定，申请发明或者实用新型专利的，应当提交请求书、说明书及其摘要和权利要求书等文件。请求书是申请人向专利局表示请求授予发明专利或者实用新型专利权的文件，应当写明发明或者实用新型的名称，发明人或设计人的姓名，申请人姓名或者名称、地址，以及其他事项。说明书是申请人将其发明创造向社会公开的重要法律文件，应当对发明或者实用新型作出清楚、完整的说明，以所属技术领域的普通技术人员能够实现为准；必要的时候，应当有附图。摘要是说明书的简缩，应当简要说明发明或者实用新型的技术要点。权利要求书是确定发明和实用新型的保护范围的文件，应当以说明书为依据，说明要求专利保护的范围。

申请外观设计专利的，应当提交请求书以及该外观设计的图片或者照片等文件，并且应当写明使用该外观设计的产品及其所属的类别。

2. 专利权申请的原则。申请人申请专利应遵循以下原则：

(1) 单一性原则。即一件发明或者实用新型专利申请应当限于一项发明或者实用新型。属于一个总的发明构思的两项以上的发明或者实用新型，可以作为一件申请提出。一件外观设计专利申请应当限于一种产品所使用的一项外观设计。用于同一类别并且成套出售或者使用的产品的两项以上的外观设计，可以作为一件申请提出。

(2) 先申请原则。即两个以上的申请人分别就同样的发明创造申请专利的，专利权授予最先申请的人。

(3) 优先权原则。即申请人自发明或者实用新型在外国第一次提出专利申请之日起12个月内，或者外观设计自在外国第一次提出专利申请之日起6个月内，又在中国就相同主题提出专利申请的，依照该外国同中国签订的协议或者共同参加的国际条约，或者依照相互承认优先权的原则，可以享有优先权，即以第一次在国外提出的申请日作为在中国的申请日。如果申请人自发明或者实用新型在中国第一次提出专利申请之日起12个月内，又向专利局就相同主题提出专利申请的，可以享有国内优先权，即以第一次的申请日作为第二次申请的申请日。申请人要求优先权的，依法应在申请的时候提出书面声明，并且在3个月内提交第一次提出的专利申请文件的副本；未提出书面声明或者逾期未提交专利申请文件副本的，视为未要求优先权。

3. 专利权的审查与批准。国际上对专利申请的审查有以下三种不同的制度：

(1) 形式审查。即专利局只对专利申请进行形式方面的审查，包括申请手续是否合法，申请文件是否齐备、合格等。

(2) 实质审查。即专利局在进行受理登记申请时，不仅从形式上审查，而且还要从该项发明创造是否具有新颖性、创造性和实用性上进行实质审查。

(3) 迟延审查。即对专利申请先期公布、延后审查的一种方式。我国《专利法》实行的就是这种制度。

根据我国《专利法》规定，专利局收到发明专利申请后，经初步审查认为符合本法要求的，自申请日起满18个月即行公布。专利局可以根据申请人的请求早日公布其申请。发明专利申请自申请日起3年内，专利局可以根据申请人随时提出的请求，对其申请进行实质审查；申请人无正当理由逾期不请求实质审查的，该申请即被视为撤回。但专利局认为必要的时候，也可以自行对发明专利申请进行实质审查。发明专利的申请人请求实质审查的时候，应当提交在申请日前与其发明有关的参考资料。发明专利已经在外国提出过申请的，申请人请求实质审查的时候，应当提交该国为审查其申请进行检索的资料或者审查结果的资料；无正当理由不提交的，该申请即被视为撤回。

专利局对申请人的申请进行实质审查后，认为不符合《专利法》规定的，应当通知申请人，要求其在指定的期限内陈述意见，或者对其申请进行修改；无正当理由逾期不答复的，该申请即被视为撤回。经申请人陈述意见或者修改后，专利局仍然认为不符合专利法的，应当予以驳回。如果发明专利申请经实质审查没有发现驳回理由的，专利局应当作出授予发明专利权的决定，发给发明专利证书，并予以登记和公告。实用新型和外观设计专利申请经初步审查没有发现驳回理由的，专利局便应当作出授予其专利权的决定，发给相应的专利证书，并予以登记和公告。所授予的专利权自公告之日起生效。

为了维护公共利益和提高专利行政部门的工作质量，纠正可能出现的失误，国务院专利行政部门设立了专利复审委员会。专利申请人对专利局驳回申请的决定不服的，可以自收到通知之日起 3 个月内向专利复审委员会请求复审。专利复审委员会复审后作出决定，并通知专利申请人。专利申请人对专利复审委员会的复审决定不服的，可以自收到通知之日起 3 个月内向人民法院起诉。

五、专利权的期限和无效

（一）专利权的期限

专利权的期限是指专利权从发生法律效力至失去法律效力的时间。专利权作为一种独占权，在时间上并不是永远存续的权利，仅在有效期内受法律保护。在此期间，除法律另有规定外，他人未经专利权人的许可不得使用该专利，一旦超过有效期限，任何单位和个人都可以自由、无偿地使用。

我国《专利法》规定，发明专利权的期限为 20 年，实用新型和外观设计专利权的期限为 10 年，均自申请日起计算。这样不仅有利于调动科技人员发明创造的积极性和某些领域的技术引进，而且可以鼓励外观设计专利申请，改变我国产品外观设计的落后状态，增强其在国际市场中的竞争力。

（二）专利权的无效

我国《专利法》规定，自专利局公告授予专利权之日起，任何单位或者个人认为该专利权的授予不符合《专利法》有关规定的，都可以请求专利复审委员会宣告该专利权无效。专利复审委员会收到无效宣告的请求书和有关文件后，应将请求书及有关文件副本送交专利权人，要求其在指定的期限内陈述意见。专利复审委员会对宣告专利权无效的请求进行审查后，如果认为该专利权确有无效理由，应当作出决定，宣告专利权无效；如果认为宣告专利权无效的申请理由不充分，则应作出决定，驳回该申请。宣告专利权无效的决定，专利局应当予以登记和公告。

专利权人或者宣告专利权无效的申请人对专利复审委员会宣告专利权无效或者维持专利权的决定不服的，可以在收到通知之日起3个月内向人民法院起诉。

宣告专利权无效的决定具有追溯力。我国《专利法》对此规定，宣告无效的专利权视为自始即不存在。宣告专利权无效的决定，对在宣告专利权无效前人民法院作出并已执行的专利侵权的判决、裁定，专利管理机关作出并已执行的专利侵权处理决定，以及已经履行的专利实施许可合同和专利权转让合同，不具有追溯力。但是因专利权人的恶意给他人造成的损失，专利权人应当给予赔偿。而专利权人或者专利权转让人不向被许可人或者受让人返还专利侵权赔偿金、专利使用费、专利权转让费，明显违反公平原则的，专利权人或者专利权转让人应当向被许可人或者受让人返还全部或者部分专利使用费或者专利权转让费。

六、专利权的法律保护

（一）专利权的保护范围

专利权的保护范围是指专利权的法律效力所及的发明创造的技术范围。依我国《专利法》之规定，对专利权保护范围的确定可分为对发明或者实用新型专利权保护范围的确定和对外观设计专利权保护范围的确定。

发明或者实用新型专利权的保护范围以其权利要求的内容为准，说明书及其附图可以用于解释权利要求。这就是说，权利请求书中所记载的技术特征和技术幅度就是专利权的保护范围。专利申请说明书和摘要，均不能作为确定专利权保护范围的依据。但如果权利请求书中存在着含糊之处，可以参考说明书和摘要或者附图，以确定专利权的保护范围。

外观设计专利权的保护范围以表示在图片或者照片中的外观设计专利产品为准。外观设计专利申请中没有权利要求书，所以它的保护范围以表示在图片或者照片中的外观设计及使用该外观设计的产品为依据，且该产品是申请人在申请外观设计专利时指定使用该外观设计的产品。

（二）侵害专利权的行为

侵害专利权的行为是指在专利权有效期间内，第三人非法利用专利权人的发明创造专利或者非法妨碍专利权人利用其发明创造专利的行为。我国《专利法》规定以下行为属于侵害专利权的行为：

1. 未经专利权人许可制造专利产品的行为。

2. 故意使用发明或实用新型专利产品的行为，即侵权人知道或者应当知道该产品是未经专利权人许可制造的侵权产品，而仍然以生产经营为目的购买使用。

3. 故意销售他人专利产品的行为，即侵权人知道或者应当知道该产品是未经专利权人许可制造的侵权产品，而仍然以生产经营为目的有偿转让专利产品所有权的行为。

4. 进口他人专利产品的行为，即侵权人知道或者应当知道该产品是未经专利权人许可制造、销售的侵权产品，仍以生产经营为目的将该产品从国外进口到中国的行为。

5. 使用他人专利方法以及使用、许诺销售、销售依照该专利方法直接获得的产品。

6. 假冒专利的行为，是指非专利权人未经专利权人许可，故意在其非专利产品或者产品的包装上，标注专利标记或他人的专利号，足以使他人相信该产品是专利权人的专利产品的行为。

（三）专利权的保护方式

对侵害专利权的行为，专利权人或者利害关系人可以就侵权行为与侵权人协商解决；不愿协商或者协商不成的，可以请求专利管理机关依行政程序进行处理，也可以直接向人民法院起诉。专利权的保护方式除诉前禁令外，主要包括民事保护、行政保护和刑事保护。

1. 诉前禁令。为了对侵犯知识产权的行为采取有效行动，及时地阻止侵权、防止被侵权人的损失扩大，更好地保护专利权人，我国《专利法》根据 TRIPS 协议的要求规定，专利权人或者利害关系人有证据证明他人正在实施或者即将实施侵犯其专利权的行为，如不及时制止将会使其合法权益受到难以弥补的损害的，可以在起诉前向人民法院申请采取责令停止有关行为的措施。申请人提出申请应当采用书面形式并应提交相关证据和提供担保。

2. 民事保护。未经专利权人许可而实施其专利引起纠纷的，由当事人协商解决；不愿协商或者协商不成的，专利权人或者利害关系人可以向人民法院起诉。人民法院经审理确认被告构成侵权时，依法追究侵权人以下民事责任：①责令侵权人停止侵权行为；②责令侵权人赔偿损失。损失的计算以专利权人受到的实际经济损失或者侵权人因侵权所获得的利益为限，参照该专利许可使用费的倍数合理确定。赔偿数额包括权利人为制止侵权行为所支付的合理开支。权利人的损失、侵权人获得的利益和专利许可使用费均难以确定的，由人民法院根据专利权的类型、侵权行为的性质和情节等因素，确定给予 1 万元以上 100 万元以下的赔偿。

3. 行政保护。根据我国《专利法》的规定，未经专利权人许可，侵犯其专利权，引起纠纷的，当事人可以向人民法院起诉，也可以请求管理专利工作的部门处理。专利管理机关处理的时候，有权责令侵权人立即停止侵权行为，当事人不服的，可以在收到处理通知之日起 15 日内向人民法院起诉；侵权人期满不起诉又不停止侵权行为的，专利管理机关可以请求人民法院强制执行。进行处理的管理部门应当事人的请求，可以就侵犯专利权的赔偿数额进行调解；调解不成的，当事人可以向人民法院起诉。我国专利行政保护的方式包括：①责令侵权人停止侵权行为；②调解；③责令改正，没收违法所得，罚款。对于假冒他人专利的，除依法承担民事责任外，由管理专利工作的部门责令改正并公告，没收违法所得，可以并处违法所得 4 倍以下的罚款；没有违法所得的，可以处 20 万元以下的罚款。

4. 刑事保护。侵害专利权不仅损害了权利人的利益，也直接损害了社会的公共利益，故我国《专利法》对严重的专利违法行为和专利侵权行为给予刑事制裁。根据我国《专利法》和《刑法》的规定，应承担刑事责任的情形包括：①假冒他人专利。②泄露国家机密。违反专利法规定向外国申请专利，泄露国家秘密构成犯罪的，依法追究刑事责任。③徇私舞弊。从事专利管理工作的国家机关工作人员以及其他有关国家机关工作人员玩忽职守、滥用职权、徇私舞弊构成犯罪的，追究刑事责任。

第四节　商标法

一、商标权概述

（一）商标权的概念及特征

商标权又称商标专用权，是指商标所有人在法律规定的有效期限内，对其经商标主管机关核准注册的商标所享有的独占、排他地使用和处分的权利。使用权是商标专用权人对其注册商标享有充分支配和完全使用的权利。商标注册人可以在其注册商标所核定的商品上独自使用该商标，并拥有制止其他任何人在同一种商品或类似商品上使用与其相同或者近似商标的权利。处分权是商标专用权人按照自己的意愿处理其商标专用权的权利。处分权可依法转让，也可依法许可他人使用。我国商标专用权的取得采取注册原则，只有注册才是确定商标专用权的法律依据。经商标局核准注册的商标，享有商标专用权并依法得到保护，非注册商标不具有专用性和排他性，不受法律保护。

商标权是一种无形财产权，属知识产权的一种，具有知识产权的共有特征。但商标权的客体不同于其他知识产权，其法律特征在内容上也与其他知识产权有区别。商标权作为法律上的一种权利，具有以下特征：

1. 商标权具有独占性和排他性。商标权人对其注册商标享有专有使用的权利，任何第三者非经商标权人同意，不得使用。但商标权可以通过合同或者其他方式依法转让给他人。

2. 商标权不同于专利权，主要表现为两者的专有性程度不同。专利权的专有性程度较商标权的专有性程度更高。对同一内容的发明创造只能授予一次专利权，专利发明人一旦依法取得了专利权，便可绝对地排除他人的同一发明在同一国家，甚至在任何国家取得专利权，商标权的专有性并不要求相同的商标只能授予一次，只是不能在同一种商品或类似商品上使用与其相同或近似的商标。此外，两者对人身权的保护也不同。专利法依法保护发明创造人的人身权和财产权，而商标法只保护商标使用人的商标专用权，即经济利益，商标设计人的人身权不在商标法的保护范畴内，而是通过著作权法加以保护的。

3. 商标权具有时间性。商标权仅在法律规定的有效期限内有效并受法律保护；超过有效期限，商标权则不再受法律保护。但商标权人可以通过多次申请续展的方式使这种专用权永远存续下去。

4. 商标权具有地域性。商标注册人所享有的商标权，只能在授予该项权利的国家范围内受到保护，在其他国家则不发生法律效力。但这并不排除在一定条件下适用有关的国际公约或双边协定而在别的国家取得商标专用权。

（二）商标权法律制度的作用及意义

商标作为商品经济的产物，对商品经济的发展起着积极的促进作用。在我国当前条件下，商标法律制度对加强商标管理，保护商标专用权，促使生产者保证商品质量和维护商标信誉，保障消费者的利益，促进社会主义市场经济的发展，具有重要的意义。

1. 商标具有区别不同生产者或经营者生产或经营的同类商品的功能。这是它最本质、最基本的作用。通过商标，消费者可区别不同的商品，从而认牌购货，使其需要得到满足。

2. 商标是商品质量的象征。商标是产品特定质量的标志。使用同一商标的商品，其质量必须达到规定的质量技术标准。我国《商标法》第 7 条规定，商标使用人应当对其使用商标的商品质量负责。据此，主管部门通过商标管理监督商品质量，制止欺骗消费者的行为。

3. 商标具有宣传商品的作用。设计高超的商标具有便于记识的特点，故成为一种重要的广告手段。同时商标又代表商标所有者的信誉并标示商品质量，所以通过对商标的广告宣传，可扩大商标的影响，引导和诱发消费者购买商品的欲望，增强企业的竞争力。

4. 有利于对外贸易。商标是商品进入国际市场的重要手段，使用名牌商标的商品容易在国际市场上打开销路。同时，保护外国人在我国申请注册的商标权，有利于引进外国的新产品和新设备，促进我国对外经济贸易的发展。

二、商标权法律关系的主体和客体

（一）商标权法律关系的主体

商标权法律关系的主体包括权利主体和义务主体。权利主体即商标权人，包括申请商标注册并经主管部门依法核准，取得商标专用权的人和经合法转让而取得商标专用权的人。根据《商标法》第 4 条的规定，自然人、法人或者其他组织对其生产、制造、加工、拣选或者经销的商品，需要取得商标专用权的，应当向商标局申请商品商标注册。自然人、法人或者其他组织对其提供的服务项目，需要取得商标专用权的，应当向商标局申请服务商标注册。申请经批准后，即可取得商标专用权，成为商标权法律关系的权利主体。

对于外国人和外国企业的商标权主体资格，根据《商标法》第 17 条的规定，外国人或者外国企业在中国申请商标注册的，应当按其所属国和中华人民共和国签订的协议或者共同参加的国际条约办理，或者按对等原则办理。

（二）商标权法律关系的客体

商标权法律关系的客体是注册商标。商标是指任何能够将自然人、法人或者其他组织的商品与他人的商品区别开的可视性标志，包括文字、图形、字母、数字、三维标志和颜色组合，以及上述要素的组合。

1. 商标的类型。商标依不同标准可作如下分类：

（1）依商标结构不同，可分为文字商标、图形商标、字母商标、数字商标、立体商标和颜色组合商标。

（2）依商标使用者不同，可分为制造商标和销售商标。前者为商品生产者或制造者在自己生产或制造的商品上使用的商标；后者则为商品销售者或经营者在自己销售的商品上使用的商标。

（3）依商标是否经过注册手续，可分为注册商标和非注册商标。注册商标是指经过商标注册管理机关依法核准注册的商标；非注册商标是指未履行商标注册手续而直接使用的商标。

（4）依商标的声誉不同，可分为驰名商标、优秀产品商标等。驰名商标是指经过长期使用，为公众所熟知，在市场上享有较高信誉并经认定机关认定的商标。对驰名商标的保护分为两种情况：①对未在我国注册的驰名商标的保护。就相同或者类似商品申请注册的商标是复制、摹仿或者翻译他人未在中国注册的驰名商标，容易导致混淆的，不予注册并禁止使用。②对已在我国注册的驰名商标的保护。就不相同或者不相类似商品申请注册的商标是复制、摹仿或者翻译他人已经在中国注册的驰名商标，误导公众，致使该驰名商标的注册人的利益可能受到损害的，不予注册并禁止使用。对于擅自使用的，由工商行政管理机关予以制止。优秀产品商标是指商品质量好，得到过省、部级优秀产品称号的商标。

（5）依商标的功能不同，可分为防御商标、联合商标、集体商标和证明商标。防御商标是指知名商标的所有人在不同类别的商品或者服务上注册若干相同的商标。原商标为正商标，注册在另外不同类别的商标或者服务上的这种商标称为防御商标。例如，“可口可乐”为防止他人在啤酒上使用而在酒类注册，构成防御商标。联合商标是指同一商标所有人在同一种或类似商品上注册的若干个相近似的商标。这些近似商标中首先注册的或者主要使用的商标为正商标，其余的为联合商标。集体商标是指由某些工业行业协会、商业行业协会、集团企业申请注册的，由该协会成员或该集团成员共同使用的商标。证明商标是指专门用以证明商品或服务的质量、制造方法、原材料、精密度等特征已达到某种标准的商标。例如，“纯羊毛标志”“绿色食品标志”等。

2. 商标注册的条件。依《商标法》第 9 条的规定，申请注册的商标应当有显著特征，便于识别，并不得与他人在先取得的合法权利相冲突。所谓“有显著特征”，是指商标的构成要素，无论是文字、图形、字母、数字，还是三维标志、颜色组合，都要有鲜明的特色、独特的风格。其目的在于更好地将商品市场上相同或者类似的商品的不同生产者、销售者的商品的不同质量、特色有效地加以区别。所谓“便于识别”，是指商标的外观能使消费者据以辨别及区分其结合的商品与他人商标结合的商品，不致发生混淆。“他人在先取得的合法权利”是指申请注册商标之前他人在先已经取得的企业名称权、外观设计专利权、著作权、肖像权、姓名权、域名权等权利。其目的在于防止权利冲突的发生。

为了维护社会公共利益，保证商标具有显著性，《商标法》第10条规定商标不得使用下列文字、图形：

(1) 同中华人民共和国的国家名称、国旗、国徽、军旗、勋章相同或者近似的，以及同中央国家机关所在地特定地点的名称或者标志性建筑物的名称、图形相同的；

(2) 同外国的国家名称、国旗、国徽、军旗相同或者近似的，但该国政府同意的除外；

(3) 同政府间国际组织的旗帜、徽记、名称相同或者近似的，但经该组织同意或者不易误导公众的除外；

(4) 与表明实施控制、予以保证的官方标志、检验印记相同或者近似的，但经授权的除外；

(5) 同“红十字”“红新月”的标志、名称相同或者近似的；

(6) 带有民族歧视性的；

(7) 夸大宣传并带有欺骗性的；

(8) 有害于社会主义道德风尚或者有其他不良影响的；

(9) 县级以上行政区划的地名或者公众知晓的外国地名，不得作为商标。但是，地名具有其他含义或者作为集体商标、证明商标组成部分的除外；已经注册的使用地名的商标继续有效。

上述规定既适用于商标注册的审查，也适用于未注册商标，即未注册商标也不能使用上述标志。

我国实行商标自愿注册原则，因而区分注册商标与未注册商标两种情况，分别规定了一般适用的禁止性事项和只对注册商标适用的特定要求。第10条就是关于一般适用的禁止性事项的规定，下面介绍的第11条只对注册商标适用。《商标法》第11条明确规定：“下列标志不得作为商标注册：①仅有本商品的通用名称、图形、型号的；②仅仅直接表示商品的质量、主要原料、功能、用途、重量、数量及其他特点的；③缺乏显著特征的。前款所列标志经过使用取得显著特征，并便于识别的，可以作为商标注册。”也就是说，如果企业要想设计一枚商标并申请注册的话，必须满足《商标法》第9条、第10条及第11条的全部条件。

三、商标权法律关系的内容

商标权法律关系的内容是指商标权法律关系中商标权人依法享受的权利和应当承担的义务。

(一) 商标权人的权利

1. 商标专用权。是指商标权人对其注册的商标享有的独占使用权。这是商标权人享有的最重要的权利，包括两个方面：①商标权人对自己的注册商标有完全的所有权，他可以依法占有、使用和处分其商标，有权获得因行使商标权而获得的收益。②商标权人有权禁止他人未经自己许可使用与自己注册商标相同或近似的商标；有权禁止他人假冒自己的注册商标；有权禁止他人注册与自己已注册商标相同或近似的商标。为此，《商标法》第3条明确规定，经商标局核准注册的商标为注册商标，商标注册人享有商标专用权，受法律保护。

2. 注册商标转让权。注册商标转让权是指注册商标权人根据自己的意愿在法律允许的范围内，按照一定的条件和程序，将自己的注册商标所有权转让给第三人并由其专用的一种法律行为。注册商标的转让一般有以下形式：

(1) 因合同转让。拥有注册商标权的企业事业单位、个体工商户、个人合伙组织以及其他民事主体之间通过签订协议依法达成商标权的转让。一般情况下其转让都是有偿的。

(2) 因继承转让。取得注册商标权的个体工商业者死亡后，由其合法继承人继承其已注册商标的所有权。

《商标法》第42条规定，转让注册商标的，转让人和受让人应当签订转让协议，并共同向商标局提出申请，受让人应当保证使用该注册商标的商品质量。转让注册商标经商标局核准后，对符合转让要求的，商标局应予以公告，受让人自公告之日起享有商标专用权。

3. 许可他人使用其注册商标的权利。注册商标的许可使用是指注册商标所有人通过签订使用许可合同，允许他人使用其注册商标。许可他人使用不同于转让。许可只允许他人使用自己的注册商标，既不转移注册商标所有权，也不完全转让使用权，商标权人仍享有注册商标权。注册商标的使用许可主要有三种形式：①独占许可，即许可人只许可被许可人在约定的地区和指定的商品或服务上独家使用其注册商标。②排他许可，即许可人授权被许可人在一定期限、地域内，在指定的商品或服务上使用其注册商标的同时，不得再许可第三人使用该注册商标，但许可人本人仍保留使用该注册商标的权利。③普通许可，即注册商标权人对于其注册商标可以允许不同的人同时使用。

根据我国《商标法》第43条的规定，许可他人使用其注册商标的，许可人应当将其商标使用许可报商标局备案，由商标局公告。商标使用许可未经备案不得对抗善意第三人。许可人应当监督被许可人使用其注册商标的商品质量。被许可人应当保证使用该注册商标的商品质量。经许可使用他人注册商标的，必须在使用该注册商标的商品上标明被许可人的名称和商品产地。

（二）商标权人的义务

1. 对使用商标的商品质量负责。《商标法》第7条规定，商标使用人应当对其使用商标的商品质量负责。这是我国《商标法》赋予商标使用权人必须履行的一项重要义务。商标权人认真履行这一义务既是对消费者负责的具体体现，也是维护商标信誉，扩大商品销路的关键。如果商标权人不认真履行这一义务，对使用注册商标的商品粗制滥造，以次充好，欺骗消费者，将会受到法律的制裁。

2. 法定注册商标的商品，未经注册不得销售。依我国《商标法》的规定，未注册的商标虽然可以使用，但不受法律保护，也不能取得商标专用权。国家规定必须使用注册商标的商品，必须申请商标注册；未经核准注册的，不得在市场销售。必须使用注册商标的商品在我国主要指人用药品和烟草制品。

3. 缴纳规定的各种费用。商标权人在办理有关申请商标注册、转让注册、续展注册等时，应按照《国家工商行政管理局关于商标注册和办理其他事宜收费标准的规定》缴纳申请费、商标注册费、转让注册费和续展注册费。

四、商标专用权的取得

（一）取得商标专用权的原则

1. 注册原则。《商标法》第3条规定，经商标局核准注册的商标为注册商标，商标注册人享有商标专用权，受法律保护。未经注册的商标，在不侵害他人注册商标的前提下，虽可使用，但不受法律保护，也不能取得商标专用权。对于绝大多数产品，是否申请注册商标，采取自愿注册的原则，由商标使用人自行决定，法律不作强制性的规定。但对人用药品和烟草制品采用强制注册商标的原则，即这两类商品必须使用注册商标，未经注册的，其商品不得在市场销售。

2. 先申请原则。先申请原则是与先使用原则相对立的一项原则。这一原则要求谁先申请商标注册就授予谁商标专用权，而不问商标的使用情况怎样。依我国《商标法》第29条的规定，两个或者两个以上的申请人，在同一种商品或者类似商品上，以相同或者近似的商标申请注册的，初步审定并公告申请在先的商标；同一天申请的，初步审定并公告使用在先的商标，驳回其他人的申请，不予以公告。

（二）商标权取得的程序

商标权的取得，必须经过以下程序：

1. 申请。申请是指商标注册申请人向商标主管部门作出的请求商标注册的意思表示。根据我国《商标法》的规定，申请商标注册的，应当按照规定的商品分类表填报使用商标的商品类别和商品名称。同一申请人在不同类别的商品上申请注册同一商标的，应当按商品分类表提出注册申请。对于商品的分类，我国采用的是《商标注册用商品和服务国际分类表》，该表将商品分为34类，将服务分为8类，共计42类，1万多小项。

注册商标需要在同一类的其他商品上使用的，应当另行提出注册申请。已经注册的商标，如果需要改变文字、图形的，应当重新提出注册申请。注册商标若需变更注册人的名义、地址或者其他注册事项的，应当提出变更申请。

所有申请的意思表示均以向商标局交送申请文件的方式进行，商标局收到申请文件的日期为商标注册的申请日。

2. 审查。审查是指对商标注册申请依法予以检查。商标局接到商标注册申请后，要审查各种申请文书是否符合规定，商标标识是否合法，所附证件是否齐全等。凡符合商标法有关规定的，由商标局初步审定，予以公告。凡不符合商标法有关规定或者同他人在同一种商品或者类似商品上已经注册的或者初步审定的商标相同或者近似的，由商标局驳回申请，不予公告。对驳回申请、不予公告的商标，商标局应当书面通知申请人。申请人不服的，可以在收到通知之日起15日内申请复审，由商标评审委员会作出决定，并书面通知申请人。当事人对商标评审委员会的决定不服的，可以自收到通知之日起30日内向人民法院起诉。

3. 核准注册。对初步审定的商标，自公告之日起3个月内，任何人均可以提出异议。无异议或者经裁定异议不能成立的，始予核准注册，发给商标注册证，并予以公告；经裁定异议成立的，不予核准注册。对初步审定、予以公告的商标提出异议的，商标局应当听取异议人和申请人陈述事实和理由，经调查核实后，作出裁定。当事人不服的，可以在收到通知之日起15日内申请复审，由商标评审委员会作出裁定，并书面通知异议人和申请人。当事人对商标评审委员会的决定不服的，可以自收到通知之日起30日内向人民法院起诉。

五、商标权的期限、续展和消灭

（一）商标权的期限

商标权的期限，是商标专用权受法律保护的有效期限。我国《商标法》第37条规定，注册商标的有效期为10年，自核准注册之日起计算。

（二）商标权的续展

商标权的续展是指通过一定程序，延续原注册商标的有效期限，使商标注册人继续保持对其注册商标的专用权。我国《商标法》第40条规定，注册商标有效期满，需要继续使用的，应当在期满前12个月内办理续展手续；在此期间未能办理的，可以给予6个月的宽展期。宽展期满未办理续展手续的，注销其注册商标。每次续展注册的有效期为10年，续展次数不受限制。

申请商标续展注册，应履行法定程序。凡申请商标续展注册的，申请人应送交商标续展注册申请书一份，商标图样5张。申请书应填写注册商标的编号、商品的类别及有效期的期限时间，同时交回原注册证以及续展申请费和续展注册费。在宽展期内申请的，还应交续展延迟费。商标局收到续展申请后，经审查认为不符合商标法有关规定的，将不予续展；如果申请符合法定标准，将对原注册商标证书加注并发还申请人，并对申请续展的商标予以公告。

（三）商标权的消灭

商标权的消灭是指因法定事由的发生，注册商标所有人丧失其商标专用权。通常情况下，主要有注销和撤销两种情况。

1. 因注销而丧失商标专用权。注销是指注册商标所有人自愿放弃其注册商标的注册，由商标局备案，并予以公告。其具体内容包括：

（1）未进行续展。从核准注册商标之日起，经过10年而商标专用权人未续展其注册商标的，或者虽已提出续展申请而被依法驳回的，商标专用权即告消灭。

（2）自动放弃。通过办理放弃该注册商标的登记手续，商标专用权即消灭。

（3）其他事由。商标注册人因种种原因已不存在，其商标权随之被注销。

2. 因撤销而丧失商标专用权。撤销是指商标局强制废除注册商标的注册，剥夺商标所有人的专用权。依我国《商标法》的规定，撤销有以下情形：

（1）对注册不当的商标，可以由商标局撤销该注册商标。注册不当的商标是指违反《商标法》的规定，不具备注册条件的已注册商标。由于审查人员的认识或者技术上的原因，难免会出现某些商标注册不当的情况，加之有些商标注册申请人弄虚作假，以不正当手段取得注册的现象的存在，有必要对注册不当的商标予以撤销。

（2）自行改变注册商标的。

（3）自行改变注册商标的注册人名义、地址或者其他注册事项的。

（4）自行转让注册商标的。

（5）连续 3 年停止使用的。

（6）使用注册商标，其商品粗制滥造，以次充好，欺骗消费者的，商标局也可酌情撤销其注册商标。

对于被撤销的注册商标，商标局应予以公告。

六、商标权的法律保护

（一）商标权保护的范围

商标权的保护范围是指商标权的效力范围。依我国《商标法》第 56 条的规定，注册商标的专用权，以核准注册的商标和核定使用的商品为限。可见，对注册商标专用权的保护，限制在核准注册的商标和核定使用的商品范围之内。在此范围内，商标权人依法享有专用权并可对抗第三人。该保护范围不得任意改变或扩大，如果注册商标所有人擅自改变注册商标的构成要素，或将注册商标使用于核定的商品以外的其他商品上，便超出了商标专用权的保护范围，将得不到法律的保护。通常情况下，我国以申请书申请的商标权范围的大小来确定保护的对象。

（二）侵犯商标权的行为

侵犯商标权的行为是指侵害他人注册商标专用权的行为。根据《商标法》第 57 条的规定，有下列行为之一的，均属侵犯注册商标专用权：

1. 未经商标注册人的许可，在同一种商品上使用与其注册商标相同的商标的；

2. 未经商标主持人的许可，有同一种商品上使用与其注册商标近似的商标，容易导致混淆的；

3. 销售侵犯注册商标专用权的商品的；

4. 伪造、擅自制造他人注册商标标识或者销售伪造、擅自制造的注册商标标识的；

5. 未经商标注册人同意，更换其注册商标并将该更换商标的商品又投入市场的；

6. 故意为侵犯他人商标专用权行为提供便利条件，帮助他人实施侵犯商标专用权行为的；

7. 给他人的注册商标专用权造成其他损害的。

(三) 商标权的保护方式

商标注册人的专用权受到侵害时，由当事人协商解决；不愿协商或者协商不成的，商标注册人或者利害关系人可以向人民法院起诉，也可以请求工商行政管理部门处理。具体保护方式主要有以下三种：

1. 行政处罚。即工商行政管理机关按照商标管理法规，对商标侵权行为所作的制裁。依我国《商标法》规定，注册商标专用权受到侵犯时，被侵权人可以向侵权人所在地的县级以上工商行政管理部门要求处理。有关工商行政管理部门有权责令侵权人立即停止侵权行为，没收、销毁侵权商品和专门用于制造侵权商品、伪造注册商标标识的工具，并可处以罚款。当事人不服的，可以在收到通知之日起15日内，向人民法院起诉；侵权人期满不起诉又不履行的，由有关工商行政管理部门申请人民法院强制执行。进行处理的工商行政管理部门根据当事人的请求，可以就侵犯商标专用权的赔偿数额进行调解；调解不成的，当事人可以向人民法院起诉。

2. 民事处罚。即人民法院依照民事诉讼程序对侵犯注册商标专用权行为所作的制裁。依据我国《民法通则》的规定，商标专用权人在其商标权受到不法侵害时，有权要求人民法院依法责令侵权人停止侵害、消除影响、恢复名誉并赔偿损失。侵犯商标专用权的赔偿数额，为侵权人在侵权期间因侵权所获得的利益，或者被侵权人在被侵权期间因被侵权所受到的损失，包括被侵权人为制止侵权行为所支付的合理开支。侵权人因侵权所得利益，或者被侵权人所受的损失难以确定的，由人民法院根据侵权行为的情节，判决给予50万元以下的赔偿。

3. 刑事处罚。即人民法院依照我国《商标法》和《刑法》的有关规定对侵犯注册商标专用权的犯罪行为所作的制裁。有下列行为构成犯罪的，除赔偿被侵权人的损失外，还应依法追究刑事责任：①未经商标注册人许可，在同一种商品上使用与其注册商标相同的商标的；②伪造、擅自制造他人注册商标标识或者销售伪造、擅自制造的注册商标标识的；③销售明知是假冒注册商标的商品的。

第七章　婚姻法与继承法

第一节　婚姻法

一、婚姻法的概念和基本原则

我国婚姻法是调整婚姻家庭关系的法律规范的总和。婚姻家庭关系不同于其他社会关系，它是以两性结合和血缘联系为基础的社会关系。正是男女两性的结合，形成了为不同社会制度所确认的夫妻关系。基于夫妻关系，产生出由血缘相连的父母子女、兄弟姐妹等一定范围的亲属所构成的生活单位。婚姻是产生家庭的前提，家庭是婚姻成立的结果。因此，我国《婚姻法》调整的范围既包括婚姻关系，也涉及家庭关系的基本内容。我国现行《婚姻法》是在1980年《中华人民共和国婚姻法》的基础上修改的，于2001年4月28日第九届全国人民代表大会第二十一次会议上通过，自公布之日起施行。我国《婚姻法》确立了以下基本原则：

1. 婚姻自由。婚姻自由是指男女双方有依法缔结或解除婚姻关系而不受对方强迫或他人干涉的自由。要保障婚姻自由就必须禁止包办、买卖婚姻和其他干涉婚姻自由的行为。婚姻自由包括结婚自由和离婚自由。结婚自由是指缔结婚姻关系的自由，即结婚必须男女双方完全自愿，不许任何一方强迫或任何第三者加以干涉。离婚自由是指解除婚姻关系的自由，即男女任何一方基于夫妻感情破裂而提出解除婚姻的要求，均应受到法律的保护。结婚自由是主要的，离婚自由是结婚自由的补充。

2. 一夫一妻制。一夫一妻制，亦称“单偶婚”，是指一男一女结为夫妻的婚姻和家庭形式。一夫一妻制指一个男人只能有一个妻子，一个女人只能有一个丈夫，无论男女都不允许同时有两个或更多的配偶。因此，已婚者在与配偶离婚或配偶死亡之前，不得再行结婚。

要保障一夫一妻制的实现，就必须禁止重婚和反对其他破坏一夫一妻制的行为。《婚姻法》第3条第2款明确规定：“禁止重婚。禁止有配偶者与他人同居。”重婚是指有配偶的男女未办理离婚手续又与他人登记结婚，或者没有登记结婚而与他人同居形成事实上的婚姻关系的，以及未婚男女明知他人有配偶而与之结婚的行为。重婚是一种犯罪行为，应当依照《刑法》的有关规定追究刑事责任。有配偶者与他人同居，主要指“包二奶”等虽不以夫妻名义共同生活，但存在较为长期的婚外非法同居关系的行为。

3. 男女平等。男女平等是指男性和女性在婚姻家庭中平等地享有权利和履行义务。男性和女性在政治、经济、文化、社会和家庭生活各方面享有平等的权利。在婚姻方面的男女平等，表现为家庭关系上的男女平等以及不同性别的其他家庭成员间的男女平等。

4. 保护妇女、儿童和老人的合法权益。保护妇女的合法权益，是指妇女的合法权益不容侵犯，禁止家庭暴力和虐待行为。保护儿童的合法权益，是指父母有抚养教育子女的义务，禁止虐待和遗弃子女，禁止溺婴和其他残害婴儿的行为。非婚生子女、养子女和受继父母抚养的继子女，享有与婚生子女同等的权利。保护老人的合法权益，是指子女对父母有赡养扶助的义务；对子女已经死亡的祖父母、外祖父母，有负担能力的孙子女、外孙子女有赡养的义务，禁止虐待和遗弃老人。

5. 计划生育。计划生育就是有计划地调整人口增长的速度，控制人口的增长率，调整人口的构成和地域分布等各个方面。我国实行的是以降低人口增长速度为目标的计划生育。

提倡晚婚、晚育、少生、优生、优育，提倡和奖励一胎，控制第二胎，禁止和惩罚多胎。

计划生育是夫妻双方的共同义务，不能把责任单方面推给女方。夫妻双方应破除“传宗接代”“重男轻女”的陈腐观念。

二、结婚

（一）婚姻的法定条件和禁止结婚的条件

结婚，又叫婚姻的成立，指男女双方根据法律规定的条件和程序，确立夫妻关系的法律行为。

结婚的法定条件为：①必须男女双方完全自愿；②必须达到法定婚龄；③必须符合一夫一妻制。

《婚姻法》第6条规定：“结婚年龄，男不得早于22周岁，女不得早于20周岁。晚婚晚育应予鼓励。”这一规定说明，结婚自由虽是我国公民依法享有的一项重要权利，但不是任何公民都可以成为婚姻法律关系的主体。婚姻的自然属性和社会属性要求男女结婚必须达到一定的年龄。这种法律规定的结婚最低年龄，叫作法定婚龄。

根据《婚姻法》第10条的规定，实行一夫一妻制，禁止重婚，是我国婚姻制度的一个基本原则，也是结婚所必须具备的一个重要条件。《婚姻登记条例》第6条明确规定“已有配偶的”不予登记。这就是说，要求结婚的人，只能是未婚者，或者丧偶、离婚的人。离婚的双方要求复婚的，也必须是双方没有再婚，或再婚后配偶死亡，或再婚后又均离婚的，才能复婚。

禁止条件又称消极条件，或称排除的条件、婚姻的障碍。按《婚姻法》的规定，禁止的情形有两种：

1. 禁止一定范围内的血亲结婚。《婚姻法》第7条第1项规定：直系血亲和三代以内的旁系血亲禁止结婚。禁止一定范围内的血亲结婚，首先是自然规律的要求，是优生的要求。人类发展的自然规则证明，血缘过近的亲属间通婚，往往容易把双方生理上的缺陷遗传给后代，影响后代体质，危害民族健康，我国《婚姻法》禁止结婚的血亲有两类：

（1）直系亲属。包括父母子女间，祖父母、外祖父母与孙子女、外孙子女间。禁止直系亲属结婚，不仅是自然规律的要求，也同我国人民的伦理观念相一致。

（2）三代以内的旁系血亲。包括：同源于父母的兄弟姊妹之间（含同父异母、同母异父的兄弟姊妹）；同源于祖父母的堂兄弟姊妹或姑表兄弟姊妹之间；同源于外祖父母的姨表或舅表兄弟姊妹之间以及不同辈的叔、伯、姑、舅、姨与侄（侄女）、甥（甥女）之间。

2. 禁止患一定疾病的人结婚。《婚姻法》第7条第2项规定，患有医学上认为不应当结婚的疾病的人禁止结婚。此处的疾病，主要是指具有遗传性或传染性的疾病，如重度精神病、性病、活动期的肺结核病等。随着科学技术的发展，有些遗传病或传染病可以治愈，同时还会发现许多新的不宜结婚的病种。《婚姻法》概括性地规定为"医学上认为不应当结婚的疾病"，可以由行政法规或卫生行政主管部门根据不同时期的具体情况制定行政规章来加以规定。

（二）结婚的法定程序

结婚除必须符合法定的条件以外，还必须履行法定的程序，即办理结婚登记手续。《婚姻法》第8条规定："要求结婚的男女双方必须亲自到婚姻登记机关进行结婚登记。符合本法规定的，予以登记，发给结婚证。取得结婚证，即确立夫妻关系。未办理结婚登记的，应当补办登记。"结婚申请必须由双方当事人亲自到场，不能由一方单独申请，也不能委托他人代理申请。

办理结婚登记的机关，在城市是街道办事处或区人民政府，在农村是乡、民族乡、镇人民政府。

结婚登记的程序大致分为申请、审查和登记三个环节。

1. 申请。要求结婚的男女双方须持本人居民身份证和户口簿、本人无配偶以及与对方当事人没有直系血亲和三代以内旁系血亲关系的签字声明，共同亲自到一方户口所在地的婚姻登记机关申请结婚登记，离过婚的申请再婚时，还应持离婚证件。

2. 审查。婚姻登记机关对当事人的身份证明、户口簿和本人声明必须认真审阅，对当事人进行询问，还可以作必要的调查，以便查明当事人是否符合结婚的条件。

3. 登记。婚姻登记机关经过全面审查了解，对符合《婚姻法》和《婚姻登记办法》规定的，应准予登记，发给结婚证；凡不符合条件的，不予登记，并向当事人说明理由。

（三）婚约、事实婚姻与非法同居关系

1. 婚约。婚约，也叫订婚，指男女双方以结婚为目的所做的事先约定。婚约不是成立婚姻关系的必经程序，不具有法律效力，法律不保护婚约。由于婚约这种习俗在我国流行已久，所以只要不违背法律，无须明令禁止。法律既不承认和保护婚约，也不加以干预。由于婚约不具有法律约束力，因而一方解除婚约不需经过对方同意。至于订婚时送的彩礼，如果一方是自愿送的，除对方自愿返还外，原则上不能要求返还；如果是借婚姻索取财物，则索取的一方应退还；如果是买卖婚姻，以婚骗财，则应支持受害者的合理要求。

2. 事实婚姻。事实婚姻，是指没有配偶的男女，未进行结婚登记而以夫妻名义同居生活，群众也认为是夫妻关系，并且符合我国结婚实质条件的男女两性结合。根据最高人民法院1989年12月13日《关于人民法院审理未办结婚登记而以夫妻名义同居生活案件的若干意见》的规定，下列两种情况可以认定为事实婚姻：①1986年3月15日《婚姻登记办法》施行之前，未办理结婚登记手续即以夫妻名义同居的，一方起诉“离婚”，起诉时双方均符合结婚的法定条件，可以认定为事实婚姻关系；②1986年3月15日《婚姻登记办法》施行之后，1994年2月1日《婚姻登记管理条例》施行之前，未经结婚登记即以夫妻名义同居的，一方起诉“离婚”，如同居时双方均符合结婚的实质条件，可以认定为事实婚姻关系。

3. 非法同居关系。非法同居关系，是指男女双方或一方有配偶未办理结婚登记，不以夫妻名义持续、稳定地共同生活，或者男女双方未办理结婚登记而以夫妻名义共同生活，但不符合事实婚姻的法定条件的两性结合。《最高人民法院关于适用〈中华人民共和国婚姻法〉若干问题的解释（二）》（以下简称《婚姻法若干问题的解释（二）》）第1条规定，当事人请求解除同居关系的，人民法院不予受理。但当事人请求解除的同居关系属于“有配偶者与他人同居”的情形的，或者当事人解除同居的请求涉及财产分割及子女抚养纠纷的，人民法院应当依法审理。

4. 事实婚姻关系与非法同居关系的处理。根据最高人民法院2001年12月24日通过的《关于适用〈中华人民共和国婚姻法〉若干问题的解释（一）》（以下简称《婚姻法若干问题的解释（一）》）第5条的规定，未按《婚姻法》第8条的规定办理结婚登记而以夫妻名义共同生活的男女，起诉到法院要求离婚的，应当区别对待：

（1）1994年2月1日民政部《婚姻登记管理条例》公布实施以前，男女双方已经符合结婚实质要件的，按事实婚姻处理，夫妻共同财产及子女抚养问题按《婚姻法》的有关规定处理。一方或双方不符合结婚的法定条件，应认定为非法同居关系，由人民法院视情节给予批评教育和民事制裁，如责令具结悔过等。解除关系时，双方同居生活期间所得的收入和购置的财产，按一般共有财产处理，不视为夫妻共同财产。双方所生的子女为非婚生子女，解除关系时，归哪一方抚养，由双方协商；协商不成的，应根据子女利益和双方的具体情况判决。

（2）1994年2月1日《婚姻登记管理条例》施行以后，男女双方符合结婚实质要件的，人民法院应当告知其在案件受理前补办结婚登记；未补办结婚登记的，按解除同居关系处理，财产及非婚生子女的抚养问题的处理办法同上。

（四）无效婚姻与可撤销婚姻

1. 无效婚姻。无效婚姻是指欠缺婚姻成立法定要件的婚姻，因而不具有婚姻的法律效力。根据《婚姻法》第10条的规定，无效婚姻包括下列四种情形：①重婚的；②有禁止结婚的亲属关系的；③婚前患有医学上认为不应当结婚的疾病，婚后尚未治愈的；④未到法定婚龄的。

根据《婚姻法若干问题的解释（一）》第7条的规定，有权向人民法院就已办理结婚登记的婚姻申请宣告婚姻无效的主体，包括婚姻当事人及利害关系人。利害关系人主要指当事人的近亲属及基层组织，如民政部门等。

2. 可撤销婚姻。可撤销婚姻是指违背当事人真实意思而成立的婚姻。由于当事人的真实意思属主观认识范畴，不同于无效婚姻可用违反结婚实质要件去衡量，因此，因违背真实意思而缔结的婚姻，不宜通过无效婚姻制度解决，而应由当事人申请撤销使婚姻关系归于无效。

我国《婚姻法》第11条规定："因胁迫结婚的，受胁迫的一方可以向婚姻登记机关或人民法院请求撤销该婚姻。受胁迫的一方撤销婚姻的请求，应当自结婚登记之日起1年内提出。被非法限制人身自由的当事人请求撤销婚姻的，应当自恢复人身自由之日起1年内提出。"根据上述规定，请求撤销婚姻的法定情形只有一种，即受胁迫结婚。"胁迫"是指行为人以给另一方当事人或者其近亲属的生命、身体健康、名誉、财产等方面造成损害为要挟，迫使另一方当事人违背真实意愿结婚的情况。胁迫的主体可能是另一方配偶、男女双方的父母或亲属，也可能是拐卖妇女的人贩子等。因受胁迫而请求撤销婚姻的，只能是受胁迫一方的婚姻关系当事人本人。当事人以结婚登记程序存在瑕疵为由，主张撤销结婚登记的，可以依法申请行政复议或者提起行政诉讼。

3. 无效与可撤销婚姻的法律后果。根据《婚姻法》第12条的规定，婚姻无效或被撤销后，会产生如下后果：①婚姻自始无效，当事人不具有夫妻的权利和义务。②同居期间所得的财产，由当事人协议处理；协议不成的，由人民法院根据照顾无过错方的原则判决。对重婚导致的婚姻无效的财产处理，不得侵害合法婚姻当事人的财产权益。③当事人所生的子女，适用《婚姻法》有关父母子女关系的规定。

（五）家庭关系

1. 夫妻关系。我国《婚姻法》第13条规定："夫妻在家庭中地位平等。"这是调整夫妻关系的准则，是男女平等在家庭关系中的必然要求。

（1）在人身关系方面，夫妻双方都具有各用自己姓名的权利；双方都有参加生产、工作、学习和社会活动的自由，一方不得对他方加以限制和干涉；双方都有抚养教育子女和保护教育未成年子女的权利和义务；双方都有实行计划生育的义务。

（2）在财产关系方面，夫妻对共同所有的财产有平等的处理权；个人特有的财产归个人所有；约定的财产按照双方的约定处理。我国《婚姻法》第17条规定，夫妻在婚姻关系存续期间所得的下列财产，归夫妻共同所有：①工资、奖金；②生产、经营的收益；③知识产权的收益；④继承或赠与所得的财产，但遗嘱或赠与合同中确定只归夫或妻一方的财产除外；⑤其他应当归共同所有的财产。根据《最高人民法院关于适用〈中华人民共和国婚姻法〉若干问题的解释（三）》（以下简称《婚姻法若干问题的解释（三）》）第 5 条的规定，夫妻一方个人财产在婚后产生的收益，除孳息和自然增值外，应认定为夫妻共同财产。夫妻对共同所有的财产有平等的处理权。《婚姻法》第 18 条规定，有下列情形之一的，为夫妻一方的财产：①一方的婚前财产。②一方因身体受到伤害获得的医疗费、残疾人生活补助费等费用。③遗嘱或赠与合同中确定只归夫或妻一方的财产。根据《婚姻法若干问题的解释（三）》第 7 条的规定，婚后由一方父母出资为子女购买的不动产，产权登记在出资人子女名下的，可视为只对自己子女一方的赠与，该不动产应认定为夫妻一方的个人财产。④一方专用的生活用品。⑤其他应当归一方的财产。对于个人特有的财产，夫妻双方可以在平等自愿的基础上协商一致，约定个人财产的全部或部分属于共同财产。《婚姻法》关于夫妻约定财产制的规定，见该法第 19 条。根据该条的规定，夫妻可以约定婚姻关系存续期间所得的财产以及婚前财产归各自所有、共同所有或部分各自所有、部分共同所有。约定应当采用书面形式。没有约定或约定不明确的，除应当属于个人所有的财产外，其余的均按夫妻共同财产对待。婚后由双方父母出资购买的不动产，产权登记在一方子女名下的，该不动产可认定为双方按照各自父母的出资份额按份共有，但当事人另有约定的除外。夫妻对财产的约定，可以在婚前进行，也可以在婚后进行，还可以变更，甚至附条件或附期限，但必须具备一定的要件才具有法律约束力，即要求：夫妻双方具有完全行为能力；平等自愿、协商一致；内容明确合法；应当采用书面形式；约定的财产涉及需要办理批准、登记手续的，应当办理相应的手续。

（3）夫妻双方有相互扶养的义务。扶养是指夫妻双方在物质上互相扶助和生活上相互照顾。《婚姻法》第 20 条规定："夫妻有互相扶养的义务。一方不履行扶养义务时，需要扶养的一方，有要求对方付给扶养费的权利。"

（4）夫妻有相互继承遗产的权利。这是男女平等的又一表现。夫或妻对依法继承的遗产享有所有权。

2. 父母子女关系。

（1）父母子女之间的权利和义务。《婚姻法》第 21～27 条对父母子女之间的权利和义务作了明确规定：①父母对子女有抚养教育的义务，禁止溺婴、弃婴和其他残害婴儿的行为。抚养是指父母对子女在物质上提供一定的条件，如付给必要的生活费，在生活上加以妥善的照料等。教育是指父母给子女在思想文化、科学知识等方面的指导和帮助。②父母有保护和教育未成年子女的权利和义务，在未成年子女对国家、集体或他人造成损害时，父母有承担民事责任的义务。保护指父母应当为未成年子女的人身安全和利益而防止和排除来自自然界的损害和来自他人的不法侵害。这里的教育与前面所说的教育，意义有所不同，主要指管教之义。所谓管教，是指依照法律和道德采用正确的方法，对未成年子女的不良行为加以必要的约束，以利于未成年子女的健康发展。③子女对父母有赡养扶助的义务。赡养是指子女在经济上为父母提供必需的生活用品和费用。扶助是指子女在精神上、生活上尊敬父母和照顾父母。凡是有赡养扶助能力的子女都必须履行该项义务。如果不履行赡养义务，无劳动能力或生活困难的父母有要求子女付给赡养费的权利，或者通过请求有关部门进行调解，或向人民法院起诉。④父母子女之间有相互继承遗产的权利。⑤子女应当尊重父母的婚姻权利，不得干涉父母再婚以及婚后的生活。子女对父母的赡养义务，不因父母的婚姻关系变化而终止。

（2）非婚生子女。非婚生子女是指没有婚姻关系的父母所生的子女。非婚生子女享有与婚生子女同等的权利，任何人不得加以危害和歧视。不直接抚养非婚生子女的生父或生母，应当负担子女的生活费和教育费，直至子女能独立生活为止。非婚生子女与婚生子女的地位是完全相同的；非婚生子女与其父母的权利义务关系适用《婚姻法》所规定的父母子女之间的权利义务关系；非婚生子女的生父母不履行抚养义务的，非婚生子女有权请求法律保护。

（3）继父母和受其抚养教育的继子女之间的权利和义务。继父母与继子女关系的发生基于以下两种情况：父母一方死亡，他方另行结婚；父母离婚，一方或双方再行结婚。继父母与继子女之间，不得虐待或歧视。继父和继母与受其抚养教育的继子女间的权利和义务适用父母子女间的权利义务关系。需要明确的是，继父或继母只有与继子女形成抚养关系时才发生父母子女之间的权利、义务，如果未与继子女形成抚养关系，则不发生相互间的权利和义务。所谓抚养关系，是指继父或继母与继子女共同生活，负担继子女的生活费、教育费，并对其进行教育。继子女已经成年或继父母虽与继子女共同生活，但并不负担其生活费、教育费的，都不能发生父母子女间的权利义务关系。继父或继母与继子女之间形成抚养关系后，继父或继母有抚养教育继子女的义务，有管教和保护未成年的继子女的权利和义务；继子女对继父或继母有赡养扶助的义务；继子女与继父母有相互继承遗产的权利。

（4）依法成立收养关系的养子女和养父母之间的权利和义务。收养就是领养他人的子女作为自己的子女，从而与被领养的子女产生拟制的血亲关系。合法的收养关系受法律保护，养子女和养父母之间的权利和义务适用《婚姻法》中有关父母子女之间权利义务的规定。收养关系成立后，养子女和生父母间的权利义务即告终止。

3. 其他家庭成员之间关系。我国《婚姻法》第28、29条规定了其他家庭成员之间的权利义务关系：①祖父母与外祖父母对孙子女、外孙子女尽抚养义务的条件：祖父母、外祖父母须有负担能力；孙子女、外孙子女是未成年人，且父母已经死亡或父母无力抚养。②孙子女、外孙子女对祖父母、外祖父母尽赡养义务的条件：孙子女、外孙子女有负担能力；祖父母、外祖父母的子女已经死亡或无力赡养。③兄、姐对弟、妹尽扶养义务的特定条件：父母已经死亡或无力抚养；弟、妹必须是未成年人；兄、姐必须有负担能力。④弟、妹对兄、姐尽扶养义务的特定条件：由兄、姐扶养长大的有负担能力的弟、妹，对于缺乏劳动能力又缺乏生活来源的兄、姐，有扶养的义务。

三、离婚

（一）离婚的概念及处理

离婚是指按法定程序解除已经存在的婚姻关系的行为。

1. 双方自愿离婚。根据《婚姻法》第31条和《婚姻登记条例》的规定，男女双方自愿离婚，应当共同到一方当事人常住户口所在地的婚姻登记机关（在农村是乡、民族乡、镇人民政府，在城市是街道办事处或区人民政府，不设区的市人民政府）办理离婚登记。离婚登记的程序分以下三个步骤：①申请，双方自愿离婚的，应当持本人的户口簿、身份证、结婚证和双方当事人共同签署的离婚协议书，亲自到一方户口所在地的婚姻登记机关申请离婚。②审查，婚姻登记机关应当对当事人的离婚申请进行审查，主要审查办理离婚登记的当事人是否真正自愿达成离婚协议，是否对子女问题及财产问题作了适当处理；是否属于无民事行为能力人或者限制民事行为能力人，以及其结婚登记是否在中国内地办理。③批准，登记机关经过审查和询问后，对符合规定的准予离婚，发给离婚证，收回结婚证。如果查明并非出于双方自愿，或在子女和财产问题上有争执，则不予批准，并向当事人说明理由。

2. 一方要求离婚。《婚姻法》第32条第1款规定："男女一方要求离婚的，可由有关部门进行调解或直接向人民法院提出离婚诉讼。"可见，男女一方要求离婚的，可通过两种方式处理：

（1）诉讼外的调解。这是指当事人所在单位、基层调解组织、群众团体对一方要求离婚的纠纷进行调解，促使当事人达成维持或解除婚姻关系的协议。值得注意的是，诉讼外的调解不是当事人要求离婚的必经程序，《婚姻法》第32条明确规定，男女一方要求离婚的，可由有关部门进行调解或直接向人民法院起诉。

（2）诉讼离婚。这是指人民法院对一方要求离婚的或双方虽然均同意离婚但对财产分割有争议的案件，通过诉讼形式进行审理和裁决。根据《婚姻法》第32条的规定，诉讼离婚的法定条件是：感情确已破裂，调解无效。其中感情破裂是判决离婚的主要条件。根据《婚姻法》的有关规定，"感情确已破裂"的具体表现情形主要包括：①重婚或有配偶者与他人同居的；②实施家庭暴力或虐待、遗弃家庭成员的；③有赌博、吸毒等恶习屡教不改的；④因感情不和分居满2年的；⑤其他导致夫妻感情破裂的情形，如夫妻双方因是否生育发生纠纷，致使感情破裂的。修改后的《婚姻法》对离婚的条件仍继续沿用了"感情确已破裂"的提法，并在最高人民法院原有司法解释的基础上，列举了常见的、多发的五项离婚理由，作为认定夫妻感情确已破裂的具体情形。虽然在形式上有所突破，采纳并吸收了概括规定与具体列举相结合的表达形式，但在内容上一点没有变。并不是说只要具备其中一项情形，法院就当然判决离婚，所列的情形只是离婚的一个理由，不能认为是法定条件，离婚判决前仍要进行调解，判决离婚的标准，依然是看感情是否破裂。

3. 关于离婚问题的特别规定。

（1）女方在怀孕期间、分娩后1年内或中止妊娠后6个月内，男方不得提出离婚。《婚姻法》第 34 条规定："女方在怀孕期间、分娩后 1 年内或中止妊娠后 6 个月内，男方不得提出离婚。女方提出离婚的，或人民法院认为确有必要受理男方离婚请求的，不在此限。"这是法律为保护胎儿、婴儿及女方利益而作的限制性规定。但值得注意的是，这里的限制只针对男方提出离婚的请求权，女方提出离婚或人民法院认为确有必要受理男方离婚请求的，不在此限。

（2）现役军人的配偶要求离婚的，须征得军人同意。《婚姻法》第 33 条规定："现役军人的配偶要求离婚，须得军人同意，但军人一方有重大过错的除外。"这是对现役军人的婚姻给予特殊保护。适用这一规定应注意该条规定仅适用于现役军人的配偶提出离婚的情况。现役军人的配偶是指非军人的一方。如果双方都是现役军人则不适用该条调整。现役军人主动提出离婚的，应按一般离婚纠纷处理。

（3）无民事行为能力人的离婚能力规定。《婚姻法若干问题的解释（三）》第 8 条规定，无民事行为能力人的配偶有虐待、遗弃等严重损害无民事行为能力一方的人身权利或者财产权益的行为，其他有监护资格的人可以依照特别程序要求变更监护关系；变更后的监护人可以代理无民事行为能力一方提起离婚诉讼。

4. 判决准予离婚或不准离婚的界限。

（1）感情确已破裂是判决准予离婚或不准离婚的界限。衡量感情确已破裂的标准，是看夫妻感情是否已到了确实无可挽回的破裂，有无和好的可能，能否继续共同生活。只要存在和好的可能，夫妻感情就没有破裂。具体而言，"确已破裂"包含三层意思：①在程度上，应该是夫妻感情已经彻底破裂、全面破裂，而不是某些方面有了裂痕；②在表现形式上，夫妻感情是真正破裂而不是虚假现象；③在时间上，夫妻感情已破裂而非刚刚产生裂痕或是尚未完全破裂。

（2）认定夫妻感情确已破裂，一般可从以下四方面进行分析：①看婚姻基础。这是指夫妻双方婚前的感情和相互了解的程度。看婚姻基础主要是看双方结婚是自主自愿还是包办强迫的；是以爱情为基础还是以其他条件为基础的；是彼此充分了解还是草率结合的。②看婚后感情。这是看夫妻之间相互关切、喜爱之情。看婚后感情，主要看夫妻共同生活期间的感情状况，一方面要看双方婚后是否建立了感情，另一方面要看到夫妻感情的发展变化。③看离婚的真实原因，即看引起离婚的真实的、最初的因素。④看有无调解和好的可能。如双方都比较喜欢孩子，和好的可能性就比较大。总之，这四个方面是相互联系、相互影响的，应综合分析、判断，以确定夫妻感情是否破裂。

（二）离婚后子女的抚养和生活

1. 离婚后的父母子女关系。《婚姻法》第 36 条第 1 款规定："父母与子女间的关系，不因父母离婚而消除。离婚后，子女无论由父或母直接抚养，仍是父母双方的子女。"可见，离婚只是消除了夫妻关系，父母子女关系仍然存在，有关婚姻存续期间父母和子女之间的权利义务的法律规定，完全适用于离婚后的父母子女关系。与子女共同生活的一方无权剥夺对方对该子女的监护权。

2. 离婚后的子女抚养。根据《婚姻法》第36条的规定以及最高人民法院的司法解释，离婚后的子女抚养有三种情况：

（1）哺乳期内的子女，原则上应由母方抚养。但如果父方抚养条件好，母方同意，也可由父方抚养。

（2）哺乳期后的子女由谁抚养，应由双方协商。双方对此发生争执时，应根据有利于子女身心健康成长的原则和双方的具体情况来处理。子女有识别能力的，应征求子女本人的意见。

（3）双方对抚养独生子女发生争执的，在有利于保护子女利益的前提下，要考虑不能生育和再婚有困难一方的合理要求。

3. 关于子女生活、教育费用的负担。《婚姻法》第37条规定："离婚后，一方抚养的子女，另一方应负担必要的生活费和教育费的一部或全部，负担费用的多少和期限的长短，由双方协议；协议不成时，由人民法院判决。关于子女生活费和教育费的协议或判决，不妨碍子女在必要时向父母任何一方提出超过协议或判决原定数额的合理要求。"最高人民法院也对此作了司法解释，综合起来，主要内容如下：

（1）父母有平等地负担子女生活费和教育费的义务。

（2）父母对子女生活费、教育费如何负担由双方协商或法院判决，具体数额可根据子女的实际需要、父母的负担能力和当地的生活水平确定；给付办法，可按月定期给付，也可按季度或年度给付，有条件的也可一次性给付。

（3）子女基于生活和受教育的需要，或者父母一方的经济情况有较大变化而提出改变原定抚养数额的，应由当事人双方协商，协商不成的，由人民法院根据实际情况判决。

（4）父母对子女的抚养义务到子女独立生活为止。

4. 关于父母的探望权。随着离婚率的逐年上升，单亲家庭越来越多，为了保护子女的健康成长，减少因父母离婚给子女带来的伤害，父母都应保持正常的接触与联系，使离异家庭的子女尽可能地享受父母的关爱。离婚是现代文明社会公民行使婚姻自由权利的重要体现，任何一方都不能以禁止对方探望子女作为对对方的惩罚，伤害对方和子女的感情，侵犯对方的合法权益。处理好离异家庭中的父母子女关系，不仅关系孩子的健康成长，还关系到婚姻家庭道德建设，应引起全社会的足够重视。因此，《婚姻法》第38条规定："离婚后，不直接抚养子女的父或母，有探望子女的权利，另一方有协助的义务。行使探望权利的方式、时间由当事人协议；协议不成时，由人民法院判决。父或母探望子女，不利于子女身心健康的，由人民法院依法中止探望的权利；中止的事由消失后，应当恢复探望的权利。"

（三）离婚后的财产处理和经济帮助

1. 夫妻共同财产的处理及有关规定。《婚姻法》第39条规定："离婚时，夫妻的共同财产由双方协议处理；协议不成时，由人民法院根据财产的具体情况，照顾子女和女方权益的原则判决。夫或妻在家庭土地承包经营中享有的权益等，应当依法予以保护。”

夫妻一方婚前签订不动产买卖合同，以个人财产支付首付款并在银行贷款，婚后用夫妻共同财产还贷，不动产登记于首付款支付方名下的，离婚时该不动产由双方协商处理。双方不能达成协议的，人民法院可以判决该不动产归产权登记一方，尚未归还的贷款为产权登记一方的个人债务。双方婚后共同还贷支付的款项及其相对应财产增值部分，离婚时应根据法律规定的原则，由产权登记一方对另一方进行补偿。

夫妻一方擅自处分共同共有的房屋造成另一方损失的，离婚时另一方可以请求赔偿。

婚姻关系存续期间，双方用夫妻共同财产出资购买以一方父母名义参加房改的房屋，产权登记在一方父母名下的，离婚时，购买该房屋时的出资，可以作为债权处理。

婚后以夫妻共同财产缴付养老保险费的，离婚时一方可以主张将养老金账户中婚姻关系存续期间个人实际缴付部分作为夫妻共同财产分割。

2. 夫妻个人财产及约定财产的处理原则和有关规定。夫妻个人财产原则上归个人所有，约定的财产按双方的约定处理。但是夫妻书面约定婚姻关系存续期间所得的财产归各自所有，一方因抚育子女、照料老人、协助另一方工作等付出较多义务的，离婚时有权向另一方请求补偿，另一方应当予以补偿。随着人们价值观念的转变，对于一方所付出的家务劳动，也应当通过符合市场经济等价有偿规律的家务劳动货币化等方式，把妇女应得的财产用法律的形式规范起来，达到保护妇女权益的目的。

3. 债务清偿。《婚姻法》第 41 条规定：“离婚时，原为夫妻共同生活所负的债务，应当共同偿还。共同财产不足清偿的，或财产归各自所有的，由双方协议清偿；协议不成时，由人民法院判决。”

4. 离婚后的经济帮助。《婚姻法》第42 条规定：“离婚时，如一方生活困难，另一方应从其住房等个人财产中给予适当帮助。具体办法由双方协议；协议不成时，由人民法院判决。”根据此条规定及最高人民法院的有关解释，应明确以下问题：

（1）经济帮助的条件。包括：接受帮助方必须是既无劳动能力又无其他生活来源或虽有劳动能力但依靠个人财产和离婚时分得的财产无法维持当地基本生活水平；接受帮助方必须是离婚后未再婚的，如已另行结婚，则不再给付；帮助方必须有负担能力。

（2）经济帮助的具体办法由双方协商，协商不成时，由人民法院据以下情况处理：一方年轻，有劳动能力、生活暂时有困难的，另一方可给予短期的或一次性的经济帮助；结婚多年，一方年老病残、失去劳动能力又无生活来源的，另一方应在居住和生活方面，给予适当的安排；受资助的一方另行结婚的，对方可终止给付。原定经济帮助执行完毕后，一方又要求对方给予经济帮助的，一般不予支持。

四、家庭暴力的救助措施与法律责任

近年来，我国家庭暴力问题比较突出，已经成为一个值得认真关注的社会问题。目前，家庭暴力之所以成为社会关注的热点，主要是因为：受害人自我保护意识不强；部分老百姓法制观念淡薄，对家庭暴力采取不以为然的漠视态度，认为丈夫打骂妻子是家务事、小事，并无不当；在清官难断家务事思想的影响下，执法部门对家庭暴力的投诉处理简单，甚至根本不管，当事人难以得到司法救济。家庭暴力已经影响到了社会的安定。

“家庭暴力”是指行为人以殴打、捆绑、残害、强制限制人身自由或者其他手段，给其家庭成员的身体、精神等方面造成一定伤害后果的行为。持续性、经常性的家庭暴力构成虐待。

家庭暴力的直接受害者主要是妇女、儿童和老人，必须严厉打击家庭暴力的违法犯罪行为，有力地保护妇女、儿童和老人的合法权益。

1. 对家庭暴力或虐待的救助措施。《婚姻法》第43条明确规定：“实施家庭暴力或虐待家庭成员，受害人有权提出请求，居民委员会、村民委员会以及所在单位应当予以劝阻、调解。对正在实施的家庭暴力，受害人有权提出请求，居民委员会、村民委员会应当予以劝阻；公安机关应当予以制止。实施家庭暴力或虐待家庭成员，受害人提出请求的，公安机关应当依照治安管理处罚的法律规定予以行政处罚。”本条规定了受害人请求救助及有关组织如何救助的问题。

2. 遗弃家庭成员的救助措施。《婚姻法》第44条规定：“对遗弃家庭成员，受害人有权提出请求，居民委员会、村民委员会以及所在单位应当予以劝阻、调解。对遗弃家庭成员，受害人提出请求的，人民法院应当依法作出支付扶养费、抚养费、赡养费的判决。”这是关于被遗弃的家庭成员如何得到救助的规定。

3. 法律责任。根据实施家庭暴力、虐待、遗弃家庭成员行为的性质和情节，司法机关可以分别给予行政处罚、刑事处罚，并判决行为人承担相应民事赔偿责任。

根据我国《婚姻法》的有关规定，如果实施家庭暴力或虐待、遗弃家庭成员构成犯罪的，依法追究刑事责任。受害人可以依照《刑事诉讼法》的有关规定，向人民法院提起自诉；公安机关应当依法侦查，人民检察院应当依法提起公诉。

如果实施家庭暴力或者虐待、遗弃家庭成员，达不到犯罪程度的，公安机关可以依照治安管理处罚的相关法律规定予以行政处罚，分别不同情况给予拘留、罚款或者警告。

实施家庭暴力或者虐待、遗弃家庭成员，给受害人造成身体和精神损害的，受害人可以要求人民法院判决加害人赔偿损失，该损失包括精神损失。

五、离婚损害赔偿

离婚损害赔偿，是指因夫妻一方的重大过错致使婚姻关系破裂的，无过错方有权要求过错方赔偿损害。

近年来我国离婚率呈逐年上升趋势，由于配偶一方的过错，如重婚、姘居、通奸、遗弃、虐待等导致的离婚案件，占有相当的比例。离婚案件中无过错方多数是妇女，她们因此身心受到极大伤害。建立离婚损害赔偿制度，是完善婚姻法的需要，可以弥补过错方给无过错方造成的损害。通过补偿损害，使无过错方得到救济和安慰，保护无过错方的权益。损害赔偿作为侵权者应承担的民事责任之一，还具有制裁重婚、姘居、通奸、婚外恋、家庭暴力等现象和预防违法行为的功能。设立离婚损害赔偿制度，是现代亲属法中的公平原则和保护弱者原则在离婚问题上的必然要求。一些国家如法国、日本、墨西哥等对此已作了规定。

1. 可以提起离婚损害赔偿的情形。根据《婚姻法》第46条的规定，因夫妻一方的过错致使婚姻关系破裂的，无过错方只能在以下四种情况下要求赔偿损害：①重婚的；②有配偶者与他人同居的；③实施家庭暴力的；④虐待、遗弃家庭成员的。

2. 法院不能主动判决离婚损害的问题。在离婚案件中，无过错方对确实有过错的另一方是否行使赔偿请求权，由受损害的无过错方自行决定，法院不能主动判决离婚损害赔偿。

3. 离婚损害赔偿的范围。离婚损害赔偿既包括财产损害的赔偿，也包括人身伤害、精神损害的赔偿。人民法院应当根据有过错一方对另一方造成的损害程度（包括身体上、精神上的）以及婚姻当事人的经济状况等决定赔偿的数额。精神损害赔偿的数额可根据过错方过错大小、承受能力等因素确定。具体做法是，夫妻财产为夫妻共同财产的，法院应当按照顾子女和女方及无过错方的原则分割共同财产，在分割完共同财产后，再判决过错方以自己的财产向无过错方赔偿。夫妻一方擅自处分共同共有的房屋造成另一方损失，离婚时另一方请求赔偿损失的，人民法院应予支持。对于夫妻约定分别财产制的，应当判决过错方以自己的财产向无过错方予以赔偿。夫妻双方都有重大过错的，可以过错相抵。

第二节 继承法概述

一、继承与继承法

（一）继承

继承是指依法将死者的个人财产转归有权接受此项财产的人所有的制度。法定继承、遗嘱继承和遗赠是公民死亡后遗产转移给他人的三种主要形式。此外，继承法还规定了三种遗产转移形式：①符合《继承法》第14条规定的继承人以外的人可以分得遗产；②公民可以与他人订立遗赠扶养协议，从而转移公民死亡后的遗产；③无人继承又无人受遗赠的遗产，归国家或集体所有制组织所有。从广义说，这六种都属继承范畴；从狭义说，只有通过法定继承和遗嘱继承取得遗产才称为继承，通过遗赠和遗赠扶养协议取得遗产则称为遗赠。

（二）继承法

继承法是调整继承关系的法律规范的总称，属于民法的组成部分。我国《婚姻法》规定："夫妻有相互继承遗产的权利。父母和子女有相互继承遗产的权利。"《宪法》第 13 条第 2 款规定："国家依照法律规定保护公民的私有财产权和继承权。" 1985 年 4 月 10 日第六届全国人民代表大会第三次会议通过了《中华人民共和国继承法》（以下简称《继承法》）。1985 年 9 月最高人民法院发布了《关于贯彻执行〈中华人民共和国继承法〉若干问题的意见》（以下简称《继承法若干意见》）。《中华人民共和国民法通则》第 76 条规定："公民依法享有财产继承权。" 1988 年最高人民法院印发了《关于贯彻执行〈中华人民共和国民法通则〉若干问题的意见（试行）》（以下简称《民法通则若干意见》）。《民法通则》和《民法通则若干意见》是调整民事关系的最基本的法律和司法解释，它的有关规定也直接适用于继承关系。

二、继承法的基本原则

（一）继承权男女平等

继承权男女平等主要体现在以下三个方面：

1. 法定继承。《继承法》第 9 条规定："继承权男女平等。" 在法定继承中，每一类法定继承人，都相应地包括男性与女性。

2. 遗嘱继承和遗赠。不论男性公民还是女性公民，都有权订立遗嘱，也都有权成为遗嘱继承人或遗赠受领人。

3. 遗产的处理。《继承法》第 26 条第 1 款规定："夫妻在婚姻关系存续期间所得的共同所有的财产，除有约定的以外，如果分割遗产，应当先将共同所有的财产的一半分出为配偶所有，其余的为被继承人的遗产。" 第 30 条规定："夫妻一方死亡后另一方再婚的，有权处分所继承的财产，任何人不得干涉。"

（二）照顾老幼病残

这一原则在继承法中主要体现在以下几个方面：

1. 法定继承。《继承法》第 13 条第 2 款规定："对生活有特殊困难的缺乏劳动能力的继承人，分配遗产时，应当予以照顾。" 第 14 条规定："对继承人以外的依靠被继承人扶养的缺乏劳动能力又没有生活来源的人，或者继承人以外的对被继承人扶养较多的人，可以分给他们适当的遗产。"

2. 遗嘱继承和遗赠。《继承法》第 19 条规定："遗嘱应当对缺乏劳动能力又没有生活来源的继承人保留必要的遗产份额。"

3. 遗产的处理。《继承法》第 28 条规定："遗产分割时，应当保留胎儿的继承份额。" 第 31 条规定，公民可以与扶养人、集体所有制组织签订遗赠扶养协议。

（三）权利与义务相一致

这一原则在继承法中主要体现在以下四个方面：

1. 《继承法》第 7 条规定，继承人有下列行为之一的，丧失继承权：①故意杀害被继承人的；②为争夺遗产而杀害其他继承人的；③遗弃被继承人的，或者虐待被继承人情节严重的；④伪造、篡改或者销毁遗嘱，情节严重的。

2. 法定继承。继承法依据对被继承人应尽的扶养义务，确定了法定继承人的范围和顺序。《继承法》第12条把已尽了主要赡养义务作为依据，确认丧偶儿媳和丧偶女婿是公、婆、岳父、岳母的第一顺序继承人。第13条第3、4款规定："对被继承人尽了主要扶养义务或者与被继承人共同生活的继承人，分配遗产时，可以多分。有扶养能力和有扶养条件的继承人，不尽扶养义务的，分配遗产时，应当不分或者少分。"第14条规定："……继承人以外的对被继承人扶养较多的人，可以分配给他们适当的遗产。"

3. 遗嘱继承和遗赠。《继承法》第21条规定："遗嘱继承或者遗赠附有义务的，继承人或者受遗赠人应当履行义务。没有正当理由不履行义务的，经有关单位或者个人请求，人民法院可以取消他接受遗产的权利。"

4. 遗产的处理。《继承法》第31条规定，在遗赠扶养协议中，扶养人与被扶养人既享有权利，又承担义务。第33条规定，继承人继承遗产的，应当清偿被继承人应纳税款和债务；放弃继承的，可以不负偿还责任。

（四）互谅互让、和睦团结

这一原则主要体现在继承法的以下规定中：《继承法》第13条规定，分配遗产时，继承人协商同意的，也可以不均等。第15条规定："继承人应当本着互谅互让、和睦团结的精神，协商处理继承问题……"互谅互让、和睦团结原则充分体现了社会主义道德准则，在现实生活中具有重要意义。在我国，绝大部分继承都由继承人自觉地遵循这一原则，自行妥善处理。即使有的继承纠纷起诉到人民法院，人民法院也可依据这一原则，进行调解或判决。

三、继承的开始

（一）继承开始的时间

《继承法》第2条规定："继承从被继承人死亡时开始。"《继承法若干意见》第1条进一步解释为："继承从被继承人生理死亡或被宣告死亡时开始。"

公民被宣告死亡的，其死亡时间的认定，按《继承法若干意见》第1条第2款规定，以法院判决中确定的死亡日期为准。该款规定："失踪人被宣告死亡的，以法院判决中确定的失踪人死亡日期，为继承开始的时间。"按《民法通则若干意见》第36条第1款规定，应以法院判决宣告之日为准。该条规定："被宣告死亡的人，判决宣告之日为其死亡的日期……"怎样适用上述两条规定呢？《民法通则若干意见》第200条规定："最高人民法院以前的有关规定，与民法通则和本意见抵触的，各级人民法院今后在审理一、二审民事、经济纠纷案件中不再适用。"所以，在《民法通则若干意见》实施以后，《继承法若干意见》第1条第1款的规定就自然失效，公民被宣告死亡的，其死亡时间，应按《民法通则若干意见》第36条规定，以法院判决宣告之日为准。但仍应注意，《民法通则若干意见》第36条规定没有溯及力，即在《民法通则若干意见》实施以前，人民法院已经根据《继承法若干意见》第1条第1款的规定，在判决中确定失踪人死亡日期的，仍然有效。

在某些意外事件中，难以查明多个死亡人的死亡时间的先后，法律必须对被继承人的死亡时间作出推定。《继承法若干意见》第2条规定："相互有继承关系的几个人在同一事件中死亡，如不能确定死亡先后时间的，推定没有继承人的人先死亡。死亡人各自都有继承人的，如几个死亡人辈分不同，推定长辈先死亡；几个死亡人辈分相同，推定同时死亡，彼此不发生继承，由他们各自的继承人分别继承。"

（二）继承开始的法律效力

继承开始的法律效力由法律直接规定，与被继承人或继承人的意志无关，也不允许继承人自行变更。继承开始的法律效力主要体现在以下几个方面：

1. 继承开始，无须继承人任何意思表示，继承人当然取得继承权，并取得遗产所有权。

2. 以继承开始时的状况为准确认遗产的范围和数额。继承开始后，被继承人生前的个人合法财产才转化为遗产。继承开始前已灭失或处分的财产不能列入遗产。

3. 以继承开始时的状况为准确认继承人。应当注意不能把先于被继承人死亡的人列为继承人，也不能不把后于被继承人死亡的人列为继承人。

4. 法定继承中，继承人是否属于生活上有特殊困难的缺乏劳动能力的继承人，分割遗产时是否应予以照顾，也应以继承开始时的状况为准加以确认。

5. 继承开始的时间是20年诉讼时效的起算时间。

四、继承权的丧失

根据《继承法》第7条规定，继承人有下列行为之一的，丧失继承权：

（一）故意杀害被继承人的

对故意杀害被继承人的认定，应当注意以下几点：

1. 主观上必须是故意。过失杀害被继承人的，不丧失继承权。

2.《继承法若干意见》第11条规定："继承人故意杀害被继承人的，不论是既遂还是未遂，均应确认其丧失继承权。"继承人故意杀害被继承人未遂的，不论被继承人何时死亡，该继承人均丧失继承权。

3. 故意杀害被继承人的，不论其亲自实施杀害行为，还是在共同犯罪中教唆或辅助他人杀害被继承人，均丧失继承权。

4. 继承人故意杀害被继承人，而被继承人以遗嘱将遗产指定由该继承人继承的，可确认遗嘱无效（《继承法若干意见》第12条）。

（二）为争夺遗产而杀害其他继承人的

对为争夺遗产而杀害其他继承人的认定，应注意以下几点：

1. 必须具有争夺遗产的特定目的。

2. 为争夺遗产杀害其他继承人，不论其亲自杀害，还是在共同犯罪中起教唆辅助作用，不论是既遂还是未遂，均丧失继承权。

3. 继承人为争夺遗产而杀害其他继承人，而被继承人以遗嘱将遗产指定由该继承人继承的，可以确认遗嘱无效（《继承法若干意见》第12条）。

（三）遗弃被继承人的，或者虐待被继承人情节严重的

对遗弃被继承人，或者虐待被继承人情节严重的认定，应注意以下几点：

1. 遗弃是指负有扶养义务的人拒绝扶养年老、年幼、患病或者其他没有独立生活能力而需要扶养的人的行为。

2. 虐待是指对家庭成员经常以打骂、捆绑、冻饿、有病不给医治、强迫超体力劳作、限制自由等方式，从肉体或精神上进行摧残、折磨的违法行为。应当注意，虐待被继承人，情节严重的，才丧失继承权。《继承法若干意见》第 10 条规定："……情节是否严重，可以从实施虐待行为的时间、手段、后果和社会影响等方面认定。虐待被继承人情节严重的，不论是否追究刑事责任，均可确认其丧失继承权。"

3.《继承法若干意见》第 13 条规定："继承人虐待被继承人情节严重的，或者遗弃被继承人的，如以后确有悔改表现，而且被虐待人、被遗弃人生前又表示宽恕，可不确认其丧失继承权。"这一规定促使有遗弃、虐待行为的继承人痛改前非，维护了被继承人生前表示宽恕的愿望，也体现了法律的公平与合理。在适用这一规定时，应当注意必须同时具备确有悔改表现和表示宽恕这两个条件，如果仅有其中一个条件，仍应确认继承人丧失继承权。

（四）伪造、篡改或者销毁遗嘱，情节严重的

对伪造、篡改或者销毁遗嘱的行为是否属情节严重，《继承法若干意见》第 14 条规定："继承人伪造、篡改或者销毁遗嘱，侵害了缺乏劳动能力又无生活来源的继承人的利益，并造成其生活困难的，应认定其行为情节严重。"

五、继承权纠纷的诉讼时效

继承权纠纷的诉讼时效制度是关于继承人向人民法院请求保护继承权，在法定的期限内，人民法院予以保护，超过法定期限，人民法院不予保护的法律制度。有关继承权纠纷的诉讼时效，《继承法》第 8 条规定："继承权纠纷提起诉讼的期限为 2 年，自继承人知道或者应当知道其权利被侵犯之日起计算。但是，自继承开始之日起超过 20 年的，不得再提起诉讼。"我国《继承法》未对遗赠和遗赠扶养协议产生纠纷的诉讼时效加以规定。我们认为，遗赠和遗赠扶养协议也属于广义的继承范畴，其产生纠纷的诉讼时效，当然也应按《继承法》第 8 条的规定确定。

第三节　法定继承

法定继承又称无遗嘱继承，是指依照法律直接规定的继承人范围、继承顺序和遗产分配的方法继承遗产的继承方式。

一、法定继承人的范围

根据《继承法》第 10、11、12 规定，我国法定继承人的范围包括：配偶，子女，父母，兄弟姐妹，祖父母，外祖父母，代位继承人，对公、婆尽了主要赡养义务的丧偶儿媳，对岳父、岳母尽了主要赡养义务的丧偶女婿。这些规定反映了我国

的法律是依据与被继承人的婚姻关系、血缘关系和扶养关系，以及血缘关系和扶养关系的密切程度，确定法定继承人的范围。

1. 配偶。是指在被继承人死亡时，与被继承人有合法婚姻关系的人。被继承人死亡时已经与被继承人解除婚姻关系的人不再是配偶。

2. 子女。《继承法》第10条第3款规定："本法所说的子女，包括婚生子女、非婚生子女、养子女和有扶养关系的继子女。"上述不同身份的子女的继承权平等。

(1) 婚生子女。婚生子女是指合法婚姻关系所生子女。旧社会形成的一夫多妻家庭中的妻生子女与"妾"生子女都是婚生子女，对其生父母都享有继承权。

(2) 非婚生子女。《婚姻法》第25条第1款规定："非婚生子女享有与婚生子女同等的权利，任何人不得加以危害和歧视。"非婚生子女与婚生子女对其生父母享有平等的继承权。司法实践中，对认定非婚生子女发生争议的，由人民法院作出裁决。

(3) 养子女。养子女因收养关系而产生。养子女与养父母之间本无血缘关系，但经收养，彼此间产生了拟制血亲关系，这种关系一经成立，养子女与其生父母的权利义务就解除了。

(4) 有扶养关系的继女子。继子女是指前妻或前夫所生的子女，与继父或继母没有血缘关系，所以继子女原则上只能继承生父母的遗产，而不能继承继父母的遗产。但如果继子女与继父母有扶养关系，受继父或继母扶养教育的，继子女就既可以继承生父母的遗产，又能继承继父母的遗产。

3. 父母。《继承法》第10条第4款规定："本法所说的父母，包括生父母、养父母和有扶养关系的继父母。"

4. 兄弟姐妹。《继承法》第10条第5款规定："本法所说的兄弟姐妹，包括同父母的兄弟姐妹、同父异母或者同母异父的兄弟姐妹、养兄弟姐妹、有扶养关系的继兄弟姐妹。"继兄弟姐妹即异父异母的兄弟姐妹，如继父同前妻所生子女与继母同前夫所生子女互为继兄弟姐妹。《继承法若干意见》第24条规定："继兄弟姐妹之间的继承权，因继兄弟姐妹之间的扶养关系而发生。没有扶养关系的，不能互为第二顺序继承人。继兄弟姐妹之间相互继承了遗产的，不影响其继承亲兄弟姐妹的遗产。"

5. 祖父母、外祖父母。

6. 对公婆尽了主要赡养义务的丧偶儿媳和对岳父、岳母尽了主要赡养义务的丧偶女婿。《继承法》第12条规定："丧偶儿媳对公、婆，丧偶女婿对岳父、岳母，尽了主要赡养义务的，作为第一顺序继承人。"我国法律把尽了主要赡养义务的丧偶儿媳与丧偶女婿列为第一顺序继承人，具有重大现实意义。它发扬了中华民族赡养老人的传统美德，既使年老的公、婆、岳父、岳母在丧失子女后，在精神上得到安慰，生活上得到照料，又使尽了主要赡养义务的丧偶儿媳和丧偶女婿享有继承权，在财产利益上得到报偿。

二、法定继承的顺序

（一）法定继承的顺序

我国法定继承分为两个顺序：第一顺序继承人包括：配偶、子女、父母、代位继承人，对公、婆尽了主要赡养义务的丧偶儿媳和对岳父、岳母尽了主要赡养义务的丧偶女婿。第二顺序继承人包括：兄弟姐妹、祖父母、外祖父母。

（二）法定继承顺序的效力

《继承法》第10条第2款规定："继承开始后，由第一顺序继承人继承，第二顺序继承人不继承。没有第一顺序继承人继承的，由第二顺序继承人继承。"应注意以下三点：

1. 在法定继承中，不是由法定继承人范围中所有的人同时继承，而应根据先后顺序，先由第一顺序继承人继承，第二顺序继承人不继承。没有第一顺序继承人的，才由第二顺序继承人继承。

2. 不论第一顺序继承人有多少，也不论第二顺序继承人有多少，只要第一顺序还有一个人继承，就排斥了一切第二顺序继承人继承。

3. "没有第一顺序继承人继承的"，是指不存在第一顺序继承人，或者虽存在第一顺序继承人，但都放弃了继承权或者丧失了继承权。

三、代位继承

（一）代位继承的概念和法律特征

我国《继承法》第11条规定："被继承人的子女先于被继承人死亡的，由被继承人的子女的晚辈直系血亲代位继承。代位继承人一般只能继承他的父亲或者母亲有权继承的遗产份额。"可见，代位继承是法定继承中的一种特别继承方式，是指被继承人的子女先于被继承人死亡的，由被继承人的子女的晚辈直系血亲代替被继承人的子女继承应继的遗产份额。它具有以下特征：

1. 被代位继承人仅限于被继承人的子女。"被继承人的子女"，根据《继承法》第10条规定，包括婚生子女、非婚生子女、养子女和有扶养关系的继子女。

2. 被继承人的子女必须先于被继承人死亡。如果被继承人子女不是先于被继承人死亡，那么，他应作为第一顺序继承人参加继承，不需要代位，也无位可代。

3. 代位继承人的代位继承基于被代位继承人的继承权而成立，如果被代位继承人丧失继承权，代位继承权就不能成立。所以《继承法若干意见》第28条规定："继承人丧失继承权的，其晚辈直系血亲不得代位继承。如该代位继承人缺乏劳动能力又没有生活来源，或对被继承人尽赡养义务较多的，可适当分给遗产。"依据这一规定而分得遗产的人，既不是代位继承人，也不是法定继承人，而是相当于《继承法》第14条规定的法定继承人以外的人。

另外，应当注意两点：①先于被继承人死亡的被继承人的子女在被继承人死亡之前，曾表示放弃继承被继承人遗产的，该放弃继承的表示无效，被继承人的晚辈直系血亲不因此而丧失代位继承权；②被继承人的子女在被继承人死亡后遗产分割前已表示放弃继承，此后又死亡的，被继承人的子女的晚辈直系血亲不得代位继承，因此放弃继承有效。被继承人的子女后于被继承人死亡，则构不成代位继承。

4. 代位继承人只限于被继承人子女的晚辈直系血亲。对此应注意两个问题：①被继承人子女的晚辈直系血亲的辈数不受限制。《继承法若干意见》第25条规定："被继承人的孙子女、外孙子女、曾孙子女、外曾孙子女都可以代位继承，代位继承人不受辈数的限制。"②被继承人子女的晚辈直系血亲应当包括晚辈直系自然血亲和晚辈直系拟制血亲。

5. 不论代位继承人人数多少，只能继承他的父亲或母亲有权继承的遗产份额，但有特殊情况的除外。例如，《继承法若干意见》第27条规定："代位继承人缺乏劳动能力又没有生活来源，或者对被继承人尽过主要赡养义务的，分配遗产时，可以多分。"

6. 代位继承只适用于法定继承，不适用于遗嘱继承或者遗赠。《继承法》第27条规定，遗嘱继承人、受遗赠人先于遗嘱人死亡的，遗产中的有关部分按照法定继承办理。这一规定表明，先于遗嘱人死亡的遗嘱继承人、受遗赠人晚辈直系血亲或者任何他人，都不得代位继承遗嘱人的遗产或接受遗嘱人的遗赠。

（二）代位继承与转继承的区别

转继承是指继承人或受遗赠人在继承开始后分割遗产之前死亡，其应得的遗产份额，转由其法定继承人、遗嘱继承人或者受遗赠人继承。转继承与代位继承虽有相似之处，但在法律上是两种继承关系：代位继承中，被代位人先于被继承人死亡；转继承中，第一次继承中的继承人后于被继承人死亡。这个区别是最重要和具有决定性的。

四、遗产的分配

在法定继承中，当同一顺序继承人为2人以上时，就产生每个继承人应分得多少遗产份额的分配问题。我国《继承法》第13条对遗产的分配作出了如下规定："同一顺序继承人继承遗产的份额，一般应当均等。对生活有特殊困难的缺乏劳动能力的继承人，分配遗产时，应当予以照顾。对被继承人尽了主要扶养义务或者与被继承人共同生活的继承人，分配遗产时，可以多分。有扶养能力和有扶养条件的继承人，不尽扶养义务的，分配遗产时，应当不分或者少分。继承人协商同意的，也可以不均等。"这一法律规定表明，一般均等与特定情况下不均等相结合是我国遗产分配的原则。

对特定情况下不均等分配遗产，应注意以下几点：

1. 对生活有特殊困难的缺乏劳动能力的继承人，分配遗产时应当予以照顾。适用这一规定时应当注意，这种继承人必须同时具备生活有特殊困难和缺乏劳动能力两个条件。

2. 对被继承人尽了主要扶养义务或者与被继承人共同生活的继承人，分配遗产时，可以多分。

3. 有扶养能力和扶养条件的继承人，不尽扶养义务的，分配遗产时，应当不分或者少分。

4. 继承人协商同意的，也可以不均等。

第四节　遗嘱继承和遗赠

一、遗嘱、遗嘱继承和遗赠的概念

遗嘱是公民生前所作出的对其死亡后所遗留的个人财产和其他个人事务如何处理的意思表示。民法上的遗嘱主要是处分财产的遗嘱。

《继承法》第16条第2款规定："公民可以立遗嘱将个人财产指定由法定继承人的一人或者数人继承。"遗嘱继承就是公民在生前用遗嘱方式指定死后其个人财产由法定继承人中的一个或数个人继承。遗嘱如果未处分全部遗产，那么其余部分遗产仍应按法定继承分配。

遗赠就是公民在生前用遗嘱方式指定死后其个人财产赠送给法定继承人之外的国家、组织或者其他公民。《继承法》第16条第3款规定："公民可以立遗嘱将个人财产赠给国家、集体或者法定继承人以外的人。"

遗赠与遗嘱继承在采用遗嘱方式处分遗产这点上是相同的，二者的区别在于接受遗产的人的范围不同——接受遗产的是法定继承人范围内的人，就是遗嘱继承；接受遗产的是法定继承人范围以外的人，就是遗赠。

二、遗嘱的有效条件

（一）主体合法

1. 主体必须有完全民事行为能力。立遗嘱人必须是年满18周岁、精神正常的有完全民事行为能力的公民。未满18周岁或有精神病和呆傻症的公民所立的遗嘱是没有法律效力的。

2. 立遗嘱人的意思表示必须真实。

（1）凡意思表示不真实的遗嘱均应认定为无效。《继承法》第22条第2~4款规定："遗嘱必须表示遗嘱人的真实意思，受胁迫、欺骗所立的遗嘱无效。伪造的遗嘱无效。遗嘱被篡改的，篡改的内容无效。"

（2）遗嘱人在神志不清状态下所立的遗嘱也应认定为无效。《民法通则若干意见》第67条第2款明确规定："行为人在神志不清的状态下所实施的民事行为，应当认定无效。"这是因为在神志不清状态下，行为人已经无法表示真实的意思。

（二）客体合法

1. 遗嘱所处分的财产必须是立遗嘱人的个人合法财产。立遗嘱人如果处分了与他人共有的财产或不属于立遗嘱人个人所有的财产，遗嘱就部分或全部无效。

2. 遗嘱所处分的财产必须是立遗嘱人死亡时遗留的财产。《继承法若干意见》第39条规定："遗嘱人生前的行为与遗嘱的意思表示相反，而使遗嘱处分的财产在继承开始前灭失，部分灭失或所有权转移、部分转移的，遗嘱视为被撤销或部分被撤销。”

（三）内容合法

1. 遗嘱不得取消缺乏劳动能力又没有生活来源的继承人的继承权。《继承法》第19条规定：“遗嘱应当对缺乏劳动能力又没有生活来源的继承人保留必要的遗产份额。”如果遗嘱人未保留缺乏劳动能力又没有生活来源的继承人的遗产份额，处理遗产时，应当为该继承人留下必要的遗产，剩余的部分才能参照遗嘱确定的分配原则处理。

2. 遗嘱必须为胎儿保留必要的继承份额。《继承法》第28条规定：“遗产分割时，应当保留胎儿的继承份额……”《继承法若干意见》第45条第1款规定：“应当为胎儿保留的遗产份额没有保留的应从继承人所继承的遗产中扣回。”为胎儿保留的遗产份额在胎儿出生前一般可由其母代管，将来胎儿出生后，保留的份额归其所有。

3. 遗嘱内容不得违反其他法律。除了上述两项继承法本身就规定了的限制以外，遗嘱也不得有违反其他任何法律的内容。

（四）形式合法

遗嘱可以采用公证、自书、代书、录音、口头等各种形式，但都必须符合法律的要求方能有效，违者无效。

1. 公证遗嘱。即遗嘱人到国家公证机关办理了公证手续的书面形式的遗嘱。

2. 自书遗嘱。即由遗嘱人本人亲自书写的遗嘱。对于自书遗嘱，本人必须签名，并注明年、月、日方为有效。

3. 代书遗嘱。即遗嘱人委托他人代笔书写的遗嘱。代书遗嘱应当有两个以上见证人在场见证，由其中一人代书，注明年、月、日，并由代书人、其他见证人和遗嘱人签名。

4. 录音遗嘱。即由遗嘱人口述，经录音设备录制，以录音磁带记录遗嘱人意思的遗嘱形式。录音遗嘱也需要有两个以上的见证人在场见证，并书写录音遗嘱证明书，在证明书上签字，注明年、月、日。

5. 口头遗嘱。遗嘱人在危急情况下，可以立口头遗嘱。危急情况解除后，遗嘱人能够用其他方式重新设立遗嘱的，所立的口头遗嘱无效。

为了保证遗嘱的真实性，我国《继承法》规定，下列人员不能作为遗嘱见证人：①无行为能力人和限制行为能力人；②继承人和受遗赠人；③与继承、受遗赠人有利害关系的人。

三、遗嘱的变更和撤销

《继承法》第20条第1款规定：“遗嘱人可以撤销、变更自己所立的遗嘱。”撤销、变更遗嘱的方法可以有明示和默示两类。明示包括：

1. 发表声明。即直接通过发表声明变更原遗嘱的某一部分或撤销原遗嘱。

2. 再立新遗嘱。新遗嘱的内容部分或全部否定了原遗嘱，就在实际上变更或撤销了原遗嘱。《继承法》第 20 条第 2 款规定的“立有数份遗嘱，内容相抵触的，以最后的遗嘱为准”就是指的这种情况。但是自书、代书、录音和口头遗嘱，均不得变更、撤销公证遗嘱。公证遗嘱的效力高于其他形式的遗嘱效力，若想撤销、变更公证遗嘱，必须再立一份公证遗嘱。

《继承法若干意见》第 39 条规定：“遗嘱人生前的行为与遗嘱的意思表示相反，而使遗嘱处分的财产在继承开始前灭失，部分灭失或所有权转移、部分转移的，遗嘱视为被撤销或部分被撤销。”在这种情况下，遗嘱人尽管没有明示变更或撤销原遗嘱，但实际上遗产已经部分不存在了，那当然只能推定为变更或撤销了。

四、遗赠扶养协议

遗赠扶养协议，是一方扶养对方终生而对方将个人遗产的全部或部分遗赠给扶养人的协议。《继承法》第 31 条第 1 款规定：“公民可以与扶养人签订遗赠扶养协议。按照协议，扶养人承担该公民生养死葬的义务，享有受遗赠的权利。”遗赠扶养协议具有以下法律特征：

1. 它是不同于法定继承和遗嘱继承的第三种继承方式。法定继承体现了国家的意志；遗嘱继承（包括遗赠）体现了立遗嘱人的意志；遗赠扶养协议，则体现了遗赠人和扶养人的共同意志。

2. 它是一种互助性的转移遗产方式。遗赠扶养协议尽管有协议性质，但不是一般民事、经济合同。这是因为，一般民事、经济合同是以等价为原则的；而遗赠扶养协议却绝对不是以等价为原则的，一方遗产是固定的，而对方的扶养却是终生的、不固定的。所以，这是一种民间互助行为。

3. 它具有最优先的适用效力。在三种继承方式中，遗赠扶养协议的法律效力是最高的。《继承法》在第 5 条中规定：“继承开始后，按照法定继承办理；有遗嘱的，按照遗嘱继承或者遗赠办理；有遗赠扶养协议的，按照协议办理。”三种继承方式越靠后的效力越高。

第五节　遗产的处理

一、继承的接受和放弃

（一）继承的接受

接受继承的表示方式可以有两种：

1. 明示。即以书面或口头形式向其他继承人、遗嘱执行人或人民法院表示接受继承。

2. 默示。即推定。推定又分两种：①以实际行动参加分配或诉讼，可推定为接受，这叫做作为的默示。②不参加分配或诉讼，也不表示放弃，这叫做不作为的默示。《继承法》第 25 条第 1 款规定：“继承开始后，继承人放弃继承的，应当在遗产处理前，作出放弃继承的表示。没有表示的，视为接受继承。”

（二）继承的放弃

继承人放弃继承的意思表示，应当在继承开始后、遗产分割前作出。遗产分割后表示放弃的不再是继承权，而是所有权。继承人放弃继承应当以书面形式向其他继承人表示。用口头形式表示放弃继承，本人承认或有其他证据证明的，也应当认定其有效。继承放弃具有以下效力：

1. 放弃继承的效力，追溯到继承开始的时间。

2. 继承人因放弃继承权致其不能履行法定义务的，放弃继承权的行为无效。有的继承人只是因为不愿履行法定义务，如为逃避清偿个人债务、逃避抚养、扶养、赡养义务，才放弃继承权。这实际上是“以合法形式掩盖非法目的”，即以合法的放弃继承权的形式掩盖逃避法定义务的非法目的，所以按《民法通则》第 58 条的规定，应当确认无效。

二、遗赠的接受和放弃

《继承法》第 25 条第 2 款规定：“受遗赠人应当在知道受遗赠后 2 个月内，作出接受或者放弃受遗赠的表示。到期没有表示的，视为放弃受遗赠。”这里应当特别注意的是，遗赠的接受和放弃与继承的接受和放弃在法律规定上并不相同。

1. 遗赠的接受必须“在知道受遗赠后 2 个月内”表示。继承的接受是没有时间限制的，遗赠的接受却严格受“2 个月”的时间限制。但也还要注意：这里的“2 个月内”，不是指被继承人死亡后“2 个月内”，而是指“在知道受遗赠后 2 个月内”。所以，这 2 个月的时间，不能从继承开始起算，而只能从受遗赠人“知道受遗赠”的时候起算。

2. 遗赠的接受必须采用明示方式。继承的接受可以明示，也可以默示，继承人不作任何表示，即推定为接受。遗赠恰恰相反，只有在知道后 2 个月内明确表示接受才有效；2 个月内不作任何表示的，即推定为放弃。

三、遗产的分割

（一）确定继承方式

如果一个继承案件中只涉及一种继承方式，如全部遗产都按法定继承，或者都按遗嘱继承，或者都按协议遗赠，这都相对地好办一点。但有时一个案件中要同时涉及两种或三种继承方式，即遗产中既有法定继承部分，又有遗嘱继承部分，个别也可能还有协议遗赠部分，有时几种继承方式还可能发生转化。这时就必须首先确定哪些遗产按法定继承，哪些遗产按遗嘱继承或遗赠。

1. 被继承人遗嘱处分全部遗产的，全部按遗嘱继承或遗赠。遗嘱只处分了部分遗产的，其余部分按法定继承处理。

2. 遗赠扶养协议处分了全部遗产的，全部按协议遗赠。协议只处分了部分遗产的，其余按法定继承处理。

3. 有下列情形之一的，遗产中的有关部分按照法定继承办理：①遗嘱继承人放弃继承或者受遗赠人放弃受遗赠的；②遗嘱继承人丧失继承权的；③遗嘱继承人、受遗赠人先于遗嘱人死亡的；④遗嘱无效部分所涉及的遗产；⑤遗嘱未处分的遗产。

（二）保留特留份

在分割遗产时，不论何种情况，都必须首先为缺乏劳动能力又无经济来源的人及胎儿保留必要的应继承份额。《继承法》第28条规定："遗产分割时，应当保留胎儿的继承份额。胎儿出生时是死体的，保留的份额按照法定继承办理。"

（三）夫妻一方死亡后另一方再婚的情形

《继承法》第30条规定："夫妻一方死亡后另一方再婚的，有权处分所继承的财产，任何人不得干涉。"

（四）实物分割的原则

《继承法》第29条规定，遗产分割应当有利于生产和生活需要，不损害遗产的效用。不宜分割的遗产，可以采取折价、适当补偿或者共有等方法处理。《继承法若干意见》第58条规定："人民法院在分割遗产中的房屋、生产资料和特定职业所需要的财产时，应依据有利于发挥其使用效益和继承人的实际需要，兼顾各继承人的利益进行处理。"

（五）隐匿、侵吞、争抢遗产等的继承人少分

《继承法若干意见》第59条规定："人民法院对故意隐匿、侵吞或争抢遗产的继承人，可以酌情减少其应继承的遗产。"凡有虐待被继承人，不尽扶养义务，伪造、篡改或者销毁、隐匿遗嘱等，而情节还不够严重，达不到《继承法》第7条规定的丧失继承权程度等违法行为的，也都可以参照这个规定的精神适当减少他们的应继承份额。

四、被继承人债务的清偿

《继承法》第33条规定："继承遗产应当清偿被继承人依法应当缴纳的税款和债务，缴纳税款和清偿债务以他的遗产实际价值为限。超过遗产实际价值部分，继承人自愿偿还的不在此限。继承人放弃继承的，对被继承人依法应当缴纳的税款和债务可以不负偿还责任。"

这里应当弄清以下几个要点：

1. 被继承人债务必须严格限于被继承人生前的个人债务。

（1）被继承人与他人的共同债务，不能视为被继承人的个人债务，债权人的追偿不受此限。例如，被继承人生前以个人名义借的债，但实际上用于家庭共同生活的，就不能当做他的个人债务，不受他个人遗产价值的限制。

（2）被继承人生前因继承人能尽而不尽义务所欠的债务，即使遗产不足清偿，继承人仍应负清偿责任。这是因为这样的债务也不能视为被继承人的个人债务，而应视为继承人所欠的赡养费。

2. 清偿被继承人的债务以遗产价值为限。例如，被继承人的遗产价值5000元，而他生前有个人债务1万元，那么他的继承人清偿其债务以5000元为限，另外5000元继承人可以不负清偿责任。这样，实际上就等于用被继承人的遗产去还他的债，

超过部分继承人完全可以不负清偿责任，这是对我国几千年来封建传统法律规定的“父债子还，夫债妻还”的一种彻底的否定。但超过遗产实际价值部分，继承人自愿偿还的不在此限。这一规定体现了法律的灵活性。

3. 执行遗赠不得妨碍清偿遗赠人依法应当缴纳的税款和债务。这就是说，如果遗产数量不足以同时清偿债务和执行遗赠的，就应当先清偿债务，有余产才执行遗赠，或者由受遗赠人承担遗产偿债不足的部分。总而言之，不能因为执行了遗赠而不清偿债务。

4. 遗产已被分割而未清偿债务时，如有法定继承又有遗嘱继承和遗赠的，首先由法定继承人用其所得遗产清偿债务；不足清偿的，剩余的债务由遗嘱继承人和受遗赠人用其所得遗产偿还；如果只有遗嘱继承和遗赠的，由遗嘱继承人和受遗赠人按比例用所得遗产偿还。

5. 继承人中有缺乏劳动能力又没有生活来源的人，即使遗产不足以清偿债务，也应为其保留适当遗产，然后再按《继承法》第33条的规定清偿债务。

6. 如果放弃继承或受遗赠的，即不再承担任何清偿责任。

第八章 经 济 法

第一节 经济法概述

一、经济法的基本内容

经济法是调整国家经济生活中特定权利义务关系的法律，这些权利义务关系是因国家特别许可产生的，在合理资源配置和稳定市场秩序中发挥着其他法律难以发挥的作用。

经济法是指既含有一定的财产权利，又有一定行政关系的综合性的法律规范。经济法权利有许多民事权利的特征，如果产生争议，当事人可以通过民事诉讼维护自己的权益；而当事人的义务又不全是由交易行为产生的，有可能是由法律、法规直接规定的。例如，税法规定的征纳税义务就不是民事权利的相对应关系，而是由国家的税法直接规定的义务。经济法律关系中的争议主要通过民事诉讼的方式解决，也可通过行政诉讼的方式解决，极少数的情况下还包括刑事法律关系。

二、经济法概况

我国的法律体系包括刑法体系、民法体系、行政法体系、国际法体系和经济法体系，其中经济法体系是数量最多的法律。一般认为经济法体系由市场主体法、市场秩序法和市场调控法三大块法律、法规组成。其中，市场主体法主要包括公司法、中国人民银行法、商业银行法、全民所有制工业企业法、乡镇企业法、城镇集体所有制企业条例、个人独资企业法、合伙企业法、中外合资经营企业法、中外合作经营企业法、外资企业法、破产法等法律和相关的行政法规；市场秩序法主要包括反不正当竞争法、反垄断法、产品质量法、消费者权益保护法以及银行业监管相关法、证券业监管相关法、保险业监管相关法等法律、法规；市场调控法主要包括税收征管法、企业所得税法、个人所得税法、各种财税法、土地管理法、房地产管理法、各类资源配置法等法律、法规。

三、经济法律关系

经济法律关系是指当事人根据经济法的规定产生的权利义务关系，包括三个基本要素：①法律关系的主体，包括公民、法人、非法人团体和机构。②法律关系的内容，指主体依照法律、法规和合同的规定享有的权利和必须履行的义务。③法律关系的客体，指主体的权利和义务所共同指向的对象，包括有形财产、劳务和无形财产。我们学习法律要掌握的一个基本问题是弄清楚法律关系，在此之后才能清楚地辨析有效的法律行为和无效的法律行为，才能依法主张自己的权利和维护自己的合法利益。

四、经济法的调整方法

经济法是一门综合性的法律，其功能是维护正常的市场秩序和保护当事人的合法权益。经济法的调整方法有三种：①民事方法。当事人的法律地位平等，法律平等保护当事人的财产利益。②行政方法。当事人双方是管理与被管理的不平等关系，行政机关依据经济法的规定可以对被管理方采取给予资格、限制资格和取消资格的方法，以及对被管理方收费、罚款、没收非法所得和给予其他行政处罚。③刑事方法。当事人的行为如果触犯了国家刑法的规定，就应承担相应的刑事责任。

五、经济法的立法概况

我国的经济立法包括由全国人大及其常委会制定的法律、国务院制定的行政法规、国家部委制定的行政规范性文件以及地方法规和地方规范性文件。经济法立法有三个特点：①法律、法规数量多。每年的立法中，涉及经济的立法数量要占整个立法数量的2/5以上，除了法律之外，还有大量的法规、地方法规和规范性文件。②立法机构多。有人民代表大会，也有行政机关。③法律、法规调整的领域广泛，以适应市场的不同需求。

六、经济法与市场经济

计划经济的特点是由政府统一计划社会需要的产业和产品，产品由政府包销，企业的自身利益与产品质量和生产效益无直接关系，企业之间也少有竞争等利益冲突，因此调整计划经济的法律规范自然也较少。改革开放以来，不再依赖政府许可生产和销售的产品越来越多，资源利用和市场竞争的冲突也越来越多。在此种情况下，国家不断制定新的经济法律来调整市场经济关系，这也可以说明法律是因社会需要产生的，有什么样的利益就产生什么样的权利义务。

七、经济法在市场中的作用

经济法在当前市场经济环境中，主要起两个方面的作用：①规范行政部门管理经济的行为；②调整各主体的权利义务关系。经济法约束当事人依法享有权利和履行义务，可以给当事人更为方便有效的保护，同时由于经济法中含有国家行政控制力量，可以将当事人的私人行为控制在国家允许的市场机制范围内，更方便地将国家对经济的引导、鼓励、限制和禁止的经济政策融进当事人的经济行为中。

第二节 合同法

一、合同及合同的成立和生效

（一）合同的概念和特征

合同是当事人之间明确一定交易关系的协议，包括对合同当事人身份的约定及对合同的标的、数量、质量、价款、期限、地点、定金、违约金和违约责任的约定。

合同的特征主要有三个：①合同是平等主体之间进行的民事行为，民法上关于民事行为的设立、变更、消灭和撤销的法律制度均可适用于合同制度。②合同的主体在法律上一律平等，包括订约平等、履约平等和请求法律保护的权利平等。③合同是当事人的真实意思表示，当合同内容不符合交易目的时，当事人可以请求法院或仲裁机构认定合同无效或撤销合同。

（二）合同的种类

1. 口头合同与书面合同。口头合同是当事人基于互相信任凭口头约定达成的交易协议，其优点是简单省事效率高，其缺点是发生争议时无文字凭据来维护当事人的合法权益。所以，凡是不能当时结清的合同、金额较大的合同和比较重要的合同应当采取书面合同的形式。

2. 双务合同与单务合同。双务合同是指合同的双方当事人都应当向对方履行合同义务；单务合同是指只有一方当事人需要履行义务，另一方当事人享有权利而无须付出对价的合同，如赠与合同和借用合同等。

3. 有名合同与无名合同。所谓有名合同，是指合同法或其他法律上明文规定的具体合同；没有明文规定的为无名合同。有名合同发生争议时优先适用《合同法》关于该合同的规定；无名合同的争议适用合同法总则或其他最近似的法律，其法律保护的效果弱于有名合同。

4. 诺成合同与实践合同。所谓诺成合同，是指当事人应承或签字盖章后就生效的合同；实践合同是指除了当事人达成协议外还要交付一定的实物，例如，保管合同和借用合同等。

5. 格式合同与非格式合同。格式合同是一方当事人为了重复使用而预先拟定好所有的条款，未与对方协商的合同。格式合同体现了单方面的意志，所以法律规定当格式合同发生争议，依常理无法解决争议时，要作出不利于提供合同方的解释，非格式合同是指当事人双方充分协商而成立的合同，合同反映了双方的意思表示，相对于格式合同而言是公平性更强的合同。

（三）订立合同的程序

1. 要约，是指希望和他人订立合同的意思表示。要约的内容应明确具体，表明一旦经受要约人承诺，合同即成立。

要约的撤回，要约到达受要约人时生效。要约可以撤回，但应当在受要约人收到要约之前或同时进行。

要约的撤销，撤销通知应当在受要约人发出承诺通知之前到达受要约人。

不可撤销的要约，如果要约人确定了承诺期或者以其他形式明示要约不可撤销的，以及受要约人有理由认为要约是不可撤销，并已经为履行合同作了准备工作的，要约不可撤销。

2. 承诺，是指受要约人完全接受要约提出的条件，承诺的内容应当与要约的内容一致。

如果承诺对要约的条件有实质性改变的，则是一种新的要约。新的要约指受要约人又提出了自己的条件，希望原要约人接受新要约的条件与自己达成协议。承诺对要约作出非实质性变更的，除要约人及时表示反对或者表明不得对要约的内容作出任何变更的以外，该承诺有效。

承诺的方式有口头形式、书面形式和交易惯例方式。承诺到达时生效，此时合同即告成立，合同的内容以承诺的内容为准。

当事人如果认为承诺有误，会给自己带来不利后果的，可以在承诺通知到达之前或到达要约人之时声明撤销承诺。

(四) 合同的主要条款

合同的主要条款包括以下八个：①合同双方当事人的姓名、名称、法定代表人、住所、联络方式。②标的。包括标的的名称、规格、种类、型号、花色、颜色。③数量，应使用国家法定度量衡标准，不得使用市制或英制标准。④质量。当事人约定的质量标准可以高于法定标准，但不得低于法定标准。⑤价款或报酬。当事人应注意此条款中选择的货币种类、金融工具种类、给付方式、给付次数、给付期限和给付不能时的法律责任。⑥履行的期限、地点和方式。⑦违约责任。包括是否约定定金或违约金，违约后的责任如何确定等内容。⑧解决争议的方法。当事人可以选择仲裁或诉讼的方法消除争议。除了上述八个建议条款外，还有以下一些条款可供参考：当事人约定的其他条款，合同变更和解除的条件及程序条款，合同转让的条件及程序条款，名词术语的解释条款以及合同附件条款。

(五) 合同的效力

合同根据其性质可分为普通合同与特殊合同两类。诺成合同为普通合同，此类合同一经承诺即成立，一成立即生效。特殊合同是指在合同成立的基础上还需要经过其他程序或满足一定条件才能生效的合同，包括需要经过审批、登记后才能生效的合同，包括需要经过审批、登记后才能生效的合同，根据合同的性质需要提供实物的合同，约定需要经过公证的合同，以及附条件的合同。

合同生效时间的确定，分以下几种情况：①依法成立的合同，自成立时生效，主要指诺成合同。②需要登记或审批的合同，自登记审批后生效。③附期限的合同，自期限届至时生效或者失效。④附生效条件的合同，自条件成就时生效。⑤附解除条件的合同，自条件成就时失效。当事人为自己的利益不正当地阻止条件成就的，视为条件已成就；当事人为自己的利益不正当地促成条件成就的，视为条件未成就。

二、合同的履行、变更、转让和解除

(一) 合同履行的原则

当事人订立合同的目的在于履行合同后能够满足一定的需要或获得一定的利益，所以合同生效后必须按合同约定的条件履行。合同履行应遵守下列原则：①实际履行原则，即当事人不得以非合同标的替代约定的标的，不得因当事人的姓名、名称的变更或者法定代表人、负责人、承办人的变动而不履行合同的义务；债权人有权拒绝对方提前履行合同，债权人同意对方提前履行义务的，所增加的费用由提前方承担。②全面履行原则。即债权人有权要求对方全面履行合同条款所列明的全部义务，有权拒绝对方当事人只履行合同部分义务的请求。③协助履行原则。即如果履行合同义务需要对方配合协助的，如提供图纸、资料、情报、场地、过程中的检验等，当事人必须按约履行协助履行的义务，不得推诿、耽搁，否则就应当承担相应的违约责任。④保密原则。在履行合同前、履行合同的过程中和履行合同完毕后，保密原则始终对当事人有约束力，当事人不得以任何借口不遵守保密义务或者泄漏对方的商业秘密。

（二）合同条款不明确时的履行规则

当事人在订立合同时由于文化知识和法律意识的欠缺或疏忽，影响或损害了当事人的权利，为了体现合同法公平地保护所有当事人的利益的精神，我国的《合同法》规定了当合同条款不明确时解决争议的办法：重新协商和依照《合同法》的规定解决争议。根据《合同法》第61条的规定，由当事人签订补充协议，重新明确各方的权利义务关系，就合同中的疏漏之处进行补救，如果能够按照合同的条款推定明确当事人的权利义务关系的，就根据合同条款的推定对合同予以解释；如果能够依照交易习惯明确当事人的权利义务关系的，就依照交易习惯予以解释。

当根据《合同法》第61条的规定不能解决争议时，就按照《合同法》第62条的规定解决争议：①当事人就合同标的质量发生争议不能协商解决时，按照国家法定标准确定质量条件。当法定标准分为国家标准、行业标准、通用标准和合同目的标准几个标准时，当事人应当按照顺序采用前述标准，当事人约定的标准可以高于法定标准，但是不得低于法定标准。②价款或者报酬不明确的，参照市场当时同类产品或服务价格确定。当合同标的的价格涉及国家定价、指导价规定的，按照国家定价或指导价确定的价格履行合同。③合同的履行地点不明确的，给付货币的，在接受方所在地履行；给付不动产的，在不动产所在地履行；给付其他标的的，在债务人所在地履行。④合同约定的履行期限不明确的，债务人可随时履行合同义务，债权人也可以随时要求对方履行义务，但要给对方必要的准备时间。⑤履行合同的方式约定不明确的，按照有利于实现合同的目的的方式履行，但应注意两个原则：经济、合理。⑥履行合同义务所必须支出的费用负担不明确的，由履行义务方承担。

（三）合同的变更

合同的变更是指合同原来约定的权利义务关系发生了变化。订立合同时的市场条件和当事人的履约条件发生了变化，如果继续按照原来的条件履行合同，就会给一方当事人或双方当事人带来重大的损失，因此法律允许当事人提出变更合同的请求。变更合同必然导致原来的权利义务关系变化，对合同不能按照原定条件履行负有责任的当事人要承担对方因此受到的损失。合同变更以协议变更为主，当事人之间就合同的变更不能达成协议的，则由仲裁机构或法院决定是否变更。

合同变更的内容必须明确具体，当事人对合同变更的内容约定不明确的，推定为未变更。

(四) 合同的转让

合同的转让是指合同的一方当事人将合同的权利义务全部或部分转让给第三人的法律行为。合同的转让关系到合同能否得到顺利履行，关系到债权人的利益能否得到顺利实现，我国的《合同法》规定债权人可以将合同的权利全部或者部分转让给第三人，但是债务人转让义务应当经债权人同意。在合同转让时应注意下列五个问题：①债权人可以将合同的权利全部或者部分转让给第三人，但是根据合同性质不得转让的合同、按照当事人约定不得转让的合同、依照法律规定不得转让的合同不能单方面转让。②债权人转让债权应当通知债务人，否则该转让对债务人不发生效力。债务人接到转让通知后，其对转让人的抗辩可以向受让人主张，也就是对转让人的依法不履行义务的权利和索赔的权利同样可以对新的债权人行使。③债务人对原债权人享有债权，并且此债权先于转让的债权到期或者同时到期的，债务人可以向受让人主张抵销，受让的债权尚未行使就被抵销，受让人应当注意合同转让过程中的欺诈和权利瑕疵问题。④债务人将合同的义务全部或部分转移给第三人的，应当经债权人同意，新债务人应当承担与主债务有关的从债务，但该从债务专属于原债务人自身的除外。⑤法律、行政法规规定转让权利或者转让义务应当办理批准、登记等手续的，应当依照规定办理。

当事人在签订合同后与其他法人或者其他经济组织合并的，由合并后的法人或者其他经济组织行使合同的权利，履行合同的义务。当事人订立合同后分立的，除债权人和债务人另有约定外，由分立的法人或其他组织对合同的权利义务享有连带债权，承担连带债务。合同的当事人发生合并或者分立后，承受原合同的新主体不得以任何理由拒绝承担合同的义务。

三、合同的权利义务终止和违约责任

(一) 合同的权利义务终止概述

合同的权利义务终止是指合同的权利义务关系因一定的法律事实的出现而归于消灭的情况，双方当事人从权利义务终止时就不再享有合同权利，也不再负有合同义务。绝大多数合同的权利义务终止的情况是合同得到履行；还有少数合同不能履约时，也可依法终止合同，包括合同解除、债务抵销、债务人依法将履行债务的标的物提存、债权人免除债务、债权债务同归一人，以及法律、法规规定的或者当事人约定终止的其他情形。

合同的权利义务终止后，当事人应当遵循诚实信用的原则，根据交易习惯履行通知对方的义务，履行协助对方终止合同权利义务的义务，履行遵守保密的义务。合同的权利义务终止，不影响合同中结算和清算的效力。

(二) 解除合同

在履行合同的阶段出现了原来没有预想到的情况，致使合同在事实上不能履行或者履行已经没有必要的，从减少损失的目的出发，当事人可以依法选择解除合同，以消灭当事人之间的权利义务关系。

解除合同有以下几个问题应当注意：①当事人协商一致的，可以解除合同。②当事人在订立合同时可以约定解除合同的条件，当约定解除的条件成就时，享有解除权方可以解除合同。③法定解除合同的情况包括：因不可抗力致使不能实现合同的目的；在履行期限届满之前，当事人一方明确表示或者以自己的行为表明不履行主要义务的；当事人一方延迟履行主要债务，经催告后在合理的期限内仍然不能履行义务的；当事人延迟履行债务或者有其他违约行为致使不能实现合同目的的(即根本性违约)；法律规定的其他当事人可以单方面解除合同的情形。④法律规定或者当事人约定解除权行使期限，期限届满当事人不行使的，解除权即告消灭。⑤法律、行政法规规定解除合同应当办理批准、登记手续的，必须经过批准或登记手续才能解除合同。⑥合同解除后，当事人尚未履行义务的，终止履行合同义务；已经履行的，根据履行情况和合同性质，当事人可以要求恢复原状、采取其他补救措施，并有权要求赔偿损失。解除合同的损失由有过错方承担，不能确定过错方的，由提出解除合同方承担损失。

（三）违约责任概述

违约是指当事人没有按照合同规定的条件履行义务。违约的逻辑后果是违约行为人应当承担违约责任。我国《合同法》第 107 条规定，当事人一方不履行合同义务或者履行合同义务不符合约定的，应当承担继续履行、采取补救措施或者赔偿损失等违约责任。

1. 承担违约责任的原则。我国《合同法》以严格责任原则为主，只要当事人过了履约期限仍未履约或未完全履约义务，即构成违约。

2. 预期违约的情况。当事人一方明确表示或者以自己的行为表明不履行合同义务的，对方可以在履行期限届满之前要求其承担违约责任。

3. 当事人一方未支付价款或者报酬的，对方可以要求在一定的期限内支付价款或报酬以及相应的利息。

4. 当事人不履行非金钱债务或者履行非金钱债务不符合约定的，对方可以要求履行。但是当出现法律上或事实上不能履行的、债务的标的不适于强制履行或者履行的费用过高的、债权人在合理的期限内未要求履行的情况时，可以不再履行合同。

5. 质量不符合约定的，应当按照当事人的约定承担违约责任。对违约责任没有约定或者约定不明确，依照《合同法》第 61 条的规定仍不能达成补充协议确定违约责任的，受损害方根据标的的性质以及损失的大小，可以合理选择要求对方承担修理、更换、重作、退货、减少价款或者报酬等违约责任。

6. 当事人一方不履行合同义务或者履行合同义务不符合约定，给对方造成损失的，损失赔偿应当相当于因违约所造成的损失，包括合同履行后可以获得的利益。但不得超过违反合同一方订立合同时预见到或者应当预见到的因违反合同可能造成的损失。

7. 当事人一方因第三人的原因造成违约的，应当向对方承担违约责任。当事人一方和第三人之间的纠纷，依照法律规定或者按照约定解决。

（四）违约种类

违约是指当事人不能履行或者不能完全履行合同约定的义务。我国的《合同法》以违约作为当事人承担违约责任的前提条件。在实践中，不能履约或不能完全履约的情况主要有以下五种：①拒绝履行合同义务。即当事人以口头、文字的形式或以自己的行为表明不履行义务。这种情况适用于当事人在履约期满后仍然不能履行自己的义务的情况。②不适当履行合同义务。即债务人没有按照合同约定的全部条件履约，包括数量不符、质量不符、履行地点不符、包装方式、运输方式不符等行为。③逾期履约。也称迟延履约，是指债务人没有在合同约定的期限内履约，而是在合同期满后才履约。此时债务人的行为虽然不一定给对方造成损失，但是按照我国《合同法》关于违约责任的严格责任原则，是否造成损失并非承担违约责任的前提条件，债务人只要违约即承担违约责任。④部分履约。即债务人只履行了部分义务，致使债权人不能完全行使其权利，债务人此时应当对其未履行的义务承担相应的责任。⑤违约责任与侵权责任竞合。当事人违约行为同时给对方当事人的人身和财产造成其他损失时，其行为不但违反了合同法的规定，而且违反了有关保护人身安全和保护合法财产利益的其他的法律规定，也就是有两个或多个法律可以适用此法律关系，此种情况在法律上称为法律竞合，受损方有权选择依照《合同法》要求其承担违约责任或者依照其他法律要求其承担侵权责任。其他法律包括《产品质量法》《消费者权益保护法》《计量法》《商标法》《专利法》《著作权法》《公司法》《反不正当竞争法》等法律。这条规定使合同的当事人的权益受到更充分的保护。例如，《合同法》肯定了《消费者权益保护法》第55条关于3倍赔偿的侵权赔偿制度，经营者对消费者提供商品或者服务有欺诈行为的，依照《消费者权益保护法》的规定予以赔偿。这就突破了原来民法对损害进行赔偿遵循时损害多少赔偿多少的原则，使法律变得更为同情弱者和更多地维护弱者的利益。

（五）承担过错违约责任的条件

所谓过错违约责任，是指合同法律制度对当事人承担违约责任规定的特别条件。其基本特征就是确定部分种类合同的违约构成和承担违约的损害赔偿责任的条件。我国的《合同法》规定某些合同承担违约责任时适用过错责任原则，例如，赠与合同和保管合同中都规定当事人必须具备过错才承担责任。另外，对严格责任条件下确定的违约责任，如果让其承担损害赔偿责任，也要以违约人具有过错为前提。过错责任是相对严格责任而言的，严格责任强调只要当事人违约即须承担责任，而确定过错违约责任一般须满足以下四个条件：①要有违约事实，这点与严格责任相同。②要有损害结果发生，没有损害则无须承担财产责任。③违约人在违约时的心理上要有故意或过失的状态，如果违约人既无故意又无过失，就无须承担违约导致的财产损失赔偿责任。④违约行为与损害结果之间要有因果关系，也就是对方的损害结果是由违约人的违约行为直接造成的，法律上称之为直接原因，不包括看起来好像有联系的间接因果关系。区分直接因果关系和间接因果关系的标准是看同样的原因在同样的条件下是否一定产生同样的结果，如果一定的原因必定导致一定的结果，就是直接因果关系。

（六）承担违约责任的方式

确定当事人违约后，要根据具体情况让违约人承担相应的法律责任，具体有以下五个问题：①继续履行合同。违约人在承担了赔偿损失责任后，如果债权人要求其继续履约的，违约人不能以承担了其他的法律责任为由不承担履行合同的义务。②违约补救。当事人无论以何原因违约的，在可能的情况下都要采取适当的补救，以补偿或者恢复对方的合同权利，包括修理、更换、重作、退货、减少价款、减少报酬等方式。③支付违约金。合同中约定有违约金或者有法定违约金的，当事人有违约行为的即应承担支付违约金的责任，无论是否已经给对方造成损失。如果造成损失的，此违约金具有赔偿性质；如果没有造成损失的，此违约金具有惩罚性质。约定的违约金低于造成的损失的，当事人可以请求法院或者仲裁机构予以增加；约定的违约金过分高于造成的损失的，当事人可以请求法院或者仲裁机构予以适当减少。当事人就迟延履行约定违约金的，违约方支付违约金后，还应当履行债务。④定金责任。当事人可以约定一方向对方给付一定的定金作为债权的担保。债务人履行债务后，定金应当抵作价款或者收回。给付定金的一方不履行约定的债务的，无权要求返还定金；收受定金的一方不履行约定的债务的，应当双倍返还定金。⑤明确了一个合同既有违约金又有定金时如何适用的问题。在实践中，一个合同同时约定了违约金和定金，如果当事人违约了，对方当事人往往会提出按约支付违约金，同时也按约双倍返还定金的请求，这样做可能会导致不公平，因此合同法将违约金和定金的赔付作为一个可选择的制度，当事人可以任意选择用支付违约金或双倍返还定金的方法赔偿损失。这样做的主要意义在于体现了平等交换的原则，遵守损失多少赔偿多少的惯例。

（七）不构成违约责任的情况

当事人在订立合同后出现了不可预见、不可避免并且不可克服的客观情况后，不能履行合同义务，或者不能按时履行合同的，可以依照《合同法》的规定不承担不履行合同的责任。此时请注意五个问题：①我国的《合同法》将不可预见、不可避免并且不可克服的客观情况称为不可抗力，规定因不可抗力的原因不能履行合同的，根据不可抗力的影响，可部分或者全部免除其不履行合同的责任。但法律另有规定当事人在履行合同过程中不适用不可抗力情况的除外，例如，保险合同中的保险人和依法承担无过错责任的特殊企业，其履约责任不能适用不可抗力。②当事人迟延履行合同后发生不可抗力的，不能免除其履行合同的责任，因为运用不可抗力免责是合同履行期内的一种权利，过了履约期就不再享有运用不可抗力免责的权利。③发生不可抗力后必须及时通知对方，以减轻可能给对方造成的损失，能够通知对方没有通知的，应当承担相应的责任。④发生不可抗力需要免责的，应当提交有关部门的证明文件。例如，因洪水造成不可抗力的，需要提交水利部门的证明；因交通中断造成不可抗力的，需要提交公路或铁路管理部门的证明等。⑤当事人一方违约后，对方应当采取适当的措施防止损失的扩大。当事人对此失之关心，没有采取必要的措施致使损失扩大的，不得就扩大的损失要求赔偿。

第三节　反不正当竞争法

一、反不正当竞争法的由来

反不正当竞争法是我国市场经济法律制度中一个主要的法律，经济法在很大程度上是为市场经济服务的，而市场经济的核心内容是市场秩序，反不正当竞争法的目的和作用都是维护正常的市场秩序。一个明智的政府不是自己直接指挥生产力如何运转，而是借助制定适应市场运作的规范，放手让各主体自己发挥能动性，保障所有的主体都在同等条件下公平竞争，将不利于公平竞争的行为以法律的形式列举出来，并予以明确的禁止规定，这就是反不正当竞争法产生的政治基础和市场基础。

二、反不正当竞争法的历史发展

19 世纪下半叶，美国的经济蓬勃发展，各公司和众多的小业主使尽浑身解数追逐利润，结果引起市场秩序的混乱。国家看到如果不对市场进行必要的规范，就会影响经济的正常发展，于是在 1890 年由参议院议员约翰·谢尔曼提议通过了《保护贸易和商业不受非法限制与垄断之害法》，后来美国人习惯称为《谢尔曼法》。该法确认了以契约、联合或共谋等形式对州际和国际贸易和商业进行限制或垄断的行为是非法的基本原则，被公认为现代竞争法产生的开端。随着经济的发展，1914 年美国又制定了《克莱顿法》和《联邦贸易委员会法》，扩大了反不正当竞争法的调整范围，创设了专门的反不正当竞争的行政执法部门联邦贸易委员会，基本上奠定了美国以反托拉斯法为典型表现形式的现代竞争法的框架。1896 年德国制定了系统的《反不正当竞争法》，确立了维护正常的市场秩序的基本原则：在营业中为竞争目的采取违反善良风俗的行为者，可请求其制止或赔偿。这条原则就成为整个反不正当竞争法的精髓，各国的反不正当竞争法的各个条款都是根据这个原则发展而来的。德国之后还制定了《反垄断法》《馈赠法令》《折扣法》，作为反不正当竞争法的配套法律。德国的反不正当竞争法对非英美法系的国家有较大的影响。1900 年的《保护工业产权巴黎公约》以国际条约的形式对不正当竞争的概念作了明确的规定：在工商业领域任何与诚实惯例相悖的竞争行为均构成不正当竞争。这条规定也成为当代反不正当竞争法最基本的原则之一。

三、我国的反不正当竞争法的发展

我国在改革开放前的经济量比较小，整个社会基本上是供不应求的卖方市场，各生产者都有相对宽裕的市场，无须不正当竞争就能销出产品和提供服务，因此社会上不正当竞争的情况较少，而且多局限于商标领域，政府依靠一些简单行政措施调整也能保障市场的稳定。改革开放以后，随着我国经济量的高速增加，商品和服务的销售迅速转向买方市场，自然而然产生了较多的不正当竞争，各种伪劣假冒商品和服务严重干扰了市场的正常运营，侵犯了合法经营者的利益。为适应市场的需求，我国先后制定了《商标法》《专利法》，并运用《民法通则》等法律调整市场秩序，制止不正当竞争。1993 年又制定了《反不正当竞争法》，以法条的形式将各种不正当竞争行为列举出来，并给每种不正当竞争行为规定了相应的法律责任。之后又由国家计委、国家工商行政管理局等部委制定了一些补充规定和实施细则，形成一个比较系统的反不正当竞争法律体系。

四、我国反不正当竞争法的执法机构

法贵于行，任何法律无论制定得多好，都必须要由执法机关执行，反不正当竞争法涉及的调整对象较多，除了提起诉讼的争议之外，多数争议要靠行政机构解决。所以反不正当竞争法的执法机构相比其他法律的执法机构要多一些。根据调整对象的不同，可将反不正当竞争法的执法机构分为以下几类：

1. 司法机构。包括人民法院和人民检察院。在我国，人民法院是独立行使审判权的唯一机构，各种诉讼争议，包括民事诉讼争议、行政诉讼争议和刑事诉讼争议，都由人民法院通过行使审判职能解决。因不正当竞争提起的诉讼，也由人民法院作为反不正当竞争争议的审判机构。我国的人民检察院在维护市场经济秩序中，暂时只对刑事违法行为行使公诉和监督职能，对进行不正当竞争的行为应依法追究刑事责任的，由人民检察院向人民法院提起公诉。

2. 行政机构。其对不正当竞争行为的活动包括下列执法管理：①工商行政管理局专管的行为。工商行政管理局是我国专门进行市场管理的政府部门，有关市场主体的注册登记、年检、商标权利登记、交易行为及其规则，都由其负责管理。在《反不正当竞争法》的执法中，工商行政管理局是名正言顺的执法者，由县级以上的工商行政管理局查处的不正当竞争行为有以下三种：《反不正当竞争法》第 9 条规定的虚假广告行为，第 13 条规定的违法有奖销售行为，第 15 条规定的串通投标行为；公用企业和依法具有独占地位的经营者滥用经济优势的不正当竞争行为，由省级和设区的市的工商行政管理局管辖。②工商行政管理局和其他部门分工管辖的行为。《反不正当竞争法》第 5 条规定了假冒混淆行为，其中第 1 项规定的假冒他人注册商标行为按《商标法》处罚；第 2 项规定的擅自使用行为，已经申请了专利的，按《专利法》处罚；第 3 项和第 4 项的规定按《产品质量法》处罚，由工商行政管理局和国家技术监督管理部门分工管辖。③《反不正当竞争法》第 7 条规定的地方封锁行为，如果是单纯的政府违法行为，由其上级主管机关管辖；经营者借机销售质次价高的商品及滥收费用的行为，由工商行政管理局管辖。④《反不正当竞争法》第 8 条规定的商业贿赂行为，构成犯罪的由司法机关管辖，不构成犯罪的由工商行政管理局管辖。⑤由工商行政管理局和其他部门交叉管辖的行为，是《反不正当竞争法》

第10条规定的侵犯商业秘密行为。行为人按其行为后果分别承担相应的民事责任、行政责任及刑事责任，人民法院、公安部门和工商行政管理局都有权管辖。

五、反不正当竞争法的法律关系

反不正当竞争法是专门调整市场秩序和市场行为的法律。我国的《反不正当竞争法》规定了11类不正当竞争行为，而这些行为是由一定的主体进行的，所以要执行反不正当竞争法首先要明确主体，包括从事不正当竞争行为的主体和受到不正当竞争侵害的主体。这些主体就是生产者、销售者、消费者，以及《反不正当竞争法》的执法者。反不正当竞争法律关系的客体是一定的产品、服务、信誉、信用、无形财产权，是前述主体的权利义务所共同指向的对象，这些对象是由《反不正当竞争法》具体规定的。《反不正当竞争法》的内容是前述主体的权利义务，市场主体受到不同的不正当竞争行为的侵犯时，具有不同的请求法律保护的权利，任何主体从事不正当竞争行为的，都应当承担相应的法律责任。由于《反不正当竞争法》涉及的市场领域较广，反不正当竞争法律关系也较复杂，其主体几乎可以包括所有的民事主体，内容也几乎包括所有的有形财产和无形财产。权利包括物质权利和精神权利，义务就是法律责任，包括民事责任、行政责任和刑事责任三种形式。

六、不正当竞争行为的主要表现形式及其法律责任

我国《反不正当竞争法》所指的假冒、虚假不正当竞争行为有：①假冒他人注册商标的行为，指行为人实施了我国《商标法》规定的侵犯注册商标专用权的行为。包括：未经注册商标所有权人的许可，在同一种商品或类似商品上使用与注册商标相同或相近似的商品的行为；销售明知是假冒注册商标的商品的行为；伪造、擅自制造他人注册商标标识的行为；给他人的注册商标专用权造成其他损害的行为。②擅自使用知名商品特有的名称、包装、装潢，造成和他人的知名商品相混淆，使购买者误认为是该知名商品。③擅自使用他人的企业名称或者姓名，引人误认为是他人的商品。④在商品上伪造或者冒用认证标志、名优标志等质量标志。凡未实行产品认证制度的产品，经营者在产品上或其包装上编造认证标志，未向产品质量认证机构申请认证，或者虽然申请但经认证不合格的产品，经营者擅自认证标志的行为，均属于伪造或者冒用认证标志。⑤伪造产地，对商品质量作引人误解的虚假表示。产地在此的法律意义是指产品的主要原材料生产地，产品的加工地、制造地，或商品生产者所在地。⑥对商品质量作引人误解的虚假表示。如在商品或其包装上未按规定表明或说明商品的特点或使用要求，从而引起他人误解；在商品或其包装上对商品的品质、制作成分、性能、用途、生产日期、有效期等作不真实的标注，欺骗、误导消费者和用户的行为。

1. 商业贿赂行为，是指在商品经营（服务）活动中，经营者为获得交易的机会，或者比竞争对手更强的优势地位，通过不正当的手段影响客户的具体经办人员、代理人员或者政府的工作人员，谋求获得交易的机会的行为。商业贿赂的行贿主体既有经营者，在少数情况下也包括消费者和用户。受贿的对象是对交易有决定权或影响力的个人，包括用户的业务人员、采购人员、代理人员和有关的政府官员。商业贿赂均为故意的违法行为，其主要表现形式是给付回扣，包括金钱和其他所有能够折算成金钱的好处，并且这些回扣和好处均是以非公开的方式交付的。这与公开给付的折扣不同，折扣是正常的可以计入接受者财务账册的，而贿赂是不能计入接受者财务账册的。商业贿赂与折扣不一样，与从事中介活动收入的佣金也不一样，在实践中要注意区分合法行为与违法行为的界限，维护经营者的生产经营积极性。

2. 虚假广告行为，是指经营者利用广告或其他公开传播的方法，对商品的质量、价格、制作成分、性能、用途、生产者、产地、有效期限、服务范围等项目作引人误解的虚假宣传，从而达到销售目的的行为。由于虚假广告的误导，消费者和用户接受商品和服务中含有不真实意愿的成分，可能会因此受到损害，市场上的伪劣假冒商品或不真实的服务在很大程度上就是虚假广告的影响所导致的。广告的经营者不得在明知或者应当知道的情况下代理、设计、制作、发布虚假广告，否则，应承担相应的法律责任，并要受到1万元以上20万元以下的罚款。

3. 侵犯商业秘密的行为。其中，商业秘密指经营者采取保密措施的技术信息和经营信息，该信息具有实用性，能够为掌握者带来一定的经济利益或竞争优势，这些信息不为社会公众所知晓，但能够为了解的人带来一定的经济效益或降低同行同业的竞争能力。所以现代的市场竞争在很大程度上也包括了保守商业秘密的竞争，谁的商业秘密保守得好，谁就在市场上占有主动权。侵犯商业秘密的行为包括：①盗窃、利诱、胁迫或其他不正当的手段获取权利人商业秘密的行为；②违反约定或违反权利人有关保守商业秘密的要求，披露、使用或允许他人使用以盗窃、利诱、胁迫等手段获取的商业秘密。

4. 违法有奖销售行为，是指经营者以提供不正当的奖品或奖金的手段推销商品或服务的行为，包括经营者提供的奖品、奖金价值超过5000元的行为。有奖销售本来是一种常见的促销手段，但是如果出于不正当的动机，则可能构成违法有奖销售。《反不正当竞争法》第13条规定了三种违法有奖销售情况：①采用谎称有奖或者故意让内定人员中奖的欺骗方式进行有奖销售，以消费者无法得到的奖品奖金诱使其购物或消费。②利用有奖销售的手段推销质次价高的商品和服务，以小利小惠诱使消费者购买或接受不符合质量要求的或不合理的价格的商品（服务）。③最高奖的金额超过人民币5000元的抽奖式的有奖销售，以高额奖品、奖金诱使消费者失去理智而进行不必要的消费。经营者进行违法销售是一种损人利己的行为，可根据情节处以1万元以上20万元以下的罚款，设假奖的，由工商行政管理局责令其按原来承诺的奖金数额在公证机构的监督下，发给中奖的消费者和客户。

5. 搭售行为，是指经营者利用其经济优势，违背购买者的意愿，在销售某种商品或提供某种服务时，要求消费者或客户以购买另一种商品或接受另一种服务为条件，才能满足消费者或客户的要求的行为。搭售还表现为经营者就商品或服务的价格、销售的对象和区域等事项对消费者和客户进行不合理的限制。

6. 低价倾销行为，是指经营者以排挤竞争对手为目的，以低于成本的价格销售商品的行为。行为者以低于成本的价格销售商品（提供服务）只是将同行挤出市场的手段，一旦市场没了竞争对手，就可以随心所欲地控制价格，给消费者和用户造成经济上的损害。但是在特定的情况下，如销售鲜活产品，处理有效期限即将到期的商品或者其他积压的商品，季节性降价，以及因清偿债务、转产、歇业等原因降价销售商品的情况，不构成低价倾销行为。

7. 诋毁竞争对手的行为，是指经营者捏造、散布虚假的事实，损害竞争对手的商业信誉和商品信誉的行为。该行为给被侵害者造成损失的，应当承担赔偿责任；损失难以计算的，赔偿额为侵权人在侵权期间所获得的利润。

8. 限制竞争对手的行为，是指公用企业或者其他依法具有独占地位的经营者，限定他人购买其指定的经营者的商品，以排挤其他经营者的公平竞争的行为。公用企业及其他具有独占地位的经营者，本属国家合理利用社会资源的一种手段，但它如果企图以自己的利益排挤他人的合法利益就构成不正当竞争，应当停止非法限定，并赔偿被非法限定经营者的损失。

9. 不当行政干预行为和地区封锁行为，是指政府机关在其管辖的范围内，滥用行政权力，限定他人购买其指定的商品和接受指定的服务，限定其他经营者的正当经营活动的行为。政府及其所属部门不得滥用行政权力，限制外地商品进入本地市场，或者限制本地商品流向外地市场。

10. 不正当投标行为和不正当招标行为，是指投标者串通投标，抬高报价或者压低标价，损害招标人的合法利益的行为；或者投标者和招标者相互勾结，以排挤同行的公平竞争的行为。随着利用招标方式进行交易和商务承包活动的增加，以不正当投标行为和不正当招标行为进行不正当竞争的活动逐渐增多，这已成为我国反不正当竞争的一个新热点。

第四节　反垄断法

市场经济是以自由生产和自由销售为基本特征的，除了少数稀缺资源由国家通过许可证限制进出外，绝大多数产品的销售是自由进行的。如果少数企业利用资产优势和私相联合控制市场，形成市场上下游产品销售垄断的情态，从而严重影响了其他生产经营者和消费者的利益时，这些垄断行为就不能说是合理的经济实力的体现。为了预防和制止垄断行为，保护市场公平竞争，提高经济运行效率，维护消费者利益和社会公共利益，促进社会主义市场经济健康发展，国家于2007年8月30日制定了《中华人民共和国反垄断法》，规定了与市场经济相适应的竞争规则，以完善宏观调控，健全统一、开放、竞争、有序的市场体系。

一、反垄断法的调整对象

反垄断法规定，在我国境内经济活动中的垄断行为，适用本法；境外的垄断行为对境内市场竞争产生排除、限制影响的，适用本法。即我国的《反垄断法》不但调整境内的垄断行为，而且在境外大型公司对我国国内市场构成不正当影响时，也可通过反垄断法保护境内公司和消费者的利益。

行政机关和法律、法规授权的具有管理公共事务职能的组织不得滥用行政权力，排除、限制竞争。

二、垄断行为种类

1. 公司之间订立了垄断协议。经营者虽然不是一个公司、一个集团的，但他们通过公开的或者秘密的协议形成统一的价格联盟，使客户没有选择，被迫接受不合理的价格，或者被迫接受不合理的交易条件，即可构成垄断行为。

2. 公司滥用市场支配地位。经营者不得滥用市场支配地位，排除、限制竞争。经营者利用自己庞大的生产经营规模，利用用户没有选择余地的情况，制定不合理和不公平的交易条件，迫使用户付出更多的价款，或者耽误更多的时间的，即可构成垄断行为。

3. 公司形成不合理的市场份额。经营者的生产经营规模不断扩大，当达到具有或者可能具有排除、限制竞争的效果时，就可能构成对市场公平竞争的威胁，对用户产生或者将产生不利影响，即可构成垄断行为。

4. 垄断的例外。经营者可以通过公平竞争、自愿联合，依法实施集中，扩大经营规模，提高市场竞争能力，只要不对其他经营者构成不正当竞争和剥夺、减少消费者的选择权，《反垄断法》允许经营者扩大生产经营规模。

国有经济占控制地位的（关系国民经济命脉和国家安全的）行业以及依法实行专营专卖的行业，国家对其经营者的合法经营活动予以保护，并对经营者的经营行为及其商品和服务的价格依法实施监管和调控，维护消费者利益，促进技术进步。

三、反垄断机构

1. 反垄断委员会。国务院设立负责组织、协调、指导反垄断工作的反垄断委员会，履行下列职责：①研究拟订有关竞争政策；②组织调查、评估市场总体竞争状况，发布评估报告；③制定、发布反垄断指南；④协调反垄断行政执法工作；⑤国务院规定的其他职责。

2. 反垄断执法机构。国务院规定的承担反垄断执法职责的机构负责反垄断执法工作，根据工作需要，可以授权省、自治区、直辖市人民政府相应的机构。

3. 行业自律。工商行业协会应当加强行业自律，引导本行业的经营者依法竞争，维护市场竞争秩序。

四、垄断协议

1. 经营者之间的垄断协议，是指排除、限制竞争的协议、决定或者其他协同行为。《反垄断法》禁止具有竞争关系的经营者达成下列垄断协议：①固定或者变更商品价格；②限制商品的生产数量或者销售数量；③分割销售市场或者原材料采购市场；④限制购买新技术、新设备或者限制开发新技术、新产品；⑤联合抵制交易；

⑥国务院反垄断执法机构认定的其他垄断协议。

2. 禁止经营者与交易相对人之间的垄断协议：①固定向第三人转售商品的价格；②限定向第三人转售商品的最低价格；③国务院反垄断执法机构认定的其他垄断协议。

3. 垄断协议的例外。经营者能够证明所达成的协议属于下列情形之一的，不适用前述的规定：①为改进技术、研究开发新产品的；②为提高产品质量、降低成本、增进效率，统一产品规格、标准或者实行专业化分工的；③为提高中小经营者经营效率，增强中小经营者竞争力的；④为实现节约能源、保护环境、救灾救助等社会公共利益的；⑤因经济不景气，为缓解销售量严重下降或者生产明显过剩的；⑥为保障对外贸易和对外经济合作中的正当利益的；⑦法律和国务院规定的其他情形。

五、滥用市场支配地位

1. 滥用市场支配地位的行为包括：①以不公平的高价销售商品或者以不公平的低价购买商品；②没有正当理由，以低于成本的价格销售商品；③没有正当理由，拒绝与交易相对人进行交易；④没有正当理由，限定交易相对人只能与其进行交易或者只能与其指定的经营者进行交易；⑤没有正当理由搭售商品，或者在交易时附加其他不合理的交易条件；⑥没有正当理由，对条件相同的交易相对人在交易价格等交易条件上实行差别待遇；⑦国务院反垄断执法机构认定的其他滥用市场支配地位的行为。

2. 认定经营者具有市场支配地位的因素：①该经营者在相关市场的市场份额，以及相关市场的竞争状况；②该经营者控制销售市场或者原材料采购市场的能力；③该经营者的财力和技术条件；④其他经营者对该经营者在交易上的依赖程度；⑤其他经营者进入相关市场的难易程度；⑥与认定该经营者市场支配地位有关的其他因素。

3. 推定经营者具有市场支配地位的情形：①一个经营者在相关市场的市场份额达到1/2的；②两个经营者在相关市场的市场份额合计达到2/3的；③三个经营者在相关市场的市场份额合计达到3/4的。经营者市场份额不足1/10的，不应当推定该经营者具有市场支配地位。被推定具有市场支配地位的经营者，有证据证明不具有市场支配地位的，不应当认定其具有市场支配地位。

六、经营者集中

1. 经营者集中是指下列情形：①经营者合并；②经营者通过取得股权或者资产的方式取得对其他经营者的控制权；③经营者通过合同等方式取得对其他经营者的控制权或者能够对其他经营者施加决定性影响。经营者集中达到国务院规定的申报标准的，经营者应当事先向国务院反垄断执法机构申报，未申报的不得实施集中。

2. 集中的申报。国务院反垄断执法机构自收到经营者提交的文件、资料之日起30日内，对申报的经营者集中进行初步审查，作出是否实施进一步审查的决定，并书面通知经营者。在反垄断执法机构作出决定前，经营者不得实施集中。

3. 禁止集中的情形。经营者集中具有或者可能具有排除、限制竞争效果的，国务院反垄断执法机构应当作出禁止经营者集中的决定。但是，经营者能够证明该集中对竞争产生的有利影响明显大于不利影响，或者符合社会公共利益的，国务院反垄断执法机构可以作出对经营者集中不予禁止的决定。

七、滥用行政权力排除、限制竞争

1. 禁止滥用行政权力。行政机关和法律、法规授权的具有管理公共事务职能的组织不得滥用行政权力，限定或者变相限定单位或者个人经营、购买、使用其指定的经营者提供的商品。

2. 滥用行政权力的形式。行政机关和法律、法规授权的具有管理公共事务职能的组织不得滥用行政权力，实施下列行为，妨碍商品在地区之间的自由流通：①对外地商品设定歧视性收费项目，实行歧视性收费标准，或者规定歧视性价格；②对外地商品规定与本地同类商品不同的技术要求、检验标准，或者对外地商品采取重复检验、重复认证等歧视性技术措施，限制外地商品进入本地市场；③采取专门针对外地商品的行政许可，限制外地商品进入本地市场；④设置关卡或者采取其他手段，阻碍外地商品进入或者本地商品运出；⑤妨碍商品在地区之间自由流通的其他行为；⑥设定歧视性资质要求、评审标准或者不依法发布信息等方式，排斥或者限制外地经营者参加本地的招标投标活动；⑦采取与本地经营者不平等待遇等方式，排斥或者限制外地经营者在本地投资或者设立分支机构。

八、对涉嫌垄断行为的调查和处罚

1. 调查。反垄断执法机构依法对涉嫌垄断行为进行调查，任何单位和个人有权向反垄断执法机构举报。反垄断执法机构应当为举报人保密，并应当进行必要的调查，对执法过程中知悉的商业秘密负有保密义务。被调查的经营者、利害关系人或者其他有关单位或者个人应当配合反垄断执法机构依法履行职责，不得拒绝、阻碍反垄断执法机构的调查。

2. 处罚。经营者实施垄断行为，给他人造成损失的，依法承担民事责任。行业协会违反《反垄断法》的规定，组织本行业的经营者达成垄断协议的，反垄断执法机构可以处50万元以下的罚款；情节严重的，社会团体登记管理机关可以依法撤销登记。经营者违反《反垄断法》的规定，滥用市场支配地位的，由反垄断执法机构责令停止违法行为，没收违法所得，并处上一年度销售额1%以上10%以下的罚款。

经营者违反《反垄断法》的规定实施集中的，由国务院反垄断执法机构责令停止实施集中，限期处分股份或者资产，限期转让营业以及采取其他必要措施使其恢复到集中前的状态，并可以处50万元以下的罚款。

第五节 消费者权益保护法

一、消费者权益保护法的概念及原则

1.《消费者权益保护法》是调整消费者和生产经营者在消费领域中产生的各种权利义务关系的法律。

2.《消费者权益保护法》的基本原则有：①公平交易原则，交易各方都不得将自己的意思强加给另一方。②尊严原则，消费者在购买、使用商品和接受服务时，享有其人格尊严、民族风俗习惯得到尊重的权利，经营者不得对消费者进行侮辱、诽谤，不得搜查消费者的身体及其携带的物品，不得侵犯消费者的人身自由。③诚信原则，经营者须讲信用、守规则。④召回原则，经营者对缺陷产品召回，并形成制度，对国家规定或者经营者与消费者约定包修、包换、包退的商品，经营者应当负责修理、更换或者退货。在保修期内2次修理仍不能正常使用的，经营者应当负责更换或者退货。⑤经营者依法提供商品或服务的原则。⑥维护消费者知情权原则。

二、消费者及其权利

1. 消费者，是指购买商品或者接受服务的人。消费者购买商品和接受服务的目的，是为了满足自己的各种需要，其权益受《消费者权益保护法》的保护。

2. 消费者的权利有：①知情权，消费者有权要求经营者提供商品和服务的内容和价格。②知识获取权，消费者享有获得有关消费和消费者权益保护方面的知识的权利。③咨询权，消费者有权了解商品或服务的相关信息，经营者应当保证所提供信息的真实性、准确性。④尊严权，消费者在购买、使用商品和接受服务时，享有其人格尊严、民族风俗习惯得到尊重的权利。⑤自主选择权，消费者有权自主选择商品和服务的经营者，自主选择商品品种或者服务方式，自主决定购买或者不购买任何一种商品、接受或者不接受任何一项服务。⑥公平交易权，是指消费者在与经营者之间进行的消费交易中享有的获得公正、平等且不受歧视的交易条件的权利。⑦结社权，消费者享有依法成立维护自身合法权益的社会团体的权利。

三、经营者的责任

1. 诚实信用责任，经营者不得以格式合同、通知、声明、店堂告示等方式作出对消费者不公平、不合理的规定，或者减轻、免除其损害消费者合法权益应当承担的民事责任。格式合同、通知、声明、店堂告示等含有前款所列内容的，其内容无效。

2. 告知义务责任，生产经营者在向消费者提供商品、服务时，应当及时将可能影响消费者决策的有关该商品或服务的情况充分、准确的告知消费者。

3. 质量保证义务，是指经营者提供的商品或服务应当具有通常的品质或特别保证的品质，并且符合经营者通过广告、产品说明或实物样品等方式表明的质量状况，符合与消费者约定的质量状况。

4. 产品召回责任，是指经营者对于已经投放市场的产品，发现其存在缺陷，可能损害消费者的人身、财产安全时，由生产者、进口者、销售者主动或者在有关部门的要求下，向社会公布相关情况，停止销售库存产品，同时视缺陷程度，向消费者承担修理、更换或退货的义务。

5. 安全保障义务，消费者在购买、适用商品和接受服务时享有人身、财产安全不受损害的权利。

四、消费争议的解决

1. 解决争议的方式。消费者和经营者发生消费者权益争议的，可以通过下列途径解决：①与经营者协商和解；②请求消费者协会调解；③向有关行政部门申诉；④根据与经营者达成的仲裁协议提请仲裁机构仲裁；⑤向人民法院提起诉讼。

2. 法律责任。《消费者权益保护法》规定的法律责任是指生产经营者违反《消费者权益保护法》规定的法律义务或者违反生产经营者与消费者约定的义务而应当负担的消极的法律后果。

第六节　公司法

一、公司法概述

（一）公司法及其调整对象

公司法是调整公司的成立、变更和终止过程中产生的权利义务关系，公司的股东、各公司机关之间的权利义务关系，以及对公司行为的监管关系的法律规范的总称。调整的对象主要有投资者之间的权利义务关系、公司成员的财产关系、股东与管理者的关系以及公司的对外关系。

我国的《公司法》制定于1993年12月，后于1999年12月、2004年8月、2005年10月和2013年12月经过3次修改。

（二）公司法的特征

1. 以强制性规范为主。在公司中存在着三类利害关系：①股东和管理层的利害关系。他们处在同一个公司组织中，各自的目的都是追逐利益，因利益分配不均可能会发生争议。②管理层利益与公司利益的关系。管理层侵占公司利益，其他公司成员不服的，即可能引发争议。③公司与股东的关系。股东利益与公司利益经常难以统一，容易引发争议。这三种争议需要由法律予以调整，强制性便成为公司法的重要特点之一。

2. 注重公司自治。市场的情况千变万化，公司行为也须不断地与之适应，《公司法》对市场变化不可能事先完全作出规定，需要公司针对自身情况自我约束，通过公司章程和股东会（股东大会）决议的方式作出内部规范，调整公司成员之间的权利义务关系。

3. 国际性增强。随着公司规模的扩大，公司的投融资的情形越来越复杂，公司很容易产生非管理层股东与控股股东的争议。为了规范各公司不同成员的职务行为和调整跨国界的公司投融资行为，2005 年修改的《公司法》吸取了国际上比较成功的做法，如累积投票、独立董事、表决回避、公司人格否定、股东派生诉讼等制度，以适应规范公司经营管理活动的需要。

（三）公司制度概述

1. 公司的法律地位。股东的出资或者购买的股份构成公司的注册资本，股东协商产生公司章程和公司机关，经注册登记成立公司。公司享有由股东投资形成的全部法人财产权，包括各种动产权利、不动产权利、知识产权和法人所能够享有的其他民事权利。因不同的公司在社会中充任的经济职能不尽相同，所以不同法人的民事权利能力有所差异，这些差异由公司章程规定，经公司登记机关登记有效。

2. 公司行为的责任归属。公司是具有法人资格的经济组织，是能够以自己的名义独立享有民事权利和承担民事责任的主体。公司的民事权利能力由公司的法定代表人和授权代表人行使，公司成员因履行职务的行为给他人造成损失的，由公司承担责任，但公司成员因非职务行为给他人造成损失的，不能免除其个人责任。

3. 公司的有限责任。公司的基本法律性质是股东以其出资对公司承担责任，公司以其全部资产对外承担责任。公司对外承担责任以公司的资产为限，当公司因没有偿债能力进入破产程序后，公司以现有资产承担责任，对不能完全受偿的债权人而言，公司承担有限责任。因为公司采取了有限责任方式，可以免除投资者的无限责任和彼此之间的连带责任。所以公司的组织形式一出现就获得了极快的发展，它将社会上沉淀的货币和其他财产轻松地牵进市场，使之变为能够因流通而生利、因规模而获更大的利润的财产集合体。

（四）公司的类型

1. 有限责任公司。有限责任公司是指股东以其出资额为限对公司承担责任，公司以其全部资产对外承担责任的企业法人。有限责任公司以股东之间的互相信任为联合的前提，以共同出资为联合的基础，以体现共同的意志为联合的内容。所以传统的商法将有限责任公司称为人合性公司。有限责任公司的股东为 2 人以上 50 人以下，股东可以是法人，也可以是自然人，公司规模可大可小，是市场上最为便捷的一种经济组织形式。

2. 国有独资公司。国有独资公司是指国家单独出资，由国务院或者地方人民政府委托本级人民政府国有资产监督管理机构履行出资人职责的有限责任公司。其特点是只有一个股东，公司不设股东会，只设董事会，但是必须设监事会，而且须有职工代表充任监事。

3. 一人有限责任公司。一人有限责任公司是指只有一个自然人股东或者一个法人股东的有限责任公司。因其只有一个股东，为保障债权人的利益，要求其注册资本最低限额为人民币 10 万元，并且在账目上能够将公司财产与自己的财产严格区分开来，如若不能区分，须对公司债务承担无限责任。

4. 股份有限公司。股份有限公司是指公司的全部资本划分为等额股份，股东以其所持有股份为限对公司承担责任，公司以其全部资产对外承担责任的企业法人。股份公司的最低注册资本为人民币500万元，发起人为2～200人。根据其设立方式不同可分为以发起方式设立的股份有限公司和以募集方式设立的股份有限公司，其中以募集方式设立的股份有限公司的发起人认购的股份不得少于公司拟发行股份总额的35%，只有募集设立的股份有限公司才能成为上市公司。

二、公司法人治理结构

（一）公司法人治理结构的概念

公司法人治理结构是指公司行使民事行为能力的组织机构状态和管理模式，包括确定公司权力机构——股东会（股东大会）的职权，确定公司的权力执行机构——董事会及其成员的职权及权利义务，确定公司经营管理和行政事务负责人——经理的职权及权利义务，确定公司监管机构——监事会的职权及权利义务，使公司能够在公司章程和公司法规定的范畴内顺利地进行生产经营及对外交往。

（二）公司权力机构

公司的权力机构是指有限公司的股东会和股份公司的股东大会，是股东行使民主权利的平台。股东通过参加股东会（股东大会）行使经济民主权利，包括制定公司章程，选举董事和监事，由董事组成董事会，由监事组成监事会等公司机关，以及决定公司的重大的事项。股东会（股东大会）依法通过的决议对全体股东具有约束力。

公司权力机构由股东参会形成，参会股东所代表的拥有表决权的股份达到法定比例时，即可对议案通过决议。股东根据其出资比例和持股份额持有股份，在股东会（股东大会）上行使表决权。因为股东对公司事项的决定权依赖其出资（持股）多少，所以就形成了“资本多数决定原则”，每个股东都有权参加股东会（股东大会），但是要依照少数服从多数的原则决定公司的重大事项。

（三）董事会

董事会是公司的权力执行机构。按照现代公司治理方法，公司的权力划分给不同的机关行使，股东会（股东大会）行使公司章程规定的决策权，其余的决策权授权董事会行使。所以董事会是公司依法行使日常经营管理权的权力执行机构。

董事会由董事组成，《公司法》规定，有限公司的董事会由3～13名董事组成；股份公司的董事会由5～19名董事组成。董事由适格的自然人当选充任，法人可以当选充任董事席位，按席位数量派出符合董事条件的人任董事。董事长是董事会的主持人。董事是由股东会（股东大会）选举出来的董事会成员，他们根据公司章程和公司法的规定，充任公司代表和负责公司权力执行事务。因选举产生的为当选董事，因股东出资（持股）比例而拥有董事席位的为委派董事。董事同时担任其他公司高管职务的称为执行董事，不担任其他公司高管职务的为普通董事。

另外，还有独立董事。独立董事是指非依其出资（持股）份额，而因其在社会上具有较高的知名度和信誉度而当选的董事。在组织关系上，独立董事不是公司的雇员，不负责公司具体的经营事务和管理事务。

（四）经理

经理是公司的日常经营管理和行政事务的负责人，由董事会决定聘任或者解聘。经理对董事会负责，依照公司章程、公司法和董事会的授权行使公司经营权力，并有任免经营管理干部的权力。

（五）监事会

监事会是公司为了保障财产安全不受公司高管侵犯而设立的监督机构，是公司机关的一个组成部分。监事会成员不得少于3人，由股东会（股东大会）选举产生，董事、高级管理人员不得兼任监事，监事任期每届为3年，可连选连任。股东人数较少或者规模较小的有限责任公司，可以设1～2名监事，不设立监事会。监事会根据公司章程和公司法的规定对公司高管是否遵守履行董事义务和遵守法律法规及公司章程的规定进行监督检查。

三、公司的基本财产制度

（一）公司的资本制度

公司的注册资本是公司设立时所有的资产，是投资者在公司登记机关登记的实际出资额的总和。2013年修改的《公司法》除了依照法律和行政法规的特别规定外，取消了最低注册资本的限制，将2005年《公司法》规定的有限公司最低注册资本制从实缴制改成认缴制，发起设立的股份公司也采取认缴注册资本制，这些公司根据需要决定注册资本规模，并且根据运营的需要允许股东在承诺的期限内实际出资，股东应当按期足额缴纳公司章程中规定的各自所认缴的出资额。股东以货币出资的，应当将货币出资足额存入有限责任公司在银行开设的账户；以实物、知识产权、非专利技术、土地使用权、股权等法律、行政法规允许的其他形式出资的，应当依法办理其财产权的转移手续。实行注册资本认缴制后，股东须在认缴的金额内对公司承担责任，当公司对外负债不能偿还时，股东未到期的出资将视为已到期，出资给公司偿还外债。

有限责任公司的注册资本为在公司登记机关登记的全体股东认缴的出资额。公司全体股东的首次出资额不得低于注册资本的20%，也不得低于法定的注册资本最低限额，其余部分由股东自公司成立之日起2年内缴足，其中投资公司可以在5年内缴足。有限责任公司注册资本的最低限额为人民币3万元。法律、行政法规对有限责任公司注册资本的最低限额有较高规定的，从其规定。因现金是公司生产经营所必不可少的流动资金，为保障公司运营的基本需要，《公司法》规定全体股东的货币出资金额不得低于有限责任公司注册资本的30%。

股份有限公司采取发起设立方式设立的，注册资本为在公司登记机关登记的全体发起人认购的股本总额。公司全体发起人的首次出资额不得低于注册资本的20%，其余部分由发起人自公司成立之日起2年内缴足，其中投资公司可以在5年内缴足。

在缴足前，不得向他人募集股份。

(二) 公司财务制度

1. 公司财务报表。公司财务制度的核心是通过真实的报表核清公司的收入和费用，核清公司的资产与负债，核清公司的亏损与盈利。公司这些报表包括资产负债表、损益表、财务状况变动表、财务情况说明书、利润分配表。有限责任公司应当按照公司章程规定的期限将财务会计报告送交各股东。股份有限公司的财务会计报告应当在召开股东大会年会的20日前置备于本公司，供股东查阅；公开发行股票的股份有限公司必须公告其财务会计报告。

2. 资产负债表。资产负债表反映了企业在一定时期的资产、负债和股东权益(投资者权益)的财务状况及其平衡关系，它依据“资产=负债+股东权益”的公式，依照一定的分类标准和分类顺序，将企业在一定日期的资产、负债和投资项目予以适当的编排而成。

3. 损益表。损益表反映了企业在某一时期内的经营成果（收入-费用=净利润）和留存收益的报表，该表根据权责制原则将一个会计期间的营业收入与同一会计期间的营业费用进行对比，从而算出该期间的净利润。该表分成收入与费用两大类，是企业缴纳所得税和分配股利的前提，也是评价公司业绩的主要依据之一。

4. 利润分配表。利润分配表反映了公司年度利润分配的情况和年末分配利润的结余情况，包括本期利润总额、年初未分配利润、上年利润调整、公积金转入数，以上各项相加之后，减去应交的所得税、依法提取的公积金和法定公益金的余额，即为可分配利润。

(三) 公积金制度

1. 法定公积金。法定公积金是指根据《公司法》的规定，公司在年终结算时，对上年的税后利润在分配前，扣除不少于10%的部分作公积金，用于弥补经营亏损，作为发展的准备金。当公司法定公积金累计额达到公司注册资本的50%时，可以不再提取。

2. 资本公积金。资本公积金是指公司在发行股票时，以高出股票票面金额销售(也称溢价销售) 股票，其中票面金额的销售收入款是公司的注册资本，而溢价部分的销售收入款则成为资本公积金。资本公积金属于公司财产，在资产负债表中列在股东权益项下，公司可以用之向股东派发新股。

3. 任意公积金。公司的上年税后利润在扣除不少于10%利润额的法定公积金后，或者法定公积金已达公司注册资本的50%而不再增加时，由公司的权力机构——股东会（股东大会）决定再从利润中扣除若干份额作为任意公积金。任意公积金与注册资本的比例没有限制，完全由公司权力机构根据发展需要提取。

(四) 公司盈利分配的顺序

1. 缴纳所得税。公司的所得税为上年利润的25%，在经济特区和高新技术开发区的公司，应缴的所得税率减半征收。

2. 弥补上年亏损。公司的法定公积金不足以弥补以前年度亏损的，在提取法定公积金之前，应当先用当年利润弥补亏损。补足上年亏损后有富余的，才能提取法定公积金。

3. 提取法定公积金。公积金用于弥补亏损和发展，其性质属公司发展的准备金。《公司法》规定公司应从税后利润提取不少于10%作公积金。当公积金达到公司注册资本的50%时，可不再提取。

4. 向优先股股东分配。优先股是股份公司发行的一种股份，该种股份的股东在公司章程和认购股份协议中承诺放弃表决权，公司承诺对优先股优先分配。一般公司章程中规定了最高分配率，通常在5% ~9%之间。

5. 提取任意公积金。任意公积金的提取比例和方法由公司章程规定，公司章程没有规定的，由董事会决议后提请股东会（股东大会）决议通过提请任意公积金的方案，然后才能实施，董事会或董事长无权决定任意公积金的比例和方法。

6. 有限责任公司普通股的分配。股东按照实缴的出资比例分取红利。考虑到部分股东对公司的贡献较大，可由股东会通过决议给这部分股东超出其出资比例的分红，该决议的表决方式不是按照少数服从多数的原则产生，而是要求全体一致通过。

7. 股份有限公司的分配。公司弥补亏损和提取公积金后所余税后利润称为可分配利润，股份有限公司按照股东持有的股份比例分配，即按照同股同利的原则分配，每一股可获得同等比例的回报。考虑到股份公司股权结构的特殊性，股份有限公司可在公司章程中规定不按持股比例分配。

（五）公司债券制度

公司债券是公司对外负债的一种融资工具，包括债券金额、利率、偿还期限等三个主要内容。债券上须载明公司名称、债券票面金额、利率、偿还期限等事项，并由法定代表人签名，公司盖章。

为了保护投资者的利益，发行债券须遵守六个条件：①股份有限公司净资产不低于人民币3000万元，有限责任公司净资产不低于人民币6000万元。②发行人发行债券，无论次数多少，累计不超过公司净资产的40%。③公司债券发行人最近3年平均可分配利润足以支付公司债券1年的利息。④符合国家的产业政策。⑤发行人公开发行公司债券的利率不得超过国务院限定的利率水平。⑥法律法规规定的其他条件。

四、公司及股东救济制度

（一）累积投票制度

累积投票制度，是股东选举董事和监事的一种表决方式。根据该制度，股东的表决票数由自有的表决股份数额乘以候选的董事、监事人数组成，股东可以将表决票数平均投给每一候选人，也可将所有的票数都集中投给部分或者一个候选人。在后一种情形下，股东表决的票数等于比自己持有的股票数放大了相当于候选人数量的倍数。对表决权比较小的股东而言，这种表决方法能够使他们在竞争个别董事、监事的票数获得相对多数，从而实现抗衡大股东的目的。

（二）对公司决议错误的救济

公司决议，是指公司通过法定程序处分公司财产、增减股东权益、调整管理人员权责、确定对外关系和明示公司承诺的法律文件，包括股东会（股东大会）决议和董事会决议两种形式。股东会或者股东大会、董事会的会议召集程序、表决方式违反法律、行政法规或者公司章程，或者决议内容违反公司章程的，股东可以自决议作出之日起60日内，请求人民法院撤销。

（三）股东派生诉讼

股东派生诉讼，是指当公司的董事会、监事会面临公司权益受损，拒绝提起诉讼维护公司利益时，股东有权以自己的名义提起诉讼，要求公司债务人偿债或者要求加害人赔偿公司损失的一种诉讼行为。其条件是有限责任公司的股东、股份有限公司连续180日以上单独或者合计持有公司1%以上股份的股东，发现公司高管具有侵犯公司利益的违法情形或者发现有第三人侵犯公司合法权益的，可以书面请求监事会（不设监事会的有限责任公司的监事）向人民法院提起诉讼。监事会、不设监事会的有限责任公司的监事或者董事会、执行董事收到上述规定的股东书面请求后拒绝提起诉讼，或者自收到请求之日起30日内未提起诉讼，或者情况紧急，不立即提起诉讼将会使公司利益受到难以弥补的损害的，前述股东有权以自己的名义直接向人民法院提起诉讼。

（四）公司人格否定制度

公司人格否定制度，是指当公司无力偿还外债时，债权人发现股东在履职过程中有违法和违反公司章程的情形的，有权要求股东与公司承担连带责任的一种特殊的民事责任制度。这种制度是对公司债权人的一种特别保护，改变了原《公司法》对股东利用公司欺诈债权人无法让其承担责任的被动局面，将对规范公司秩序产生重大影响。

（五）公司僵局的解决

公司僵局是指有限责任公司的股东因分红和参与经营管理公司等行权事项发生争议，并且不能达成妥协时，非控股股东有权请求控股股东收购其股份或者要求解散公司的一种解决股东争议的方法。

五、公司合并和分立制度

（一）公司合并

公司合并是指由2家或者2家以上的公司依照法定的程序和条件合并成一家公司，合并各方的债权债务由合并后的公司完全承受。它是公司主体变更的一种法律制度，由公司法和合同法、担保法共同调整。

（二）公司分立

公司分立是指一家公司依照法定的程序和条件，在清偿外债或者对债务作出债权人认可的安排之后分成2家或者多家公司的法律制度。公司分立有既有分立和新设分立两种，其中既有分立是指被分立的公司保持存在，其分离部分财产成立新的公司的形式；新设分立是指被分立的公司不复存在，在其财产基础上成立 2 家或者多家公司的分立形式。

六、公司的解散和清算

（一）公司解散制度

公司解散是指公司章程规定公司存续期间已经届满或者规定的事由出现，或者公司遇到了不能克服的经营困难，股东会（股东大会）通过决议决定解散公司的一种法律制度。公司解散的核心问题是清偿债务，当所有的外债都清偿完毕后才能解散公司，若没有清偿外债就解散公司，股东须对债权人承担相应的赔偿责任。

（二）公司清算制度

公司清算是指公司出现《公司法》第 180 条规定的事由时，依法解散。在解散过程中收集和变卖公司财产清偿债务，并将剩余财产优先按照公司章程规定的金额分配给优先股股东，剩余财产按照股东出资比例或持股份额平均地分配给普通股股东的一种法律制度。

七、有限责任公司法律制度

（一）有限责任公司的出资

股东可以用货币出资，也可以用实物、知识产权、土地使用权等可以用货币估价并可以依法转让的非货币财产作价出资。但是，法律、行政法规规定不得作为出资的财产除外。其中全体股东的货币出资金额不得低于有限责任公司注册资本的30%。以非货币财产出资时应当由权威的第三方中介机构评估作价，核实财产，不得高估或者低估作价。股东缴纳出资后，必须经依法设立的验资机构验资并出具证明，货币的验资机构是银行，其余财产的验资机构是资产评估事务所。

（二）股权的法律性质

股权是股东出资后可对公司主张的权利，包括请求分配利润权、表决权、知情权和监督权。股权既非单纯的财产权，也非单纯的社员权。股权在转让时是一种财产权，在分红时具有财产权性质，在行使表决权时属社员权性质。所以，股权是一种由自益权和共益权结合的综合权，是公司产生和存续的人合性基础条件。

（三）股份转让制度

有限责任公司的股东之间可以相互转让其全部或者部分股权，除了公司章程有不得转让的规定，转让股权无须经过其他股东的同意。由此可见，股权转让属公司自治范畴，凡公司章程有规定者，《公司法》都不加干预。股东之间相互转让股权时，受让股权的股东应将转让的结果通知其他股东，公司接受转让结果并到公司登记部门办理股权变更登记。

股东向股东以外的人转让股权，应当经其他股东过半数同意，该半数是指拥有表决权的1/2，而不是股东人数的1/2（下同）。股东应就其股权转让事项书面通知其他股东并征求其同意，其他股东自接到书面通知之日起满 30 日未答复的，视为同意转让。其他股东半数以上不同意转让的，不同意的股东应当购买该转让的股权；不购买的视为同意转让。

（四）公司章程

有限责任公司的章程反映了公司的权利能力，至少应当具备下列事项：公司的名称和住所，公司的注册资本，股东的姓名或名称，股东的权利义务，股东的出资方式和出资额，股东转让出资的条件，公司的机构及其产生办法、职权和议事规则，公司的法定代表人，公司的解散事由与清算方法，以及股东认为需要规定的其他事项。

（五）股东会制度

1. 股东制度。股东是有限公司的出资者，因出资享有股权。股权记载于公司名册，股东依名册记载的股权数量行使股东权利。公司应当将股东的姓名或者名称及其出资额向公司登记机关登记；登记事项发生变更的，应当办理变更登记，未经登记或者变更登记的，不得对抗第三人。

2. 股东的权利。股东的权利在很多情况下可称为股权，包括：①分配权（投资回报权）。②表决权。股东依照《公司法》和公司章程的规定对公司重大事项行使表决权。表决权的行使依公司章程规定，章程没有规定的，依《公司法》的规定。③优先认购权。公司新增资本时，股东有权优先按照实缴的出资比例认缴出资。④优先受让权。股东向第三人转让股份时，同意转让的股东在同等条件下有优先受让权。⑤知情权。股东有权查阅、复制公司章程、股东会会议记录、董事会会议决议、监事会会议决议和财务会计报告。股东要求查阅公司会计账簿的，应当向公司提出书面请求和说明目的。

3. 股东会的法律地位。有限责任公司股东会由全体股东组成，股东会是公司的权力机构，依照《公司法》的规定行使职权。股东会作为公司的权力机构以会议的形式表现。因此，股东会应当对所议事项的决定作成会议记录，出席会议的股东应当在会议记录上签名，以示法律效力。首次股东会会议由出资最多的股东召集和主持，依照《公司法》的规定行使职权。为保障股东的知情权，召开股东会会议时，应当于会议召开15日以前通知全体股东。

（六）董事会制度

有限责任公司设董事会，由3～13名董事组成，规模较小的公司可只设一名执行董事，不设董事会。董事会设董事长一人，可以设副董事长。董事长、副董事长的产生办法由公司章程规定。

董事由股东会选举产生，除了来源于股东推荐当选者外，还可有公司的职工代表。其中，国有独资公司董事会成员中须有公司职工代表，其他有限责任公司董事会成员中可有公司职工代表。董事会中的职工代表由公司职工通过职工代表大会、职工大会或者其他形式民主选举产生。

股东人数较少或者规模较小的有限责任公司，可以设一名执行董事，不设立董事会。执行董事可以兼任公司经理，其职权由公司章程规定。

（七）经理制度

经理是公司的日常经营管理负责人，由董事会决定聘任或者解聘。经理列席董事会会议，对董事会负责。经理具有下列职责：①主持公司的生产经营管理工作，组织实施董事会决议。②组织实施公司年度经营计划和投资方案。③拟订公司内部管理机构设置方案。④拟订公司的基本管理制度。⑤制定公司的具体规章。⑥提请聘任或者解聘公司副经理、财务负责人。⑦决定聘任或者解聘除应由董事会决定聘任或者解聘以外的管理人员。⑧公司章程对经理职权的特别规定。⑨董事会授予的其他职权。

（八）监事会制度

监事会是公司的专门监督机构，负责对公司高管是否履行职责进行监督，监督的主要内容为高管在管理公司活动中是否遵守了勤勉和忠实的义务，是否有违反公司章程和违法的行为。有限责任公司设立监事会，其成员不得少于 3 人。股东人数较少或者规模较小的有限责任公司，可以设 1～2 名监事，不设立监事会。

八、一人公司制度

一人公司即《公司法》规定的一人有限责任公司，是指只有一个自然人股东或者一个法人股东的有限责任公司。它是在突破个人经营企业应承担无限责任的传统模式中发展出来的新型企业。一人公司的股东须将公司财产与自己的财产在使用上、管理上和账目上严格区分，只要能够做到这三个区分，就可证明公司是以独立的主体身份进行经营活动的。公司经营发生的债务就由公司独立承担责任，作为公司唯一的股东并不要对公司的债务承担连带责任，但是如果没有将公司的财产与股东的财产区分开来时，就可能要对公司的债务承担连带责任。一人公司应当在公司登记中注明自然人独资或者法人独资，并在公司营业执照中载明。

一人公司的注册资本最低限额为人民币 10 万元，这个金额比普通有限公司 3 万元的最低注册资本要求高了 3 倍有余，主要是考虑到一人公司的财产与股东财产不易区分。为保护交易安全，《公司法》采取了两个措施：①提高一人公司的最低注册资本，增强股东偿还债务的能力。②为保证一人公司的财产真实性，规定股东应当一次足额缴纳公司章程规定的出资额。

一个自然人只能投资设立一个一人公司，以防止利用多家一人公司转移公司财产和损害债权人利益。同时，为保证交易安全和市场秩序，《公司法》规定由一个自然人设立的一人公司不能再投资设立新的一人公司。

一人公司只有一个股东，自然不可能设立股东会，公司的章程由股东一个人制定。为了防止个人股东滥用公司行为的解释权，《公司法》规定股东在行使《公司法》列举的股东会权利时，应当以书面形式作出，并于签字后置于公司，以备审计和债权人质询。在将来涉及一人公司承担民事责任时，股东的经营活动如果被证明是公司行为，则由公司承担责任；如果超越了公司行为，则由股东自己的财产承担责任。

九、股份有限公司制度

（一）股份有限公司的法律性质

股份有限公司是指依照公司法规定的条件和程序成立的，拥有自己独立的财产、健全的组织机构、能够独立行使权利和承担法律责任的企业法人。此类法人的财产分为等额的股份，股东以其持有的股份对公司承担责任，公司以其全部财产对外承担责任。

（二）股份公司的设立方式

1. 发起设立，是指由2～200名发起人认购公司应发行的全部股份而设立的股份公司。发起人之间要就设立过程、有关发起人的权利义务、公司股本、股权结构、法人治理结构、公司对内对外关系等涉及公司成立的基本问题订立协议。因为发起设立公司的性质属于私募公司，发起人需要彼此熟悉了解，人数太多就不易了解，所以《公司法》规定发起人人数不超过200人。公司全体发起人的首次出资额不得低于注册资本的20%，其余部分由发起人自公司成立之日起2年内缴足，投资公司可以在5年内缴足。

2. 募集设立，是指由发起人认购公司应发行股份的一部分，其余股份向社会公开募集或者向特定对象募集而设立的股份有限公司。发起人认购的股份不得少于公司股份总数的35%。但是，法律、行政法规另有规定的，从其规定。

（三）股票制度

股票是股份公司的资产在法律上的表现形式。股票是公司签发的证明股东所持股份的凭证，持有股票者即为股东，凭票享有股权，包括受益权和民主权。股份有限公司的资本划分为股份，每一股的金额相等，所代表的公司财产价值也相等。公司的股份采取股票的形式，公司成立后，即向股东正式交付股票，公司成立前不得向股东交付股票。

股东持有的股份可以依法转让，转让应当在依法设立的证券交易场所进行或者按照国务院规定的其他方式进行。其中无记名股票的转让，由股东将该股票交付给受让人后即发生转让的效力。

发起人持有的本公司股份，自公司成立之日起1年内不得转让。公开发行股份前已发行的股份，自公司股票在证券交易所上市交易之日起1年内不得转让。公司董事、监事、高级管理人员应当向公司申报所持有的本公司的股份及其变动情况，在任职期间每年转让的股份不得超过其所持有本公司股份总数的25%。

（四）股东大会制度

股份公司由股东组成股东大会，股东大会是公司的权力机构，依照《公司法》的规定行使职权（与前述有限责任公司股东大会的职权相似）。股东大会应当每年召开一次年会，特殊情况的应当在2个月内召开临时股东大会。公司转让、受让重大资产或者对外提供担保等事项必须经股东大会作出决议的，董事会应当及时召集股东大会会议，由股东大会就上述事项进行表决，公司管理层未经股东大会表决通过，就实施重大事项的，应对公司承担个人责任。

公司发生了重大事项的，须由临时股东大会对此重大事项予以决议。《公司法》第101条规定，有下列情形之一的，应当在2个月内召开临时股东大会：①董事人数不足本法规定人数或者公司章程所定人数的2/3时。②公司未弥补的亏损达实收股本总额1/3时。③单独或者合计持有公司10%以上股份的股东请求时。④董事会认为必要时。⑤监事会提议召开时。⑥公司章程规定的其他情形。

（五）董事会制度

股份公司的董事会成员为5～19人，董事会的职权与有限公司董事会相似。董事长为公司的法定代表人。董事在任期届满前，股东大会不得无故解除其职务。董事应当对董事会的决议承担责任。董事会的决议违法致使公司遭受严重损失的，参与决议的董事应当对公司负赔偿责任，但经证明在表决时曾表明异议并记载于会议记录的，该董事可以免除责任。

（六）监事会制度

监事会是保护公司财产安全和维护股东合法权益的专门监管机构，其职能与公司的生产经营活动没有任何关系，但是与公司的财产安全却有重要的关系。若其能按照公司章程规定的权责行使内部监管权，可在很大的程度上制止和抑制公司高管损公肥私、假公济私和化公为私的行为。监事会作为股份有限公司一个不可缺少的公司机关，其成员不得少于3人。监事会应当包括股东代表和适当比例的公司职工代表，其中职工代表的比例不得低于1/3，具体比例由公司章程规定。监事会中的职工代表由公司职工通过职工代表大会、职工大会或者其他形式民主选举产生。

第七节　保险法

一、保险制度概述

（一）保险及其法律性质

保险是指投保人根据合同约定，向保险人支付保险费，保险人对于合同约定的可能发生的事故因其发生所造成的财产损失承担赔偿保险金责任，或者当被保险人死亡、伤残、疾病或者达到合同约定的年龄、期限时承担给付保险金责任的商业保险行为。

商业保险中所有当事人的法律地位平等，在签约前和履行保险合同的过程中当事人地位平等，任何一方不得将自己的意愿强加给对方。因为保险合同是对将来可能出现的损失进行风险规避和转移，约定的保险事故能否发生具有一定的偶然性，所以保险合同少有默示、推定的情形。

保险主要有两个作用：①赔偿或然风险发生的损失。在发生约定的损失时，集众人之财对个别危险损失进行保险赔付。②对必然发生的寿险保险金予以给付，达到以丰补欠、积少成多以稳定生活的目的，包括各种人寿保险合同。

风险可分为财产风险、人身风险、责任风险、信用风险，其中财产风险是指财产发生非预期的损坏、灭失、贬值的损失；人身风险是指在正常情态下人的生命和健康遭受损失的风险；责任风险是指民事主体违反了法律规定或者合同约定的义务，侵犯了第三人的合法权益，构成侵权所造成的损失；信用风险是指在特定的法律关系中，一方当事人违反了约定的义务，给对方造成的损失。

保险赔付须满足以下条件：①必须是保险标的受到损失。②财产损失或人身灾害必须是由保险合同中规定的危险引起的。③财产保险损失的赔偿不能超过保险金额。④财产损失应当发生在合同约定的地点或范围内。⑤人身保险中保险金的给付以保险金额为准。

（二）保险法

保险法是调整保险人与投保人、被保险人以及受益人之间因保险合同的订立、变更、转让、履行、解除及承担法律责任过程中产生的各种权利义务关系，规范保险业主体的设立、变更、消灭过程中产生的各种权利义务关系，以及规范保险业主体内外组织活动过程中产生的各种权利义务的法律规范的总称。其基本法是《保险法》，辅之涉及保险的其他法律、行政法规和最高人民法院的司法解释，是一个自成体系的法群。

（三）保险法的基本原则

1. 守法原则。守法是每个保险人和投保人都必须遵守的行为准则，也是保险业监管机关和其他中介机构的行为准则，包括：订立、履行、变更、解除保险合同时应当遵守《保险法》的规定；设立、变更和终止保险业主体时的各个环节都严守《保险法》的规定。

2. 公平竞争原则。《保险法》对保险业主体提出行业公平竞争的要求，禁止任何保险机构借助不正当的手段获得或者强占市场份额。

3. 保险利益原则。保险利益是投保人和受益人对保险标的具有法定利害关系的利益，也是可以通过金钱给付确定的利益。体现在财产保险中，即投保人必须对保险标的拥有产权、使用权、占有权，以及抵押、质押财产的处分权；体现在人身保险中，即投保人对被保险人必须具有一定亲属血缘关系或者经被保险人认可的事实，其中以死亡为保险标的的，除了父母亲对未成年子女投保外，须被保险人签章并认可保险金额，才具有法律效力。

4. 最大诚信原则。最大诚信原则要求当事人在主张自己权利的同时承认对方的权利，当自己表述错误、有重大遗漏或者有隐瞒误导情节时，应承担相应的法律责任。诚信原则的内容包括告知义务、禁止反言、弃权无悔和保证义务四个要求。

5. 损害赔偿原则。《保险法》规定保险赔偿的金额不超过财产损失（医疗费支出）的金额，赔偿金额是实际损失、保险标的价值和保险金额三者中最小的一个数额。

6. 保险代位求偿原则。当第三人的侵权行为导致保险事故发生时，被保险人有权选择请求保险公司赔偿损失，也有权请求第三人损害赔偿，如果被保险人选择保险人赔偿损失，之后有义务将追究造成损害的第三人承担责任的权利转给保险人，即代位追偿。

二、保险合同制度

（一）保险合同的法律性质

保险合同是投保人与保险人约定保险权利义务关系的协议。其中，投保人是指与保险人订立保险合同，并按照合同负有支付保险费义务的单位或个人；保险人是指与投保人订立保险合同，并承担赔偿或者给付保险金责任的保险公司；合同的内容是双方约定的保险标的、保险金额、保险责任范围、免责范围、保险费率、保险期间，以及保险人、投保人、被保险人、受益人的权利和义务。

（二）保险当事人的主要义务

1. 保险人的主要义务。保险人的义务主要有：①告知义务。即保险人须将合同中印制的保险标的、保险金额、保险责任范围、免责范围以及投保人和被保险人应尽的告知义务详尽地向投保人讲解。②赔付义务。即保险人须依保险合同的规定对被保险人的损失予以赔偿或向受益人支付保险金。③附随义务。即保险人须承担投保人或被保险人为减少保险标的的损失而付出的施救费用、诉讼费用和理赔费用。

2. 投保人、被保险人和受益人的主要义务。投保人、被保险人和受益人的主要义务有：①交纳保费。投保人须按合同约定的时间交纳保险费，不能按期交纳的，保险人可冻结合同效力，等待投保人有能力时续保。②危险增加通知义务。即当危险增加时，投保人、被保险人应通知保险人，以减少损失。如果保险危险增加是由于投保人的过错造成的，保险人可以解除合同，或者要求投保人增加保费。③保险事故的补救义务。即当发生保险事故时，被保险人应当采取一切必要的措施抢救保险标的，或者减少保险标的损失。④保险事故发生后的通知义务。以利于保险人及时勘查现场、收集证据和确定事故性质，然后及时赔付。

（三）订立保险合同的条件

1. 主体条件。保险合同主体的一方是保险人，即有相应资质的保险公司；另一方有投保人、被保险人和受益人三种。其中投保人是与保险公司订立保险合同的机构或个人；被保险人指其财产、权益或者人身受保险合同保障，享有保险金请求权的机构或个人，投保人可以为被保险人；受益人是指人身保险合同和部分责任险合同中由被保险人或者投保人指定的享有保险金请求权的机构或个人，投保人、被保险人可以为受益人。

2. 保险利益。我国《保险法》规定，财产保险利益须为法律上承认的利益，投保人须对保险标的拥有所有权或者处分权、收益权、使用权、占有权、合法的利益期待权。该利益须是金钱利益和确定利益。而人身保险利益，投保人与被保险人之间须有密切关系，包括经济上的和人身上的利害关系。

（四）保险合同的主要条款

保险合同的主要条款包括：①保险标的及价值；②保险金额；③保险费的支付和保险期限；④保险责任；⑤保险合同的特约条款；⑥当事人约定的格式合同中没有的内容，包括协议条款、保证条款和附加条款等。

（五）无效保险合同的情形

导致保险合同无效的情形包括以下几种：①签订保险合同的当事人资格不合格，包括没有完全的民事行为能力、不是投保财产的所有人或合法占有人、保险人没有所承保险种的权利能力、保险代理人超出险种授权范围、没有保险营业资格等。②意思表示不真实。③保险客体不合法，包括以下几种情况：危险不存在；没有声明的重复保险；未经授权的死亡保险合同；以他人的生命为保险标的的死亡保险合同；虚报年龄等。

（六）保险合同的成立、变更、解除和终止

1. 保险合同的成立。填写保险单是投保人以订立保险合同为目的所作的意思表示，包括投保人填写保险单和与保险公司当面洽谈两种形式。保险人的同意承保行为相当于一般合同订立程序中的承诺，指保险公司接受投保人的投保申请，同意承保，或双方就保险合同的条款达成协议，保险合同即告成立。

2. 保险合同的变更。在保险合同的有效期内，投保人和保险人经协商同意，可以变更保险合同的被保险人、内容和期限，由保险人在原保险单或者其他保险凭证上批注或者附贴批单，或者由投保人和保险人订立变更合同的书面协议。

3. 保险合同的解除。除《保险法》另有规定或者保险合同另有约定外，保险合同成立后，投保人可以解除保险合同，保险人应当在扣除法定的保险费用后，将剩余的保险费返还给投保人。这是《保险法》赋予投保人的合同重新选择权和终止权。除《保险法》另有规定或者保险合同另有约定外，保险合同成立后，保险人不得解除合同。

4. 合同的终止。在保险合同的存续期间，一定的法律事实可使保险合同的效力终止，如保险期限届满，保险人履行赔偿责任，保险标的全部灭失，保险人破产（但人寿保险应转给其他的人寿保险公司），人寿保险中投保人不再按约交纳保险费，因危险程度的增减而对另议保险费不能达成协议等。

5. 无效保险合同。无效保险合同，是指当事人所签订的合同的内容或其程序违反了法律的规定，法律不予承认和保护的合同，包括主体不合格、意思表示不真实、客体不合法、未经授权订立、虚报年龄的寿险合同等情形。

（七）保险合同的履行

1. 通知与索赔。投保人、被保险人或者受益人知道保险事故发生后，应当及时通知保险人，并提交保险事故证明及损害结果证明，提出索赔请求。

2. 理赔。保险人收到被保险人或者受益人的赔偿或者给付保险金的请求后，应当及时作出核定，属于保险责任的，在与被保险人或者受益人达成有关赔偿或者给付保险金额的协议后10日内，履行赔偿或者给付保险金义务。

（八）保险欺诈及其法律后果

《保险法》对保险欺诈有以下三种处理情况：①被保险人或者受益人在未发生保险事故的情况下，谎称发生了保险事故，向保险人提出赔偿或者给付保险金的请求的，保险人有权解除保险合同，并且不退还保险费。②投保人、被保险人或者受益人故意制造保险事故的，保险人有权解除保险合同，不承担赔偿或者给付保险金的责任，也不退回保险费。③虚报损失。保险事故发生后，投保人、被保险人或者受益人以伪造、变造的有关证明、资料或者其他证据，编造虚假的事故原因或者夸大损失程度的，保险人对其虚报的部分不承担赔偿或者给付保险金的责任。

三、财产保险合同

（一）财产保险制度概述

财产保险制度是《保险法》规定的以各种物质财产和特定的权益为保险标的，保险人承担保险标的因遭受各种自然灾难、意外事故和违法违约行为所造成的经济损失的赔偿责任的一种法律制度。

构成保险危险主要有下列三个条件：①可保危险。可保危险是可能发生的客观情况，不是当事人想象中的情况，也不是自然界和社会上不存在的情况。②危险具有偶然属性。保险人和投保人都不能确切知道所投保的财产是否会遭遇损失。③保险估价。保险人根据同类财产在普通情况下的损失事故率计算出可保危险标的的保险费率，保险费率乘以保险金额就是保险费。

（二）财产保险制度的主要内容

1. 保险合同成立的文件包括以下几方面：

（1）投保单，是由投保人提交保险人表示对保险合同的要约。投保单中列出投保财产的名称、数量、金额、坐落地点、保险金额和特别约定等条件。

（2）保险单，是指保险人承认投保单的各项条件，交给投保人的书面文件。一般是在标准格式单上填写所承保的各项内容。

（3）批单，是指用以改正或增加保险单内容，附在保险单上的文件。保险单一经批改，保险单就以经改正或增加的内容为准。

2. 保险标的转让。在保险公司签发保险单后，被保险人的保险标的转让应当通知保险人，经保险人同意继续承保后，双方依照《保险法》的规定办理合同的变更，实际上是被保险人的变更。但是，货物运输保险合同和双方另有约定保险标的物不可转让的保险合同不得转让，以利于保险人对保险标的物的安全状况进行有效的监管。

3. 保险合同解除。《保险法》第15条规定，在保险责任开始后，投保人可以解除合同，但是在货物运输保险合同和运输工具航程保险合同中，保险责任开始后，合同的当事人不得解除合同。

4. 保险事故的处理。

(1) 施救措施费用。当保险事故发生时，被保险人有责任尽力采取必要的措施，防止或减少损失，因此所支出的必要的和合理的费用由保险人承担。这些费用在保险标的的损失赔偿金额以外另行计算，最高不超过保险金额的数额。

(2) 申请赔偿。应当提供保险财产损失清单、救护费用清单以及必要的账册、单据和有关部门的证明。保险人应当迅速审定、核实。保险赔偿金额一经保险合同的双方确认，保险人应当在10日内一次支付赔偿结案。

(3) 索赔时效。如果被保险人从通知保险人发生保险事故的当天起3个月内不向保险人提供必要的文件和资料的，或者从保险人书面通知之日起1年内不领取应得的赔款，即视为自愿放弃索赔权益。

(4) 部分损失。保险标的发生部分损失时，在保险人赔偿后30日内，投保人可以终止合同；除合同约定不得终止合同的以外，保险人也可终止合同。保险人终止合同的，应当提前15日通知投保人，并将保险标的未受损失部分的保险费，扣除自保险责任开始之日起至终止合同之日止期间的应收部分后，退还投保人。

四、人身保险法律制度

(一) 人身保险概述

人身保险是以人的寿命和身体作为保险标的的一种保险。投保人与保险人通过订立人身保险合同，约定投保人按时交纳一定的保险费，在被保险人因疾病或遭受意外事故而致伤残或死亡时，或在保险期满时，保险人一次或按期向被保险人或受益人支付医疗费或保险金。人身保险包括可预知结果的人寿保险和无法预知结果的意外伤害险两种法律行为。

人身保险的分类如下：①强制保险与自愿保险。我国的人身保险绝大多数是自愿保险，投保人可以根据自己的经济能力确定投保；而强制保险是一种法定保险，投保人不能选择保与不保，保险人也不能选择是否接受其投保。我国的强制保险只限于旅客运输合同中的旅客人身安全险和强制机动车第三者责任险。②人寿保险。是指以被保险人在一定时期或终身的死亡或生存为给付条件的一种保险。人寿保险可以因保险内容（生存或死亡）、保险期限、保险金额、交费方式、给付方式等条件的不同组合而构成多种保险合同，包括死亡保险、生存保险、年金保险、两全保险、人身意外伤害险、疾病保险、团体人身保险和简易人身保险等险种。

(二) 人身保险合同的主要内容

1. 保险利益。在人身保险中下列人员对投保人具有保险利益：①本人、配偶、子女、父母；②与投保人有抚养、赡养或者扶养关系的家庭其他成员、近亲属；③被投保人同意投保人为其订立合同的，视为投保人对被保险人具有保险利益。没有保险利益的保险合同为无效合同。

2. 人身保险投保的特别规定。以死亡为给付保险金条件的合同，未经被保险人的书面同意，并认可保险金额的，合同无效（父母为未成年子女投保例外）。

3. 保险合同转让的特别限制。依照以死亡为给付保险金条件的合同所签发的保险单，未经被保险人书面同意，不得转让或者质押，以免权利主体发生改变后诱发道德风险。

4. 人身保险合同中止的情形。合同约定分期支付保险费，投保人支付首期保险费后，除合同另有约定外，投保人超过规定的期限60日未支付当期保险费的，合同效力中止，或者由保险人按照合同约定的条件减少保险金额。

5. 人身保险合同恢复及解除。依照前述内容合同效力中止的，经保险人与投保人协商并达成一致协议，在投保人补交保险费后，合同效力恢复。但是，自合同效力中止之日起2年内双方未达成协议的，保险人有权解除合同。当投保人交足2年以上保险费的，保险人应当按照合同约定退还保险单的现金价值；投保人未交足2年保险费的，保险人在扣除手续费后，将保险费退还投保人。

6. 受益人。受益人是人身保险的条件满足时享有保险利益的人。人身保险的受益人由被保险人或投保人指定，其中投保人指定受益人时须经被保险人同意，以免诱发或产生道德风险。被保险人为无民事行为能力人或者限制民事行为能力人的，可以由其监护人指定受益人。受益人故意造成被保险人死亡或者伤残的，或者故意杀害被保险人未遂的，丧失受益权。

7. 保险金的给付。保险金归受益人享有，被保险人死亡后，遇有下列情形之一的，保险金作为被保险人的遗产，由保险人向被保险人的继承人履行给付保险金的义务：没有指定受益人的；受益人先于被保险人死亡，没有其他受益人的；受益人依法丧失受益权或者放弃受益权，没有其他受益人的。

8. 保险金的丧失。投保人、受益人故意造成被保险人死亡、伤残或者疾病的，保险人不承担给付保险金的责任。投保人已经交足2年以上保险费的，保险人应当按照合同约定向其他享有权利的受益人退还保险单的现金价值。

9. 被保险人自杀。以死亡为给付保险金条件的合同，被保险人自杀的，保险人不承担给付保险金的责任，但对投保人已经支付的保险费，保险人应当按照保险单退还其现金价值。如果被保险人是在合同生效2年以后自杀的，保险人可以按照合同给付保险金。

10. 被保险人犯罪。被保险人故意犯罪导致其自身伤残或者死亡的，保险人不承担给付保险金的责任。投保人已经交足2年以上保险费的，保险人应当按照保险单退还其现金价值。

11. 保险人不享有代位追偿权。人身保险的被保险人因第三者的行为而发生死亡、伤残或者疾病等保险事故，保险人向被保险人或者受益人给付保险金后，不得享有向第三者追偿的权利。

（三）解除合同

投保人解除合同，已经交足2年以上保险费的，保险人应当自接到解除合同通知之日起30日内，退还保险单的现金价值；未交足2年保险费的，保险人按照合同的约定在扣除手续费后，退还保险费。

五、保险公司法律制度

（一）保险公司的设立

保险公司设立的审批由保监会负责进行。保险实行分业经营原则，并应有相应的资本金条件：在全国范围内开办保险业务的保险公司，其实收货币资本金不低于5亿元人民币；在特定区域内开办业务的保险公司，其实收货币资本金不低于人民币2亿元。保险公司成立后须按照其注册资本总额的20%提取保证金，存入保监会指定的银行，保证金除用于清算时清偿债务外，非经保监会批准，不得动用。

（二）保险公司的变更

保险公司变更的范围包括：变更名称；增减注册资本；变更公司或者分支机构的营业场所；调整业务范围；公司分立或者合并；修改公司章程；变更出资人或者持有公司股份10%以上的股东；保监会规定的其他变更事项。保险公司更换董事长和总经理的，应当报经保监会审查其任职资格。

（三）保险公司的清算

保险公司因分立、合并或者公司章程规定的解散事由出现，经保监会批准后解散，并依法进行清算：①经营有人寿保险业务的保险公司，除分立或合并外，不得解散，以保护受益人的合法利益。②保险公司违反法律、行政法规，被保监会吊销经营保险业务许可证的，依法撤销。保监会依法及时组织清算组，进行清算。③保险公司不能清偿到期债务的，经保监会同意，由人民法院依法宣告破产。保险公司被宣告破产的，由法院组织保监会等有关部门和有关人员成立清算组，进行清算。④经营有人寿保险业务的保险公司被依法撤销或者被依法宣告破产的，其持有的人寿保险合同及准备金，必须转移给其他经营有人寿保险业务的保险公司。不能同其他保险公司达成转让协议的，由保监会指定经营有人寿保险业务的保险公司接受。

（四）保险公司的组织形式

《保险法》第70条规定保险公司应当采取股份有限公司或者国有独资公司形式，不包括普通的有限责任公司形式和合伙形式的企业。保险公司应当采取《公司法》规定的组织形式。股份保险公司依照《公司法》的规定组成股东会、董事会、监事会和经理部门，以及各种必要的组织机构。保险公司在我国境内外设立分支机构的，须经保监会批准，取得分支机构经营保险业务许可证。分支机构不具有法人资格，其民事责任由保险（总）公司承担。

第八节 劳动法及社会保险法律制度

一、劳动法概述

（一）劳动法的来源

劳动法是调整劳动关系的一个独立的部门法，本不属于经济法的范畴，但为了本书编排的方便，暂且将其列在经济法章。劳动法的主要调整对象是劳动关系，而劳动关系是以劳动者（劳动力）与生产资料相结合以实现劳动过程的社会关系，如果劳动者与生产资料同属于一个主体，就不可能也无必要产生劳动关系，只有在劳动者需要生产资料，而掌握生产资料者又需要劳动力时，才产生劳动关系。劳动关系刚出现时，由雇主和雇工之间明确各自的权利义务关系。但是由于雇工经济条件较差，发言权少，一般处在弱者地位，实际上是由雇主单方面规定雇工的权利义务，形成社会事实上的不公平。近代的动乱、战争和革命多由劳动关系的不公平导致，或者阻碍社会的进步，或者导致社会的动荡和生产力的衰败。事实证明，仅由雇主和雇工之间确定劳动关系极易引发社会问题。要稳定生产关系和社会经济秩序，必须有国家行政的干预，而国家将实践中成功的行政干预劳动关系措施规范化和具体化时就形成了劳动法。从另外一个角度看，劳动法实际上是劳工阶层斗争的成果，随着政治经济形势的变化，劳动关系也将随之不断地变化，劳动法也会随之作出相应的调整。

（二）劳动法的调整对象

我国劳动法的调整对象是劳动关系以及与劳动关系有密切联系的其他社会关系，包括劳动之前和劳动过程中的职业培训、劳动福利、劳动保险、劳动安全卫生、集体谈判和协商、劳动监督、劳动争议调解和仲裁等内容。劳动关系中所指的劳动是指雇工劳动，不包括尽国防义务的军事劳动、被法院判决的强制劳动、家庭成员之间提供家务劳动和家庭生产劳动及没有报酬的单方服务行为。我国的《劳动法》第2条规定，在中华人民共和国境内的企业、个体经济组织（以下统称用人单位）和与之形成劳动关系的劳动者，适用本法。国家机关、事业组织、社会团体和与之建立劳动合同关系的劳动者，依照本法执行。

（三）劳动法律关系

劳动法律关系，是指劳动者与用人单位（雇主）之间，依据我国劳动法律、法规所形成的权利义务关系。这种权利义务关系贯彻劳动过程始终，并延伸至劳动开始前的劳动培训阶段和劳动行为终止后的治疗疾病和退休养老阶段。劳动法律关系与其他法律关系一样，也由主体、客体和内容三个要素构成。其中主体是指依照劳动法的规定形成一定权利义务关系的雇工和用人单位（雇主）；客体是指劳动者和用人单位（雇主）之间的权利义务所共同指向的对象，即劳动者根据劳动合同提供的一定工作量和一定质量的劳动力；内容是指劳动者和用人单位（雇主）之间的权利义务。劳动法律关系中的权利义务必须相对公平，并且为劳动法所肯定或认可，如果当事人协商的权利义务违反劳动法律的规定，所签订的劳动合同也是无效的，例如，一些私营矿山主与雇工签订的生死责任自负合同就是无效的。

（四）劳动法律关系的内容

1. 劳动者的基本权利。《劳动法》第3条规定，劳动者享有平等就业和选择职业的权利、取得劳动报酬的权利、休息休假的权利、获得劳动安全卫生保护的权利、接受职业技能培训的权利、享受社会保险和福利的权利、提请劳动争议处理的权利以及法律规定的其他劳动权利。

2. 劳动者的基本义务。主要指劳动者应当完成劳动任务，提高职业技能，执行劳动安全卫生规程，遵守劳动纪律和职业道德。

3. 用人单位的基本义务，是指用人单位应当依法建立和完善规章制度，保障劳动者享有劳动权利和履行劳动义务。

（五）劳动行政法律关系

劳动行政法律关系是指依法管理劳动法律关系的行政主管部门与雇工和雇主之间的行政管理关系。这种行政管理关系主要反映了两个内容：①促使和保障劳动者与雇主之间依法缔结劳动合同并履行各自的权利义务关系。②以行政力量保障雇工和雇主之间兼顾效率和公平的价值取向。

二、劳动合同

（一）劳动合同概述

劳动合同是劳动者与用人单位（雇主）之间确立劳动关系，明确各自权利义务关系的协议。劳动合同依据劳动法的规范制定而成，劳动者将根据合同的约定提供劳动力，用人单位（雇主）也将根据合同的约定为劳动者提供劳动报酬、劳动安全、劳动福利和劳动保险。签订劳动合同的目的是将劳动力与生产资料结合起来，因此，劳动合同的性质是一种从合同，一旦签订劳动合同后，劳动者就成为用人单位的雇工，成为用人单位的生产力的一部分，劳动者在组织上和经济上从属于用人单位，因此，劳动者和用人单位所签的劳动合同就只是整个生产力的一个附属合同。

（二）劳动合同的主体

劳动合同的主体是劳动者和用人单位（雇主），根据我国《劳动法》的规定，要成为合法的劳动者和雇主是需要一定条件的。其中，劳动者的基本条件是年满16周岁，技术工种还要求劳动者受过必要的技术培训和一定的身体素质，有些工种还要求劳动者有一定的身份，如受过专业教育、有等级技术职称、有特定的国籍或行政区域身份等；雇主的条件是在劳动行政管理部门登记注册，满足必要的劳动安全卫生条件，有支付约定报酬的经济能力，以及满足劳动行政管理部门规定的其他条件。文艺、体育和特种工艺单位招用未满16周岁的未成年人，必须依照国家有关规定履行审批手续，并保障其接受义务教育的权利。

（三）劳动合同的订立

劳动合同一旦成立，就关系到劳动者在约定的时期和时间内将自己的劳动力（人身自由）交给用人单位（雇主）支配的重大事项，因此，签订劳动合同不得不十分慎重。劳动者须认清用人单位是否经过劳动管理部门合法登记注册，对方所要求的劳动是否具有符合国家规定的安全条件和安全保障，对方是否能够按照国家劳动法的规定提供劳动保险和劳动福利，以及能否满足继续劳动教育等。用人单位要核实对方是否符合国家规定的劳动者的年龄条件、身体条件、身份条件、教育资格和技术等级条件，以及是否符合当地政府规定的用工条件。只有双方都核实了这些条件的真实性后，才能签订合同。劳动合同经双方签字盖章后生效，特殊的劳动合同需要政府有关部门的批准、登记，要将有关的批准和登记作为合同成立的条件。合同成立后各方须受合同规定的约束。

（四）劳动合同的主要条款

劳动合同的主要条款包括：①合同的主体。包括劳动者（求职者）和用人单位，在合同的第 1 条中要列明各自的身份，以及用人单位对求职者的资格条件要求。②劳动合同期限。分为固定期限、无固定期限和以完成一定的工作为期限三种，由双方协商采用期限的形式，一般是由用人单位事先确定。但劳动者在同一用人单位连续工作 10 年以上，当事人双方同意续延劳动合同的，如果劳动者提出订立无固定期限的劳动合同，应当订立无固定期限的劳动合同。劳动合同可以约定试用期，试用期最长不得超过 6 个月。③工作内容。用人单位对求职者的具体要求，包括从事的劳动的性质、劳动的场所、劳动环境、劳动时间、劳动的工作量、劳动的质量等要求。④劳动保护和劳动条件。一般劳动条件和特殊劳动条件对具体的劳动保护措施和劳动条件的要求有所不同，劳动环境具有夜晚、露天、野外、水上、高空、高压、高温、高速、有害、有毒、爆炸性、放射性等特殊情况的，要求在合同中列明相应的保护措施。⑤劳动报酬。在合同中要列明劳动者的基本报酬、补助、津贴，明确奖金是否在报酬之外，以及所得税问题。⑥劳动纪律。包括工作时间、工作质量要求等内容。⑦保密条款。用人单位可在合同中与求职者约定保守用人单位商业秘密的有关事项。⑧劳动合同终止的条件。劳动合同期满或者当事人约定的劳动合同终止条件出现，劳动合同即行终止。经劳动合同当事人协商一致，劳动合同可以解除。⑨违反劳动合同的责任。⑩当事人约定的其他条款。

（五）集体劳动合同

企业职工一方与企业可以就劳动报酬、工作时间、休息休假、劳动安全卫生、保险福利等事项签订集体合同。集体合同草案应当提交职工代表大会或者全体职工讨论通过。集体合同由工会代表职工与企业签订；没有建立工会的企业，由职工推举的代表与企业签订。集体合同签订后应当报送劳动行政部门；劳动行政部门自收到集体合同文本之日起 15 日内未提出异议的，集体合同即行生效。依法签订的集体合同对企业和企业全体职工具有约束力。

职工个人与企业订立的劳动合同中劳动条件和劳动报酬等标准不得低于集体合同的规定。

（六）无效劳动合同

订立的劳动合同有下列情况之一的，就被《劳动法》认定为无效：①违反法律、行政法规的劳动合同；②采取欺诈、威胁等手段订立的劳动合同。无效的劳动合同，从订立的时候起就没有法律约束力。确认劳动合同部分无效的，如果不影响其余部分的效力，其余部分仍然有效。劳动合同的无效，由劳动争议仲裁委员会或者人民法院确认。

（七）用人单位解除劳动合同的情况

劳动者有下列情形之一的，用人单位可以解除劳动合同：在试用期间被证明不符合录用条件的；严重违反劳动纪律或者用人单位规章制度的；严重失职，营私舞弊，对用人单位利益造成重大损害的；被依法追究刑事责任的。

劳动者有下列情形之一的，用人单位可以解除劳动合同，但是应当提前30日以书面形式通知劳动者本人：劳动者患病或者非因工负伤，医疗期满后，不能从事原工作也不能从事由用人单位另行安排的工作的；劳动者不能胜任工作，经过培训或者调整工作岗位，仍不能胜任工作的；劳动合同订立时所依据的客观情况发生重大变化，致使原劳动合同无法履行，经当事人协商不能就变更劳动合同达成协议的。用人单位濒临破产进行法定整顿期间或者生产经营状况发生严重困难，确需裁减人员的，应当提前30日向工会或者全体职工说明情况，听取工会或者职工的意见，经向劳动行政部门报告后，可以裁减人员。

劳动者有下列情形之一的，用人单位不得解除劳动合同：患职业病或者因工负伤并被确认丧失或者部分丧失劳动能力的；患病或者负伤，在规定的医疗期内的；女职工在孕期、产期、哺乳期内的；法律、行政法规规定的其他情形。

（八）劳动者解除劳动合同的情况

劳动者解除劳动合同，应当提前30日以书面形式通知用人单位。有下列情形之一的，劳动者可以随时通知用人单位解除劳动合同：在试用期内的；用人单位以暴力、威胁或者非法限制人身自由的手段强迫劳动的；用人单位未按照劳动合同约定支付劳动报酬或者提供劳动条件的。

三、劳动争议

（一）劳动争议解决的方式及原则

用人单位与劳动者发生劳动争议，当事人可以依法申请调解、仲裁、提起诉讼，也可以协商解决。劳动争议应当注重调解解决，调解原则适用于仲裁和诉讼程序。解决劳动争议，应当根据合法、公正、及时处理的原则，依法维护劳动争议当事人的合法权益。劳动争议发生后，当事人可以向本单位劳动争议调解委员会申请调解；调解不成，当事人一方要求仲裁的，可以向劳动争议仲裁委员会申请仲裁。当事人一方也可以直接向劳动争议仲裁委员会申请仲裁。对仲裁裁决不服的，可以向人民法院提起诉讼。

（二）劳动争议调解委员会

在用人单位内，可以设立劳动争议调解委员会。劳动争议调解委员会由职工代表、用人单位代表和工会代表组成。劳动争议调解委员会主任由工会代表担任。劳动争议经调解达成协议的，当事人应当履行。

（三）劳动争议仲裁委员会及其工作

劳动争议仲裁委员会由劳动行政部门代表、同级工会代表、用人单位方面的代表组成。劳动争议仲裁委员会主任由劳动行政部门代表担任。提出仲裁要求的一方应当自劳动争议发生之日起60日内向劳动争议仲裁委员会提出书面申请。仲裁裁决一般应在收到仲裁申请的60日内作出。对仲裁裁决无异议的，当事人必须履行。劳动争议当事人对仲裁裁决不服的，可以自收到仲裁裁决书之日起15日内向人民法院提起诉讼。一方当事人在法定期限内不起诉又不履行仲裁裁决的，另一方当事人可以申请人民法院强制执行。

四、劳动社会保障制度

（一）社会保险

社会保险是指国家通过劳动法和社会保障法律的形式规定劳动者在遇到劳动风险的情况下获得社会经济帮助的一种法律制度。劳动者以提供劳动力为谋生手段，当其部分丧失或完全丧失劳动能力或失去劳动机会时，就会失去生活主要来源，这就是劳动风险。风险对每一个劳动者都是客观存在的，为了保障劳动者生存和劳动力的再生产，国家对遇到劳动风险的劳动者予以经济帮助。社会保险体现了国家的社会保障政策，因而其具有强制性，各用人单位必须参加社会保险。

（二）社会保险的主要内容

社会保险是指保险人、投保人、被保险人和受益人之间形成支付保险费和享受保险利益的一种特殊的权利义务关系。在这种关系中，保险人是指经国家保险监管机构和有关行政管理部门批准成立的商业保险公司和（在劳动行政管理部门管理下的）社会保险经办机构；投保人是指为被保险人的利益向保险人投保的人，一般是用人单位，劳动者也可自己做投保人；被保险人是指对社会保险标的具有保险利益的人，一般指劳动者本人；受益人是指与被保险人具有一定血缘和姻缘关系的人。受益人可以在社会保险的法定项目内获得经济帮助。社会保险包括国家基本保险、用人单位补充保险和劳动者个人储蓄保险三个组成部分，其中国家基本保险属于强制保险，用人单位有能力的应尽量投补充保险，国家和用人单位鼓励劳动者个人投保。社会保险在发生保险事故时由被保险人和受益人享受保险金。

（三）社会保险的种类

1. 社会保险制度。国家发展社会保险事业，建立社会保险制度，设立社会保险基金，使劳动者在年老、患病、工伤、失业、生育等情况下获得帮助和补偿。社会保险可分为养老保险、失业保险和工伤保险三种。其中养老保险包括退休保险、离休保险和退职保险，这三种保险的给付标准都按国家的劳动法规定办理。

2. 社会保险基金。社会保险基金按照保险类型确定资金来源，逐步实行社会统筹。用人单位和劳动者必须依法参加社会保险，缴纳社会保险费。

劳动者在下列情形下，依法享受社会保险待遇：退休；患病、负伤；因工伤残或者患职业病；失业；生育。劳动者死亡后，其遗属依法享受遗属津贴。

社会保险近年的规划：①凡是应该参加而未参加社会保险的用人单位及其职工，必须限期参加。②加快医疗保险和工伤保险改革，继续开展生育保险改革的试点工作，争取在今后几年中逐步建立和完善医疗、工伤、生育保险制度。③继续深化养老保险制度改革，扩大覆盖面，巩固和发展养老保险社会统筹。④加快基本养老金计发办法的改革，建立定期进行调整的正常机制。⑤加强社会保险基金管理，尽快建立健全社会保险基金监督组织。⑥建立管理服务社会化的网络，逐步实行养老金全额拨付和社会化发放。

第九章 民事诉讼法

第一节 民事诉讼法概述

一、民事诉讼法的概念及其与相邻法律部门的关系

民事诉讼是指人民法院在双方当事人和其他诉讼参与人的参加下，审理和解决民事案件、经济纠纷案件的活动，以及因这些活动而产生的诉讼法律关系。

调整人民法院、当事人和其他诉讼参与人民事诉讼行为的法律规范的总和称为民事诉讼法。民事诉讼法有形式意义和实质意义的区分。形式意义上的民事诉讼法是指民事诉讼法典，即国家最高权力机关颁布的关于民事诉讼的系统性、专门性法律。1991 年 4 月 9 日，第七届全国人民代表大会第四次会议通过的《中华人民共和国民事诉讼法》是我国现行的民事诉讼法典。2007 年 10 月 28 日第十届全国人民代表大会常务委员会第三十次会议作出《关于修改〈中华人民共和国民事诉讼法〉的决定》，对《民事诉讼法》进行了第一次修正 。2012 年 8 月 31 日第十一届全国人民代表大会常务委员会第二十八次会议再次作出《关于修改〈中华人民共和国民事诉讼法〉的决定》，对《民事诉讼法》进行了第二次修正。实质意义上的民事诉讼法是指宪法和其他法律中有关民事诉讼的规范，以及最高人民法院所作的有关民事诉讼的司法解释等。

一个国家的法律体系由若干互有分工而又互有联系的法律部门组成，其中有的法律部门之间联系较多，关系密切，其互为相邻的法律部门。与民事诉讼法相邻的法律部门包括民法、婚姻法、继承法、经济法、刑事诉讼法、行政诉讼法、人民法院组织法等。

1. 民事诉讼法与民法、婚姻法、继承法、经济法等法律部门的关系是程序法与实体法的关系。后者规定各种民事主体的民事权利义务，从而创设各种民事法律关系。当这种法律关系发生争议和纠纷时，前者则作为实体法实施的保障，当事人可以依前者起诉，从而使民事纠纷得以解决。

2. 民事诉讼法与刑事诉讼法、行政诉讼法同为程序法，某些原则、制度和程序是相通甚至是相同的，如二审终审、回避、诉讼调查等。但它们之间因任务、目的和调整对象不同，故有诸多不同，如管辖、当事人等。

3. 民事诉讼法和人民法院组织法二者同为审判法，某些规定具有相通之处，如人民法院独立审判、公开审判、合议等。但民事诉讼法是从诉讼程序的角度调整民

事诉讼活动的，而人民法院组织法则是从法院的角度规定其组织结构、任务和活动原则的，二者的任务和内容不尽相同。

二、民事诉讼法的效力

民事诉讼法的效力是指民事诉讼法的适用范围，即民事诉讼法对什么人、什么事，在什么时间和空间适用。

1. 对事的效力。民事诉讼法适用于解决哪些案件实际就是人民法院审理民事、经济案件的主要范围，主要包括以下几类：①民法调整的财产关系以及与财产相联系的人身关系发生纠纷的案件。②婚姻法调整的婚姻家庭关系发生纠纷的案件。③经济法调整的经济关系发生纠纷的部分案件。④行政法、劳动法调整的法律关系发生争议的部分案件，包括按法律规定向人民法院起诉或申请执行的案件。

2. 对人的效力。根据我国民事诉讼法的规定，只要在中华人民共和国领域内进行民事诉讼，无论是对中国人、外国人、无国籍人，还是对中国法人和组织或外国企业和组织，民事诉讼法均发生效力。

3. 空间的效力。根据国家主权原则，我国民事诉讼法适用于中华人民共和国领域内的一切地方，包括领土、领海、领空和我国领土自然延伸的部分。

4. 时间的效力。民事诉讼法的有效期间一般从立法机关颁布实施之日起，到明令废止或新法颁布施行取代前法之日止。《中华人民共和国民事诉讼法》从 1991 年 4 月 9 日起施行，这就是生效的时间。第二次修正的《民事诉讼法》自 2013 年 1 月 1 日起正式实施。民事诉讼法作为程序法具有溯及既往的效力，新法施行之前受理但尚未审结的案件，适用新法继续审理。

三、我国民事诉讼法的特有原则

（一）当事人平等原则

当事人平等原则是指民事诉讼当事人有平等的诉讼权利，人民法院应当保障和便利当事人行使诉讼权利，对当事人在适用法律上一律平等。

根据《民事诉讼法》第 8 条的规定，当事人平等原则包含以下内容：①双方当事人的诉讼地位完全平等。②双方当事人有平等行使诉讼权利的手段，同时人民法院平等地保障双方当事人行使诉讼权利。③人民法院对当事人在适用法律上一律平等。

民事诉讼当事人有平等的诉讼权利根源于两个因素：①民事法律关系中双方当事人地位平等，权利义务平等；②公民的民主权利平等。民事法律关系是主体之间平等的关系，当其受到破坏时，不论是一方的民事权益受到侵犯，还是在权利义务上发生争执，到法院进行诉讼，就需要由与其相应的平等诉讼权利维护其合法权益。因此，诉讼权利平等决定于民事实体法律关系的平等，民事实体法律关系的平等需要以平等的诉讼地位和平等的诉讼权利加以维护。诉讼权利是民主权利在诉讼上的特定化和具体化。民主权利在民事诉讼中的特殊形式是由民事诉讼法加以确定的诉讼权利。民主权利总是通过诸多的法律作出具体规定的，民事诉讼法规定的诉讼权利就是民主权利在诉讼上的具体表现。因此，诉讼权利的平等决定于民主权利的平等，民主权利的平等保障双方当事人诉讼权利的平等。

与权利的平等相对应的是义务平等。在民事法律关系中，双方当事人都各自享有权利和承担义务，除特殊的民事行为外，任何一方当事人都不可能只享有权利，而不承担义务。在国家法律赋予主体民主权利时，也要求主体承担一定的义务，没有只享有权利而不承担义务的主体。当事人诉讼权利和诉讼义务的平等才是他们在诉讼上的真正平等。

（二）辩论原则

民事诉讼中的辩论是指双方当事人在人民法院的主持下，有权就案件的事实和争议的问题，各自陈述自己的主张和根据，互相进行辩驳和论证。辩论原则贯穿于整个诉讼过程中，双方当事人都可行使自己的辩护权，通过辩论、论证事实，维护自己的主张。人民法院通过当事人的辩论，核实证据，查明案件事实，作出正确裁判。辩论原则是一项民主原则，它既是当事人民主权利在诉讼中的体现，又是人民法院审判民事案件民主性的表现。辩论原则是建立在双方当事人地位平等、权利平等基础上的诉讼原则，只有双方当事人处于平等的地位，享有平等的权利，才能互相开展辩论。同时，真正的辩论原则又是以社会制度的民主性为前提的，民事诉讼中的辩论原则，不同于刑事诉讼中的辩护原则。前者是在双方当事人地位平等和权利平等，而又彼此对立的基础上所建立的一项诉讼原则；后者是在公诉权与辩护权分立的基础上所建立的保护被告人利益的一项诉讼原则。两个原则的性质不同，作用和意义也不同。

人民法院保护当事人行使辩论权，既是坚持审判工作的民主性，又是维护当事人权益的需要。人民法院对当事人辩论的保护是多方面的，而且贯穿整个诉讼过程，但概括起来主要表现在三个方面：①接受诉讼文书和证据，听取陈述、辩论和质证。比如，接受当事人递交的有关案件的诉讼资料，在法庭审理终结前接纳当事人提出的有关证据和提供的有关证人，认真听取当事人陈述、辩论以及当事人与证人、鉴定人的质证。②正确指挥辩论。引导当事人提供有关证据，集中辩论焦点，制止与本案无关的发言和争论。③正确判断当事人提出的请求。比如，当事人要求重新进行勘验的，根据案情正确作出决定。

辩论原则的基本内容包括：①辩论权的行使贯穿于诉讼的整个过程中，并不限于开庭审理阶段，更不会仅指法庭辩论。②辩论的内容既包括程序事项也包括实体争议。③辩论的形式既可以是口头的，也可以是书面的。

（三）调解原则

调解分为诉讼中的调解和诉讼外的调解。诉讼外的调解主要是人民调解，其次是仲裁中的调解及其他行政性调解；诉讼中的调解，又称法院调解，是指在审判人员的主持下，双方当事人就争议的问题，本着相互谅解的精神进行协商，或者通过协商对权利义务问题达成一定协议的诉讼行为。调解作为一项基本原则，是基于诸多民事纠纷可以通过调解获得解决的理念，即案件在一审、二审和再审中，能够进行调解的，都可以进行调解。因为调解既是一项充分发挥当事人积极性的诉讼制度，又是人民法院审结民事案件的重要方式。调解必须基于双方当事人自愿，调解协议的内容必须合法。自愿和合法既是调解原则的内容，又是对贯彻这一原则的要求。自愿和合法作为调解原则的内容，是指调解包括当事人的自愿和解决纠纷的协议合法，二者缺一不可，协调一致。自愿和合法作为贯彻这一原则的要求，是指法院调解要根据当事人自愿和合法的原则进行，二者同样是缺一不可的。不是双方当事人自愿，不能进行调解，不合法的调解协议不能成立，不能以不自愿或者不合法的调解结案。

调解原则的内容包括：①人民法院受理民事案件后，应立足于调解结案，凡能调解结案的，就不采用判决的方式。②人民法院应对当事人多做说服疏导工作，从当事人思想上消除矛盾。③法院调解应在自愿和合法的基础上进行。

根据这一原则进行调解的意义在于：①可以简化诉讼程序，便利当事人；②有利于及时解决纠纷，增进政治安定、社会稳定；③有给付内容的协议当事人一般能自觉遵守。因为：通过调解达成协议，诉讼不再继续进行；权利、义务关系明确，不致继续纷争；双方自愿达成的协议，一般都能自觉遵守。因此，调解对解决民事纠纷有着特别重要的意义。

但是，法院调解原则应当以需要和可能为基础。所谓需要和可能，既包括案件和当事人的需要，又包括客观上是否有可能。有些案件根据其性质不能进行调解，包括适用特别程序、督促程序、公示催告程序、破产还债程序的案件，以及婚姻关系、身份关系确认案件；有些案件当事人不愿调解；有些案件虽经调解却不能达成协议。因此，法律在确定调解这一原则的同时，又规定调解不成的应当及时判决。对调解不成的案件，法律要求人民法院及时判决，既可防止司法实践中的久调不决，又是对这一原则的补充。对调解无望或调解不成的案件，应及时予以判决。

（四）诚实信用原则

诚实信用原则作为一个法律概念，最早起源于罗马法上的诚信契约和诚信诉讼，原本属于私法上的概念。随着对公、私法理论研究的深入，越来越多的学者倾向于将诚实信用原则引入公法领域。而对于民事诉讼法，自 1895 年奥地利民事诉讼法首开真实义务立法先河后，匈牙利、德国、意大利等国也在本国的民事诉讼法中规定了当事人的真实义务，日本更是在 1996 年修订的《民事诉讼法》中，除了保留了原有的真实义务的规定外，还在通则中明确将诚实信用原则规定为民事诉讼的一项基本指导原则。我国《民事诉讼法》第 13 条第 1 款明确规定："民事诉讼应当遵循诚实信用原则。"

关于民事诉讼诚实信用原则适用主体范围的问题，学界存在不同的观点。部分学者认为该原则只适用于双方当事人之间；多数学者则认为，诚实信用原则应该分别适用于当事人之间和当事人与法院之间。我国《民事诉讼法》对于法官在行使审判权过程中的诚信义务没有作出明确、具体的要求。法官在诉讼中的行为主要由《民事诉讼法》《法官法》加以调整。因此，目前我国《民事诉讼法》中的诚信要求主要体现在对当事人诉讼行为的规范方面，具体表现在以下几个方面：

1. 禁止以不正当方法形成有利于自己的诉讼状态。当事人一方为了自己的个人利益，恶意利用法律漏洞，或者不当地妨碍对方当事人有效地实施诉讼行为，从而形成有利于自己而损害他人利益的诉讼状态时，对方当事人对此可以提出异议，法院也可以根据诚实信用原则否定一方当事人已经恶意实施的诉讼行为。

2. 有真实陈述的义务。所谓真实陈述义务，是指当事人在诉讼上不能主张已知的不真实事实或自己认为不真实的事实，并且不能在明知对方当事人提出的主张与事实相符或认为与事实相符时，仍然进行争执。[1]

3. 促进诉讼的义务。这一义务要求当事人在诉讼中不得实施迟延或拖延诉讼的行为，或干扰诉讼的进行，应协助法院有效率地进行诉讼，完成审判。

4. 禁反言。诉讼上的禁反言主要指的是当事人因相信自己作出的行为而对实施诉讼活动的其他人行使权利，可能给他人造成损害的，该行使权利的行为应该被禁止。

5. 禁止诉讼权利滥用。禁止诉讼权利滥用指禁止当事人滥用诉讼法赋予的权利，从而拖延诉讼，或者阻挠诉讼的进行。

（五）处分原则

处分原则是指民事诉讼当事人有权在法律规定的范围内，处分自己的民事诉讼权利。处分即自由支配，对于权利可以行使，也可以放弃。

在民事诉讼中，当事人处分的权利对象是多种多样的，但无非两大类：①基于实体法律关系而产生的民事实体权利；②基于民事诉讼法律关系而产生的诉讼权利。

对实体民事权利的处分主要体现在三个方面：①权利主体在起诉时可以自由地确定请求司法保护的范围和选择保护的方法。在民事权利发生争议或受到侵犯后，权利主体有权决定自己请求司法保护的范围。不仅如此，权利主体还可以在一定程度上自行选择所受保护的办法。②在诉讼开始后，原告可以变更诉讼请求，即将诉讼请求部分或全部撤回，代之以另一诉讼请求；也可以扩大（追加）或缩小（部分放弃）原来的请求范围。③在诉讼中，原告可以全部放弃其诉讼请求，被告可以部分或全部承认原告的诉讼请求；当事人双方可以达成或拒绝达成调解协议；在判决执行完毕之前，双方当事人随时可就实体问题自行和解。

需要注意，我国民事诉讼中当事人的处分权不是绝对的，我国法律在赋予当事人处分权的同时，也要求当事人不得违反法律规定，不得损害国家的、社会的、集体的和公民个人的利益。否则，人民法院将代表国家实行干预，即通过司法审判确认当事人某种不当的处分行为无效。我国民事诉讼中的国家干预具体体现为人民法

---

〔1〕 张家慧："论当事人诉讼行为与诚实信用原则"，载《比较民事诉讼法》2001～2002年卷。

院的监督，这是处分原则的题中之意和一个方面的重要内容。

（六）人民检察院监督民事诉讼原则

《民事诉讼法》第14条规定，人民检察院有权对民事诉讼实行法律监督。根据这一原则的要求，人民检察院实行监督的内容主要有以下三个方面：

1. 对审判活动进行监督。《民事诉讼法》第14条规定，人民检察院有权对民事诉讼实行法律监督。据此，各级人民检察院对审判监督程序以外的其他审判程序中审判人员的违法行为，有权向同级人民法院提出检察建议。

2. 对人民法院作出的生效判决、裁定是否正确、合法进行监督。根据审判监督程序的规定，人民检察院对人民法院已经发生法律效力的判决、裁定，如果认为有错误，应提出抗诉，或提出再审检察建议。

3. 对民事执行活动进行检察监督。根据《民事诉讼法》的规定，人民检察院实施的法律监督将扩展至民事执行活动，人民检察院实施的法律监督将专事执行工作的执行人员也纳入被监督者体系。

（七）支持起诉原则

支持起诉的原则是指机关、团体、企业事业单位对损害国家、集体或者个人民事权益的行为，支持受害者起诉的诉讼原则。支持起诉的原则是在国家、集体和个人利益一致基础上所确定的一项社会主义的诉讼原则。其意义在于调动社会力量来支持受害者与违法行为作斗争，维护社会主义法制。

根据我国《民事诉讼法》的规定，支持起诉既有形式上的条件，又有实质上的条件。形式上的条件是：①支持者只能是机关、社会团体、企业事业单位，被支持者是受损害的单位或者个人。②必须是受损害的单位或者个人基于某种原因未向人民法院起诉，如果受害者已向人民法院提起诉讼，就不必予以支持。实质上的条件是：①加害人的行为必须是侵权行为。若不构成侵权行为，则不存在支持他人起诉的问题。②被支持者不论是单位还是个人，必须是因侵权行为而使其民事合法权益受到侵犯的受害者。形式上的条件和实质上的条件应当同时具备，否则，不论是机关、社会团体，还是企业、事业单位，都不宜和不应支持他人向人民法院起诉。

四、民事审判的基本制度

（一）两审终审制度

两审终审制度是指一个民事案件，经过两个审级法院运用一审和二审程序进行审判，即宣告审判终结的制度。两审终审制是案件的审级制度，即案件在地方各级人民法院一审审结后，还可以经过第二个审级的审判，第二个审级为案件的最终审级。

两审终审制有以下几种例外情况：①最高人民法院作为第一审法院所作的裁判，当事人不能上诉。②人民法院按特别程序审理的案件所作的判决，不能上诉。③基层人民法院和它派出的法庭按照简易程序审理的民事案件，标的额为各省、自治区、直辖市上年度就业人员年平均工资30%以下的，实行一审终审。

人民法院审判民事案件依照法律规定实行两审终审制。所谓依照法律规定实行两审终审制，是指依照《民事诉讼法》的规定，对民事案件实行两审终审的制度，而不是没有范围地对所有民事案件都实行两审终审的制度。

（二）公开审判制度

公开审判是指人民法院审理民事案件，除法律规定的情况外，审判过程和内容应向群众公开，向社会公开；不公开审判的案件，应当公开宣判。

根据《民事诉讼法》的规定，公开审判也有例外。在特殊情况下，如果实行公开审判，可能造成消极的社会影响，甚至可能给国家造成难以弥补的损失的，那么就不宜公开。不宜公开审判的案件有以下几种：①涉及国家机密的案件。国家机密是一个广义的概念，包括党的机密、政府的机密和军队的机密，以及各种技术和业务秘密。②涉及个人隐私的案件，主要是男女关系方面和个人生活方面不愿公开张扬的案件。③离婚案件和涉及商业秘密的案件，当事人申请不公开审理的。这类案件常涉及当事人生理及性生活方面的情况，或者涉及当事人的商业利益，所以，人民法院可以根据当事人的申请，决定不公开审理。

对于不公开审理的案件，宣判应当公开进行。2012 年《民事诉讼法》修改后确立的我国民事诉讼中公众对裁判文书的查阅权，将大大促进公开审判制度在民事诉讼中的贯彻。

（三）合议制度

合议制度是人民法院组成合议庭审理民事经济纠纷案件的制度。

合议制是与独任制相对的审判组织形式。合议制是由审判员与陪审员组成的审判集体对民事案件进行审理并作出裁判。独任制是由 1 名审判员代表人民法院对民事案件进行审理并作出裁判。根据我国《民事诉讼法》的规定，独任制只适用于第一审人民法院审理的简单民事案件，具体来说，只有基层人民法院和它派出的法庭按简易程序审理简单的民事案件才适用独任制。此外所有的民事案件都应当采用合议制。

根据我国《民事诉讼法》的规定，在不同的审级，合议庭的组成具有不同的要求：①一审合议庭可以由审判员、陪审员共同组成，也可以由审判员组成。②二审合议庭只能由审判员组成。③再审合议庭，如果再审案件原来是第一审的，按第一审程序另行组成；如果再审案件原来是第二审的，按第二审程序另行组成。

（四）回避制度

回避制度是为了保证案件公正审理而设立的一项审判制度。其内容是人民法院审判某一民事经济案件时，执行审判任务的审判人员或其他有关人员与案件具有法律上规定的一定利害关系的，应当主动退出本案的审理，当事人及其代理人也有权请求更换上述人员。

适用回避的人员是在审判活动中具有一定审判职能或代行某种职能的人。适用回避的对象有审判人员、书记员、翻译人员、鉴定人、勘验人。适用回避的法定情形是：①审判人员或上述其他人员是本案当事人或当事人的近亲属；②审判人员或其他人员与本案当事人有其他关系；③与本案有利害关系，即本案的审判结果直接关系到审判人员或其他有关人员的某种利益。根据《民事诉讼法》，审判人员接受当事人、诉讼代理人请客送礼，或者违反规定会见当事人、诉讼代理人的，当事人有权要求他们回避。审判人员有此类行为的，应当依法追究其法律责任。此规定也适用于书记员、翻译人员、鉴定人、勘验人。

民事诉讼法规定了回避的方式和程序。回避的方式包括当事人申请和有关人员自行回避。回避的程序是：回避必须在案件开始审理时，或在法庭辩论终结前提出，都须说明理由。回避必须有严格的批准手续：审判长的回避，由审判委员会决定；审判人员的回避，由院长决定；书记员、翻译人员、鉴定人员和勘验人的回避，由审判长决定。是否同意回避，应作出口头的或书面的决定。当事人不服回避的决定的，可以申请复议，复议期间不停止本案的审理。从当事人提出申请到人民法院作出决定的期间，除案件需要采取紧急措施外，被申请回避人员，应暂时停止执行有关本案的职务。

（五）陪审制度

陪审制度的内容是人民法院审判第一审民事案件，可以由审判员、陪审员共同组成合议庭。

我国民事诉讼法对陪审制度的规定非常简略，以下几点应当注意：

1. 陪审制只适用于第一审案件，但法律并未把陪审员参加案件的审理作为审判组织的一项基本制度，不要求第一审合议庭中必须有陪审员参加。

2. 在审判员、陪审员共同组成的合议庭中，对二者的比例，没有作限制性规定。

3. 依照普通程序审理的民事案件、经济纠纷案件，哪些由审判员、陪审员共同组成合议庭进行审理，法律也未作限制性规定，由人民法院根据案件的具体情况决定。

4. 陪审员在人民法院执行职务时和审判员有同等的权利。

第二节　民事诉讼的几项主要制度

一、主管与管辖

（一）主管

人民法院的主管是指人民法院受理和解决一定范围内民事案件的权限，也就是确定人民法院和其他国家机关、社会团体之间解决民事纠纷的分工和职权范围。

我国《民事诉讼法》第3条规定：“人民法院受理公民之间、法人之间、其他组织之间以及他们相互之间因财产关系和人身关系提起的民事诉讼，适用本法的规定。”这是对人民法院主管的规定。确定法院主管的标准有两个：①以法律关系的性质为标准；②以国家的法律、政策及最高人民法院的规范性文件为标准。

根据以上标准，我国法院主管范围如下：

1. 民法调整的财产关系以及与财产关系相联系的人身关系所引起的争议。如财产所有权纠纷、债权债务纠纷、名誉权纠纷、肖像权纠纷等。

2. 婚姻法调整的婚姻家庭关系引起的争议，如离婚纠纷、赡养纠纷、扶养纠纷、抚育纠纷等。

3. 经济法规、劳动法规调整的经济关系、劳动关系引起的争议，法律明文规定依照民事诉讼程序审理的案件。如购销合同、运输合同、承揽合同、劳动纠纷等。

4. 其他法律调整的社会关系引起的纠纷，法律明文规定依照民事诉讼程序审理的案件，如部分经济行政案件、环境污染案件，以及选民资格案件、宣告失踪或者宣告失踪人死亡案件、认定公民无民事行为能力或限制民事行为能力案件、认定财产无主案件等。

5. 最高人民法院的文件规定依照民事诉讼程序审理的案件，如部分专利纠纷案件，包括以下七种：①关于是否应当授予发明专利权的纠纷案件。②关于宣告授予的专利发明权无效或者维持发明专利权的纠纷案件。③关于实施强制许可的纠纷案件。④关于实施强制许可使用费的纠纷案件。⑤关于专利申请公布后专利权授予前使用发明、实用新型、外观设计的费用纠纷案件。⑥关于专利侵权的纠纷案件。⑦关于转让专利申请权或者专利权的合同纠纷案件。

此外，对于人民法院主管的海事、商事案件，以及涉外海事案件，法律都有明确的规定。

（二）管辖

1. 管辖的概念和意义。管辖是指各级人民法院和同级人民法院之间，受理第一审民事案件、经济案件的分工和权限。

管辖和主管是两个不同的问题，但是二者有着密切的联系。人民法院行使审判权必须在法院主管的范围内，否则无权行使审判权。尽管是属于法院主管的案件，也不是任何一级人民法院和同级人民法院中的任何一个法院都有权进行审判，必须在确定主管的前提下，又属于受诉人民法院管辖即有管辖权，才能正确行使审判权。从这一意义上讲，不难看出，主管是确定管辖的前提和基础，管辖是对主管的落实和发展。没有主管，就无法落实管辖；没有管辖，主管的确定就丧失了意义。由此可见，主管与管辖二者是密不可分的。

人民法院对民事案件的审判是解决民事纠纷的最终手段。在审判上面临的首要问题是管辖的问题。正确确定一审人民法院的管辖权，不论在理论上还是在实践中都具有重要意义：①有利于各个人民法院明确自己的管辖范围，使其正确行使审判权，合法、及时地审理民事案件。管辖不明容易造成法院之间互相推诿，或互相争执，影响案件的及时审理。②有利于当事人行使诉权，及时起诉，避免因管辖不明致使当事人投诉无门，四处奔波，费时耗资，导致其合法权益得不到及时保护。③有利于维护国家主权。对于涉外民事案件，人民法院依照我国法律规定行使管辖权，保护当事人合法权益，实际上与维护国家主权密切相关。④有利于正确确定各级人民法院审理案件的分工，发挥行使审判权的积极性。

2. 级别管辖。级别管辖是上下级人民法院之间受理第一审民事案件的分工和权限。我国人民法院分为四级，即基层人民法院、中级人民法院、高级人民法院和最高人民法院。此外还有专门法院，如军事法院、海事法院和知识产权法院。这些法院构成了我国法院的体制。级别管辖是按照人民法院的组织系统来划分上下级法院之间受理和审理第一审民事案件、经济纠纷案件的职权范围。基于上述情况，法院管辖首先应确定各级人民法院对第一审民事案件的管辖权，也就是级别管辖所要解决的哪些第一审民事案件应由哪一级人民法院受理和解决的问题。

世界各国确定级别管辖的标准不尽相同。我国《民事诉讼法》确定级别管辖的标准是案件的性质和影响范围。所谓案件的性质，是指具有特殊性，不同于普通的民事案件的性质。例如，涉外民事诉讼、专利诉讼和海事案件等。影响范围是指案情自身复杂，涉及面广，处理结果可能对社会产生一定的反响。凡是案件具有特殊性或者比较重大复杂、影响面广的，由上级人民法院作为第一审法院，一般案件原则上由基层人民法院作为第一审法院。《民事诉讼法》第 18 ~ 21 条对各级法院的管辖范围作出了具体规定。此外，我国各地的高级人民法院根据案件的财产争议金额还制定了具体的划分级别管辖的标准。

3. 地域管辖。地域管辖是同级法院之间在各自的辖区受理第一审民事案件的分工和权限。由于我国法院辖区与行政区划是一致的，因此，地域管辖按照人民法院的行政区域划分第一审民事案件的管辖范围，所以，地域管辖又称为土地管辖或区域管辖。地域管辖是在级别管辖的基础上进一步确定法院的管辖权。级别管辖是从法院组织系统纵的方向划分各级人民法院的管辖范围和职权。在此基础上，地域管辖就是在诸多同级法院中从横向划分每一个人民法院的管辖范围和职权。只有经过级别管辖和地域管辖的划分才能最后确定某一法院对某一案件的管辖权。

我国民事诉讼法确定地域管辖的标准有两个：①法院的辖区，即行政区域（我国法院辖区与行政区域是一致的）。这是同级人民法院之间各自行使审判权的空间范围。②当事人或诉讼标的与人民法院辖区的关系。这种关系是一种属籍，即当事人的住所与经常居住地（户籍所在地与居所地）同法院辖区的关系，或者诉讼标的、诉讼标的物、法律行为同法院辖区的关系。只有把这两个标准结合起来，才能正确确定地域管辖。

根据我国《民事诉讼法》的规定，地域管辖分为一般地域管辖、特殊地域管辖和专属管辖。根据当事人所在地（住所地、经常居住地）确定管辖法院的，称为一般地域管辖或普通管辖；以诉讼标的所在地或者引起法律关系发生、变更、消灭的法律事实所在地为标准确定的管辖，称为特殊地域管辖。专属管辖是特殊地域管辖的一种，是根据案件的特定性质，法律规定必须由一定地区的人民法院管辖。

4. 裁定管辖。裁定管辖是以人民法院作出的裁定来确定管辖法院的。根据我国

《民事诉讼法》的规定，裁定管辖有以下三种：

(1) 移送管辖。人民法院对已经受理的案件，发现无管辖权，依照法律规定将该案移交给有管辖权的人民法院审理，叫做移送管辖。移送管辖，就其实质而言是对案件的移送，而不是对人民法院管辖权的移送。

(2) 指定管辖。指定管辖是指上级人民法院用裁定的方式将某一案件交由某一个下级人民法院管辖。《民事诉讼法》第37条规定："有管辖权的人民法院由于特殊原因，不能行使管辖权的，由上级人民法院指定管辖。人民法院之间因管辖权发生争议，由争议双方协商解决；协商解决不了的，报请它们的共同上级人民法院指定管辖。"指定管辖一般发生在以下两种情况中：①由于特殊原因，有管辖权的人民法院不能行使管辖权。②管辖权发生争议，有争议的两个法院自行协商不成。

(3) 移转管辖。由上级人民法院将确有必要并报请其上级人民法院批准的某个案件的管辖权转移给下级人民法院，或者经上级人民法院同意或决定，下级人民法院将某个案件的管辖权转移给上级人民法院的，称为移转管辖，或管辖权的转移。它是级别管辖的一种变通措施。

《民事诉讼法》第38条规定："上级人民法院有权审理下级人民法院管辖的第一审民事案件；确有必要将本院管辖的第一审民事案件交下级人民法院审理的，应当报请其上级人民法院批准。下级人民法院对它所管辖的第一审民事案件，认为需要由上级人民法院审理的，可以报请上级人民法院审理。"依此规定，提起移转管辖，须具备以下四个条件：①移转的案件是人民法院已受理了的第一审民事案件；②移转案件的人民法院对所移转的案件有管辖权；③移转的案件都必须经其上级人民法院同意或决定；④案件的移转必须在有隶属关系的上下级人民法院之间进行。

二、诉讼主体

(一) 审判组织

审判组织是人民法院审理民事案件、经济纠纷案件的组织形式。

独任制是由1名审判员代表人民法院审判民事案件的组织形式，它适用于基层人民法院及其派出法庭，用简易程序或某种特别程序审理的民事、经济案件。

由审判员或者审判员与陪审员组成的审判集体，对民事案件进行审理的组织形式，称为合议制。

除简单的民事案件和经济纠纷案件，基层人民法院实行独任制审判外，其他一切案件，不论按照第一审程序、第二审程序或再审程序审理，都适用合议制。根据法律规定，因合议庭审级不同，其组成人员有所不同。

1. 第一审合议庭。根据《民事诉讼法》的规定，在第一审民事案件的审判中，合议庭可以邀请陪审员参加。因此，第一审案件的合议庭的组成有两种方式：①审判员、陪审员共同组成合议庭。陪审员作为合议庭的组成人员，在整个审判过程中与审判员有同等的权利。至于审判员和陪审员在合议庭中的人数比例，法律没有作明确规定，只要合议庭人数为单数即可。②由审判员组成合议庭，即合议庭人员全部为审判员。对于上级法院发回重审的案件，原审合议庭人员不得参与审理。

2. 第二审合议庭。根据法律规定，二审合议庭必须由审判员组成，不得有陪审员参加。二审合议庭组成的这一特点是由第二审的任务和性质决定的。

3. 再审民事案件的审判组织。对案件进行再审的审判组织形式，取决于对再审案件适用的程序。审理再审案件，原来是第一审的，按照第一审程序另行组成合议庭；原来是第二审的，按照第二审程序另行组成合议庭。

（二）当事人

1. 当事人的概念和类型。民事诉讼中的当事人是指因民事上的权利义务关系发生纠纷，以自己的名义进行诉讼，并受人民法院裁判、调解协议约束的利害关系人。

在不同的诉讼程序中，当事人有不同的称谓。在第一审普通程序和简易程序中，称为原告和被告；在特别程序中，除选民名单案件称起诉人外，其他案件均称申请人。在第二审程序中，称为上诉人和被上诉人。在审判监督程序中，如果适用第一审程序，则称为原审原告和原审被告；如果适用第二审程序，则称为原上诉人和原被上诉人。在执行程序中，称为申请执行人和被申请执行人，简称申请人和被执行人。

根据我国《民事诉讼法》的规定，可以作为当事人的有公民、法人和其他组织。

2. 当事人的诉讼权利能力和诉讼行为能力、当事人的诉讼权利和诉讼义务。诉讼权利能力，又称当事人能力，是指能够享有民事诉讼权利和承担民事诉讼义务的能力。这种能力是作为民事诉讼当事人的法律资格。

诉讼行为能力，又称诉讼能力，是指以自己的行为行使诉讼权利、履行诉讼义务的能力，也就是亲自进行诉讼活动的能力。

公民的民事诉讼行为能力始于成年，终于死亡或被宣告无行为能力。公民的诉讼行为能力可能与诉讼权利能力一致，也可能不一致。在一般情况下，具有诉讼权利能力的人同时具有诉讼行为能力。在特殊情况下，如未成年人、精神病人等，虽有诉讼权利能力，却没有诉讼行为能力，只能由其法定代理人代理其诉讼。

法人的民事诉讼行为能力与民事权利能力一样，始于法人成立，终于法人解散或被撤销。法人的民事诉讼行为能力通过其法定代表人的诉讼行为来实现。

依照我国《民事诉讼法》的规定，当事人享有广泛的诉讼权利，主要有：①请求司法保护的权利，即原告有起诉权，并可放弃或变更诉讼请求；②被告有应诉权，并可承认或反驳诉讼请求，有权提起反诉；③用本民族语言文字进行诉讼的权利；④委托代理人进行诉讼的权利；⑤申请回避的权利；⑥上诉的权利；⑦申请执行的权利；⑧自行和解的权利；⑨查阅本案庭审材料，并复制本案的庭审材料和法律文书的权利，但涉及国家机密、商业秘密或者个人隐私的材料除外。

依照《民事诉讼法》的规定，当事人的诉讼义务主要有：①依法行使诉讼权利，不得加以滥用；②遵守诉讼秩序和法庭纪律；③履行生效的判决、裁定和调解协议。

3. 当事人的更换和追加、诉讼权利的承担及公益诉讼中的原告资格。当事人的更换是指在诉讼过程中，人民法院将不符合条件的当事人换成符合条件的当事人。

当事人的追加是指在诉讼过程中，发现应当共同进行诉讼的当事人没有参加诉讼，由人民法院通知其加入诉讼。当事人的追加既可以由人民法院依职权进行，也可以由当事人申请追加。

诉讼权利的承担，又称诉讼权利义务的承担，是指在诉讼过程中，由于某种情况的发生，一方当事人的诉讼权利义务转移给另外的人，由其承担该诉讼当事人的权利义务，继续进行诉讼。诉讼权利义务的承担是基于民事权利义务的转移而发生的。根据我国相关司法解释，在诉讼中，争议的民事权利义务转移的，不影响当事人的诉讼主体资格和诉讼地位。人民法院作出的发生法律效力的判决、裁定对受让人具有拘束力。受让人申请以无独立请求权的第三人身份参加诉讼的，人民法院可予准许。受让人申请替代当事人承担诉讼的，人民法院可以根据案件的具体情况决定是否准许；不予准许的，可以追加其为无独立请求权的第三人。

人民法院准许受让人替代当事人承担诉讼的，裁定变更当事人。变更当事人后，诉讼程序以受让人为当事人继续进行，原当事人应当退出诉讼。原当事人已经完成的诉讼行为对受让人具有拘束力。

关于公益诉讼案件中的原告资格问题，各国立法的差异较大。所谓公益诉讼，是指特定的国家机关和相关的组织和个人，根据法律的授权，对违反法律法规，侵犯国家利益、社会利益或特定的他人利益的行为，向法院起诉，由法院依法追究法律责任的活动。由于“公共利益”的抽象性，该利益的归属主体一般比较模糊，难以界定。所以当公共利益发生损害时，谁有资格提起诉讼，一般由法律直接作出规定。我国《民事诉讼法》第 55 条规定：“对污染环境、侵害众多消费者合法权益等损害社会公共利益的行为，法律规定的机关和有关组织可以向人民法院提起诉讼。”由此，依据我国《民事诉讼法》的规定，经过法律授权的机关和组织虽然不是“公共利益”的“利益”归属者，但是可以依据法律的授权，提起公益诉讼。

4. 法定代表人、非法人团体。所谓法定代表人，是指根据法律、行政命令或者法人章程而产生的，代表法人行使职权的主要负责人。包括：①单位的正职行政负责人，如厂长、董事长、经理等。②单位没有正职行政负责人的，则由主持工作的副职行政负责人如副厂长、副经理担任。③单位没有明确正副职务的，则由主持工作的行政负责人担任。

当法人作为民事诉讼当事人时，法定代表人就可以直接进行诉讼，行使诉讼权利，承担诉讼义务。法定代表人实施的诉讼行为，即该法人的诉讼行为，对该法人发生法律效力。因此，在诉讼过程中，如果更换了法定代表人，那么原法定代表人的诉讼行为对新参加诉讼的法定代表人来说，仍然具有拘束力。

非法人团体是指没有代表人或管理人，不具备法人条件，没有取得法人资格的社会组织，如个人合伙、合伙型联营等。非法人团体可以自己的名义起诉和应诉，作为诉讼当事人。

5. 共同诉讼人。共同诉讼是指当事人一方或双方各为2人以上的诉讼。原告为2人以上的，称为共同原告；被告为2人以上的，称为共同被告。共同诉讼中复数方的当事人，统称为共同诉讼人。

共同诉讼的特点是诉讼当事人的合并，即诉讼主体的合并。共同诉讼可能在起诉时发生，也可能在诉讼进行中发生。其由于追加当事人或者由于发生了诉讼权利义务的承担而形成。

《民事诉讼法》设立共同诉讼制度的目的就在于通过一个诉讼程序来解决涉及多数当事人的民事权利义务争议。这样既可以简化诉讼程序，提高办案效率，节省当事人和人民法院的时间和费用，又可以彻底解决当事人之间的纠纷，避免人民法院在同一或同类问题上作出互相矛盾的判决。

根据我国《民事诉讼法》的规定，共同诉讼可以分为两类，即必要的共同诉讼和普通的共同诉讼。

当事人一方或双方为二人以上，其诉讼标的是共同的，称为必要的共同诉讼。这里所说的诉讼标的是指双方当事人争议的，请求法院予以裁判解决的民事权利义务关系。所谓诉讼标的是共同的，是指共同诉讼人对诉讼标的，或者是共同享有权利，或者是共同承担义务。这是构成必要共同诉讼的主要条件。

当事人一方或双方为二人以上，其诉讼标的属于同一种类，人民法院认为可以合并审理的诉讼，称为普通共同诉讼，或非必要共同诉讼。构成普通共同诉讼，除了必须具备诉讼标的属于同一种类这一实质要件之外，还必须同时具备以下几个程序要件：①几个诉讼必须属于同一个人民法院管辖。②几个诉讼必须适用同一种诉讼程序。③合并审理能够达到精简诉讼程序，提高办案效率的目的。反之，如果不具备这几个条件，人民法院就应分案审理，不作为共同诉讼对待。

共同诉讼人之间的关系因共同诉讼的性质不同而有区别。在必要的共同诉讼中，一人的诉讼行为经全体共同诉讼人承认后，对全体发生法律效力，未经全体承认，则对全体无效。在普通共同诉讼中，共同诉讼人对诉讼标的没有共同的权利义务，一个人的诉讼行为对其他共同诉讼人不发生效力。

6. 代表人诉讼。当事人一方或双方人数众多，因而推选代表人到人民法院进行的诉讼，称为代表人诉讼。

代表人诉讼制度的根本特点在于：①它将共同诉讼制度与代理诉讼制度结合起来，即人数众多且确定的多数当事人，可以由当事人推选出的代表人进行诉讼。②当事人一方人数众多，但在起诉时人数尚未确定的，向人民法院登记的权利人可以推选代表人进行诉讼；推选不出代表人的，人民法院可以与参加登记的权利人商定代表人。

代表人的诉讼行为对其所代表的当事人发生效力。但代表人变更、放弃诉讼请求或者承认对方当事人的诉讼请求、进行和解的，必须经被代表的当事人同意。

7. 第三人。民事诉讼中的第三人是对他人之间争议的诉讼标的具有独立的请求权，或者虽无独立的请求权，但与案件处理的结果有法律上的利害关系，因而参加到诉讼中来的人。

第三人的特点在于他对原、被告之间争议的法律关系具有独立的请求权，或者同案件处理的结果有法律上的利害关系。

对他人之间诉讼标的的全部或一部分主张实体权利，提出诉讼请求，因而参加诉讼的人，称为有独立请求权的第三人。有独立请求权的第三人参加诉讼的根据是对原、被告之间争议的诉讼标的主张实体权利，他既反对原告的主张，又反对被告的主张。他认为不论原告胜诉，还是被告胜诉，都将会损害他的利益。因此，为了维护自己的权益，他以实体权利人的资格向人民法院提起了一个新的诉。

对他人之间的诉讼标的虽然不主张独立的请求权，但是案件的处理结果与他有着法律上的利害关系，因而为了保护自己的民事权益而参加到当事人一方进行诉讼的人，称为无独立请求权的第三人。无独立请求权的第三人参加诉讼的根据是他与案件的处理结果有着法律上的利害关系。就是说，无独立请求权的第三人与本诉中的一方当事人存在着某种实体上的民事法律关系，如果这方当事人败诉，他对该当事人负有某种实体上的义务。

为了保护第三人的合法权益，《民事诉讼法》规定，第三人因不能归责于本人的事由未参加诉讼，但有证据证明发生法律效力的判决、裁定、调解书的部分或者全部内容错误，损害其民事权益的，可以自知道或者应当知道其民事权益受到损害之日起6个月内，向作出该判决、裁定、调解书的人民法院提起诉讼。人民法院经审理，诉讼请求成立的，应当改变或者撤销原判决、裁定、调解书；诉讼请求不成立的，驳回诉讼请求。

8. 诉讼代理人。

（1）诉讼代理人的概念和特征。根据法律规定或当事人的授权为一方当事人进行诉讼的人，称为诉讼代理人。诉讼代理人具有如下法律特征：①诉讼代理人必须以被代理人的名义进行诉讼。②同一诉讼代理人只能代理一方当事人，不能同时代理双方当事人。③诉讼代理人是维护被代理人利益的诉讼参加人。诉讼代理人与诉讼没有直接的利害关系，他参加诉讼是为了维护被代理人的利益，其代理诉讼行为所产生的法律后果，直接由被代理人承担。诉讼代理制度是民事诉讼法的组成部分，具有重要的意义：一方面，它为具有诉讼权利能力而无诉讼行为能力的当事人提供通过诉讼维护权利的手段；为那些虽能自己进行诉讼但缺乏法律知识的人提供诉讼上的帮助，维护其合法权益。另一方面，诉讼代理人代理当事人为诉讼行为，便于法院及时审理民事案件、经济纠纷案件，解决当事人的民事权益纠纷。

（2）法定代理人。法定代理人是指根据法律的规定直接行使代理权的人。法定代理是法律为没有诉讼行为能力的人设立的一种诉讼代理制度，法定代理人的代理权是根据民法、婚姻法等实体法上规定的亲权和监护权而产生的。法定代理人代为诉讼，不需要向法院提交授权委托书，只需要提交身份证明即可。对法定代理人也不需要规定代理权限，法定代理就是全权代理。法定代理权基于亲权和监护权而取得，法定代理人的诉讼代理权因一定情况的出现而消灭。具体而言，导致法定代理权消灭的情况有如下三种：①法定代理人死亡或丧失诉讼行为能力。法定代理人在诉讼中死亡，其法定代理权自然归于消灭。法定代理人在诉讼中丧失诉讼行为能力，已无法代理当事人实施诉讼行为，其法定代理权也即行消灭。②被代理的当事人取得或恢复诉讼行为能力。法定代理人是由于当事人无诉讼行为能力而代为诉讼的，在诉讼进行中，如果未成年的当事人达到成年而取得诉讼行为能力，或者患精神病的当事人因痊愈而恢复诉讼行为能力，他们便可亲自进行诉讼，法定代理权因此而消灭。③法定代理人以对当事人的亲权或监护权为基础而产生代理权，当法定代理人在诉讼进行中失去亲权或监护权时，其法定代理权就随之消灭。例如，如果法定代理人是作为未成年当事人的养父或养母代为诉讼，其法定代理权在诉讼中随收养关系的解除而消灭。又如，法定代理人在诉讼中因不履行监护职责或者侵害被监护人的合法权益而被人民法院撤销其监护人资格时，其法定代理权便因监护权的丧失而消灭。

(3) 委托代理。根据代理人和被代理人之间的协议成立的代理，称为委托代理。接受当事人、法定代理人、法定代表人的委托代为进行诉讼行为的人，称为委托代理人。根据《民事诉讼法》的规定，律师、基层法律服务工作者、当事人的近亲属或工作人员，以及当事人所在社区、单位以及有关社会团体推荐的公民，均可作为委托代理人。委托代理权基于当事人、法定代表人、法定代理人的委托而产生。当事人委托诉讼代理人后，可以变更诉讼代理人的代理权限。这种变更，无论扩大还是缩小原来的授权范围，都必须书面告知人民法院，并由人民法院通知对方当事人。委托代理权在下列情况下归于消灭：①诉讼终结。此时委托代理的任务已经完成，诉讼代理权随之消灭。②委托代理人死亡或者丧失诉讼行为能力，即失去了行使诉讼代理权的能力，无法代理诉讼，诉讼代理权随之丧失。③委托代理人辞去或解除委托。此时，委托人与诉讼代理人的委托关系不复存在，委托代理产生的基础丧失，委托代理权归于消灭。辞去或解除委托的，当事人必须书面告知人民法院，并由人民法院通知对方当事人，否则，不发生辞去或解除的效力。

三、证据

(一) 民事诉讼证据的概念和分类

民事诉讼证据是指能够证明民事案件真实情况的一切材料。

民事诉讼证据与刑事诉讼证据、行政诉讼证据相比，具有自己的特点：它由民事诉讼法调整，并受民事诉讼程序的制约；其证明对象是与民事实体争议和民事诉讼程序相关的特征事实。

民事诉讼证据在理论上可以按不同的标准进行分类：

1. 按证据的来源分为原始证据和派生证据。证据本身直接来源于案件事实的，称为原始证据。原始证据通常被称为第一手材料。不是直接来源于案件事实，而是经过中间环节辗转得来的证据，称为派生证据。派生证据通常被称为第二手材料。

将证据划分为原始证据和派生证据的意义在于，原始证据与待证事实之间有直接联系，可靠性比较大，诉讼中应尽可能收集。找不到原始证据时，使用派生证据应注意审查其来源的可靠性，并和其他证据加以印证。

2. 按证据与待证事实之间的关系分为直接证据和间接证据。直接证据是指能够单独地直接证明待证事实的证据。如合同作为证据可以证明合同法律关系是否成立。间接证据是指不能单独地、直接地证明待证事实，但一系列事实组合在一起可以证明待证事实的证据。如离婚案件中，包办、分居、吵架等事实作为证据组合在一起可以证明夫妻感情已经破裂。

划分直接证据和间接证据的意义在于，使用间接证据不仅要审查其来源是否可靠，而且要保证各个间接证据之间互无矛盾。

3. 按证据与当事人主张的关系分为本证和反证。能够证明当事人一方所主张的事实存在的证据，称为本证。能够证明当事人一方所主张的事实不存在的证据，称为反证。

划分本证和反证的意义在于，本证是一种肯定性的证据，其作用是可以证明当事人一方所主张的事实是真实的。反证是一种否定性的证据，其作用是从相反的方面否定或推翻当事人一方所主张的事实，证明这种事实不能成立。

根据《民事诉讼法》的规定，证据有以下几种：

1. 当事人陈述。当事人陈述是指当事人在诉讼中就与案件有关的事实，向法院所作的陈述。

2. 书证。凡是用文字、符号、图画在某一物体上表达人的思想，其内容可以证明待证事实的一部或全部的，称为书证。

3. 物证。凡是用物品的外形、特征、质量等证明待证事实的一部或全部的，称为物证。

4. 视听资料。凡是利用录像、录音磁带反映出的图像和音响，或以电脑储存的资料来证明待证事实的证据，称为视听资料。

5. 电子数据。一般认为，电子数据主要是通过电子技术或数字技术和电脑等电子设备形成的，以电子形式存在于电脑硬盘、光盘等设备和材料内部，需要通过特定的技术、程序和设备转换为人们所能感知和理解的存在物（如图形、符号、文本等）。

6. 证人证言。诉讼参加人以外的知道本案的有关情况的其他人员，由人民法院传唤到庭所作的陈述，或者向人民法院提交的书面陈述，称为证人证言。

7. 当事人陈述。当事人在诉讼中向人民法院所作的关于案件事实的叙述，称为当事人陈述。

8. 鉴定意见。人民法院审理民事案件，对某些专门性问题，指定具有专业知识的人进行鉴定而作出科学的分析，提出的结论性意见，称为鉴定意见。

9. 勘验笔录。人民法院审判人员为了查明案情，对与争议有关的现场或者物品，亲自进行勘查检验，进行拍照、测量，将勘验情况和结果制成的笔录，称为勘验笔录。

(二) 民事诉讼中的证明

民事诉讼中的证明是人民法院或者当事人依法运用证据，查明或确定案件的诉讼活动。证明主体是人民法院和民事诉讼当事人。进行证明活动的目的在于查明案件事实，保障案件的审判质量，更好地维护民事诉讼当事人的合法权益。

1. 证明的对象。证明对象指需要由证明主体依法借助证据查明的案件事实，亦称待证事实。民事案件需要查明的事实主要有：

(1) 当事人主张的民事实体权益所根据的事实。当事人在诉讼中主张权利和利益，必须有法律事实作为根据。法律事实指当事人之间发生、变更或者消灭民事的、经济的法律关系的事实。

(2) 当事人主张的具有程序性质的法律事实。具有程序性质的法律事实是由《民事诉讼法》所规定，能够引起民事诉讼法律关系发生、变更和消灭的事实。例如，一方当事人主张另一方当事人不符合法定条件的事实；当事人主张受诉人民法院无管辖权的事实；当事人申请审判人员、翻译人员和鉴定人员回避的事实；申请中止诉讼、终结诉讼、中止执行的事实等。只有查清有关程序方面的事实，才能保证诉讼程序的顺利进行，保障案件的正确处理。

(3) 证据事实。证据事实是查明民事案件事实的根据。人民法院收集、调查的证据事实，或者当事人提供的证据事实，必须经过查证属实，才能作为认定事实的根据。查证活动是证明活动，被查证属实的证据就是证明对象。另外，在诉讼中，当事人之间因对某一证据事实的真伪发生争议，人民法院为查实这一证据事实的真伪而进行的诉讼活动是证明活动，证明对象当然就是发生争议的证据。

2. 举证责任和查证职责。当事人在诉讼中对自己的主张负有的提出证据，以证明其真实的责任，称为举证责任。

举证责任分担的原则是“谁主张谁举证”，即每一方当事人对自己提出的主张有责任提供证据。负有举证责任的当事人如果无法举证或者拒绝举证，则可能导致其主张不成立。最高人民法院通过司法解释确立了举证时限制度，法院可以指定举证时限，当事人也可以约定举证时限。当事人逾期举证的，视为放弃举证，人民法院审理时不进行质证。

我国《民事诉讼法》规定当事人负有举证责任。人民法院的主要职责是按照法定程序全面地、客观地审查核实证据。但在下列两种情况下，人民法院应对证据主动调查收集：①当事人及其诉讼代理人因客观原因不能自行收集的证据；②人民法院认为审理案件需要的证据。

四、保全和先予执行

（一）保全

按照我国现行《民事诉讼法》，民事保全是指人民法院为保证将来生效判决能切实执行，或者为了及时有效地避免当事人或者利害关系人的合法权益受到难以弥补的损害，在诉讼过程中或者诉讼开始前，根据当事人或利害关系人的申请，或者必要时依职权对当事人争议的财产或者与本案有关的财产进行保全，责令其作出一定行为或者禁止其作出一定行为的法律制度。

民事保全制度分为财产保全与行为保全两种类型。其中，财产保全是指人民法院在利害关系人起诉前或者当事人起诉后，为保障将来的生效判决能够得到执行或者避免财产遭受损失，对当事人的财产或者争议的标的物，采取限制当事人处分的强制措施。

行为保全，与财产保全相区别，是指针对行为采取的保全措施，即根据一方当事人申请责令另一方当事人为一定行为或不为一定行为的一种临时性救济措施。

1. 财产保全。针对民事经济案件，人民法院为保证将来判决发生法律效力后能得到全部执行，而对当事人的财产或争执的标的物采取一定的强制性措施，称为财产保全。

诉讼中的财产保全是指当事人起诉以后，人民法院在审理民事经济案件的过程中，对于可能因当事人一方的行为或者其他原因，使判决不能执行或者难以执行的案件，根据当事人的申请或者依职权对当事人的财产或者争议的标的物采取的强制性措施。诉讼中的财产保全必须具备以下条件：

（1）案件具有给付内容，即属于给付之诉。

（2）由于当事人的行为或者其他原因，有可能使判决将来不能执行或者难以执行。

（3）采取保全措施可以根据当事人的申请，如果当事人没有申请，人民法院在必要的时候也可以依职权进行。

（4）采取保全措施，可以责令申请人提供担保；申请人不提供担保的，驳回申请。

诉前财产保全是指利害关系人因情况紧急，不立即申请财产保全将会使其合法权益受到难以弥补的损害的，在起诉前申请人民法院对一定财产或争议标的物采取的强制性措施。诉前财产保全必须具备以下条件：

（1）利害关系人的争议属于财产争议。

（2）由于义务人的行为或者其他原因，如不立即采取保全措施，将会使权利人的合法权益受到难以弥补的损害。

（3）必须有利害关系人的申请，人民法院不得主动提出。

（4）申请人应当提供担保，不提供担保的，驳回申请。

根据《民事诉讼法》的规定，财产保全限于请求的范围或者与本案有关的财物。

财产保全措施是对财产保护的办法。根据《民事诉讼法》的规定，财产保全采取查封、扣押、冻结或者法律规定的其他方法。

因物争讼的，对财物应采用查封、扣押的保全方法，以限制被申请人的使用、转移、隐匿或损坏等。已被查封、扣押的财物，人民法院不得因另案重复查封；在财物被查封、扣押期间，被申请人提供担保的，人民法院应作出裁定，解除查封、扣押的措施。

因金钱之债争讼的，可以采用冻结的保全方法，将被申请人在银行、信用社的存款，冻结一部或者全部，以限制被申请人或他人的支取；有义务协助人民法院冻结存款的单位，应积极协助执行；冻结的存款，因其他案件的需要，又重复冻结的，根据《民事诉讼法》中不得重复冻结的规定，协助单位有权拒绝；人民法院冻结财产的，应当通知被申请人。

法律规定的其他方法指查封、扣押、冻结之外的法律规定的方法。例如，对已查封、冻结但不宜长期保存的与本案有关的物品，还可以拍卖或者变卖，保存价款。

2. 行为保全。我国 1991 年颁布的《民事诉讼法》只规定了财产保全，但未规定行为保全。2012 年《民事诉讼法》修订时，明确增加了对行为保全制度的规定，完善了我国的保全制度体系。

（1）申请。当事人或利害关系人申请行为保全，应该符合以下三个条件：一是申请人必须具备申请行为保全的正当理由，即可能因当事人一方的行为或者其他原因，使判决难以执行或者造成当事人其他损害或不立即申请保全将会使其合法权益受到难以弥补的损害的。二是行为保全应向有管辖权的法院申请。三是必须是当事人或利害关系人提出申请；在诉讼进行的过程中，人民法院也可以依职权采取行为保全措施。

（2）管辖。由于行为保全针对的是被申请人的行为，因此，对于诉前申请行为保全的，应当向对案件有管辖权的人民法院申请。诉讼中申请行为保全的，则应当由受诉法院管辖。

（3）担保。诉前申请行为保全的，利害关系人应当提供担保。诉讼过程中申请行为保全的，由法院依个案的具体情况判断是否需要提供担保。

（4）审查与复议。法院对请求进行审查，以决定是否作出行为保全的裁定。法院的审查包括形式审查和实质审查。形式审查是指对申请人提交的材料是否齐备所进行的审查；实质审查主要是对行为保全的条件是否具备所进行的审查。经过审查，法院作出准予或不准予行为保全的裁定。准予采取行为保全的，应采取相应的保全措施，如停止侵害、排除妨碍、限制活动等。申请人或被申请人对裁定不服的，可申请复议一次，复议期间不停止裁定的执行。

（5）行为保全的撤销及错误的救济。被申请人对行为保全措施提出复议，经法院审查复议理由成立，或者被申请人提供担保，或者作出保全裁定的人民法院认为保全的条件不再具备的，可以撤销行为保全裁定。由于错误申请导致被申请人损失的，申请人应当承担损害赔偿责任。被申请人可以据此提出赔偿要求。

（二）先予执行

1. 先予执行的概念和条件。人民法院审理请求给付财物的案件，在作出判决交付执行之前，因权利人难以甚至无法维持生活、工作和生产，及时裁定义务人先行给予一定款项或特定物，立即交付执行，这种制度称为先予执行。

裁定先予执行，应当符合下列条件：

（1）案件属于给付之诉，否则即使最终作出判决也不存在执行的问题，当然也就无须先予执行。

（2）双方当事人争议的法律关系的权利义务明确、具体。

（3）权利人生活困难或生产急需，不采取先予执行措施就难以维持正常生活或生产。

（4）被申请人（义务人）有履行能力。

（5）人民法院可以责令申请人提供担保，申请人不提供担保的，驳回申请。

2. 先予执行的范围和程序。适用先予执行的范围指对于哪些案件人民法院可以裁定先予执行。根据《民事诉讼法》的规定，对以下三类案件可以书面裁定先予执行：①追索赡养费、扶养费、抚育费、医疗费用的案件；②追索劳动报酬的案件；③因情况紧急需要先予执行的案件。

先予执行一般由权利人提出申请，人民法院认为有必要的，可以责令申请人提供担保，申请人不提供担保的，驳回申请。如决定先予执行，必须用裁定书，并立即执行。先予执行的金钱或物品，应在案件审理终结时，在判决书中写明，并在被告给付的总金额中扣除已经给付的部分。申请人败诉的，对已执行的财物应予返还，并赔偿被申请人因先予执行遭受的财产损失。

根据《民事诉讼法》的规定，当事人如果不服财产保全或先予执行裁定，可以申请复议一次。复议期间，不停止裁定的执行。当事人对这类裁定，只能向作出裁定的人民法院申请复议一次，不能提起上诉。复议结果，如认为裁定确有错误，应予以撤销的，应按执行回转的方式恢复执行前的原状。

第三节 审判程序

一、普通程序

（一）普通程序的概念和特征

普通程序是人民法院审理第一审民事案件、经济纠纷案件通常适用的程序。

普通程序在民事审判程序中具有重要的作用，它与其他程序相比，具有以下特征：

1. 普通程序是民事审判程序中最系统、最完备的一种审判程序。普通程序的系统完备性是相对民事诉讼法中的其他审判程序而言的，如简易程序、特别程序、第二审程序、审判监督程序等。上述程序没有像普通程序规定得那么系统、完整。在普通程序中，从起诉、受理开始直至人民法院作出裁判，法律对全部诉讼过程都作了明确、具体的规定。

2. 普通程序具有广泛的适用性。普通程序广泛的适用性可以表现在两个方面：①除基层人民法院适用简易程序和特别程序审理案件外，人民法院审理第一审民事、经济案件，都应依法适用普通程序进行审判。②即使依照简易程序、特别程序、二审程序和审判监督程序审理案件，也与普通程序发生紧密联系。如依照《民事诉讼法》的规定，审理简单民事案件时应适用简易程序。在审理过程中，如发现该案件不属于简单民事案件，可以改用普通程序审理。适用特别程序审理的案件也是如此，在审理过程中发现该案不属于特殊案件的，应改为普通程序审理。在二审程序和审判监督程序中，除了按第二审程序和审判监督程序的有关规定审理案件外，还应根据案件的实际需要和法律规定适用普通程序的有关规定。

（二）起诉和受理

起诉是指原告向人民法院请求司法保护的诉讼行为。根据《民事诉讼法》第 108 条的规定，起诉必须具备以下四个条件：

1. 原告是与本案有直接利害关系的公民、法人和其他组织。

2. 有明确的被告。原告起诉时应当指出侵犯他的权益或与他发生争执的被告是谁。

3. 有具体的诉讼请求、事实和理由。诉讼请求是指原告要求人民法院保护其民事权益的内容。事实和理由是原告提出请求的根据。

4. 属于人民法院受理民事诉讼的范围和受诉人民法院管辖。

以上四个条件，在起诉时必须同时具备；但法律有特别规定的除外。如代位诉讼、股东派生诉讼中的原告并不要求与被告之间存在特定的法律关系，无须符合上述起诉条件中的第 1 条。

根据《民事诉讼法》第 120 条的规定，起诉应当向人民法院递交起诉状，并按照被告人数提出副本。书写起诉状确有困难的，可以口头起诉，由人民法院记入笔录，并告知对方当事人。可见，起诉形式以书面为原则，以口头为例外。

（三）审理前的准备和开庭审理

审理前的准备是指人民法院在受理案件后，开庭审理之前所做的准备工作。这一阶段，审判人员主要做以下几项准备工作：①发送起诉状副本和答辩状副本。②审阅诉讼材料，调查收集证据。③更换和追加当事人。

开庭审理是指人民法院在当事人和其他诉讼参与人参与下，对案件进行实体审理的诉讼活动过程。

1. 开庭审理前的准备。根据《民事诉讼法》第 125 ~ 133 条的规定，开庭审理前的准备工作有两项：①人民法院审理民事案件，应当在开庭 3 日前通知当事人和其他诉讼参与人。对于当事人，应当用传票传唤；对诉讼代理人、证人、鉴定人、勘验人、翻译人员，应当用通知书通知其到庭。当事人或其他诉讼参与人在外地的，应留有必要的在途时间。②公开审理的案件，应当公告当事人姓名、案由和开庭时间、地点。

2. 开庭审理的程序。开庭审理的程序主要有以下几个步骤：

（1）准备开庭。根据《民事诉讼法》第 137 条的规定，开庭审理前，书记员应当查明当事人和其他诉讼参与人是否到庭，宣布法庭纪律。开庭审理时，由审判长核对当事人，宣布案由，宣布审判人员、书记员名单，告知当事人有关的诉讼权利义务，询问当事人是否提出回避申请。

（2）法庭调查。法庭调查是开庭审理的中心环节，是对案件进行实体审理的主要阶段。其任务是审查核实各种诉讼证据，对案件进行直接、全面的调查。

（3）法庭辩论。法庭辩论是开庭审理的又一重要阶段，是当事人就如何认定事实和适用法律进行辩论。当事人可以根据法庭调查的材料，对于证据的证明力、事实的认定以及适用什么法律及理由，向法庭提出自己的意见。根据《民事诉讼法》第 141 条的规定，法庭辩论按下列顺序进行：①原告及其诉讼代理人发言。②被告及其诉讼代理人答辩。③第三人及其诉讼代理人发言或者答辩。④互相辩论。法庭辩论终结，由审判长按照原告、被告、第三人的先后顺序征询各方最后意见。

（4）法庭调解。根据《民事诉讼法》第 142 条的规定，法庭辩论终结，应当依法作出判决。判决前能够调解的，还可以进行调解，调解不成的，应当及时判决。

（5）合议庭评议。法庭辩论后，调解没有达成协议的，合议庭成员退庭进行评议。合议庭评议实行少数服从多数的原则。审判人员在法庭调查和法庭辩论的基础上，正确适用法律，对案件事实和证据进行客观、全面的分析判断，力求作出正确的结论。

（6）宣判。合议庭评议完毕，应制作判决书。根据《民事诉讼法》第 148 条的规定，开庭审理无论是否公开，宣告判决一律公开进行。当庭宣判的，应当在 10 日内发送判决书；定期宣判的，宣判后立即发给判决书。宣告判决时，必须告知当事人上诉权利、上诉期限和上诉的人民法院。宣告离婚判决，必须告知当事人在判决发生法律效力前不得另行结婚。

（四）撤诉和缺席判决

1. 撤诉。撤诉是指在诉讼过程中，原告（包括上诉人）取消已向法院提出的诉讼。

根据《民事诉讼法》的规定，撤诉有广义和狭义两种：广义的撤诉包括申请撤诉与按撤诉处理；狭义的撤诉仅指申请撤诉。

根据《民事诉讼法》第 145 条第 1 款的规定，申请撤诉的条件是：①必须是原告提出申请。②向受诉法院提出。③必须在诉讼程序开始之后，法院宣告判决之前提出。④申请撤诉是否准许由法院裁定。同时，根据《民事诉讼法》司法解释的规定，原告在法庭辩论后撤诉的，应当征求被告的意见，被告不同意的，法院可以不予允许。

根据《民事诉讼法》第 143 条的规定，原告经传票传唤，无正当理由拒不到庭的，或者未经法庭许可中途退庭的，可以按撤诉处理。

审判实践中还有以下几种情况，也按撤诉处理：

(1) 原告应预交而未预交案件受理费的，人民法院应当通知其预交，通知后仍不预交或者申请减、缓、免未获人民法院批准而仍不预交的，裁定按自动撤诉处理。

(2) 无民事行为能力的原告的法定代理人，经传票传唤，无正当理由拒不到庭的，按撤诉处理。

(3) 有独立请求权的第三人经法院传票传唤，无正当理由拒不到庭的，或者未经法庭许可中途退庭的，可按撤诉处理。

2. 缺席判决。缺席判决是指人民法院在当事人一方不出庭的情况下作出判决。在这种情况下，法院仅就到庭的一方当事人进行调查，审核证据，并对未到庭一方当事人的起诉状或答辩状及有关证据进行审查后，依法作出判决。

根据《民事诉讼法》第 143 条、第 144 条、第 145 条第 2 款和最高人民法院有关司法解释的规定，具有下列情形之一的，可以缺席判决：①原告不出庭或中途退庭按撤诉处理，被告提出反诉的。②被告经传票传唤，无正当理由拒不到庭的，或未经法庭许可中途退庭的。③法院裁定不准撤诉的，原告经传票传唤，无正当理由拒不到庭的。④无民事行为能力的被告人的法定代理人，经传票传唤无正当理由拒不到庭的。⑤在借贷案件中，债权人起诉时，债务人下落不明的，人民法院受理案件后公告传唤债务人应诉，公告期限届满，债务人仍不应诉，借贷关系明确的；以及在审理中债务人出走，下落不明，借贷关系明确的。

(五) 延期审理与诉讼中止和终结

1. 延期审理。延期审理是指人民法院开庭审理后，由于发生某种特殊情形，使开庭审理无法进行而推迟审理。

根据《民事诉讼法》的规定，有下列情形之一的，可以延期审理：①必须到庭的当事人和其他诉讼参与人有正当理由没有到庭的。②当事人临时提出回避申请的。③需要通知新的证人到庭，调取新的证据，重新鉴定、勘验，或者需要补充调查。④其他应当延期的情形。这是一条灵活规定，便于法院根据开庭审理中发生的情况具体掌握。

2. 诉讼中止。诉讼中止是指在诉讼进行中，因发生法定中止诉讼的原因，法院裁定暂时停止诉讼程序。

根据《民事诉讼法》第 150 条的规定，有下列情形之一的，中止诉讼：①一方当事人死亡，需要等待继承人表明是否参加诉讼的。②一方当事人丧失诉讼行为能力，尚未确定法定代理人的。③作为一方当事人的法人或者其他组织终止，尚未确定权利义务承受人的。④一方当事人因不可抗拒的事由，不能参加诉讼的。⑤本案必须以另一案的审理结果为依据，而另一案尚未审结的。⑥其他应当中止诉讼的情形。这是一个弹性规定，由审判人员根据实践情况灵活掌握。

符合上述情况的，法院应作出裁定中止诉讼。中止诉讼的原因消除后，由当事人申请或者法院依职权恢复诉讼程序。在此种情况下，不必撤销原裁定，从法院通知或准许当事人双方继续进行诉讼时起，中止诉讼的裁定即失去效力。

3. 诉讼终结。诉讼终结是指在诉讼过程中因发生某种情况，使诉讼程序继续进行已没有必要或不可能继续进行从而结束诉讼程序。

根据《民事诉讼法》第151条的规定，有下列情形之一的，终结诉讼：①原告死亡，没有继承人，或者继承人放弃诉讼权利的；②被告死亡，没有遗产，也没有应当承担义务的人的；③离婚案件中一方当事人死亡的；④追索赡养费、扶养费、抚育费以及解除收养关系案件的一方当事人死亡的。

（六）反诉

反诉是指原告起诉后，被告于同一诉讼程序对原告起诉。《民事诉讼法》把反诉规定为被告的一项诉讼权利，反诉可以与本诉合并审理。

反诉具有以下特征：

1. 反诉对象的特定性。反诉只能由本诉被告针对本诉原告而向法院提出。

2. 反诉请求的独立性。反诉作为一种独立的诉讼请求而存在，本诉撤回并不影响反诉的继续审理。

3. 反诉目的的对抗性。被告提起反诉是为了对抗原告的本诉请求，以抵销、吞并本诉或使本诉失去作用。

4. 反诉的请求和理由与本诉具有牵连性。本诉是反诉的前提，没有本诉就没有反诉。

反诉的条件是：①反诉只能由本诉被告向本诉原告提起。②反诉必须向受理本诉的法院提起。③反诉与本诉的诉讼请求必须能适用同类诉讼程序，如本诉适用普通程序，而反诉适用特别程序的，则反诉不能成立。④反诉必须于一审判决前提出。⑤反诉的诉讼请求与本诉的诉讼请求必须有事实上或法律上的联系。

二、简易程序

简易程序是简化了的普通程序，是基层人民法院和它派出的人民法庭审理简单的民事、经济纠纷案件所适用的一种简便易行的诉讼程序。

简易程序的适用范围是指这种程序对哪些法院适用和对哪些案件适用。从简易程序适用的主体来看，它适用于基层人民法院和它的派出法庭，中级以上人民法院不能适用。从简易程序适用的案件来看，它适用于事实清楚、权利义务关系明确、争议不大的简单的民事案件。当事人各方自愿选择适用简易程序，人民法院审查同意的，可以适用。

与普通程序相比，简易程序具有以下特点：

1. 起诉的方式简便。原告可以口头起诉。

2. 受理的程序简便。当事人双方可以同时到基层人民法院或者它的派出法庭，请求解决纠纷。基层人民法院和它的派出法庭可以当即审理，也可以另定日期审理。

3. 传唤方式简便。简易程序可以用简便的方式，如广播、电话等，随时传唤当事人、证人。

4. 婚姻纠纷、继承纠纷、劳务合同纠纷等案件实行先行调解原则。

5. 审判组织简便。实行独任制。

6. 庭审程序简便。应当一次开庭审结，但人民法院认为确有必要再次开庭的除外。开庭审理的各个阶段可以不作严格的划分。一般应当当庭宣判。

7. 审理期限时间较短。案件应当在立案之日起3个月内审结。

8. 部分案件的裁判文书对认定事实或者判决理由部分可以适当简化。

根据《民事诉讼法》第162条的规定，基层人民法院和它派出的法庭审理符合本法第157条第1款规定的简单的民事案件，标的额为各省、自治区、直辖市上年度就业人员年平均工资30%以下的，实行一审终审。由此可见，《民事诉讼法》对基层人民法院和它派出的法庭审理的小额争议案件实行一审终审的制度，此点是小额案件与一般按照简易程序审理的案件在程序适用方面最大的不同。

三、第二审程序

（一）第二审程序的概念及起诉的条件

民事诉讼当事人不服地方各级人民法院的第一审未生效的民事判决、裁定，向上一级人民法院提起上诉，上一级人民法院进行审理的程序，称为第二审程序。

上诉是第二审程序发生的根据，法律规定当事人有权对地方人民法院第一审判决提出上诉。但上诉需要具备下列条件：

1. 提起上诉的主体应当是第一审案件的当事人，即原告人、被告人、共同诉讼人和第三人。

2. 提起上诉的客体必须是依法允许上诉的判决或裁定。

3. 必须在法定期限内提起上诉。对判决提起上诉的期限为15日，对裁定提起上诉的期限为10日。

4. 应当提交上诉状。

（二）上诉案件的审理程序

关于上诉案件的审理程序，主要应注意以下几个方面：

1. 开庭前的准备，主要工作包括组成合议庭、审阅第一审案件材料、询问当事人等。

2. 二审的审查范围。《民事诉讼法》规定，第二审人民法院应当对上诉请求的有关事实和运用的法律进行审查。

3. 二审的审理方式。二审原则上要求开庭审理，但是，经过阅卷、调查和询问当事人，对没有提出新的事实、证据或者理由，合议庭认为不需要开庭审理的，可以不开庭审理。

4. 审理地点。二审既可以在第二审法院进行，也可以到案件发生地或者原审人民法院所在地进行。

5. 法庭调解。二审法院可以对案件进行调解，调解达成协议，应当制作调解书。调解书送达后，原审人民法院的判决即视为撤销。

（三）上诉案件的裁判

第二审人民法院对上诉案件，经过审理，分别按以下情形进行裁判：

1. 驳回上诉的判决。经审理，第二审人民法院认为原判决认定事实清楚、适用法律正确的，判决驳回上诉，维持原判决。原判决、裁定认定事实或者适用法律虽有瑕疵，但裁判结果正确的，第二审人民法院可以在判决、裁定中纠正瑕疵后，依照《民事诉讼法》第170条第1款第1项的规定予以维持。

2. 依法改判。经审理，第二审人民法院认为原判决适用法律错误的，依法改判。

3. 发回重审的裁判。原判决认定事实错误，或者原判决认定事实不清，证据不足的，裁定撤销原判决，发回原审人民法院重审；原判决违反法定程序，可能影响案件正确判决的，裁定撤销原判决，发回重审。

4. 自行改判。原判决认定事实错误，或者原判决认定事实不清，证据不足的，人民法院也可以查清事实后自行改判。

四、审判监督程序

（一）审判监督程序的概念、特点

审判监督程序是对已经发生法律效力的判决、裁定、调解书，发现确有错误，依法再次进行审判的程序。

审判监督程序与第一审程序和第二审程序相比，具有以下特点：

1. 审理的对象是已经生效且确有错误的判决书、裁定书和调解书。

2. 提起的主体是当事人、各级人民法院院长及其审判委员会、最高人民法院、上级人民法院、最高人民检察院、上级人民检察院。

3. 审理法院可能是案件的原审法院，也可能是案件的原上诉审法院或上级人民法院。

4. 提起的时间较长。法律对法定组织和人员提起审判监督程序的时间未作规定；对当事人申请再审的期限规定为裁判生效后2年内提出。

5. 适用审判监督程序审理案件，不交纳诉讼费用。

（二）提起再审的条件、程序

提起再审必须具备必要的条件：①必须是生效裁判确有错误，或者符合法律规定的情形。②必须由法定的组织和人员提起再审，或者在法定情形下由当事人提出申请。

提起再审的程序因提起的主体不同而有所区别：

1. 各级人民法院院长对本院已经发生法律效力的判决、裁定、调解书，发现确有错误，认为需要再审的，应当提交审判委员会讨论决定。

2. 最高人民法院对地方各级人民法院已经发生法律效力的判决、裁定、调解书，上级人民法院对下级人民法院已经发生法律效力的判决、裁定，发现确有错误的，有权提审或者指令下级人民法院再审。

3. 当事人对已经发生法律效力的判决、裁定、调解书，认为有错误的，可以向原审人民法院或者上一级人民法院申请再审，符合法定情形的，人民法院应当再审。

4. 最高人民检察院对各级人民法院已经发生法律效力的判决、裁定、调解书，上级人民检察院对下级人民法院已经发生法律效力的判决、裁定、调解书，发现有法定抗诉情形的，应当按照审判监督程序抗诉。地方各级人民检察院对同级人民法院已经发生法律效力的判决、裁定、调解书，发现有法定情形的，应当提请上级人民检察院按照审判监督程序抗诉。人民检察院提出抗诉的案件，人民法院应当再审。

《民事诉讼法》规定，地方各级人民检察院对同级人民法院已经发生法律效力的判决、裁定，发现具有《民事诉讼法》第200条规定情形之一的，或者发现调解书损害国家利益、社会公共利益的，可以向同级人民法院提出再审检察建议，并报上级人民检察院备案；也可以提请上级人民检察院向同级人民法院提出抗诉。地方各级人民检察院对审判监督程序以外的其他审判程序中审判人员的违法行为，有权向同级人民法院提出检察建议。

此外，各级人民检察院对审判监督程序以外的其他审判程序中审判人员的违法行为，有权向同级人民法院提出检察建议。

（三）当事人申请再审的条件

当事人申请再审必须具备以下条件：

1. 只能对准予申请再审的判决提出。当事人对已经发生法律效力的解除婚姻关系的判决，不得申请再审。

2. 申请再审的案件必须符合法定情形：①有新的证据，足以推翻原判决、裁定的。②原判决、裁定认定的基本事实缺乏证据证明的。③原判决、裁定认定事实的主要证据是伪造的。④原判决、裁定认定事实的主要证据未经质证的。⑤对审理案件需要的主要证据，当事人因客观原因不能自行收集，书面申请人民法院调查收集，人民法院未调查收集的。⑥原判决、裁定适用法律确有错误的。⑦审判组织的组成不合法或者依法应当回避的审判人员没有回避的。⑧无诉讼行为能力人未经法定代理人代为诉讼，或者应当参加诉讼的当事人，因不能归责于本人或者其诉讼代理人的事由，未参加诉讼的。⑨违反法律规定，剥夺当事人辩论权利的。⑩未经传票传唤，缺席判决的。⑪原判决、裁定遗漏或者超出诉讼请求的。⑫据以作出原判决、裁定的法律文书被撤销或者变更的。⑬审判人员审理该案件时有贪污受贿，徇私舞弊，枉法裁判行为的。该项中的“审判人员在审理该案件时有贪污受贿，徇私舞弊，枉法裁判行为”，是指该行为已经相关刑事法律文书或者纪律处分决定确认的情形。

当事人对已经发生法律效力的调解书，认为违反自愿原则或者调解协议内容违法，有证据能证明的，可以申请再审。

3. 在法定期限内，向人民法院递交申请书。根据《民事诉讼法》第205条的规定，当事人申请再审，应当在判决、裁定发生法律效力后6个月内提出；有本法第200条第1、3、12、13项规定情形的，自知道或者应当知道之日起6个月内提出。

4. 申请再审须向有管辖权的人民法院提出。根据《民事诉讼法》第199条的规定，当事人对已经发生法律效力的判决、裁定，认为有错误的，可以向上一级人民法院申请再审；当事人一方人数众多或者双方当事人为公民的案件，也可以向原审人民法院申请再审。

（四）再审案件的诉讼程序

1. 自行再审案件的诉讼程序。自行再审的案件指本院院长提交审判委员会讨论决定再审的案件。自行再审的诉讼程序分为两种情况：

（1）生效的判决、裁定是由第一审人民法院作出的，按照第一审程序再审，对于所作的判决、裁定，当事人可以上诉。

（2）生效的判决、裁定是由第二审人民法院作出的，按照第二审程序审理，所作的判决、裁定，是发生法律效力的判决、裁定。

2. 指令再审案件的诉讼程序。指令再审案件是指上级人民法院发现下级人民法院已发生法律效力的判决、裁定和调解协议确有错误，指令原作出生效裁判的人民法院对案件进行再审。

指令再审的案件只限于上级人民法院对其下级人民法院所审理并已发生法律效力的判决、裁定和调解协议。对其下级人民法院依法作出的第二审判决、裁定和调解协议，不应指令第一审人民法院再审。指令再审的案件，生效裁判是由第一审人民法院作出的，按照第一审程序再审；生效裁判是由第二审人民法院作出的，按照第二审程序再审。

3. 提审案件的诉讼程序。提审案件是指上级人民法院发现下级人民法院已发生法律效力的判决、裁定、调解书确有错误，而提起再审。提审的案件可能是作出生效判决、裁定、调解书的初审人民法院的案件；也可能是作出生效判决、裁定、调解书的终审人民法院的案件。有权提审的人民法院，不仅包括地方各级人民法院的上级人民法院，也包括最高人民法院。

上级人民法院提审的案件，由提审的上级人民法院作出中止原裁判、调解书执行和再审的裁定，送达下级人民法院；由下级人民法院将全部案卷报送提审的上级人民法院；提审人民法院按照第二审程序组成合议庭进行审理，认定原判决、裁定、调解书有错误的，作出新的再审终审判决、裁定、调解书，生效后当事人不得上诉。

五、督促程序

（一）督促程序的概念和特征

督促程序是人民法院根据债权人的申请，向债务人发布附有条件的支付令，如果债务人在法定期间内不提出书面异议，该支付令即发生法律效力的程序。

督促程序与其他程序相比，具有以下特点：

1. 该程序因债权人提出申请而开始，不需要债务人参加诉讼。

2. 该程序适用的范围比较窄，仅限于请求给付金钱、有价证券之诉。

3. 督促程序案件中债权人和债务人对债的关系的成立没有争议。

4. 适用督促程序处理案件，程序简单，无须进行实质性调查，也无须开庭审理。

5. 支付令发生效力是附条件的。

（二）申请支付令的条件及支付令的发布

根据《民事诉讼法》的规定，申请支付令必须符合以下几个条件：①请求内容必须为金钱或有价证券之给付。②债权人与债务人之间没有其他债务纠纷。③支付令能够送达债务人。④必须由债权人提出书面申请。⑤支付令申请只能向有管辖权的人民法院提出。

人民法院审理申请支付令的案件，可以直接审查债权人申请债务人偿还债务的事实是否真实、清楚，所提供的证据是否确实、充分。经过审查，如果认为该案债权债务关系明确合法，并且已达履行期限的，应当在受理之日起15日内直接向债务人发出支付令；申请不成立的，则应作出裁定，予以驳回。

（三）支付令的效力

支付令的效力取决于被申请人的态度，被申请人的态度不同，支付令的效力也就不同。

1. 支付令自送达之日起对被申请人产生约束力，被申请人必须在限期内清偿债务，或向人民法院提出书面异议，否则将导致不利的法律后果（被强制执行）。

2. 支付令发布之后的期限内，被申请人履行义务的，支付令实际上与生效裁判起到了同等的作用。

3. 被申请人在期限内不提出异议，又不履行支付令的，债权人可以向人民法院申请执行。就是说，在这种情况下，支付令具有执行的效力，支付令因而可以作为执行根据。

对于债务人逾期不提出异议，又不履行支付令的，人民法院可以依据债权人的请求，以支付令作为执行根据，按照法定程序予以强制执行。

债务人提出合法异议后，支付令所具有的督促债务人清偿债务的效力丧失。

4. 转入诉讼程序，但申请支付令的一方当事人不同意提起诉讼的除外。《民事诉讼法》规定，除申请支付令的一方当事人不同意提起诉讼外，支付令失效后，督促程序自动转入诉讼程序，从而实现督促程序与诉讼程序的衔接，提高纠纷解决的效率，节省当事人的成本。

六、公示催告程序

（一）公示催告程序的概念和特征

公示催告程序是指在可以背书转让的票据被盗、遗失或灭失的情况下，人民法院根据票据持有人的申请，以公告的方式，催促利害关系人在法定期限内申报权利，否则宣告该票据无效的程序。

与其他诉讼程序相比，公示催告程序具有以下特征：

1. 适用范围限于按规定可以背书转让的票据被盗、遗失或者灭失的案件，或者法律规定可以公示催告的其他事项。

2. 公示催告案件只有申请人，没有相对的被申请人。

3. 以书面审查和公告的方式审理，人民法院既不做实质性调查，也不开庭。

（二）公示催告程序的提起及条件

公示催告程序因票据持有人的申请而提起。申请公示催告必须具备以下条件：

1. 必须是可以背书转让的票据发生被盗、遗失或者灭失的情况。

2. 必须由票据持有人提出申请。

3. 提出公示催告申请，必须向人民法院递交申请书。

（三）审理程序

1. 发布停付通知和催告公告。人民法院在决定受理公示催告申请后，应向支付人发出停止支付的通知。停止支付通知是支付义务人停止支付的法律根据，应当写明申请人的姓名、票据上的特征、停止支付的金额及人民法院名称。支付人收到人民法院停止支付的通知后，应当停止支付至公示催告程序终结。如果在支付人接到停止支付通知后至公示催告程序终结前，有人持所失票据要求支付，支付人有权拒绝，并应当将情况及时告知人民法院，由人民法院酌情作出处理；如果支付人置停止支付通知而不顾，仍不停止支付，给票据持有人造成损失的，应负赔偿责任。

根据《民事诉讼法》的规定，人民法院的公示催告公告，应当在决定受理、通知支付人停止支付的3日内发出。为催促利害关系人申请权利，公示催告公告应当写明：①申请公示催告人的姓名、住址、工作单位，申请人为法人或其他组织的，应写明名称及主要办事机构所在地点；②票据的主要内容及特征；③申报权利的起止时间；④不申报权利所产生的失权后果；⑤申报权利的人民法院。

2. 发布除权判决。利害关系人如果在公示催告期间向人民法院申报权利，人民法院应当裁定终结公示催告程序，并通知申请人和支付人。申请人或者申报人对于票据持有权有争议的，可以向人民法院起诉。公示催告期间没有人申报的，人民法院应当根据申请人的申请，作出判决，宣告票据无效。判决应当公告，并通知支付人。

3. 除权判决的效力。除权判决一旦作出立即生效，不能对其提出上诉，它具有以下效力：

（1）宣告票据无效的效力。除权判决一旦作出，任何人不得以原票据为凭向支付人要求支付，支付人也不得支付票面上的金额。

（2）作为支付凭据的效力。除权判决作出之后，公示催告申请人可以持除权判决，要求支付人支付原票据的票面金额。支付人不得拒绝支付。

（3）除权判决的上列效力具有相对性。对于除权判决的作出，法院并非依据确凿的调查，而只是根据公示催告期间无其他人申报权利的事实。换句话说，除权判决是根据推定而不是调查收集的证据而作出的，所以除权判决宣告票据无效，申请人有权向支付人请求支付，就可能在实质上与事实不符，真正的票据持有人有可能在公告期间因故而未申报。鉴于此，法律允许利害关系人因正当理由未在判决前向人民法院申报的，可以在知道或者应当知道判决公告之日起1年内，向人民法院起诉。人民法院对这一票据纠纷按通常诉讼程序审理，如果确认票据不属公示催告申请人持有，则可作出新的判决，原除权判决无效。

第四节　执行程序

一、执行程序的概念、发生的条件和执行根据

《民事诉讼法》所规定的由法定组织和人员运用国家的强制力量，根据法院判决、裁定及其他法律文书的规定，强制民事诉讼当事人履行所负义务的程序，称为执行程序。

执行程序的发生，必须具备以下条件：

1. 民事执行必须要有执行根据。没有法律文书作根据，执行程序就不能开始。
2. 作为执行根据的法律文书，必须已经发生法律效力。
3. 作为执行根据的法律文书，必须具有给付内容。
4. 引起执行程序发生的前提条件，必须是负有义务的一方当事人故意拖延、逃避或拒绝履行义务。如果在法律文书规定的期限内，当事人自觉地履行了义务，也不发生执行程序的问题。

执行根据是指当事人据以申请执行和人民法院据以强制执行的法律文书，又称执行文书，主要有以下几类：

1. 人民法院制作的法律文书。包括：已经发生法律效力的，具有给付内容的民事判决书、裁定书、调解书；先予执行、财产保全民事裁定书；已经发生法律效力的，具有财产执行内容的刑事判决书、裁定书，如刑事附带民事判决、判处罚金和没收财产的判决等；已经发生法律效力的支付令。
2. 其他机关制作的依法应由人民法院执行的法律文书。包括：仲裁机关作出的已经生效的裁决书、调解书；公证机关制作的依法赋予强制执行效力的债权文书；行政机关制作的依法由人民法院执行的决定书。
3. 人民法院制作的承认并协助执行外国法院判决和仲裁机关裁决的裁定书。

二、执行组织、执行管辖和执行对象

民事执行工作由人民法院负责。地方各级人民法院设执行员，办理民事判决、裁定的执行事项，办理刑事案件判决和裁定中关于财产部分的执行事项。执行组织是人民法院内设的负责执行工作的专门机构。它与审判组织分工负责，具有不同的任务。审执分设机构、分工负责的做法，称为审执分立。

根据我国《民事诉讼法》的规定和司法实践，由于作为执行根据的法律文书不同，执行管辖的确定也有下列几种不同的情形：

1. 如果执行的根据是人民法院发生法律效力的民事判决、裁定、调解协议、支付令，以及刑事判决、裁定中的财产部分，由原第一审人民法院或者与第一审人民法院同级的被执行的财产所地在人民法院执行。

2. 如果执行的根据是其他机关制作的依法应当由人民法院执行的生效法律文书，则应由被执行人住所地或者被执行的财产所在地的基层人民法院执行。

3. 如果执行的根据是人民法院作出的依法准予协助执行外国法院判决、外国仲裁机构裁决的裁定书，则由作出该裁定书的中级人民法院负责执行。

执行对象就是执行工作所指向的对象。我国《民事诉讼法》虽然没有专门条款规定执行对象，但从其中所规定的强制执行措施看，执行对象包括被申请人的财产和有关的行为。

三、执行救济和执行和解

在执行程序中，对当事人或利害关系人权利的主要救济方式包括程序性执行救济和实体性执行救济两种形式。

当事人、利害关系人认为执行行为违反法律规定的，可以向负责执行的人民法院提出书面异议。当事人、利害关系人提出书面异议的，人民法院应当自收到书面异议之日起15日内审查，理由成立的，裁定撤销或者改正；理由不成立的，裁定驳回。当事人、利害关系人对裁定不服的，可以自裁定送达之日起10日内向上一级人民法院申请复议。

执行过程中，案外人对执行标的提出书面异议的，人民法院应当自收到书面异议之日起15日内审查，理由成立的，裁定中止对该标的的执行；理由不成立的，裁定驳回。案外人、当事人对裁定不服，认为原判决、裁定错误的，依照审判监督程序办理；与原判决、裁定无关的，可以自裁定送达之日起15日内向人民法院提起诉讼。

执行和解是指在民事执行过程中，双方当事人经过自愿协商，就彼此间的权利义务关系达成协议，并得到了人民法院的批准，从而结束执行程序。

在执行中，双方当事人自行和解达成协议的，执行员应当将协议内容记入笔录，由双方当事人签名或者盖章。一方当事人不履行和解协议的，人民法院可以根据对方当事人的申请，恢复原生效法律文书的执行。

四、执行开始、执行措施的种类

（一）执行开始

执行开始有两种方式：

1. 申请执行。申请执行指权利人在义务人拒绝履行生效法律文书规定的义务时，在一定期限内要求有管辖权的人民法院强制执行。申请执行必须具备以下条件：①申请人必须是法律文书中的权利人一方。②法律文书已经发生法律效力且到了履行期限，义务人拒绝履行。③必须在法定期限内申请。申请执行的期限为两年。④必须向有管辖权的人民法院递交申请执行书和生效的法律文书。⑤必须交申请执行费。

2. 移交执行。移交执行指人民法院制作的判决、裁定和调解协议发生法律效力后，承办该案的审判组织将法律文书移交执行组织，由其执行。移交执行的案件主要有以下几类：①追索赡养费、扶养费、抚育费、抚恤金、劳动报酬、医药费的案件。②刑事裁判中涉及财产执行内容的案件。③涉及国家、集体重大利益的经济纠纷案件。④人民法院宣告终审判决时，义务人表示拒不执行的案件。

（二）执行措施的种类

执行措施是实施强制执行的具体办法，是使各种生效法律文书得以实现的手段。

根据《民事诉讼法》的规定，执行措施主要有以下几种：

1. 查询、冻结、划拨被执行人的储蓄存款。

2. 扣留、提取被执行人的收入。

3. 查封、扣压、冻结、拍卖、变卖被执行人的财产。

4. 搜查被执行人隐匿的财产。

5. 强制交付法律文书指定的财物或者票证。

6. 强制迁出房屋或者强制退出土地。

7. 强制履行法律文书指定的行为。

8. 办理财产权证据转移手续。

9. 强制支付迟延履行利息和退还履行金。

五、执行的中止和终结

执行程序开始后，应当执行的案件，由于出现某种特殊情况，暂时停止执行程序的进行。待这种特殊情况消失后，执行程序即继续进行，称为执行中止。

根据《民事诉讼法》的规定，有下列情形之一的，人民法院应当裁定中止执行：

1. 申请人表示可以延期执行的。

2. 案外人对执行标的提出确有理由异议的。

3. 作为一方当事人的公民死亡，需要等待继承人继承权利或者承担义务的。

4. 作为一方当事人的法人或者其他组织终止，尚未确定权利义务承受人的。

5. 人民法院认为应当中止执行的其他情形。

在执行过程中，如果出现某种特殊情况，致使执行工作无法进行，或者没有必要继续进行的，即应停止执行程序，以后不再恢复，称为执行终结。

有下列情形之一的，人民法院裁定终结执行：

1. 申请人申请撤销的。

2. 据以执行的法律文书被撤销的。

3. 作为被执行人的公民死亡，无遗产可供执行，又无义务承担人的。

4. 追索赡养费、扶养费、抚育费案件的权利人死亡的。

5. 作为被执行人的公民因生活困难无力偿还借款，无收入来源，又丧失劳动能力的。

6. 人民法院认为应当终结执行的其他情形。

六、执行回转

执行回转是在执行完毕后，由执行人员采取措施，使执行标的恢复到执行开始前的状态。

执行回转的原因是据以执行的生效法律文书被撤销，主要有以下几种情况：

1. 人民法院准予先予执行的裁定，执行完毕后，被本院生效判决撤销，或者因当事人上诉等原因，被上级法院终审判决撤销，或者作出裁定终结诉讼的。

2. 人民法院制作的生效判决书、裁定书和调解书已经执行完毕，又被本法院或者上级法院依照审判监督程序再审，并撤销原判或者作出裁定终结诉讼的。

3. 其他机关制作的依法由人民法院执行的法律文书已经执行完毕，又被该制作单位撤销的。

采取执行回转的措施应当具备以下条件：①原法律文书规定的内容已经执行。②原法律文书被依法撤销。③依原法律文书取得财物或者其他利益的当事人拒不返还财物，恢复诉讼标的原有状态。

第五节　涉外民事诉讼程序的特别规定

一、涉外民事诉讼程序的概念和一般原则

涉外民事诉讼程序是一国司法机关受理、审判和执行具有涉外因素的民事案件、经济纠纷案件的诉讼程序。案件具有涉外因素包括三种情况：

1. 当事人一方或双方是外国人、无国籍人或外国企业和组织。

2. 双方争议的民事法律关系，其发生、变更或者消灭的法律事实存在于外国。

3. 双方争执的财产在国外。

涉外民事诉讼程序的一般原则有：

1. 适用我国《民事诉讼法》的原则。我国《民事诉讼法》第四编规定了“涉外民事诉讼程序的特别规定”。人民法院审理涉外案件时，首先应适用这些特别规定。对第四编没有规定的事项，应适用其他三编的规定。

2. 同等原则。外国人、无国籍人、外国企业和组织在人民法院起诉、应诉，同中华人民共和国公民、法人和其他组织有同等的诉讼权利义务。

3. 对等原则。外国法院对中华人民共和国公民、法人和其他组织的民事诉讼权利加以限制的，人民法院对该国公民、企业和组织的民事诉讼权利实行对等的限制。

4. 适用我国缔结或者参加的国际条约原则。我国缔结或者参加的国际条约同我国《民事诉讼法》有不同规定的，适用该国际条约的规定，但我国声明保留的条款除外。

5. 司法豁免权原则。对享有外交特权与豁免权的外国人、外国组织或者国际组织提起的民事诉讼，应当依照我国有关法律和我国缔结或者参加的国际条约的规定

办理。

6. 使用我国通用的语言、文字原则。人民法院审理涉外民事案件，应当使用我国通用的语言、文字。当事人要求提供翻译的，可以提供，费用由当事人承担。

7. 委托中国律师代理诉讼原则。外国人、无国籍人、外国企业和组织在人民法院起诉、应诉，需要委托律师代理诉讼的，必须委托我国的律师。

二、涉外民事案件的管辖

我国《民事诉讼法》第四编第二十五章是关于涉外民事案件管辖的特别规定。按照特别法优于普通法的原则，对于该章没有特殊规定的，则应适用《民事诉讼法》有关管辖的一般原则。该章对于被告在我国境内没有住所的合同纠纷或者其他财产权益纠纷案件的管辖问题，对于协议管辖和专属管辖以及被告对人民法院管辖权的默认问题，都分别作了规定。

1. 因合同纠纷或者其他财产权益纠纷，对在我国没有住所的被告提起诉讼的，由下列人民法院管辖：

（1）合同在我国领域内签订或者履行的，由合同签订地或合同履行地的人民法院管辖。

（2）诉讼标的物在我国领域内的，由该诉讼标的物所在地的人民法院管辖。

（3）被告在我国有财产，只要能扣押的，则由被告可供扣押的财产所在地的人民法院管辖。

（4）财产权益纠纷案件，由侵权行为发生地的人民法院管辖。

（5）被告在我国领域内设有代表机构的，可以由代表机构所在地的人民法院管辖。

以上是关于地域管辖的规定。

2. 《民事诉讼法》第34条规定，涉外合同诉讼或涉外财产权益诉讼的当事人，可以用书面协议选择与争议有实际联系的地点的法院管辖。这里所称的与争议有实际联系的地点主要指合同签订地、合同履行地、诉讼标的物所在地、当事人所在地等。当事人协议管辖不得违反专属管辖和级别管辖的规定。关于专属管辖，我国《民事诉讼法》第33条以及第266条作出了具体规定。

我国协议管辖应具备的要件是：

（1）协议管辖的当事人既可以是公民，也可以是法人；既可以是当事人双方均为外国的企业、组织或个人，也可以一方是外国的企业、组织或个人。

（2）必须采用书面形式。

（3）当事人协议约定管辖的法院，必须是对该争议有实际的管辖权的法院。所谓“与争议有实际联系的地点的人民法院”，就是指有管辖权的法院，包括合同签订地、合同履行地、诉讼标的物所在地或者被告可供扣押财产所在地、侵权行为地或者代表机构住所地的人民法院。

（4）当事人可以协议约定第一审案件的管辖法院，而不能协议约定第二审案件的管辖法院。

（5）不得违反民事诉讼中的专属管辖。

3.《民事诉讼法》第266条规定，因在中华人民共和国履行中外合资经营企业合同、中外合作经营企业合同、中外合作勘探开发自然资源合同发生纠纷提起的诉讼，由中华人民共和国的人民法院管辖。因为中外合资经营企业、中外合作经营企业具有中国法人资格，履行中外合作勘探开发自然资源合同又涉及我国国家主权问题，而且这些合同又属在我国境内履行，当事人及诉讼标的均在我国，因此，从维护主权，便利当事人诉讼等因素考虑，规定这几类案件由我国人民法院专属管辖。

4. 涉外民事诉讼默认管辖。我国《民事诉讼法》规定，涉外民事诉讼的被告，如果在原告向我国人民法院提出起诉后，未对管辖提出异议，并且应诉答辩的，视为承认该人民法院为有管辖权的法院。这种管辖权的确定不适用于专属管辖，并且不能违反级别管辖的规定，即人民法院不能越级审判。

三、期间、送达

涉外民事诉讼期间是涉外民事诉讼中人民法院、当事人和其他诉讼参与人进行诉讼行为必须遵守的时间。

适用涉外民事诉讼期间的前提是当事人在中华人民共和国领域内没有住所。

我国《民事诉讼法》对涉外民事诉讼的答辩期限、上诉期限、上诉的答辩期限等作了规定，这些规定有两个特点：①时间较长。因为当事人在国外居住，诉讼行为需要较长时间。②当事人不能在规定的期间内完成诉讼行为的，可以申请延长期间，是否准许，由人民法院决定。

涉外民事诉讼中的送达是指人民法院审理涉外民事诉讼案件的过程中将诉讼文书送交当事人和其他诉讼参与人的行为。

涉外民事诉讼中的送达方式有：①依有关国际条约规定的方式送达。②通过外交途径送达。③委托中国驻外使领馆送达。④委托诉讼代理人送达。⑤通过受送达人在中国设立的代表机构或者分支机构、业务代办人送达。⑥邮寄送达。⑦采用传真、电子邮件等能够确认受送达人收悉的方式送达。⑧公告送达。

四、仲裁

涉外经济贸易、运输和海事中发生的纠纷，当事人有权选择通过仲裁的方式解决，也有权选择通过诉讼的方式解决。选择仲裁的方式解决，必须双方当事人合意，以合同中的仲裁条款或者以仲裁协议为根据。选择诉讼的方式解决，是在没有协议仲裁的情况下，由一方当事人向人民法院提起诉讼。前者为双方当事人的共同选择，后者是一方当事人的选择，无需当事人双方合意。

涉外经济贸易、运输和海事仲裁中，当事人申请财产保全的，仲裁机构和人民法院均应为其提供方便，其具体程序是：

1. 当事人向仲裁机构提交申请。

2. 仲裁机构将当事人的申请提交人民法院。根据我国《民事诉讼法》的规定，仲裁机构应当将当事人的申请提交被申请人住所地或者财产所在地的中级人民法院裁定。

3. 人民法院的保全裁定及其解除。

经仲裁机构裁决的案件，一方当事人不履行裁决的，对方当事人可以向被申请人住所地或者财产所在地的中级人民法院申请执行。

五、司法协助

司法协助是指不同国家的法院之间，根据自己国家缔结或者参加的国际条约，彼此之间互相协助，代对方为一定的诉讼行为。司法协助分为两种，即一般司法协助和特殊司法协助。

一般司法协助是指两国法院之间互相协助，代对方完成一般性的诉讼行为，如代对方询问当事人、证人、调查取证、送达诉讼文书等。根据《民事诉讼法》的规定，人民法院向外国法院提供一般司法协助，必须符合以下条件：①我国与请求国之间存在条约关系或者互惠关系。②请求由外国法院提出。③必须提供请求书及其所附文件，并附有中文译本或者国际条约规定的其他文字文本。④请求协助的事项不影响我国的主权、安全或者社会公共利益。⑤请求事项属于我国法院职权范围。

特殊司法协助是指对外国判决、裁决的承认和执行，即两国法院之间根据对方的请求或者当事人的申请，对对方法院的判决或者仲裁裁决裁定承认其效力并付诸执行。根据《民事诉讼法》的规定，人民法院承认和执行外国法院的判决、外国仲裁机构的裁决，必须符合以下条件：①委托法院所在国与我国有缔结或参加的条约，或存在互惠关系。②必须有外国法院的请求书或者当事人的申请书，并附中文译本或者国际条约规定的其他文字文本。③外国法院的判决、外国仲裁机构的裁决必须是确定的。④外国法院的判决、外国仲裁机构的裁决不违反我国法律的基本原则，不影响我国的主权、安全或者社会公共利益。

第十章 行政法与行政诉讼法

第一节 行政法概述

一、行政法的概念

行政法是我国法律体系中的一个部门法。像其他许多部门法一样，行政法是人们按照它所调整的社会关系，对规定在各类法律文件中的法律规范进行划分的结果。行政法是调整一定范围行政关系的法律规范的总和。我们这里所说的行政法，是一个部门法的概念，而不是某个特定法律文件的名称。为了从部门法意义上研究行政法，就必须首先研究行政法的调整对象——国家行政。

（一）行政和行政关系

1. 行政法上的行政。"行政"是一个内涵丰富、使用广泛的概念，人们根据使用的目的和场合赋予其特定的含义。行政法意义上的行政是指国家行政机关行使国家行政管理职权，以实现国家行政职能的活动。这种行政活动的主要特征是：①具有国家职权性。这是行政法意义上的行政区别于其他管理性行政活动的基本标志。一般企事业单位的管理活动，在没有法律授权或者行政机关委托的情况下，不具有国家职权性质。②具有执行性。这一特征是指行政机关职权活动对国家权力机关也就是人民代表大会的从属性，它集中表现了我国行政活动的民主性质。③具有积极、直接和经常性。这是国家行政活动在行为方式上不同于其他国家机关职权活动的特点。所谓"积极"，是指行政职权的行使可以不以他人的请求为条件，而主动地采取为实现其职能所需要的措施。所谓"直接"，是指可以直接规定相对一方的权利义务并付诸实现。所谓"经常"，是指其活动的不可中断和连续性。行政机关是国家权威的经常代表，其管理活动遍及社会生活的各个领域。由于社会生产生活不可中断，作为社会发展必要因素的国家行政管理亦不可中断。④具有公共性。国家设置和实施行政职权的目的在于取得、发展和维护国家和社会的整体公共利益。它要求行政职权的行使者不能利用国家权力服务于少数人和个人的私利，也不能抛弃和处分行政职权。同时，公共利益内容的变化以及公共利益在整个社会发展中的地位作用，都会引起行政职能的变化。

2. 行政关系。行政关系是国家行政机关实现其管理职能的社会形式，它是国家行政机关为了组织和行使行政职权，同有关机关、组织和个人所发生的社会关系的总和。行政职权活动所追求的公共利益就是在建立、变更和消灭一定行政关系的过程中实现的。

由于行政权力本身的性质和特点，在其组织和行使行政职权的过程中，要与其他国家机关形成法律所规定的社会关系；由于行政管理职能的广泛性，它所形成的社会关系的性质和种类也是多样化的。例如，国防、外交行政管理在许多情况下是国家行为，有比较强的政治性，除了要受行政法调整外，也要接受其他法律的规范和调整。因此，对行政关系的调整，需要行政法和其他法律的共同作用。同时，新的法律部门的出现和发展也会影响行政法的调整范围。所以严格地说，行政法的调整对象，并不是所有的行政关系，而只能是一定范围的行政关系。

行政法所调整的行政关系可以分为三类：①行政机关内部的行政组织关系。它包括两个类型关系：一是行政机关之间的行政职权关系；二是行政机关与行政机关工作人员之间的行政职务关系。②行政机关与公民、法人或者其他组织之间的行政管理关系。③行政机关与有关国家机关、组织和个人，在对行政活动进行法律监督的过程中发生的行政监督关系。

（二）行政法律规范

1. 行政法律规范的特征。行政法律规范是规定行政机关管理职权和责任的行为规则。它的逻辑结构与其他部门法基本相同，都由事实条件、行为模式和法律后果三部分组成。行政法律规范的特殊性表现为以下几方面：

（1）没有统一完备的法典。行政法律规范不集中地规定于一个法典式法律文件中，在多数情形下都规定在分散的经常变化的各类法律文件当中。国家行政管理职权的内容难以在一个法律文件中作穷尽性列举规定。

（2）行政职责职权的统一性、必要性。调整行政关系的法律规范以行政职权为中心。一般意义上的权利义务在行政方面表现为行政职权和行政职责。对行政机关而言，不但行政职责是必须履行的义务，而且行政职权也是必须实施的。行政职权和行政职责统一在履行的必要性上。行政职责、职权统一性、必要性的基础是行政权力的公共性。行政机关在取得公共职权后，不能像民事主体行使民事权利那样选择或放弃，否则会构成渎职或失职。

（3）立、改、废的经常性。从行政法律规范效力的延续看，它处于经常化的变动过程中，这是由国家行政管理内容的经常性更新决定的。行政管理所面临的是日新月异的社会活动及其矛盾，成文法多数是在总结过去经验基础上概括形成的，不可能对后来发生的事情准确预料，国家又不能像民事主体那样以自主协商的方式来确定行政职权，这就出现了成文法落后于社会变化的滞后性给依法行政带来的矛盾。解决这个问题的出路之一就是建立行政法规范立、改、废经常化的机制。我们不能用民法、刑法、诉讼法的“稳定”观念来评价行政法律规范的稳定性问题，而只能从行政法调整对象本身的特点和发展来树立关于行政法律的稳定观念。

2. 行政法的法律渊源。行政法的法律渊源是关于行政法律规范表现方式的制度。在法律渊源制度上，主要有成文法和不成文法之分。不成文法包括习惯法、判例法等。我国是实行成文法的国家，习惯法和判例法不是我国行政法的法律渊源。行政机关的行政惯例和法院的行政判决不能成为我国行政机关活动合法性的法律准则。

在我国成文法的立法制度中，行政法的表现形式很丰富，在各种层次和种类的法律文件中都有行政法律规范。根据法律文件的制定机关和等级效力，可以将行政法律规范的法律渊源表述如下：

(1) 宪法。宪法是关于国家活动的任务和原则，是关于行政机关与其他国家机关的相互关系及行政机关组织和活动的规定的法律，是行政法的重要法律渊源。

(2) 法律。这里的法律指全国人大及其常务委员会制定的基本法律和普通法律。法律中关于行政组织、行政管理活动和行政监督的规范，都是行政法的渊源。

(3) 行政法规。行政法规指由国务院根据宪法和法律，按照行政法规制定程序颁布的规范性文件。它的效力仅次于法律。国务院是最高国家行政机关，它发布的行政法规大多数都有行政职权的内容。

(4) 地方性法规。地方性法规指由省、自治区、直辖市人民代表大会及其常委会，省、自治区人民政府所在地的市、经济特区所在地的市和经国务院批准的较大市的人民代表大会及其常委会，在不与宪法、法律和行政法规相抵触的前提下，按照地方性法规制定程序发布的规范性文件。这类法规在行政管理方面只能规定本行政区域内行政机关的管理职权，其效力范围也仅限于本行政区域。

(5) 民族自治条例和单行条例。这是指我国民族自治地方的人民代表大会根据当地民族的政治、经济和文化特点，按照自治条例和单行条例制定程序发布的规范性文件。

(6) 行政规章。行政规章分为中央政府部门规章和地方政府规章。部门规章是国务院各部、委员会根据法律和国务院的行政法规、决定、命令，在本部门的权限内按照规章制定程序发布的规范性文件。地方政府规章是省、自治区和直辖市人民政府以及省、自治区人民政府所在地的市、经济特区所在地的市和经国务院批准的较大的市的人民政府，根据法律、行政法规和地方性法规，按照地方政府规章制定程序发布的规范性文件。部门规章的特点是行业行政管理，而地方政府规章的特点是地方行政管理。

(7) 其他。如国际协定中关于行政机关管理活动的规定。

3. 行政法的分类。为了便于具体运用和深入研究，可以对行政法律规范进行分类：

(1) 行政组织法、行政行为法和行政监督法。分类标准是行政法所调整的三类行政关系。这三类法律规范构成我国行政法的基本框架。

(2) 行政实体法和行政程序法。分类标准是两类行政法律规范的性质。行政程序法又可分为诉讼程序法和非讼程序法。非讼程序法是我国今后一段时期行政立法的重点。

(3) 一般行政法和部门行政法。分类标准是行政法律规范的适用范围。行政法的基本制度对多数领域行政管理活动都有规范作用的是一般行政法。对某一专门行业和特定领域有规范作用的是部门行政法。行政法学主要研究一般行政法。

根据实际需要，还可以作其他的分类，常用的是上述各类。

（三）行政法与其他法律部门的关系

行政法与其他法律部门相互联系，构成一个完整的法律体系，调整我国社会的各类社会关系。行政法作用的发挥是在其他法律部门的密切配合下进行的。所以我们需要分析行政法与其他法律部门的关系。

1. 行政法与宪法的关系。宪法是国家根本法。从原则上讲，宪法与行政法是从属关系，宪法是建立和发展行政法的根据和基础。但是它们之间在某些方面又有相互重叠的关系，由于近代宪政制度历史沿革和发展的原因，行政制度历来都是宪法中不可缺少的重要组成部分。国家行政组织和行政活动的基本原则和基本制度都需要由宪法和宪法性法律规定。这主要是从建立国家民主制度着眼的。

2. 行政法与民法的关系。行政法与民法的关系主要表现为：①调整对象方面。民法调整的是财产和人身关系，以主体的平等性为特征；行政法调整的是包括财产关系和人身关系在内的各类行政关系，以命令服从为主要特征。②行政法通过对国家行政管理活动的规范，对民法的实施起保障和保护的作用。这种作用在市场经济条件下显得更为重要。例如，行政法关于土地、草原、房产方面行政管理的规定保障民法物权的取得和使用；行政法关于国家行政机关对工商活动的管理保障民事交易的安全；等等。

3. 行政法与刑法的关系。首先，刑法是对行政法律关系和行政法秩序的保护，是国家运用刑罚同犯罪作斗争的行为规则。刑法所惩罚的犯罪包括侵犯国家行政管理秩序的刑事违法行为。其次，刑罚与行政处罚都是国家维护国家和公共利益的手段，它们之间需要相互衔接和协调。

二、行政法律关系

（一）行政法律关系的概念

行政法律关系是指基于行政法律规范的调整，在行政关系当事人之间形成的权利义务关系。就行政管理而言，那些不能对被管理一方直接产生行政法律效果的活动所引起的关系，例如，行政指导、行政咨询和行政建议所引起的关系，就不具有行政法意义，不能发生行政法律关系。

行政法律关系具有以下特征：

1. 行政机关是行政法律关系必要的和永久的当事人。所谓必要，是指无论何种类型的行政法律关系，在主体上行政机关总是不可或缺的一方，没有行政机关的参加，就没有行政法律关系。所谓永久，是指在行政法律关系产生、发展和消亡的全部过程中，行政机关都是必要和不可缺少的。

2. 行政法律关系当事人的权利义务不对等。法律赋予行政机关特有的职权，以实现国家的行政管理职能。其主要表现为：①行政机关单方面行为即可形成行政管理关系，无须征得相对一方的同意。②行政意思表示效力先定。行政决定一旦正式作出即产生相应的法律效力，非经法律程序不得变更和撤销。

3. 禁止行政机关自行设定职权。行政法律关系的内容，特别是行政机关的职权、职责，都是法律预先确定的，行政法上的权利义务不能由当事人自行约定，也不能协商取舍，更不能放弃。

（二）行政法律关系的要素

行政法律关系的要素是指构成行政法律关系若干必要因素的总和。这些必要因素包括主体、客体和内容等。

1. 行政法律关系的主体。行政法律关系的主体，又称行政法律关系当事人，是指行政法律关系权利义务的承担者。作为一个法学范畴，对行政法律关系主体的主要研究内容是行政法律关系主体的种类及其相应的权利能力和行为能力。由于行政管理关系是行政法的主要调整对象，行使国家行政管理职权的行政主体和接受行政管理的公民、法人或者其他组织是两类最主要的行政法律关系当事人。

（1）行政主体。行政主体是指行政权力的承担者。目前，主要有两类机构具体行使行政权力：国家行政机关和法律、法规直接授权的组织。其中国家行政机关是国家行政权力最重要的行使者。在宪法原则上，国家行政职权都应当由国家行政机关行使，只有这样才能鲜明地体现国家行政权力的民主性质。行政机关依法定权限委托的组织并不是国家行政法律责任的承担者，所以不能认为是行政主体。为了保持和促进国家行政管理的民主化，对授权和委托的情况应当严格控制，并以法律规定严格的条件。行政主体的权利能力和行为能力由行政法规定。对于一个具体的行政管理事项，在多数情况下，需要将一般性的行政组织法原则规定与一个单行的行政管理法结合起来，才能确定行政主体的权利能力。例如，《地方组织法》规定乡级人民政府享有管理本行政区域内教育事业的职权，但具体到学校设置、入学考试和教师管理等事项上，则必须按照有关的单行法规才能具体确定其管理权限。在权利能力已经确定的前提下，相应的行为能力则主要依照行政组织法规定的行政组织制度和工作制度来确认和评价。例如，政府全体会议或常务会议的举行，行政首长的决策程序等。没有法律行为能力的主体所采取的行政措施无效。

（2）被管理一方。被管理一方是指接受国家行政管理的公民、法人或者其他组织。严格地讲，被管理一方应当包括接受国家行政管理的一切个人和组织。被管理一方权利能力和行为能力的依据，一般在单行的行政法规将某一类人纳入特定的管理领域时，才能确定。例如，《宪法》规定公民都有服兵役的义务，至于哪一类公民可以服兵役，则必须按照《兵役法》和每年的征兵命令才能确定其权利能力和行为能力。被管理一方成为行政法律关系主体，是国家管理民主化的重要标志。在专制制度下，被管理者都是作为行政管理的客体对待的。发扬社会主义民主的重要内容就是逐步发展和完善被管理一方的权利，健全行政法律关系主体制度。

2. 行政法律关系的客体。行政法律关系的客体指行政法律关系主体权利义务所指向的对象或标的。权利义务所表现的是人与人之间的体现国家意志的社会关系，是国家对人们行为的法律可能性和必要性的一种设定，必须以一定的社会的或物质的现实形式为内容，才能体现和实现国家设定权利义务的目的和要求。例如，关于税的权利义务，就必须有金钱或其他财物作为客体。

可以作为行政法律关系主体权利义务的客体，有各种社会的或物质的形式。一般地说，行政法律关系的客体可以有物质财富、精神财富和人的行为。物质财富一般是指具有使用价值和价值，能够由行政法律关系主体在法律和事实上进行支配和控制的物质。物质财富是行政法律关系较常见的客体，税收、救济等行政法律关系往往都以物质财富作为权利义务的客体。精神财富是人们从事智力活动所取得并为法律承认或确认的成果以及与人身相联系的非物质财富。它往往是国家专利管理、商标管理和著作权管理的标的。人的行为指人的作为和不作为。大多数行政法律关系的客体都是人的行为或者人的行为与物质财富或者非物质财富的结合。

3. 行政法律关系的内容。行政法律关系的内容是指行政法律关系权利义务的总和。不同的行政法律关系主体在行政法上的权利义务是有差别的。

（1）行政主体的权利义务。行政主体的权利义务在行政法上就是行政职权和职责。行政主体的权利可以归纳为：①为一般社会成员制定普遍性行为规则；②为行政关系当事人设定具体的权利义务；③监督当事人履行其行政义务；④对未能及时充分履行行政义务的当事人实施强制执行措施；⑤对违反行政管理秩序构成行政违法的当事人进行行政处罚。行政主体的义务可以归纳为：①合法、有效、公正地行使行政职权，不得放弃和滥用；②接受法律监督，依法承担违法责任。

（2）被管理一方的权利义务。一般地说，接受管理一方的权利可以概括为：①参加国家管理权、平等权、自由权、受益权、监督权和其他权利；②其义务可以概括为：遵守行政法律规范，服从行政管理，协助行政管理和其他义务。

行政法律关系权利义务的特点在于：①它们不能一次性地简单列举完毕，而要以宪法的一般原则规定为基础，根据国家行政管理的实际需要在单行法律文件中分别加以规定。这种情形的发生原因与行政法律规范不能采用统一完备法典的表现形式的原因相同。②行政主体与被管理一方之间的权利义务不能完全对应。不能简单地要求行政主体一方有什么职权，接受管理一方就一定要有相应的权利。原因在于行政主体一方的职权主要是从行政管理需要的角度而设定和授予的，而被管理一方的权利则主要是从发展民主角度赋予的。民主发展需要具备较多的条件，只有条件具备时，国家法律才赋予被管理一方行政法上的权利。

4. 行政法律关系的发生、变更和消灭。行政法律关系的发生、变更和消灭是指行政法律关系当事人主体地位和权利义务的取得、变更和消灭。这里主要讨论行政法律关系的发生、变更和消灭的法律事实。

法律事实是指能够引起行政法律关系发生、变更和消灭的现象的总和，一般可以分为客观事件和人的意志行为。法律规定了能够引起行政法律关系发生、变更和消灭的各种法律事实。客观事件是指不以人的意志为转移而发生的客观现象。例如，婴儿的出生是引起户籍管理或计划生育管理法律关系发生的客观事件，而病人的死亡则会引起户籍管理法律关系的消灭。意志行为是指人的有目的的活动，可分为合法行为和违法行为两种。例如，实用新型的科学发明是引起专利管理法律关系发生的合法行为，而引起治安管理法律关系发生的违反治安管理的行为则是违法行为。

行政法律关系是一种具体的权利义务关系。它反映法律的普遍性规则在社会中得到应用和实现的最初过程。法律是关于人们行为的抽象规则，只有当法律规定的法律事实出现时，法律的抽象规则才转化为一种具体的权利义务，使特定的法律主体承担法律后果，这就意味着行政法律关系的形成。行政法律关系的变更可以是诸要素单独或同时地改变。这种变更的原因往往是新的法律事实的出现。例如，自然灾害的发生和恢复生产的困难，可以使纳税企业的税额发生变化。行政法律关系的消灭是指业已存在的行政法律关系终止。造成行政法律关系消灭的原因很多，如权利得到实现，义务得到履行，法律规范的废止等。

三、行政法的基本原则

（一）概念

行政法基本原则是指反映行政法的本质，体现行政法各个制度和具体规则的内在联系，调节基本行政关系的共同性法律规则。基本原则总的特征是相对于具体制度和具体规则的共同性和概括性。它的作用在于对具体制度和规则的指导和对基本行政关系的调节。

行政法基本原则主要有两种渊源：①成文法的直接规定；②行政法学理论对现有法律规则的概括和抽象。由于行政法缺乏统一完整的法典，行政法基本原则主要是理论概括的结果。人们的理论概括带有极大的主观选择性，法学著作对基本原则的表述有差别是正常的。能够反映行政管理活动基本过程和概貌的基本社会关系是建立基本原则体系的客观基础。这些基本社会关系应当是：行政权力与国家制度的关系，行政权力与法的关系，行政法所调节的基本利益关系，行政效率与行政公正的关系。

（二）人民代表大会制度原则

人民代表大会制度是我国的根本政治制度，是我国行政权力的源泉和行政权力合法性的基础。从整体意义上处理行政权力与人民之间的关系，人民代表大会制度是基本准则。人民代表大会制度决定了国家行政权力的形成方式、组织形式、行政机关的法律地位以及行政机关同其他国家机关的关系。它规定着国家行政权力的政治属性，体现着国家行政权力与人民之间在政治上的统一性，为建立和处理新型的社会主义行政权力与法的关系提供了政治前提。

我国行政权力的民主性和合法性主要体现为行政权力机关对人民代表机关的从属性和对由人民代表机关所形成的国家意志的执行性。反映在行政法制度上，行政机关只有在法律规定的范围内活动，其所作出的行政决定和所采取的行政措施才合法有效；行政机关的组织和活动必须向人民代表机关负责，受人民代表机关的监督，行政机关的根本任务就是执行人民代表机关制定的法律。

（三）依法行政原则

依法行政原则是人民代表大会制度的延伸和发展。人民代表大会制度从根本上否定了行政权力的至高性和无限性，确定了国家行政权力的有限性和执行性，体现了社会主义民主的要求，解决了行政权力的政治来源和政治属性问题。为了防止行政权力行使的任意性和滥用，使其能够正确、公正地行使，而不因领导人的改变或领导人注意力的改变而改变；为了建立和维护权威的行政管理秩序，提高行政效率，应当也必须实行依法行政的原则，建立和健全行政法律制度。依法行政是依法治国的基本内容和基本要求。

依法行政原则是实行行政法制度的国家所共同实行的根本原则。但是在历史演进过程中，依法行政的内涵和要求，则随民主制度的变化、行政权的消长、法律形式的多样化而不断变化，而非一成不变、千篇一律。在近代民主发展的早期，依法行政是绝对、消极和机械的公法原则，其基本含义和要求用否定式表达，就是“无法律即无行政”。在德国，依法行政原则主要表现为法律优先和法律保留的原则，英国则强调法律平等。经过两次世界大战，行政职能极大地丰富和膨胀，出现了给付行政和福利国家。行政活动不再限于简单地执行议会法律，还获得了规章制定权和裁判权，传统的依法行政原则受到严重挑战，许多国家对依法行政原则作了新的解释或充实，以适应时代变革的需要。

我国关于法律在规范行政活动方面的作用，经历了一个漫长和曲折的过程才逐步达到比较正确和明确的程度。1999年我国《宪法修正案》正式规定在我国实行依法治国，建设社会主义法治国家。从“文革”结束、拨乱反正时期提出“发扬社会主义民主、健全社会主义法制”，到正式由宪法规定“实行依法治国”经历了十几年。所以从历史发展看，我国实行依法行政原则尚处于初级阶段和发展之中。行政法学上依法行政原则的提出和阐述，有着巨大的理论指导意义和科学价值。它将帮助人们在处理法与行政相互关系上形成正确的观念。

根据我国《宪法》《行政诉讼法》和其他法律，依法行政原则在我国现阶段的含义和要求应当是：

1. 行政机关必须在宪法和法律的范围内进行管理活动，以宪法为根本的活动准则，担负维护宪法尊严、保证宪法实施的职责。

2. 对于已经公布的现行有效的法律，行政机关必须遵守。任何行政措施和行政规定都不得与现行有效的法律相违背。

3. 对于涉及公民、法人或者其他组织财产权、人身权的行政管理，必须有法律规定的管理事项，必须以法律为依据才能行使行政管理权。否则，可以通过行政复议或行政诉讼对违法的具体行政行为予以撤销，使之无效。

以上三项可以依次称为宪政原则、法律优先的规则和法律保留的规则。将它们结合起来，就构成我国现阶段依法行政原则的基本内容。

(四) 合理行政原则

合理行政原则的主要含义是行政决定应当具有理性，其属于实质行政法治的范畴，尤其适用于裁量性行政活动。最低限度的理性是指行政决定应当具有一个有正常理智的普通人所能达到的合理与适当，并且能够符合科学公理和社会公德。更为规范的行政理性表现为以下三个原则：①公平公正原则。行政机关要平等对待行政管理相对人，不偏私、不歧视。②考虑相关因素原则。行政机关作出行政决定和进行行政裁量，只能考虑符合立法授权目的的各种因素，不得考虑不相关因素。③比例原则。行政机关采取的措施和手段应当必要、适当；行政机关实施行政管理可以采用多种方式实现行政目的的，应当避免采用损害当事人权益的方式。

(五) 程序正当原则

程序正当是当代行政法的主要原则之一。它包括了以下几个原则：①行政公开原则。除涉及国家秘密和依法受到保护的商业秘密、个人隐私以外，行政机关实施行政管理应当公开，以实现公民的知情权。②公众参与原则。行政机关作出重要规定或者决定，应当听取公民、法人和其他组织的意见。特别是作出对公民、法人和其他组织不利的决定时，要听取他们的陈述和申辩。③决定者中立原则。行政行为的决定者应当与行政事务没有利益关联，如果存在利害关系，应当回避。此外，决定者不能与当事人中的一方单独接触，必须双方当事人同时在场。④程序理性原则。这一原则也称程序合理原则，指行政程序的运作应当符合理性的要求。行政决定应以确实、充分的证据为基础作出，以符合逻辑推理的形式得出最终结论。

(六) 高效便民原则

这一原则分为两个方面：①行政效率原则。基本内容有以下两个方面：一是积极履行法定职责，禁止不作为或者不完全作为；二是遵守法定时限，禁止超越法定时限或者不合理延迟。延迟是行政不公和行政侵权的表现。②便利当事人原则。在行政活动中增加当事人程序负担是法律禁止的行政侵权行为。在国际贸易中，行政当局不合理延迟和增加当事人程序负担，也被认为是政府设置的贸易壁垒形式。

(七) 诚实守信原则

这一原则分为两个方面：①行政信息真实原则。行政机关公布的信息应当全面、准确、真实。无论是向普通公众公布的信息，还是向特定人或者组织提供的信息，行政机关都应当对其真实性承担法律责任。②权利安全原则。非因法定事由并经法定程序，行政机关不得撤销、变更已经生效的行政决定；因国家利益、公共利益或者其他法定事由需要撤回或者变更行政决定的，应当依照法定权限和法定程序进行，并对行政管理相对人因此而受到的财产损失依法予以补偿。

(八) 权责统一原则

这一原则分为两个方面：①行政效能原则。行政机关依法履行经济、社会和文化事务管理职责，要由法律、法规赋予其相应的执法手段，保证政令有效。②行政责任原则。行政机关违法或者不当行使职权，应当依法承担法律责任。这一原则的基本要求是行政权力和法律责任的统一，即执法有保障、有权必有责、用权受监督、违法受追究、侵权须赔偿。

第二节 行政组织

一、概述

(一) 行政组织和行政主体

行政组织是国家组织的一种类型。它是指由国家设置，实现国家职能的行政职位的总和。作为一种社会组织，行政组织是自然人的结合体，是有系统的人的集团。作为国家行政权力的物质体现和载体，行政组织又是占有行政职位的人与实现其职能所必需的物质设施和手段的结合体。设置行政组织是国家的专属权力，所以行政组织的形式和设立程序都受严格的限定。在我国，合法的行政组织是由人民代表机关设立或者由行政机关依法定权限成立的国家行政机关。

行政主体是指能够以自己的名义行使国家行政权力，并独立承受法律后果的国家机关和社会组织。提出行政主体的概念是要借助行政权力行使者的共同法律特征来确定它们在管理活动中的法律地位和权利义务，解决国家行政权力行使者的合法资格和地位问题。行政主体不同于行政法律关系主体。后者仅指采取具体行政行为的主体，因为行政法律关系是以具体的权利义务为内容的。行政主体也不能等同于行政机关。虽然行政机关是最重要、最常见的行政主体，但是并非所有的行政机关都能成为行政主体，像协调性、咨询性和事务性行政机关并不从事能产生法律效果的管理活动。行政主体也不能与公务人员相混同。虽然公务人员是行政权力的具体实施者，但公务人员并不对他代表行政机关实施的行为向社会承担管理责任，其行为的法律后果在多数情况下都是由行政机关或国家承担的，而无论这种后果是积极的还是消极的，公务员仅向国家和行政机关承担职务上的责任，受行政纪律的约束。行政主体并非一个严格的法律概念，它是适应行政诉讼和行政复议实践需要，经过理论概括而出现和广泛使用的。

(二) 行政组织法

行政组织法是行政法的组成部分。行政组织法的内容主要有：行政机关的性质、任务和职能；行政机关的职位和机构设置；行政机关组织规则和工作规则；行政机关的职权和职责；行政机关的监督机制和法律责任；设立、变更和撤销行政机关的职权和程序；公务员的录用和管理。

行政组织法的法律渊源可分为规定行政组织基本制度的普通法律，规定特定行政机关组织和工作制度的单行法律。前者如《国务院组织法》《地方各级人民代表大会和地方各级人民政府组织法》。后者如1980年《外汇管理条例》第2条规定，国务院外汇管理部门及其分支机构（以下统称外汇管理机关）依法履行外汇管理职责，负责本条例的实施。

行政组织法可以分为行政机关组织法和公务员法两大类。行政编制管理法可以依照规范的性质内容，分别放到机关法和人员法的适当部分中去。

（三）行政组织法的基本原则和基本制度

1. 行政组织法的基本原则。根据宪法和法律，行政组织法的基本原则主要有：①民主集中制原则。它是处理行政机关与其他国家机关、行政机关之间和行政机关与公务员相互关系的根本准则。②中央与地方行政机关的职权划分，遵循在中央的统一领导下，充分发挥地方的主动性、积极性的原则。③行政机关的组织建设，实行精简的原则。

2. 行政组织法的基本制度。根据宪法和法律，行政组织法的基本制度主要有：①民族区域自治制度。自治区、自治州和自治县的人民政府是该自治地方的自治机关之一，行使法律规定的民族自治权。②行政首长负责制。中央人民政府实行总理负责制和部长、主任负责制；地方各级人民政府实行省长、市长、县长、乡长和镇长负责制。③行政机关和政府组成人员任期制。国务院每届任期与全国人民代表大会每届任期相同。总理、副总理、国务委员连续任职不超过两届。地方各级人民政府每届任期与本级人民代表大会每届任期相同。④政府会议制度。政府会议分为全体会议和常务会议，国务院工作中的重大问题，必须经国务院全体会议或者国务院常务会议讨论决定。县以上地方各级人民政府工作中的重大问题，须经政府常务会议或者全体会议讨论决定。⑤行政机构和行政职位的设置，实行编制管理制度。

二、行政机关组织法

（一）概述

1. 行政机关和行政机关组织法的概念。行政机关是由国家依法设立、行使国家行政职权、掌管国家行政事务的国家机构。按照不同的标准，可以将行政机关划为不同的种类：①中央行政机关和地方行政机关。其划分标准是依国家行政区划分为基础的整体与部分的关系。②一般行政机关和专门行政机关。一般行政机关是指与人民代表大会相对应的一级人民政府，如国务院和地方各级人民政府。专门行政机关则是一级人民政府的职能部门，如中央政府的各部委，地方政府的厅、局。③正式行政机关和派出机关。正式行政机关是由人民代表大会设立并独立行使职权的行政机关；而派出机关是正式行政机关的派出机关和机构，行使法律赋予正式行政机关的职权。我国行政机关的派出机关有行政公署、区公所、街道办事处，派出机构有公安派出所、税务所等。

行政机关组织法是关于行政机关的设置、行政机关的组织形式和活动方式的法律制度。这些规则主要调整行政机关之间和行政机关内部的关系、人民代表机关与行政机关的关系。根据宪法的规定，关于国家机构的事项应当由国家基本法律规定。所以，在法律渊源上，行政机关组织法主要表现为高层次的宪法和基本法律。某些行政机关组织法内容，例如行政机关编制管理，在制定法律条件不成熟时，也可以由国务院规定。

2. 行政机关的设置。行政机关的设置是建立、变更和终止行政机关的活动。在组织法上最有意义的是行政机关的设置权和设置程序。

(1) 关于中央人民政府的设置。国务院总理的人选，根据国家主席的提名，由全国人民代表大会决定；国务院副总理、国务委员、各部部长、各委员会主任、审计长、秘书长的人选，根据国务院总理的提名，由全国人大或其常委会决定。中央人民政府各部、委的设立、撤销或者合并，由国务院总理提出，由全国人大或者其常委会决定。国务院可以设立若干直属机构主管各项专门业务，设立若干办事机构协助总理办理专门事项。实践上，国务院的机构改革方案都提交全国人大审议批准。

(2) 关于地方人民政府的设置。地方各级人民代表大会选举省长、副省长，自治区主席、副主席，市长、副市长，州长、副州长，县长、副县长，区长、副区长。在本级人大闭会期间，人大常委会可以决定上述副职行政首长，并根据省长、自治区主席、市长、州长、县长和区长的提名，决定本级人民政府秘书长、局长、厅长、主任、科长的任免，报上一级人民政府备案。省、自治区、直辖市人民政府的厅、局、委员会等职能部门的设立、增加、减少或者合并，由本级人民政府报请国务院批准。自治州、县、自治县、市、市辖区人民政府的局、科等职能部门的设立、减少或者合并，由本级人民政府报请上一级人民政府批准。

3. 行政机关的编制管理。编制是指行政机构的人员定额和职位结构。编制管理是行政机关设置行政机构的经常性管理活动。我国的编制管理机关是国务院和县级以上地方人民政府的编制委员会。人民代表机关和行政机关作出行政机构设立决定以后，由人民政府的机构编制部门负责执行，下达编制指标，取得办公经费和其他履行职务所必需的条件。

(二) 中央行政机关

1. 国务院。中央行政机关是指国务院和国务院下属各工作部门的总和。国务院即中央人民政府，是最高国家权力机关的执行机关，是最高国家行政机关。

关于国务院的职权，我国《宪法》第89条列举了17项经常性基本职权，其他职权由全国人大和全国人大常委会保留。基本职权中最重要的是发布决定、命令和行政法规，向全国人大提出议案，任免国家工作人员。法律和全国人大的决议还可以根据需要规定国务院的其他职权。国务院是国家主权的经常代表，其职能活动非常重要。它对外可以代表国家行使主权，处理外交、国防事务，对内领导全国各级各类行政机关和全国性行政工作。

国务院由总理、副总理、国务委员、各部部长、各委员会主任、审计长、秘书长组成。国务院实行总理负责制，总理全面领导国务院的工作。国务院工作中的重大问题，须经国务院常务会议或者全体会议讨论决定。

2. 国务院的机构。

(1) 国务院各部委。它指国务院领导下主管国家某方面行政事务的中央行政机关，包括各部、委员会、署（国家审计署）、行（中国人民银行）。各部、委实行部长、主任和署长、行长负责制。各部、委工作中的方针、政策、计划和重大行政措施，应向国务院请示报告，由国务院决定。根据法律和国务院的决定，主管部、委可以在本部门的权限内发布命令、指示和规章。

（2）国务院直属机构和办事机构。国务院直属机构是国务院主管各项专门业务的机构。该类机构由国务院设立，行政首长由国务院任命，但行政首长不是国务院组成人员。国务院办事机构是协助总理办理专门事项的机构，它的设立原则、程序都与国务院直属机构相同。不同之处是，它不主管行政业务，只是在办理属于总理权限的专门事项方面，给总理提供协助，是辅助性内部行政机构。

（3）中央部委管理的国家局和国务院事业单位。国家局是由国务院设立，由行业主管部委管理，负责国家某方面工作的行政管理机关。它不是主管部委的内设司局，具有相对主管部委的独立性。主管部委主要通过部长（主任）召开会议的形式，对国家局工作中的重大方针政策、工作部署等事项实施管理，并由主管部委部长（主任）对国务院负责。国务院事业单位是由国务院设立处理全国性公共事务的事业组织。经国务院授权，它们可以享有国家行政管理的权力。

（4）国务院议事协调机构和临时机构。亦称国务院非常设机构，是由国务院设立，在国务院职权内，议事协调或处理临时性全国行政管理事务的国务院机构。

（三）地方行政机关

1. 概述。地方行政机关是指在一定行政区域内由该行政区人民代表机关产生的人民政府及其工作部门。地方行政机关，在地域上是依对领土单位划分后的行政区域建立的；在政治上是由地方人民代表机关设立的；在行政系统上是中央人民政府领导下的下级地方行政机关。它与中央行政机关是上级与下级、整体与局部的关系。与特定行政区域的依存关系和与地方人民代表机关的从属关系，是地方行政机关区别于中央行政机关（包括设在地方上的机关）的两个基本标志。中央某些专业化较强的行政机关往往将其下级部门的机关设在地方，如铁道部的铁路局、交通部的航运局、能源部的电业局等。它们是依路区、水区、航区和电区等专业区域设立的，不由地方人民代表机关产生，而是由上级行政机关设立，所以它们都不是地方行政机关。

与中央行政机关比较，地方行政机关的突出特点是：①机关性质的双重性。一方面，它是地方各级人民代表大会的执行机关，由地方各级人民代表机关产生并向其负责，执行本地人民代表机关的法规和决议。这些法规和决议较多地体现了本地实际情况和实际需要。另一方面，它又是地方各级国家行政机关，实施国家的管理职能，服从国务院的领导，执行国务院的行政法规和决定、命令。②活动内容的执行性。我国的国家结构实行单一制，所以地方行政机关没有主权性职能和采取国家行为的能力，其活动内容主要是对中央政策的执行。就地方行政机关的抽象行政行为而言，其大多是执行性和补充性的。

2. 分类。根据不同的标准，可以对地方行政机关进行分类。按同中央人民政府的关系，可分为一般行政机关、民族自治地方行政机关和特别行政区行政机关。以下讨论前两类地方行政机关。

（1）一般地方行政机关。一般地方行政机关是指除民族自治地方和特别行政区以外的，按照行政区划由当地各级人民代表机关产生的地方行政机关，即省、直辖市、县、市、市辖区、乡、民族乡、镇的人民政府及其工作部门。

一般地方各级人民政府由本级人民代表机关选举和决定的政府人员组成，即政府正副职行政首长、秘书长和工作部门的行政首长组成。县级以上一般地方人民政府的工作部门主要有：经济计划、科学、体育、计划生育、财政、公安、民政、司法、监察、文化、卫生、工业、农业、林业、交通、外贸、教育、广播电视等委员会、厅、局（科）。各地方政府根据本地区行政管理的实际需要，按照有关程序设立其他必要的行政机构。省、直辖市人民政府的工作部门接受本级人民政府的统一领导，并受国务院主管部门的领导或业务指导；县、市、市辖区人民政府的各工作部门受本级人民政府统一领导，并受上级人民政府主管部门的领导或业务指导。地方行政机关都必须服从国务院。

省人民政府在必要的时候，经国务院批准，可以设立若干行政公署作为它的派出机关。县人民政府在必要时，经省、直辖市人民政府批准，可以设立若干区公所作为其派出机关。市辖区、不设区的市人民政府，经上一级人民政府批准，可以设立若干街道办事处作为其派出机关。地方行政机关的工作部门可以设立派出机构，如公安派出所、工商管理所等。

一般地方各级人民政府实行省长、市长、县长、区长、乡长和镇长的首长负责制。

一般地方各级人民政府的职权，可分为基础性职权和专门职权。前者由宪法和地方组织法规定，后者由单行法律、法规规定。专门职权不可能一次性由一部或几部法律文件列举规定，而由国家根据需要不断地分别加以规定。

改革开放以来，地方政府的职权发生了很大变化，这些变化集中体现在城市政府的职能上。这种变化主要是：①扩大地方财权，实行划分收支分级包干的财政管理体制。后又改革税制，建立划分国家税和地方税的制度。②扩大地方政府经济管理权，包括计划投资权、技术改造权、减免税收权、物价工资权、城市建设权等。③在广东、福建两省实行灵活政策，设立5个经济特区、14个沿海开放城市和若干个计划单列市。④设立改革试点城市，包括综合试点城市和金融、住房、机构等方面的单项试点城市。

（2）民族自治地方的行政机关。民族自治地方的行政机关是在民族自治地方由当地人民代表机关产生的地方行政机关。它既是民族自治地方人大的执行机关和民族自治机关，行使民族自治权；又是国家的一级地方行政机关。民族自治地方有三级，即自治区、自治州和自治县。民族自治地方行政机关的产生办法、组织制度和工作制度与一般地方人民政府基本相同，主要不同之处在于，民族自治地方人民政府的行政首长由实行区域自治的民族公民担任。

在行政职权方面，民族自治地方行政机关享有民族自治权。按照《宪法》和《民族区域自治法》，民族自治地方的自治权主要表现为：①管理地方财政的自治权。②管理本地区教育、科学、文化、卫生等行政事务的自治权。③经国务院批准，依法组织维护本地方社会治安公安部队的职权。

三、公务员法

2005 年 4 月公布、2006 年 1 月起施行的《中华人民共和国公务员法》是新中国成立以来由最高国家立法机关制定公布的第一部公职人员基本法，是我国公职人员制度的基本法律依据。我国公民的担任公职权、公职人员履行公职的保障权和退出公职的公民权得到了系统的法律保护，公民在取得公职、担任公职和退出公职过程中的义务得到了明确的法律界定。上述公职人员包括法官、检察官。参照《公务员法》进行管理的公共事业单位中除工勤人员以外的工作人员权利也因此得到了更为严格的保护。

（一）公务员制度的概念和基本原则

公务员是指依法履行公职、纳入国家行政编制、由国家财政负担工资福利的工作人员。这一定义的根据是 2006 年 1 月起施行的《中华人民共和国公务员法》。该法规定的公务员范围大于国务院 1993 年《国家公务员暂行条例》规定的“公务员”的范围。凡符合该定义三要素的人员都属于我国“公务员”的范围，不限于国家机构和行政机关的工作人员，因此我国的“公务员”大体相当于公职人员的总称。法律、法规授权的具有公共事务管理职能的事业单位中除工勤人员以外的工作人员，经批准参照《公务员法》进行管理。

从法律上说，公务员制度是调整公职关系的法律规范的总和。公职关系是指基于担任公职而产生的公职人员同公务员管理部门之间的权利义务关系。公务员的范围广泛，涉及不同种类国家机关工作人员相关法律的适用问题。《公务员法》是国家管理公职人员的基本法。根据《公务员法》的规定，其他法律对公务员中的领导成员的产生、任免、监督以及法官、检察官等的义务、权利和管理另有规定的，优先适用。

公务员的管理受一系列必须坚持的基本原则的支配：①公务员的管理实行公开、平等、竞争和择优的原则，依照法定的权限、条件、标准和程序进行；②公务员的管理坚持监督约束与鼓励保障并重的原则；③公务员的任用，坚持任人唯贤、德才兼备的原则，注重工作实绩。

公开、平等、竞争和择优原则是公务员管理区别于计划经济条件下干部管理的重要标志，它在公务员录用制度中有比较鲜明的体现。公开是指公务员的录用应当向社会公开，使更多的人才能够有机会了解并参加公务员录用的竞争，也使录用公务员的工作受到广泛监督。公开的内容至少应当包括录用的资格条件、录用的程序和结果。平等是指符合条件的人员享有平等获得竞争机会的权利，不受公开公布的资格条件以外因素的影响。竞争是指公务员的录用方式必须具有竞争性质和竞争程序，不得使用非竞争方式。择优是指在录用目的和录用结果上，把参加竞争中最符合录用条件的优秀人才吸收到公务员行列中来。

（二）公务员的基本权利义务

公务员的基本权利义务是公务员普遍和根本的法律义务和权利，是形成公务员与国家之间公职法律关系的基础，是公务员在法律地位上区别于普通公民的主要标志，是国家和社会监督和评价公务员的主要依据。

在基本义务方面，公务员应当履行以下义务：①模范遵守宪法和法律；②按照规定的权限和程序认真履行职责，努力提高工作效率；③全心全意为人民服务，接受人民监督；④维护国家的安全、荣誉和利益；⑤忠于职守、勤勉尽责、服从和执行上级依法作出的决定和命令；⑥保守国家秘密和工作秘密；⑦遵守纪律，恪守职业道德，模范遵守社会公德；⑧清正廉洁，公道正派；⑨法律规定的其他义务。

在基本权利方面，公务员享有以下权利：①执行公务权，即获得履行职责所必需的工作条件；②身份保障权，即非因法定事由和非经法定程序不被免职、降职、辞退或者处分，公务员的身份和职务受法律保障；③工资福利权，即获得工资报酬和享受福利、保险待遇；④参加培训权，即参加政治理论和业务知识的培训，以适应工作的需要；⑤批评建议权，即对机关工作和领导人员提出批评和建议；⑥申诉控告权，即对有关处分和处理决定提出申诉，对有关机关和负责人滥用职权和其他违法行为提出控告；⑦辞职申请权，即可以出于个人原因提出不再继续担任公务员；⑧法律规定的其他权利。

（三）对公务员的基本管理制度

对公务员的基本管理制度，总的来说是关于公务员职务的取得、履行和退出诸管理环节以及为公务员提供物质和权益保障的制度。

1. 职位分类、职务和级别。职位分类是进行职位设置，确定职位职责和任职资格条件的人事管理活动。职位分类是以工作职位需要确定人员任用的人事管理制度，是对公务员进行管理的基础。职位分类包括三个环节：①进行职位设置。各机关依照确定的职能、规格、编制限额以及结构比例，设置本机关公务员的具体职位。②确定职位的职责。这是职位分类的工作重心。规定特定行政职位必须要完成的任务、要达到的目标和责任。③确定每个职位的任职资格条件。即规定能够完成职位职责的资格和条件。增设、减少或者变更职位时，应当按照规定程序重新确定。

我国公务员职位目前主要有三个类别：综合管理类、专业技术类和行政执法类。国务院根据《公务员法》，对于具有职位特殊性，需要单独管理的，可以增设其他职位类别；国家根据公务员职位类别设置公务员职务序列。公务员的职务对应相应的级别；公务员的级别根据所任职务及其才德表现、工作实绩和资历确定。国家根据人民警察以及海关、驻外外交机构公务员的工作特点，设置与其职务相对应的衔级别；公务员的工资及其他待遇依据公务员的职务与级别确定。

2. 公职的取得。公职的取得是关于公务员录用和任用的制度。

（1）公务员的录用。录用公务员是根据法定程序和方法，将符合条件的人员吸收为公务员的制度。录用制度适用于初次进入行政机关，担任主任科员以下及其他相当职务层次的非领导职务公务员。录用的主要方式是考试和考核。录用采取公开考试、严格考核、平等竞争和择优录取的办法。录用公务员的条件，分为机关职位条件和报考资格条件。机关职位条件是在录用机关的编制限额以内和具有相应职务空缺。这一条件禁止有关机关在编制管理和职位管理以外进行公务员招考活动。报考资格条件分为法定资格条件和机关拟定资格条件。法律规定公民担任国家公职的基本条件，包括具有中华人民共和国国籍、年满18周岁、拥护《中华人民共和国宪法》、具有良好的品行、具有正常履行职责的身体条件、具有符合职位要求的文化程度和工作能力和法律规定的其他条件。机关拟定资格条件是省级以上公务员主管部门根据拟任职位要求规定的资格条件。报考资格条件说明担任我国国家公职是我国公民特有的法律权利，只有符合法定和机关拟定条件的公民才具有报考和担任国家公职的资格。公务员录用程序是选拔和确定报考人是否符合录用条件的法定过程。录用程序的主要内容是：发布招考公告、对报考人员进行资格审查；对审查合格的进行录用考试，录用考试以笔试和面试的方式进行；根据考试成绩确定考察人选，并对其进行报考资格复审、考察和体检；根据考试成绩、考察情况和体检结果，提出拟录用人员名单，并予以公示。公示期满，中央一级招录机关将拟录用人员名单报中央公务员主管部门备案；地方各级招录机关将拟录用人员名单报省级或者设区的市级公务员主管部门审批。新录用的公务员试用期为1年。试用期满合格的，予以任职；不合格的，取消录用。

（2）公务员的任免。任免公务员是关于任用或者免除公务员职务的制度。公务员任职实行选任制、委任制和聘任制。选任制公务员，在选举结果生效时即任当选职务。任期届满不再连任，或者任期内辞职、被罢免、被撤职的，其所任职务即终止。委任制公务员，遇有试用期满考核合格、职务发生变化、不再担任公务员职务以及其他情形需要任免职务的，应当按照管理权限和规定的程序任免其职务。聘任制公务员，机关根据工作需要，经省级以上公务员主管部门批准，可以对专业性较强的职位辅助性实行聘任制。机关聘任公务员可以参照公务员考试录用的程序进行公开招聘，也可以从符合条件的人员中直接选聘。机关与所聘公务员之间应当通过订立聘任合同确定双方的权利义务，机关根据《公务员法》和聘任合同对所聘公务员进行管理。确定初任法官、初任检察官的任职人选，可以面向社会，从通过国家统一司法考试取得资格的人员中公开选拔。

3. 公职的履行。公务员履行公职期间的管理制度主要有考核、奖励、惩戒、职务任免和职务升降、培训、交流与回避等。关于职务任免，上面已经提到，这里不再讨论。

（1）考核。它是对公务员履行职务情况进行考察核查并且作出评价的活动，主要事项有考核的作用、考核的内容、考核的程序等。考核的作用是为公务员调整职务、级别和工资以及公务员奖励、培训、辞退提供依据；考核的内容，有德、能、勤、绩四个方面。其中重点是考核工作业绩；考核分为平时考核与定期考核，定期考核以平时考核为基础。考核的程序，对非领导成员的公务员的定期考核采取年度考核的方式，先由个人按照职位、职责和有关要求进行总结，主管领导人员在听取群众意见后提出考核等次建议，由本机关负责人或者授权的委员会确定考核等次。对领导成员的定期考核，由主管机关按照有关规定办理。定期考核的结果分为优秀、称职、基本称职和不称职四个等次。定期考核的结果应当以书面形式通知公务员本人。

（2）奖励是对工作表现突出，有显著成绩和贡献，或者有其他突出事迹的公务员或者公务员集体的褒奖和鼓励，主要事项有奖励原则、奖励种类、奖励程序和撤销奖励。奖励的原则是精神鼓励与物质鼓励相结合，以精神奖励为主；奖励的种类是嘉奖，记三等功、二等功、一等功，授予荣誉称号；给予奖励公务员或者公务员集体奖励的，按照规定的权限和程序决定或者审批；公务员或者公务员集体有以下情形之一的应当撤销奖励：弄虚作假，骗取奖励的；申报奖励时隐瞒严重错误或者严重违反规定程序的；法律法规规定应当撤销奖励的其他情形。

（3）惩戒是指对违反法律和纪律应当承担纪律责任的公务员所给予的处分。除了刑事处罚以外，处分是保障公务纪律、维护国家公共管理秩序和限制剥夺公务员权利的最重要手段。《公务员法》的颁布实施替代了自1957年以来长期适用的经过全国人大常委会批准、由国务院公布的《国务院关于国家行政机关工作人员的奖惩暂行规定》，极大地推进了公务员处分法治化、程序化的进程。

第一，处分的种类和程序。处分的种类：警告、记过、记大过、降级、撤职、开除。处分程序是由处分决定机关决定对公务员违纪的情况进行调查，并将调查认定的事实及拟给予处分的依据告知公务员本人。公务员有权进行陈述和申辩。处分决定机关认为对公务员应当给予处分的，应当在规定的期限内，按照管理权限和规定的程序作出处分决定。处分决定应当以书面形式通知公务员本人。

第二，处分的合法要件和处分的适用。处分决定的合法要件是事实清楚、证据确凿、定性准确、处理适当、程序合法、手续完备。对违纪行为情节轻微，经过批评教育后改正的，可以免于行政处分。公务员受开除以外的处分，在受处分期间有悔改表现，并且没有再发生违纪行为的，处分期满后由处分决定机关解除处分并以书面形式通知本人。

第三，禁止性纪律和反对上级错误权。《公务员法》第53条规定了禁止公务员从事的15项行为，对公务员个人的违法意愿表达行为和其他不符合公职要求的行为进行了严格禁止，违反者将受到纪律处分。反对上级错误权包括公务员对错误决定、命令的建议权和执行明显违法决定命令的法律责任。公务员在执行公务时，认为上级的决定或者命令有错误的，可以向上级提出改正或者撤销该决定或者命令的意见；上级不改变该决定或者命令，或者要求立即执行的，公务员应当执行该决定或者命令，执行后果由上级负责，公务员不承担责任；但是，公务员执行情况明显违法的决定或者命令的，应当依法承担相应的责任。

（4）职务升降。它指公务员职务的晋升和降低。职务晋升是对公务员职务的向上调整。公务员职务晋升的标准是具备拟任职务所要求的思想政治素质、工作能力、文化程度和任职经历等方面的条件和资格。公务员晋升职务的程序，应当按照《公务员法》第44条的规定进行，并且应当实行任职前公示制度和任职适用期制度。降职是公务员职务的向下调整。降职的条件是在定期考核中被确定为不称职。

（5）培训。培训是使公务员适应工作职责和素质需要的培养训练制度，公务员培训情况和学习成绩是公务员考核的内容和任职、晋升的依据之一，参加培训是公务员的基本权利之一。国家采取分级分类的公务员培训措施，包括公务员初任培训、任职培训、专业培训和在职培训等。

（6）职务交流和回避。

第一，职务交流。国家实行公务员交流制度，交流方式包括调任、转任和挂职锻炼。转任是国有企业事业单位、人民团体和群众团体中从事公务的人员调入机关担任领导职务或者副调研员以上及其他相当职务层次的非领导职务。转任是公务员在不同职位、不同地区、不同部门之间的职务变动。挂职锻炼是以培养锻炼为目的选派公务员到下级或者上级机关、其他地区机关以及国有企业事业单位担任职务。公务员应当服从机关的交流决定。

第二，回避。回避是为保证公正履行公务，限制公务员任职和执行公务条件的制度。回避分为任职回避和执行公务回避，《公务员法》第68、69、70条分别规定了应当实行回避的情形。公务员有应当回避情形的，本人应当申请回避；利害关系人有权申请公务员回避；其他人员可以向机关提供公务员需要回避的情况。机关根据公务员本人或者利害关系人的申请，经审查后作出是否回避的决定，也可以不经申请直接作出回避决定。

4. 公职的退出。公务员退出公职的制度主要是退休、辞职和辞退。

（1）退休。退休是因为客观原因或者条件的变化消灭公务员与国家之间公职关系的制度。所谓客观原因或者条件的变化，是指公务员达到国家规定的退休年龄或者完全丧失工作能力。公务员退休后从国家获得的待遇是享受国家提供的退休金和其他待遇。公务员也可以根据《公务员法》第88条的规定提前退休。

（2）辞职。辞职分为辞去公职和辞去领导职务两种。辞去公职是公务员出于个人原因，申请并经任免机关批准退出国家公职，消灭公务员与机关之间公职关系的制度。辞去公职的程序是首先向任免机关提出书面申请，任免机关在法定时间内予以审批。遇有《公务员法》第81条规定的情形，公务员不得辞去公职。辞去领导职务分为三种：①法定辞职，即因为工作变动依法需要辞去现任职务的，应当履行辞职手续；②个人辞职，即因个人原因或者其他原因自愿提出辞去领导职务；③引咎辞职，即因工作严重失误、失职造成重大损失或者恶劣社会影响，或者对重大事故负有领导责任而提出辞去领导职责。

（3）辞退。辞退是因为公务员担任公职存在缺陷，国家单方面解除公务员与国家机关之间公职关系的制度。辞退的条件是《公务员法》第83条规定的五种情形。辞退的程序是按照管理权限决定，辞退决定应当以书面形式通知被辞退的公务员。被辞退的公务员可以领取辞退费或者根据国家有关规定享受待业保险。遇有以下情形的不得辞退公务员：因公致残，被确认丧失或者部分丧失工作能力的；患病或者负伤，在规定的疗养期内的；女性公务员在孕期、产假、哺乳期内的；法律、行政法规规定的其他不得辞退的情形。

5. 公职的保障。对公务员公职的保障制度分为物质保障和权益保障。

（1）物质保障是指公务员的工资保险福利制度。工资是公务员工作报酬的货币表现。公务员实行国家统一的职务与级别相结合的工资制度。公务员工资包括基本工资、津贴、补贴和奖金。公务员工资应当按时足额发放；公务员享受国家规定的福利待遇；公务员享受国家建立的公务员保险制度，保障公务员在退休、患病、工伤、生育、失业等情况下获得帮助和补偿。任何机关不得违反国家规定自行更改公务员工资、福利、保险政策，擅自提高或者降低公务员的工资、福利、保险待遇。任何机关不得扣减或者拖欠公务员的工资。

（2）权益保障是指公务员的申诉控告制度，国家有义务保障公务员申诉权和控告权的依法实现。申诉权的内容是公务员对涉及本人的处分等人事处理决定不服的，可以向原处理机关申请复核；对复核结果不服的，可以按照规定向同级公务员主管部门或者作出该人事处理的机关的上一级机关提出申诉；也可以不经复核，直接提出申诉。公务员申诉的受理机关审查认定人事处理有错误的，原处理机关应当及时予以纠正。机关因错误的具体人事处理对公务员造成名誉损害的，应当赔礼道歉、恢复名誉、消除影响；造成经济损失的，应当依法给予赔偿。控告权的内容是公务员认为机关及其领导人侵犯其合法权益的，可以依法向上级机关或者有关的专门机关提出控告。受理控告的机关应当按照规定及时处理。

对于聘任制公务员的权益保障，可以通过国家设立的人事争议仲裁程序解决聘任制公务员与所在国家机关之间因履行聘任合同发生的争议。当事人对仲裁裁决不服的，可以向人民法院提起诉讼。

第三节　抽象行政行为

一、基本概念

抽象行政行为是指国家行政机关制定法规、规章和其他有普遍约束力的行为规则的行为。这是一个含义非常广泛的定义，它包括了行政机关一切制定、发布规范性文件的活动。目前关于抽象行政行为最重要的法律是2000年实施、2015年修订的《中华人民共和国立法法》。

抽象行政行为的主要特点是：①它是国家行政机关的行为。这一特点既表明了抽象行政行为与国家权力机关、司法机关、军事机关制定抽象行为规则的区别，如行政法规与军事法规不同；还表明了它与一般非国家社会组织制定内部规则行为的区别。②抽象行政行为对象的普遍性。它是指行政机关是对不特定的人或一般人或不特定事项作出的意思表示。这一特点表明了抽象行政行为与具体行政行为的区别。

抽象行政行为与法律的关系是正确理解抽象行政行为性质的要点。行政机关的主要职能是执行法律，将人民代表机关制定的法律规定具体应用到实际生活中去。由于社会的发展和行政职能的变化，行政机关需要拥有制定行为规则的权力，以便实现其管理职能。尽管如此，由于行政机关对人民代表机关的从属关系，行政机关制定的普遍性规则在本质上仍然是对法律的执行。抽象行政行为的合法性主要取决于它与法律的关系。

抽象行政行为可作如下分类：

1. 职权性的抽象行政行为和授权性的抽象行政行为。职权性的抽象行政行为是指抽象行政行为的职权由宪法、组织法规定，是可以经常行使的；授权性的抽象行政行为是指由单行法律或决议规定授权某一行政机关对某一事项采取的抽象行政行为。授权可分为一般授权和特别授权。前者是法律授权某一行政机关就法律的实施制定的实施细则；后者是全国人大授权国务院用行政法规规定原属于全国人大立法范围的事项。

2. 执行性的抽象行政行为、补充性的抽象行政行为、自主性的抽象行政行为和试验性的抽象行政行为。执行性的抽象行政行为是指为执行法律而制定实施细则的抽象行政行为。其特点是不创设新的权利义务。补充性的抽象行政行为是指根据法律规定的基本原则和基本制度，对原法律需要补充完善的事项作出规定的抽象行政行为。其特点是在基本原则和基本制度约束下创设新的权利义务。自主性的抽象行政行为是指行政机关直接根据宪法、组织法对法律尚未规定的事项，根据行政管理的实际需要在制定机关的管理权限内自主创设权利义务的抽象行政行为。试验性的抽象行政行为是指行政机关在其管理权限内，对制定法律尚缺乏实践经验的事项，制定行政规范对其进行调整的抽象行政行为。

二、国务院的行政法规

行政法规是国务院为领导和管理国家各项行政工作，根据宪法和法律，按照有关程序制定的政治、经济、教育、科技、文化、外事等各类法规的总称。行政法规以宪法和法律为依据，其效力高于地方性法规和规章。

国务院制定行政法规的权限主要有两方面：①为执行法律的规定而需要制定行政法规的事项；②《宪法》第89条规定国务院行政管理职权的事项。

应当由全国人民代表大会及其常务委员会制定法律的事项，国务院根据全国人民代表大会及其常务委员会的授权决定先制定的行政法规，经过实践检验，制定法律的条件成熟时，国务院应当及时提请全国人民代表大会及其常务委员会制定法律。

国务院制定行政法规的程序，包括起草程序、审查程序、决定程序和公布程序。

1. 起草程序。行政法规由国务院组织起草。国务院有关部门认为需要制定行政法规的，应当向国务院报请立项。在行政法规起草过程中，应当广泛听取有关机关、组织和公民的意见。听取意见可以采取座谈会、论证会、听证会等多种形式。

2. 审查程序。行政法规起草工作完成后，起草单位应当将草案及其说明、各方面对草案主要问题的不同意见和其他有关资料送国务院法制机构进行审查。国务院法制机构应当向国务院提出审查报告和草案修改稿，审查报告应当对草案主要问题作出说明。

3. 决定程序。行政法规的决定程序依照《中华人民共和国国务院组织法》的有关规定办理。

4. 公布程序。行政法规由总理签署国务院令公布。行政法规签署公布后，应及时在国务院公报和在全国范围内发行的报纸上刊登。在国务院公报上刊登的行政法规文本为标准文本。

三、中央部门行政规章

行政规章又称部门规章，是指国务院各部、各委员会根据法律和国务院的行政法规、决定、命令，在本部门的权限内，按照规章制定程序发布的规范性文件。

1. 制定的主体。国务院各部、委员会、中国人民银行、审计署和具有行政管理职能的直属机构，可以根据法律和国务院的行政法规、决定、命令，在本部门的权限范围内，制定规章。

2. 制定权限。部门规章规定的事项应当属于执行法律或者国务院的行政法规、决定、命令的事项。涉及两个以上国务院部门职权范围的事项，应当提请国务院制定行政法规或者由国务院有关部门联合制定规章。

3. 制定程序。制定程序参照立法法关于行政法规的规定，由国务院规定。部门规章应当经部务会议或者委员会会议决定，由部门首长签署命令予以公布。部门规章签署公布后，应及时在国务院公报或者部门公报和在全国范围内发行的报纸上刊登。在国务院公报或者部门公报上刊登的规章文本为标准文本。

四、地方政府规章

地方政府规章是指省、自治区、直辖市以及省、自治区的人民政府所在地的市和经国务院批准的较大的市的人民政府，根据法律、国务院行政法规和地方性法规，按照规章制定程序发布的规范性文件。2015 年修订的《立法法》扩大了政府规章制定主体，限缩了地方政府规章的制定权限。

1. 制定主体。省、自治区、直辖市和设区的市、自治州的人民政府，可以根据法律、行政法规和本省、自治区、直辖市的地方性法规，制定规章。

2. 制定权限。地方政府规章可以就下列事项作出规定：①为执行法律、行政法规、地方性法规的规定需要制定规章的事项。②属于本行政区域的具体行政管理事项。设区的市、自治州的人民政府制定地方政府规章，限于城乡建设与管理、环境保护、历史文化保护等方面的事项。

没有法律、行政法规、地方性法规的依据，地方政府规章不得设定减损公民、法人和其他组织权利或者增加其义务的规范。

3. 制定程序。地方政府规章的制定程序参照《立法法》关于行政法规的规定，由国务院规定。地方政府规章应当经政府常务会议或者全体会议决定，由省长或者自治区主席或者市长签署命令予以公布。

地方政府规章签署公布后，应及时在本级人民政府公报和在本行政区域范围内发行的报纸上刊登。在地方人民政府公报上刊登的规章文本为标准文本。

五、规范性文件

规范性文件是指行政法规和规章以外，由行政机关制定的，涉及公民、法人或其他组织权利义务，可在一定时期内反复适用，具有普遍约束力的行为规则的总称。规范性文件在《行政处罚法》《行政许可法》等法律中称为“其他规范性文件”，《行政复议法》中称为“规定”，在《湖南省行政程序规定》《山东省行政程序规定》等地方立法中称“规范性文件”。规范性文件不属于《立法法》规定的立法形式。

1. 制定主体。规范性文件的制定主体是行政机关，包括有行政立法权的行政机关和没有行政立法权的行政机关。有行政立法权的行政机关如省级人民政府，在制定地方政府规章之外，还发布大量具有普遍约束力的决定、命令、行政措施等，这些规定不是立法，但是行政执法的直接依据。

2. 制定权限。规范性文件不得设定行政处罚、行政许可、行政强制等事项。规范性文件对实施法律、法规、规章、上级规范性文件作出具体规定，内容带有从属性，不得与所依据的规定相抵触。没有上位法依据制定的规范性文件，不得限制、剥夺公民、法人或其他组织的权利，不得对公民、法人或其他组织设定义务。

3. 制定程序。规范性文件的制定程序目前没有统一立法作出规定，在《湖南省行政程序规定》《山东省行政程序规定》等地方立法中有专门规定。根据这些地方立法，制定机关应当遵循以下基本程序规则：①广泛听取公众意见，形式包括听证会、座谈会、论证会、邮件、传真等多种形式。②制定机关的法制机构对规范性文件草案进行合法性审查。③经制定机关负责人集体讨论决定，由制定机关主要负责人或者其委托的负责人签署。④规范性文件实行统一登记、统一编号、统一公布的三统一制度。⑤自动失效制度。规范性文件的有效期一般为3~5年，有效期限届满的，规范性文件自动失效。

第四节　具体行政行为

一、具体行政行为的概念和构成

具体行政行为是一系列有共同特征的行政措施的总和。所谓共同特征，是指该种行政措施是国家行政机关依法对特定的公民、法人和其他组织，就特定事项作出的能产生行政法律后果的行为。具体行政行为的构成是指具体行政行为应当具备的基本因素或者基本条件。构成具体行政行为的要素有：

（一）安排权利义务的处理要素

具体行政行为具有处理的性质。处理是一种有法律约束力的安排，是对公民、法人或者其他组织作出的行政管理意思表示。这种意思表示的目的是要确定一种法律后果，使行政法上的权利或者义务得以建立、变更或者消灭。

以下两种活动不具有处理特征，不属于具体行政行为，也不受具体行政行为规则的支配：

1. 事实性的行政意思表示或者实际操作性活动。例如，像答复询问或者检查报告这种意思表示，本身不包括权利义务的安排，也就不会带来直接的法律效果。维护公共设施等纯粹事实性的活动，虽然与行政机关的职能有关，但是该活动本身并没有为他人规定权利义务。

2. 准备性、阶段性的处理。这主要是一些程序性和部分性活动。它们虽然会涉及义务的履行，但是这些义务属于公民对国家的一般义务，不能构成独立完整的具体行政行为。例如，对过往车辆司机精神状态的行政检查。

（二）处理具体行政事务的个别要素

具体行政行为是对具体行政事务或者对特定人的一次性处理。这种处理具有效力的直接性，即直接引起公民、法人和其他组织权利义务的取得、变更和消灭，是可以产生直接法律效果的活动。个别性的特征既可以取决于受到处理的特定的人，也可以是特定的事项，但都是不可反复的，借此可使具体行政行为与抽象行政行为区分开来。抽象行政行为是对不特定数量的事项和不特定数量的人进行的一般性处理，是可以反复适用的。

具体行政行为的个别特征有三种基本形式：

1. 就特定事项对特定人的处理。两方面特定性的结合是具体行政行为的典型形式。例如，给予 A 进行工商活动的营业许可，对 B 进行罚款 100 元的行政处罚。

2. 就特定事项对可以确定的一群人的处理。其条件是有确定的时间段和与特定事项有关的一群人。例如，在特定的时间段和区域以内禁止车辆通行。个别性并不在于人的数量，而在于人的范围和对象在特定的时间段里是否可以确定。如果在行政决定公布的时候，受到该决定约束的人已经可以确定，那么，行政机关对这些人所采取的措施就应当属于具体行政行为。

3. 就特定事项对不特定人的处理。例如，行政机关发布决定禁止使用有坍塌危险的桥梁。这里涉及的人尚未确定或者无法确定，该具体行政行为个别性特征就只是取决于事项的特定性。事项的特定性是一个现实存在的特定事项或特定事实，而不是仅仅表现为一定标准特征的抽象事实或者事项。

确定具体行政行为的问题，并不是可以按照一个或者两个截然的标准贯彻到底的。具体行政行为与抽象行政行为的分类上确实也存在一些问题，例如，城市道路管理的交通信号、对产品型号的批准和对私人企业章程的批准行为，在区分上就有一定困难。对这种情形的处理，往往是一个由立法者进行政策选择的问题，即出于政策的需要，放弃既定标准而将其归于具体行政行为或者抽象行政行为。

（三）权利义务安排的外部要素

具体行政行为是为公民或者社会组织安排权利义务的处理，实现行政职能的外部管理措施，而不是行政机关内部的组织措施。行政决定的外部要素是确定其具体行政行为属性的重要标志。

没有外部法律效力的行政决定不是具体行政行为。行政机关之间和行政机关与行政机关工作人员之间也存在法律关系，上级有权对隶属于他的下级行政机关或者行政机关人员发布有法律约束力的职务命令和指示。如果这种命令、指示没有规定可以直接生效的外部公民和组织的权利义务，那么，它只能是一种行政系统内的组织措施，不能适用于关于具体行政行为的法律规则。

行政决定形成过程中的层次或者阶段性的措施，例如，行政机关内部不同级别的请示和批准活动，在形成对外部公民或者组织有法律约束力的意思表示以前，都不能成为独立的具体行政行为。对外部公民或者组织的直接法律效力是使行政决定构成一个具体行政行为的必要条件。

（四）行政机关的单方职权要素

具体行政行为为公民或者组织所安排的权利义务是行政机关依据国家管理职权以命令形式单方面设定的，不需要公民或者社会组织的同意。行政机关单方命令的根据在于行政决定是基于国家公共的普遍需要作出的，并且由此产生了公民个人或者组织服从的必要。这一要素指明了具体行政行为的公法性质，并且以此与民事行为区分开来。

二、具体行政行为的成立

具体行政行为的成立是指具体行政行为在社会现实中的客观存在。符合各要素特征的具体行政行为，必须对外表达出来成为客观存在，才能发生所希望的社会后果。具体行政行为只有客观地存在了，才能对其进行法律评价，进而确认具体行政行为是否合法、适当。

具体行政行为成立的基本条件是：

1. 在主体上，作出具体行政行为的是享有行政职权的行政机关，具体实施该职权的工作人员应意志健全且具有行为能力。如果作出行政决定的不是执行国家职务和可以承担国家责任的人或者组织，即使行政决定是正确的，也不能发生法律上的效力，因为行政决定的效果不能归于个人，只能归于国家；即使行政决定是错误的，也无法按照行政救济的方式追究法律责任，因为它离开了行政法管辖范围。

2. 在内容上，向对方作出具有效果意思的表达。效果意思是行政机关作出行政决定所希望达到的法律效果，即设立、变更和终止对方当事人的权利义务。行政机关代表国家以正确和可识别的方式表示出来和表达清楚要求对方做什么和不准做什么的意思，行政决定就有了权利义务的内容。这种效果意思应当具有客观可能性。没有权利义务内容的，不属于具体行政行为。

3. 在程序上，行政决定要让对方知道，即按照法律规定送达行政决定。送达的内容是对方义务履行的内容，送达的时间是行政决定发生效力和对方履行义务的起点，因此送达是使行政决定成立和生效的必要条件。让对方履行其并不了解的义务并追究不履行的责任，是缺乏基本理性的非法行政行为，完全不能发生法律上的约束力。

具体行政行为有作为和不作为两种形式。在法律规定的情况下，不作为本身也可以被推定为或者被认定为存在一个具体行政行为。例如规定在一定期限以内没有拒绝申请的话，就可以将其"认作为"已经予以同意。

三、具体行政行为的分类和形式

对具体行政行为可以作各种分类，比较常用的有以下几种：

1. 羁束的行为与裁量的行为。划分标准是具体行政行为受法律拘束的程度。前者指法律对采取具体行政行为的条件、范围、方法、手段均有严格规定，行政机关没有选择余地，只能依法决定。后者则相反，行政机关享有裁量的权力。

2. 依职权的行为与须申请的行为。划分标准是行政机关是否以申请作为开始采取具体行政行为的条件。前者指行政机关不需要公民、法人或其他组织申请，直接依职权采取具体行政行为；后者则需要经过申请，行政机关才能作出行政决定。

3. 权利性的行为、义务性的行为和准法律处理。划分标准是具体行政行为的处理内容。权利性的行为包括：赋予权利从而使对方当事人获得某种权利，例如，取得专利权；剥夺权利从而使对方当事人丧失某种权利的处理，例如吊销营业执照。义务性的行为包括：设定义务从而使对方当事人承担某种义务的处理，例如规定纳税人缴税。免除义务从而使对方当事人免除某种义务的处理，例如免服兵役。准法律处理是指行政机关对具有法律性质的客观存在的社会事实进行认证或者使具体行政行为发生法律效力的行为，其主要特征是不设定、改变或者消灭本来存在的权利和义务，主要表现为以下几种：公证，如公证合同；确认，如确定产品质量和等级；通知，如公路禁止通行的通告。

具体行政行为可以有多种表现形式，经常使用的有：①命令，即要求对方当事人为一定行为或不为一定行为的行政决定，包括命令和禁令；②许可，即行政机关对符合条件的申请人允许其从事特定活动的行政决定；③拒绝，即行政机关对对方当事人的申请不予准许的行政决定。

四、具体行政行为的违法构成

具体行政行为的违法构成是指确定行政行为的违法条件，或者说在什么条件下具体行政行为可以构成违法。

违法是具体行政行为对合法条件的违反，合法与违法的准则原则上是一致的。具体行政行为符合了现行有效法律的要求，那么，它就是合法的；反之，如果与现行有效法律的要求不一致，那么，该具体行政行为就是违法的。

判断具体行政行为合法性的基本标准是：①行使行政职权的主体合法。②合乎法定职权范围。③作出具体行政行为的证据确凿。④适用法律、法规正确。⑤符合法定程序。⑥不滥用职权。根据我国《行政诉讼法》和《行政复议法》的规定，行政机关采取的具体行政行为，符合以上条件就是合法的，将得到司法审查或者复议机关的支持；否则就构成违法，将被撤销、变更。

衡量具体行政行为合法性的决定性标准主要有事实证据、法律适用和法定程序三方面。

（一）作出具体行政行为应当有确凿的事实证据

这一条的直接意义是要求行政决定应当有确实可靠的证据。证据是客观存在的、关联行政的和依法收集、认定的事实。这一条要求的内容有以下几点：

1. 作出行政决定首先要有事实，即存在需要行使行政职权的客观事实。事实是行使行政职权的第一个法定条件，是判断行政合法性的第一个条件，也是保证行政职权不被滥用的第一个条件，否则就无异于放纵任性的行政职权，国家利益和公民权利就没有安全保障。安全来自于将行政职权联系在一定的事实条件上，没有事实不能行使权力；事实不变，行政决定就不能变。事实和证据有约束和稳定行政活动的功能。

没有充分的证据就不能行使国家行政职权，无论以什么理由都不能解脱行政机关证据上的缺陷和责任。没有证据就是违法行使行政权力，这一规定对行政机关有督促作用。没有督促就容易松懈和不在乎，松懈会造成对公民权益的侵害，法律不能允许。

2. 事实应当是确实充分的。只是有事实还不够，事实必须是客观的、合法的和有行政关联的，必须具备证据的条件和有足够的数量。

对于行政活动中的事实证据问题，《行政诉讼法》规定了一些重要的制度：①证据的法定种类回答什么属于证据，证据表现为什么形式的问题。《行政诉讼法》第31条规定了七种证据，如果行政机关使用的证据材料不符合该条规定的证据特征和形式，那么在诉讼上就不能作为证据使用。②证据应当是充分的，而不是零散的、残缺不全的，应足以证明采取行政行为是正确合法的，否则行政机关在诉讼中也是很被动的。在诉讼中，如果法院认为证据不够，有权向当事人，向有关行政机关、其他的公民和组织收集证据，当事人也可以收集证据，法院还可以组织证据的鉴定。

经过取证和鉴定，法院确定行政机关所依据的证据不可靠、不充分的，就可以判决行政机关败诉。

（二）正确地适用法律、法规

1. 行政管理是一种适用法律的国家活动。如果行政机关打算使自己的意志产生预定的法律效果，必须依法处理行政事务。

2. 将法律、法规作为处理行政事务的根本准则和依据。行政机关的活动应当服从上级的指示、命令，执行国家发布的关于行政管理的文件，但是根本的依据是宪法和根据宪法制定的法律、法规。将法律、法规作为处理行政事务的准则和依据是指其最高性，而不是指其唯一性。

3. 正确适用还表现为正确地把握法律、法规与调整对象的联系。法律、法规的适用是有条件的。法律是对社会关系的调整，社会关系的性质和状况是适用法律的条件。适用法律不能取决于行政官员的任意和偏好，而必须以法律所要求的事实条件作为适用法律的根据。

4. 只能适用有效的法律。适用法律的含义之一是对现行有效法律的遵守。已经失去效力的法律和尚未生效的法律，都不得适用。

如果行政机关在上述有关方面有缺陷，法院就可以在行政诉讼中以适用法律、法规错误为由撤销行政决定。

（三）遵守法定的行政程序

程序是实现行政管理目标过程中的行政方法和形式。法定程序赋予这些方法、形式以权利义务的法律属性，要求行政机关行使职权时必须遵守，这是判断行政行为是否正确合法的重要标准。例如，行政决定送达当事人是行政决定生效的必要程序，送达之日是行政决定生效之时，生效的内容限于送达的内容。没有完成送达这一程序，行政决定的法律效力就是有缺陷的。法律规定了送达的形式，例如，当场送达和按照民事诉讼法规定的方式送达等。

《行政诉讼法》规定法定程序是行政行为合法的必要条件，在我国立法史上第一次将程序法提到与实体法同样的地位。《行政诉讼法》关于行政程序的规定，从司法监督程序的角度促使行政机关依照程序办事。

将行政程序作为行政合法性的核心条件之一，是对效果行政的否定。只是强调实现效率，无视实现行政目标过程中的法律权利，不利于促进行政活动的规范化和法治化，不利于对公民合法权益的尊重和保护，也不利于人民群众对国家行政管理的积极参与和监督。

目前行政法中对行政程序规定得比较好的和体现时代精神的是1996年颁布的《行政处罚法》。该法规定了行政处罚的决定程序和执行程序。决定程序有简易程序、听证程序和一般程序。这三个决定程序有一个共同的地方，就是当事人的程序权利必须得到满足，即当事人的了解权、陈述权和申辩权必须得到行政机关的尊重。如果行政机关不尊重、不满足当事人的程序权利，行政处罚决定就无效。所以这种对程序权利的尊重和满足是强制性的。我们不但需要在具体行政管理领域的法律中规定行政程序，而且现在还需要一个总的行政程序法，以便将行政机关在管理活动中应当遵守的基本程序原则和程序制度明确下来。

（四）不得超越职权和滥用职权

除了上面讲的三个基本条件以外，《行政诉讼法》还对行政机关提出了两个禁止性要求，即不得超越职权和滥用职权。《行政诉讼法》规定，行政机关作出的具体行政行为超越职权和滥用职权，给当事人的合法权益造成了危害的，法院经过审查后将予以撤销。

关于超越职权的问题，原则是行政机关应当在法律授予的权限以内活动。如果超越了法律赋予的职责权限，即使行政机关在事实证据、法律适用和法定程序方面都符合要求，也是违法的。不能以公共需要的理由对抗职责权限的要求，过于热心也会构成违法和侵权。法院不是按照行为人的动机，而是按照法律的规定判断行为的合法性质的。

行政机关的职权范围由行政组织法规定，包括：①国务院组织法、地方组织法；②单行的授权法；③行政机构的编制方案和公务员的职位分类。如果在一个职务侵权的案件中，不能正确地确定职务的范围和内容，就无法使职务侵权的指控成立，行政组织法的规定在这里就非常关键。行政机关一定要按照行政组织法的规定，在法定的职权范围内进行管理活动。具体行政行为必须由事务的和地域的主管部门实施。地域管辖权涉及交由主管部门实施的空间范围，事务管辖权涉及委托给主管部门的行政任务。

滥用职权是一个比较复杂的问题，它在不同的场合有不同的含义。在行政法上，它是一个实质违法的概念和制度。行政机关的具体行政行为即使符合了法律所要求的全部形式条件，法院仍然可能判决行政机关的具体行政行为违法无效，理由就是滥用职权。滥用职权需要以实质违法作为根据来确定。

实质违法的标准是抽象的，实质违法首先表现为对法律授权目的的违反。它要求行政机关在进行行政管理时，不只是机械地和简单地按照有关法律和有关条款办事，还要符合法律的精神和立法目的，按照法律的实质要求办事。这就需要对法律的立法背景、立法目的、基本原则、制度和规则之间的内在联系有正确的认识和理解。不但普通工作人员要这样做，更重要的是行政首长也要这样全面地了解和认识法律。因为行政机关实行首长负责制，行政首长是决策人，也是责任承担人。

具体行政行为是可执行的国家命令，能够单方面地确定普通社会成员的权利义务，根据什么条件才能够采取，或者在什么条件下不能采取，即采取具体行政行为的必要性问题，原则上应当以单行法规定为依据，应当以具体行政行为完成的行政管理，不得使用协议或者法律禁止的其他方式；应当以其他方式处理的事务，不得使用具体行政行为。不能以完成公共职能为名，在法律以外要求普通社会成员服从其规定的义务，例如，规定非法摊派和其他义务；也不能以具体行政行为的方式，无原则地赋予权利或者其他利益，例如，以具体行政行为的方式赋予工程承包权。

具体行政行为表达中的明显疏忽不具有违法性。行政意思的表达错误，如书写错误、计算错误、显然的遗漏以及数字化加工过程的错误，不是行政意思本身的错误，所以应当排除其违法性，可以由发布的行政机关进行更正。如果给公民权益造成损害的，因为行政机关有过错，应当给予赔偿，但是不应当认定为违法。

应当区分具体行政行为原始的违法和情形变化后的“违法”。违法行政行为的规则只是约束原始性的违法行政行为。后来的“变化违法”要按照行政废止的规则评价。评价具体行政行为合法性的时间界限是行政行为的发布。如果作出具体行政行为所根据的事实和法律状态发生变化，不应当影响具体行政行为的合法性问题，也不会构成违法。对于一次性可以执行完毕的行政行为是这样，对于延续性具体行政行为也是这样，如工商许可。

五、具体行政行为的效力和违法后果

（一）具体行政行为的法律效力

法律效力是具体行政行为法律制度中的核心因素。评价具体行政行为合法与否的实际意义就在于对其法律效力的影响，或者说评价具体行政行为的法律效果集中体现为对其法律效力的影响。

具体行政行为的法律效力可具体分为以下三种：①确定力。它是指具体行政行为一旦有效成立后，非依法定程序不得更改的效力。②拘束力。它是指具体行政行为一经作出，行政机关和对方当事人都必须遵守的效力。③执行力。它是指行政机关可以使用国家强制力迫使当事人履行义务的效力。

1. 关于具体行政行为法律效力的开始。行政行为原则上随着它的公布发生法律效力，只要它没有因为明显和严重的违法而无效即可。具体行政行为法律效力的开始，在法律安全的意义上，需要有明确的条件。行政行为的效力条件主要是它的公布和是否存在严重、明显的法律缺陷，效力条件并不等于合法条件。除了无效的情形，公民和行政机关即使对其合法性有疑问，一般还是要首先遵守该具体行政行为，具体行政行为的法律效力一直保持到国家有权机关对其作出最终的法律评价。

2. 具体行政行为法律效力的障碍，即具体行政行为法律效力的延迟。提起法律救济可能会导致延迟具体行政行为的效力。延迟意味着具体行政行为首先没有法律效力，不能被执行。但是我国《行政诉讼法》实行诉讼不停止执行的制度，所以原则上起诉不会造成具体行政行为法律效力上的障碍。

3. 关于具体行政行为生效的时间。一般地说，具体行政行为一经作出就会立即生效。但是行政机关也可以安排到晚些时间，或者在某一事件发生后才发生效力，或者以后在某些条件下失去效力。在附生效条件的具体行政行为中，如果条件是当事人行为的发生，那么实际上当事人可以通过自己的行为决定具体行政行为的效力开始或者结束。

具体行政行为是国家的行政职权行为，按照依法行政的原则，具体行政行为的

效力应当取决于它对法律要求的满足程度。违反法律的具体行政行为理论上不应当发生法律上的效力。但是立法机关可以通过法律作出特别安排，首先推定所有的具体行政行为都是合法的，使其一经作出就有法律效力。如果在以后的审查中证明具体行政行为构成了违法，可以再使其丧失效力。

影响具体行政行为效力的法律评价，有无效、撤销、取消和废止几种不同的制度，这些制度的原因和效果不同。现行法律根据具体行政行为违法的种类和严重程度，规定了不同的法律后果。明显和严重违法的行政行为是无效的，从一开始就没有法律效力；普通违法的行政行为是可以请求撤销的和可以予以撤销的。无效和撤销是通过诉讼或者复议程序对具体行政行为作出的处理，以当事人的申请和对当事人的权利救济为目的。由发布机关主动撤回违法具体行政行为称为具体行政行为的取消。客观事实和法律情况的变化造成具体行政行为与现行法律的冲突，可以由行政机关废止。取消的原因是违法不当，废止的原因是客观变化。取消和废止依职权开始和进行，是以维护公共利益为目的的监督的结果。

（二）可撤销的具体行政行为

可撤销的具体行政行为是关于相对方当事人法律救济权利的制度。当事人可以对他认为违法的具体行政行为提起法律救济。经过审查确认违法后，行政复议机关或者法院可以决定撤销违法的具体行政行为，消除具体行政行为的法律效力。行政复议和行政诉讼是撤销具体行政行为的两个主要途径。

1. 行政复议。当事人可以在具体行政行为发布以后的 2 个月内，提起行政复议。具体行政行为的违法或者不适当都可以成为撤销具体行政行为并消除其法律效力的理由。

2. 行政诉讼。当事人可以在知道作出具体行政行为的 3 个月以内向法院提起行政诉讼。法院只审查行政行为的合法性，违法是在行政诉讼中撤销具体行政行为并使其丧失法律效力的主要理由。

构成可撤销具体行政行为的条件主要是违法和不当。行政行为合法要件的缺损将构成具体行政行为的违法。合法要件主要是指前面提到过的事实证据、法律适用和法定程序三个方面。违法是所有法律救济中撤销具体行政行为的理由。具体行政行为的不当也是构成可撤销具体行政行为的理由，它更多地应用于行政复议当中。所谓不适当，主要是指在行政职权以内行使自由裁量权不适当的具体行政行为。

具体行政行为被撤销的法律后果表现为，具体行政行为通常自撤销之日起失去法律效力。根据社会公益的需要或当事人是否存在过错等情况，撤销的效力可一直追溯到行政行为作出之日，但当事人在撤销决定作出之前一直要受该具体行政行为的约束。如果具体行政行为的违法是由于行政机关过错引起的，给当事人造成的损失应当由行政机关负责赔偿。如果具体行政行为的违法是由于当事人的过错或行政机关与当事人的共同过错所引起的，行政机关已给予当事人的利益应当收回。

可撤销的具体行政行为不一定必然被撤销。例如，申请行政复议或提起行政诉讼均有一定时限，超过此时限即不能申请撤销相应行为。

（三）无效的具体行政行为

1. 构成无效的条件。如果一个具体行政行为有严重和明显的法律缺陷，这种严重的法律缺陷以普通的常识性理解都可以明显看出，那么它就是无效的具体行政行为。这种所谓明显和严重的构成原则表明，如果具体行政行为有明显和严重的缺陷，首先考虑的应当是实质正当性原则，权利安全原则和具体行政行为既定力处于从属的次要地位。

如果一个具体行政行为有如下情形就可以构成绝对无效的理由：①书面发布的具体行政行为不能识别出发布机关。因为当事人不知道具体行政行为是谁发布的，也无法对它提起法律救济。②由于事实上的原因，具体行政行为是不可能实施的，例如，拆除已经不存在的建筑。③要求从事一个违法的行为，导致刑事或者其他的国家处罚，例如，命令侵入公民住宅或者出版非法刊物。④违反善良风俗的具体行政行为，例如，许可企业制作、销售、传播有色情内容的光盘。

构成无效具体行政行为的情形是不能一次列举完毕的，它经常是由有权国家机关根据明显、严重违法的基本原则，在具体案件中认定的。

2. 具体行政行为无效的后果。无效的具体行政行为，从一开始就不可能发生它所希望的法律效果。它自发布时就没有任何法律约束力，公民可以不遵守它，不受该行为拘束，不履行该行为为之确定的任何义务，并且对此种不履行不承担法律责任。行政机关也不能执行它，其他社会成员也可以不尊重它。这是无效具体行政行为在实体法上的意义。可撤销的行为只是在撤销之后失去法律效力，在此之前仍然有拘束力，当事人在此前不履行相应义务的，要承担法律责任。

在程序法上，权利受到损害的公民和组织，可以在任何时候提出无效的主张。他也可以等到执行时再对该执行措施要求法律救济。但是在实际生活中，受到无效具体行政行为影响的人，一般会请求国家有关机关进行认定，以避免自己认定错误造成违法的风险。有权国家机关可在任何时候宣布相应行政行为无效，因为无效行政行为不具有确定力。

在无效具体行政行为的处理上，具体行政行为被确定无效后，原则上应当尽可能恢复到具体行政行为发布以前的状态。行政机关从当事人处所获取的一切（如罚没款物）均应返还相对人，要求当事人的一切义务应当取消，对相对人所造成的一切实际损失均应赔偿。同时，行政主体通过相应无效行政行为所给予相对人的一切权益，均应收回（如此种收回给善意的相对人的合法权益造成了损害，行政主体应对之予以赔偿）。

（四）具体行政行为的废止

1. 具体行政行为废止的条件。具体行政行为一经作出即不得被随意废止。在具有某些法定情形的条件下，才可以依法定程序废止使其丧失法律效力。行政行为废止的条件通常有：①具体行政行为所依据的法律、法规、规章已经被有权机关依法修改、废止或撤销。具体行政行为如果继续维持效力将与法律、法规、规章、政策抵触，所以必须废止原具体行政行为。②具体行政行为所期望的法律效果已经实现，没有继续存在的必要。

2. 行政行为废止的法律结果。具体行政行为被废止后，自废止之日起丧失效力。具体行政行为被废止之前给予当事人的利益、好处不再收回；当事人也不能对已履行的义务要求补偿。

第五节 行政处罚

一、行政处罚概述

(一) 行政处罚的概念

行政处罚是国家行政管理机关对实施行政违法行为的公民、法人或者其他组织的行政制裁。行政处罚是行政违法行为引起的法律后果。所谓行政违法行为，是指公民、法人或者其他组织违反国家行政管理秩序，依照法律应当由国家行政机关给予行政处罚的行为。例如，公民违反治安秩序，公安机关应当依照《治安管理处罚法》对该公民给予拘留或其他行政处罚。

行政处罚的基本特征是：

1. 行政处罚是国家行政机关采取的行政措施，是国家惩罚权的体现。不具有国家管理职能的企事业单位和其他个人、社会组织，为维护内部工作生活秩序，按照组织章程或群众公约所采取的处罚措施，不是国家行政处罚。

2. 行政处罚是维护正常行政管理秩序，调整国家行政机关与被管理者相互关系的重要手段。它与行政机关对行政机关工作人员的行政处分不同。行政处分是调整国家行政职务关系的行政纪律措施。行政机关工作人员执行国家公务，负有专门的职权和职责，应当受国家行政纪律的约束。行政处分和行政处罚既不应互相代替，也不能加以混淆。

3. 行政处罚通过维护国家行政管理秩序来保障国家的、公共的和社会的利益。它与惩罚犯罪的刑罚不同。行政违法行为与犯罪都是危害社会的行为，行政处罚与刑罚都是社会保卫方法。但是它们有违法程度和制裁措施的差别。犯罪是极端的反社会行为，任何一种犯罪的成立，不但说明该犯罪侵犯了刑法所保护的某一具体社会关系，而且还被看作是对整个统治秩序的破坏。在犯罪学上，任何一种犯罪都应当同时具备犯罪的一般客体、同类客体和直接客体。刑罚是严厉的国家制裁手段，是整个社会的保卫方法。因此，刑事法律只能由代表整个社会的国家机关制定并由统一的司法机关适用。行政违法所危害的是国家行政管理秩序，社会危害程度较犯罪低，行政处罚的严厉程度也较刑罚低，而且在立法和执法上有分层次、分部门的多样性。

正确区分行政处罚与犯罪是为了实行刑罚优先和禁止以罚代刑，以维护国家利益。

行政处罚法是国家关于设定和实施行政处罚的法律规范的总称。所有调整行政处罚设定和实施中发生的社会关系的法律规范都属于行政处罚法的范畴。行政处罚法的表现形式是法律、行政法规、地方性法规和行政规章。除上述形式以外的其他规范性文件不得设定行政处罚。

（二）行政处罚的基本原则

行政处罚的基本原则是反映行政处罚的本质，体现行政处罚各种具体制度和规则的共同性质，调节行政处罚过程中发生的基本关系的普遍性规则。它对于正确认识和运用、遵守行政处罚法具有重要指导和规范作用。

1. 处罚法定原则。行政处罚是国家惩罚权的重要方面，是国家维护正常统治秩序最经常、最普遍使用的强制手段和方法，涉及和影响公民、法人和其他组织多方面的权利和利益。为了克服行政处罚的随意性，防止和纠正对行政处罚的滥用，行政处罚法规定我国行政处罚实行法定原则，行政处罚的设定和实施必须依法进行。该原则有三方面含义：①公民、法人或者其他组织的行为，只有法律明文规定应予行政处罚的，才受处罚，否则不受处罚。②行政处罚设定权只能由法律规定的国家机关在法定职权范围内行使。③行政处罚的适用必须严格依照有关行政违法构成的实体法和适用行政处罚的程序法进行，否则行政处罚无效。

2. 公正公开原则。公正原则的基本要求是罚责相当，行政违法所应承担的责任与所受到的处罚相适应。行政处罚机关应当首先查明违法事实和情节，并对违法行为的性质和社会危害程度作出正确评价，然后再依法给予行政处罚。任何畸轻畸重、罚责失当的处罚，都是背离公正原则的。

公开原则的基本要求有两方面：①关于行政处罚的国家有关规定必须是通过公布程序向社会公开的。未经公布的规定不能作为行政处罚的依据。②对违法行为的处罚决定和处罚程序是公开的，允许当事人和社会了解和知道。前者便于全社会一起遵行，后者便于当事人和社会监督。

3. 处罚与教育相结合原则。处罚与教育相结合原则的基本要求是行政处罚的设定和实施要同时发挥其强制制裁与思想转变的作用，防止将行政处罚变为国家对违法行为简单机械的报复，应重在纠正违法行为和意识转化，使被处罚者不再危害社会和自觉守法。具体来说：①必须给予惩罚，否则就不足以制止违法行为和恢复正常秩序，不足以维护统治安全和弥补国家和社会因不法侵害所遭受的损失，也不能使违法行为人通过受到处罚痛苦而警觉醒悟，停止危害社会。②通过处罚促使当事人变为守法者。法律规定被处罚人必须有责任能力、有选择行为方式自由，因而也是可以教育和转化的人。任何放弃教育努力的处罚或者以罚代教的做法都是不符合处罚与教育相结合原则的。

4. 保障当事人程序权利原则。正确处理惩罚与保护的相互关系是行政处罚立法的重要指导思想。行政处罚法赋予当事人两类程序权利：①在行政处罚决定过程中的陈述权、申辩权、被告知权和其他非讼程序权；②行政处罚决定作出后的申请复议权、提起诉讼权和请求赔偿权等救济权。这些权利是公民、法人和其他组织对国家的公权利，是对国家的请求，需要以国家机关的义务行为来满足，它对监督国家机关依法行使职权具有重要意义，是尊重当事人的程序权以及行政处罚有效成立的法定条件之一。

保障当事人程序权利原则的基本要求是使无辜的人不受行政处罚，使违法行为人受到公正处理，使遭受违法处罚的人得到及时补救。

（三）行政处罚机关的法律责任

追究违法责任的主要方式是由上级行政机关或者有关机关对直接负有责任的行政机关主管人员和其他直接责任人员给予行政处分；构成犯罪的，应依照《刑法》规定追究刑事责任。该法规定了违法行为的十几种情形。

国家机关违法设定行政处罚，应当依照国家立法制度的法律规定承担法律责任；行政机关违法实施行政处罚，应当依照国家行政复议、行政诉讼和国家赔偿制度的法律规定承担法律责任。

二、行政处罚的种类和设定

（一）行政处罚的种类

《行政处罚法》列举规定了六类行政处罚。这六类处罚不是按照单一标准划分的，也没有穷尽性质。该法作这种规定主要是根据它们对公民、法人或者其他组织合法权益的影响程度和对行政管理秩序的保护作用，便于划分不同国家机关对各种行政处罚的设定权限。这六类行政处罚分别是：

1. 警告。它是国家对违法行为人的谴责和告诫，是国家对行为人违法行为所作的正式否定评价。从国家方面说，警告是国家行政机关的正式意思表示，会对相对一方产生不利影响，应当纳入法律约束的范围。对被处罚人来说，警告的制裁作用主要是对当事人形成心理精神压力和不利的社会舆论环境。国家设定和适用警告处罚的目的主要是使被处罚人认识其违法行为的性质和危害，纠正违法行为并不再继续和重新违法。

2. 罚款。它是行政机关对行政违法行为人强制收取一定数量金钱，剥夺行为人一定财产权利的制裁方法，广泛适用于各类行政违法行为。

3. 没收违法所得、没收非法财物。没收违法所得是行政机关将行政违法行为人占有的，通过违法途径和方法取得的财产收归国有的制裁方法；没收非法财物是行政机关将行政违法行为人非法占有的财产和物品收归国有的制裁方法。

4. 责令停产停业。它是行政机关强制命令违法行为人暂时或永久地停止生产经营和其他业务活动的制裁方法。

5. 暂扣或者吊销许可证、暂扣或者吊销执照。它是行政机关暂时或者永久撤销违法行为人拥有的国家准许其享有某些权利或从事某些活动的资格，从而使其丧失该权利和资格的制裁方法。

6. 行政拘留。它是治安行政管理机关（公安机关）对违反治安管理的人短期剥夺其人身自由的制裁方法。

上述各种处罚以外的其他处罚种类，只能由全国人大的法律和国务院的行政法规规定。这就是说，行政处罚新种类的创设权集中在全国人大和国务院，其他机关没有这种权力。

（二）行政处罚的设定

设定行政处罚是国家机关创设行政处罚的行为规则，赋予行政机关行政处罚职权的立法活动。《行政处罚法》根据下述原则规定我国行政处罚设定制度：①符合我国的立法体制。②根据行政处罚的不同情况，区别对待。③依据法制原则。既要对现行某些不规范的做法适当改变，又要顾及我国法制建设的现实状况和实际需要。行政处罚设定制度的关键问题是行政规章的设定权。

1. 法律。全国人大及其常委会制定的法律可以设定各种行政处罚，限制人身自由的行政处罚只能由法律设定。

2. 行政法规。国务院制定的行政法规可以设定除限制人身自由以外的行政处罚。如果法律对违法行为已经作出行政处罚规定，行政法规需要作出具体规定的，不得超出法律规定的给予行政处罚的行为、种类和幅度的范围。

3. 地方性法规。有权地方人大制定的地方性法规可以设定除限制人身自由、吊销企业营业执照以外的行政处罚。如果法律、行政法规对违法行为已经作出行政处罚规定，地方性法规需要作出具体规定的，不得超出法律、行政法规规定的给予行政处罚的行为、种类和幅度的范围。

4. 部门规章。国务院部、委制定的规章设定行政处罚有两种情形：①制定执行有关行政处罚的法律、行政法规的规章。但有关行政处罚的具体规定不得超出法律、行政法规规定的应当给予行政处罚的行为、种类和幅度的范围。②对违反行政管理秩序的行为，法律、法规没有作出规定的，可以设定警告或一定数量罚款的处罚，罚款的限额由国务院规定。

5. 地方规章。地方规章的设定权类似于部门规章：①可以在法律、法规规定的给予行政处罚的行为、种类和幅度的范围内作出具体规定。这里的法规包括行政法规和地方性法规。②对违反行政管理秩序的行为，法律、法规没有作出规定的，地方规章可以设定警告或一定数量罚款的行政处罚。罚款的限额由省、直辖市、自治区人大常委会规定。

《行政处罚法》规定，除法律、法规和规章以外的其他规范性文件不得设定行政处罚。

三、行政处罚的实施机关

行政处罚实施机关是关于谁有权运用行政处罚的重要制度。行政处罚在性质上是一项重要的国家行政权和国家制裁权，应当由国家行政机关行使。考虑到行政管理的实际需要和行政组织编制管理的现状，法律规定某些符合条件的组织，经过法律、法规的授权或行政机关的委托可以实施行政处罚。

1. 行政主管机关。国家行政机关行使国家行政处罚权应当符合法律的以下要求：①只有法律规定享有处罚权的行政机关才能有行政处罚权。②具有行政处罚权的行政机关只能在法定的职权范围内实施行政处罚。行政机关只能对自己主管业务范围内违反行政管理秩序的行为给予行政处罚。如何划分行政机关对违法案件的权限分工，由管辖制度加以解决。

《行政处罚法》对行政机关综合执法作了规定。行政机关一般是按业务特点设置工作部门，单行的法律、法规分行业和管理领域将包括行政处罚权在内的行政管理权授予某一行政主管机关。但是在行政管理实践中，往往需要将法律规定属于不同行政主管部门的处罚权集中于某一行政机关统一行使，以提高行政效能。针对这种情况，《行政处罚法》规定，除限制人身自由的行政处罚权只能由公安机关行使外，国务院或者国务院授权的省、自治区、直辖市人民政府可以决定一个行政机关行使有关行政机关的行政处罚权。

2. 法律、法规授权的组织。作为行政机关行使行政处罚权的例外，某些组织在法定条件下可以成为实施行政处罚的主体。这些条件是指：①该组织具有管理公共事务的职能；②法律、法规明文授权；③在法定授权范围内行使行政处罚权。

法定授权组织的法律特征是：①以自己的名义实施行政处罚；②以自己的名义承担法律责任、参加复议或者诉讼并承担相应的法律后果。

3. 行政机关委托的组织。某些组织可以接受行政机关的委托实施行政处罚，并与行政机关形成委托和被委托的法律关系。受委托组织必须具备以下法定条件：①该组织是依法成立的管理公共事务的事业组织；②该组织有熟悉有关法律、法规、规章和业务的工作人员；③对违法行为需要进行技术检查或者技术鉴定的，应有组织进行相应检查鉴定的条件。

在行政处罚委托法律关系中，行政机关进行委托负有以下法律义务：①具有法律、法规或者规章的依据；②委托事项必须在该机关的法定权限以内；③对被委托组织实施行政处罚的行为进行监督；④对被委托组织实施行政处罚的行为后果承担法律责任。

受委托组织的法律义务是：①以委托行政机关的名义实施行政处罚；②实施行政处罚不得超出委托范围；③不得再委托其他任何组织或者个人实施行政处罚。

四、行政处罚的决定

（一）一般规定

《行政处罚法》对行政机关进行行政处罚规定了统一明确的决定程序。以前行政机关的一些处罚不当，重要原因之一是缺乏统一明确的程序规定，缺少必要的监督制约机制，随意性较大，容易造成对被处罚人合法权益的侵害。《行政处罚法》对行政处罚决定程序作了以下两项最基本的一般规定，集中反映了该程序的基本特征：

1. 决定进行行政处罚，必须查明违法事实。违法事实是认定违法构成、裁量给予处罚的客观基础。所谓违法事实，是指客观存在的违法诸情况的总和。这一规定的基本要求是：先查证，后处罚，处罚决定必须建立在可靠的客观依据之上。查清违法事实是处罚决定程序的中心内容，也是处罚决定合法有效的必要条件。

2. 赋予和保证当事人的程序权利。行政处罚法赋予所有行政处罚当事人以程序权利，使其可以了解和直接参与行政处罚的决定过程。当事人的程序权利主要有了解权、陈述和申辩权、听证权和其他权利。尊重和保证当事人了解权、陈述和申辩权是行政处罚决定成立的法定要件之一。这里所说的了解权，是指在处罚决定作出之前，当事人有权从行政机关那里知道作出处罚决定的事实、理由及依据，知道当事人依法享有的权利。所谓陈述和申辩权，是指在处罚决定作出之前，当事人有权提出自己的意见，提出自己掌握的事实、所持理由和证据，并对行政机关的指控进行辩解，申明自己的主张。

《行政处罚法》区别行政处罚的不同情况，规定了简易程序、一般程序和听证程序三种程序，其中一般程序是重心。

（二）简易程序

简易程序是针对事实确凿、处罚较轻的情况设置的，基本特点是当事人程序权利简单，执法人员当场决定给予处罚。

1. 适用简易程序的条件有两项：①违法事实确凿并有法定依据。②处罚种类和幅度分别是：对公民处以 50 元以下罚款或警告；对法人或者其他组织处以 1000 元以下的罚款或者警告。

2. 执法人员的义务主要包括：表明身份；出具和交付依法填写、统一制定的行政处罚决定书；报所属行政机关备案。

3. 当事人的权利义务主要包括：履行行政处罚决定；要求执法人员依简易程序规定作出处罚决定；对处罚决定不服的，可依法申请行政复议或者提起行政诉讼。

（三）一般程序

一般程序是行政处罚典型和普遍适用的程序。其主要特点是：①它适用于除适用简易程序和听证程序的情形以外的其他所有情形，广泛适用于各种行政处罚。②实行办案调查人员和处罚决定人员的分离制度。其主要内容有：

1. 行政调查。行政调查应当全面、客观和公正地进行，以收集有关证据。行政调查人员有依法律、法规规定在必要时进行检查的权力。

《行政处罚法》规定了行政调查中行政机关及其执法人员的权力义务，主要有以下各项：①调查或检查时的执法人员不得少于两人并向当事人和有关人员出示证件表明身份。②执法人员有要求当事人如实回答询问并协助调查或检查的权力。③行政机关在收集证据时，可以抽样取证，如强制获取违禁印刷品作为证据样品。④对某些证据实行先行登记保存制度。在登记保存证据期间，当事人或有关人员有不得销毁或者转移证据的义务。这种方法适用于证据可能灭失或者以后难以取得的情况。在实施中，须经行政机关负责人批准并登记保存的，7 日内作出处理决定。

2. 行政处罚决定。行政处罚决定由行政机关负责人在对调查结果进行审查后，根据不同情况作出决定。《行政处罚法》规定了作出行政处罚决定的条件和决定的种类。对情节复杂或者重大违法行为给予较重的行政处罚的，处罚决定应由行政机关负责人集体讨论后作出。《行政处罚法》还规定了行政处罚决定书的载明事项和制作、送达方法。

在行政处罚决定作出之前，行政机关及其执行人员应当保证当事人享有和行使了解权及陈述和申辩的权利。

（四）听证程序

听证程序是在行政机关作出行政处罚决定之前，公开举行专门会议，由行政处罚机关调查人员提出指控、证据和处理建议，当事人进行申辩和质证的程序。《行政处罚法》关于听证程序的规定主要有：

1. 举行听证会的条件：①行政机关将要作出责令停产、停业、吊销许可证或者执照和较大数额罚款的行政处罚决定；②经当事人提出听证要求，由行政机关组织。

2. 听证会的进行程序。主要内容是：提出听证要求；通知听证的举行时间、地点；告知举行听证的方式；告知听证会的主持人和当事人的回避申请权；当事人出席或委托代理人出席；举行听证；制作听证笔录。

3. 处罚决定的作出。由行政机关在听证结束后，依照一般程序的有关规定作出处罚决定。

4. 当事人对限制人身自由的行政处罚有异议的，依照《治安管理处罚法》的有关规定执行。

五、行政处罚的执行

《行政处罚法》在执行方面最具特色的是规定了作出罚款决定的机关与收缴罚款的机构分离的制度。行政处罚执行制度的主要内容是：

（一）一般规定

当事人应当及时履行行政处罚决定规定的义务；原则上，在当事人申请行政复议或提起行政诉讼期间，行政处罚不停止执行；行政机关应当健全对行政处罚的监督制度。

（二）罚款的收缴

原则上，作出罚款决定的行政机关应当与收缴罚款的机构分离，作出处罚决定的行政机关及其执法人员不得自行收缴罚款。当事人应当在法定期限内，到指定的银行缴纳罚款。银行应当收受罚款，并将罚款直接上缴国库。作为例外，《行政处罚法》规定了当场收缴罚款的条件和收缴办法。

对于罚款、没收违法所得或者没收非法财物拍卖的款项，必须全部上缴国库。任何行政机关或者个人不得以任何形式私分、截留；财政部门不得以任何形式向行政处罚决定机关返还。

（三）行政强制措施

除经申请和批准当事人可以暂缓或分期缴纳罚款的以外，当事人逾期不履行行政处罚决定的，作出行政处罚决定的行政机关可以采取以下强制措施：①到期不缴纳罚款的，每日按罚款数额的3%加处罚款。②根据法律规定，将查封、扣押的财物拍卖或者将冻结的存款划拨抵缴罚款。③申请人民法院强制执行。

第六节　行政许可

一、行政许可概述

行政许可是一种须申请的具体行政行为。根据2003年颁布的《行政许可法》，我国的行政许可是指行政机关根据公民、法人或者其他组织的申请，经过依法审查准予其从事特定活动的行为。行政许可可以分为普通许可和特别许可两大类。普通许可的法律特征是对申请人行使自由权利的法定条件的审查和准许，特别许可的法律特征是赋予申请人以特定权利。

我国行政许可制度的基本原则有：依法设定和实施行政许可的原则，公开、公平、公正的原则，提高办事效率提供优质服务的便民原则，保证公民、法人或者其他组织陈述权、申辩权和提供法律救济的原则，依法变更或者撤回生效许可并给予补偿的信赖保护原则，对行政机关实施许可和对被许可人从事许可事项活动实行法律监督的原则。

二、行政许可的设定

（一）行政许可的设定原则

1. 一般性指导原则。该原则有四个方面：遵循经济和社会发展规律，有利于发挥公民、法人或者其他组织的积极性和主动性，维护公共利益和社会秩序，促进经济、社会和生态环境协调发展。

2. 可设定事项原则。可以设定行政许可的事项主要有《行政许可法》第12条规定的六个方面。这六个方面综合来说是指公民、法人或者其他组织从事的公共相关性特定活动。所谓公共相关性特定活动，主要是指那些可能对公共安全、宏观经济、生态环境和经济秩序造成不利影响或者危害的自由活动，或者开发利用自然资源、占用公共资源、进入特定行业市场的活动。

3. 设定许可的优先原则。如果通过实行以下方式能够解决行使自由权的公共相关性问题，就可以不设定行政许可，因此这些方式具有设定优先性：公民、法人或者其他组织自主决定、市场竞争机制有效调节、行业组织或者中介机构自律管理、行政机关采取事后监督等其他管理方式解决。

（二）行政许可的设定权限和形式

设定行政许可是国家机关创制有关行政许可权利义务的活动，设定行政许可应当规定行政许可的实施机关、条件、程序和期限。设定权限是在相关国家机关中分配行政许可设定权的制度。设定形式是设定行政许可可以采取的文件形式，即只能采用法律、行政法规和地方性法规的形式，其他规范性文件一律不得设定行政许可。

1. 经常性行政许可的设定。经常性行政许可由全国人大及其常委会以法律、国务院以行政法规、有权地方人大及其常委会以地方性法规的形式来设定。它们之间的相互关系，按照法律、行政法规和地方性法规的效力等级来确定，即上一个等级没有设定的，下一个等级才可以设定。对于国务院行政法规设定的有关经济事务的行政许可，省、自治区和直辖市人民政府根据本行政区域经济和社会发展情况，认为通过前述设定的优先原则所列方式能够解决的，经报国务院批准后，可以在本行政区域内停止实施该行政许可。

2. 临时性行政许可的设定。国务院可以以决定形式，省、自治区和直辖市人民政府可以以规章形式设定临时性行政许可。国务院设定临时性行政许可的条件是：①尚未制定法律；②有必要设定；③实施后，除了临时行政许可事项以外，国务院应当及时提请全国人民代表大会及其常委会制定法律，或者自行制定行政法规。省、自治区和直辖市人民政府设定非经常性行政许可（临时性的行政许可）的条件是：①尚未制定法律、行政法规和地方性法规；②因行政管理的需要，确需立即实施行政许可；③实施满1年需要继续实施的，应当提请本级人民代表大会及其常委会制定地方性法规。

3. 实施行政许可具体规定的制定。行政法规、地方性法规和规章可以在上位法设定的行政许可事项范围内，对实施该行政许可作出具体规定。制定具体规定的规则有：①不得增设行政许可；②对行政许可条件作出的具体规定不得增设违反上位法的其他条件。

（三）行政许可的设定程序

1. 起草程序。起草拟设定行政许可的法律、法规和规章，起草单位有两个重要程序义务：①应当听取意见，可以采用听证会、论证会或者其他形式；②向制定机关作出说明，内容是设定的必要性、对经济社会可能产生的影响、听取意见和采纳意见的情况。

2. 评价程序。这种设定后的评价程序有三个方面：①设定机关的定期评价。对已经设定的行政许可，认为通过上述设定优先原则所列方式能够解决的，应当对许可规定及时予以修改或者废止。②实施机关的适时评价。评价内容是实施情况和继续存在的必要性，并将评价意见向设定机关报告。③公民、法人或者其他组织提出意见和建议。提出的意见和建议内容包括行政许可的设定和实施。接受意见和建议的是设定机关和实施机关。

三、行政许可的实施机关

实施行政许可原则上应当由行政机关进行。行政机关的实施权限由法律规定。“法律规定”说明行政许可的实施权既不产生于实施机关自己的假定，也不产生于实施机关与其他人的约定。

行政机关实施行政许可，有三个重要制度：①委托其他行政机关实施行政许可；②一个行政机关行使有关行政机关的行政许可权；③在涉及一个机关内设多个机构、地方人民政府两个以上部门分别实施行政许可的情形下，进行统一受理、统一送达、统一办理或者联合办理、集中办理。

具有管理公共事务职能的组织可以在法律、法规授权范围内以自己的名义实施行政许可。被授权的组织适用《行政许可法》有关行政机关的规定。

四、行政许可的实施程序

行政许可的实施程序可以分为普通程序制度和特别程序制度两个部分。

普通程序制度包括申请与受理、审查与决定、期限、听证、变更与延续。其中有以下几类规则尤其应当得到重视：①申请人对其申请材料实质内容的真实性负责。②行政机关在审查申请的过程中，应当听取申请人、利害关系人的意见。申请人、利害关系人有权进行陈述和申辩。③行政机关依法作出不予行政许可的书面决定的，应当说明理由，并告知申请人享有依法申请行政复议或者提起行政诉讼的权利。④通过举行听证进行审查决定的，行政机关应当根据听证笔录，作出行政许可决定。

特别程序制度包括国务院实施行政许可，特别许可，赋予公民特定资格和赋予法人或者其他组织特定资格、资质，对重要设备、设施、产品和物品进行的检验、检测和检疫，确定企业或者其他组织主体资格，有数量限制的行政许可。《行政许可法》有关上述制度的特别规定具有优先适用的效力，没有作出特别规定的才适用普通程序的规定。

五、行政许可的费用

行政许可费用方面有两个基本制度，即禁止收费原则和法定例外的实施。

行政机关实施行政许可和对行政许可事项进行监督检查，禁止收取任何费用。对于行政机关提供的行政许可申请书格式文本，也不得收费。行政机关实施行政许可收取费用的，必须以法律和行政法规的规定为依据，并且应当遵守以下重要规则：按照公布的法定项目和标准收费；所收取的费用必须全部上缴国库；财政部门不得向行政机关返还或者变相返还实施行政许可所收取的费用。

六、监督检查

在我国行政许可制度中设立监督检查是为了解决行政机关“重许可轻监督”，影响行政许可有效实行的问题。监督检查制度有四个方面，即上级对下级行政机关实施行政许可的监督检查、对被许可人从事行政许可事项活动的监督检查、对被许可人履行法定义务的监督检查和对行政许可的撤销和注销。

上级对下级行政机关实施行政许可监督检查按照行政层级监督制度进行，目的是及时纠正行政许可实施中的行政违法行为。对被许可人从事行政许可事项活动的监督检查主要是关于行政机关获得被许可人从事行政许可事项活动信息的权利义务。被许可人的法定义务是指在使用特别许可，或者设计、建造、安装和使用直接关系公共安全和人身安全的重要设备和设施时的公共义务。撤销是使构成违法的行政许可丧失效力的处理。注销是使由于客观原因或者法律原因不可能继续存在的行政许可失去效力的处理。

第七节 行政强制

一、行政强制的概念和特征

行政强制是指行政机关为了实现行政管理的目的而对行政相对人的人身、财产采取强制措施的活动。我国于2011年6月30日制定《中华人民共和国行政强制法》(以下简称《行政强制法》),自2012年1月1日起施行。《行政强制法》是继《行政处罚法》《行政许可法》之后又一部以某一类型行政行为为规范对象的重要立法。

《行政强制法》将行政强制分为行政强制措施和行政强制执行两大类:

行政强制措施是指行政机关在行政管理过程中,为制止违法行为、防止证据毁损、避免危害发生、控制危险扩大等,依法对公民的人身自由实施暂时性控制,或者对公民、法人或其他组织的财物实施暂时性控制的行为。

行政强制执行是指行政机关或者行政机关申请人民法院,对不履行行政决定的公民、法人或其他组织,依法强制履行义务的行为。行政强制执行的直接依据是行政决定。

行政强制的基本特征是:

1. 行政强制是一个组合概念,由行政强制措施和行政强制执行组成,二者的制度构建存在很大差别。

2. 行政强制的实施主体不限于行政机关,还包括人民法院。这主要是针对行政决定的行政强制执行而言的。法律没有授权行政机关强制执行行政决定的,没有行政强制执行权的行政机关应当申请人民法院强制执行。

3. 行政强制的实施目的是强制实现行政管理目标。行政强制执行的目的在于强制实现行政决定所确定的义务,行政强制措施的目的在于制止违法行为或者避免危害发生,控制危险扩大,或者防止证据毁损。因此,行政强制措施的适用具有临时性、暂时性,是对相对人人身权、财产权的临时限制,应当及时解除。

4. 行政强制针对公民、法人或其他组织的人身和财产作出,其适用必须严格遵循法律规定的条件,并且应当在穷尽一切手段之后再运用。行政强制应当是最后使用的手段。

《行政强制法》规定了设定和实施行政强制应当遵循的五项基本原则,包括:行政强制法定原则、适当原则、教育与强制相结合原则、不得利用行政强制权谋取私利原则、权利救济原则。

二、行政强制措施

(一)行政强制措施的种类和设定

行政强制措施的种类有以下几种:①限制公民人身自由,如强制遣返、强制隔离等。②查封场所、设施或者财物。③扣押财物。④冻结存款、汇款。⑤其他行政强制措施。

《行政强制法》对有权设定行政强制措施的主体及其设定权限作出了明确规定：

1. 法律。法律可以设定各类行政强制措施，并享有设定限制公民人身自由和冻结存款、汇款的行政强制措施专有权限。

2. 行政法规。行政法规可以设定除限制公民人身自由、冻结存款汇款和应当由法律设定的行政强制措施以外的行政强制措施。

3. 地方性法规。地方性法规可以针对地方性事务设定查封场所、设施或者财物和扣押财物两类行政强制措施。

4. 规章和规范性文件不得设定行政强制措施。

法律对行政强制措施的对象、条件、种类作了规定的，行政法规、地方性法规不得作出扩大规定。法律中未设定行政强制措施的，行政法规和地方性法规不得设定行政强制措施。但是，法律规定特定事项由行政法规规定具体管理措施的，行政法规可以设定限制公民人身自由、冻结存款汇款和应当由法律设定的行政强制措施以外的行政强制措施。

（二）行政强制措施的实施程序

行政强制措施由行政机关依照法律、法规的规定实施，违法行为情节显著轻微或者没有明显危害社会的，可以不采取行政强制措施。行政强制措施的实施程序分为一般程序和紧急程序两种：

1. 一般程序。

（1）对行政执法主体的要求。包括：①内部报批。实施前必须向行政机关负责人报告并经批准。②由两名以上行政执法人员实施。③表明身份，出示执法身份证件。

（2）对相对人的程序保障。①通知当事人到场。②当场告知当事人采取行政强制措施的理由、依据以及当事人依法享有的权利和救济途径。实施限制公民人身自由行政强制措施的，还应当立即通知当事人家属实施行政强制措施的行政机关、地点和期限。③听取当事人的陈述和申辩。

（3）关于制作现场笔录的要求。行政机关应当制作现场笔录。现场笔录由当事人和行政执法人员签名或者盖章，当事人拒绝的，应在笔录中予以注明。当事人不到场的，邀请见证人到场，由见证人和行政执法人员在现场笔录上签名或者盖章。

（4）法律、法规规定的其他程序。

2. 紧急程序。紧急程序是关于紧急情况下实施即时强制程序的规定。情况紧急需要当场实施行政强制措施的，行政执法人员应当在24小时以内向行政机关负责人报告，并补办批准手续。当场实施限制公民人身自由的行政强制措施的，在返回行政机关后立即向行政机关负责人报告并补办批准手续。行政机关负责人认为不应当采取行政强制措施的，应当立即解除。

此外，《行政强制法》还规定了查封场所、设施或者财物，扣押财物，以及冻结存款、汇款的具体程序规则。

三、行政强制执行

（一）行政强制执行的种类和设定

《行政强制法》第12条规定，行政强制执行的方式包括以下几种：①加处罚款或者滞纳金。②划拨存款、汇款。③拍卖或者依法处理查封、扣押的场所、设施或者财物。④排除妨碍、恢复原状。⑤代履行。⑥其他强制执行方式。

以强制执行的方式是否直接实现行政决定内容为标准，可以将行政强制执行分为间接强制执行和直接强制执行两种。

1. 间接强制执行。间接强制执行是指执行机关通过间接手段迫使义务人履行义务或者达到与履行义务相同的状态。间接强制执行有以下两种主要方式：

（1）代履行。代履行也称代执行，是指义务人逾期不履行行政决定义务，由他人代为履行可以达到相同目的的，由行政机关或者委托第三人代替义务人履行义务，执行费用由义务人承担的强制执行方式。

（2）执行罚。执行罚是指行政机关对拒不履行行政决定义务的相对人科处一定数额的金钱给付义务，以促使其履行义务的强制执行方式。加处罚款或者滞纳金属于执行罚。如《税收征收管理法》第32条规定："纳税人未按照规定期限缴纳税款的，扣缴义务人未按照规定期限解缴税款的，税务机关除责令限期缴纳外，从滞纳税款之日起，按日加收滞纳税款万分之五的滞纳金。"

行政强制执行由法律设定，此处的法律指狭义的法律，即全国人民代表大会及其常务委员会制定的法律。法律没有规定行政机关强制执行的，作出行政决定的行政机关应当申请人民法院强制执行。

2. 直接强制执行。直接强制执行是指当事人逾期不履行行政决定义务，采用间接强制方式难以达到义务履行目的，由执行机关对被执行人的人身、财产直接实施强制措施，实现行政决定义务。如：划拨存款、汇款；拍卖或者依法处理查封、扣押的场所、设施或者财物等。

根据适当原则的要求，行政机关应当优先使用间接强制执行方式，只有在采用间接强制执行方式难以达到履行义务目的时，才使用直接强制执行方式。在多种强制手段都可以实现行政目的时，行政机关应当选择对当事人损害最小的方式。

（二）行政强制执行主体与程序

《行政强制法》关于行政强制执行主体规定了双轨制：行政机关强制执行和行政机关申请人民法院强制执行。法律授权行政机关强制执行的，由行政机关自行强制执行；法律没有授权规定的，行政机关申请人民法院强制执行。不同的执行主体遵循不同的执行程序。

1. 行政机关强制执行的实施程序。有行政强制执行权的行政机关实施行政强制执行，遵循以下基本程序规则：

（1）催告前置程序。行政机关作出强制执行决定之前，应当事先以书面形式催告当事人履行义务，告知当事人以下事项：履行义务的期限；履行义务的方式；涉及金钱给付的，应当有明确的金额和给付方式；当事人依法享有的陈述权和申辩权。当事人收到催告书后有权进行陈述和申辩。当事人提出的事实、理由或证据成立的，行政机关应当采纳。

（2）作出强制执行决定。当事人经催告逾期仍不履行行政决定，且无正当理由的，行政机关可以作出强制执行决定。在催告期间，对有证据证明有转移或者隐匿财物迹象的，行政机关可以作出立即强制执行决定。

（3）执行和解。在不损害公共利益和他人合法权益情况下，行政机关与当事人之间可以和解，达成执行协议。当事人不履行执行协议的，行政机关应当恢复强制执行。

（4）执行中止。有下列情形之一的，中止执行：①当事人履行行政决定确有困难或者暂无履行能力的。②第三人对执行标的主张权利，确有理由的。③执行可能造成难以弥补的损失，且中止执行不损害公共利益的。④行政机关认为应当中止执行的其他情形。中止执行的情形消失后，行政机关应当恢复执行。

（5）终结执行。有下列情形之一的，终结执行：①公民死亡，无遗产可供执行，又无义务承受人的。②法人或其他组织终止，无财产可供执行，又无义务承受人的。③执行标的灭失的。④据以执行的行政决定被撤销的。⑤行政机关认为需要终结执行的其他情形。

此外，《行政强制法》还规定了金钱给付义务的执行和代履行的具体程序规则。

2. 申请人民法院强制执行。行政机关申请人民法院强制执行行政决定的，遵循以下基本程序规则：

（1）催告前置程序。行政机关申请人民法院强制执行前，应当以书面形式催告当事人履行义务。催告书送达10日后当事人仍未履行义务的，行政机关可以向人民法院申请强制执行。

（2）申请与受理。行政机关向人民法院申请强制执行，应当提供以下材料：强制执行申请书；行政决定书及作出决定的事实、理由和依据；当事人的意见及行政机关的催告情况；申请强制执行标的情况；法律、行政法规规定的其他材料。

人民法院收到申请后应当在5日以内受理。行政机关对人民法院不予受理的裁定有异议的，可以在15日内向上一级人民法院申请复议，上一级人民法院应当自收到复议申请之日起15日内作出是否受理的裁定。

（3）裁定是否执行行政决定。人民法院对强制执行申请进行书面审查，申请符合条件且行政决定具备法定执行效力的，自受理之日起7日内作出执行裁定。

人民法院在书面审查过程中，发现存在下列情形之一的，在作出裁定之前可以听取被执行人和行政机关的意见：①明显缺乏事实根据的；②明显缺乏法律、法规依据的；③其他明显违法并损害被执行人合法权益的。人民法院应当自受理之日起

30 日内作出是否执行的裁定。裁定不予执行的，应当说明理由，并在 5 日内将不予执行的裁定送达行政机关。

行政机关对人民法院不予执行的裁定有异议的，可以自收到裁定之日起 15 日内向上一级人民法院申请复议，上一级人民法院应当自收到复议申请之日起 30 日内作出是否执行的裁定。

因情况紧急，为保障公共安全，行政机关可以申请人民法院立即执行。经人民法院院长批准，人民法院应当自作出裁定之日起 5 日内执行。

第八节 行政程序

一、行政程序的概念

行政程序是现代法律程序的一种，指行政机关行使行政权力、作出行政行为所遵循的方式、步骤、时间和顺序的总和。要注意行政程序与行政诉讼程序的区别：前者是行政机关作出行政行为的程序，后者是法院审查具体行政行为是否合法的司法程序。

行政程序的构成要素包括方式、步骤、时间和顺序。方式指实施和完成某一行为的方法及行为结果的表现形式，如行政决定是以书面的方式还是口头方式作出的。步骤指完成某一行为所要经历的阶段，行政程序一般由程序的启动、进行和终结三个阶段组成。时间指完成某一行为的期限。顺序指完成某一行为所必经的步骤间的前后次序。如行政机关在作出行政决定时，必须“先取证、后裁决”，不能先作决定，再去收集证据，否则，就违背了人的认识规律，容易形成错误决定。

二、行政程序法

行政程序法作为程序法的一种，指规范行政机关和相对人在行政程序中的权利义务的法律规范的总称。对行政程序法的理解有广义和狭义之分。广义的行政程序法指关于行政程序的法律规范的总称，包括行政程序法典和其他散见在单行法中的行政程序法律规范。有的学者在更广意义上理解行政程序法，如我国台湾学者林纪东主张将行政诉讼法及诉愿法的内容规定在行政程序法中。[1] 狭义的行政程序法仅指行政程序法典，美国、德国、日本等国家以及我国台湾地区和澳门地区已经制定了行政程序法典。由于历史的原因，我国大陆地区的行政程序法迟至 20 世纪 90 年代才开始引起学者和立法部门的关注，目前尚未制定统一的《行政程序法》，但制定了大量关于行政程序法规范的单行立法。

三、行政程序制度

行政程序制度是指行政程序法规定的、体现行政法程序正当原则要求的具体程

---

〔1〕 林纪东：“行政程序法在民主国家的功能”，载台湾“行政院”研发会编印：《各国行政程序法比较研究》1979 年版，第 23 ~ 24 页。

序规则。我国行政程序法主要规定了以下程序制度：

1. 回避制度。回避是指与行政事务存在法定情形，可能影响行政事务公正处理的行政人员不得参加处理该行政事务的制度。我国各层级立法都规定了回避制度，有的立法相对完善一些，规定了回避的法定情形和回避决定的程序。

2. 管辖制度。管辖是指不同部门行政机关、不同级别行政机关和不同地区行政机关在处理行政事务上的权限划分。具体分为以下三种：①职能管辖，是指行政管理职权在不同部门行政机关之间的权限分工，职能管辖一般由行业性行政管理法律明确规定。②级别管辖，是指行政管理职权在同一部门上下级行政机关之间的权限划分。我国行政权力纵向上的权限划分一般根据行政区域范围，并结合行政事务的大小确定。③地域管辖，是指行政管理职权在不同地区同级行政机关之间的权限划分。地域管辖的范围与该行政机关所在行政区域的范围相一致。对行政事务的处理一般由行政事务发生地行政机关管辖。

3. 调查与证据制度。行政证据的获得主要通过行政机关的调查活动取得。行政机关进行调查时应当遵循合法、全面、客观、公正、及时的原则，特别是不能仅收集不利于当事人的证据。当事人有协助、配合行政机关调查的义务。行政机关的调查措施由法律、法规、规章明确规定，如《公安机关办理行政案件程序规定》对讯问和询问、勘验与检查、鉴定与检测、抽样取证、先行登记保存证据和扣押证据所应当遵循的程序规则作出了非常详细的规定。

我国关于行政证据的法律规定分为两大类：第一类是数量众多的单行行政管理法规；第二类是最高人民法院制定的《最高人民法院关于行政诉讼证据若干问题的规定》。由于行政诉讼中由被告行政机关对具体行政行为的合法性承担举证责任，而行政机关在行政诉讼中向法院提交的证据一般情形下应当是在行政程序中作出行政决定之前收集到的证据。因此，最高人民法院的司法解释事实上间接规范了行政程序中的证据制度。

行政证据制度主要包括以下内容：①证据种类。包括：物证、书证；视听资料；证人证言；当事人陈述；调查笔录和现场笔录；鉴定结论和调查结论等。②行政机关收集证据应当遵循的程序。③证据应当满足的形式要件。如调查笔录起始部分应当注明执法人员身份、证件名称、证件编号及调查目的。④举证责任分配。根据依法行政原则的要求，行政执法决定的举证责任一般由行政机关承担。

4. 行政公开制度。行政公开制度是指行政机关将行政行为的依据、过程和结果，以及在行政管理过程中获得的信息向公众和当事人公开的制度。

（1）政府信息公开制度。政府信息是指行政机关在履行职责过程中制作或者获取的，以一定形式记录、保存的信息。政府信息公开制度是指行政机关及其他行使行政职权的组织根据法定程序主动或者依申请公开政府信息的制度。政府信息向公众公开既是实现公民知情权的要求，也是为了实现政府信息资源社会共享。我国目前关于政府信息公开制度的基本立法是国务院于2007年4月5日公布的《中华人民共和国政府信息公开条例》（以下简称《政府信息公开条例》），其于2008年5月1日起正式实施。《政府信息公开条例》分五章：总则、公开的范围、公开的方式和程序、监督和保障、附则，共计38条。这部条例规定了政府信息公开工作机构，政府信息公开工作的原则，公开的范围、公开方式和程序，争议的救济等内容。

政府信息公开分为主动公开和依申请公开两种形式。

主动公开是指行政机关主动将特定种类的信息向公众公开。应当主动公开的信息包括四大类：涉及公民、法人或者其他组织切身利益的；需要社会公众广泛知晓或者参与的；反映本行政机关机构设置、职能、办事程序等情况的；其他依照法律、法规和国家有关规定应当主动公开的。《政府信息公开条例》还分别规定了县级以上各级人民政府及其部门、设区的市级人民政府和县级人民政府及其部门、乡（镇）人民政府各自应当重点主动公开的信息。

依申请公开是指行政机关根据公众的申请将相关信息向申请人公开。除行政机关应当主动公开的政府信息之外，公民、法人或者其他组织还可以根据自身生产、生活、科研等特殊需要向行政机关申请公开政府信息。

《政府信息公开条例》没有明确规定公开原则，在规定了主动公开和依申请公开的政府信息的范围的同时，还规定下列政府信息不能公开：①涉及国家秘密的政府信息，不能公开。②涉及商业秘密和个人隐私的政府信息，原则上不公开，但是权利人同意公开或者行政机关认为不公开可能对公共利益造成重大影响的，可以公开。③行政机关公开政府信息，不得危及国家安全、公共安全、经济安全和社会稳定，即“三安全一稳定”信息由行政机关裁量决定是否公开。

（2）特定行政程序中向当事人公开。此种公开主要通过两项制度体现：①阅览卷宗。查阅行政机关的卷宗是当事人实现有效参与行政程序的重要保障。②说明理由。行政决定必须说明理由是现代法治国家公认的一项规则。说明理由包括说明行政决定的事实原因和法律原因，其中事实原因包括说明证据与所认定事实之间的关联点。涉及自由裁量权的，还应当说明行使自由裁量权时考虑的关键因素。说明理由应以明文方式作出，叙述时要做到简洁、清楚。

5. 听取意见制度。听取意见指行政机关在作出行政行为之前，通过一定方式听取受行政行为影响的人及其他主体的意见。听取意见制度是现代行政程序法的核心制度，各国行政程序法中都规定了此项制度。我国自1996年《行政处罚法》规定当事人的陈述权和申辩权以来，越来越多的单行法中要求行政机关要听取当事人的意见。人民法院在审理行政案件时，也将之作为合法性审查的内容之一。

我国立法规定的听取意见的形式有多种，包括信件、传真、电话、电子邮件、座谈会、论证会、听证会等。其中，听证会形式最为正式，司法化程度最高。

6. 期间制度。期间制度是一种精湛的法律技术。通过规定行为主体必须在一定期限内实施某一行为，否则法律将强制实现某种法律后果，从而促进行为主体积极行为，提高行为的效率，使法律关系得以早日确定。完整的期间制度包括时间期限、期限的起算点和终结点、逾期将产生的法律后果。

7. 送达制度。送达是指行政机关将作出的行政决定递交给相对人的制度。送达直接影响行政决定的生效起点，也影响行政复议、行政诉讼的期间起算。行政决定的送达方式主要有以下几种：①直接送达。直接送达是行政机关应当首先采用的送达方式，是将行政文书直接交给受送达人，由受送达人在《送达回执》上签字的送达方式。②留置送达。受送达人拒绝签收行政文书时，由送达人在送达回执上注明理由和日期，并由送达人和见证人签名，将文书留在受送达人处，视为已经送达。③委托送达和邮寄送达。直接送达有困难的，可以采用委托其他机关或者单位的方式送达，也可采用邮寄方式送达。④公告送达。只有在受送达人下落不明，或者采用其他送达方式无法送达时，或者当事人人数众多的情形时，才能采用该送达方式。

第九节　行政复议

一、行政复议的概念和原则

（一）行政复议的概念

我国的行政复议是指行政机关根据上级行政机关对下级行政机关的监督权，在当事人的申请和参加下，按照行政复议程序对具体行政行为进行合法性和适当性审查，并作出裁决解决行政侵权争议的活动。行政复议是为公民、法人和其他组织提供法律救济的行政监督制度。

我国现行的复议制度是作为行政诉讼的配套制度于 1990 年建立的。1990 年 12 月 24 日国务院发布了《行政复议条例》，1994 年 10 月 9 日国务院发布了关于修正该条例的决定。1999 年 4 月第九届全国人大常委会第九次会议颁布了《行政复议法》，使行政复议脱离行政诉讼配套制度框架，建立起独立的国家行政复议制度。2007 年 5 月 29 日国务院公布《行政复议法实施条例》，对《行政复议法》进行细化和完善。2009 年 8 月 27 日第十一届全国人民代表大会常务委员会第十次会议《关于修改部分法律的规定》对《行政复议法》进行了修正。

建立独立行政复议制度的重要根据是行政复议本身的法律性质：①行政复议是权利救济制度。行政复议的内容和目的是通过处理行政争议对受到行政侵害的公民、法人和其他组织合法的权益提供法律救济。②行政复议是行政监督制度。行政复议的根据是上级行政机关对下级行政机关的层级监督权。这种层级监督权具有维持、撤销或者改变下级行政机关决定的内容。③行政复议是一种行政行为制度。行政复议是行政机关行使行政管理权的单方职权行为，可以直接规定公民、法人或者其他组织的权利义务。因此行政机关的复议行为应当遵守行政活动的基本制度，应当具备具体行政行为的成立条件和合法条件。④行政复议是行政裁判制度。行政复议的活动方式是处理行政争议，应当遵守保证公正处理的复议程序。

（二）行政复议的基本原则

行政复议的基本原则具有基础性和概括性。基础性是指基本原则构成其他具体规范的根据；概括性是指它体现具体规则的共同性和关联性。《行政复议法》规定的基本原则总体说是一种义务性规则，它规定了行政机关复议活动必须履行的基本法律义务，包括合法、公正、公开、及时和便民五个方面。

1. 合法原则是处理复议活动与法律相互关系的基本准则，它要求复议活动对法律的服从，具有与法律的一致性。合法性是克服行政复议中可能的袒护和取得公众信任的根本保证，也是其他基本原则的基础。没有合法原则，公开、公正、及时、便民等原则就会失去根据。

2. 公正原则是对行政复议活动过程和结果的基本要求，是评价行政复议正当性的重要准则。它禁止对任何一方当事人偏私袒护，要求平等对待申请人和被申请人，而无论是在程序权利上还是在对实体权利的处理上。它是一种实质意义上的合法性要求，覆盖面大且运用灵活。

3. 公开原则是对行政复议方式的基本规定，它从原则上否定了行政秘密。作为行政复议机关的基本义务，公开原则应当满足和保障当事人和公众的了解权、监督权。行政复议活动应当为公众所了解，接受当事人和公众的监督。

4. 及时原则是处理行政复议与行政效率相互关系的基本准则，其基本含义是指行政复议机关处理案件应当尽量程序简单，时间短暂，使行政争议得到较快解决，行政关系得到较快确定，行政秩序得到较快恢复。及时原则是行政复议程序简单化的基本根据。及时原则就是效率原则，是对公正原则的必要补充。出于对公正与效率平衡的需要，公正原则的运用应当与及时原则有机结合起来。

5. 便民原则是指行政复议应当将减少当事人的讼累和支出作为基本活动准则。行政复议应当尽量使当事人在复议中以最少的付出获得最有效的权利救济。如不收费、由当事人选择复议机关、结案时间比较短等都是这一原则的体现。

二、行政复议范围

确定行政复议范围有两个方面：①可以申请行政复议的事项；②行政复议的排除事项。

（一）可以申请行政复议的事项

1. 行政复议保护的行政相对人的合法权益。行政复议法将公民、法人或者其他组织的合法权益都纳入保护范围，不再限于人身权和财产权。在此之前的行政复议主要保护公民、法人和其他组织的人身权和财产权。

2. 受到行政复议审查的侵权行政行为。行政机关的许多行为都可能侵害公民、法人和其他组织的合法权益，行政复议所针对的主要是具体行政行为及还有一部分抽象行政行为。

对公民、法人和其他组织合法权益造成侵害的具体行政行为，都可以在行政复议中受到审查。常见的侵权具体行政行为有：行政处罚、强制措施、许可行为、确认行为、侵犯经营自主权的行为、侵犯农业承包权的行为、违法要求履行义务的行为、不依法办理证照和给予许可的行为、不依法履行保护义务的行为及不依法发放抚恤金、社会保险金或者最低社会保障金的行为。

行政复议的申请人，在提起对具体行政行为进行复议的同时，可以对该具体行政行为所依据的行政规定、提出进行审查的请求。可以请求进行审查的行政规定是指国务院部门的规定，县级以上地方各级人民政府及其工作部门的规定，以及乡镇人民政府的规定。对于行政规章的审查办法，依照法律和行政法规办理。

(二) 行政复议的排除事项

行政复议法缩小了行政复议排除事项的范围。原《行政复议条例》规定的排除事项要多一些，包括：国防、外交等国家行为；行政法规、规章和有普遍约束力的决定命令；对行政机关工作人员的奖惩、任免等决定；对民事纠纷的仲裁调解或者处理不服的，但是对土地、矿产、森林等资源所有权或者使用权归属的处理决定除外。现在行政复议的排除事项仅仅限于以下两个方面：

1. 行政机关的行政处分或者其他人事处理决定。对这些决定引起的争议，应按照法律、行政法规的规定提出申诉。这里所说的法律法规主要是指《中华人民共和国公务员法》等。

2. 行政机关对民事纠纷作出的调解或者其他处理。对这些处理引起的争议，当事人可以依法申请仲裁或者向人民法院提起诉讼。行政机关处理的民事纠纷，包括乡政府和城镇街道办事处的司法助理员、民政助理员主持的调解，劳动部门对劳动争议的调解，公安部门对治安争议的调解等。

三、行政复议参加人和行政复议机关

(一) 行政复议申请人

行政复议申请人是依法申请行政复议的公民、法人或者其他组织。对此，需注意以下两点：①享有行政复议申请权的只能是公民、法人或者其他组织，行使国家权力的机关不能作为行政复议的申请人；②申请人必须是认为自身合法权益受到侵害，并依法提出复议申请的公民、法人或者其他组织。

关于行政复议申请权的转移与承受，主要有以下两个方面：①公民死亡引起的申请权转移，由其近亲属承受；②法人或者其他组织终止引起的申请权转移，由承受其权利的法人或者其他组织申请。

有权申请行政复议的公民为无民事行为能力人或者限制民事行为能力人的，由其法定代理人代为申请行政复议。申请人可以委托代理人代为参加行政复议。

外国人、无国籍人、外国组织在中华人民共和国境内申请行政复议的，应当享有与中国公民、法人或者其他组织相同的申请权。

(二) 行政复议被申请人

行政复议被申请人是作出具体行政行为的行政机关。行政机关与被申请复议的具体行政行为之间的直接关系是确定被申请人的根据，它符合行政活动职权与职责相一致的原则。

作出具体行政行为的行政组织有多种形态，所以行政复议的被申请人也有多种：①独立被申请人。作出具体行政行为的一级人民政府和它的工作部门是独立被申请人。②共同被申请人。以共同名义作出具体行政行为的若干行政机关是共同被申请人。③继续行使被撤销行政机关权限的被申请人。作出被申请具体行政行为的行政机关在申请提出时已经被撤销的，继续行使其权限的行政机关是被申请人。④法定授权的组织作为被申请人。法律、法规授权的组织作出具体行政行为，公民、法人或者其他组织不服提出行政复议的，该法定授权组织为被申请人。⑤派出机关和派出机构作为被申请人。行政机关的派出机关和以自己的名义作出具体行政行为的派出机构，也可作为被申请人。

（三）行政复议第三人

行政复议第三人是指同被申请的具体行政行为有利害关系、参加行政复议的其他公民、法人或者其他组织。法律设置第三人制度的目的是使同被申请行政复议的具体行政行为有关的法律争议得到统一解决，使合法权益受到侵害的公民、法人或者其他组织得到法律救济。在主体上，第三人是申请人以外的公民、法人或者其他组织。在实体权利义务上，第三人同被申请行政复议的具体行政行为有利害关系，即具体行政行为对第三人的合法权益产生直接影响。第三人参加行政复议是为了维护自己的合法权益。在程序上，第三人在行政复议开始后终结前，经过申请或者复议机关决定参加行政复议。

第三人可以委托代理人代为参加行政复议。

（四）行政复议机关

1. 县级以上地方政府部门作为被申请人的行政复议机关。这类行政部门的行政复议机关有本级人民政府和上一级人民政府主管部门两类，从而出现选择管辖。法律规定这种情形下的行政复议机关，由申请人进行选择。无论《行政复议法》颁布以前的单行法律法规如何规定，申请人都可以向作出具体行政行为的本级人民政府或者上一级人民政府的主管部门申请复议。重要的例外是，对实行垂直领导的行政机关和国家安全机关的具体行政行为不服的，需要向上一级主管部门申请行政复议。实行垂直领导的行政部门依照法律、法规或者规章确定，如海关、金融、国税、外汇管理。这是因为在行政体制上或者行政业务内容上，本级人民政府不适宜作为行政复议机关。

2. 省级以下地方各级政府作为被申请人时的行政复议机关。对省、自治区、直辖市人民政府以外的地方各级人民政府的具体行政行为不服的，上一级地方人民政府是行政复议机关。例如，对乡、民族乡、镇政府作出的具体行政行为不服的，应当向县、自治县、市辖区、不设区的市的人民政府申请行政复议。但是不能向上级政府的主管部门或者更上一级人民政府申请复议。

省、自治区人民政府依法设立的派出机关所属的县级人民政府作为被申请人的行政复议机关，应当是省、自治区人民政府依法设立的该派出机关。例如，省人民政府依法设立的行政公署所属的县级人民政府作出的具体行政行为被申请行政复议，复议机关应当是该行政公署。

3. 国务院部门或者省、自治区、直辖市政府作为被申请人时的行政复议机关。国务院部门或者省、自治区、直辖市人民政府作为被申请人时的行政复议机关，是作出该具体行政行为的国务院部门或者省、自治区、直辖市人民政府。对上述行政复议机关作出的复议决定不服的，既可以向人民法院提起行政诉讼，也可以向国务院申请裁决。国务院按照《行政复议法》的规定作出最终裁决后，当事人不得对国务院的最终裁决提起行政诉讼。

4. 其他情形下的行政复议机关。

（1）县级以上的地方人民政府依法设立的派出机关作为被申请人时，由设立该派出机关的人民政府作为行政复议机关。

（2）政府工作部门依法设立的派出机构作为被申请人时，设立该派出机构的部门或者该部门的本级地方人民政府为行政复议机关。

（3）法律、法规授权的组织作为被申请人时，由直接管理该组织的地方人民政府、地方人民政府工作部门或者国务院部门作为行政复议机关。

（4）两个或者两个以上的行政机关作为共同被申请人时，由它们的共同上一级行政机关作为行政复议机关。

（5）继续行使被撤销行政机关职权的行政机关作为被申请人时，由继续行使职权的行政机关的上一级行政机关作为行政复议机关。

5. 行政复议机构。行政复议机构是行政复议机关中具体办理行政复议事项的机构。行政复议机构的工作具有事务性、程序性和操作性，它没有作出行政复议决定的职权，有权作出行政复议决定的是行政复议机关。行政复议机构的具体职责有七项：受理权、调查取证权、审查行政行为、行政复议决定拟订权、处理或者转达对抽象行为的申请、处理行政违法的建议权、对复议行政诉讼的应诉。

四、行政复议的申请与受理

（一）行政复议的申请

1. 申请时间。申请行政复议的时间有三方面内容：

（1）申请期限。《行政复议法》规定可以在60日内申请行政复议；法律有关于超过60天的规定时，按照法律的规定。

（2）法定期限的耽搁。法定期限的耽搁有两种情况：①不可抗力。它是指不能预见、不能避免并不能克服的客观情况的出现致使在法定期限内不能申请行政复议。②其他正当理由，如申请人病重。法定期限耽搁的继续方法是从障碍消除之日起继续计算。

（3）申请期限的起算。申请期限应当从申请人知道作出该具体行政行为之日起算。所谓知道之日，是指了解具体行政行为内容之时。“知道”的法定途径有两种：

当场交付的按照交付的时间计算；以其他方式送达的按照送达的具体方式计算。其他情况应当由行政复议机关根据具体情况确定。

2. 申请形式。申请人表达申请意愿的形式既可以是书面的，也可以是口头的。口头申请应当作出记录，内容有基本情况、行政复议请求及申请行政复议的主要事实、理由和时间。书面申请应当具备的内容可以参考口头申请记录的四方面内容。

3. 申请材料的补正。行政复议申请材料不齐全或者表述不清楚的，行政复议机构可以自收到复议申请之日起5日内书面通知申请人补正。补正通知中应载明需要补正的事项和合理的补正期限。无正当理由逾期不补正的，视为申请人放弃行政复议申请。补正申请材料的时间不计入行政复议审理期限。

（二）对行政复议申请的受理

1. 受理和受理的期限。行政复议机关应当在收到行政复议申请后的5日内，对申请进行审查并作出有关受理的决定。对不符合法律规定的申请决定不予受理，并书面告知申请人；对符合法律规定但是不属于本机关受理的行政复议申请，应当告知申请人向有关行政机关提出。除了前面两种情形以外，行政复议申请自行政复议机关负责法制工作的机构收到之日起即为受理。

行政复议机关受理行政复议申请，不得向申请人收取任何费用。行政复议活动所需经费，应当列入本机关的行政经费，由本级财政予以保障。

2. 对行政复议机关无理拒绝受理的处理。公民、法人或者其他组织依法提出行政复议申请，行政复议机关无正当理由不予受理的，有两个处理办法：①由上级行政机关责令行政复议机关受理；②必要时，由上级行政机关直接受理。

3. 行政复议申请的移转。

（1）移转的义务和情形。县级地方人民政府收到属于其他行政复议机关受理的行政复议申请，有义务转送至有关行政复议机关。《行政复议法》第15条规定了进行转送的五种情形。

（2）移转的期限。移转是法定程序，应当执行法定期限。移转的法定期限是收到该行政复议申请后的7日内。移转时应当同时告知行政复议申请人。

（3）接受移转的处理。接受转送的行政复议机关应当根据关于受理的规定，在法定期限内作出有关受理的决定。但是接受转送的受理时间，应当从收到转送之日起计算。

（三）行政复议与行政诉讼的关系

受理程序中的重要问题是申请行政复议与提起行政诉讼的关系。根据我国《行政诉讼法》的规定，除非法律、法规规定必须先申请行政复议，行政争议当事人可以自由选择申请行政复议还是提起行政诉讼。行政复议已经被依法受理的，当事人在法定复议期限以内不得提起诉讼；行政诉讼已经被依法受理的，则不得再申请行政复议。

法律、法规规定应当首先向行政复议机关申请行政复议，对行政复议决定不服再向人民法院提起行政诉讼的，行政复议机关不予受理或者受理后超过行政复议期限不作答复的，公民、法人或者其他组织可以自收到不予受理决定书之日起或者行政复议期满之日起15日内，依法向人民法院起诉。所谓“依法向人民法院起诉”，是指提起行政诉讼的范围和提起程序需要按照《行政诉讼法》的现行有关规定进行。《行政复议法》虽然扩大了行政复议的受理范围，但是这并不意味着当然同时扩大行政诉讼的受理范围。

对于法律规定行政复议机关作出的终局行政复议决定，当事人不得提起行政诉讼。《行政复议法》规定的终局行政复议决定有两个：①《行政复议法》第14条规定的国务院的裁决；②《行政复议法》第30条关于省、自治区、直辖市人民政府对确认自然资源所有权或者使用权的复议决定。

对于自然资源所有权和使用权的救济途径，《行政复议法》作出了如下专门规定：

1. 对于侵犯已经依法取得的自然资源的所有权或者使用权的具体行政行为，必须首先进行行政复议。对行政复议决定不服的，可以依法向人民法院提起行政诉讼。这些权利包括土地、矿藏、水流、森林、山岭、草原、荒地、滩涂、海域等自然资源的所有权或者使用权。

2. 省、自治区和直辖市人民政府确认自然资源所有权和使用权的行政复议决定是终局裁决，不得提起行政诉讼。这种行政复议决定的根据是国务院或者省、自治区、直辖市人民政府对行政区划的勘定、调整或者征用土地的决定。这些权利包括对土地、矿藏、水流、森林、山岭、草原、荒地、滩涂、海域等自然资源的所有权或者使用权。这种终局裁决的主要理由是：行政区划的勘定和调整确定是宪法规定的国务院或者省、自治区、直辖市人民政府的职权，应当由行政机关作出终局的决定；对于征用土地确定的上述权利，征用决定权限于国务院和省级人民政府。

（四）具体行政行为在行政复议期间的执行力

行政复议申请被行政复议机关接受以后，就开始计算行政复议期间。在这一期间内，具体行政行为是否还有执行效力是需要回答的重要程序问题。

原则上，在行政复议期间具体行政行为不停止执行。实行不停止执行制度的原因之一是及时制止违法行为对社会的危害。多数行政复议案件涉及对行政机关规定义务的或者给予制裁性的决定，这些决定又往往是针对当事人违法行为作出的。在申请行政复议时，有些违法行为已经完成，但是也有些违法行为还处于持续状态有待于处理。如危害环境的违法行为，危害公众身体健康或者生命安全的违法行为，如果相关具体行政行为在被申请行政复议后就停止执行，那么违法行为就有可能继续危害环境和公众的健康与生命。

但是并不是所有的具体行政行为都需要在行政复议期间维持其执行力。至于哪些具体行政不需要维持执行力，需要由有关国家机关根据公共利益和执行法律的需要，在其权限范围内，作出具体行政行为可以停止执行的决定。《行政复议法》规定了四种情形：①被申请人认为需要停止执行的；②行政复议机关认为需要停止执行的；③申请人申请停止执行，行政复议机关认为其要求合理，决定停止执行的；④法律规定停止执行的。

五、行政复议的审理、决定和执行

（一）行政复议的审理

1. 审查方式。行政复议机关审查行政复议案件，原则上实行书面方式。书面方式就是行政复议机关根据书面材料查清案件事实并作出行政复议决定的方式。当事人以书面形式提出自己的申请意见和答辩意见，以书面形式提交和运用证据。书面审理的基本特点是排除申请人的言辞辩论。实行书面审理方式的主要理由是应当采用符合行政效率原则的审理方式，迅速地查清事实并作出复议决定，不必将程序完全司法化。

原则上实行书面审理方式，并不能排除行政复议机关根据需要选择书面方式以外的其他适当方式进行审理。行政复议法没有提出其他方式的具体形式，但是规定了其他方式应当具有的内涵，这就是"向有关组织和人员调查情况，听取申请人、被申请人和第三人的意见"。《行政复议法实施条例》第 33 条明确规定，行政复议机构认为必要时，可以实地调查核实证据。对重大、复杂的案件，申请人提出要求或者行政复议机构认为必要时，可以采取听证的方式审理。

2. 举证责任。提交证据证明具体行政行为合法适当的责任由被申请人负担。履行这一义务的内容是提交当初作出具体行政行为的证据、依据和其他有关材料，对申请人的申请提出书面答复。根据行政复议的审查方式，被申请人的举证责任在复议程序开始阶段对申请人的答复程序中履行。

行政复议机关负责法制工作的机构应当自行政复议申请受理之日起 7 日内，将行政复议申请书副本或者行政复议申请笔录复印件发送被申请人。被申请人应当自收到申请书副本或者申请笔录复印件之日起 10 日内，提出书面答复，并提交当初作出具体行政行为的证据、依据和其他有关材料。

被申请人不履行这一义务的法律后果是具体行政行为被撤销。被申请人不按照申请答复程序要求提出书面答复、提交当初作出具体行政行为的证据、依据和其他有关部门材料的，视为该具体行政行为没有证据、依据，行政复议机关可以决定撤销该具体行政行为；直接负责的主管人员和其他直接责任人员还将受到警告、记过、记大过的行政处分，构成犯罪的，将被依法追究刑事责任。

3. 查阅材料。《行政复议法》规定了查阅被申请人提供资料的制度，这是执行行政公开原则的重要制度，为申请人有效主张和维护其法律权利提供了条件。享有资料查阅权的主体是申请人和第三人；资料查阅的内容是被申请人提出的书面答复和其他有关材料；查阅资料的例外是涉及国家秘密、商业秘密或者个人隐私的材料。除了法定例外事项，禁止行政机关设置其他理由拒绝申请人和第三人行使查阅权。为方便申请人和第三人查阅资料，《行政复议法实施条例》规定行政复议机关应当为申请人、第三人查阅有关材料提供必要条件。

4. 证据收集。法律规定了限制被申请人在行政复议过程中证据收集权的制度：①只是被申请人的证据收集权受到限制，申请人和第三人不受这种限制，他们有权在行政复议过程中收集证据。②限制的内容是被申请人不得自行向申请人和其他有关组织和个人收集证据。如果被申请人向复议机关提出取证要求，复议机关认为有必要的，可以作出调查取证的决定。③限制的时间是行政复议的过程。这一过程开始于行政复议机关对复议申请的受理，结束于行政复议决定的执行完毕。

5. 行政复议和解与调解。《行政复议法》没有规定审理行政复议案件可以进行调解、和解。《行政复议法实施条例》规定部分案件可以进行调解，申请人与被申请人之间可以进行和解。

（1）申请人与被申请人和解。申请人对行政机关行使自由裁量权作出的具体行政行为不服申请行政复议，申请人与被申请人在复议决定作出前自愿达成和解的，应当向行政复议机构提交书面和解协议。和解内容不损害社会公共利益和他人合法权益的，行政复议机构应当准许。

（2）调解。行政复议机关进行调解应当遵循自愿、合法原则。调解的案件范围是：①申请人对行政机关行使自由裁量权作出的具体行政行为不服申请行政复议的。②当事人之间的行政赔偿或者行政补偿纠纷。

当事人经调解达成调解协议的，行政复议机关应当制作行政复议调解书。调解书应当载明行政复议请求、事实、理由和调解结果，并加盖行政复议机关印章。行政复议调解书经双方当事人签字，即具有法律效力。调解未达成协议或者调解书生效前一方反悔的，行政复议机关应当及时作出行政复议决定。

6. 撤回申请。法律规定了申请人撤回行政复议申请的制度。在理论上，申请人有权撤回已经提出的行政复议申请。因为行政复议的主要目的是保护申请人的合法权益，申请人对自己的合法权益享有放弃的权利。一旦申请人放弃对自己合法权益的主张，行政复议程序的继续进行就没有什么意义了。但是因为申请人撤回申请会对行政复议秩序带来影响，法律需要设置一些必要的撤回条件，以规范申请人的申请撤回行为：①提出撤回的申请并说明理由。撤回必须出自申请人的意愿。如果发现撤回申请有强迫、动员等违背申请人真实意愿的情形，行政复议机关可以不准许撤回申请。②撤回的时间是申请被受理以后和复议决定作出以前。③撤回的效果是终止正在进行的行政复议。行政复议机关可以采用制作裁决书或者记录在案的方法予以同意并终结行政复议。

（二）行政复议的决定

1. 对有关行政规定和行政依据的审查和处理。行政复议决定程序中涉及的行政规定和行政依据有两个方面：①根据申请人提出的申请对有关行政规定进行的审查处理；②依职权发现依据不合法进行的处理。主要内容是处理权限、处理期限和处理后果。

(1) 申请人提出对行政规定进行审查的，按照行政复议机关的处理权限分别处理：①对该规定有权处理的，行政复议机关应当在30日内依法处理。该规定若是下级行政机关制定发布的，应当责令下级行政机关限期撤销和修改，也可以由行政复议机关直接作出决定予以撤销；若是复议机关制定发布的，由行政复议机关直接予以撤销。②对该规定无权处理的，行政复议机关应当在7日内按照法定程序转送有权处理的行政机关依法处理。③接受行政复议机关转送的有权机关，应当在60日内依法作出处理。④在行政规定的处理期间，应当中止对具体行政行为的审查。中止对具体行政行为的审查，应当记录在案，并通知当事人。

(2) 对于行政复议机关依职权发现具体行政行为依据不合法，按照行政复议机关的处理权限分别处理。这里的所谓“依据”，比上述申请人提出的行政规定范围要宽。该行政复议机关有权处理的，应当在30日内依法处理；行政复议机关无权处理的，应当在7日内按照法定程序转送有权处理的国家机关处理。因为有权机关的处理权限和处理程序不同，所以没有规定统一的时间。在处理具体行政行为依据的期间，应当中止对具体行政行为的审查。

2. 对具体行政行为的决定。

(1) 决定程序。决定程序是行政复议机关内部作出有关具体行政行为复议决定的工作程序。分为两个阶段：①行政复议机关负责法制工作的机构对具体行政行为进行审查，提出审查处理意见；②行政复议机关的负责人员作出行政复议决定。根据行政机关首长负责制，行政复议机关负责人有对复议决定的决定权，分为负责人的同意和负责人集体讨论决定两种情形。如果行政复议案件情节简单，事实和法律问题清楚，就可以由行政复议机关的负责人对法制机构的处理意见作出同意的表示，形成最终的行政复议决定；如果复议案件情节复杂，事实和法律问题比较多，就应当由行政复议机关的负责人集体讨论后作出决定。

(2) 决定种类。行政复议机关可以作出六种行政复议决定，法律对此规定了相应的条件。现在分述如下：

第一，维持的决定。维持是行政复议机关维护、支持具体行政行为的决定，使该具体行政行为保持或者取得法律效力。作出维持决定的条件有五个：①事实清楚。事实清楚的含义是对具体行政行为所认定的事实没有疑义，各方面能够达到一致的认识或者通过复议审查消除了疑义。②证据确凿。证据确凿的含义是有关事实的证据达到确实可靠的程度，足以使有关的反驳不能成立。③适用依据正确。它的含义是具体行政行为所适用的法律、法规和其他依据是有效正确的，案件事实与依据之间存在正确的关系或者联系。④程序合法。它的含义是具体行政行为处理案件时所采用的程序符合法律法规规定，尊重当事人的程序权利，遵守法律对程序的要求。⑤内容适当。它的含义是具体行政行为规定的权利义务具有合理性和正当性，符合客观情形和法律正义的一般要求。

第二，履行法定职责的决定。履行法定职责的决定是行政复议机关认为被申请人的不作为违反法定职责，构成侵权，要求其履行法定义务。①要确定存在被申请人应当履行的法定职责，确认存在没有履行职责的事实以及这种不履行对申请人的合法权益构成了侵害和行政违法；②要确定继续履行法定职责仍然有实际意义和法律意义，并规定履行的期限和履行的法定内容。因此这种决定包括了确认不作为违法和履行法定义务两个方面的内容。

第三，撤销、变更、确认违法和重新作出具体行政行为的决定。这些决定都是行政复议机关对违法具体行政行为的处理。①撤销决定。撤销是使具体行政行为丧失或者不能取得法律效力的行政复议决定。具体行政行为被撤销以后就不再有而且以后也不会有法律约束力，除非复议决定本身丧失法律效力。②变更决定。它有撤销原来决定和作出新处理两个层次：一是撤销原来的具体行为，使其丧失或者不能取得法律效力；二是行政复议机关对有关事项作出新的权利义务安排和处理。作出变更决定的情形是原来的具体行政行为失去效力后仍然存在有待处理的事项，行政复议机关认为应当由自己直接作出处理。③确认决定。确认决定是对具体行政行为违法性质和违法状态的确定或者认定。作出确认决定的情形是原来的具体行政行为确实构成违法，但是由于客观情况变化使撤销或者变更已经没有实际意义。④重新作出具体行政行为的决定。它是对具体行政行为作出撤销决定和确认违法决定后，仍然存在需要行政机关作出处理的事项，行政复议机关要求被申请人履行职责作出处理决定的决定。但是被申请人不得以同一事实和理由作出与原来的具体行政行为相同或者基本相同的具体行政行为。

上述行政复议决定都是针对违法具体行政行为的，所以作出这些决定时应当具备以下五个条件：①主要事实不清、证据不足。这是关于具体行政行为事实根据的条件。没有清楚的事实和充分的证据，具体行政行为就是违法的。主要事实是决定案件性质和主要情节的事实。非主要事实不清楚不能构成撤销的理由。证据不足是指具体行政行为所认定的事实尚缺乏充分的证据支持，所以不能认定案件事实。②适用依据错误。适用依据的错误包括对依据的选择错误，以及将依据运用到具体案件的对象错误。合法行政原则要求具体行政行为产生效力必须有正确的依据，因而依据错误会导致具体行政行为的违法。③违反法定的程序。法定程序是具体行政行为合法性的要件之一，因而违反法定程序可以独立地构成具体行政行为违法的理由。④超越职权或者滥用职权。超越职权是对法定职责范围的违反，滥用职权是对法定职权授予目的的违反。行政机关只能在法律授予权限内活动是依法行政原则的要求，所以超越权限和滥用职权是严重的行政违法行为。⑤明显不当。它是指行政机关行使裁量权力作出具体行政行为，达到了明显不适当的程度，如严重的不合理、不公平和不公正。

第四，驳回复议申请决定。这是《行政复议法实施条例》新增加的复议决定种类，适用于以下两种情形：一是申请人认为行政机关不履行法定职责申请行政复议，行政复议机关受理后发现被申请人没有相应法定职责或者在受理前已经履行法定职责的；二是受理行政复议申请后，发现该复议申请不符合受理条件的。上级行政机关认为行政复议机关驳回行政复议申请的理由不成立的，应当责令其恢复审理。

(3) 行政赔偿。行政复议机关作出行政复议决定，可以依法同时决定行政赔偿的问题。这里有两种情形：①依申请作出的行政赔偿决定；②依职权作出的行政赔偿决定。具体来说，依申请作出的行政赔偿决定是申请人在申请行政复议时一并提出了行政赔偿请求，行政复议机关认为符合《国家赔偿法》的有关规定应当给予赔偿的，在决定撤销、变更具体行政行为或者确认具体行政行为违法时，应当同时决定被申请人依法给予赔偿。根据《国家赔偿法》第9条第2款的规定，申请国家赔偿可以先向赔偿义务机关提出，也可以在申请行政复议时一并提出。如果对不予赔偿或者赔偿数额有异议，申请人可以将复议机关和赔偿人一并作为共同被告提起行政诉讼。依职权作出的行政赔偿决定是申请人在申请行政复议时没有提出行政赔偿损失请求，但是行政复议机关在法定情形下直接作出有赔偿效果的决定。此处的"法定情形"是指行政复议机关依法决定撤销或者变更罚款、撤销违法集资、没收财物、征收财物、摊派费用以及对财产的查封、扣押、冻结等具体行政行为时，同时责令被申请人返还财产，解除对财产的查封、扣押、冻结措施，或者赔偿相应的价款。

(三) 行政复议决定的执行

行政复议决定的执行是指有关国家机关依法采取措施强制实现行政复议决定规定内容的行为。执行行政复议决定的主要条件有：①行政复议决定开始生效；②有关义务人没有履行行政复议决定规定的义务。

1. 行政复议决定的生效。行政复议决定的生效需要具备以下几个条件：

(1) 依法在法定期限内作出行政复议决定。超过复议决定期限的，会产生当事人依法提起行政诉讼的法律后果。

(2) 依法制作行政复议决定书。行政复议机关作出行政复议决定后，应当制作书面文件。书面文件的形式是行政复议决定书，该决定书应当加盖行政复议机关的印章。

(3) 依法送达行政复议决定书。送达是行政复议决定书发生法律效力的条件之一。一旦送达，行政复议决定即可立即生效。送达时间可以是行政复议决定开始发生法律效力的起始时间，从那时起当事人就产生了履行义务。行政复议决定书的送达依照《民事诉讼法》关于送达的规定执行。

2. 被申请人不履行义务及其执行措施。被申请人有义务履行已经生效的行政复议决定。不履行有两种情形：①完全不履行；②无正当理由不及时履行。被申请人不履行已经生效的行政复议决定的，有权采取执行措施的是行政复议机关或者有关上级机关，采取的执行措施是责令被申请人限期履行。

3. 申请人不履行义务及其执行措施。申请人不履行义务及其执行措施比被申请人的情形要复杂一些。对申请人不履行义务采取执行措施的条件是：申请人逾期不起诉又不履行行政复议决定，或者不履行最终裁决的行政复议的决定。对申请人采取的执行措施有两种：①维持具体行政行为的行政复议决定，由作出具体行政行为的行政机关依法强制执行，或者申请人民法院强制执行。②变更具体行政行为的行政复议决定，由行政复议机关依法强制执行，或者申请人民法院强制执行。

第十节　行政诉讼法

一、行政诉讼法概述

我国的行政诉讼，简明地说，就是人民法院通过司法诉讼程序处理行政争议案件的制度。行政诉讼解决的行政争议，是公民、法人和其他组织同国家行政机关之间就行政机关的侵权行为发生的纠纷。

行政机关也处理行政案件，如行政复议案件和公务员的纪律处分案件，我国则把它们与行政诉讼区别开来。我国行政诉讼的裁判机关是普通人民法院，不是独立的行政法院，这是一个重要的特点。处理案件的国家机关的性质很重要，因为国家机关的性质决定着其活动的性质和活动程序。我国之所以建立行政诉讼制度，主要是考虑利用司法机关的活动特点来更好地处理行政案件。建立行政诉讼制度并不是说行政机关没有力量和能力处理行政争议案件，而是要为行政案件的公正处理提供一种不同于行政程序的裁判机制。

行政诉讼法是规定人民法院和人民检察院的诉讼职能及诉讼参与人的诉讼权利和义务的法律规范的总和。它是人民法院、诉讼当事人和其他诉讼主体进行行政诉讼的行为准则。行政诉讼主体的诉讼行为和诉讼关系是行政诉讼法的调整对象。

我国于1989年制定了《行政诉讼法》，2014年11月1日进行了修订，修订后的《行政诉讼法》于2015年5月1日开始实施。制定《行政诉讼法》以后，国家机关加快了相关法律、法规的制定和解释工作，使行政诉讼的进行有了比较完备的法律基础。《行政诉讼法》的制定和实施不仅使行政诉讼案件的处理有了系统的程序法依据，而且还极大地促进了我国行政法制建设的整体发展。现在我国行政管理方面的综合性和基本制度性的立法包括《国家赔偿法》《行政处罚法》《行政复议法》，它们都是在《行政诉讼法》的推动下加快制定出来的。

《行政诉讼法》规定的行政诉讼基本原则有司法诉讼的共同性原则，如法院行使审判权的原则，以事实为根据、以法律为准绳的原则等；还有《行政诉讼法》的部门法原则，特别是人民法院对具体行政行为进行合法性审查的原则，它是确定行政诉讼中法院的基本职能，处理行政诉讼中人民法院与行政机关的相互关系的基本准则。它的含义主要有两个：①司法机关在行政诉讼中的任务主要是解决行政决定的合法性问题，而不是适当性问题。②司法机关的审判是对行政行为进行合法性审查，确定行政行为与法律要求的一致性。行政行为是正确合法的，就应当确认其法律上的效力；如果行政机关的决定违法，但是行政事项还需要继续处理，应当由行政机关依法办理，法院原则上不能代替行政机关行使行政职权。

二、受案范围和管辖

（一）受案范围

受案范围是指法律规定的人民法院受理和审判行政案件的范围。它是人民法院审查行政行为合法性的职权范围，也是公民、法人和其他组织在受到行政侵权时得到司法保护的范围。2014年修订的《行政诉讼法》对受案范围做了很大调整，由具体行政行为扩大到行政行为。

根据《行政诉讼法》第12条的规定，人民法院受理的行政案件，可以分为涉及人身权、财产权的案件和法律、法规规定的其他行政案件两大类型。

1. 对于行政机关侵犯公民、法人或者其他组织人身权、财产权的行政行为，公民、法人或者其他组织均可以提起行政诉讼，人民法院应当受理。法律列举了侵犯公民、法人或者其他组织人身权、财产权的11种行政行为：①行政机关的行政处罚，包括拘留、罚款、吊销许可证等。②行政机关的强制措施，包括限制人身自由或者对财产的查封、扣押、冻结。③侵犯法律规定的经营自主权或者农村土地承包经营权、农村土地经营权的。④认为符合法定条件申请行政机关颁发许可证和执照，行政机关拒绝颁发或者不予答复的。⑤申请行政机关履行保护人身权、财产权的法定职责，行政机关拒绝履行或者不予答复的。⑥行政机关没有依法发给抚恤金、最低生活保障待遇或者社会保险待遇的。⑦行政机关违法要求履行义务的。⑧对行政机关作出的关于确认土地、矿藏等自然资源的所有权或者使用权决定不服的。⑨对征收、征用决定及其补偿决定不服的。⑩行政机关滥用权力排除或者限制竞争的。⑪认为行政机关不依法履行、未按照约定履行或者违法变更、解除政府特许经营协议、土地房屋征收补偿协议等协议的。

2. 法院应当受理法律、法规规定的其他行政案件。法律作这一规定有两个含义：①在《行政诉讼法》生效以前法律、法规规定可以起诉的行政案件，应当依照法律、法规的规定予以受理。②在《行政诉讼法》生效以后，如果需要扩大受案范围的，可以通过单行的法律、法规作出规定。

3. 人民法院不予受理的案件。《行政诉讼法》规定以下四类案件人民法院不予受理：①涉及国家行为的行政案件，例如国防、外交行为。②涉及抽象行政行为的案件，例如关于行政法规、规章的行政争议。③涉及行政机关人事管理的案件，例如行政机关工作人员奖惩任免的行政决定引起的争议。④涉及法律规定由行政机关最终裁决的行政行为。

（二）管辖

行政诉讼管辖是关于人民法院审理第一审行政案件职权划分的诉讼制度，主要内容有级别管辖、地域管辖和裁定管辖。

1. 级别管辖。级别管辖是关于上下级法院之间受理第一审行政案件职权分工的诉讼制度。第一审行政案件原则上都由基层人民法院管辖。最高人民法院、高级人民法院管辖本辖区内重大复杂的案件。中级人民法院管辖下列第一审行政案件：对国务院部门或者县级以上地方人民政府所作的行政行为提起诉讼的案件；海关处理的案件；本辖区内重大复杂的案件；其他法律规定由中级人民法院管辖的案件。

2. 地域管辖。地域管辖是关于同级人民法院受理第一审行政案件职权分工的诉讼制度。行政案件原则上由最初作出具体行政行为的行政机关所在地人民法院管辖。对于经过行政复议的行政案件、限制人身自由强制措施的行政案件以及涉及不动产的行政案件的管辖，法律分别作了专门的规定。

3. 裁定管辖。由人民法院作出裁定或决定，而不是直接根据法律确定管辖法院的称为裁定管辖。裁定管辖包括移送管辖、指定管辖和管辖权的转移，《行政诉讼法》对此都作了规定。

三、诉讼参加人

（一）诉讼参加人概述

诉讼参加人是为了保护其合法权益而参加诉讼的原告、被告、第三人、共同诉讼人。诉讼参加人是行政诉讼权利义务的主要承担者。确立他们的法律地位和法律能力条件，是使他们承担诉讼义务、行使诉讼权利的基础和前提。

诉讼参加人中的原告或者第三人是外国人、无国籍人或者外国组织，其在中华人民共和国进行的行政诉讼称为涉外行政诉讼。根据国家主权原则和对等原则，法律规定了涉外行政诉讼的基本规则，包括对等原则、同等原则、适用有关国际条约的原则和委托中国律师进行诉讼的原则。

（二）原告和被告及共同诉讼人

原告和被告是行政诉讼中最基本的诉讼参加人，没有原告和被告，诉讼就不能成立和进行。共同诉讼人中的原告和被告是诉的一种合并形式。

原告是指以自己的名义向法院指控行政机关并要求法院进行裁判的人。行政行为的相对人以及其他与行政行为有利害关系的公民、法人或者其他组织，有权提起诉讼。

公民原告是指以个体形式出现的自然人。原告法律地位的产生、变更和终止取决于生理因素和社会因素两方面。确定生理条件的根据应当是《民法通则》；确定社会条件，应以《国籍法》为基础，以规定被侵害人行政性权利的单行法和诉讼法为内容。享有原告法律地位的公民生理上死亡的，其起诉权可以由其近亲属承受。作为原告的法人和其他组织则以民事法人和其他组织形式出现，其原告法律地位的产生、变更和终止完全取决于民事法律、单行的行政法规和诉讼法的规定。享有原告法律地位的法人或其他组织终止，承受其权利的法人或者其他组织可以承受其起诉权。

被告是指受到原告指控，人民法院认定其应当履行被告义务的行政机关。被告的成立取决于原告指控的合法，原告指控的合法性和被告参加诉讼的必要性都由人民法院决定。行政诉讼被告资格的具体认定分为以下几种情况：①未经行政复议，原告直接向人民法院起诉的案件，作出行政行为的机关是被告。②经过复议后提起诉讼的案件，复议机关决定维持原行政行为的，作出原行政行为的行政机关和复议机关是共同被告；复议决定变更原行政行为的，复议机关是被告。③两个以上的行政机关作出同一行政行为的，共同作出行政行为的行政机关是共同被告。④法律、法规授权的组织作出行政行为，该组织是被告。由行政机关委托的组织作出行政行为，委托的行政机关是被告。⑤行政机关被撤销的，继续行使其职权的行政机关为被告。

共同诉讼人是共同原告和共同被告的总称，它是共同诉讼的当事人。共同诉讼是指当事人一方或双方为二人以上的诉讼。共同诉讼人可以分为必要共同诉讼中的共同诉讼人和普通共同诉讼中的共同诉讼人。必要的共同诉讼是因同一行政行为而发生的共同诉讼，当事人一方或双方为两人以上，因同一个行政行为发生争议，人民法院认为必须合并审理的行政诉讼。普通的共同诉讼是因同样的行政行为而发生的共同诉讼，当事人一方或双方为两人以上，因两个或两个以上同样的行政行为发生争议，人民法院认为可以合并审理的行政诉讼，但是合并审理不是必须的。

（三）第三人和诉讼代理人

行政诉讼的第三人是指同诉讼中争议的行政行为有利害关系，为了维护自己的合法权益而参加到他人业已开始、尚未结束的诉讼中的原告以外的公民、法人或其他组织。参加方式既可以是第三人自己提出申请并经人民法院准许，亦可是人民法院通知参加。所谓利害关系，是指法律上的权利义务关系。

第三人主张具体行政行为违法，将行政机关视为被告的，第三人应当享有和承担原告的诉讼权利和义务。第三人主张维持原具体行政行为，要求法院驳回原告的诉讼请求的，他没有将原诉当事人任何一方视为被告，第三人不能取得相当于原告的法律地位，但可以提出主张和证据，参加辩论，反驳原告的诉讼请求，支持被告的主张，以最终确定被诉行政行为的合法性。如果法院判决对其权益产生了不利影响，第三人有权提起上诉。

诉讼代理是指代理人以被代理人的名义在代理权限内活动，活动后果由被代理人承受的诉讼行为。根据代理产生的不同原因，代理人可分为法定代理人和委托代理人。法定代理人是由法律直接规定产生，为没有诉讼行为能力的人设定的代理人。亲权和监护权是法定代理权的基础。法定代理既是一种权利，又是一种义务，其诉讼权利义务类似于当事人。

委托代理人是基于当事人及其法定代理人的委托而产生的诉讼代理人。当事人、法定代理人可以委托1~2人代为诉讼。委托代理人根据当事人、法定代理人的委托进行活动。律师、社会团体、提起诉讼的公民的近亲属或者所在单位推荐的人、经人民法院许可的其他公民，可以受托成为诉讼代理人。委托代理人进行代理活动时应当出具授权委托书。

四、诉讼证据

(一) 概念和种类

行政诉讼证据是指能够证明行政案件真实情况的一切材料。证据的客观真实、证据与案件事实的内在联系以及证据的法定要求，是诉讼证据的基本属性。

法律规定的行政诉讼证据有八种：书证、物证、视听资料、电子数据、证人证言、当事人的陈述、鉴定意见和勘验笔录、现场笔录。

(二) 举证责任

行政诉讼举证责任是行政被告对其作出的行政行为及其合法性提出证据加以证明的法定诉讼义务，不履行这一义务将导致败诉。行政被告的举证内容是提出作出该行政行为的主要证据和所依据的规范性文件。履行举证责任的时限是被告在收到起诉状副本之日起10日内，届时行政被告未能履行举证义务的，人民法院应当认定该行政行为没有证据、依据。

(三) 证据的收集、保全和审查

行政被告的证据收集权受到限制。在诉讼过程中，行政被告不得自行向原告和证人收集证据，被告的律师负有同样的义务。

人民法院有证据收集权，可以要求当事人提供或者补充证据，或者向有关行政机关以及其他组织、公民调取证据。

在证据可能灭失或者以后难以取得的情况下，诉讼参加人可以向人民法院申请保全证据，人民法院也可以主动采取保全措施。

作为定案的行政诉讼证据都必须经法庭审查属实才能采用。

五、行政案件的审理

(一) 起诉和受理

起诉是指公民、法人或其他组织认为行政机关和行政机关工作人员的行政行为侵犯了自己的合法权益，要求人民法院对行政机关和行政机关工作人员的行政行为进行司法审查并作出裁判的行为。

提起行政诉讼首先需解决其与行政复议的关系。行政诉讼和行政复议是解决行政争议的两个主要法律途径。依照《行政诉讼法》的规定，原则上实行自由选择的两可制度。公民、法人或其他组织既可以先向行政复议机关申请复议，对复议不服的，再向人民法院提起诉讼；也可以直接向人民法院提起诉讼。如果法律规定行政复议裁决为终局决定，那么当事人就不得再提起诉讼；如果法律和法规规定了必须先经过行政复议，对复议决定不服再提起行政诉讼的，应当按照法律规定先行进行行政复议。

提起诉讼应当符合下列条件：原告是行政行为的相对人以及其他与行政行为有利害关系的公民、法人或者其他组织；提起行政诉讼要有明确的被告；有具体的诉讼请求和事实根据；属于人民法院受案范围和受诉人民法院管辖。

关于行政复议的期限，除法律、法规另有规定的以外，复议机关应当在收到申请书之日起2个月内作出决定。

关于起诉期限，申请人申请行政复议后不服行政复议决定的，可以在收到复议决定书之日起15日内向人民法院起诉。复议机关逾期不作决定的，申请人可以在复议期满之日起15日内向人民法院提起诉讼，法律另有规定的除外；起诉人直接向人民法院提起诉讼的，应当自知道或者应当知道作出行政行为之日起6个月内提出，法律另有规定的除外。因不动产提起诉讼的案件自行政行为作出之日起超过20年，其他案件自行政行为作出之日起超过5年提起诉讼的，人民法院不予受理。起诉人因不可抗力或者其他特殊情况耽误法定期限的，在障碍消除后的10日内，可以申请延长期限，是否延长，由人民法院决定。

2014年修订后的《行政诉讼法》将立案审查制改为立案登记制。人民法院在接到起诉状时，对符合起诉条件的案件，应当登记立案。人民法院不能当场判定是否符合起诉条件的，应当先接收起诉状，出具书面凭证，并在7日内决定是否立案。不符合起诉条件的，作出不予立案的裁定。原告对裁定不服的，可以提起上诉。起诉状的内容欠缺或者有其他错误的，人民法院应当给予起诉人指导和释明，并一次性告知当事人需要补正的内容。

（二）第一审程序

第一审是指人民法院对行政案件的初次审理。法院最初审理的案件，在行政诉讼中称为第一审案件。法院审理第一审案件的程序为第一审程序。诉讼管辖规定了各级人民法院审理第一审案件的范围。经第二审发回重审的案件和未经第二审程序发生法律效力被决定再审的案件的审理，应当按照第一审程序进行。

1. 审理前的准备。

（1）依法组成合议庭。人民法院审理行政案件，应当成立合议庭作为审判组织。合议庭的组成实行陪审制和审判员制相结合的制度。合议庭的活动实行少数服从多数的原则。

（2）通知被告应诉。人民法院应当在法定期限内将起诉状副本发送被告，将被告答辩状副本发送原告。被告应当在法定期限内向人民法院提交作出行政行为的有关材料，提出答辩状。被告不提出答辩状的，不影响法院审理的进行。

（3）审判人员审阅诉讼材料，进行调查研究，收集证据。

（4）决定开庭审理的方式。行政案件原则上实行公开审理，但涉及国家秘密、个人隐私和法律另有规定的除外。

（5）决定是否裁定停止被诉行政行为的执行。诉讼期间原则上不停止行政行为的执行。但有下列情形之一的，停止行政行为的执行：被告认为需要停止执行的；原告申请停止执行，人民法院认为该行政行为的执行会造成难以弥补的损失，并且停止执行不损害社会公共利益的，裁定停止执行；法律、法规规定停止执行的。

2. 开庭审理的程序。开庭审理分几个阶段进行：开庭准备；审查出庭情况；法庭调查；法庭辩论；合议庭评议；公开宣判。

3. 诉讼中止和终结。在诉讼进行中，由于发生不以人的意志为转移的客观情况，使诉讼程序暂时停止，待引起中止的情况消失后诉讼继续进行的制度，是诉讼中止。以下几种情况将引起诉讼中止：原告人死亡，需要等待近亲属参加诉讼的；原告丧失诉讼行为能力，需要确定法定代理人的；作为原告的法人或者其他组织终止，尚未确定权利义务承受人的；一方当事人因不可抗力的事由，不能参加诉讼的；其他应当中止诉讼的情形。

在诉讼进行期间，发生了法律规定的特殊情况，诉讼已无可能或无必要进行下去而结束全部诉讼活动的制度，是诉讼终结。应当终结诉讼的情况有以下几种：原告申请撤诉，经人民法院裁定准许的；被告改变其所作的具体行政行为，原告同意并申请撤诉，经人民法院裁定准许的；原告死亡或者丧失诉讼行为能力，法人或其他组织终止，承受其权利应当代为诉讼的个人或者组织拒绝参加或者放弃诉讼，诉讼活动无法继续进行的。

4. 排除妨碍诉讼的强制措施。对于扰乱、妨害人民法院和诉讼参加人进行正常诉讼活动的行为，《行政诉讼法》规定了几种强制措施，用以排除此妨害。强制措施包括：训诫、责令具结悔过或者处1000元以下的罚款、15日以下的拘留。罚款、拘留须经人民法院院长批准。当事人不服的，可以申请复议。

妨害行政诉讼的行为违反刑法构成犯罪的，则应追究刑事责任。人民法院可以采取强制措施，然后再依法追究其刑事责任。

5. 简易程序。人民法院审理下列第一审行政案件，认为事实清楚、权利义务关系明确、争议不大的，可以适用简易程序：被诉行政行为是依法当场作出的；案件涉及款额2000元以下的；属于政府信息公开案件的。除这些案件外，当事人各方同意适用简易程序的，可以适用简易程序。适用简易程序审理的案件，由审判员1人独任审理，从立案之日起45日内审结。

（三）上诉审程序和审判监督程序

1. 上诉审程序。上诉审又称第二审，即上一级人民法院根据当事人的上诉，对尚未生效的一审裁判进行审理的活动。

根据《行政诉讼法》规定的二审终审制度，一审行政案件的当事人不服法院的裁判，在法定期限以内，都可以向上一级人民法院提起上诉。对判决不服的，在判决书送达之日起15日以内向上一级人民法院提起上诉；对裁定不服的，在裁定书送达之日起10日以内向上一级人民法院提起上诉。逾期不提起上诉的，人民法院的第一审判决或者裁定发生法律效力。

原审人民法院在收到上诉状或者上诉审人民法院交发的上诉状后，应当在5日内将上诉状副本送达对方当事人。对方当事人收到副本后，应当在10日内提出答辩状。

人民法院审理上诉案件，以开庭审理为原则，但也可以实行书面审理。

根据我国《行政诉讼法》第89条的规定，第二审人民法院审理上诉案件可以作如下处理：①维持原判。第一审人民法院的判决、裁定认定事实清楚，适用法律、法规正确的，判决驳回上诉，维持原判。②依法改判。第一审人民法院的判决认定事实清楚，适用法律、法规错误，第二审人民法院可依法改正。第一审人民法院认定事实不清、证据不足或违反法定程序可能影响案件正确判决的，二审法院可在查清事实后改判。③发回重审。原判决认定事实不清，证据不足，或者由于违反法定程序可能影响案件正确判决的，可以裁定撤销原判，发回原审人民法院重审。当事人对重审案件的判决、裁定，可以上诉。

人民法院审理上诉案件，应当在收到上诉状之日起2个月内作出终审判决。有特殊情况需要延长的，由高级人民法院批准。高级人民法院审理上诉案件需要延长期限的，由最高人民法院批准。

2. 审判监督程序。审判监督程序是指人民法院对已经发生法律效力的判决和裁定，发现在认定事实和适用法律上有错误，依法进行重新审理的制度。

再审的提起和决定：各级人民法院院长对本院已生效的判决、裁定，认为需要再审的，提交审判委员会讨论决定；上级人民法院对下级人民法院已生效的判决、裁定，有权提审或者指令下级人民法院再审；人民检察院对人民法院已生效的判决、裁定，发现违反法律、法规规定的，有权按照再审程序提起抗诉。

再审的审判程序：再审案件原来是第一审的，按照第一审程序进行再审，当事人不服再审判决或裁定的，可以上诉。再审案件原来是第二审的，按照第二审程序进行，新的判决、裁定为终审的判决、裁定，当事人不得上诉。

六、行政判决和侵权赔偿

（一）行政判决的法律适用

行政判决是人民法院根据事实，依照法律，对被诉行政行为的合法性和相关权利义务作出的司法决定。行政判决的法律适用涉及两方面问题：①判决的依据；②判决的参照。

《行政诉讼法》第63条第1、2款规定："人民法院审理行政案件，以法律和行政法规、地方性法规为依据。地方性法规适用于本行政区域内发生的行政案件。人民法院审理民族自治地方的行政案件，并以该民族自治地方的自治条例和单行条例为依据。"这一规定说明，判决的依据有四类：法律、行政法规、地方性法规、民族自治地方的自治条例和单行条例。

行政规章只能作为行政判决的参照。对此，《行政诉讼法》第63条第3款规定："人民法院审理行政案件，参照规章。"参照的基本含义是对合法的规章应当参照，对违法的规章不能参照，能不能参照的尺度在于是否合法。人民法院的行政判决所参照的地方人民政府制定的规章，与国务院部、委制定的规章不一致的，或者国务院各部、委的规章之间不一致的，应当中止诉讼的进行，逐级上报至最高人民法院。由最高人民法院送请国务院作出解释或者裁决，以国务院作出的解释或者裁决作为是否参照的根据。

（二）行政判决的种类

根据《行政诉讼法》第69～77条的规定，人民法院经过审理，根据不同情况，可分别作出驳回原告诉讼请求判决、撤销判决、履行判决、给付判决、变更判决和确认判决。

驳回原告诉讼请求判决是指人民法院经过审理，认为行政机关作出的行政行为证据确凿，适用法律、法规正确，符合法定程序，或者原告申请被告履行法定职责或者给付义务理由不成立的，人民法院判决驳回原告诉讼请求的判决。

撤销判决是人民法院确认行政行为违法、不能取得或者丧失法律效力的判决。作出撤销判决应当具有以下情形之一：主要证据不足的；适用法律、法规错误的；违反法定程序的；超越职权的；滥用职权的；明显不当的。

履行判决是人民法院对不履行或者拖延履行法定职责的行政机关，要求其在一定期限内履行法定职责的判决。

给付判决是指人民法院查明被告对原告负有支付抚恤金、最低生活保障待遇、社会保险待遇等给付义务的，要求被告履行给付义务的判决。

变更判决是人民法院对构成违法但是有需要继续处理事项的行政行为，首先撤销原行政行为，再直接对有关行政事项作出处理的判决。人民法院只能对两类行政行为作出变更判决：行政处罚明显不当的；行政行为涉及对数额的确定、认定确有困难的。

确认判决是人民法院确认被诉行政行为是否合法或者是否有效的宣告性判决。确认判决分确认违法判决与确认无效判决两种类型。首先，确认违法判决适用于以下情形：①行政行为依法应当撤销，但撤销会给国家利益、社会公共利益造成重大损害的。②行政行为程序轻微违法，但对原告权利不产生实际影响的。③行政行为违法，但不具有可撤销内容的。④被告改变原违法行政行为，原告仍要求确认原行政行为违法的。⑤被告不履行或者拖延履行法定职责，判决履行没有意义的。其次，确认无效判决适用于以下情形：①行政行为实施主体不具有行政主体资格的。②行政行为没有依据的。③具有其他重大且明显违法情形的。

（三）侵权赔偿责任

侵权赔偿责任是指行政机关的具体行政行为侵犯公民、法人或者其他组织的合法权益，由侵权行政机关对当事人进行赔偿的责任。

根据《国家赔偿法》的规定，当事人可以对侵犯人身权和财产权所造成的损害请求行政侵权赔偿。法律对人身权的保护限于健康权、生命权和人身自由权。请求行政侵权赔偿，应当通过法定程序对具体行政行为的违法性进行确认。确认违法可以向赔偿责任机关提起，也可以通过行政复议和行政诉讼进行。

当事人请求行政侵权赔偿，可以在行政复议和行政诉讼中一并提起，由行政复议机关或者由人民法院作出决定。如果单独请求行政侵权赔偿，应当首先向赔偿义务机关提出，对其赔偿决定不服的，可以向人民法院提起行政侵权赔偿的诉讼。

行政侵权赔偿机关是行政侵权的行政机关。行政机关赔偿损失后，应当责令有故意或者重大过失的行政机关工作人员承担部分或者全部赔偿费用。

七、执行

根据我国《行政诉讼法》第95～97条的规定，当事人不履行人民法院发生法律效力的裁定、判决的，权利人可以申请第一审人民法院强制执行。第一审法院是指作出一审判决、裁定的法院。人民法院设置的执行机构，通常由执行员、书记员和司法警察组成，具体办理执行案件。参加执行的有执行当事人、执行异议人、执行协助人、执行委托人和其他应当或可以参加执行程序的人。

公民、法人或者其他组织拒绝履行判决或裁定的，行政机关可以向第一审法院申请强制执行或依法强制执行。

行政机关拒绝履行人民法院的行政判决、裁定的，第一审人民法院可以采取以下执行措施：①从行政机关的银行账户上划拨应当归还的罚款和应当支付的赔偿金。②在规定期限内不履行的，从期满之日起，对该行政机关负责人按日处50～100元的罚款，以促使其履行义务。③将行政机关拒绝履行的情况予以公告。④向该行政机关的上一级行政机关或者监察、人事机关提出司法建议。接受司法建议的机关，应根据有关规定进行处理，并且将处理情况告知人民法院。⑤拘留和追究刑事责任。拒不履行判决、调解书、裁定，社会影响恶劣的，可以对该行政机关直接负责的主管人员和其他责任人员予以拘留，情节严重构成犯罪的，依法追究主管人员和直接责任人员的刑事责任。

执行的实施遵循以下步骤：

1. 执行开始。人民法院依照法定程序开始行使诉讼执行权的途径有申请执行、移交执行和委托执行。

2. 执行中止和执行终结。执行中止指执行开始后出现不能继续的特殊情况时，执行暂时停止进行，待该情况消失后继续执行。执行中出现执行无必要继续进行或者无法进行的情况，从而终止正在进行的执行程序，叫做执行终结。

3. 执行补救。执行已经结束，发现执行造成错误需要进行补救的，叫做执行补救。补救措施主要有执行回转和再执行。

第十一章　国际法

第一节　国际公法

一、概述

（一）概念与特征

国际法又称国际公法，主要是在国家交往过程中产生的、调整国家之间关系的有拘束力的原则规则和规章制度的总体。国际法具有以下特征：

1. 国际法的主体主要是国家。传统国际法的主体只是国家，现代国际法的主体虽然增加了国际组织等主体，但国际社会的主要成员仍然是国家。

2. 国际法的创立者主要是国家。国家之上并没有一个超国家的世界政府制定法律来约束国家间的关系，约束国家间关系的法律只能由国家来共同制定。

3. 国际法的强制力主要依靠国家。国家是国际社会的平等主体，国际社会中不存在超国家的强制机构去实施国际法，因此，其强制力只能通过国家单独或集体的措施实现。

（二）法律渊源

国际法的法律渊源是国际法规范形成的方式或程序，也指国际法规范首次出现的地方。根据《国际法院规约》第 38 条的规定，国际法的法律渊源主要包括以下几种：

1. 国际条约。国际条约是国家（或其他国际法主体）之间缔结的具有约束力的协议。无论一般性国际条约还是特殊性国际条约，只要确立了国家明确承认的规则的，都是国际法的法律渊源。

2. 国际习惯。国际习惯是被接受为法律的各国的一般实践。它的形成必须具备两个因素：①物质因素，即存在一般的实践或通例；②心理因素，即各国接受其为法律，形成法律确信。国际条约和国际习惯是国际法主要的法律渊源。

3. 一般法律原则。一般法律原则指各国法律体系中所共有的原则，如赔偿责任原则等。一般法律原则是次要的国际法渊源。

除以上法律渊源外，司法判例、各国公认的最具权威的公法学家的学说、国际组织无拘束力的决议是确定法律原则的辅助资料。

以上规定不妨碍公允及善良原则的适用。

（三）国际法的主体

国际法主体又称为国际法律人格者，是指独立从事国际交往和参加国际法律关系，直接承受国际法上的权利和义务，并能够进行国际求偿以保护自己合法权益的实体。

国际法主体有国家、国际组织和争取独立的民族，个人在某些范围内也可以成为国际法的主体。

国家是主要的国际法主体。国家在国际法上具有完全的权利能力和行为能力，是国际法的创设者，国家间的关系也是国际法的主要调整对象。因此，与其他国际法主体相比，国家是基本的和主要的国际法主体。

国家的构成需要具备四个因素，即固定的居民、确定的领土、政府和主权。区分国家与地方性单位的主要标志是主权。每个国家均具有基本权利和基本义务。

国家固有的、不可缺少的、根本性的权利被称为国家的基本权利，是国家主权的直接体现。每一个国家都具有如下基本权利：

1. 独立权。它是国家按照自己的意愿处理国内外事务而不受他国或国际组织支配和干涉的权利。

2. 平等权。它是指国家是国际社会平等的一员，具有平等的法律地位，以平等的身份参与国际交往、享受权利和承担义务。平等权不受国家大小、强弱、社会制度等因素的影响。

3. 自卫权。自卫权体现为单独自卫和集体自卫的权利，是指国家在受到外国攻击时，以武力单独或集体予以对抗的权利。

4. 管辖权。管辖权是指国家通过立法、司法和行政等手段对特定的人、事、物进行管理和处置的权利。国家对具有本国国籍的人（无论在境内或境外）进行管辖的权利称为属人管辖权，对处于本国境内的一切人进行管辖的权利称为属地管辖权。

国家的基本义务是指国家必须承担的根本性义务，主要包括尊重其他国家的基本权利、遵守国际法的基本原则等。违反基本义务构成严重的国际不法行为，将招致国际责任。

（四）国际法与国内法的关系

关于国际法与国内法的关系，存在不同的学说和不同的实践。

从理论上看主要可以分为一元论和二元论两种。一元论将国际法和国内法视为同一个法律体系，具体又可以分为国际法优先说和国内法优先说两种。前者认为国际法效力高于国内法，其结果是导致否定国家主权；后者认为国际法是国内法的一个部分，国内法效力高于国际法，其结果是否定国际法。二元论认为国际法与国内法是不同的法律体系，互不隶属，除了相互参考外毫无关系。

实质上，国际法与国内法是不同的法律体系，但是，两者之间又是密切联系、互相影响、互相补充的。

实践中，各国通过采纳或转化方式把国际法的规定（主要涉及国际条约义务）

纳入国内法，从而能够在国内得到适用。我国《宪法》没有明确规定条约的地位，但是，《民事诉讼法》等法律中明确规定优先适用中国参加的国际条约的规定，但我国保留的条款除外。美国宪法规定“以合众国权力所缔结的条约”是全国的最高法律，应予遵守。英国规定缔结的条约须经议会立法转化才能在国内适用。法国规定其缔结的条约和接受的国际习惯可在国内发生效力。德国规定条约经联邦法律规定取得法律效力。

二、国际法的基本原则

（一）概念

国际法的基本原则是指国际法体系中得到各国公认的、具有普遍的指导意义的、适用于国际法的一切效力范围、构成国际法基础的原则。它具有以下特征：

1. 各国公认。国际法的基本原则是得到国际社会的普遍承认的，并非个别国家认可的原则。

2. 具有普遍意义。国际法的基本原则适用于国际法的所有领域，对整个国际法规范具有指导作用。

3. 构成国际法基础。国际法的其他原则、规范等是从基本原则中派生或引申出来的，其以基本原则为基础，并不得违反基本原则。

（二）各项基本原则

1. 国家主权平等原则。主权是指国家对内对外的最高权力，体现为对内的最高权和对外的独立权。国家主权平等原则是指国家在国际法律关系中地位完全平等，相互之间没有管辖和支配的权力。各国在国际社会均为平等的一员，因此在处理国际关系时应当相互尊重各自的主权，不以大欺小、恃强凌弱。《联合国宪章》《国际法原则宣言》等国际文件中都明确规定了该原则。

2. 不侵犯原则。不侵犯原则是国家主权平等原则的引申。传统国际法并不禁止战争，允许以武力征服别国。现代国际法确立了这一原则。1928 年《巴黎非战公约》首次宣布战争为非法，废弃把战争作为推行国家政策的工具。《联合国宪章》《国际法原则宣言》都规定了该原则，禁止使用威胁或武力或与联合国宗旨不符的方法侵犯别国的领土完整和政治独立。国家在受到其他国家武力侵犯的时候，有权进行自卫。

3. 不干涉内政原则。该原则同样是国家主权平等原则的引申。内政是本质上属于一国主权管辖的事项，它是以该事务的性质而不是以发生的地域为依据的。如确定本国的社会、政治制度等，即属于内政；而发生在一国境内的对外国人合法权利的侵犯的事件，则不属于内政。干涉是指一国或数国为了维持或改变别国的某种情势而对别国采取的专横的干预行为。不干涉内政原则要求各国在相互关系中不得以任何理由或任何方式直接或间接地干涉他国主权管辖范围内的一切事务，同时，国际组织不得干涉属于成员国内管辖的事务。该原则同样在《联合国宪章》等国际文件中得到明确规定。

4. 和平解决国际争端原则。和平解决国际争端原则是不侵犯原则的引申。它是指各国在相互关系中，一旦出现争端，不论其性质为政治性的还是法律性的，均应以和平的方式解决，而不得诉诸威胁或使用武力以及其他非和平的方法。该原则早在1899和1907年的两个《和平解决国际争端的公约》中就被提出，并得到《联合国宪章》《国际法原则宣言》等国际文件的确认。

5. 善意履行国际义务原则。该原则是指各国必须自觉地、善意地履行各自的国际法义务，不得回避、违反其应当承担的国际义务。该原则来源于古老的“条约必须信守”这一国际习惯规则。《联合国宪章》和《国际法原则宣言》都明确规定了这一原则的具体内容。《联合国宪章》还规定如果会员国根据其他的国际协定承担的义务与宪章规定的义务抵触者，宪章义务优先。

(三) 和平共处五项原则

和平共处五项原则是指互相尊重主权和领土完整、互不侵犯、互不干涉内政、平等互利、和平共处这五项统一化的原则。它是由中国首先提出，中、印、缅共同倡导的。它首次出现在1954年中国和印度《关于中国西藏地方和印度通商和交通协定》中，并在1955年亚非会议宣言等一系列国际法律文件中得到确认。承认和平共处五项原则的国家达到一百多个。

和平共处五项原则把《联合国宪章》等国际法文件的原则要求和精神作为一个统一的整体提出，是对国际法基本原则的科学概括。这五项原则不是简单相加，而是有机联系的。互相尊重主权和领土完整原则是基础；互不侵犯、互不干涉内政、平等互利原则是对前者的引申，同时也是前者的保障；和平共处则是目的和核心。和平共处五项原则还准确地概括了国际关系的本质特征，指明了国家之间的关系具有“相互”的特点，因此得到了广泛的承认。

三、联合国

(一) 宗旨

联合国是1945年建立的维持国际和平、保障集体安全的普遍性国际组织，是目前国际社会最重要的国际组织。第二次世界大战的灾难使各国认识到战后建立一个广泛而永久的普遍安全体制的重要性，因此，在对“五大国一致”的表决程序达成协议后，1945年由中、苏、美、英为发起国，邀请有关国家在旧金山召开制宪会议。宪章通过后，联合国于10月24日正式成立，总部设在纽约。除创设会员国外，主权国家均可按照宪章规定的条件申请加入联合国。继南苏丹于2011年7月14日加入成为会员国之后，联合国现在一共有193个会员国。联合国的宗旨是：

1. 维持国际和平与安全，即采取有效的集体办法防止并消除对和平的威胁，制止侵略和其他破坏和平的行为。

2. 发展各国间的友好关系，即发展国家间以尊重人民平等和自决原则为根据的友好关系，并采取其他适当方法增强普遍和平。

3. 促成国际合作，即促进国际合作以解决国家间属于经济、社会、文化及人类福利性质的国际问题，增进并激励对人权和基本自由的尊重。

4. 构成协调各国行动的中心，以达成上述共同目的。

（二）主要机关与职能

联合国设六个主要机关：联合国大会、安全理事会、经济及社会理事会、托管理事会、国际法院和秘书处。

1. 联合国大会。大会由全体会员国组成，每年举行一届大会。大会具有广泛的职权，可以讨论宪章范围内的一切事项，或者有关联合国任何机关的职权的任何问题或事项，除安理会正在处理的外，它可以随时就这些问题和事项向会员国或安理会提出建议。每个会员国在大会享有一个投票权，重要问题由出席并投票的会员国以2/3多数决定，其他问题以简单多数通过。

2. 安全理事会，简称安理会。安理会由15个会员国组成，其中，中、俄、美、英、法5国为常任理事国，其余10个非常任理事国按地域名额由联合国大会选举产生，任期2年，每年改选5个，不得连选连任。程序事项由9个理事国的可决票决定，程序事项以外的事项由包括5个常任理事国在内的9个理事国的可决票决定。对事项性质有争议时，常任理事国享有否决权。因此，常任理事国具有双重否决权。安理会的职权主要是：和平解决会员国之间的争端，即对任何争端或可能引起争端的任何情势可以调查，断定其是否危及国际和平与安全；维持国际和平与安全、制止侵略，包括断定破坏和平、侵略行为是否存在，可以促请当事国遵行安理会认为必要或适当的临时措施，安理会可以据其职权建议或决定采取必要的海陆空军行动。

3. 经济及社会理事会。经济及社会理事会由54个国家组成，由联合国大会按地域名额选举产生。它是协调联合国及各专门机构的经济和社会工作的机构。

4. 托管理事会。托管理事会是联合国负责监督非战略地区托管领土行政管理的机关。1994年，联合国托管协定已全部终止，但该机构仍未解散。

5. 国际法院。国际法院是联合国的司法机关，设在荷兰海牙，由15名来自不同国家经选举产生的法官组成。法官任期9年，每3年改选1/3。自2010年6月29日起担任法官的薛捍勤，成为我国担任国际法院法官职务的首位女性。国际法院的职权包括诉讼管辖权和咨询管辖权。前者是指国际法院有权审理争端当事国提交的诉讼案件。后者是指国际法院经联合国大会、安理会、联合国大会授权的机关请求（会员国无此请求权）对法律问题发表咨询意见的权力。

6. 秘书处。秘书处是联合国的行政管理机关，为联合国其他机关服务，并执行这些机关制定的计划和政策。秘书长由大会根据安理会的推荐任命，任期5年，可连选连任。

四、国际人权法

（一）概念与渊源

国际人权法狭义上指在和平时期促进和保证人的基本权利和自由得到普遍尊重和实现的国际法原则、规则和规章制度，广义上还包括武装冲突期间保护平民、战斗员和武装冲突受难者的国际法原则、规则和规章制度。

国际人权法是第二次世界大战结束后逐步形成并发展起来的，特别是联合国的成立极大地促进了国际人权法的形成。它的法律渊源主要体现为国际条约和国际习惯。关于人权保护的国际条约数量很多，《联合国宪章》首次以普遍性国际条约的形式对人权问题作出了原则性的规定。专门规定全面保护人权的国际条约主要有1966年的《公民权利和政治权利国际公约》《经济、社会和文化权利公约》。此外还有不少关于保护某类人、某类权利的特殊性国际公约和议定书。

（二）保护对象与保护机制

1. 国际人权法的保护对象包括个人人权和集体人权两大类。个人人权主要有：①公民和政治权利，包括生命权，免受酷刑权，免受奴役权，人身自由与人身安全权，自由迁徙和择居权，接受公平审判权，良心、宗教或信仰自由权，和平集会权等；②经济、社会和文化权利，包括工作权、休息权、组织与参加工会权、享受社会保障权、受教育权等。集体人权主要有：①民族自决权；②种族、民族、宗教或语言群体的权利。

2. 保护机制主要是通过国内保护措施和国际监督机制实现的。国家是人权保护的国际法律义务的主要承担者，有义务根据自己所参加的国际条约采取国内立法措施、救济措施和其他适当的措施保护人权。国际监督主要通过报告机制、国家间控诉机制和个人来文机制实现。

（三）我国在国际领域的人权实践

联合国建立后，我国曾参与《世界人权宣言》的起草工作。1971年，中华人民共和国恢复了在联合国的席位后，积极参加国际人权领域的有关活动，起草、签署、加入或批准了一系列的人权公约或国际文件，例如，1988年批准了《禁止酷刑和其他残忍、不人道或有辱人格的待遇或处罚的公约》，1991年批准了《儿童权利公约》，1998年签署了《公民权利和政治权利国际公约》，2001年批准了《经济、社会和文化权利公约》等。不仅如此，1981年以来，我国在联合国人权委员会担任成员，一直连选连任，为人权的国际保护不懈努力。2006年联合国大会决议人权理事会取代人权委员会，我国是其成员。

五、国际刑事法院

（一）含义

国际刑事法院有广义与狭义之分。从广义的角度来看，由国家选举出来的若干独立的法官组成的、审判特定的国际罪行并对罪犯处以法定刑罚的常设性或者临时性的国际刑事审判机构，均可以称为国际刑事法院（或法庭）。较早的如二战以后审判战犯的欧洲军事法庭和远东国际军事法庭，近来的如联合国的前南斯拉夫问题国际法庭和卢旺达问题国际法庭。从狭义的角度来看，国际刑事法院是指常设性质的国际刑事审判机构。具体来讲，是指根据1998年6月~7月在罗马举行的联合国建立国际刑事法院全权代表外交大会上通过的《国际刑事法院罗马规约》，于2002年7

月1日正式成立的常设性质的国际刑事审判机构。

（二）设立与机构

国际刑事法院设在荷兰海牙。这是世界历史上第一次出现的常设性质的国际刑事审判机构。二战结束后，联合国认识到需要设立对某些国际罪行，如灭绝种族罪，进行审判的国际刑事法院。20世纪90年代在前南斯拉夫和卢旺达发生的种族灭绝等罪行，更进一步使联合国及其会员国认识到设立国际刑事法院的重要性和必要性。虽然联合国有一个司法机构即国际法院，但是，国际法院的诉讼管辖权所涉及的诉讼主体仅限于国家，对于涉及个人刑事责任的问题是不具有管辖权的。

国际法委员会于1994年将国际刑事法院的公约草案提交联合国。在1998年罗马外交会议上，与会的160个国家绝大多数同意了公约草案，仅有7个国家投了反对票，其中包括中国、美国和以色列。中国的反对理由是授给预审庭制约检察官的主动行动的权力还不够，同时，规约的通过应该采取协商一致的方式，而不是以表决的方式。

国际刑事法院由以下机关组成：①院长会议；②上诉庭、审判庭和预审庭；③检察官办公室；④书记官处。院长会议由院长、第一和第二副院长组成，他们均在法官中由绝对多数票选举产生。国际刑事法院有法官18位，任期9年，第一次选举的法官抽签决定1/3任期3年、1/3任期6年。不得有2名法官为同一国家的国民。首批法官已于2003年3月在海牙宣誓就职。检察官办公室由检察官领导，是法院的一个单独机关，独立行事。首任检察官已于2003年6月在海牙宣誓就职。书记官处负责法院非司法方面的行政管理和服务，由书记官长领导，后者在法院院长的权力下行事。

（三）管辖权与刑事责任

国际刑事法院对下列罪行有管辖权：①灭绝种族罪；②危害人类罪；③战争罪；④侵略罪。

灭绝种族罪包括规约第6条具体列明予以禁止的蓄意全部或局部消灭某一民族、族裔、种族或宗教团体的行为（如杀害、造成严重伤害）。危害人类罪包括规约第7条具体列明予以禁止的在广泛或系统地针对任何平民人口进行的攻击中作为攻击的一部分而实施的行为，这种行为包含谋杀、灭绝、强奸、性奴役、强迫人员失踪、种族隔离罪等。灭绝种族罪和危害人类罪无论是在和平时期还是战争时期实施，都要受到惩罚。战争罪包括严重破坏1949年日内瓦四公约的行为，以及规约第8条中所列的在国际武装冲突中严重违反国际法规的其他行为（如故意指令攻击平民人口本身等）。侵略罪的情况比较特殊。虽然侵略行为被广泛地承认为一种罪行，但罗马外交会议上无法达成所有各方都能接受的侵略定义。结果，规约规定在缔约国举行审查会议就侵略的定义、要件和国际刑事法院行使管辖权的条件达成协议之前，国际刑事法院不得对侵略罪行使管辖权。

规约规定的刑事责任平等地适用于所有的自然人，不论是国家元首、政府首脑、政府或议会成员、民选代表还是政府官员。官方身份也不可以作为减刑的理由。罪行是奉上级命令实施的这一事实，通常不能免除罪行实施者的刑事责任。军事指挥官要对在其指挥和控制下的部队所实施的罪行负刑事责任。

在量刑方面，国际刑事法院最高可以判处30年的有期徒刑，但如果案情确实非常严重，也可判处无期徒刑。国际刑事法院还可以命令处以罚金，或者没收通过实施罪行得到的收益、财物或资产。但是，国际刑事法院不能判处死刑。

规约还规定了法无明文不为罪、法无明文不处罚、对人不溯及既往等刑法原则，规定了调查、审判、起诉、上诉、执行等问题及其程序规则，规定了国际合作和司法协助以及缔约国大会和财务事项等。

第二节　国际私法

一、概述

（一）概念

国际私法是指在世界各国民法和商法相互歧异的情况下，解决含有涉外因素的民法关系应当适用哪国法律的法律。因此，国际私法又被称为法律冲突法或法律抵触法。通常情况下，大陆法系传统上称之为国际私法，而英美法系传统上称之为冲突法。

国际私法所谓的涉外因素，是指民事法律关系的三个要素（即主体、客体和内容）中至少有一个因素是涉外的。从主体上看，涉外因素可以体现为主体的一方或双方为外国的自然人或法人；从客体上看，涉外因素可以体现为标的物位于国外；从内容上看，涉外因素可以体现为产生、变更或消灭民事权利义务关系的法律事实发生在国外。

（二）特征

1. 国际私法是调整不同国家的民事法律冲突的法律。不同国家，其民事法律规定也不同，便会形成法律体系的并立状态，其冲突需要专门法律进行调整。

2. 间接法律规范是国际私法最基本的法律规范。国际私法的调整方法有两种：①间接调整，即冲突法的调整，就是在法律中制定具体的法律适用规则，规定在不同情况下如何适用法律，以确定当事人的权利和义务。这种方式是国际私法特有的传统的、最重要的方式。例如，规定在确定婚姻效力的时候适用“婚姻缔结地法”。②直接调整，即实体法的调整方式，就是以实体规范直接调整当事人的权利和义务关系。这种方式在19世纪以来发展很快，出现了很多国际条约和惯例。

3. 国际私法主要是法律适用法。国际私法通过冲突规范解决法律冲突，确定应当适用于某种法律关系的法律。

二、冲突规范与准据法

（一）冲突规范

冲突规范又称为法律适用规范或法律选择规范，它是指明某一涉外民事法律关系应当适用何种法律的规范的总称。冲突规范在国际私法中曾经是唯一的规范形式，现在仍然是极其重要的规范形式。

1. 冲突规范的结构。冲突规范本身具有特定的结构，它是由三个部分组成的，即范围、系属和关联词。范围又称为连结对象，它是冲突规范所要调整的民事法律关系或所要解决的法律问题。系属指明冲突规范所涉及的法律关系应适用的法律。关联词则是在语法关系上将范围和系属联系起来。以上三者构成一个统一的整体。例如，在冲突规范“不动产的所有权，适用不动产所在地法律”中，“不动产的所有权”是这一冲突规范的范围，“不动产所在地法律”是系属，“适用”是关联词。

在冲突规范的系属中，有一个被称为连结点或连结因素的关键部分，它是冲突规范借以确定某一法律关系应适用什么法律的依据，是指定适用何地法律所依据的一种事实因素。如在上例中，“不动产所在地”就是连结点。连结点可以划分为客观的连结点和主观的连结点，前者主要有国籍、住所、居所、物之所在地、行为地、法院地等，是一种客观实在的标志；后者是指当事人之间的合意，主要用来确定合同关系应当适用的准据法。

在长期的实践中逐渐固定下来的公式化和固定化的系属，可以用来解决同类性质的民事法律冲突，我们把它称为系属公式，又称为冲突原则。常见的系属公式有：

（1）属人法。它是指自然人和法人所属国家或住所地的法律，或者说是以自然人或法人的国籍或住所作为连结点的系属。这一系属公式一般用来解决人的身份、能力、家庭关系以及继承等方面的民事法律冲突。

（2）物之所在地法。它是指民事法律关系客体物之所在地国家的法律。这一系属公式用来解决有关物权特别是不动产物权的法律冲突。

（3）行为地法。它是指法律行为发生地国家的法律。该系属公式起源于“场所支配行为”的原则，具体可以划分为：合同缔结地法、合同履行地法、婚姻举行地法、侵权行为地法（又可分为加害行为地法和损害结果发生地法）。

（4）当事人合意选择的法律。它是指当事人双方自主选择的某种法律，通常在确定涉外合同关系的准据法时适用。

（5）法院地法。它是指审理涉外民事案件的所在地国家的法律，通常用来解决有关涉外民事诉讼程序的法律冲突。

（6）最密切联系地法。它是指与涉外民事法律关系有最密切联系的国家的法律，可以适用于多种不同性质的涉外民事法律关系，特别适用于涉外合同关系。

2. 识别。识别又称为定性或归类，是指在适用冲突规范时，依照某一法律制度对有关事实或问题进行分析，将其归入一定的法律范畴，并且对有关的冲突规范进行解释，从而确定何种冲突规范适用于何种事实或问题的过程。

不同的国家对同一涉外案件所涉及的事实和法律性质的确定不同，或者对同一冲突规范的含义解释不同，就会导致有时按照不同国家的法律观点进行识别得出的结论不同，影响到当事人的权利义务。实践中，很多国家依据法院地法进行识别。

（二）准据法

准据法是指经冲突规范指定援用来具体确定涉外民事法律关系当事人双方的权利与义务的特定的实体法。

它本身不属于冲突规范，而是实体法，但经过冲突规范的援用才用以确定当事人的权利和义务。国内实体法和统一实体法可以成为准据法。

三、外国法的适用与限制

（一）反致、转致和间接反致

冲突规范援引的准据法可能是内国法，也可能是外国法，于是产生适用外国法的问题。适当适用外国法并不会损害一国的主权。

1. 反致。反致指甲国对某一涉外民事法律关系根据其冲突规范应适用乙国法律，而乙国的冲突规范又规定此种关系应适用甲国法律，甲国法院最后适用甲国法律处理此关系。

2. 转致。转致又称二级反致、转据反致，指甲国对某一涉外民事法律关系根据其冲突规范应适用乙国法律，而乙国的冲突规范又规定此种关系应适用丙国法律，甲国法院最后适用丙国法律处理此关系。

3. 间接反致。间接反致是指甲国对某一涉外民事法律关系根据其冲突规范应适用乙国法律，而乙国的冲突规范又规定此种关系应适用丙国法律，丙国的冲突规范则规定应适用甲国法，甲国法院最后适用甲国法律处理此关系。

（二）法律规避与公共秩序保留

法律规避是涉外民事法律关系的当事人故意制造某些连结点，以避开对其不利的法律，从而使对自己有利的法律得以适用的行为。法律规避实质上否定了法院地的冲突规范的效力。各国的法律实践对于规避本国法的行为一般都予以禁止。

公共秩序又称为公共政策，是指国家和社会的重大利益，或法律和道德的基本原则。公共秩序保留是指法院或其他机关在处理某一涉外民事法律关系时，如果按照冲突规范应适用外国法，而外国法违背本国公共秩序的，则不适用外国法，而按照本国法予以处理。

四、涉外婚姻、亲权和涉外继承的法律适用

（一）涉外婚姻和亲权的法律适用

涉外婚姻包括涉外结婚和涉外离婚两方面。涉外结婚的法律冲突即关于结婚条件的法律冲突，主要存在于结婚的实质要件和形式要件两方面。在解决结婚实质要件的法律冲突时，各国立法主要采取以下不同方法：①适用婚姻举行地法，即在举行地有效的婚姻在任何其他地方均有效；②适用当事人属人法；③实行混合制度，即以某一项原则为主兼采其他原则。在解决形式要件的冲突时，各国则采用以下方法：①婚姻举行地法；②混合制度；③领事婚姻制度。

对于涉外离婚的法律冲突，即关于离婚条件的冲突，各国在法律适用上采用的制度包括：①依夫妻共同本国法；②依夫妻共同或一方住所地法；③依法院地法；④依有利于实现离婚的法律。

涉外夫妻关系的法律冲突涉及人身关系和财产关系两方面。对于人身关系即关于夫妻在社会和家庭中的地位、身份等方面的权利义务关系，各国主要采用以下制度：①以当事人共同本国法为主，兼采住所地法或行为地法；②以当事人住所地法为主，兼采法院地法。对于财产关系即夫妻双方对于家庭财产的权利义务关系，各国采用以下制度：①当事人意思自治制度；②适用当事人属人法的制度。

涉外亲子关系方面，涉及父母与婚生子女的法律关系的，适用的制度包括父母本国法、父亲本国法和子女本国法等；涉及非婚生子女的法律关系的，人身关系方面有依照父母本国法、子女本国法的不同做法，财产关系方面有依照子女或母亲的属人法、法院地法等不同做法。

涉外收养关系方面，适用的制度包括适用被收养人本国法、收养人本国法、法院地法等制度。

涉外监护方面，适用的法律制度包括依照被监护人的属人法和法院地法等制度。

（二）涉外继承关系的法律适用

涉外继承法律关系中，主体即继承人或被继承人，客体即遗产，法律事实即被继承人死亡。在这三个要素中，至少有一个具有外国因素。

对涉外法定继承冲突的解决，各国采用单一制和区别制两大类制度。单一制是把遗产看成一个整体，不分动产与不动产，规定同一冲突规范，适用同一准据法，具体可以分为依遗产所在地法和依被继承人属人法两种方式。区别制是将法定继承中的遗产区分动产、不动产，分别规定不同的冲突规范，适用不同的准据法。具体制度体现为，不动产依物之所在地法，动产依被继承人属人法。

涉外遗嘱继承涉及立遗嘱人能力、遗嘱方式、遗嘱效力、遗嘱撤销等方面的法律适用。对于立遗嘱人能力方面的法律冲突，各国采用的制度有依遗嘱人立遗嘱时本国法、遗嘱人立遗嘱时或死亡时本国法、遗嘱人立遗嘱时住所地法和区别制（不动产依遗产所在地法，动产依遗嘱人住所地法）。对于遗嘱方式方面的法律冲突，有区别制（不动产依遗产所在地法，动产依遗嘱人住所地法或其他）和单一制（不分动产和不动产，遗嘱符合立遗嘱人本国法或立遗嘱地法的均有效）两种。对于遗嘱效力方面的法律冲突，各国采用的制度有适用遗嘱人本国法、遗嘱人住所地法、区分动产和不动产等情况。在遗嘱撤销方面的法律冲突，各国则对于撤销能力与撤销方式分别作出不同规定。撤销能力常适用与遗嘱能力同样的准据法，撤销方式适用与遗嘱方式同样的准据法。

涉外无人继承的财产，一般都收归国家所有。至于财产归属，一般以被继承人的本国法或住所地法作为准据法。

第三节 世界贸易组织法

一、概述

(一) 宗旨

世界贸易组织是由关税与贸易总协定演进而来的，是关税与贸易总协定第8轮乌拉圭回合谈判的重大成果，是目前全球最为重要的规范国际贸易的有关规则的国际经济组织。关税与贸易总协定于1948年起临时适用，形成事实上的国际组织，规范国际货物贸易方面的规则，是第二次世界大战后国际经济秩序三支柱之一。世界贸易组织则是一个正式的国际组织。主权国家、单独关税区均可以根据世界贸易组织的加入规则提出申请，经过谈判取得世界贸易组织的成员资格。该组织现有164个成员，最新成员是2016年7月24日加入的阿富汗。

世界贸易组织的宗旨在1994年成立世界贸易组织协定中被明确规定，它的宗旨是：

1. 发展生产和贸易。在处理成员的贸易和经济领域的关系时，应以提高生活水平、保证充分就业、保证实际收入和有效需求的大幅稳定增长以及扩大货物和服务的生产和贸易为目的。

2. 保护环境。应依照可持续发展的目标，考虑对世界资源的最佳利用，寻求既保护和维护环境，又与各成员在不同经济发展水平的需要和关注相一致的方式，加强为此采取的措施。

3. 考虑发展中国家的利益。需要作出积极努力，以保证发展中国家特别是其中最不发达的国家，在国际贸易增长中获得与其经济发展需要相当的份额。

4. 削减贸易壁垒、消除歧视待遇。期望通过达成互惠互利安排，实质性削减关税和其他贸易壁垒，消除国际贸易关系中的歧视待遇，从而为实现这些目标作出贡献。

(二) 基本原则

世界贸易组织的规则体系所体现的基本原则主要是：

1. 不歧视待遇原则。不歧视待遇原则是世界贸易组织法律体制中的基石性原则，具体体现为两个原则：国民待遇原则和最惠国待遇原则。

(1) 国民待遇原则的基本目标是不在本国国民与外国人之间造成歧视，但在世界贸易组织的具体规则体系中含义不同。在1994年关税与贸易总协定中，基本含义指的是在国内税费和国内规章方面对其他成员的产品提供国民待遇；在服务贸易总协定中，则将国民待遇提供给任何其他成员的服务和服务提供者；在与贸易有关的知识产权协定中，则将国民待遇提供给其他成员的国民。

(2) 最惠国待遇原则的基本目标是不在外国国民间造成歧视，但在世界贸易组织的具体规则体系中含义不同。在1994年关税与贸易总协定中，最惠国待遇是提供给其他成员的产品的；在服务贸易总协定中，是提供给其他成员的服务和服务提供者的；在与贸易有关的知识产权协定中，是提供给其他成员的国民的。

由于不歧视原则贯穿于世界贸易组织的法律体制之中，因此，成员之间的争端往往以此为诉讼理由。

2. 透明性原则。透明性原则的目标是保证成员在货物、服务和知识产权保护方面的贸易政策具有最充分的透明性，避免成员实施未予公布、其他成员无从知道的政策。

3. 禁止数量限制原则。世界贸易组织普遍禁止数量限制，但个别情况下有例外。

4. 关税减让原则。通过关税谈判减让关税从而促进贸易是关税与贸易总协定长期以来行之有效的手段，虽然，现在世界贸易组织各成员的关税已大大降低，但该手段依然占有重要地位、发挥重要作用。

二、世界贸易组织规则

世界贸易组织的规则体制庞大完备，主要包括组织规则体制、多边贸易规则体制、争端解决规则体制、贸易政策审议体制和诸边贸易规则体制。

（一）组织规则体系

1994 年《成立世界贸易组织马拉喀什协定》规定了组织规则的主要内容：范围、职能、结构、机构、决策、成员、生效等。

世界贸易组织具有法律人格，每一个成员均应给予该组织、官员和各成员代表履行其职能所必需的特权和豁免。各成员代表组成部长会议，至少每 2 年召开一次会议，设总理事会，部长会议休会期间的职能由总理事会行使。总理事会下设货物贸易理事会、服务贸易理事会、与贸易有关的知识产权理事会。部长会议设相应的委员会执行相关职能。

（二）多边贸易规则体系

多边贸易规则体系规定在成立世界贸易组织协定的附件 1 中，附件 1A 是货物贸易多边协定，附件 1B 是服务贸易总协定，附件 1C 是与贸易有关的知识产权协定。

1. 货物贸易多边协定，包括 1994 年关税与贸易总协定和十多个具体的协议。1994 年关税与贸易总协定包括经确认列举的 1947 年关税与贸易总协定下有效的各条款和各文件。

各具体协议是多边贸易体制中的重要制度。

贸易救济措施方面的协议是多边贸易体制中关注的重点，也是争端出现最多的领域。此方面的协议包括反倾销协议、反补贴协议和保障措施协议。

反倾销方面的规则历来在国际贸易方面有重要的作用，各国也都非常重视。反倾销协议规定了倾销的定义，即一项产品从一成员出口到另一成员时，以低于正常价值进入另一国的市场。另外还规定了损害的确定、反倾销调查的程序、证据的使用、临时措施、反倾销税的征收以及争端的解决等各方面内容。其虽然在结构上与东京回合的反倾销守则大致相似，但内容上更加细致、具体和丰富，特别是增加了现场调查的程序的规定和使用可获得的最佳资料的规定等。

反补贴协议也是在东京回合的反补贴守则上发展而来的，与东京回合的规定有很大不同。补贴对国际贸易具有扭曲作用，因此应当采取相应的反补贴措施予以补救。本协议主要规定了补贴的定义、补贴的分类、对补贴的救济、反补贴措施等具体规则。该协议明确把补贴分为被禁止的补贴、可申诉的补贴和不可申诉的补贴。被禁止的补贴由于同出口实绩相关联，因此不能够采用。可申诉的补贴则是成员实施的该协议规定的补贴，使其他成员受到不利影响。不可申诉的补贴是允许成员采用的补贴，它不具有专项性，或者虽具有专项性但符合本协议的规定。

保障措施协议详细规定了涉及的各个概念、实施保障措施的条件、实施保障措施的形式和期限、针对发展中国家的特别规定、保障措施的审议和再次适用、设立保障措施委员会等内容。保障措施是成员针对由于不可预见的情况的发展而大量输入本国市场从而对有关产业造成重大损害或重大损害威胁，而采取的补救措施。我国加入世界贸易组织后的第一起纠纷就是同美国发生的在钢铁方面的保障措施的案件。

农产品谈判是乌拉圭回合谈判中的一个瓶颈，其中主要的谈判双方——美国和欧共体国家由于在贸易自由化方面利益不一致，斗争十分尖锐，几乎使乌拉圭回合谈判一度搁浅，最终达成了一个关于农产品的框架性协议。该协议规定了农产品方面的纪律和规则，为以后农产品方面贸易自由化的进一步发展奠定了基础。

实施动植物卫生检疫措施协议规范了为实施保护人类、动物或植物的生命或健康所采取的卫生检疫措施的规则。它来源于 1947 年关税与贸易总协定的第 20 条规定的一般例外，适用于所有可能直接或间接影响国际贸易的动植物卫生检疫措施。

将纺织品与服装协议纳入世界贸易组织的规则是一个很大的成功，以前关于纺织品的贸易一直受多种纤维协定的约束。该协议规定设立纺织品监督机构，将纺织品和服装在 10 年内分阶段纳入世界贸易组织的体系，实行过渡性保障机制，反对规避本协议的规则。

技术贸易壁垒协议是在东京回合的标准守则基础上发展而来的，规定了各成员在制定、采取和实施技术规章方面，不得对国际贸易造成不必要的障碍，应当以国际标准为基础。同时，各成员应当制定和采纳国际合格评定体系，并成为该体系的成员或参加该体系。

与贸易有关的投资措施协议是乌拉圭回合的新规则，首次将国际投资与国际贸易有关的问题纳入世界贸易组织的体制。它要求各成员不得实施任何与 1994 年关税与贸易总协定的国民待遇、普遍取消数量限制等规定不符的与贸易有关的投资措施，并建立与贸易有关的投资措施委员会。

其他的协议还有海关估价协议、装运前检验协议、原产地规则协议、进口许可证协议。海关估价协议是在东京回合的海关估价守则基础上作出一些调整而来的，规范了海关估价方面的具体规则。装运前检验协议则是新出现的内容，适用于在各成员领土内的所有装运前检验活动，而不论这种活动是通过签约或是由各成员政府或政府机构授权进行的。原产地规则协议是任何一个成员为确定货物原产地而实施的普遍适用的法律、法规以及行政决定，原产地规则协议统一了实施原产地规则方面的纪律。进口许可证协议是在东京回合的基础上修改而来的，对自动进口许可证和非自动进口许可证、机构和争端解决、审议等问题作了规定。

2. 服务贸易总协定。服务贸易议题是当时乌拉圭回合的新议题，关于此方面的协定是世界贸易体制将服务贸易方面的规则进行了统一和规范，从而出现了一个关于服务贸易的框架性法律文件。

(1) 服务贸易总协定规定了服务贸易的类型。服务贸易分为四类：①跨境提供，即在一个成员境内向任何其他成员境内提供的服务；②国外消费，即在一个成员境内向任何其他成员的服务消费者提供服务；③商业存在，即一个成员的服务提供者通过任何其他成员领土内的商业存在提供服务；④人员流动，即一个成员的服务提供者通过任何其他成员境内的自然人存在提供服务。

(2) 服务贸易总协定规定了一般义务和纪律，包括最惠国待遇、透明性、发展中国家的更多参与、经济一体化、服务提供者的资格的承认、垄断服务提供者的规则、商业惯例、紧急保障措施、政府采购、补贴、例外等规则。

(3) 服务贸易总协定规定了具体承诺方面的市场准入、国民待遇和逐步自由化等的具体要求。

(4) 服务贸易总协定规定了机构设置和争端解决问题、利益的拒绝以及有关定义。

3. 与贸易有关的知识产权协定。该协定也是新纳入多边贸易体制中的一个重要内容，反映了知识经济时代各国对知识产权保护的重视。它规定了国民待遇和最惠国待遇等基本原则、保护的客体范围、知识产权的执法、争端的解决和过渡性安排等内容。它规定的保护标准是一个最低标准，各成员不能够低于该协定规定的保护程度。

根据该协定，保护的客体范围有七类：①版权和相关权利。依照《伯尔尼公约》的规定，对文学、艺术作品、计算机程序和构成智力创造的数据库都予以保护。②商标权。对任何标记或者任何标记的组合，只要构成商标的，都予以保护。③地理标志。对地理标志尤其是酒类的地理标志予以保护。④工业外观设计。⑤专利。⑥集成电路布图设计。⑦未披露的信息。未经权利人披露的、具有商业价值并经采取保护措施的信息属于保护的范围。

该协定要求各成员应保证知识产权的执法，可以通过民事、行政和刑事程序进行保护，对侵权的救济措施可以有禁令、补偿金、损害赔偿、处置或销毁侵权产品、处置生产材料和工具等多种。司法当局有权采取临时措施，海关当局有权采取边境措施保护知识产权。

（三）争端解决规则体制

争端解决规则体制是在1947年关税与贸易总协定的第22、23条以及各缔约方的实践基础之上发展而来的，主要规定在《成立世界贸易组织协定》的附件2中。

争端解决机制加强了司法性，统一了世界贸易组织的争端解决方面的规则，避免了过去争端解决体制的不统一。从机构设置看，设置了统一的专门机构即“争端解决机构”，采取反向一致的方式（即除非全体一致同意不予通过，否则就予以通过的方式）通过专家组或者上诉机构的报告。设置了由7名成员组成的常设上诉机构，负责审查针对专家组的报告在法律问题方面的上诉。专家组根据规定成立，负责处理具体的争端解决。

从争端解决的程序上看，产生争端的成员可以通过磋商、斡旋、调解程序解决争端，或者按照规定进入专家组程序，由专家组对事实和法律问题进行分析，作出裁决报告；争端成员不服可以上诉至上诉机构，上诉机构作出裁决报告；报告经争端解决机构通过后应当由败诉成员自动执行，逾期不执行的，胜诉成员可以向世界贸易组织请求授权报复，报复形式既可以是平行报复（即限于同一部门），也可以是交叉报复（即跨越同一协议的不同部门或不同协议）。此外，争端也可以根据规定通过仲裁的方式予以解决。

世界贸易组织成立之初的1995年，巴西和委内瑞拉就投诉美国，认为其关于精制和常规汽油方面的规则违反最惠国待遇和国民待遇的规定，损害了巴、委两国的利益，应予废止。美国则提出反驳，认为其规则符合1994年关税与贸易总协定第20条的例外。专家组判定美国败诉，美国上诉，上诉机构在改正了专家组报告中的几个法律解释错误后，再次判定美国做法不法。结果，美国在规定时间内通知世界贸易组织改变了其相关法规以符合世界贸易组织的规则，避免了遭到报复的结局。这一案件是世界贸易组织成立后第一起经过了专家组和上诉程序全程的案件。

截至2016年8月31日，各成员投诉到世界贸易组织的案件达到509起。这充分说明各成员对争端解决机制的重视，也说明该机制在保护成员的利益方面的重要性。

（四）贸易政策审议体制

该机制规定在附件3中。它的目的在于通过提高各成员的贸易政策和做法的透明性并使之得到更好的理解，有助于所有成员更好地遵守多边贸易协定和适用诸边贸易协定的规则、纪律和在各协定下所作的承诺，从而有助于多边贸易体制更加平稳地运行。

为此，世界贸易组织设置了贸易政策审议机构，负责进行审议。根据各成员在世界贸易中所占的份额，贸易量最大的前4个贸易实体每2年审议一次，其后的16个实体每4年审议一次，其他成员每6年审议一次。我国加入世界贸易组织后，贸易政策每4年审议一次。2006年后，每2年审议一次。

（五）诸边贸易规则体制

乌拉圭会谈时，所有成员未能就诸边贸易规则体制（附件4）达成一致，因而其只是由部分成员加入的协定组成，包括政府采购协议、民用航空协议、奶制品协议、牛肉协议，它们都是在东京回合的基础上发展来的。其中，奶制品协议和牛肉协议已于1997年终止。此外，1996年达成的信息技术协议，同样只适用于部分成员之间。

三、中国“入世”、履约与争端

我国原为关税与贸易总协定的创始缔约方，但台湾当局在1950年以“中华民国”的名义非法退出该关税与贸易总协定。早在1986年，我国就要求恢复在关税与贸易总协定中的地位，但由于主要贸易伙伴要价过高，谈判一直持续到乌拉圭回合结束也没有成功。此后，演变为加入世界贸易组织的过程。经过长期艰苦努力，2001年12月，我国终于正式成为世界贸易组织的成员。2002年1月，中国台北也以台湾、澎湖、金门、马祖单独关税区的名义成为世界贸易组织的成员。至此，我国在世界贸易组织中共有四个成员：中国（大陆地区）、香港、澳门和台湾地区。

我国加入世界贸易组织后，为了履行承诺，作了大量的法律、法规修改、制定或废除等工作，特别是在对外贸易法领域。2001年制定了《反倾销条例》《反补贴条例》《保障措施条例》，2004年修改了《对外贸易法》，并进一步修改了《反倾销条例》《反补贴条例》《保障措施条例》。不仅如此，行政部门还制定了与此相适应的大量的规则。

对于世界贸易组织的争端解决机制，我国也充分重视并加以利用。截至2016年8月31日，我国以第三方的身份参与了132起案件，以投诉方的身份参与了13起案件。我国投诉的第一起案件是2002年针对美国的钢铁保障措施案，该案于2003年终结，我国取得胜诉的结果。当然，我国也有因其他国家的投诉而作为被诉方参与了的案件，这些案件到2016年8月31日止一共36起。

图书在版编目（CIP）数据

法学概论 / 陈光中主编. —6版. —北京：中国政法大学出版社，2016.11（2021.1重印）
ISBN 978-7-5620-7137-2

Ⅰ. ①法…　Ⅱ. ①陈…　Ⅲ. ①法学—概论　Ⅳ. ①D90

中国版本图书馆CIP数据核字(2016)第270723号

出版者　中国政法大学出版社
地　址　北京市海淀区西土城路25号
邮　箱　fadapress@163.com
网　址　http://www.cuplpress.com (网络实名：中国政法大学出版社)
电　话　010-58908435(第一编辑部) 58908334(邮购部)
承　印　固安华明印业有限公司
开　本　720mm×960mm　1/16
印　张　26.25
字　数　544千字
版　次　2016年11月第6版
印　次　2021年1月第6次印刷
印　数　24001～32000册
定　价　52.00元